金井貴嗣＝川濵昇＝泉水文雄　編著

『独占禁止法［第6版］補遺』（2021年2月）

2018（平成30）年4月以降の法改正，ガイドラインの改定による大きな変更点等について，以下，その概要を示す。

第1章　独占禁止法の目的・体系

14頁最後の行

「れた。改正の詳細は……」→「れた。2019（令和元）年の改正では，課徴金減免制度について，事業者が事件の解明に資する資料の提出等をした場合に，公取委が課徴金の額を減額する仕組み（調査協力減算制度）の導入，課徴金の算定方法の見直し（算定基礎の追加，算定期間の延長等），罰則規定の見直しが行われた（公布の日（令和元年6月19日）から起算して1年6月を超えない範囲内で政令で定める日（ただし，一部の規定を除く））。改正の詳細は……」

18頁真ん中（【2013（平成25）年独禁法改正】の後）にコラムを追加

【2019（令和元）年独禁法改正】

2019（令和元）年の独占禁止法改正の概要は以下の通り。

(1)課徴金減免制度の改正
・減免申請による課徴金の減免に加えて，新たに事業者が事件の解明に資する資料の提出等をした場合に，公正取引委員会が課徴金の額を減額する仕組み（調査協力減算制度）を導入するとともに，減額対象事業者数の上限を廃止する。

(2)課徴金の算定方法の見直し
・課徴金の算定基礎の追加（密接関連分野の売上額，談合金等），算定期間の延長（調査開始時からさかのぼって10年前から違反行為終了時まで），

業種別算定率の廃止等課徴金の算定方法の見直しを行う。
(3)罰則規定の見直し
・検査妨害等の罪に係る法人等に対する罰金の上限額の引上げ等を行う。
(4)その他所要の改正を行う。

第2章　基本概念

23頁13行目に以下を挿入

　公取委に設置された競争政策研究センター（CPRC）は，「人材と競争政策に関する検討会」報告書（2018年）を公表し，フリーランス（システムエンジニア，IT技術者，記者，ライター，アニメーター，デザイナー，コンサルタント等），スポーツ選手，芸能人に対する使用者・発注者による不当な取引制限，不公正な取引方法（自由競争減殺型，競争手段の不公正型の行為および優越的地位の濫用）が適用されることを明らかにし，その判断基準を示した。

第5章　私的独占

　152頁以下の注18)において，共同ボイコットないし共同の取引拒絶について，それを不当な取引制限として構成する場合と排除型私的独占として構成する場合とでは，課徴金に差異が生じる旨を解説した。令和元年改正後も，そのような法状況に変わりはないが，それぞれの場合の課徴金の算定基礎が変更され，また，条項（条文番号）の変更があった。すなわち，課徴金の算定率は，引き続き，不当な取引制限及び支配型私的独占の場合には，違反行為に係る商品または役務の売上額（不当な取引制限の場合は購入額でもよい）の10％であり（7条の2第1項，7条の9第1項），排除型私的独占の場合は，売上額の6％であるが（7条の9第2項），この売上額には，違反事業者から指示等を受けた完全子会社等の売上額等も含まれる（この補遺の第11章Ⅱ1(1)イ)(18頁)を参照)。なお，排除行為と支配行為が相俟って1つの私的独占が成立する場合は，7条の9第2項（最初の括弧書）の規定ぶり（令和元年改正前7条の2第4項のそれと同一内容である）からして，従来と同じく，対価等の要件が充足される限りで，支配型私的独占の課徴金が優先するものと解される。

第6章　企業結合

　デジタル分野の企業結合案件への的確な対応の必要性が高まっていることなどから，2019（令和元）年12月17日に「企業結合ガイドライン」および「企業結合手続対応方針」が改定された。以下，「企業結合ガイドライン」改定のポイントとして，一定の取引分野の画定，水平型企業結合の分析，垂直型企業結合の分析，混合型企業結合の分析，データ等の評価方法を説明した後に，「企業結合手続対応方針」改定のポイントを説明する。

I　一定の取引分野の画定（本書203頁以下）

　（1）　デジタルサービス等の特徴になる多面市場について，一定の取引分野を画定する場合の考え方が示された（ガイドライン第2・1）。ガイドラインは，第三者にサービスの「場」を提供し，そこに異なる複数の需要者層が存在する多面市場を形成するプラットフォームについては，需要者層ごとに別の市場を画定することが基本とする。ただし，プラットフォームが異なる需要者層の取引を仲介する場合で，間接ネットワーク効果が強く働く場合には，それぞれの需要者層を包含した1つの市場を重畳的に画定できる場合があるとする。ヤフー・一休株式取得事例【平成27年度事例8】では，オンライン旅行予約サービス業について，ホテル業者に対して提供されるサービスと，ユーザー（一般消費者）に対して提供されるサービスとを分けて2つの市場が画定されたが，より実態に即した市場分析が可能となるのであれば，それらを包含したオンライン旅行仲介サービスにかかる市場も画定できる可能性がある。

　（2）　SSNIP基準（本書205－206頁）は，市場支配力の弊害が価格に現れることを念頭におく。しかし，インターネット付随サービスには無料で提供されるものも多く，必ずしも市場支配力の弊害が価格に現れるとは限らない。また無料である以上，SSNIP基準に基づき5ないし10％の価格引上げを仮定することも難しい。そこで市場支配力の弊害が品質の悪化や費用の増大に現れることを前提に市場画定を行う考え方が示された。すなわち，「ある地域におけるある商品の品質等が悪化した場合」（SSNDQ: Small but Significant and Nontransitory Decrease in Quality），または「ある地域におい

てある商品の提供を受けるに当たり需要者が負担する費用が上昇した場合」(SSNIC：Small but Significant and Nontransitory Increase in Cost) に，それぞれ需要の代替性や供給の代替性を検討するとの考え方である。たとえば，無料動画共有サイトを閲覧する際に現れる広告量（ユーザーにとって費用と考える）が５％増大することを仮定して，ユーザーにとっての代替サービスを検討するのである。

（３） デジタルサービス等の商品範囲・地理的範囲の画定に当たっての考慮事項が明記された（本書206－207頁）。まず，商品範囲については，利用可能なサービスの種類・機能等の内容面の特徴，音質・画質・通信速度・セキュリティレベル等の品質，使用可能言語・使用可能端末等の利便性などが考慮事項である。次に，地理的範囲については，需要者が同一の条件・内容・品質等で供給者からサービスを受けることが可能な範囲や供給者からのサービスが普及している範囲などが考慮事項である。

Ⅱ　水平型企業結合の分析 (本書215頁以下)

（１） 研究開発を行っている企業による企業結合について，分析にかかる考え方が明記された（ガイドライン第４・２⑴カ）。一方当事者が財・サービス α を販売中または研究開発中であり，他方当事者が財・サービス β を研究開発中である場合に，企業結合により α と β の競争が減少することによる影響や，企業結合後の β に関する研究開発意欲の減退による影響を評価する。ここでは α と β の「競合する程度が高いと見込まれるとき」を検討しており，単なる研究開発投資の減少や研究開発経路の減少ではない，商品市場での競争への弊害（単独行動による競争の実質的制限）が問題となる。

（２） デジタルサービスの特徴（多面市場，ネットワーク効果，スイッチングコスト等）を踏まえた競争分析のあり方が明記された（ガイドライン第４・２⑴キ，第４・２⑸②）。利用者数の多いSNS（ソーシャル・ネットワーキング・サービス）と，利用者の少ないSNSでは，他の条件が同じである限り，前者の方が魅力的であろう。直接ネットワーク効果（利用者数が増えれば増えるほど自分のサービスの価値が高まる効果）が機能するからである。このようなサービスについて，企業結合によりユーザー数がクリティカルマスを超えると，一気に独占化が進むことがある（ティッピング）。ユーザーが複数のサービスを

同等に利用できることは（マルチ・ホーミング），そのような一人勝ちを抑制する効果を持ちうる。

（3）「一定の取引分野の規模」として，複数事業者による競争を維持することが困難な場合の考え方が明記された（ガイドライン第4・2(9)）。ふくおかフィナンシャル・グループによる十八銀行の株式取得事例【平成30年度事例10】で明らかにされた考え方である。ガイドラインは，「複数の事業者が事業活動を行うと，効率的な事業者であっても採算が取れないほど一定の取引分野の規模が十分に大きくなく，企業結合がなくても複数の事業者による競争を維持することが困難な場合には，当該複数の事業者が企業結合によって1社となったとしても，当該企業結合により一定の取引分野における競争を実質的に制限することとはならないと通常考えられる。」とする。これは最小最適規模の考え方から，市場の規模が小さく複数の事業者の生存を可能としない場合には，たとえ企業結合により独占となったとしても，何れにせよ独占になる以上，企業結合と市場支配力形成との間に因果関係はないとするものである。

なお，このような検討は，いわゆる破綻会社・部門の評価と類似する（本書233頁）。しかし「当事会社の経営状況」は別途考慮要素として明示されており（ガイドライン第4・2(8)），「一定の取引分野の規模」の評価において，経営悪化による当事会社の市場退出の蓋然性は要件ではないと考えられる。ただし，経営状況の評価におけると同様に，当事会社による企業結合よりも競争に与える影響が小さいものの存在が認めがたいことの検討が必要になるであろう。

上記のふくおかフィナンシャル・グループによる十八銀行の株式取得事例【平成30年度事例10】では，中小企業向け貸出し（対馬等3経済圏）について，「対馬等3経済圏は，市場規模が極めて小さく，当事会社グループは店舗等の合理化を図ってきたにもかかわらず採算が取れていない状況にあるため，複数の事業者による競争を維持することが困難であると認められる。また，競争事業者に対するヒアリングによれば，競争事業者の創出のため，仮に対馬等3経済圏の店舗が譲渡されるとしても，当該店舗の譲受けを希望しないとのことである。」とした上で，競争を実質的に制限することとはならないと認められるが，ほぼ独占状態となることから，その弊害が生じないよう所

要の措置が講じられることが望ましいとされた。

Ⅲ 垂直型企業結合の分析 (本書237頁以下)

　垂直型企業結合について，競争の実質的制限の発生機序および競争の実質的制限の判断要素が，詳細に示された（ガイドライン第5）。垂直型企業結合についても，単独行動による競争の実質的制限，協調的行動による競争の実質的制限という，2つの観点からの審査が必要である。今回のガイドライン改定において詳述されることになったのは，単独行動による競争の実質的制限についてである。垂直型企業結合について，単独行動による競争の実質的制限がもたらされる場合は，（1）川下市場において市場の閉鎖性・排他性の問題が生じる場合と，（2）川上市場において市場の閉鎖性・排他性の問題が生じる場合とに分けられる。

　（1）　川下市場において市場の閉鎖性・排他性の問題が生じる場合とは，下図にあるように，投入物閉鎖の場合（ガイドライン第5・2(1)ア・図2）と，秘密情報の入手を行う場合（ガイドライン第5・2(1)イ・図3）に分けられる。それぞれ説明する。

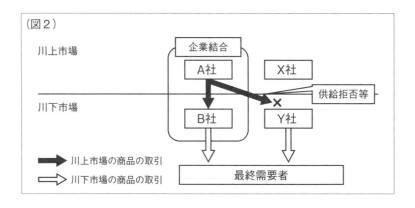

　A社とB社が企業結合の当事者である。川下市場における市場支配力の形成・維持・強化を目的に，企業結合当事者（A社）は，川下市場における競争者であるY社に対して，川上市場の商品（投入物）の供給を拒否するかも

しれない。このような投入物閉鎖が行われるかは、投入物閉鎖を行う「能力」があるか否か、投入物閉鎖を行う「インセンティブ」があるかを考慮して検討する。たとえばY社がA社に代わりX社から投入物を購入できれば、投入物閉鎖によってもY社の競争力が減退することはない。この場合、A社には投入物閉鎖（による市場閉鎖）を行う能力がない。また、仮にA社にそのような能力があったとしても、投入物閉鎖による川上市場の売り上げ減少の効果が、川下市場の売り上げ増加の効果よりも大きく、当事会社グループ（A社とB社）全体でみれば投入物閉鎖が合理的でない場合もある。この場合、A社には投入物閉鎖を行うインセンティブがない。

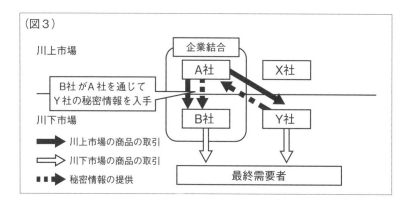

A社とB社が企業結合の当事者である。B社が、A社とY社との取引を通じて、Y社の商品の仕様や開発に関する情報、顧客に関する情報、原材料の調達価格・数量・組成等の情報といった競争上の重要な秘密情報を入手する可能性がある。同情報を自身（B社）に有利に利用することで、Y社の競争力を減退させることが可能となるかもしれない。また秘密情報が入手されることを危惧して、Y社の競争行動は自ずと萎縮したものになるかもしれない。ASML・サイマー結合事例【平成24年度事例4】では、投入物閉鎖および顧客閉鎖のシナリオとともに、秘密情報の入手のシナリオが検討された。

なお、これら単独行動による競争の実質的制限の問題が生じない場合であっても、秘密情報の入手によってB社とY社間で協調的に行動することが

高い確度で予測できるようになり、協調的行動による競争の実質的制限のおそれが生じる場合がある（ガイドライン第5・3）。

（2） 川上市場において市場の閉鎖性・排他性の問題が生じる場合とは、下図にあるように、投入物閉鎖の場合（ガイドライン第5・2(2)ア・図4）と、秘密情報の入手を行う場合（ガイドライン第5・2(2)イ・図5）に分けられる。ともに、（1）でみた川下市場における市場の閉鎖性・排他性の問題が生じる場合と同様の考え方による。それぞれ説明する。

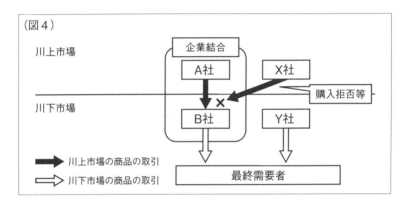

A社とB社が企業結合の当事者である。川上市場における市場支配力の形成・維持・強化を目的に、企業結合当事者（B社）は、川上市場における競争者であるX社からの川上市場の商品の購入を拒否するかもしれない。このような顧客閉鎖が行われるかは、顧客閉鎖を行う「能力」があるか否か、顧客閉鎖を行う「インセンティブ」があるか否かを考慮して検討する。たとえばX社がB社に代わりY社に対して商品を販売できれば、顧客閉鎖によってもX社の競争力が減退することはない。この場合、B社には顧客閉鎖（による市場閉鎖）を行う能力がない。また、仮にB社にそのような能力があったとしても、顧客閉鎖による川下市場の売り上げ減少の効果が、川上市場の売り上げ増加の効果よりも大きく、当事会社グループ（A社とB社）全体でみれば投入物閉鎖が合理的でない場合もある。この場合、B社には顧客閉鎖を行うインセンティブがない。他方、たとえば、A社の生産設備にかかる供給余力

が大きく，B社がX社にかえてA社からの購入に替えることで，A社の製造設備の稼働率が改善することで，当事会社グループ（A社とB社）全体でみれば顧客閉鎖が合理的な場合などには，顧客閉鎖のインセンティブが認められよう。

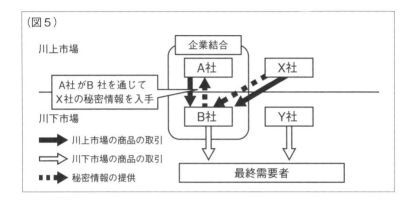

A社とB社が企業結合の当事者である。A社が，B社とX社との取引を通じて，X社の商品の販売価格，数量，使用等の情報といった競争上の重要な秘密情報を入手する可能性がある。同情報を自身（A社）に有利に利用することで，X社の競争力を減退させることが可能となるかもしれない。また秘密情報が入手されることを危惧して，X社の競争行動は自ずと萎縮したものになるかもしれない。

なお，これら単独行動による競争の実質的制限の問題が生じない場合であっても，秘密情報の入手によってA社とX社間で協調的に行動することが高い確度で予測できるようになり，協調的行動による競争の実質的制限のおそれが生じる場合がある（ガイドライン第5・3）。

Ⅳ 混合型企業結合（本書240頁以下）

混合型企業結合について，競争の実質的制限の発生機序および競争の実質的制限の判断要素が，詳細に示された（ガイドライン第6）。混合型企業結合についても，単独行動による競争の実質的制限，協調的行動による競争の実

質的制限という，2つの観点からの審査が必要である。今回のガイドライン改定において詳述されることになったのは，単独行動による競争の実質的制限についてである。混合型企業結合について，単独行動による競争の実質的制限がもたらされる場合は，（1）市場の閉鎖性・排他性の問題が生じる場合と，（2）企業結合により潜在的競争者が消滅する場合とに分けられる。

（1） 市場の閉鎖性・排他性の問題が生じる場合とは，下図にあるように，組み合わせ供給を行う場合（ガイドライン第6・2(1)ア・図6）と，秘密情報の入手を行う場合（ガイドライン第6・2(1)イ・図7）に分けられる。それぞれ説明する。

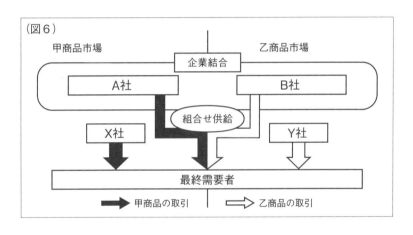

A社とB社が企業結合の当事者である。A社が甲商品を，B社が乙商品をそれぞれ販売する。A社の市場における地位が相当程度高く，甲商品と乙商品との補完性の程度が高い場合においては，甲商品と乙商品を組み合わせて供給することにより，B社の市場における地位が高まり，乙市場における競争者であるY社の競争力が減退する可能性がある（混合型市場閉鎖）。このような混合型市場閉鎖が行われるかは，混合型市場閉鎖を行う「能力」があるか，混合型市場閉鎖を行う「インセンティブ」があるかを考慮して検討する。たとえば，乙商品の市場規模が大きく，利益率も高いようなときには，組み合わせ供給により当事会社グループの利益が増加する可能性が高く，混合型

市場閉鎖を行う「インセンティブ」があるといえよう。

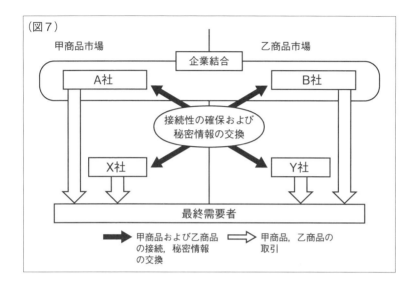

　A社とB社が企業結合の当事者である。A社が甲商品を，B社が乙商品をそれぞれ販売する。甲商品および乙商品について，技術的要因により相互接続性を確保するために，それぞれの商品の供給者が競争上の重要な秘密情報を交換する必要がある状況等において，A社が，B社を通じて，X社（甲商品市場における競争者）の競争上の重要な秘密情報を入手し，同情報を自己に有利に利用することで，X社の競争力を減退させることが可能となるかもしれない。

（2）　企業結合により潜在的競争者が消滅する場合とは，B社が具体的な参入計画を有していないとしても，A社の商品市場や地域市場への参入障壁が低いことなどにより，B社が当該市場に参入することが可能であり，実際に参入した際にA社の有力な競争者になることが見込まれるにもかかわらず，企業結合がB社の新規参入の可能性を消滅させる場合である（ガイドライン第6・2⑵，本書241頁）。潜在的競争者との企業結合に関しては，次のデータ等の評価についても参照のこと。

V　データ等の評価方法

（1）　水平型企業結合について，HHIに基づくセーフハーバー基準（競争を制限することは通常考えられない）に該当する場合であっても，当事会社が，競争上重要なデータや知的財産権等の資産を有するなど，市場シェアに反映されない競争上の優位性を有している場合には，競争への影響を慎重に評価することが明記された（ガイドライン第4・1(3)(注5)）。

（2）　垂直型企業結合について，データが市場において取引され得るような場合に，データの供給拒否という投入物閉鎖が問題になり得ることが明記された（ガイドライン第5・2(1)ア(ア)）。なお，データの供給拒否の考え方は，知的財産権等の競争上重要な投入財についても適用される。

（3）　垂直型企業結合について，川下市場において財・サービスを豊富に取り揃えることが，最終需要者との関係で重要である場合には，顧客閉鎖のインセンティブが小さくなることが明記された（ガイドライン第5・2(2)ア(イ)）。「特に，川下市場が多面市場を形成するプラットフォームの場合，川下市場の当事会社（B社）が購入拒否等を行うと，前記Ⅲで説明したように最終需要者にとっての同社の魅力の低下が最終需要者数の減少をもたらし，当該最終需要者数の減少が間接ネットワーク効果を通じて他の需要者層にとっての同社の魅力を低下させ，同社の利益の減少が大きくなるため，当事会社グループが顧客閉鎖を行うインセンティブは更に弱まることとなる。」とする。

（4）　混合型企業結合について，データ等の重要な投入財を有するスタートアップ企業等を買収することによる新規参入の可能性の消滅にかかる考え方が明記された（ガイドライン第6・2(2)）。すなわち，混合型企業結合による潜在的競争社の消滅について，「ある市場において既に事業を行う他方当事会社（A社）が，その事業を行っていないがデータ等の重要な投入財を有し，当該市場に参入した場合に有力な競争者となることが見込まれる一方当事会社（B社）と混合型企業結合を行うことにより，一方当事会社（B社）の新規参入の可能性を消滅させる場合には，そうでない場合と比較して，競争に及ぼす影響が大きい。」とする。

（5）　データの競争上の重要性等にかかる評価の考え方が明記された（ガ

イドライン第6・2(2))。データは，種類，量，頻度，関連性から評価される。これは4V (variety, volume, velocity, value) と呼ばれる基準である。これらに基づきデータを取得および集積する者のデータ優位性を判断する。

Ⅵ 企業結合手続対応方針の改定（本書243頁以下）

（1） 買収に係る対価の総額が大きい企業結合計画の審査について，公正取引委員会の考え方が明らかにされた（対応方針6(2)）。被買収会社の国内売上高に係る金額のみが届出基準を満たさない場合であっても，買収に係る対価の総額が大きく，かつ，国内の需要者に影響を与えると見込まれる場合には，当事会社に資料等の提出を求め，企業結合審査を行うとする。デジタル分野のスタートアップ企業は，現在の売上高がそれほど大きなものでなくとも，重要な競争者である（または重要な競争者になり得る）場合があり，そのようなスタートアップ企業の買収について，届出不要のものであっても，慎重に審査を行う方針を示すものである。

（2） 届出不要の企業結合計画について，公正取引委員会への相談が望まれる場合が明記された（対応方針6(2)）。そのような企業結合とは，買収に係る対価の総額が400億円を超えると見込まれ，かつ，次の①ないし③のいずれかを満たすなど国内の需要者に影響を与えると見込まれる場合である。①被買収会社の事業拠点や研究開発拠点等が国内に所在する場合，②被買収会社が国内の需要者に営業活動（日本語ウェブサイトの開設，日本語パンフレット等の利用等）を行っている場合，③被買収会社の国内売上高合計額が1億円を超える場合。

（3） 企業結合審査において参考とする資料の例として，当事会社の内部文書（ホットドキュメント）が明記された。当事会社の認識を確認するために，審査上必要な範囲において，当事会社の内部文書（取締役会等の各種会議で使用された資料や議事録等，企業結合の効果等について検討・分析した資料，企業結合計画に関与した役員や従業員の電子メール等）。

第11章　独占禁止法エンフォースメント

I　確約手続の2018(平成30)年新設(本書497頁注36))

　独禁法の手続規定中に48条の2から48条の9までに導入された確約手続は，環太平洋パートナーシップに関する包括的及び先進的な協定(原協定は日本を含む12か国で2016年2月4日に締結。米国の離脱後の現協定は11か国で2018年3月8日に締結)に基づき，独禁法違反被疑事案について，競争当局と事業者の間の合意により自主的に解決する制度の創設が求められたものである。独禁法の改正規定は，同協定の整備法である，環太平洋パートナーシップ協定の締結及び環太平洋パートナーシップに関する包括的及び先進的な協定の締結に伴う関係法律の整備に関する法律によって定められて，同協定の発効の日(2018年12月30日)に施行された。

　確約手続の導入によって，独禁法違反被疑事案に対する公取委の処分(排除措置命令・課徴金納付命令等)に至る審査手続(行政調査手続)や刑事処分に至る犯則調査手続のほかに，行政調査手続にもう1つの態様が設けられたことになる。違反被疑事案に対する公取委の審査開始後，確約手続に移行・実施する手順は，次のとおりである。

①公取委から確約手続の通知(48条の2)

　　公取委は，私的独占・不当な取引制限の禁止，不公正な取引方法の禁止および事業者団体の禁止行為ならびに企業結合規制に違反する被疑行為があると思料する場合において，当該被疑行為について，公正かつ自由な競争の促進を図る上で必要があると認めるときは[1]，当該行為(既往の違反行為を含む)に係る事業者，事業者団体等(以下単に「事業者」という)に対し，当該行為の概要，違反法条および排除措置計画の認定申請ができる旨を記載した通知書を送付することができる。

　1)　入札談合，受注調整，価格カルテル，数量カルテル等に相当する違反被疑行為，再犯となる違反被疑行為や刑事告発の対象となりうるような悪質かつ重大な違反被疑行為は，確約手続の対象とはならない(確約手続に関する対応方針〔公取委・2018年9月26日公表。以下「対応方針」という〕5)。

②事業者からの排除措置計画の申請（48条の3第1項・2項）

　通知書を受けた事業者は、違反被疑行為を排除するために必要な措置を自ら策定し、実施しようとするときは、排除措置計画を当該通知の日から60日以内に公取委に提出して、その認定を申請することができる（公取委から通知書の送達を受けて、違反被疑行為の存在を自認して排除措置計画を申請するかどうかは、当該事業者の自主的判断により任意であるから、申請せずに審査手続の継続を求める場合もありうる（対応方針6(1)））。申請書には、①排除措置が疑いの理由となった行為を排除するために十分なものであること（措置内容の十分性：3項1号）と②排除措置が確実に実施されると見込まれるものであること（措置実施の確実性：3項2号）等を示す書類を添付する必要がある（公取委の確約手続に関する規則8条2項）。

　なお、公取委は、申請を受けた排除措置計画について、原則として30日以内の提出期間を定め、ウェブサイト等を通じて、第三者からの意見を募集することがある（対応方針7）。

③公取委による認定（48条の3第3項・6項・8項）

　認定申請があった排除措置計画が①措置内容の十分性と②措置実施の確実性のいずれにも適合すると認めるときは、公取委は当該排除措置計画の認定を行う。ただし、上記①および②のいずれかに適合しないと認めるときは、却下される。

　なお、認定された排除措置計画の変更は可能であり、その旨の申請と認定が改めて必要となる。

④認定の効果（48条の4）

　認定された排除措置計画に係る違反被疑行為は、公取委が排除措置命令・課徴金納付命令の対象とすることはない。

　なお、排除措置計画を認定した後、公取委は、その概要を公表することにしている。公表文には、独禁法の規定に違反することを認定したものではないことが付記される（対応方針11）。

　また、既往の違反被疑行為についても、排除確保措置計画の申請が可能である（48条の6～48条の9）。

　公取委は、事業者との間の意思疎通を密にすることが、迅速な確約手続に係る法運用を可能とし、公取委と事業者の双方にとって有益であると考えて

いるから，公取委が確約手続通知を行う前であっても，公取委から審査を受けている事業者は，いつでも，その違反被疑行為について，確約手続の対象となるかどうかを確認したり，確約手続に付すことを希望する旨を申し出たりするなど，確約手続に関して公取委に相談することができる（対応方針3）。

認定された排除措置計画が実施されず，または虚偽・不正の事実に基づいて当該認定を受けたことが判明した場合は，公取委は当該認定を取り消さなければならない（48条の5）。審査手続が通常手続であり，確約手続はバイパスであるから，確約手続の継続に不適切となる取消し時は，事件は常に審査手続に戻される（48条の4および48条の8の各ただし書）。審査手続に戻った場合には，排除措置命令・課徴金納付命令を行えるのは，通常は違反行為がなくなってから5年（2019年改正法施行後は7年）の除斥期間内であるところを，当該取消しの日から2年間可能とされる（48条の5および48条の9の各第3項）。

申請の却下または認定の取消しにより，審査手続に復帰した場合，申請者から提出された資料は返却されず，かつ，排除措置命令・課徴金納付命令を行う上で必要となる事実の認定を行うための証拠とされることもありうる（対応方針12（3））ので，違反認定に結び付く資料の提出は不要であるが，申請する事業者側には一定の注意が必要となる。

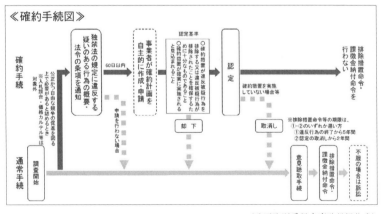

（公正取引委員会事務総局作成）

確約手続に関する対応方針に掲げられている排除措置の典型例はおおむね従来の排除措置命令で公取委から命じられている措置に相応するが、一例として、取引先等に提供させた利得額や取引先等の実費損害額を返金することが措置内容の十分性を満たすために有益であるとする（対応方針6(3)イ(カ)）。

確約手続の長所は公取委と事業者の間の意思疎通により柔軟で効果的に競争回復措置を設計できることにあるが、短所は独禁法違反事実を確定するものではなく、事実認定が不透明で、先例的価値が不十分となるおそれがあることである。このような点に留意するならば、市場構造や取引慣行を競争促進的にする措置を事業者によって自発的に考案することが有効となる企業結合事件や私的独占・不公正な取引方法事件の一部に活用されることが適切とされよう。2020年末までの2年間に確約計画の認定件数は6件あり、私的独占・不公正な取引方法（優越的地位の濫用・拘束条件付取引）に係るものであった。

Ⅱ 課徴金制度等の2019（令和元）年改正（本書504頁注46））

EU競争法などの制裁金が裁量型であることに比して、独禁法における法定化された算定方式による現行の課徴金制度について、一律かつ画一的に過ぎ、事業者が公取委の調査に協力した度合いにかかわらず一定の減算率であり、違反行為の実態に応じた適切な金額の課徴金を課すことができないとの課題があった。硬直的な課徴金制度を見直し、相応の柔軟性を認めることが適当として（公取委の独占禁止法研究会報告書（2017年4月））、公取委の調査に協力するインセンティブを高める仕組みを導入し、事業者と公取委の協力による効率的・効果的な実態解明・事件処理を行う領域を拡大するとともに、複雑化する経済環境に応じて適切な課徴金を課せるようにするとの見直し方針の下で、独禁法改正が行われた。改正案は2019（令和元）年6月19日に成立し、6月26日に公布された。同改正は、下記で施行日を付記した改正点以外は、2020（令和2）年12月25日から施行された。

1 課徴金制度の改正

(1) 算定方法に係る算定基礎の改正点

ア) 算定期間の延長等

①課徴金賦課の対象となる算定期間 (実行期間・違反行為期間) を調査開始日の10年 (現行3年) 前まで遡及できる (2条の2第13項・14項, 8条の3, 18条の2第1項)。

②既往の違反行為に対する措置命令・課徴金納付命令は, 当該違反行為がなくなった日から7年 (除斥期間, 現行5年) を経過するまでできる (7条2項ただし書, 7条の8第6項およびこれらを準用する条項)。

イ) 算定基礎への追加等

①課徴金の額の計算において次の額等を算定基礎に追加する (7条の2第1項, 7条の9第1項・2項)。

a) 違反事業者から指示や情報を受けた一定のグループ企業 (完全子会社等) の売上額

b) 不当な取引制限・支配型私的独占の対象商品・役務に密接に関連する業務 (下請受注等) による売上額

c) 不当な取引制限・支配型私的独占の対象商品・役務を供給・購入しないことの見返りとして受けた経済的利得 (談合金等)

②課徴金の額の計算において違反事業者から事実の報告または資料の提出が行われず把握できない算定期間については, 当該事業者や他の違反事業者等から入手した資料等に基づき算定の基礎となる売上額等を推計できる (7条の2第3項およびこれを準用する条項)。

③調査開始日前に違反事業を承継した子会社等に対しても課徴金を課すものとする (7条の8第4項およびこれを準用する条項)。

(2) 算定方法に係る算定率の改正点

ア) 業種別算定率の廃止

卸売業向け算定率 (2%)・小売業向け算定率 (3%) を廃止し, 基本算定率 (10%) に一本化する (7条の2第1項)[2]。

2) 算定率の数字は, 不当な取引制限・支配型私的独占の場合。

イ）中小企業算定率の限定

　不当な取引制限を行った中小企業であっても実質的に中小企業でない事業者（当該事業者の子会社等が中小企業でない者）には，中小企業算定率（4％）を適用しない（7条の2第2項）。

ウ）早期離脱事業者への軽減算定率の廃止

　不当な取引制限から早期離脱した事業者（調査開始日の1か月前までに。ただし，実行期間が2年未満である場合に限る）には2割減とする軽減算定率を廃止する（改正前7条の2第6項）。

エ）再犯事業者への割増算定率の適用範囲の限定と拡大

　不当な取引制限・私的独占において，過去10年以内に課徴金納付命令等を受けたことがある再犯事業者への割増算定率（1.5倍）の適用について，

①当該納付命令等の日以後に違反行為をした者に適用を限り，それ以前に同時並行的に行っていた別の違反行為を取り止めていた場合には適用しない（7条の3第1項各号括弧書）。2019（令和元）年7月施行済み。

②完全子会社が課徴金納付命令等を受けたことがある場合も，再犯事業者として適用する（7条の3第1項2号）。

③課徴金納付命令等を受けたことがある事業者から当該違反事業の全部または一部を承継した違反事業者も再犯事業者として適用する（7条の3第1項3号）。

オ）不当な取引制限において主導的役割の事業者への割増算定率の適用範囲の拡大

①他の事業者に対し公取委の調査に際に，算定基礎に係る資料を隠蔽・仮装し，または虚偽の報告・資料を提出することを要求・依頼し，または唆した事業者にも割増算定率（1.5倍）を適用する（7条の3第2項3号ハ）。

②課徴金減免制度における事実の報告・資料の提出や，新設の調査協力減算制度における協議の申し出を行わないことを要求・依頼し，または唆した事業者にも割増算定率（1.5倍）を適用する（7条の3第2項3号ニ）。

≪改正後の課徴金の算定率≫

	不当な取引制限(注)	支配型私的独占	排除型私的独占	不公正な取引方法（不当な取引拒絶・差別対価，不当廉売，再販売価格維持の再犯）	不公正な取引方法（優越的地位の濫用）
算定率	10%(中小企業4%) （＋再犯の割増算定率5%，＋主導等の割増算定率5%）	10% （＋再犯の割増算定率5%）	6% （＋再犯の割増算定率5%）	3%	1%

(注) 事業者団体が不当な取引制限に相当する行為を行った場合の特定事業者（実行としての事業活動を行った構成事業者）に対する課徴金を含む。ただし，特定事業者には割増算定率は準用されない。下記の課徴金減免制度・調査協力減算制度は準用される。

（3）課徴金の延滞金の割合の引下げ（令和2年1月1日施行）（本書527頁）

課徴金を納期限までに納付しない場合の延滞金の割合を，年14.5%を超えない範囲内において，政令で定める割合（年7.25%または年7.2%以下の特例基準割合）とする（69条2項，独禁法施行令32条）。

2 課徴金減免制度の改正

（1）減免率の改正点

課徴金減免制度は不当な取引制限に係るものであるところ，公取委の調査開始日前の減免申請（違反行為の報告・資料の提出）で1番目の事業者について全額免除は，変更なく維持されるが，それ以外に次の改正点がある（表1参照）。

ア）調査開始日前の減免申請で2番目の事業者の減免率20%（現行50%），3番目〜5番目の事業者の減免率10%（現行30%），6番目以下にも減免率5%（現行は不適用）を適用する（7条の4第2項）。

イ）調査開始日以後の減免申請した事業者は最多3社（ただし，調査開始日前と合わせて5番目以内である場合）まで減免率10%（現行30%），それ以降に減免申請した事業者にも減免率5%（現行は不適用）を適用する（7条の4第3項）。

(2) 調査協力減算制度の新設

上記(1)の2番目以下の事業者に適用する減免率の縮小に対応する位置付けで,新たに公取委調査への協力度合いに応じた減算率を加える制度が設けられた。この調査協力減算制度[3]は,協力度合いをもってのみ一方的に評価するのではなく,減免申請事業者から公取委に協議の申出があって,双方の協議を経て,合意に至り,実際に証拠の提出がなされて,減算率の適用となる。

3) 同制度を運用するために,公取委は,2020年9月2日に「調査協力減算制度の運用方針」(以下「運用方針」という)を策定するとともに,「課徴金の減免に係る事実の報告及び資料の提出に関する規則」(以下「課徴金減免規則」という)を全部改正し,改正法と同時に施行した。

なお,課徴金減免制度(7条の4)を利用することにより,違反被疑事実の報告・資料の提出を行った事業者のみが調査協力減算制度の対象となるもので,公取委が報告等の提出を受けた旨を当該事業者に通知すること(同条5項・課徴金減免規則13条。以下「5項通知」という)によって,事業者は調査協力減算制度の利用も可能になったことが確認できる。同制度を利用しようとする事業者は,5項通知を受けた日から起算して10日以内(休日を除く)に文書で公取委に協議の申出をしなければならない(同規則14条)。

ア) 手続

① 2番目以下の減免申請事業者から公取委に協議の申出があったとき,公取委と当該減免申請事業者の間で,次の事項について協議を行う(7条の5第1項)。

a) 報告・提出する旨の申出を行った事実・資料を合意後直ちに報告・提出すること(1号イ)。

b) 減免申請時の事実・資料を含め,公取委の求めに応じ,事実の報告,資料の提出,検査の承諾などを行うこと(1号ロ)。

c) 公取委の調査により判明した事実についても,その求めに応じ,事実の報告,資料の提出,検査の承諾などを行うこと(1号ハ)。

d) 調査開始日前に減免申請を行った事業者には最大40%(上限割合)の範囲内で合意した減算率(特定割合)を当初減免率(上記(1)ア))に加えて適用し(2号イ),調査開始日以後に減免申請を行っ

た事業者には最大20%（上限割合）の範囲内で合意した減算率（特定割合）を当初減免率（上記（1）イ））に加えて適用する（2号ロ）。

② 協議が整えば，公取委と減免申請事業者は，上記a）～d）の全部または一部を内容とする合意をすることができる。合意には，合意時点までに事業者が把握している事実等を評価した特定割合によることもできるが，それよりも，新たな事実・資料を把握する蓋然性が高いと認められる場合には，当該合意後に当該事業者が新たな事実・資料を把握したとき，公取委への報告・提出を直ちに行うことや，公取委の求めに応じ，事実の報告，資料の提出，検査の承諾などを行うことを含むことができ，当該事業者が合意後に把握・提出した事実・資料の内容を評価して，上限割合と下限割合の範囲内で決定した減算率（評価後割合）を当初減免率に加えて適用することが通例となろう（7条の5第2項・運用方針3（2）イ）。

③ 合意は，公取委と協議を申し出た事業者の間で，署名または記名押印した書面により，その内容を明らかにするものとする（7条の5第4項）。

④ 公取委は，協議において，事業者に対し，事実・資料の概要について説明を求めることができるが，合意が成立しなかった場合には，説明内容を記録した文書等を証拠に用いることはできない（7条の5第6項・7項）。

イ）効果

① 合意があるとき，公取委は，当初減免率に加えて特定割合または評価後割合に相当する金額を減じた金額の課徴金納付命令を発するものとする（7条の5第3項）。

② 課徴金減免制度の適用をしない場合に，次のことを加える（7条の6）。

a）他の事業者に対し，事実の報告，資料の提出，協議の申出等を行うことを妨害していたこと（5号）。

b）正当な理由なく，事実の報告，資料の提出を行った旨または合意，協議を行った旨を第三者に明らかにしたこと（6号）。

c）合意に違反して当該合意に係る行為を行わなかったこと（7号）。

≪不当な取引制限に対する課徴金の減免率・減算率≫
表1 改正後の減免率・減算率

調査開始日	申請順位	申請順位に応じた減免率	協力度合いに応じた減算率(注3)
前	1番目	全額免除	
	2番目	20%	+最大40%
	3～5番目	10%	
	6番目以下(注2)	5%	
後	最多3社(注1)	10%	+最大20%
	上記以下(注2)	5%	

(注1) 調査開始日前と合わせて5番目以内である場合に適用する。
(注2) 申請者数に上限はなく,すべての減免申請事業者に適用される。
(注3) 2番目以後のすべての減免申請事業者は,調査協力減算制度による協議の申出ができる(表2・3参照)。

表2 事件の真相の解明に資する程度に応じた減算率

調査開始日以後	調査開始日以後	事件の真相の解明に資する程度(注)
40%	20%	高い(全ての要素を満たす)
20%	10%	中程度である(二つの要素を満たす)
10%	5%	低い(一つの要素を満たす)

(注) 事件の真相の解明に資する程度を評価する要素としては,違反行為の対象となった商品・役務,違反行為の態様,参加者,時期,実施状況,課徴金額算定の基礎となる事項など(運用方針別紙)について,事業者からの提出資料で具体的・詳細・網羅的に裏付けられるかどうかをみるものとされる(運用指針4)。ただし,上記要素について,公取委はその評価を画一的に行うものではなく,同一事件においても違反行為への関与度合いは事業者ごとに異なることから,各減免申請事業者がそれぞれに把握しうる限りで事実等の着実な報告・提出がされたか否かをみることとなる(運用指針4(1))。したがって,今後の運用実績が,事業者からみて予見可能性と法運用の透明性を有し,調査協力減算制度の円滑な利用をもたらすものになるかどうかが焦点となる。

表3 改正前と改正後の減免率の比較

調査開始日	申請順位	改正前 申請順位に応じた減免率	改正後 申請順位に応じた可能な最大減免率（注2）
前	1番目	全額免除	全額免除
前	2番目	50%	20%＋最大40%＝最大60%
前	3～5番目	30%	10%＋最大40%＝最大50%
前	6番目以下	—	5%＋最大40%＝最大45%
後	最多3社（注1）	30%	10%＋最大20%＝最大30%
後	上記以下	—	5%＋最大20%＝最大25%

（注1）調査開始日前と合わせて5番目以内である場合に適用する。
（注2）課徴金減免制度の減免率と調査協力減算制度の減算率の和。

3 課徴金制度・課徴金減免制度改正後の留意点

改正によって，課徴金の額（不当な取引制限の場合）は，原則，

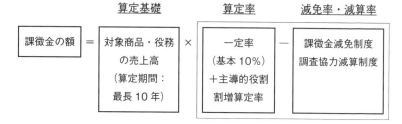

の算定方式で計算されることになり，その内訳を見ると，算定基礎・算定率は重くなり，減免率・減算率は公取委の調査への協力度合いの程度に比例して増減される度合いが強まることとなった。条文自体も会社法や税法並みに詳細な規定ぶりとなったことで，違反行為に係る実体判断の費用を事業者の協力を得て軽減する効果よりも，課徴金算定のための要件の事実認定にかかる費用の方が公取委と事業者の双方を含めて上回るのではないかとさえ危惧される。不当な取引制限の場合，違反被疑事業者のすべてに減免申請と公取委との協議が可能となる改正内容も執行費用の増加をもたらしかねない。

それゆえ，改正後の法運用により，公取委と事業者の間で協議する機会の

増加を経て，法適用のあり方への信頼がより増すことになって，違反行為に係る実体判断と競争を回復・促進する排除措置の設計にかかる費用を重視して，課徴金算定には，公取委の裁量的要素を増加させて，公取委と事業者のいずれの負担も軽減することを考慮しながら，今後の運用経験を積み重ねることが期待される。

なお，課徴金減免制度の改正・調査協力減算制度の新設に合わせて，減免申請の方法（本書522頁）がファクシミリから電子メール（genmen-2020@jftc.go.jp）に変更されている（課徴金減免規則4条1項・7条2項）。

Ⅲ 弁護士・依頼者間秘匿特権への対応（本書490頁注22））

欧米の現代の訴訟手続制度に一般的に組み込まれている，いわゆる弁護士・依頼者間秘匿特権（attorney-client privilege）は，証拠開示請求（discovery）の対象に例外を設けるものである。とりわけ，公的機関の強制調査を受ける場合は，弁護士と依頼者の間で交わされた秘密の相談記録までも開示の対象とされると，争訟遂行上，当局の調査権限に比して不均衡な不利益を被ることになる。加えて，強制調査への協力・対抗の別で処分内容に有利・不利がありうる手続が導入されると，弁護士と依頼者の間でどのような対抗策が考えられたのかは，さらに決定的な意味を有するようになる。同時に，課徴金減免制度の改正・調査協力減算制度の新設により，不当な取引制限事件では事業者のすべてがこれら制度の対象となるので，事業者が外部の弁護士に相談しなければならない機会も増すことになる。

このような観点から，事業者側に調査協力を求める要素がさらに多くなった課徴金減免制度の改正や調査協力減算制度の新設を内容とする独禁法の2019年改正法案の検討機会に，弁護士・依頼者間秘匿特権の導入が，供述聴取時の弁護士の立合いなどとともに，議論の対象となった。その結果，同法案の国会提出時（2019〔令和元〕年3月12日）に，公取委は「事業者と弁護士との間で秘密に行われた通信の取扱いについて」と題する以下の内容の方針を公表し[4)]，改正法成立後の2020（令和2）年7月7日，審査規則の一部を改正するとともに，「事業者と弁護士との間で秘密に行われた通信の内容が記録されている物件の取扱指針」（以下「判別手続指針」という）を策定した。

4) 弁護士・依頼者間秘匿特権は，日本では現時点において他の法令に規定がないため，独禁法でも同法によらず，公取委規則で定めることとなった。供述聴取時の弁護士の立会いも他の法令に規定がなく，この面の対応をとるには至っていない。

なお，改正後の課徴金減免制度をより効果的に機能させるために，事業者側の調査協力と防御権のバランスをとって，課徴金減免申請事業者の役員・従業員が供述聴取終了後その場でメモを作成でき，審査官が質問にも応じる旨を独禁法審査手続に関する指針第2・2(3)ウに追記した。

①対象となる物件

課徴金減免対象被疑行為（不当な取引制限〔カルテル〕関係）に関する法的意見について，事業者と弁護士（当該事業者から独立して法律事務を行う場合に限る）との間で秘密に行われた通信（以下「特定通信」という）の内容を記録した文書等の物件（審査規則23条の2第1項。電子データも同様に取り扱うことについては，判別手続指針第7参照）。

②物件の取扱い

物件は，特定の保管場所（弁護士に対する相談の事務を取り扱う社内部署）に外観上区別されて保管されていなければならない。公取委の審査官は，立入検査時にその保管状況を認める場合であって，当該物件の所持者（課徴金減免対象行為をした事業者またはその役員・従業員）から申出書で判別手続の求めがあったときは，当該物件（以下「特定物件」という）に封を施した上で提出を命じ，留置する（審査規則23条の2第1項）。審査官は，立入検査後，遅滞なく，当該申出書とともに，特定物件をその封を解くことなく，官房に置かれる判別官（審査局で審査官として当該被疑事件の調査に従事したことのない者）に引き継がなければならない。

③判別手続

事業者は，提出を命じられた日から2週間以内に，特定物件について特定通信ごとに概要を記載した文書を公取委に提出しなければならない（審査規則23条の2第2項）。

判別官は，特定物件が特定通信の内容を有し，その取扱いがなされていること等（審査規則23条の3）を確認し，その結果を事業者に通知する（審判規則23条の4第4項・5項）。確認が得られた特定物件は事業者に速やかに還付し，そうでないものは審査官の管理の下に引き継ぐ。

なお，判別手続は，審査手続（行政調査手続）からは遮断して行われる。

Ⅳ 刑事罰

(1) 罰金額の引上げ等（令和元年7月26日施行）（本書567頁）

2005（平成17）年改正により，検査妨害等について，両罰規定が適用されることになった旨を解説したが，令和元年改正により，公取委の一般的調査（40条）についても，虚偽の報告等をした者の罰則が引き上げられるとともに（94条の2），両罰規定が適用されることとなった（95条1項4号・2項4号）。また，公取委の立入検査等の妨害に関する両罰規定において，法人等に対する罰則が引き上げられ，2億円以下の罰金刑が科されることとなった（95条1項3号・2項3号）。

(2) 犯則調査手続の整備（令和2年1月1日施行）（本書572頁）

令和元年改正により，犯則調査手続において，委員会職員は，臨検，捜索または差押えに加えて，「記録命令付差押え」をすることができることとされた（102条1項）。「記録命令付差押え」とは，電磁的記録（電子ファイル等）を保管する者その他電磁的記録を利用する権限を有する者に命じて必要な電磁的記録を記録媒体に記録または印刷させた上で，当該記録媒体を差し押さえることをいう（102条1項括弧書き）。これに伴い，従来の臨検，捜索または差押えに係る規定において，それらと並んで「記録命令付差押え」が追加されている（102条3項・7項，104条ないし107条，108条ないし114条，114条の3，116条）。また，差し押さえるべき物件が電子計算機（パソコン等）である場合には，電気通信回線で接続している記録媒体から，その電磁的記録を当該電子計算機または他の記録媒体に複写した上で，当該電子計算機または当該他の記録媒体を差し押さえることができるとされ（102条2項・6項），差し押さえるべき物件が電磁的記録に係る記録媒体である場合には，その差押えに代えて，他の記録媒体に複写，印刷又は移転した上で（あるいは，それらをさせた上で），当該他の記録媒体を差し押さえることができるとされた（103条の3）。その他，電気通信事業者に対して通信履歴の保全を求めることができる旨の規定（103条の2）等が新設され，犯則調査手続における電磁的記録の証拠収集手続が整備された。

独占禁止法

[第6版]

金井貴嗣
川濵　昇
泉水文雄

編著

弘文堂

第6版の刊行にあたって

　2004年にロースクールのテキストとして本書を出版してから14年になる。版を重ねて2015年に第5版を出版し，それから3年が経つ。

　この間，法改正や新たに重要な判決・審決が下される等，本書の内容を最新のものにする必要が生じた。法改正については，2014年に景品表示法が改正され，本書第5版では改訂時期との関係で簡単にしか触れることができなかったが，第6版では詳しく解説した。

　判決・審決については，この間に，日本音楽著作権協会（JASRAC）事件およびテレビ用ブラウン管の国際カルテル事件の最高裁判決をはじめ，注目すべき論点を含む下級審判決や公取委の審決が下されている。公取委の運用については，流通・取引慣行ガイドラインが改正され，垂直的制限行為に対する規制についての考え方が整理された。これらの新たな動きについて，本書の該当箇所で取り上げて解説している。

　本書は，ロースクールにおける経済法のテキストとして出版してから，学生のみならず広く実務家・研究者の方々にも読んでいただき，経済法の標準的な体系書の地位を得るようになった。読者の方々に感謝申し上げるとともに，本書の内容・体裁等についてお気づきの点があれば，是非ご指摘いただきたい。

　第6版の刊行にあたり，弘文堂編集部の北川陽子さんにご尽力いただいた。ここに厚く御礼申し上げる。

2018年3月

金井　貴嗣
川濵　　昇
泉水　文雄

はしがき

　独占禁止法は，昭和22年（1947年）に制定されてから57年が過ぎた。この間，わが国の政治・経済の変化にともない，独占禁止法の内容・運用も変わってきた。母法である米国のシャーマン法が制定されてから114年，わが国の独占禁止法は米国の半分の歴史とはいえ，今日，国民一般にその重要性や社会的役割が認識されるようになった。法律学の分野においても，1つの重要な法領域として位置付けられるようになった。現在，全国の法学部のほとんどにおいて「経済法」または「独占禁止法」の科目が設置されている。

　社会の変化に対応して，新たな法曹養成機関として設置された法科大学院（ロースクール）が，2004年4月に開校した。ほとんどのロースクールにおいて，経済法または独占禁止法の科目が設置されている。ロースクールでは，教育手法として，事例を素材にした授業，いわゆるケースメソッド方式が採用されている。

　本書は，ロースクールの授業で用いるテキストとして刊行した。執筆者はロースクールで経済法または独占禁止法の授業を担当している教授である。ロースクール向けに，事例を中心に解説し，内容も従来のテキストより高度なものになっている。これまでほとんど取り上げられなかった非ハードコア・カルテルの競争制限効果について詳細な分析がなされている。企業結合規制の箇所では，この5月に公表された新ガイドラインについて，その基礎にある経済理論と関連付けて平明な解説がなされている。各章とも，これまでの判決・審決はもとより，公取委のガイドライン等，独占禁止法の運用に関わる最新の情報を網羅している。独占禁止法の実務に携わる弁護士等の法曹，公取委職員等の公務員の方々にも，独占禁止法の現在の法状況を知る必携の書として活用してもらえる内容・水準になっている。

　ロースクールの教育において重視されるのは，事例を素材にして応用能力を身につけること，言い換えれば，学生が自ら考えることができるようになることである。本書では，この点に留意して，学生が，裁判官あるいは公取委委員になったつもりで，判決・審決を下すことができるように，競争政策の理論的基礎，違法性判断の枠組み，見解の対立等について解説した。ロー

はしがき

スクールでは，学生があらかじめ本書で予習をして授業にのぞみ，本書の解説とケース等を素材にして，教師と学生の間の「対話」によって理解を深め，実際に応用できる能力を身につけるようにすることが望ましいと考えている。

本書は，経済法・独占禁止法の分野における最初のロースクール向けのテキストということで，企画・編集・執筆・校正の段階において，方針・内容等をめぐって，編者・執筆者の間で何度も議論・検討を積み重ねた。その甲斐あって，体系書として高い水準のものになったと考える。それでも，内容の誤りや分析に不十分な箇所があるのではないかとおそれている。この点，読者の忌憚のないご指摘，ご叱正をいただきたい。

弘文堂編集部の岩佐智樹さんには，本書の企画段階から，辛抱強く，編者・執筆者を刊行まで導いていただいた。また，同編集部の田上恵佳さんには，校正，校閲等にご尽力いただいた。ここに厚く御礼申し上げる。

2004 年 9 月

金井　貴嗣
川濵　　昇
泉水　文雄

編者・執筆者紹介 （＊は編著者）

金井貴嗣（かない・たかじ）＊
　1974年　中央大学法学部卒業
　現　在　中央大学名誉教授
　第7章第4節〜第7節担当

川濵　昇（かわはま・のぼる）＊
　1981年　京都大学法学部卒業
　現　在　京都大学大学院教授
　第7章第1節〜第3節担当

泉水文雄（せんすい・ふみお）＊
　1982年　京都大学法学部卒業
　現　在　神戸大学大学院教授
　第1章，第2章担当

鈴木孝之（すずき・たかゆき）
　1970年　東京大学法学部卒業
　現　在　白鷗大学名誉教授
　第11章第1節・第2節担当

武田邦宣（たけだ・くにのぶ）
　1993年　神戸大学法学部卒業
　現　在　大阪大学大学院教授
　第6章担当

田村次朗（たむら・じろう）
　1981年　慶應義塾大学法学部卒業
　現　在　慶應義塾大学教授
　第9章担当

土田和博（つちだ・かずひろ）
　1977年　早稲田大学法学部卒業
　現　在　早稲田大学教授
　第10章担当

宮井雅明（みやい・まさあき）
　1985年　立命館大学法学部卒業
　現　在　立命館大学教授
　第3章，第4章担当

山部俊文（やまべ・としふみ）
　1980年　一橋大学法学部卒業
　現　在　明治大学教授
　第5章，第11章第3節・第4節担当

和久井理子（わくい・まさこ）
　1993年　京都大学法学部卒業
　現　在　京都大学大学院教授
　第8章担当

目次

第1章　独占禁止法の目的・体系　　1

第1節　市場の時代と独占禁止法，経済法 ………………… 1
　Ⅰ　市場の時代の独占禁止法，経済法　1
　Ⅱ　世界の動き　2
　Ⅲ　市場の限界と法の役割　2
第2節　独占禁止法1条 ………………… 4
第3節　独占禁止法の目的 ………………… 6
　Ⅰ　公正かつ自由な競争の意味とその機能　6
　Ⅱ　効率性　8
　Ⅲ　消費者の利益　9
　Ⅳ　技術革新　10
　Ⅴ　「一般集中」，社会的目的　10
　Ⅵ　独占禁止法の体系　10
　Ⅶ　資料の調べ方　19

第2章　基本概念　　21

第1節　事業者と事業者団体 ………………… 21
　Ⅰ　事業者　21
　Ⅱ　事業者団体　23
第2節　一定の取引分野における競争の実質的制限 ………………… 25
　Ⅰ　競　争　25
　Ⅱ　一定の取引分野における競争の実質的制限　27
　Ⅲ　一定の取引分野　28
　Ⅳ　競争の実質的制限　30
第3節　公正競争阻害性 ………………… 31
第4節　公共の利益 ………………… 32
　Ⅰ　最高裁判決　32
　Ⅱ　学　説　33
　Ⅲ　社会公共目的と公共の利益　34
　Ⅳ　公共の利益と競争の実質的制限　35
　Ⅴ　用語について　36

第3章　不当な取引制限　　38

第1節　不当な取引制限の禁止の概要 ………………… 38

Ⅰ　概　説　38
　　Ⅱ　不当な取引制限の諸類型　39
　第2節　共同行為　……………………　45
　　Ⅰ　概　説　45
　　Ⅱ　不当な取引制限における事業者の範囲　45
　　Ⅲ　共同行為　46
　　Ⅳ　相互拘束・共同遂行　59
　第3節　競争の実質的制限　……………………　65
　　Ⅰ　概　説　65
　　Ⅱ　ハードコア・カルテルと非ハードコア・カルテルとの区別　66
　　Ⅲ　競争の実質的制限の認定手法　68
　第4節　共同行為の諸類型の違法性判断　……………………　70
　　Ⅰ　ハードコア・カルテル全般　70
　　Ⅱ　価格カルテル　73
　　Ⅲ　数量制限カルテル　76
　　Ⅳ　取引先制限カルテル　77
　　Ⅴ　入札談合　78
　　Ⅵ　共同ボイコット　93
　　Ⅶ　非ハードコア・カルテル　97
　　Ⅷ　カルテルと行政指導　115
　第5節　公共の利益に反して　……………………　122
　　Ⅰ　概　説　122
　　Ⅱ　審判決と学説の状況　123

第4章　事業者団体　126

　第1節　概　説　……………………　126
　　Ⅰ　事業者団体規制の意義　126
　　Ⅱ　制度の概要と基本的概念　128
　第2節　実体規定の概要　……………………　129
　　Ⅰ　8条1号　129
　　Ⅱ　8条2号　132
　　Ⅲ　8条3号　132
　　Ⅳ　8条4号　134
　　Ⅴ　8条5号　137
　第3節　事業者団体規制に関わる諸論点　……………………　139
　　Ⅰ　事業者団体による価格制限　139
　　Ⅱ　事業者団体による非価格制限　140
　　Ⅲ　資格者団体の活動　143

第5章　私的独占　147

第1節　概　説 …………………… 147
　Ⅰ　私的独占の意義　147
　Ⅱ　私的独占規制の現状　147
第2節　私的独占の成立要件 …………………… 151
　Ⅰ　概　説　151
　Ⅱ　行為主体の要件　151
　Ⅲ　行為要件　154
　Ⅳ　対市場効果の要件　181
第3節　排除措置命令 …………………… 190

第6章　企業結合　192

第1節　概　説 …………………… 192
　Ⅰ　企業結合規制　192
　Ⅱ　市場集中規制と一般集中規制　193
第2節　審査の対象となる場合 …………………… 197
　Ⅰ　結合関係の認定　197
　Ⅱ　分割・共同株式移転・事業譲受け等　202
第3節　市場画定 …………………… 203
　Ⅰ　市場画定の意義　203
　Ⅱ　SSNIP基準（仮定的独占者テスト）　205
　Ⅲ　世界市場・下位市場・クラスター市場　209
第4節　単独の市場支配力 …………………… 213
　Ⅰ　競争の実質的制限の定義　213
　Ⅱ　市場支配力の立証　215
　Ⅲ　競争者の対応　219
　Ⅳ　商品が差別化されている場合の特殊性　224
第5節　共同の市場支配力 …………………… 225
　Ⅰ　協調行為発生のメカニズム　225
　Ⅱ　共同の市場支配力の立証　226
　Ⅲ　共同の市場支配力規制に関する実務　234
第6節　共同出資会社 …………………… 235
第7節　垂直型企業結合・混合型企業結合 …………………… 237
　Ⅰ　垂直型企業結合　237
　Ⅱ　混合型企業結合　240
第8節　手続法 …………………… 243
　Ⅰ　概　説　243

Ⅱ　事前届出制度　243
　　Ⅲ　審査手続　247
　第9節　一般集中規制 ………………………… 251
　　Ⅰ　事業支配力過度集中の規制　251
　　Ⅱ　銀行・保険会社による議決権保有の規制　254
　第10節　独占的状態に対する規制 ………………………… 255

第7章　不公正な取引方法　257

　第1節　総　論 ………………………… 257
　　Ⅰ　はじめに　257
　　Ⅱ　不公正な取引方法の定義　258
　　Ⅲ　公正競争阻害性　264
　第2節　不当な差別的取り扱い ………………………… 270
　　Ⅰ　概　説　270
　　Ⅱ　不当な取引拒絶　270
　　Ⅲ　差別対価・取引条件等の差別的取り扱い　292
　　Ⅳ　事業者団体における差別的取り扱い　301
　第3節　不当対価取引 ………………………… 302
　　Ⅰ　総　説　302
　　Ⅱ　不当廉売　302
　　Ⅲ　不当高価購入（一般指定7項）　322
　第4節　事業活動の不当拘束 ………………………… 323
　　Ⅰ　概　説　323
　　Ⅱ　再販売価格の拘束　328
　　Ⅲ　不当な排他条件付取引　335
　　Ⅳ　その他の拘束条件付取引　338
　第5節　優越的地位の濫用 ………………………… 350
　　Ⅰ　概　説　350
　　Ⅱ　優越的地位の濫用規制（2条9項5号）　351
　　Ⅲ　公正取引委員会の指定　362
　　Ⅳ　下請法による規制　363
　第6節　不当な顧客誘引・取引強制 ………………………… 366
　　Ⅰ　概　説　366
　　Ⅱ　ぎまん的顧客誘引　366
　　Ⅲ　不当な利益による顧客誘引　368
　　Ⅳ　景表法による規制　369
　　Ⅴ　不当な取引強制　376
　第7節　不当な取引妨害・内部干渉 ………………………… 382
　　Ⅰ　概　説　382

Ⅱ　不当な競争者に対する取引妨害　382
　Ⅲ　不当な内部干渉　392

第8章　知的財産権と独占禁止法　394

第1節　独占禁止法と知的財産保護制度　394
　Ⅰ　「知的財産」と保護制度　394
　Ⅱ　知的財産保護制度と独占禁止法　395

第2節　独占禁止法21条　398
　Ⅰ　意　義　398
　Ⅱ　批判と検討　399
　Ⅲ　消尽原則　401

第3節　独占禁止法の適用　402
　Ⅰ　総　論　402
　Ⅱ　競争制限・阻害効果　402
　Ⅲ　不当な競争手段の利用・自由競争基盤の侵害　403
　Ⅳ　知的財産に係る諸行為と判断枠組み　404

第4節　知的財産権侵害訴訟・ライセンス拒絶・権利化　404
　Ⅰ　権利化（特許権・商標権等の出願等）　404
　Ⅱ　知的財産権侵害訴訟・侵害警告　405
　Ⅲ　ライセンス拒絶　408

第5節　ライセンシーに対する拘束　409
　Ⅰ　実施範囲，数量，販売価格および実施料に関する取決め　409
　Ⅱ　保護範囲外にある事業活動の排除・拘束　416

第6節　知的財産権者間の合意・ライセンシーによる拘束　422
　Ⅰ　知的財産権者間の知的財産の利用に関する取決め　422
　Ⅱ　実施料カルテル（知的財産権者間の実施許諾料に係る取決め）　423
　Ⅲ　共同のライセンス拒絶　423
　Ⅳ　パテントプール　425
　Ⅴ　知的財産権の買収，独占的ライセンスを受けること等　426

第9章　国際取引と独占禁止法　428

第1節　国際的な反競争行為に対する独占禁止法の適用　428
　Ⅰ　独占禁止法と国際取引　428
　Ⅱ　国際取引に対する6条の存在意義　429

第2節　独占禁止法の域外適用　432
　Ⅰ　域外適用総論　432
　Ⅱ　立法管轄権と効果主義　433

目　次

　　　Ⅲ　手続管轄権　436
　　　Ⅳ　国際取引に対する独占禁止法適用例　439
　　　Ⅴ　米国反トラスト法の域外適用　447
　第3節　競争法の国際的調和 …………………………… 450
　　　Ⅰ　執行協力体制の構築　450
　　　Ⅱ　競争法の国際的調和　451

第10章　独占禁止法の射程と限界　453

　第1節　概　説 ………………………… 453
　第2節　規制産業における独占禁止法の適用 ……………………… 454
　　　Ⅰ　概　説　454
　　　Ⅱ　規制事業分野における独占禁止法の適用　454
　　　Ⅲ　電気通信・電気・ガス事業に対する規制　459
　第3節　適用除外制度 ……………………… 468
　　　Ⅰ　概　説　468
　　　Ⅱ　協同組合に対する適用除外（22条）　469
　　　Ⅲ　再販適用除外制度（23条）　475

第11章　独占禁止法エンフォースメント　479

　第1節　概　説 ………………………… 479
　　　Ⅰ　エンフォースメントの意義　479
　　　Ⅱ　違反行為による被害・損失　480
　　　Ⅲ　措置（サンクション）のシステム　481
　第2節　公正取引委員会と審査手続・排除措置命令・課徴金納付命令・
　　　　　課徴金減免制度・司法審査 ……………………… 484
　　　Ⅰ　公正取引委員会の組織と権限　484
　　　Ⅱ　違反事件処理手続　489
　　　Ⅲ　違反行為の予防　532
　第3節　民事的救済制度 ……………………… 536
　　　Ⅰ　概　要　536
　　　Ⅱ　独占禁止法違反の法律行為の効力　537
　　　Ⅲ　損害賠償　542
　　　Ⅳ　差止請求　555
　第4節　刑事罰 ……………………… 565
　　　Ⅰ　概　説　565
　　　Ⅱ　管轄・専属告発制度　567
　　　Ⅲ　審査手続・犯則調査手続　570

Ⅳ　構成要件該当性・違法性・有責性　575
　Ⅴ　不当な取引制限の禁止違反に対する刑事罰　576

事項索引　580
判決・審決索引　588

凡　例

1　法令・機関略語

独占禁止法（私的独占の禁止及び公正取引の確保に関する法律）については条数のみを表示する。

景表法	不当景品類及び不当表示防止法
下請法	下請代金支払遅延等防止法
入札談合等関与行為防止法	入札談合等関与行為の排除及び防止並びに職員による入札等の公正を害すべき行為の処罰に関する法律
旧（昭和57年）一般指定	不公正な取引方法（昭和57年公正取引委員会告示第15号〔平成21年改正前〕）
旧（昭和28年）一般指定	不公正な取引方法（昭和28年公正取引委員会告示第11号）
公取委	公正取引委員会

2　判例集等

民集	最高裁判所民事判例集
刑集	最高裁判所刑事判例集
高民	高等裁判所民事判例集
高刑	高等裁判所刑事判例集
行集	行政事件裁判例集
審決集	公正取引委員会審決集

3　文献略語

（概説書・コンメンタール）

条解	厚谷襄児・糸田省吾・向田直範・稗貫俊文・和田健夫編『条解独占禁止法』（弘文堂，1997年）
注解上巻・下巻	今村成和・丹宗暁信・実方謙二・厚谷襄児編『注解経済法（上）・（下）』（青林書院，1985年）
今村・独禁	今村成和『独占禁止法〔新版〕』（有斐閣，1978年）
今村・入門	今村成和『独占禁止法入門〔第4版〕』（有斐閣，1993年）
伊従・理論と実務	伊従寛・矢部丈太郎『独占禁止法の理論と実務』（青林書院，2000年）

凡　例

金井	金井貴嗣『独占禁止法〔第2版〕』（青林書院，2006年）
ベーシック	川濵昇・瀬領真悟・泉水文雄・和久井理子『ベーシック経済法〔第4版〕』（有斐閣，2014年）
岸井ほか・経済	岸井大太郎・大槻文俊・和田健夫・川島富士雄・向田直範・稗貫俊文『経済法〔第8版〕』（有斐閣，2016年）
久保	久保欣哉『独占禁止法通論』（三嶺書房，1994年）
後藤ほか・競争	後藤晃・鈴村興太郎編『日本の競争政策』（東京大学出版会，1999年）
実方・独禁	実方謙二『独占禁止法〔第4版〕』（有斐閣，1998年）
正田・全訂	正田彬『全訂独占禁止法 Ⅰ・Ⅱ』（日本評論社，1981年）
白石	白石忠志『独占禁止法〔第3版〕』（有斐閣，2016年）
白石・勘所	白石忠志『独禁法事例の勘所〔第2版〕』（有斐閣，2010年）
白石・講義	白石忠志『独禁法講義〔第7版〕』（有斐閣，2014年）
白石・事例集	白石忠志『独禁法事例集』（有斐閣，2017年）
泉水ほか	泉水文雄・土佐和生・宮井雅明・林秀弥『経済法〔第2版〕』（有斐閣，2015年）
田中編	田中寿編「不公正な取引方法―新一般指定の解説」（別冊ＮＢＬ No.9　商事法務研究会）
谷原	谷原修身『新版独占禁止法要論〔第3版〕』（中央経済社，2011年）
独禁手続	丹宗暁信・岸井大太郎編『独占禁止手続法』（有斐閣，2002年）
講座	日本経済法学会編『経済法講座　経済法の理論と展開　第1巻～第3巻』（三省堂，2002年）
根岸・問題	根岸哲『独占禁止法の基本問題』（有斐閣，1990年）
根岸編・注釈	根岸哲編『注釈 独占禁止法』（有斐閣，2009年）
根岸＝杉浦	根岸哲・杉浦市郎編『経済法〔第5版〕』（法律文化社，2010年）
根岸＝舟田	根岸哲・舟田正之『独占禁止法概説〔第5版〕』（有斐閣，2015年）
松下	松下満雄『経済法概説〔第5版〕』（東京大学出版会，2011年）
村上	村上政博『独占禁止法〔第8版〕』（弘文堂，2017年）

（論文集）

正田還暦	正田彬教授還暦記念論文集『国際化時代の独占禁止法の課題』（日本評論社，1993年）
正田古稀	正田彬先生古稀祝賀『独占禁止法と競争政策の理論と展開』（三省堂，1999年）
今村退官上巻・下巻	今村成和教授退官記念『公法と経済法の諸問題（上）（下）』（有斐閣，1981・1982年）
今村研究(1)～(6)	今村成和『私的独占禁止法の研究(1)～(6) ((4)は分冊Ⅰ・Ⅱ)』（有斐閣，1956～1993年）

凡　例

（雑　誌）
金判　　　　金融・商事判例（経済法令研究会）
重判　　　　重要判例解説（有斐閣）
ジュリ　　　ジュリスト（有斐閣）
百選　　　　独禁法審決・判例百選（有斐閣）
経済法百選　経済法審決・判例百選（有斐閣）
学会年報　　日本経済法学会年報（有斐閣）
判時　　　　判例時報（判例時報社）
判タ　　　　判例タイムズ（判例タイムズ社）
法教　　　　法学教室（有斐閣）
曹時　　　　法曹時報（法曹会）
法時　　　　法律時報（日本評論社）
＊本書では判例の評釈を「判批」，審決の評釈を「評釈」とした。

4　報告書・ガイドライン

「独禁研報告書」(昭和55年)　独占禁止法研究会「流通系列化に関する独占禁止法上の考え方」（昭和55年3月17日）
「独禁研報告書」(昭和57年)　独占禁止法研究会「不公正な取引方法に関する基本的な考え方」（昭和57年7月8日）
「独禁研報告書」(平成15年)　独占禁止法研究会報告書（措置体系の見直し，独占・寡占規制の見直し）（平成15年10月28日）

医師会ガイドライン	医師会の活動に関する独占禁止法上の指針（1981・8・8公取委，2010・1・1改正）
役務の委託取引ガイドライン	役務の委託取引における優越的地位の濫用に関する独占禁止法上の指針（1998・3・17公取委，2011・6・23改正）
価格表示ガイドライン	不当な価格表示についての景品表示法上の考え方（2002・12・5公取委，2006・1・4改正）
ガスガイドライン	適正なガス取引についての指針（2004・8・6公取委・経済産業省，2017・2・6改正）
企業結合ガイドライン	企業結合審査に関する独占禁止法の運用指針（2004・5・31公取委，2011・6・14改正）
旧・企業結合ガイドライン	株式保有，合併等に係る「一定の取引分野における競争を実質的に制限することとなる場

合」の考え方（2001・3・29公取委）

旧特許・ノウハウガイドライン	特許・ノウハウライセンス契約に関する独占禁止法上の指針（1999・7・30公取委）
旧・不当廉売ガイドライン	不当廉売に関する独占禁止法上の考え方（1984・11・20公取委事務局）
共同研究開発ガイドライン	共同研究開発に関する独占禁止法上の指針（1993・4・20公取委，2017・6・16改正）
行政指導ガイドライン	行政指導に関する独占禁止法上の考え方（1994・6・30公取委，2010・1・1改正）
銀行・保険会社ガイドライン	独占禁止法第11条の規定による銀行又は保険会社の議決権の保有等の認可についての考え方（2002・11・12公取委，2014・4・1改正）
金融取引の規制緩和ガイドライン	金融機関の業態区分の緩和及び業務範囲の拡大に伴う不公正な取引方法について（2004・12・1公取委，2011・6・23改正）
公共的入札ガイドライン	公共的な入札に係る事業者及び事業者団体の活動に関する独占禁止法上の指針（1994・7・5公取委，2015・4・1改正）
債務の株式化ガイドライン	債務の株式化に係る独占禁止法第11条の規定による認可についての考え方（2002・11・12公取委，2015・4・1改正）
資格者団体ガイドライン	資格者団体の活動に関する独占禁止法上の考え方（2001・10・24公取委，2010・1・1改正）
事業支配力過度集中ガイドライン	事業支配力が過度に集中することとなる会社の考え方（2002・11・12公取委，2010・1・1改正）
事業者団体ガイドライン	事業者団体の活動に関する独占禁止法上の指針（1995・10・30公取委，2010・1・1改正）
知的財産ガイドライン	知的財産の利用に関する独占禁止法上の指針（2007・9・28公取委，2016・1・21改正）
電気通信ガイドライン	電気通信事業分野における競争の促進に関する指針（2004・6・18公取委・総務省，2018・1・9改正）
電力ガイドライン	適正な電力取引についての指針（2002・7・25公取委・経済産業省，2017・2・6改正）
農協ガイドライン	農業協同組合の活動に関する独占禁止法上の

凡　例

	指針（2007・4・18公取委，2017・6・16改正）
排除型私的独占ガイドライン	排除型私的独占に係る独占禁止法上の指針（2009・10・28公取委）
標準化とパテントプールガイドライン	標準化に伴うパテントプールの形成等に関する独占禁止法上の考え方（2005・6・29公取委，2007・9・28改正）
不当廉売ガイドライン	不当廉売に関する独占禁止法上の考え方（2009・12・18公取委，2017・6・16改正）
フランチャイズガイドライン	フランチャイズ・システムに関する独占禁止法上の考え方について（2002・4・24公取委，2011・6・23改正）
優先的地位濫用ガイドライン	優越的地位の濫用に関する独占禁止法上の考え方（2010・11・30公取委，2017・6・16改正）
リサイクルガイドライン	リサイクル等に係る共同の取組に関する独占禁止法上の指針（2001・6・26公取委，2010・1・1改正）
流通・取引慣行ガイドライン	流通・取引慣行に関する独占禁止法上の指針（1991・7・11公取委事務局，2017・6・16改正）

第1章 独占禁止法の目的・体系

第1節　市場の時代と独占禁止法，経済法

I　市場の時代の独占禁止法，経済法

　市場の時代といわれる。多くの規制が残っていた日本においても，競争原理を活用しようとする規制緩和または規制改革といわれる動きが進み，競争の重要性が広く認識されるようになってきた。市場における公正で自由な競争に基づいてモノおよびサービスの取引を行うことによって，希少な資源を効率的に利用・配分できるようになり，消費者は安くてよい商品をより多く買うことができるようになる。この結果，技術革新も進展し，経済の民主的で健全な発展も促進される。独占禁止法（以下，独禁法とする）は終戦直後の 1947 年に制定されてから半世紀以上を経て，規制緩和・規制改革が進む中でその適用される範囲は広がり，独禁法の重要性は広く認識されるようになってきた。消費者の権利意識が高まるにつれ，独禁法を通じて消費者の権利を実現することも重視されるようになってきた。

　裁判所も，「独禁法は，我が国の事業活動について，『公正かつ自由な競争を促進し』『国民経済の民主的で健全な発達を促進することを目的』として，国内における自由経済秩序を維持・促進するために制定された経済活動に関する基本法である。国内外において右理念の遵守が強く叫ばれている現下の社会・経済情勢下において，同法は経済活動に携わる事業関係者に等しく守られなければならないものである」と述べている（シール談合刑事事件・東京高判平 5・12・14）。独禁法はこのように経済秩序における基本法であり，経済法の中核をなす法律ということができる[1]。

---

1)　このような位置付けとして，根岸＝舟田 1-5 頁。

II　世界の動き

　世界的にみると，独禁法は，第2次大戦以前には，1890年に制定された米国のシャーマン法，クレイトン法（1914年），および連邦取引委員会法（1914年）からなる米国の反トラスト法が主要な立法であるにすぎなかった。むしろ，商品の生産，流通に直接規制（統制）を加え，独占を容認・奨励し，カルテルの組織形成を助長する統制経済法が，戦前の日本やドイツでは主流であった。しかし，第2次世界大戦後，経済的な問題は基本的には市場経済のメカニズムによって解決しようとする考え方が基本になった。まず，日本，および欧州の経済圏や次第に欧州の各国において独禁法が制定され，現在では，欧州で形成発展されたEU競争法が米国反トラスト法に並ぶ重要な位置を占めるに至っている。EU競争法はEU加盟国25ヶ国に加え，EFTA（欧州自由貿易連合）加盟国へも適用されている。他の諸国においても，現在では先進国からなるOECD（経済協力開発機構）加盟国である30ヶ国のすべてが独禁法を制定している。OECD加盟国以外でも，中南米や中国を含むアジアの多くの国において独禁法が制定され，旧社会主義国のブルガリア，ロシア，ルーマニア等でも，相次いで独禁法が制定されている。現在，WTO（世界貿易機関）加盟国の多くの国において独禁法が制定され運用されている。また，独禁法を運用・執行する競争当局を中心に，法曹，研究者も参加するICN（国際競争ネットワーク）が活発な活動をしているが，その構成員である各国・地域（EUなど）の競争当局は110にのぼる。日本の独禁法は，1947（昭和22）年に占領下において米国反トラスト法の影響の下に制定されたが（原始独禁法といわれる），その後1949（昭和24）年と1953（昭和28）年の2度の改正の後，運用等が低迷していた時期を経て，1977（昭和52）年に独禁法強化のための改正が行われた。その後は，独禁法の運用が相次いで強化され，とりわけ1990年代以降は，法改正および運用の強化が毎年のように行われている。特に2005（平成17）年および2009（平成21）年には四半世紀ぶりの大改正が行われた。

III　市場の限界と法の役割

　このように，現代では日本だけでなく多くの国において，経済的な問題は

市場経済によって解決することを基本とするようになってきた。かつては多くの分野で政府が規制をしていたが，それらの分野でも規制が撤廃または緩和されている。このような分野では独禁法の役割がますます大きくなってきているのである。

　もっとも，経済秩序は市場における競争に任せるだけでうまく機能するとは限らない。独禁法は基本的に，市場において競争を制限しまたは競争を阻害する行為を禁止し，市場における競争を妨げる状況を改善し，競争条件を整備することで，市場の自動調整作用に任せようとするものである。

　多数の法律の中には，独禁法が行うように，競争の制限を排除し市場の機能を復活させるだけでなく，政府が法律を作ることによって，新たな市場を創出したり，市場において競争がうまく機能するように市場の枠組みを積極的に構築することがある。たとえば，金融商品取引法は金融商品の取引に関する市場と競争の枠組みを構築・運用するという役割を担うし，電気通信事業法は特定の事業者に自前の通信施設を競争者に開放させるなどして電気通信において競争が行われるための基盤やルールを構築している。他方で，このような政府規制は逆に市場における競争を歪め，競争のメカニズムを働かなくさせることがある。かつては運送などの料金や参入に直接かつ厳格に介入する政府規制が多くあった。しかし政府はその市場について十分な情報を持っているとは限らず，規制がかえって市場メカニズムを歪めることがあった。その一方，市場の機能に任せていただけでは競争が十分に機能しないこともある。かつて通信，エネルギー，運送などは自然独占といわれていた。1社がすべて生産した方が複数の者が生産するより費用が少なくて済むという考え方による。国家が，警察や消防の機能を担うのも，市場の競争に任せていては，十分なサービスが提供されないからである。これらは，「市場の失敗」といわれ，政府・国家による規制が必要とされる。さらに，電気，郵便などでは，全国の地域の住民にあまねく非差別的にサービスを提供されることが必要と考えられる。しかし，エネルギーの製造，運送などの多くは，現在では自然独占でないと考えられ，電力会社以外の一般の製造業者も発電を行っており，運送分野[2]も多数の事業者が競争のために参入するなど，規

---

[2] たとえば，宅配便は，かつては旧郵政省による国家独占の対象であったが，現在は多数の宅配便業者が競争をしている。

制改革によって競争が導入されている。

しかし，商品の安全性の確保，環境保護，そのための情報開示のための規制は行われている。薬事法の規制，医師免許制などである。これらの規制は，規制の撤廃・緩和が進んでいる経済的規制に対して，社会的規制と呼ばれ，一定の範囲で国家・政府による規制が必要とされる分野である。

独禁法はこのような市場の失敗に対する対処や社会的規制の必要性を配慮し，一定の規定を置いている。この点は，本章の最後において独禁法の見取り図として示すこととする。

第2節　独占禁止法1条

1条は，独禁法の目的に関する規定を置いている。しかし，1条は複雑な規定であり，様々な価値や法益が列挙されており，それらの法益の相互の関係は一読しただけではわからないであろう。そこで，独禁法の目的はどのように理解されるのか，1条の内容をいくつかに分解して並べた上で，それぞれの関係を考えてみよう。独禁法の目的を，①〜③に分け，それぞれをさらに細分して整理すると次のようになる。

①（ア）「私的独占，不当な取引制限及び不公正な取引方法を禁止し，事業支配力の過度の集中を防止して」，（イ）「結合，協定等の方法による……不当な制限その他一切の事業活動の不当な拘束を排除することにより」，

②（ア）「公正且つ自由な競争を促進し」，（イ）「事業者の創意を発揮させ，事業活動を盛んにし，雇傭及び国民実所得の水準を高め，以て」，

③（ア）「一般消費者の利益を確保するとともに，（イ）国民経済の民主的で健全な発達を促進することを目的とする」。

通説[3]は，この規定を次のように理解している。①は独禁法が何を定めているか（何を定めるために制定されたか）を示し，②はそれによって実現されるべき政策目標とその効果を，③では②が何のためにあるのか（政策目標の国民経済的意義）を明らかにしている。②（ア）は独禁法が直接実現しようとするものを述べ，（イ）はその政策的効用を述べているにすぎないとする。そこから，通説は，②（ア）が独禁法の直接の目標であり，独禁法の目標は，

---

3)　今村・入門2頁。

市場において公正かつ自由な競争を確保し促進することだと考える。このような政策は「競争政策」と呼ばれ，独禁法の直接の目的はこの競争政策にあるとする。

これに対し，②(イ)は独禁法の直接の目標・目的ではなく，競争政策により期待される政策的効果である。雇用の確保や所得水準を高めることは，公正かつ自由な競争を確保することによる効果にすぎず，独禁法の直接の目標・目的ではないとされる。また，③も②(イ)と同じである。この立場では，消費者利益（一般消費者の利益）は独禁法の直接の目標・目的ではなく，反射的な利益または事実上の利益にすぎないことになる。

これに対し従来から少数説が主張されてきた。これは，②(イ)の雇用確保，国民所得の上昇，および③(イ)の国民経済の民主的で健全な発展も独禁法の直接の目的であるとするものである。この説にもバラエティはあるが，公正かつ自由な競争の確保（競争政策）を犠牲にしても，別の政策的根拠（雇用の確保など）から，たとえば，雇用確保のためには不況産業におけるカルテルや談合，合併を，反競争効果を持つものであっても認めてよいという主張もありうる。これに対し，通説はこのような談合，合併等は，上記の解釈から，認められないとする[4]。

最近有力に主張されている見解は，③(ア)にいう一般消費者の利益は，独禁法の目的からの単なる反射的利益ではなく，独禁法の直接の目的そのものであるとする。このような理解は，1962（昭和37）年に独禁法の付属法律である不当景品類及び不当表示防止法（景表法）が制定された頃からいわれてきたが，最近は，③(ア)にいう消費者利益（一般消費者の利益）の確保は独禁法の「究極目的」であるとし，かつ直接の目標・目的でもあると理解されている。

それでは，ここにいう公正かつ自由な競争，消費者利益，効率性，技術革新等はどのような内容を持ち，どのような関係にあるのか。このことを次の第3節でみておこう。

---

[4] 通説はまた，このような目的規定を置いて，国民経済の民主的で健全な発達という文言で締めくくる法律は，戦後に制定された多くの経済規制法（金融商品取引法，銀行法，保険業法など）において一般的であり，これらの法律でこのような解釈はなされていないことをあげる。

第3節　独占禁止法の目的

I　公正かつ自由な競争の意味とその機能

　公正かつ自由な競争を促進するとはどういうことだろうか。まず考えられるのは，競争によって商品・役務の価格が低くなること，および品質が改善されるということである。これは最も直感的に理解できる消費者の利益であるといえよう。さらに，競争の意味や機能は，経済的な説明から示唆を得ることができる[5]。経済的な説明といっても，いろいろな見方があるが，ここでは企業がすでに保有している（既存の）生産設備を使って生産量および価格を決定するという短期的な企業行動から得られる効果（成果）をまずみることにする。競争のより動的な（ダイナミックな）効果は後で技術革新を取り上げてみることにしよう。

【経済学からみた独占の弊害】

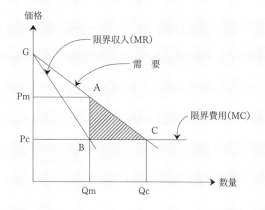

---

[5]　以下の説明を詳しく知りたい者は，J・E・スティグリッツ『スティグリッツ　ミクロ経済学〔第4版〕』（東洋経済新報社，2013年）第9章以下を参照。同書は，数学を用いずにわかりやすく，以下で述べる内容を説明している。経済法の教科書として，ベーシック11頁以下（川濵昇），根岸＝杉浦31頁以下（泉水文雄）。

第3節　独占禁止法の目的

　経済学（ミクロ経済学）では，競争市場と独占市場（寡占市場も含まれるが，簡単化のため省略する）とを比較して，独占や寡占がなぜ望ましくないのかを説明している。競争市場においては生産者は市場の価格を所与とし，市場が決めた価格（競争価格）に従って自己の利益を最大にするように供給量を決定する。この場合，企業はある生産レベルから追加的に1単位生産するためにかかる費用（これを限界費用という）が市場価格に一致するまで生産を行うことになる。つまり，完全競争では，市場価格が限界費用に一致することになる。この生産量は，独占企業の図に置き直すと図のQcであり，市場価格はPcとなる。

　これに対して，独占市場においては生産者は価格および供給量をある程度自由に決定できることから（これは東宝・スバル事件・東京高判昭26・9・19等において東京高裁が，多摩談合〔新井組〕審決取消請求事件・最判平24・2・20において最高裁が〔第2章第2節Ⅳ〕いう「競争の実質的制限」および「市場支配力」の定義に一致していることに注意しよう），自己の利益を最大化するように供給量と価格を決定する。さて，独占企業はどれだけの供給量と価格を選択することで利潤を最大にできるだろうか。独占企業は，限界費用よりも価格を引き上げることで限界費用と価格の差に供給量を掛けた分を新たな利益として得ることができる。しかし価格が上がれば買い手は少なくなり供給量は減少する。逆にいえば，供給量を増やせば価格は下がる。供給量を1単位増やせば1単位分の売上高が増えるとともに，価格が（わずかに）減少するので，この価格減少分に総供給量を掛けただけの売上高が減少する。1単位の供給量の増加が売上高に与えるこの2つの効果によって，1単位当たり追加的に供給することによって得られる収入が決定される。これを限界収入という（競争市場では，限界収入は市場価格に一致する）。図では，簡単化のため需要曲線を線形（直線）と仮定しているが，その場合には図のMRが限界収入曲線となる。独占企業は限界収入が限界費用を上回る限り追加的な供給をすることによって利益を得られるので供給を続け，限界収入と限界費用の一致点まで供給を行う。

　競争市場では，供給量，価格はQc，Pcであり，需要者の利益（消費者余剰という）はGCPcとなり，生産者の利益（生産者余剰という）はゼロ，社会全体の利益（社会的総余剰という）も消費者余剰と同じでGCPcとなる。

独占市場では，供給量，価格はQm，Pmとなり，生産者余剰は四角形ABPcPmとなり，消費者余剰は三角形GAPmに減少し，社会的総余剰は完全競争に比べて三角形ABCだけ減少している。三角形ABCは，完全競争では供給されたのに，独占が発生したために価格が高くなり供給ができなかった部分である。これは独占による資源配分上の非効率性，または厚生上の損失（死重損失）と呼ばれる。

　一般消費者が被る不利益は，この資源配分上の非効率性のほか，四角形ABPcPmが考えられる。もっとも，この不利益は消費者から企業へと帰属が移転しただけであり，社会全体から利益が失われたわけではなく，たとえば法人税を課しまたは社会保障を提供するなどの所得再分配政策によって是正すればよいとも考えられる。

　しかしながら，この四角形ABPcPmはカルテルによって消費者が高い価格を支払わされたもので，不法行為に基づく損害賠償の典型的な対象と考えられるものである。また，上記の所得再分配が適切になされるとの保障もない。さらに，四角形ABPcPmも資源配分上の効率性に関係するという見解も有力である。独占利潤を目指す企業は，独占を獲得するためにカルテルや談合をすれば，そのカルテル等にも費用はかかる。このような費用は四角形ABPcPmから支出されることになるが，これは社会的な無駄にほかならないのである。

II　効率性

【経済学からみた独占の弊害】にあるように，独占または市場支配力が形成されると，資源配分上の非効率性およびその他の社会的費用が発生する。特に独占や市場支配力が形成されると，稀少な資源が使われず，競争状態よりも価格が高く設定され，競争状態であれば行われただけの価値ある商品の生産が行われなくなる[6][7]。

---

6) このような生産が行われないことによる社会に発生する損失は市場支配力による社会的損失である。「独禁研報告書」（平成15年）が，課徴金制度の設計において，カルテル，入札談合などによる不当利益に加えて，この社会的損失を違反行為者に負担させることを提唱した（ただし，立法には採用されなかった）。

7) さらに競争は別の効率性を確保するともいわれている。競争が活発であれば，企業は無

Ⅲ　消費者の利益

　Ⅱおよび【経済学からみた独占の弊害】でみた利益は，公正かつ自由な競争を維持することによって，消費者に与えられる利益ということもできる。消費者は，よりよいものを，より安い価格で，より多く購入することができる。逆にいえば，カルテルや入札談合，私的独占などによって市場支配力が形成，維持，強化されると，このような利益が実現できないという不利益が発生するのである。ここでいう消費者の利益には2つのものがあることに注意しよう。第1は，四角形ABPcPmに該当する利益であり，消費者は市場支配力がある場合よりも低い価格で購入できるということである。逆にいえば，上記の方法で市場支配力が形成，維持，強化されると，消費者は高い価格を支払わされるという不利益を受けるのである。このような損害は，通常，不法行為に基づく損害賠償請求の対象となる。第2は，三角形ABCに該当する利益であり，消費者は市場支配力がある場合よりも，競争水準ではより多くのものを購入できるという利益を得る。逆にいえば，上記の方法で市場支配力が形成，維持，強化されると，競争水準では購入できたのに購入を断念せざるをえないという不利益が発生する。たとえば，ある医薬品について価格カルテルが行われたとすると，その医薬品が高くなって，患者は高い金額を支払わされるとともに，お金のない患者は高すぎて医薬品による治療を受けられなくなり，さらに病状が悪化するなどの被害を受ける。前者の不利益が第1のものであり，後者の不利益が第2のものである。

　独禁法は，このようなカルテル・入札談合や私的独占，企業結合の規制にみられる，市場支配力を形成，維持，強化することを規制するほかに，景表法のように，顧客を欺罔するなどの不当な表示などの規制も設けている（第7章第6節）。この景表法やぎまん的顧客誘引の規制などは一種の消費者保護のための規制であるが，これらの規制はいま述べたものとは別の意味で消費者利益を実現すると考えられる。すなわち，消費者利益の第3として，取引主体間，特に消費者に情報の非対称性といわれる状況がある場合に，市場に登場する商品の情報を十分かつ適切に消費者に与え，消費者が合理的な意

駄な出資をしないで，費用を節約しようとする。競争が活発でないことにより組織に発生する様々な非効率性はX非効率と呼ばれる。

思決定を行えるようにすることで市場の機能を改善し，市場が機能していれば行われた取引を復活させるようにすることも，独禁法は目的とする。景表法などは，単に消費者がかわいそうだという弱者保護政策からというより，消費者の合理的な意思決定を確保するという意味で競争を促進し消費者利益を確保しているのである[8]（ただし，景表法は2009〔平成21〕年改正により，公取委から消費者庁へ全面移轄された）。

IV 技術革新

より動的（ダイナミック）な競争にも着目される。競争の圧力が低下すると，企業が技術革新をするインセンティブが低下するといわれている。競争が制限されると，技術革新が低迷するのである。もっとも，市場が独占されている方が技術開発を活発にするという主張もなされることがあるが，少なくとも特許法などの知的財産法が十分に整備された現代社会においては，企業がカルテルなどによって互いの競争を回避することは技術革新のインセンティブを削ぐものと理解されている。

V 「一般集中」，社会的目的

独禁法には，国民経済全体において特定の企業や企業グループに私的経済力が集中することを阻止しようとする考え方もある。少数者による産業支配の排除，経済的に巨大企業が存在している社会では政治的にも民主主義が保てないという経済民主主義的な発想である。財閥解体および9条が財閥の復活を阻止するのはそういう考え方の表れである。ただし，「一般集中」規制はⅠないしⅢの目的を予防的に規定するという機能をも持つ。

VI 独占禁止法の体系

公正かつ自由な競争を維持・促進するため独禁法はどのような規定を置いているのだろうか。規制対象をいくつかに分けてみよう。

---

[8] これらを消費者の「権利」と捉え直し，個々の消費者の「選ぶ権利（競争価格によって商品やサービスに接することが保障されること）」と「知らされる権利（不当表示や広告から保護され，合理的な選択を行うために必要な情報が与えられること）」とすることもある（根岸＝舟田29頁）。

独禁法の規制は，共同行為の規制，私的独占の禁止，企業結合の規制，および不公正な取引方法の規制の4つからなる[9]。

独禁法には，様々な行為によって「一定の取引分野における競争を実質的に制限する」ことを禁止する規制がある。第2章第2節Ⅳでみるように，「競争の実質的制限」は市場支配力の形成，維持または強化を意味すると解されている。そこで，本節ではこのタイプの規制を市場支配力の形成・強化等の規制と総称しよう。本節ですでに述べた独禁法の目的のうち，この規制に連なるのは，Ⅱの効率性，Ⅲの消費者利益の第1と第2，およびⅣの技術革新である。

さらに，競争を制限する手段には，「競争回避」と「競争排除」の2つが区別される。カルテルや入札談合のように独立した事業者の間で互いに競争を回避することによって競争を制限する場合と，略奪的価格設定（第7章第3節Ⅱ）などが典型であるように，既存の事業者を市場から排除したり，新規参入を阻止することによって競争を制限する場合がある。本書では，前者を競争回避型，後者を競争排除型と呼ぶことにする。

◆ **共同行為の規制**
　・不当な取引制限の禁止（3条後段，2条6項）
　・事業者団体の規制（8条）
　・国際的協定・国際的契約の締結の規制（6条）
◆ **私的独占の禁止**（3条前段，2条5項）
◆ **不公正な取引方法の規制**（19条，2条9項）
　・不当な差別的取り扱い
　・不当対価取引
　・不当な顧客誘引・取引強制
　・不当な拘束条件付取引
　・取引上の地位の不当利用
　・不当な取引妨害・内部干渉

---

[9]　私的独占の禁止と企業結合規制を1つにまとめて，独禁法の3本の柱ということもあるが，後述のように企業結合規制は私的独占の禁止と共同行為の規制の両方に関わるので，本書では4つに分ける。

◆ 企業結合の規制，市場構造規制
　・市場集中規制
　　　株式保有規制（10条，14条）
　　　役員兼任規制（13条）
　　　合併の規制（15条）
　　　会社分割の規制（15条の2）
　　　共同株式移転の規制（15条の3）
　　　事業譲受け等の規制（16条）
　・一般集中規制
　　　事業支配力の過度集中の禁止（9条）
　　　金融会社の株式保有の規制（11条）
　・独占的状態に対する措置（8条の4，2条7項）

　共同行為の規制は，競争の回避によって競争を制限することを規制する。複数の事業者が相互拘束等によって市場支配力の形成・強化等をすることを禁止する不当な取引制限の禁止規定（3条後段，2条6項），事業者団体が市場支配力の形成・強化等をすること，「一定の事業分野における現在又は将来の事業者の数を制限する」こと，「構成事業者の機能又は活動を不当に制限する」こと等を禁止する事業者団体の規制がある（8条）。

　私的独占の禁止は，他の事業者の事業活動を排除しまたは支配することによって市場支配力の形成・強化等をすることを禁止する（3条前段，2条5項）。私的独占規制の多くは競争排除型の行為によるが，競争回避型の行為を伴うこともある。

　不公正な取引方法の規制は，①共同の供給拒絶，差別対価，不当廉売，再販売価格の拘束，優越的地位の濫用（2条9項1〜5号），および②不当な差別的取り扱い，不当対価取引，不当な顧客誘引・取引強制，不当な拘束条件付取引，取引上の地位の不当利用，不当な取引妨害・内部干渉のいずれかに該当する行為であって，「公正な競争を阻害するおそれがある」として公取委が指定する行為（2条9項6号）を禁止し（19条），さらに事業者団体が不公正な取引方法に該当する行為をさせることを禁止している（8条5号）。不公正な取引方法は，「一定の取引分野における競争を実質的に制限する」，

すなわち市場支配力の形成・強化等ではなく,「公正な競争を阻害するおそれがある」ことを要件とする。不公正な取引方法には, 競争回避型（再販売価格の拘束〔第7章第4節Ⅱ〕, 地域制限〔第7章第4節Ⅳ2(6)〕など）, 競争排除型（単独の取引拒絶〔第7章第2節Ⅱ3〕, 略奪的価格設定〔第7章第3節Ⅱ〕, 排他条件付取引〔第7章第4節Ⅲ〕など）の行為がある。前記の独禁法の目的のうち, Ⅲの消費者利益の第3に連なるのが, 不当な顧客誘引・取引強制である。

　企業結合規制は, 株式保有, 役員兼任, 合併, 事業譲受けなどの企業結合によって市場支配力の形成・強化等をもたらすこととなることを禁止する（10条, 13条, 14条, 15条, 15条の2, 15条の3, 16条）。さらに, 企業結合によって, 事業支配力が過度に集中することとなる会社の設立・そのような会社への転換を禁止し（9条）, および銀行, 保険会社が一般事業会社（非金融会社）の総株主議決権の5％（銀行）および10％（保険会社）を超えて保有することを禁止する規制（11条）がある。9条および11条は, Ⅴで述べた一般集中規制, 社会的目的の規制であり, 個別の市場での市場支配力の形成, 維持, 強化とは直接には無関係に, 経済力の集中を規制するものである。10条および13条以下の規制は, 一般集中規制に対比して市場集中規制と呼ばれる。その意味では, 共同行為の規制, 私的独占の規制も市場集中規制であり, 不公正な取引方法の規制も基本的には市場集中規制である。独占的状態の規制は, 独占的な市場で, かつ下方硬直的な価格設定, 独占利潤の発生などの弊害が発生している場合に, 独占的な市場構造を競争的な市場構造へ改編しようとするものである。他の市場集中規制が, 企業結合, 不当な取引制限などの行為を要件としているのに対して, 独占的状態の規制は市場構造が悪化し高いレベルの市場支配力（独占力）が存在しそれが単に行使されていること（独占的状態）によって生じている弊害が著しくなったときに, 最後の手段として行為を手がかりとすることなく市場構造自体に介入するものであり, （純粋）市場構造規制と呼ばれる。

　独禁法が規制する, 以上に述べた4つの行為類型は, 本書では第3章から第7章において扱う。

　独禁法は, さらに, 知的財産権と独禁法の関係について規定している（21条）。たとえば, 特許権は特許権者に特許の対象である技術を排他的に利用

しまたは実施許諾することを認める。ただし，このようないわゆる特許独占と独禁法が問題にする市場支配力や市場の独占とは別のものであることに注意をしなければならない。しかし，知的財産権の行使の際に競争制限の問題が起こることは少なくない。さらに，独禁法の目的において述べた技術革新は，知的財産制度のあり方と密接に関わる。知的財産権と独禁法の関係については第8章で扱う。

独禁法は，特定の国際的協定・契約の締結を禁止している（6条）。さらに，独禁法は国内法であり，保護法益もわが国における公正かつ自由な競争であるとすれば，独禁法の場所的な適用範囲が問題となる。この場合のわが国の市場が，国内市場だけでなく，輸出市場などの国際市場を含むのか，国際市場や世界市場に競争制限効果が生じた場合にも独禁法は適用されるのか，外国事業者の国外における行為にも適用されるのかなどの問題である。このような国際取引に関する独禁法の問題は第9章で取り上げる。

第1節Ⅲで述べた「市場の失敗」にみられるように，公正かつ自由な競争に任せていただけでは市場がうまく機能しない場合がある。そのような独禁法の限界については，独禁法の適用をしないで（適用除外），別の立法等によって対処がなされる。このような独禁法の射程と限界については第10章で取り扱われる。

なお，公取委は，従来，違反行為者に対して勧告を行い，勧告に応諾されれば勧告審決を出していた。2005（平成17）年の独禁法改正が施行された2006（平成18）年1月4日からは新しい手続（第11章参照）に移行し，勧告審決などの制度はなくなったが，本書において取り上げる事件等は改正前の手続によっているので，本書では勧告審決などの記載がなされている。

独禁法は，2005（平成17）年に続いて2009（平成21）年にも大きな改正がなされ，①課徴金対象行為の拡大等の課徴金制度の見直し，②不当な取引制限の罪に対する刑事罰の引上げ，③事前届出制度を中心とした企業結合規制の見直し，④その他の改正がなされた。2013（平成25）年の改正（2015〔平成27〕年4月1日に施行）では，独禁法制定以降存在した審判制度が廃止され，排除措置命令，課徴金納付命令等に係る抗告訴訟を東京地方裁判所の専属管轄とし，排除措置命令，課徴金納付命令等に係る意見聴取手続が整備された。改正の詳細は，本書の各章において説明するが，以下のコラムにおい

て，2005 年改正，2009 年改正および 2013 年改正の内容を概略している。

【2005（平成 17）年独禁法改正】

独禁法改正の概要は次の通り（以下は，公取委の公表文書を参考にしながら修正・加筆等を行って作成した）。

(1) 課徴金額の引上げ
・課徴金算定率の引上げ
① 従来の課徴金
　　製造業・建設業など　　大企業 6 ％，中小企業 3 ％
　　小売業　　　　　　　　大企業 2 ％，中小企業 1 ％
　　卸売業　　　　　　　　大企業 1 ％，中小企業 1 ％
② 法改正後の課徴金
　　製造業・建設業など　　大企業 10 ％，中小企業 4 ％
　　小売業　　　　　　　　大企業 3 ％，中小企業 1.2 ％
　　卸売業　　　　　　　　大企業 2 ％，中小企業 1 ％

(2) 課徴金の加算軽減，適用対象の拡大，金額の調整
・違反行為を早期にやめた場合，(1)②の算定率を 2 割軽減
・繰り返し違反行為を行った場合，上記の算定率を 5 割加算
・適用対象範囲の見直しがなされ，不当な取引制限等については，価格・数量に加えて，シェア・取引先を制限するカルテル，購入カルテルへ対象を拡大，支配行為による私的独占へも対象を拡大
・刑罰が科された場合，罰金相当額の 2 分の 1 を課徴金額から控除する

(3) 課徴金減免制度（リーニエンシー制度）の新設
・法定要件（違反事業者が自ら違反事実をファクシミリで申告など）に該当すれば，課徴金を減免する
　立入検査前の 1 番目の申請者には，課徴金を全額免除

立入検査前の2番目の申請者には，課徴金を50％減額
立入検査前の3番目の申請者には，課徴金を30％減額
立入検査後の申請者には，課徴金を30％減額
合計3者までが減免の対象となる

(4)犯則調査権限の導入
・刑事告発のために，国税，証券取引等監視委員会と同様に，犯則調査権限を導入した
・不公正な取引方法等の違反行為に対する確定排除措置命令違反罪に係る法人重科の導入，調査妨害等に対する罰則の引上げ・両罰規定（法人に対する刑罰）

(5)審判手続等の見直し
・意見申述等の事前手続を設けた上で排除措置命令・課徴金納付命令を行い，不服があれば審判を開始（従来あった勧告制度は廃止された）
・審判官審判に関する規定の整備

【2009（平成21）年独禁法改正】

　2009（平成21）年の独禁法改正の概要は以下の通り（以下は，公取委の公表文書を参考にしながら，修正・加筆等を行って作成した）。

(1)課徴金制度等の見直し
・課徴金の適用範囲の拡大
　①排除型私的独占
　②不当廉売，差別対価，共同の取引拒絶，再販売価格の拘束（それぞれ同一の違反行為を繰り返した場合のみ）
　③優越的地位の濫用
・主導的事業者に対する課徴金を割増し（5割増し）
・課徴金減免制度の拡充（最大5社，グループ申請可）

- 事業を承継した一定の企業に対しても命令を可能に
- 命令に係る除斥期間の延長（3年→5年）

課徴金算定率

改正前　　　　　　　　　　　　　　　　　（　）内は中小企業の場合

	製造業等	小売業	卸売業
不当な取引制限	10%（4%）	3%（1.2%）	2%（1%）
支配型私的独占	10%	3%	2%

↓　　　　　　＋　改正法で追加

改正後

排除型私的独占	6%	2%	1%
不当廉売，差別対価等	3%	2%	1%
優越的地位の濫用	1%		

(2) 不当な取引制限等の罪に対する懲役刑の引上げ

　　3年以下→5年以下

(3) 企業結合規制の見直し
- 株式取得の事前届出制の導入等
  ① 他の企業結合と同様に事前届出制とする
  ② 届出閾値を現行の3段階から2段階に簡素化
- 届出基準の見直し等
  ① 株式取得，合併等の届出基準を見直し
  ② 外国会社についても国内会社と同様の届出基準を適用
  ③ いわゆる叔父甥会社間の合併等同一企業結合集団内の企業再編について，届出を免除

(4) その他所要の改正
- 海外当局との情報交換に関する規定の導入
- 利害関係人による審判の事件記録の閲覧・謄写規定の見直し

・差止訴訟における文書提出命令の特則の導入
・損害賠償請求訴訟における義務的求意見制度の見直し
・職員等の秘密保持義務違反に係る罰則の引上げ
・事業者団体届出制度の廃止

【2013（平成25）年独禁法改正】

2013（平成25）年の独禁法改正の概要は以下の通り。

(1)公取委が行う審判制度の廃止
(2)排除措置命令等に係る抗告訴訟を東京地方裁判所の専属管轄とし，東京地方裁判所では3人または5人の裁判官の合議体により審理・裁判を行う
(3)排除措置命令等に係る意見聴取手続（排除措置命令の内容等の説明，証拠の閲覧・謄写）の整備

【SCPパラダイム，ハーバード学派，シカゴ学派】

【経済学からみた独占の弊害】において説明した考え方を応用して，独禁法や競争政策に関する分析を行う経済学の分野は産業組織論といわれる。産業組織論では伝統的にSCPパラダイムという考え方がある。これは，市場構造（market structure），市場行動（market conduct），市場成果（market performance）の3つをみて，それらの関係は，市場構造（特に市場での企業の数，上位企業のマーケットシェアと集中の程度，参入障壁など）が，市場行動（価格決定，カルテル，広告，研究開発など）を決定し，さらに市場行動が市場成果（効率の達成など）をもたらすとし，この3つの要因（頭文字をとってSCPという）の関係は一方的なものとするものである。この考え方では，市場構造，特に市場が上位企業に集中していることが問題とされ，市場構造にメスを入れることが独禁法の重要な役割とされる。1970年代頃の米国においては，このような考え

方に基づいてIBMやAT＆Tを企業分割する訴訟が提起された。しかし，現在では，SCPは単純に一方的な方向に働くのではなく，活発な研究開発が市場構造を変更するなど相互に複雑に関係していると考えられている。

独禁政策については，伝統的に，ハーバード学派とシカゴ学派との対立があった。ハーバード学派は，SCPパラダイムを基礎に，独禁法による市場構造への積極的な介入を主張し，シカゴ学派は市場の自律的回復機能が極めて頑強であるとの想定のもとでカルテル規制（不当な取引制限の規制など）を除き基本的に必要ないと考える。単純化すれば，ハーバード学派は独禁法が規制する行為全体について積極的な執行を主張するのに対し，シカゴ学派はカルテル規制以外の独禁法の執行（企業結合規制，および不公正な取引方法で取り上げる垂直的制限の規制など）には消極的である。しかし，1980年代後半からはポスト・シカゴ学派とか新産業組織論といわれる考え方が主流になり，SCPの相互関係を解明し政策に反映させ，第2章第2節で述べる市場支配力の分析をケースバイケースで行おうとする傾向になっている。

Ⅶ 資料の調べ方

ここでは，本書を読む際に，あらかじめ知っておいた方が便利である文献の収集方法を紹介する。

独禁法を学習する際には，公正取引委員会（公取委）の告示およびガイドライン（指針）といわれるものなどが学習上有益である。さらに，公取委が出した審決，命令をみなければならないことがある。公取委の審決，命令は一般の判例集にはほとんど掲載されていない。幸い，これらの資料は，公取委のホームページ〈http://www.jftc.go.jp/〉において検索および全文のダウンロードができる。また判例集に掲載されていない判決もこのホームページに設けられたデータベースから入手できる場合がある。さらに，最近のトピックスや外国法，独禁法に関係する手続などを知る上でも役に立つ。公取委のホームページは極めて有益であるといえる。

独禁法の運用の実態を知るには，このほか，月刊誌「公正取引」（（財）公

正取引協会発行），および公取委が発行している「年次報告」が有益である。最近の「年次報告」は上記のホームページにも全文が掲載されている。なお，年次報告には公文書版と市販版の2種類がある。2つの中身は同じであるが，市販版は，報告対象年度と発売年度が1年ずれている（平成23年度の報告が「平成24年版」として販売されている）ので注意されたい。また，公取委は事業者等から相談があった事例のうち，他の事業者等の参考になると思われるものについて概要をまとめた相談事例集を公表している。一般的な相談事例集は，上記のホームページに2001（平成13）年以降のものが掲載されている〈http://www.jftc.go.jp/soudanjirei/jireiindex.html〉（本書では引用の際，公表年を括弧書で示している）。また，企業結合規制については1993（平成5）年以降の主要な事例が上記ホームページに掲載されており，役に立つ〈http://www.jftc.go.jp/ma/jirei.html〉。

　インターネットで検索・ダウンロードができる判例や文献に関する有料のデータベースもある。たとえば，TKCの「ローライブラリー」というデータベースでは，本書で引用している独禁法審決・判例百選（有斐閣）の第1版から第6版まで検索とダウンロードができる。ただし，最新版である経済法判例・審決百選（有斐閣）はダウンロードできない。さらに，本書で取り上げたテーマについてより進んだ調査をする場合，文献等を検索する必要がある。その場合は，「ローライブラリー」では法律時報の文献月報の検索もでき，また国会図書館ホームページの蔵書索引〈http://iss.ndl.go.jp/〉においては無料で書籍の検索や雑誌記事の索引検索ができる。

第2章 基本概念

第1節　事業者と事業者団体

I　事業者

　独禁法の適用の対象となるのは事業者および事業者団体である[1]。独禁法は事業者を「商業，工業，金融業その他の事業を行う者」と定義する（2条1項）。事業者団体とは事業者の結合体または連合体であり一定の要件をみたすものであるから（同条2項），事業者団体の概念も事業者の概念を基礎としている。

　2条1項は事業者を商業，工業，金融業と例示するので，小売業者，卸売業者，製造業者（メーカー），銀行，保険会社，証券会社などが事業者にあたることは明らかである。そこで問題になるのは，何が「その他の事業」にあたるかである。ここにいう事業とは，「なんらかの経済的利益の供給に対応し反対給付を反覆継続して受ける経済活動」を指し，その主体の法的性格は問われないとされている（都営芝浦と畜場事件・最判平元・12・14）。したがって，事業には，商法上の商人概念のような営利性は必要とされておらず，また自然人，法人，私法人，公法人なども問われない。他方，一方的な給付のみを行い反対給付を受けない純粋な社会福祉事業・慈善事業は定義からこれにはあたらない。しかし，いくつかの職業はこの事業にあたるかどうかが問題にある。

　まず，国や地方公共団体も，経済活動を行っているならばその限りで事業者性が肯定される。たとえば市営の地下鉄・バスと民間バス会社との間で料

---

[1]　ただし，企業結合規制においては，「会社」が適用対象である（9条，10条，15条など）。

金カルテルを結べば独禁法に違反する。郵便葉書の発行・販売について旧郵政省（国）の事業者性を肯定したもの（お年玉付き年賀葉書事件・最判平 10・12・18），および東京都営と畜場（食肉処理場）の事業者性を肯定したもの（前掲最判平元・12・14）がある。

次に，医師，弁護士，建築家などの専門職業・自由職業（profession）は事業者にあたるのか。かつては，これらの専門職業は個人の能力が評価される活動であり，「公共性」があり，企業的性格は持たないとして，これを否定する見解が有力であった。この見解では，医師や弁護士が患者や顧客から受け取る報酬をいくらにするか取り決めても独禁法に違反しないことになる。しかし，専門職業であっても対価を得てなされる経済活動であることに変わりはなく，さらに，医師会や資格者団体が行った競争制限行為の弊害が問題になるようになり，欧米でも適用が活発になり，現在の学説においては肯定説が通説である。公取委は 1970 年代に建築士を事業者として独禁法を適用したが（日本建築家協会事件・審判審決昭 54・9・19），その後この分野において独禁法を積極的に適用するようになり（第 4 章第 3 節Ⅲ，医師会ガイドライン），裁判所も医師（観音寺市三豊郡医師会事件・東京高判平 13・2・16），不動産鑑定士（不動産鑑定士事件・東京地八王子支判平 13・9・6）を事業者とし独禁法の適用を肯定している。

教育を行う者が事業者かどうかも問題になる。たとえば，全国の法科大学院が入学金や授業料を共同して決定すれば独禁法に違反する価格カルテル（不当な取引制限，3 条後段，2 条 6 項）となるのか。この点については，米国等にはこれを肯定する判例の蓄積があるが，日本では事件がなく，自動車教習所の事業者性を肯定するものがある程度である（埼玉県自動車教習所協会事件・勧告審決昭 41・2・12，警告事件であるが，募集定員数減員計画の協議・合意について宮城県私立中学高等学校連合会に対する警告〔平 17・12・15〕）。しかし通説は，大学，高校なども上記の要件をみたすから事業者に該当すると解している。宗教団体などが事業者にあたるかどうかについても先例がない。

なお，教育，宗教については，消極説をとる場合にも，それらが収益事業等（私立学校 26 条参照）を行う範囲では事業者にあたる。たとえば，学校がその敷地に駐車場を設置して料金をとっている場合に，近隣の駐車場経営者

と駐車料金の協定をすれば独禁法に違反する。

　これに対し，消費者，労働者は事業者にはあたらないと解される。プロスポーツ選手，タレント，芸術家については，事業者かどうかが問題になる。少なくとも独立した有名タレントやフリーエージェント権を持つプロ野球選手などは事業活動をしているといえる。もっとも，スポーツ選手やタレントが事業者かどうかは，第1に，それらの者が独禁法違反行為をするときに，第2に，不公正な取引方法の取引拒絶規制において被拒絶者を事業者に限定しているため（19条，2条9項1号，一般指定1項・2項），タレント等が取引拒絶をされた場合にこの問題が出てくるが，たとえばスポーツ選手や俳優の活動との取引を制限する使用者の行為（たとえば，報酬カルテル）は，スポーツ選手や俳優が事業者であろうとなかろうと，独禁法の対象となる。使用者が共同して，事業者にはあたらない労働者の賃金について協定（最高賃金カルテル）を結べば独禁法違反であることと同じである。

　最後に注意すべきは，国や地方公共団体，教育，専門職業が事業にあたるとはいっても，これらの者の行為の反競争効果の判断が通常の事業者と同じであるとは限らないことである。第1に国や地方公共団体ではそれらが公共的性格を持つことから，第2に教育および専門職業では競争のあり方や事業者と顧客との情報の格差（非対称性）などアンバランスな関係[2]が存在することから，個々の規定を適用し反競争効果を判断する際にはそのような事情が考慮されることがある。

II　事業者団体

　事業者団体は8条により規制される（第4章）。事業者団体とは，「事業者としての共通の利益を増進することを主たる目的とする2以上の事業者の結合体又はその連合体」である（2条2項）。いわゆる業界団体がその典型であるが，その他の団体も，以下でみるようにこの社会に存在するほとんどの団体は事業者団体の要件をみたす。

---

[2]　顧客はたとえば弁護士が提供する役務の質を事前または事後にも知ることができず（情報の非対称性），悪徳弁護士に引っかかることを恐れて知らない弁護士に相談することを躊躇するかもしれない。そのような場合，弁護士会が自主規制を作り，会員弁護士が質の悪い役務を提供し，または顧客を収奪することを制限し，悪質な弁護士を除名することは，一定の範囲で認められる。事業者団体ガイドライン第二5(2)を参照。

「事業者としての共通の利益」とは，団体を構成する事業者（以下，「構成事業者」という）の事業上の利益に直接または間接に寄与するものであれば足り，行政情報の提供，調査・研究活動，広報・宣伝活動など，事業者個々の具体的利益だけでなく，業界一般の利益であってもよい。「主たる目的」はいくつかの目的の中の主要な目的を指し，定款・規約等に定められている目的である必要はない。ただし，事業者として共通の利益の増進を目的としない学術団体や慈善事業を行う社会福祉事業団体は事業者団体にあたらない。

　事業者が集まったものが結合体であり，この結合体の集まったものが連合体である。各地区に結合体としての事業者団体があり，その結合体が集まって全国組織としての事業者団体を形成するのが典型である。事業者団体の形態は，社団，財団，組合のほか契約による結合体でもよく（2条2項1号ないし3号），2以上の事業者の継続的な組織であって，構成事業者の存在とは別個独立の社会的存在が認められれば足りる[3]。

　事業者団体であるためには，構成事業者が競争業者やいわゆる同業者であることは必要とされておらず，業種や取引段階を異にする事業者であっても事業者団体になる。様々な分野の小売事業者から構成される商店街，および小売業者と卸売業者により構成される団体[4]も事業者団体である。

　ここでいう事業者には，事業者の利益のために行為をする役員，従業員，代理人等も，事業者団体に対する規制（2条2項，8条）との関係では事業者とみなされる（2条1項2文）。たとえば，会社の部長等がゴルフの親睦会を作り，その会合において入札談合を行っていれば，その親睦会が事業者団体として独禁法違反を行ったとされ（8条1号），解散等を命じられる。

　事業者の結合体または連合体であっても，資本または構成事業者の出資を有し，営利を営むことを目的とし，かつ現にその事業を営んでいれば，事業者団体にはあたらず（2条2項但書），その結合体または連合体自身が事業者

---

[3] 根岸＝舟田 155 頁。
[4] 独禁法違反となる多くが競争者間の行為であるため，同業者の団体に独禁法が適用された事例が多いが，取引関係にある構成事業者を利用して反競争行為が行われることもある。たとえば，仙台港輸入木材調整協議会事件・勧告審決平3・1・16では，木材輸入業者7名，港湾運送業者2名，その他4名から構成される協議会が，会員運送輸入業者の荷役業務の拒否等により非会員の木材輸入を排除したことが，旧8条1項5号（現8条5号，一般指定1項2号）に違反するとされた。

として独禁法の規制を受ける。典型的な例は事業者を株主（構成員）とする株式会社であり，株式会社は事業者団体ではなく事業者として規制される。これは2条2項が事業者団体の概念を広範に定義しようとしたために，本来，事業者としてのみ規制すべきものまで事業者団体の定義をみたすこととなった不都合を調整するために置かれた規定である。なお，事業者概念においては営利性は求められないが，2条2項但書では営利性が求められている点に注意する必要がある[5]。

したがって，協同組合などは，事業者団体と事業者の両方の要件をみたす。協同組合は以下の8条の規制を受けるとともに，協同組合が他の協同組合や事業者との間で価格カルテル，入札談合などを行うならば事業者として3条後段の規制も受ける。

第2節　一定の取引分野における競争の実質的制限

I　競　争

公正かつ自由な競争と独禁法の目的との関係について1条に定められていることは第1章第2節でみた。独禁法は，1条とは別に，2条4項に競争を定義する規定を置いている。同項は次のように規定している。

「『競争』とは，2以上の事業者がその通常の事業活動の範囲内において，かつ，当該事業活動の施設又は態様に重要な変更を加えることなく次に掲げる行為をし，又はすることができる状態をいう。
一　同一の需要者に同種又は類似の商品又は役務を供給すること
二　同一の供給者から同種又は類似の商品又は役務の供給を受けること」

この競争の定義は，①「できる状態」とすることから，競争は顕在競争のほか潜在競争を含むこと，および供給に関する競争と購入する競争（供給を受ける競争）の両方を含むことを明らかにしている。

ただし，この定義規定はそれ以上の解釈上の示唆を与えるものではないことに注意すべきである。すなわち，この規定は，「一定の取引分野における

---

[5]　事業者団体の規制については，第4章第1節 I。

競争を実質的に制限する」，および「公正な競争を阻害するおそれ」の内容を明らかにすることにはあまり役に立たないと考えられている。

　この定義規定は，②13条2項にいう「競争関係」の範囲を示すこと，および③かつて第4章の企業結合規制は2条4項2号にいう競争，つまり買い手競争を適用除外していたが，そこでいう買い手競争とは何かを画定・定義すること[6]に意味があった。特に②は原始独禁法が「競争関係」にある会社間の企業結合を原則禁止していたため，重要な意味を持つ規定であった。しかし，②にいう「競争関係」の要件を置く規定は現在では13条2項だけになり，③については，買い手独占を形成，強化する企業結合を適用除外とすることの根拠がないことから，1998（平成10）年改正により廃止され，2条4項に競争の定義規定を置く意味はほとんどなくなっている。

　もっとも，この規定は，①②③を超えて，「一定の取引分野における競争を実質的に制限する」および「公正な競争を阻害するおそれ」にいう競争を定義する規定であると解する余地はある。しかし，そうだとするとこの規定は，競争を，一方では広く定義しすぎ，他方では狭く定義しすぎているという批判もある。まず，定義が広すぎることになるというのは，この定義では2以上の事業者が同一の販売先を奪い合う関係にあれば競争が存在することになるが，2事業者の間の競い合いがあれば常に競争があるとはいえないためである[7]。後に述べるように，競争を実質的に制限するという場合，誰かが価格を引き上げまたは産出量を削減する等の市場全体における競争が，独禁法が問題とする競争である。もっとも，この点は競争の定義の問題ではなく「実質的に」の解釈問題と解することもできる。逆に定義が狭すぎることになるというのは，たとえば，企業が従業員の賃金の最高額を決めたり，プロスポーツ団体が選手の獲得・移籍等に関して制限を設ける場合に，従業員や選手を雇用するという競争は2条4項にいう競争ではないとされるおそれがあることである。しかし，優れた従業員や選手を獲得することは，企業の業績を上げプロスポーツ団体が他の団体と戦うという競争を行う上で重要な要因であり，かつこのような競争自体が企業やプロスポーツ団体間で行われ

---

[6]　1998年改正前の2条4項は但書を置き，「第4章における競争には，第2号に規定する行為をし，又はすることができる状態は含まれないものとする」としていた。

[7]　金井23頁。

る重要な競争である。さらに,このような競争を制限すれば,第1章第3節でみた弊害も発生する。これらの競争を独禁法上の競争概念から除く根拠はないといえる。もちろん,このような競争は2条4項2号にいう競争と解することはでき,また2条4項1号の競争を行うための重要な手段でありそれ自体も競争として保護されると解すこともできるが,本規定は限定的に解釈される危険があるのに対し,現行法の解釈には①の点を除いてはほとんど役立たない。立法論としては,2条4項を廃止するか,「一定の取引分野における競争を実質的に制限する」および「公正な競争を阻害するおそれ」の解釈に役立つように2条4項を改正すべきであろう。

II 一定の取引分野における競争の実質的制限

独禁法が規制する行為には,私的独占における排除行為・支配行為,企業結合における合併や株式取得,不当な取引制限における相互拘束等(共同行為)等の行為要件によって,「一定の取引分野における競争を実質的に制限する」という反競争効果が生じることを要件とする規定が多い。不当な取引制限の禁止(2条6項),私的独占の禁止(2条5項),事業者団体の禁止行為の一部(8条1号),不当な取引制限に該当する事項を内容とする国際的契約・協定の締結(6条)がそれであり,企業結合規制も「一定の取引分野における競争を実質的に制限することとなる」企業結合を禁止している(10条1項,14条,15条1項1号,15条の2第1項1号,15条の3第1項1号,16条1項柱書)。「一定の取引分野における競争を実質的に制限」を要件としない実体規定のうち主要なものは,一般集中規制(9条,11条),事業者団体の規制の残りの規制(8条2〜5号),不公正な取引方法の規制(2条9項)および不公正な取引方法に該当する事項を内容とする国際的契約・協定の締結(6条)のみである。不公正な取引方法の規制は「公正な競争を阻害するおそれ」すなわち公正競争阻害性を要件とするが,この点は第3節において述べる。

一定の取引分野の画定および競争の実質的制限の判断は,価格カルテルや入札談合などのハードコア・カルテルといわれるものではあまり問題にならない。価格カルテルや入札談合では,競争制限のみを目的とし,あるいは客観的に反競争効果が明白で,これを補うような競争促進効果ないし正当化事

由を持たないので，そのような行為がなされればその範囲が一定の取引分野であり，競争の実質的制限の成立をも推認できるからである（第3章第4節Ⅰ～Ⅵ）。これに対し，非ハードコア・カルテル（第3章第4節Ⅶ），および競争を実質的に制限することとなるかどうかの将来予測を伴う企業結合規制（第6章）においては，一定の取引分野の画定および競争の実質的制限の判断は特に重要な作業となる。そこで，本書においては，非ハードコア・カルテルを取り扱う第3章第4節Ⅶ，および企業結合規制に関する第6章において一定の取引分野の画定および競争の実質的制限の判断について詳しく述べ，以下では各章に共通する一般的な説明のみを行う。

　第1章第3節Ⅵでみたように，競争を実質的に制限する手段には，「競争回避」と「競争排除」とがある。価格カルテルや入札談合は競争回避であり，競争関係にある事業者が，互いの競争を回避し取りやめることによって競争を制限するものである。他方，後で述べる市場支配力を持つ事業者が，既存の事業者を市場から排除したり，新規参入を阻止することによって自己の市場支配力を維持したり強化するのが，競争排除を手段とする競争の実質的制限である。

Ⅲ　一定の取引分野

　「一定の取引分野」とは，競争が行われる場であって，いわゆる市場を意味する。企業結合ガイドラインは，一定の取引分野とは，「競争が制限されることとなるか否かを判断するための範囲を示すもの」であるとし，「一定の取引の対象となる商品の範囲（役務を含む……），取引の地域の範囲（以下「地理的範囲」という。）等に関して，基本的には，需要者にとっての代替性という観点から判断される。また，必要に応じて供給者にとっての代替性という観点も考慮される」としている。これは2条5項でも基本的に妥当するといえる。すなわち，一定の取引分野は，①商品・役務の範囲（以下，「商品市場」ともいう），②取引の地域の範囲（地理的範囲，以下，「地理的市場」ともいう）から構成され，①②は主として需要者にとっての代替性の観点から判断されるが，必要に応じて供給者の観点からの代替性も考慮するとする。詳しくは企業結合規制の解説に譲るが，ガイドラインは，「仮定的独占者テスト」といわれるものをとり，①であれば，「ある地域において，ある事業者

が，ある商品を独占して供給しているという仮定の下で，当該独占事業者が，利潤最大化を図る目的で，小幅ではあるが，実質的かつ一時的ではない価格引上げ[8]をした場合に，当該商品及び地域について，需要者が当該商品の購入を他の商品又は地域に振り替える程度を考慮する」としている。

　一定の取引分野の画定は，競争の実質的制限の判断において重要な役割を果たす市場占有率（シェア），市場集中度，寡占の程度の数値を計算する前提となる作業である。事業者にとっては，一定の取引分野を広く主張することが自己に有利に働く場合と狭く主張することが有利に働く場合がある。一定の取引分野を広く画定すれば，分母（市場全体の売上高等）が大きくなるので分子（当該事業者の売上高等）が同じでも当該事業者の市場占有率（シェア）が小さくなる。逆に，たとえばパンメーカー間の合併で，手作りパンのシェアが特に高くなる場合，手作りパンとそれ以外のパンが別の商品市場だといえるならば，手作りパン事業を手放すことによって，合併を認めさせることもできる（問題解消措置，第6章第8節Ⅲ2）。

　独禁法は一定の取引分野と類似する概念として「一定の事業分野」をも用いる（2条7項柱書，8条3号）。この2つの規定は同じ「一定の事業分野」という言葉を使っているが，その定義および目的は2つの規定により異なる。8条3号にいう一定の事業分野は，事業者団体の規制で用いられ，供給サイドからみて特定の商品・役務を供給できる事業者の範囲をいい，需要面で代替性がない商品の供給者をも含む。2条7項にいう一定の事業分野は，独占的状態の規制において用いられ，同種の商品，同種の商品に係る通常の事業活動の施設または態様に重要な変更を加えることなく供給できる商品（たとえば，ビールと発泡酒），およびこれと機能および効用が著しく類似しているものからなる。

　一定の事業分野を広く画定すれば，分母（市場全体の売上高等）が大きくなるので分子（当該事業者の売上高等）が同じでも当該事業者の市場占有率（シェア）が小さくなり，規模要件などをみたさなくなる。2条7項が一定の取引分野とは別にこのような広い概念として一定の事業分野を用いるのは，

---

[8] 「小幅ではあるが，実質的かつ一時的ではない価格引上げ」は，引上げ幅は5％から10％程度，期間は1年間を目安としている。

独占的状態の規制の定義および発動を慎重にする現れと考えられる。

IV　競争の実質的制限

　競争の実質的制限については，東宝・スバル事件・東京高判昭26・9・19および東宝・新東宝事件・東京高判昭28・12・7の判決が，次のように判示している。「競争を実質的に制限するとは，競争自体が減少して，特定の事業者又は事業者集団がその意思で，ある程度自由に，価格，品質，数量，その他各般の条件を左右することによって，市場を支配することができる状態をもたらすことをい」う。

　通説は，この判例のいう「ある程度自由に，価格，品質，数量，その他各般の条件を左右することによって，市場を支配することができる状態をもたらすこと」ができる力を市場支配力と呼び，競争の実質的制限とは，市場支配力を形成，維持または強化することと解している。たとえば価格カルテルや企業結合によって，一定の取引分野を構成する商品の価格が引き上げられ，産出量が減少することを競争の実質的制限と捉えているのである。

　競争の実質的制限については，近年，2件の最高裁判決が出された。NTT東日本事件・最判平22・12・17は，私的独占（2条5項）について，「『競争を実質的に制限すること』，すなわち市場支配力の形成，維持ないし強化という結果が生じていた」とし，多摩談合（新井組）審決取消請求事件・最判平24・2・20は，不当な取引制限（2条6項）について，「『一定の取引分野における競争を実質的に制限する』とは，当該取引に係る市場が有する競争機能を損なうことをいい，本件基本合意のような一定の入札市場における受注調整の基本的な方法や手順等を取り決める行為によって競争制限が行われる場合には，当該取決めによって，その当事者である事業者らがその意思で当該入札市場における落札者及び落札価格をある程度自由に左右することができる状態をもたらすことをいう」とした。前者は，通説のいう「市場支配力の形成，維持ないし強化」という定義を採用し，後者は，上記東宝・スバル事件判決等がいう「ある程度自由に……左右することができる状態をもたらす」という定義を採用したと考えられる。さらに，この2つの最高裁判決の定義をあわせるならば，競争の実質的制限とは，価格その他の各般の条件を左右することができる状態をもたらすこと，すなわち市場支配力の形成，

維持ないし強化であることが確認されたといえる。独禁法がなぜ一定の行為によって競争を実質的に制限することを禁止するのかは、第1章第2節、第3節に述べた独禁法の目的によって説明ができる。

競争の実質的制限には、①事業者の単独行動により競争を実質的に制限する場合と、②複数の事業者の協調的行動により競争を実質的に制限する場合とがある。①は商品が同質のものである場合（たとえば、鉄、ガソリン）と、商品が差別化されている場合（たとえば、ブランドもののバッグや化粧品）がさらに区別される。競争の実質的制限の有無の判断は、①②により異なるが、一般的には、市場シェア・順位、当事者間の従来の競争の状況、競争者の市場シェアとの格差、競争者の供給余力・差別化の程度、輸入、参入、隣接市場からの競争圧力、効率性などが考慮される。

なお、競争者が共同して新規参入者を排除する場合などは、商品の価格の引き上げや産出量の減少が起こらない場合もある。このような場合にも、新規参入者が排除されること自体を捉えて「市場の開放性が妨げられる」ことが競争の実質的制限にあたるとする見解もある。この見解は、価格、産出量などを支配することを統合型市場支配と呼び、市場の開放性を妨げる競争の実質的制限を閉鎖型市場支配と呼んでいる。これに対しては、競争者が共同して、合理的な理由なくこのような行為を行えば（たとえば、「あからさまな共同ボイコット」（第3章第4節Ⅵ3）)、通常、通説にいう競争の実質的制限が生じることが推認でき、新たな競争の実質的制限の概念を持ち出す必要はないという反論もなされている。

第3節　公正競争阻害性

不公正な取引方法の市場効果の要件は、「公正な競争を阻害するおそれ」である。公正競争阻害性には3つのタイプがあるとされる。

第1は、自由競争の減殺である。自由競争の阻害ともいわれる。

これは事業者間の自由な競争が妨げられないことであり、比喩的にいえば競争の実質的制限のいわば小型版である。競争の実質的制限に該当する市場支配力を形成、維持、強化する行為も、自由競争を減殺する行為である。具体的には、①市場支配力よりも低いレベルの力、またはその前段階の（萌芽

的な）力を形成，維持，強化する行為，および②力の程度は市場支配力と同程度であるがそれの行使を促進または強化等の程度が低い場合にも自由競争減殺は認められる。さらに，公正な競争を阻害する「おそれ」で足りるので，実際に阻害されることや，高度の蓋然性までは求められない。

自由競争の減殺は，競争の実質的制限と同じく，競争回避と競争排除の2つの方法で行われる。競争回避には，再販売価格の拘束，販売地域の制限，販売方法の制限などがあり（第7章第4節），競争排除には略奪的価格設定，排他条件付取引などがある（第7章第3節，第4節）。

第2は，競争手段の不公正である。あるべき競争とは，より安い価格，より良い品質・サービスの提供（良質・廉価な商品・役務の提供）により行われるもの（「能率競争」という）であるという考え方に基づき，能率競争による競争を妨害するような競争手段を不公正であるとして非難するものである。たとえば，消費者を誤認させて顧客を獲得しようとする表示は，このような表示をして自己との取引を誘引しても市場の産出量や価格への影響は生じないか，わずかであるが，自己より良質廉価な競争相手と消費者との取引を妨げるそのような競争方法自体を不当だと非難するのである。

第3は，自由競争の基盤の侵害である。取引主体が取引の諾否・取引条件について自由で自主的に判断することによって取引が行われることが自由競争の基盤であり，そのような基盤が侵害されることを不当だとする。これも市場全体への影響があるかどうかとは無関係に非難するが，これは後で述べる優越的地位の濫用の規制を説明するために作り出された考え方である。この公正競争阻害性については優越的地位の濫用の規制を参照（第7章第5節）。

第4節　公共の利益

I　最高裁判決

私的独占および不当な取引制限は，他の規定にない概念を要件としている。すなわちこの2つの規制は，「公共の利益に反して」一定の取引分野における競争を実質的に制限することを禁止しているのである（2条5項・6項）。

では,「公共の利益に反して」とはどういう意味であろうか。第1章第2節では1条の意味について,独禁法の目的との関係で,公正かつ自由な競争の促進,一般消費者の利益,国民経済の民主的で健全な発達等をみてきた。これと「公共の利益」とはどういう関係にあるのか。

Ⅱで述べるように学説には通説と少数説の対立があったが,最高裁は石油価格カルテル刑事事件・最判昭59・2・24においてこの問題を正面から取り上げた。最高裁は,「公共の利益に反して」とは「原則としては同法の直接の保護法益である自由競争経済秩序に反することを指すが,現に行われた行為が形式的に右に該当する場合であっても,右法益と当該行為によって守られる利益とを比較して,『一般消費者の利益を確保するとともに,国民経済の民主的で健全な発達を促進する』という同法の究極の目的（同法1条参照）に実質的に反しないと認められる例外的な場合を右規定にいう『不当な取引制限』行為から除外する趣旨」と解すべきだとした。

最高裁判決の立場ではどのような場合にカルテルが適法となると考えられるだろうか。石油価格カルテル刑事事件の事案は,中東戦争による原油の値上げを背景に,国内の灯油価格をおさえる目的で旧通産省による行政指導が行われたものであり,消費者利益のためのカルテルという面があるが[9],なお「公共の利益に反する」とされた。ではどのような場合に「公共の利益に反しない」と考えられるか。学説は,本件事案がこの例外にあたらないとされたことから,例外は極めて限られると考えてきた。

Ⅱ 学 説

通説は,「公共の利益」とは自由競争経済秩序そのものであり,競争の実質的制限などの他の要件がみたされれば常に公共の利益に反するとする。これに対し,少数説には,公共の利益を中小企業,消費者などの自由競争経済秩序とは異なる利益（国民経済全般の利益）と考えるものもある。通説が支持を受けてきたのは,この解釈が独禁法の立法目的に沿うこと,公共の利益の要件は不当な取引制限および私的独占にしかなく,同様に競争の実質的制限を要件とする事業者団体の規制（8条1号）,競争の実質的制限の規制に

---

9) ただし,旧通産省が指導した上限までカルテルにより即座に引き上げており,少なくともより早く引き上げたという点では消費者利益を害している。

連なる企業結合規制（第6章）にこの要件がないことについて合理的な説明ができないこと[10]、および自由競争経済秩序以外の法益については適用除外制度[11]が用意されているが、この解釈をとれば適用除外制度を置く必要性または理由が乏しくなることからである[12]。

この通説によれば、「公共の利益に反して」という文言は宣言的意味しかなくなるといわれる。しかし、通説によっても、私的独占規制における排除・支配行為の解釈（第5章第2節Ⅲ）、および不当な取引制限の行為類型のうち非ハードコア・カルテルの違法性判断において、自由競争経済秩序の維持の観点から実質的に判断するという解釈の指針を示す意味はあるとされている。この点は、第3章第4節Ⅶ、第5節で詳しく述べる。

Ⅲ 社会公共目的と公共の利益

石油価格カルテル刑事事件で問題になったのは、消費者が石油を安く買えるという利益であった。それでは、環境、安全等の社会公共目的の場合はどうだろうか。

日本遊戯銃協同組合事件・東京地判平9・4・9は、事業者団体が、安全性を目的に自主基準を制定し、自主基準を遵守しないアウトサイダーを共同の取引拒絶により排除したことが現行8条1号、5号に違反するかが問題になった事案であるが、①自主基準の設定目的が競争政策の観点から是認でき、かつ基準の内容および実施方法が上記目的達成のため合理的なものであれば、不公正な取引方法に該当せず独禁法に違反しない余地があるとし、さらに②自由競争秩序維持という法益と当該行為により守られる法益とを比較考量し

---

10) たとえば、同じ入札談合を事業者団体が行えば8条1号が適用され「公共の利益に反しない」から適法だとはいえないが、事業者が行った場合には2条6項によって「公共の利益に反しない」から適法となる合理的な理由が説明できないからである。

11) 22条（組合の行為）のほか、かつては旧24条の3（不況カルテル）、旧24条の4（合理化カルテル）などがあった。

12) たとえば、公共工事は競争入札が原則とされているが、某町の町長は、競争入札だと地元業者が落札できず、地元業者が倒産したり住民が失業するので、地域振興と雇用確保のために入札談合を行わせ、地元業者に落札させているとする。この町長が、「入札談合は、自由競争を制限しはするが、公共の利益を促進し、また、地元振興、雇用確保という1条にいう雇用・国民所得の水準の向上、国民経済の健全な発展のために許される」と主張したとしても、通説からは認められないこととなる。

て独禁法の究極の目的に反しない場合，公共の利益に反せず不当な取引制限に該当しない場合があるとし，自主基準の（ア）目的の合理性，（イ）内容の合理性，（ウ）実施方法の相当性を検討し，（ア）は肯定し，（イ）は一応合理的だとし，差別的な実施等から（ウ）を否定した。本判決は，第1に，安全性のための自主基準について，第2に通説が指摘してきた「公共の利益」要件のない8条の解釈においても，最高裁判決と同じ接近方法をとったという点で注目される。

さらに，大阪バス協会事件・審判審決平7・7・10は，旅行代理店の交渉力等からバスの貸切運賃が道路運送法上刑罰でもって禁止されている低い料金になっていた状況において，事業者団体が料金を適法な認可料金に近付けるために行った運賃引き上げカルテルについて，独禁法の究極目的に照らして原則として「競争を実質的に制限する」または「不当に制限する」の要件を満たさないとした。

日本遊戯銃協同組合事件判決および大阪バス協会事件審決は，「公共の利益」の要件のない8条1号においても，競争の実質的制限，不当な制限の解釈として同様の判断をしたという点で，石油価格カルテル刑事事件・最高裁判決をさらに踏み込んで解釈したものといえる。

Ⅳ　公共の利益と競争の実質的制限

もっとも，石油価格カルテル刑事事件のような競争の制限を直接の目的としあるいは競争制限の効果が明白である行為（ハードコア・カルテルといわれる。第3章第1節Ⅱ）と異なり，社会公共目的のための共同行為は，通常，競争制限効果がなく，そもそも自由競争経済秩序を侵害しないであろう。

では，例外的にではあるが，競争制限効果がある場合にはどのように解されるのか。極端な例であるが，ヘロインの密売業者の団体がヘロインの値上げカルテルを行い，ヘロインの購入者が高い価格を支払わされたとしよう。このカルテルも競争を実質的に制限しているようにみえなくもない。しかし，日本ではヘロインの取引は刑罰をもって禁止されており，ヘロインを安く買うという消費者の利益は日本の法秩序からして保護に値しないであろう。ヘロインを安く販売するという競争は独禁法が保護すべき競争ではない，つまり独禁法による保護に値しない競争であり，通説によっても競争を実質的に

制限しないのである。このような保護に値しない競争は，刑罰で禁止されている違法行為だけでなく，汚染物質，危険な商品等の取引でもありうるのである。もっとも，たとえば飲料水メーカーの事業者団体が，ガラス瓶は再使用でき環境保護になるという理由で，ガラス製の瓶のみを使用することにし，ペットボトルの使用を禁止し，これに違反したメーカーを排除することは許されないであろう。環境という利益を考えても，ガラス瓶とペットボトルとの競争は保護に値するものであり，すなわちガラス瓶を使うかペットボトルを使うかは消費者が選択すべきもので，メーカーが一方的に競争を回避すべきでないからである。

そのほかに，競争者間で家電のリサイクル施設・リサイクルシステムを共同で作る等の共同行為を行ったり，DVD の次世代技術の開発のための共同プロジェクトなどの共同行為も行われる。これらも，競争の実質的制限や公共の利益の解釈と関係する。これらの例は，不当な取引制限の規制において非ハードコア・カルテルといわれるものであり，第 3 章第 4 節Ⅶにおいて詳しく述べる。

Ⅴ　用語について

本章の締めくくりに，用語の説明をしておく。本書においては，独禁法の条文上は使われていないが，次の用語を使うことがある。

競争の実質的制限と公正競争阻害性の両方を指して反競争効果または競争制限・阻害効果と呼ぶ場合がある。反競争効果，競争制限・阻害効果をもたらす行為を，反競争行為または競争制限・阻害行為と呼ぶことがある。

競争者の共同行為や企業結合などが，供給者と需要者との情報の非対称性を是正したり，効率上の格差を是正したりして，競争を活発にすることがある。このような効果を競争促進効果と呼ぶことがある。たとえば，安全性の確保は，情報の非対称性を是正し競争の前提を作ることでこのような意味の競争促進効果をもたらすことがあるが，そのような効果をもたらすといえない場合もある。競争促進効果は，独禁法およびその解釈において，合理性，正当化事由または社会的相当性という用語で置き換えられていることが多い。本書では，これらの正当化事由等の概念を，上記の競争促進効果とそれ以外の安全性の確保・環境保護等の正当化事由を分けて，前者の意味でこれらの

言葉を用いる場合と，両者をあわせて呼ぶ場合がある。これらの意味，および競争制限とこれらの概念との関係についての独禁法の解釈については，第3章第4節Ⅶ8，第5節，および第7章の各節とりわけ第1節Ⅲ4の該当箇所において詳しく説明される。

第3章
不当な取引制限

第1節 不当な取引制限の禁止の概要

I 概説

　カルテルという言葉は，複数の事業者が，競争を回避するために，取決めないし申し合わせ等の方法により互いに自らの行動を調整する行為全般を意味するものとして用いられてきた。このような意味でのカルテルを規制するために，独禁法は，実体規定として3条後段，6条（国際的協定・契約の規制），8条（事業者団体の規制）を定めている。このうち，不当な取引制限を禁止する3条後段は，理論上も実務上も，独禁法によるカルテル規制の中核と位置づけられる。したがって，不当な取引制限を定義する2条6項をめぐっては，他の規定以上に多くの解釈・適用上の論点が提起されてきた。本章は，これらの論点における問題の所在，審判決例および学説の動向を中心に解説を行うものである。

　独禁法によるカルテル規制の変遷に若干触れておくと，まず，実体規定については，1947（昭和22）年に制定された原始独禁法は，上記の諸規定のほかに，特定の類型の共同行為（価格，数量，製品，販路，顧客，設備の新設・拡張，新技術・新生産方式の採用に対する制限）について，競争の実質的制限を要件としない禁止規定として4条を置いていたが，1953（昭和28）年改正により4条は削除された。

　カルテル規制の執行手段としては，独禁法制定当初から，行政的規律手段として排除措置（2005〔平成17〕年改正後は排除措置命令）が定められていたほか，損害賠償（25条），刑事罰について定めが置かれていた。その後，1977（昭和52）年改正により課徴金制度（7条の2，8条の3）が導入され，

同制度は，1991（平成3）年改正，2005（平成17）年改正，2009（平成21）年改正，2019（令和元）年改正を経て今日に至っている。3条違反の罪に係る刑事罰については，1993（平成5）年改正，2005年改正，2009年改正を経て，現在，行為者に対しては5年以下の懲役または500万円以下の罰金，その雇用主（法人を含む）に対しては5億円以下の罰金が科される（89条，95条）。これは独禁法違反に係る罪の中で最も重いことに注意されたい。

II　不当な取引制限の諸類型

1　概説

不当な取引制限となりうるカルテルには多種多様なものが含まれる。ここでは，カルテルに関する様々な分類概念のうち，2条6項の解釈・適用に直接影響するようなものに絞って紹介したい。

（1）「横のカルテル（水平的制限）」と「縦のカルテル（垂直的制限）」

まず，カルテルの当事者同士の関係に着目すると，互いに競争関係にある者の間で事業活動の制限が課される場合を「横のカルテル」とか「水平的制限」と呼ぶことがある。これに対して，互いに取引関係にある者（たとえば，メーカーと卸売業者）の間で事業活動の制限が課される場合を「縦のカルテル」とか「垂直的制限」と呼ぶ。カルテルの当事者の大半は相互に競争関係にあるが一部に取引関係にある者が含まれるような場合に，その全体を指して縦のカルテルと呼ぶこともある。一般に横のカルテルの方が，競争を直接的に制限する可能性が大きいので，独禁法上の問題も大きいと考えられている。しかし，取引関係にある者も当事者に含めなければカルテルの実効性が保てない場合も考えられるので，この分類から一律に事件としての重要性を判断できるわけではない。なお，この区別は，第6章における「水平型企業結合」と「垂直型企業結合」との区別にほぼ対応している。

（2）ハードコア・カルテルと非ハードコア・カルテル

反競争効果の重大さないし識別のしやすさに着目した，国際的に広く知られた分類として，「ハードコア・カルテル」とそれ以外（本書では「非ハードコア・カルテル」と総称する）との区別がある。

ハードコア・カルテルは，競争の実質的制限（市場支配力の形成・維持・強化）のみを目的とするカルテル，あるいは，客観的に反競争効果が明白で，

しかも，これを補うような競争促進効果ないし正当化事由を持ちえないことが外見上明らかなカルテルと定義することができる。言葉を換えると，その当事者が共同で市場支配力を形成するのでなければ，利潤最大化を図る企業行動として合理的に説明しえないようなカルテルともいえる。これに対して，非ハードコア・カルテルは，行為の外見上の特徴のみから競争の実質的制限のみを目的とするとは断定しがたく，反競争効果を補うような競争促進効果ないし正当化事由が存在する可能性が否定しきれないものを指す。以上の定義からも明らかなように，この区別は，不当な取引制限の要件のうち，競争の実質的制限の認定において有益である（第3節参照）。

なお，ハードコア・カルテルと非ハードコア・カルテルとの区別に関連する米国反トラスト法上の概念として「偽装されたカルテル」と「付随的制限」がある。「偽装されたカルテル」は，外見上は独禁法上正当と評価される目的を追求しているかのように見えながら，ハードコア・カルテルの実態を有するカルテルである。非ハードコア・カルテルが独禁法上の懸念を免れないのは，かなりの部分，「偽装されたカルテル」の存在に起因するといって過言ではない。他方，「付随的制限」とは，それ自体としては競争を制限する内容を有するにもかかわらず，共同研究開発や共同生産といった有益な共同事業の円滑で効果的な実施に必要であることを理由として独禁法上正当化される余地のある取決めを指す。いずれも競争の実質的制限の認定に関わっており，第4節Ⅶの記述は，「偽装されたカルテル」や「付随的制限」を識別するための手順や指標の解説と位置づけることもできる。

（3）制限の対象に着目した分類

企業間の競争は，典型的には，製品の価格や品質をめぐって行われることが多いが，それに限定されない。これに対応して，何をめぐる企業間競争を制限の対象とするのかという観点からカルテルを分類することができる。この分類は，上記のハードコア・カルテルと非ハードコア・カルテルとの区別にもほぼ対応している。すなわち，制限の対象に着目したカルテルの類型のうち，価格カルテル，数量制限カルテル，取引先制限カルテル，市場分割カルテル，入札談合は，ハードコア・カルテルの典型例と考えられる。これに対して，共同研究開発，情報交換，共同生産，共同販売，共同購入，規格・標準・安全基準の共同作成，社会公共目的のカルテルは，非ハードコア・カ

ルテルの典型例だと考えられる。もちろん，カルテルの対象や形態は，業種によって少しずつ異なるし，経済情勢や技術変化等に応じて常に変遷するものでもある。現実のカルテルが常にここに挙げた諸類型のいずれかにあてはまると考えるのは誤りであり，ここに挙げた諸類型は，あくまでもカルテルの実態を分析する際の「ひな型」と考えてもらいたい。

(4) 共同ボイコットの特殊性

共同ボイコットは，特定の者との取引を拒絶するか，あるいは，特定の者との取引を拒絶するよう他の事業者に圧力をかける旨の取決めを指す。わが国では，従来，もっぱら不公正な取引方法の問題と考えられてきた（現行法では，2条9項1号，一般指定1項）が，1991（平成3）年の流通・取引慣行ガイドラインにおいて不当な取引制限にも該当しうることが明らかにされ，今日に至っている。

共同ボイコットは，制限の対象という観点からすると取引先制限カルテルに分類されそうであるが，その反競争効果の現れ方は他の類型のカルテルと異なっているので注意する必要がある。すなわち，共同ボイコットは，価格カルテル等のハードコア・カルテルの実効性を確保する手段として用いられる場合もあるが，一般には，その当事者間での競争の回避（競い合いの停止）が問題なのではなく，特定の事業者を市場から駆逐し，あるいは，その事業活動の費用を著しく高めることによって競争上不利な立場に陥れる効果を持つことが問題とされる。第1章第3節Ⅵにいう「競争排除型」にあたることが多いのである。そこで，独禁法上は，ボイコットにおける共同性の立証の問題もさることながら，競争排除型における競争の実質的制限の認定のあり方が重要な論点となる（第4節Ⅵを参照）。

以下では，第2節以下を読み進める際に具体的なイメージを抱いてもらうために，ハードコア・カルテルおよび非ハードコア・カルテルの典型例について簡単に説明しておこう。

2 ハードコア・カルテルの典型例

ハードコア・カルテルには次のものがある。

(1) 価格カルテル

価格についてのカルテルである。不当な取引制限を定義する2条6項は，

「対価を決定し，維持し，若しくは引き上げ」とし，対価のカルテルを不当な取引制限の典型として例示している。「対価」は，名称・形態のいかんを問わず商品役務の給付に対する反対給付を指し，価格と呼ばれる。価格カルテルには，価格の決め方によって次のような形態がある（具体的な例や競争に対してどのような効果を有するのかに関する詳細については，第4節Ⅱを参照。以下で述べる他の行為類型についても同様である）。①価格引上げ（値上幅，値上額，建値の決定，掛け率の引上げ等の決定，最低価格の決定，最高価格の決定等），②目標価格や標準価格の決定，③再販売価格の決定等である。また，④取引等の対価に含まれないようにみえるリベート・割り戻しに関するカルテルもある。どのような形式・名称のものであれ競争者間で共同して価格を取り決めることは，ほとんど常に市場支配力の形成，強化，維持につながり，独禁法上最も悪性が強いとか，市場メカニズムに対し直接的に影響を及ぼし競争制限効果が直接的であるといわれる。価格カルテルからの逸脱（裏切り）行為（秘密の値引き等のカルテル破り）を防止したり，逸脱を監視したりするため，後に見る取引先制限カルテル等が併用されることもある。

(2) 数量制限カルテル

数量についてのカルテルであり，典型的には，共同して生産量や販売量を制限するものである。数量制限カルテルは，共同して需給調整を行うことで市場の供給量を制限することにより市場価格に影響を及ぼす（典型的には価格を引き上げる効果を持つ）ものである。生産量制限や販売量制限の価格への影響は特に大きい。カルテル参加者間でシェアを配分するシェア協定は，数量制限を直接定めるものではないが，シェア協定も供給量を制限する効果を通じて市場価格に影響を及ぼす。さらに，設備投資制限カルテルもある。設備投資制限は，投資時点あるいは近い将来における供給量は変化させないが，将来生産できる商品の数量を減少させるので，将来の供給量制限や将来の価格維持・引上げの効果を持つものである。設備投資制限カルテルが競争を実質的に制限するかどうかは，このような長期の効果をみて判断されることになる。

(3) 取引先制限カルテル，市場分割カルテル

取引相手について制限をするカルテルである。たとえば，顧客争奪の禁止，取引先の専属登録制，市場分割等が典型である。入札談合や共同の取引拒絶

もこの側面を持つ。取引先制限カルテルは，事業者間の競い合い（顧客獲得のための努力）を直接的に制限する。取引先制限カルテルは，価格カルテルや数量制限カルテルの実効性確保の手段として行われることもある。

（4） 入札談合

国や地方公共団体等による物品・役務の購入方法は，会計法や地方自治法に基づき競争入札が原則とされ，競争入札には，一般競争入札，（入札参加資格者を発注者が指名する）指名競争入札等がある。ただし，例外的に随意契約，せり売りの方式による場合もある[1]。入札に係る取引において，その参加者があらかじめ受注予定者を決定し，当該受注予定者が実際に落札できるよう協力することが入札談合である。入札談合においては当該受注予定者が実際に落札できるために入札価格を調整することが必要であるため，明示的には価格に関する合意を伴わない場合でも落札額の水準に直接的な影響を及ぼすことが多い。このような性質から，入札談合は価格カルテルと同じくハードコア・カルテルに分類されるのである。

入札談合では，受注予定者の決定や入札価格等を定める基本合意をし，個々の入札物件ごとに基本合意に従って受注予定者を決定する個別調整行為（受注調整とも呼ばれる）が行われる。基本合意による受注予定者の決定方法には優先制（いくつかの基準に従い優先的に受注者となる者を決定するルール），シェア基準（販売比率や出荷比率等を基準として決定するルール），輪番制（受注予定者を事前に決定した順位により定めるルール），話し合い（入札の都度個別決定するルール）等がある。

3　非ハードコア・カルテルの典型例

競争事業者間の共同行為でも，市場支配力の形成，維持，強化を目的とせず，社会的に望ましい効果を持つものがある。非ハードコア・カルテルには，共同事業のための業務提携（ジョイント・ベンチャーとも呼ばれる），環境基準や安全基準等の社会公共目的の自主規制等様々なものがある。ジョイント・ベンチャーにおける共同事業の内容も，共同販売，特許の共同利用，リサイクル施設の設営等様々である。共同事業を実施するために，当事者間の

---

[1] 入札制度のより詳細な内容については，金子晃「公共調達の理念と制度」学会年報25号（2004年）1頁以下，武藤博己『入札改革』（岩波書店，2003年）などを参照。

契約の締結に加えて，当事者間での株式保有，人員の交流，共同事業のための新事業体の設立・利用等種々の追加的な措置がとられる場合もある。また，競争事業者のみならず取引関係にある事業者も共同事業に参加することがある。

（1） 共同研究開発

複数の事業者の参加による研究開発に関する共同事業である。共同事業の方法としては，参加者間での研究開発活動の分担，研究開発実施組織の設立，事業者団体での研究開発活動の実施，一方当事者が資金等を提供し他方当事者が研究開発活動を行う，等がある。共同研究開発の内容として，基礎研究，応用研究，開発研究の段階を区別することもある。

（2） 規格化・標準化

商品役務の設計，仕様，方式等を複数の事業者が協定等によって人為的に固定化・単純化することである。標準化には，商品の特性や品質を統一化する品質標準，異なる商品役務間での互換性を保持する互換性標準等がある。

（3） 共同生産・共同販売・共同購入

複数の事業者間で，生産，販売または購入を共同化することである。共同生産において競争者間の生産設備の統合を伴う場合には，水平型企業結合の性格を帯びることもある。

（4） 情報交換活動

事業者間で各種情報を収集し，交換し，または分析等を行う取決めである。情報の内容，交換の態様，情報の取り扱い等には様々な形態がありうる。

（5） 社会公共目的の共同行為

環境保護，安全性確保，リサイクル等，社会的規制に関する分野での事業者間での取決めや事業者団体による取決めである。このタイプの共同行為は，規制緩和による社会的規制の見直しや緩和，環境等に対する社会的関心の高まり等から，重要性を増している。

第2節 共同行為

I 概説

2条6項が定める，不当な取引制限の要件の骨格部分を順に抜き出すと，次のようになる。
① 「事業者が，」
② 「他の事業者と共同して」
③ 「相互にその事業活動を拘束し，又は遂行することにより，」
④ 「公共の利益に反して」
⑤ 「一定の取引分野における競争を実質的に制限する」

①は不当な取引制限の主体を表し，②と③は不当な取引制限の行為に関わる要件である。通常，②と③は一体として理解され，一括して「共同行為」と称されることもある。第2節では，以上，①から③の解釈適用上の論点の解説を行う。第3節は⑤を扱い，第4節はカルテルの類型ごとに固有の論点を扱う。最後に，第5節は④を扱う。

II 不当な取引制限における事業者の範囲

第2章第1節Iで解説される「事業者」の解釈は，当然にここでも妥当する。ただし，不当な取引制限の当事者としての事業者は，後述する共同行為としての性質上，必ず複数でなければならない。不当な取引制限の当事者としての事業者相互の関係については，競争関係に限定されるのか，取引関係も含むのかをめぐって議論があるが，IV2の拘束内容の共通性・拘束の相互性と関わらせて検討することとしたい。

なお，2009（平成21）年改正では，課徴金減免申請が企業グループ単位で行われるものとされ（7条の2第13項），企業結合規制においては，株式取得会社の届出基準に係る国内売上高の算定が「企業結合集団」を単位として行われるべきことが明記された（10条2項）ほか，同一の「企業結合集団」に属する会社どうしの企業結合が届出義務の対象外とされた（15条2項但書等）。これらの改正は，いずれも，独立した事業者の範囲を法人格によって

識別するのでなく，実質的な支配従属関係に基づく企業グループ単位で識別するという考え方を前提としている。この考え方は，今後，不当な取引制限における独立した事業者の範囲の捉え方にも影響を及ぼす可能性がある。たとえば，同一企業グループ内に属する事業者の間で不当な取引制限が成立するかという論点が今後浮上する可能性がある[2]。

従来の公取委の運用では，法人格が異なれば別の事業者と捉える傾向が強かったといわれるが，今日の企業経営の実態からすれば，独立の事業者の範囲を企業グループ単位で捉えることが適切である場合が多いであろう。この点について，今後どのような解釈が示されるか，注目されるところである[3]。

Ⅲ 共同行為

1 共同行為の意義

2条6項にいう「他の事業者と共同して……相互にその事業活動を拘束し，又は遂行する」の部分のうち，「遂行する」は，「共同して」と一体で読まれるべきものとされている[4]。そうすると，この部分は，複数の事業者が共同して行う行為のうち，「相互に事業活動を拘束」すること（以下，「相互拘束」と呼ぶ）か，または，「遂行する」こと（以下，「共同遂行」という）のいずれかが存在することを不当な取引制限の要件としているかのように読める。実際，初期の独禁法の運用では，横のカルテルは相互拘束として，縦のカルテルは共同遂行として，それぞれ独自に不当な取引制限となりうるものとされていた。しかし，東宝・新東宝事件・東京高判昭28・12・7[5]以降，共同遂行に不当な取引制限の成立要件として独自の意味を与える解釈は否定され，相互拘束なき共同遂行は不当な取引制限となりえないとの解釈が実務でも学

---

2) この問題は，米国反トラスト法では，企業内共謀（intra-corporate conspiracy）法理の適用の問題として議論されてきた。

3) 同一の企業グループに属する事業者の間で不当な取引制限の成立が認められた近年の事例としては，関東甲信越地区エコステーション事件・排除措置命令平19・5・11（親会社を共通とする兄弟会社間での入札談合）がある。本件については，甲田健ほか「天然ガスエコ・ステーション建設工事の入札参加者らに対する排除措置命令，課徴金納付命令等について」公正取引685号68頁も参照。この点の問題提起として，たとえば，上杉秋則『カルテル規制の理論と実務』（商事法務，2009年）64-65頁を参照。

4) 注解上巻97頁（実方謙二＝和田健夫）参照。

5) 利部脩二・百選［第1版］30頁，正田彬・百選［第2版］26頁参照。

界でも定着することになった。

　この解釈によれば，相互拘束があることがすなわち行為の共同性の本質とみなされる。共同遂行の語は，一般に，外見的に見て複数の事業者が何らかの反競争効果をもたらすために歩調を合わせて行動しているように見えること（「行動の一致」と呼ばれることもある）を指し，相互拘束の結果としてもたらされる事業活動の態様と捉えられる[6]。現在でも，共同遂行に不当な取引制限の要件として独自の存在意義を見出す学説は存在するが，その紹介はⅣに譲り，とりあえず，ここでは通説・判例の立場を前提にして共同行為の意義について説明する。

　通説・判例の立場によれば，複数の事業者間で，何らかの反競争効果をもたらすための「意思の連絡」（「合意」とも呼ばれる）があることが共同行為の成立に必要とされ，相互拘束とは，複数の事業者が，何らかの反競争効果の実現のために，この意思の連絡を通じて互いの行動を調整し合う関係が全体として成立していることを指すものと理解される[7]。ここで意思の連絡とは，複数の事業者間での反競争効果をもたらすような協調関係が，個々の事業者の独自の判断による行動とは矛盾する何らかの営為（協定，申合せのほか，意思のすり合わせ，利害の調整，さらには，競争とは矛盾する行動をとることについて相互の予測を高めるような何らかのそぶり）によって形成されていることを示す概念である。少なくとも理論上は，個々の事業者が，自らの行動に対する競争事業者の反応を考慮に入れて独自に判断して行動する結果，行動の一致がもたらされる場合があることが知られている（「意識的並行行為」と呼ばれることもある）。このような場合は，事業者にとって異なる行動をとる余地がないこと等の理由から，禁止の対象とならないと一般には考えられている（ただし，異論もある）。不当な取引制限が成立するために意思の連絡が求められるのは，このような場合を禁止の対象から除外するためでもある。

　それでは，意思の連絡は，どのように定義されるべきだろうか。そもそも，文書等で複数の事業者が価格引上げを約束していたことを示す文書が見つかった場合等，複数の事業者が競争を制限するために互いに義務付けあってい

---

6) 今村・独禁78頁参照。
7) 拘束の程度の問題と関わってこのように説明するものとして，実方・独禁170-171頁参照。

ることが証拠上明白である場合には、いかなる解釈の下でも相互拘束の存在は明らかであり、意思の連絡を厳密に定義する必要はないであろう。問題は、そのような証拠が見出せず、したがって、共同行為の存在を間接（状況）証拠の積み上げによって立証しなければならない場合（「暗黙の合意」ないし「黙示の意思の連絡」が問題となる場合）である。この場合には、どのような証拠をどこまで揃えたら共同行為があるといえるのかについて何らかの指針が必要である。意思の連絡を定義しなければならないのは、このためである。以下、判決例を手がかりとして検討したい。

まず、この問題についての基本先例と考えられている東芝ケミカル審決取消請求事件・東京高判平7・9・25[8]では、意思の連絡とは、「複数事業者間で相互に同内容又は同種の対価の引上げを実施することを認識ないし予測し、これと歩調をそろえる意思があることを意味し、一方の対価引上げを他方が単に認識、認容するのみでは足りないが、事業者間相互で拘束し合うことを明示して合意することまでは必要でなく、相互に他の事業者の対価の引上げ行為を認識して、暗黙のうちに認容することで足りる」とされている。これは、価格に関する情報交換を経た後に価格引上げについて合意が成立したとされる事案に関わる。その後、本判決は、カルテルの類型の違いを越えて意思の連絡についての基本先例として引用されるに至っている（たとえば、共同の取引拒絶に関する着うた事件・審判審決平20・7・24[9]を参照）。

他方、受注価格の低落防止のための入札談合の事案に関わる大石組審決取消請求事件・東京高判平18・12・15[10]では、意思の連絡とは、「入札に先だって各事業者間で相互にその行動に事実上の拘束を生じさせ、一定の取引分野において実質的に競争を制限する効果をもたらすもの」で、「その意思の連絡があるとは、各事業者がかかる意思を有しており、相互に拘束する意思が形成されていることが認められればよく、その形成過程について日時、場所等をもって具体的に特定することまでを要するものではない」とされた。東芝ケミカル審決取消請求事件の定義とは異なり、「相互にその行動に事実上の拘束を生じさせ」と表現されているのは、本件が、個別調整行為の状況

---

[8] 齊藤高広・経済法百選［第2版］44頁とそこに掲げられた参考文献を参照。
[9] 茶園成樹・経済法百選［第2版］104頁とそこに掲げられた参考文献を参照。
[10] 宮井雅明・経済法百選［初版］48頁とそこに掲げられた参考文献を参照。

から入札談合の基本合意が立証された事案に関わることに由来するのではないかと推察される。

同じく入札談合に係る多摩談合（新井組）審決取消請求事件・最判平 24・2・20[11]は，入札談合に関する基本合意の成立によって，「〔各社が，話合い等によって入札における落札予定者および落札予定価格をあらかじめ決定し，落札予定者の落札に協力するという内容の〕取決めに基づいた行動をとることを互いに認識し認容して歩調を合わせるという意思の連絡が形成された」ことから，「共同して……相互に」の要件の充足を認めた。

これらは，いずれも，暗黙の合意の立証のあり方を意識しながら意思の連絡を定義していると考えられる。これらの定義から，意思の連絡について以下の諸点を指摘できるだろう。

第 1 に，意思の連絡があるといえるためには，誰がどのような行動をとるか（行動ルール）について認識が共有されていることが前提であるが，それだけでは足りず，自分がこの共通の認識に従って行動すれば他者もこれに従って行動することを互いに期待し合う関係が成立していることが必要である。そして，そのような関係を形成ないし維持・強化するために当事者相互間で何らかの働きかけがあることが求められる。

第 2 に，上記のような関係が成立していることを示すためには，その存在を文章等で明示する直接証拠がない場合であっても，間接（状況）証拠の積み上げによって立証することが認められる。この点は，合板入札価格協定事件・審判審決昭 24・8・30[12]以来，長らく公取委の実務として定着しており，前述の判決例もまた，そのことを前提に意思の連絡を定義しているものと考えられる。

第 3 に，上記のような関係が現に成立していること（合意が「存在する」こと）が示されれば意思の連絡の立証には十分であり，上記のような関係が，いつ，どこで，どのような経緯で取り結ばれたのかを立証する必要はない。この点は，安藤造園土木事件・審判審決平 13・9・12[13]等の入札談合事件において既に公取委の実務としては定着していたが，その後，ポリプロピレ

---

11) 和田健夫・経済法百選［第 2 版］42 頁とそこに掲げられた参考文献を参照。
12) 丹宗昭信・百選［第 3 版］28 頁とそこに掲げられた参考文献を参照。
13) 金井貴嗣・経済法百選［初版］56 頁とそこに掲げられた参考文献を参照。

ン価格カルテル事件・審判審決平19・8・8において価格カルテルでも踏襲されることが示唆され，種苗カルテル審決取消請求事件・東京高判平20・4・4[14]において価格カルテルにもあてはまることが明示されるに至った。

さらに，前述の意思の連絡の定義だけからははっきりしないが，立証されるべき合意の内容，すなわち，合意の当事者に共有されるべき行動ルールの内容についても，近年の審判決例には一定の傾向を見出すことができる。すなわち，合意の内容は，それが競争の実質的制限をもたらすような性格をもつことが明らかとなる程度に立証されれば足り，それ以上に具体的にルールの内容を立証する必要はないとされる傾向がある。

たとえば，種苗カルテル審決取消請求事件・東京高判平20・4・4は，事業者団体の会合で決定された基準価格に沿って各事業者が価格表価格（一種の建値）を調整する旨の合意が成立したとされる事案であるが，当事者間で実際の取引価格について合意がなかったとしても，「上記の限度で事業者相互の競争制限行動を予測することが可能であったものといえるのであって，不当な取引制限にいう相互拘束の前提となる相互予測としては，上記の程度で足りるものと解するのが相当である」とされた。

2 立証

(1) 間接証拠の三分類説の意義と限界

それでは，意思の連絡を立証するためには，どのような証拠をどこまで揃えたらよいのであろうか[15]。この点については，意思の連絡を推測するための間接証拠を，事前の連絡・交渉，連絡・交渉の内容，行動の一致，の3つ

---

14) 越知保見・経済法百選［第2版］52頁とそこに掲げられた参考文献を参照。
15) 文献は数多いが，たとえば，以下の文献を参照されたい。郷原伸郎「独占禁止法違反の立証に関する検討（上）（中）（下）」公正取引496号34頁・497号44頁・498号42頁，和田健夫「不当な取引制限の成立と立証（上）（下）」商学討究45巻3号109頁・47巻2・3号145頁，村上政博「情況証拠による価格カルテルの認定（上）（下）」判タ1003号64頁・1004号58頁，酒井紀子『独占禁止法の審判手続と主張立証』（民事法研究会，2007年），越知保見「カルテル・入札談合の事実認定と立証負担・要件事実」学会年報28号（2007年）107頁，越知保見＝荒井弘毅＝下津秀幸「カルテル・入札談合における審査の対象・要件事実・状況証拠(1)～(4・完)」判時1979号3頁，1980号26頁，1982号3頁，1983号3頁，武田邦宣「不当な取引制限における意思の連絡要件」学会年報37号（2016年）19頁等。

に分類して整理する立場（以下，「三分類説」という）[16]が多くの支持を得，実務にも影響を及ぼしてきた。たとえば，前述の東芝ケミカル審決取消請求事件・東京高判平7・9・25は，「特定の事業者が，他の事業者との間で対価引上げ行為に関する情報交換をして，同一又はこれに準ずる行動に出たような場合には，右行動が他の事業者の行動と無関係に，取引市場における対価の競争に耐え得るとの独自の判断によって行われたことを示す特段の事情が認められない限り，これらの事業者の間に，協調的行動を取ることを期待し合う関係があり，右の『意思の連絡』があるものと推認されるのもやむを得ないというべきである」と判示している。

以下では，三分類説が意思の連絡の推測とどのように結びつくかを明らかにするため，価格カルテルを念頭に置きつつ，(i)行動の一致，(ii)事前の連絡・交渉，(iii)交渉の内容，の順に解説する。

(i) 行動の一致

たとえば，価格引上げカルテルが行われると，ほぼ同時期に価格が引き上げられる。しかし，事業者間で，同時期に同一水準に価格が引き上げられるなど，行動が一致する場合であっても，常に不当な取引制限が成立するわけではない。競争関係にある事業者すべてに同じ影響を及ぼすような費用変動要因への対応の結果として，あるいは，前述の意識的並行行為の結果として，行動が一致する可能性は捨てきれない。事業者は，独禁法違反の主張に対してこのように反論・反証できる。

逆にいえば，経済状況や市場構造等に照らして，行動の一致が，当事者間での何らかの働きかけなくしては合理的な企業行動として説明し得ない場合には，意思の連絡が推認されやすいともいえる。ただし，そのことのみをもって意思の連絡が認定されうるかについては意見が分かれるところである。もっとも，前述の意味での行動の一致に加えて，値上げの実施状況についての事後的な相互検証，値上げに向けた顧客の説得のための相互協力等の事実が認められれば，意思の連絡がより認定されやすいことは確かである。

いずれにせよ，事業者間で同一行動がとられている場合でも，何らかの追加的事実をもって当事者間に意思の連絡があることを立証することが現在に

---

[16] その代表例として，実方・独禁172-176頁を参照されたい。

至る公取委の実務である。そのような追加的事実として，当事者間での事前の連絡交渉の存在と交渉内容に関わる事実が重要とされる。

　(ii)　事前の連絡・交渉

不当な取引制限に関する事件の多くでは，この事実が立証されている。事前の会合以外にも，担当者からの連絡（旭硝子事件・勧告審決昭40・2・25），電話・ファクシミリ・電子メールなどによる連絡（電話による場合として，日本冷蔵事件・勧告審決昭51・9・17）や，持ち回り会合（こだま寿司事件・勧告審決昭43・5・10）等によってもこの事実は立証できる。

しかし，単に会合を開いたとか，連絡をとったという事実のみでは，なお事業者側には反論の余地が残る。何について話し合い，連絡をとりあったのかが示されないと，反競争効果との関連が十分に明らかにはならないからである。

　(iii)　交渉の内容

たとえば，価格カルテルでは会合や意見交換の際にカルテル対象商品の価格について話し合いが行われると考えられる。そこで，意見交換の内容の解明が問題となる。たとえば，カルテルの対象商品・役務の選定，価格，数量，品質等について，何がどこまで話し合われたのかが問題となる。価格カルテルの場合，当事者によって遵守されるべき値上げ率や値上げ幅についての具体的基準が提示されていればより確実であるが，そうでない場合でも，個別取引を特定できる形での過去の取引条件に関する情報交換など，当事者間で互いの行動について予測を得ることが可能な程度で意見交換が行われていたことが示されれば意思の連絡を認めることができる。

以上のように，三分類説は，意思の連絡の推測のプロセスに即応したものであり，それゆえに実務にも影響力をもったと考えられる。しかし，第1節Ⅱで見たように，カルテルには多様な類型があり，また，同じ類型のカルテルであっても，その形成と実施の過程は多様である。三分類説は，必ずしもそのすべてに適合するわけではない。たとえば，三分類説は，主として価格カルテルの場合を念頭に置いているが，それとは異なる行動パターンを示す入札談合では三分類説は必ずしも妥当しない。さらに，同じ価格カルテルでも，事業環境の変化にかかわらず行動の一致が不自然に継続していることそれ自体が，意思の連絡を推認させる場合も考えられる。このことを念頭に置

きつつ，次に，意思の連絡に関する審判決例の動向を概観する。
(2) 審判決例の展開
(i) 価格カルテル

価格カルテルは，前述の三分類説がもっとも妥当する類型であり，価格カルテルに関する暗黙の合意事件では，おおむね，三分類説の枠組みに沿った間接（状況）証拠の積み上げに基づいて意思の連絡が立証されてきている。

たとえば，前掲の東芝ケミカル審決取消請求事件・東京高判平7・9・25では，家電製品のプリント配線盤の基材となる紙基材フェノール樹脂銅張積層板の値上げカルテルが問題であった。カルテルの当事者である8社のメーカーのうち，大手3社が約70％を占めていた。元来当該製品については差別化の余地が乏しく，買手優位の状況が存在したが，昭和60年以降の円高に伴う原材料価格の高騰と当該製品価格の下落とを契機として，業界全体で値上げが強く求められるに至ったとされる。かような背景の下で8社は事業者団体の会合を舞台として価格引上げについて半年にわたり情報交換を行い，その後，大手3社の代表から残り5社の代表に対して具体的な値上げ幅の提案とそれへの追随要請があり，その後，8社はこの提案どおりの値上げを社内に指示し，需要者にその旨の通知を行った。本件原告は，大手3社による値上げ追随要請を受ける立場にあり，これに先立つ情報交換の過程で値上げに消極的な姿勢を示したこと等を主張して，他の7社との間に意思の連絡はなかったと主張したが，前掲の判示にいう「特段の事情」は認められなかった。

もっとも，従来の公取委の実務では，合意の日時，場所，内容が具体的に特定されることを求める傾向があったといわれる[17]。エレベーター保守料金協定事件・審判審決平6・7・28はそのような傾向を如実に示す事例であった。本件では，エレベーターの保守料金の引上げについて大手の保守業者の間で合意が成立したか否かが争われ，公取委が特定の日時，場所において成立したと主張する合意の内容（具体的には，サービスの種類ごとの料金の値上げ幅）が，その後の大手保守業者の実際の行動と食い違っていたこと等から，合意の立証が不十分だとされた。そもそも本件では，大手保守業者は，

---

[17] この問題についての公取委の立場の変遷を概観するものとして，上杉・前掲注3) 6-19頁。

エレベーターのメーカーを兼ねるかその子会社であり，その顧客は，自らないし自らの親会社が販売したエレベーターの所有者に限られていた。このように固定化された取引関係の波乱要因となっていたのは，エレベーターのメーカーと関係を持たない独立系保守業者のみであった。かような事案において合意の日時と内容を具体的に特定することまで必要であったのかについて，学説は総じて批判的である[18]。

　しかし，後述のように，入札談合事件では，合意の日時，場所を具体的に特定する必要性が否定されるようになり，この立場は，ポリプロピレン価格カルテル事件・審判審決平19・8・8や種苗カルテル審決取消請求事件・東京高判平20・4・4において価格カルテルの事案でも踏襲されるに至った。

　ポリプロピレン価格カルテル事件では，ポリプロピレンの需要者向け「打出し額」（一種の建値で，実際の取引額とは必ずしも一致しない）の引上げについてメーカー間で合意があったとされる事案である。原材料のナフサの価格とポリプロピレンの価格とが一定の比率で連動するとの共通の認識の下で，ナフサ価格の動向からポリプロピレンの次期の打出し額を推測する形でメーカー間の情報交換が行われた後，ポリプロピレンの打出し額の引上げについて合意が成立したとされる。その後も，各メーカーと需要者との交渉の状況について情報交換が行われていた。審決案では特定の日時（平成12年3月6日）に合意が成立したと認定されたが，公取委は，合意の成立日にはこだわらずに，「値上げの打出しの内容，時期等の確認が行われた3月17日の会合までには，ポリプロピレンの値上げについて被審人らの間に上記の趣旨における『意思の連絡』が既に存在していたと考えられる」と述べた。

　種苗カルテル審決取消請求事件・東京高判平20・4・4では，元詰種子の販売業者の間で4種類（はくさい，キャベツ，だいこん，かぶ）の交配種に関する元詰種子について，毎年度業界団体で決定される基準価格の前年度からの変動に沿って，価格表価格（取引相手と交渉に臨む際に提示する建値）と実際の取引価格を設定する旨の合意が成立したとされた。その際，a) 業界団体における基準価格決定の事実，b) 実際にこの基準価格の前年度からの

---

18) たとえば，和田健夫・百選［第5版］14頁，越知・前掲注15) 107頁以下所収を参照されたい。

変動に応じて各販売業者の価格表価格が定められていたこと、c) 業界団体での基準価格決定の議論に参加していなかった者も他社の価格表に記載された価格が毎年度の基準価格の変動を反映したものであることを認識した上で、他社の価格表を確認することにより自社の価格表価格を設定していたこと、d) 実際の販売価格も基準価格の変動に連動していたことが指摘され、このような状態が少なくとも4年間継続していたことから、当事者の間で上記のような合意内容について相互の認識が成立していたと認定された。そして、東京高裁は、東芝ケミカル審決取消請求事件・東京高裁判決を引用しながら、このような合意が形成された時期や動機が具体的に特定される必要はないと判示したのである。

本判決は、価格カルテルにおいても合意の日時、場所を具体的に特定する必要性を明確に否定したことのほか、各事業者の独自の判断で行われた行動としては不自然な行動が長期間継続されていることそれ自体を意思の連絡の立証において重視していることが注目される。

モディファイヤー価格カルテル審決取消請求事件・東京高判平22・12・10[19]では、プラスチックの改質剤であるモディファイヤーのうち、塩化ビニル樹脂に添加されるものについての価格引上げに関する合意の成立が争われた。国内のモディファイヤーのほとんどを製造販売する3社は、1995年頃からモディファイヤーの値上げを行う場合に連絡を取り合い、市場動向に関する情報交換をしていたが、本件で違反を問われたのは、平成11（1999）年の値上げ合意と平成12（2000）年の値上げ合意であった。このうち、平成11年の合意については、原料価格の上昇によりモディファイヤーの価格引上げを需要者に説明しやすい状況が生まれたところから、まず、情報交換を通じて、3社の営業課長級の者の間で、3社で足並みをそろえた販売価格引上げの必要性に関して共通認識が得られた。その後、3社の営業部長級の者も販売価格引上げ方針を確認し、これを受けて、3社の営業課長級の者は、相互に連絡を取り合って販売価格の引上げ額および実施時期について合意に

---

19) 大久保直樹「判批」公正取引727号86頁、長澤哲也「最新事例に学ぶ独禁法実務ゼミナール 第1回不当な取引制限」公正取引732号85頁、西村暢史「判批」速報判例解説 vol. 9・243頁を参照。原審決については、隅田浩司「判批」ジュリ1416号90頁、藤田稔「判批」NBL941号34頁を参照。

至った。その後の3社の需要者に対する販売価格の引上げの打ち出し時期，引上げ額，引上げ実施時期は，近接または一致していた。また，3社の営業課長級の者は，主要な需要者との交渉状況等について報告し合っていた。以上の事実から，販売価格引上げの合意の存在が認められた。価格決定権限をもたない営業課長級の者が合意に関わっている点が特徴的であるが，原審決では，営業課長級の者でも，権限を有する営業部長の授権または承認に基づいて価格決定に関与しうるところから，当該事実によって合意の認定が左右されることはないとされた。

　他方，平成12年の合意では，前年と同様，原料価格の上昇によりモディファイヤー価格引上げを需要者に説明しやすい状況が生まれたところから，3社は，今後の価格動向についての情報交換を通じて価格引上げの必要性について共通の認識を有するに至ったが，3社のうち2社は，前年に引き続いての価格引上げが需要者の強い抵抗を受けることを懸念して，価格引上げの実施には慎重な姿勢であった。社内事情から価格引上げを迫られた残り1社は，他2社が追随して価格引上げを行いやすくなるよう，先行して価格引上げを打ち出すこととして，数回にわたり他2社に追随要請をしたうえで，他2社に先駆けて価格引上げを新聞発表した。当社は，その後も，価格引上げ打出し後の状況を連絡するなどして販売価格引上げへの同調を他2社に働きかけたところ，他2社も，その後，それぞれ別の日に，ほぼ同額の価格引上げを新聞発表した。その後も，3社の担当者は，何度も会合して，価格引上げ交渉の状況について報告し合っていた。

　東京高裁は，前年の合意の下での協調関係が継続していた状況で，情報交換の結果，価格引上げの必要性と引上げ額について認識が共有されていたことから，3社のうちの1社が先行して価格引上げを打ち出したのは，自らが先行して価格引上げを打ち出せば，他2社が追随すると予測した上でのことだったとした。さらに，その後の状況にも鑑みると，他2社の価格引上げは，先行した1社の追随要請に呼応し，その「価格引上げに協調する意思の下に行われた」と認められた。以上から，平成12年の合意は，最後に価格引上げの新聞発表が行われた日までに成立したものと認められた。価格引上げの実施時期について合意が得られていない時点での見切り発車的な単独行動に他者が追随したという点に本件の特徴を見出すことができる。ただ，事前の

情報交換を通じて価格引上げの必要性と額についてはすでに共通の認識が得られていた事案であるから，三分類説に依拠して合意を認定することは比較的容易であったといえる。

(ii) 入札談合事件

入札談合事件では，受注予定者の決め方あるいは談合参加者への入札物件の割り振り方に関する基本合意の後に，個々の入札物件ごとに受注者を決定し，当該受注予定者に確実に落札させるための入札参加者間での見積り内容の調整（個別調整行為）が行われるという二段階構造が見られる。通常，個別調整行為についての直接証拠は比較的残りやすいのに対して基本合意については直接証拠を見出し難いことが多く，長期間にわたって基本合意に従うことが慣習化している事案も見られる。ここでの暗黙の合意の問題は，どのような間接証拠をどこまで揃えたら基本合意を立証できるかである。

この点，協和エクシオ課徴金事件・審判審決平6・3・30[20]，同事件審決取消請求事件・東京高判平8・3・29は，個別調整行為の状況から基本合意を推測することを許容するとともに，基本合意の内容についても，入札の都度，話合いで決めるといった程度の抽象的な把握で足りるとした。もっとも，本件では，基本合意の成立に至る背景事情は詳細に認定されていた。安藤造園土木事件・審判審決平13・9・12は，事業者間で発注金額の多寡に応じた業者間のランク付けとそれに即した市場の棲み分けが成立しており，これを前提として，一定金額以上の入札物件について入札談合が行われていた事案に関わる。ランク付けに即した市場の棲み分けの事実の他に，個別調整行為の状況（受注予定者による他の入札参加者への価格連絡）や受注予定者を選定する者の存在等から，暗黙の合意が認定された。その際，合意の日時，場所を具体的に特定することは必要ないとされた。

前掲の大石組審決取消請求事件・東京高判平18・12・15は，これらの審判決例の傾向を集約的に表現した先例と位置付けることができる。本件では，a) 受注希望者による受注希望の表明と他の受注希望者の存否確認，b) 受注予定者の決定（受注希望者1名の場合はその者を受注予定者とし，複数の場合，話合いで受注予定者を決定），c) 受注予定者による他の入札参加者への入札価格の連絡，d) 受注予定者が落札できるようにするための受注予定者以外

---

20) 西村暢史・経済法百選［第2版］50頁とそこに掲げられた参考文献を参照。

の者による協力，という４つの過程が見られることをもって受注価格低落防止を目的とする入札談合の基本合意の存在が認定された。その上で，東京高裁は，前述のように，合意の日時，場所を特定する必要性を否定し，合意内容についても「本来の競争入札のルールとは相いれない別のルール」の存在が示されれば足りると判示したのである。

以上のように，入札談合は，そもそも行為の構造が価格カルテルとは異なるので，前述の三分類説とは異なる手法による暗黙の合意の立証が追求されざるをえなかった。しかし，従来は，基本合意成立の背景事情が可能な限り認定されており，それが，個別調整行為の状況に照らした基本合意の推測を補強していた。しかし，近年は，個別調整行為の状況と基本合意に関する当事者の認識のみから基本合意の存在が認定される傾向が強まっている。前掲の多摩談合（新井組）審決取消請求事件・最判平24・2・20も，この傾向を是認したといえる。これは，合意の「成立」そのものではなく，その「存在」が立証されれば足りるとする立場が貫徹された結果ともいえる。

(iii) 官製談合

郵便区分機審決取消請求事件・東京高判平20・12・19[21]では，郵便区分機類の製造販売に携わる２社が，旧郵政省が一般競争入札の方法により発注した郵便区分機類について，おおむね半分ずつを安定的に受注するため，「入札執行前に郵政省の調達事務担当官等から情報の提示を受けた者を当該情報の提示を受けた物件についての受注予定者とし，受注予定者のみが当該物件の入札に参加し受注予定者以外の者は当該物件の入札には参加しないことにより受注予定者を受注することができるようにする」旨の意思の連絡の下に，受注予定者を決定し，受注予定者のみが入札に参加できるようにしていたとされた。本件では，a) 対象製品の市場は複占状態にあり，高度な技術と相当期間の研究開発が必要なため参入障壁が高いといった市場構造に関する事実，b) ２社は郵便区分機類等の読取性能について技術開発競争を継続してきたこと，c) それにもかかわらず，指名競争入札の方法によっていた期間において，郵政省から区分機類の発注について事前の内示を受けた者のみが入札に参加し，提供を受けなかった者は入札を辞退するという行動が見られ，郵政省の総発注額の半分ずつを２社で分け合う結果となっていたこ

---

21) 多田敏明・経済法百選［第２版］48頁とそこに掲げられた参考文献を参照。

と，d）平成7年度から一般競争入札が導入されるとの情報が郵政省側から示されたとき，2社は，従来の慣行が崩れることを恐れて協調してこれに反対したが，入札前に内示を行う旨を郵政省が約束したためにこれを受け入れたこと，e）一般競争入札導入後も従来の慣行が継続され，2社は郵政省の総発注額の半分ずつを2社で分け合う結果となっていたこと，f）公取委の立入検査後は新規参入が起こり，落札率も低落したことから，上記のような合意の成立が認められた。

本件のカルテルは，入札談合であるとともに市場分割カルテルでもある[22]。また，入札物件の割り振りは発注者である旧郵政省が決定していたことになるので，官製談合の側面も併せ持っている。本件では，2社は旧郵政省による受注配分案に従ったのみで，2社間で意思の連絡はないとか，そもそも2社間で競争の余地はなかったといった主張がなされたが，東京高裁は，競争は可能であったにもかかわらず，2社は現に競争を自制しており，それが，各事業者の独自の判断で行われる行動としては不自然であることを強調して，これを斥けている。ここでも，機械的な三分類説の適用によらずに，むしろ，各事業者が独自の判断で行う行動とは矛盾する，不自然な行動の一致を示すことに力点が置かれているように読める。ここに，近年の暗黙の合意事件の立証に関する到達点が集約されているように思われる。

IV 相互拘束・共同遂行

1 相互拘束と共同遂行との関係

相互拘束と共同遂行との関係についての判例・通説の立場は，Ⅲ1で述べた通りである。しかし，学説の中には，共同遂行に不当な取引制限の要件として独自の存在意義を認めるものがあるので，ここで簡単に整理しておきたい。

第1に，一定の事業活動の制限を内容とする明白な協定・合意がある場合を相互拘束と捉える一方で，かような協定・合意の実行行為および明白な協定・合意によらない共同行為を共同遂行と捉えて独自の不当な取引制限と見る立場がある。明白な協定・合意によらない共同行為については，意思の連

---

[22] 川濵昇ほか「座談会 最近の独占禁止法違反事件をめぐって」公正取引742号2頁以下所収の15-17頁を参照。

絡が認められる場合のみならず，それが十分に立証されない場合でも「共同の認識」があれば，共同遂行行為として不当な取引制限の成立が認められるとする。この点を捉えて共同認識説と呼ばれることもある[23]。共同認識説は，法律構成については判例・通説における共同行為（＝相互拘束）の理解と異なるが，共同の認識がなければ不可能ないし不自然な行為の一致の存在をもって共同遂行の成立を認めるとしており，実際には，意思の連絡に関する今日の審判決例の立場との距離はさほど大きくないのではないかとも思われる。

第2に，縦のカルテルや共同の取引拒絶等，拘束内容の共通性（2で後述する）との関係で，相互拘束といえるか否か議論の余地がある場合を念頭において，共同遂行に不当な取引制限の要件としての独自の意義を見出す立場がある。この学説が念頭に置いている問題については，次の2で詳述する。

第3に，入札談合における基本合意に基づく個別調整行為を共同遂行（論者の表現にしたがうと「遂行行為」）として独自の不当な取引制限と見る立場がある。この立場は，刑事事件において，基本合意と個別調整行為との関係をどのように捉えるべきかという問題と関わっており，第4節Ⅴ2で詳述する。

2 相互拘束における拘束内容の共通性

相互拘束に関しては，縦のカルテルを不当な取引制限と解すべきかどうかをめぐり，その当事者間での拘束内容の共通性がどこまで認められなければならないのかという問題が提起されてきた。また，近年では，特定事業者のみが一方的に利益を得るような入札談合について，拘束内容の共通性とともに拘束の相互性の問題が提起されている。後者の問題については第4節Ⅴ4に譲り，ここでは，前者の問題に絞って，審判決例および学説の動向を見る。

この問題の基本先例とされる新聞販路協定審決取消請求事件・東京高判昭28・3・9[24]は，縦のカルテルが特定の共同行為を禁止する旧4条の適用を受けないことを明らかにした。旧4条の行為要件の本質は不当な取引制限のそれと変わらないことから，本判決は不当な取引制限の解釈にも妥当するものとされ，これ以降，縦のカルテルに対しても不当な取引制限は適用されう

---

23) 正田・全訂Ⅰ 229-234 頁参照。
24) 深津健二・経済法百選［第2版］38頁とそこに掲げられた参考文献を参照。

るとしてきた従来の公取委の運用は変更を余儀なくされた。

本件では,終戦間もない頃に,新聞発行本社5社と新聞販売店22社とが新たな契約の内容について協議を行った際に,戦時統制下で行われていた「地盤割」（販売店間での排他的な販売地域の分割）を戦後も引き継ぐことについて暗黙の合意が成立したとされた。公取委は新聞発行本社5社も含めて旧4条違反を認定する審決を行ったが,審決取消請求訴訟において東京高裁は,新聞発行本社5社は,旧4条で禁止される特定の共同行為の当事者たりえないと判示した。その際,共同行為の本質に鑑みて,その当事者は「相互に競争関係にある独立の事業者と解するのを相当とする」とし,さらに続けて,「共同行為はかかる事業者が共同して相互に一定の制限を課し,その自由な事業活動を拘束するところに成立するものであって,その各当事者に一定の事業活動の制限を共通に設定することを本質とするものである」と判示した。この理論によれば,互いに異なる取引段階に属する事業者間では事業活動の制限を共通に設定することはありえないので,共同行為も成り立たないことになる。

本判決の理論に対して,多くの学説は批判的で,たとえば,不当な取引制限において制限の内容が競争事業者間の競争の制限でなければならないからといって,直ちに,その当事者には競争関係にない者は含まれえないということにはならないという批判[25]や,拘束の相互性が認められれば,たとえ異なる取引段階に属していても,制限の目的を共通とする当事者間で相互拘束は成立しうるとする立場[26],縦のカルテルについて共同遂行として不当な取引制限の成立を認める立場[27]が知られている。

その後,公取委は,1991年に公表した流通・取引慣行ガイドライン第1部第二（現行ガイドラインの第2部第2）の中で共同ボイコットが不当な取引制限となりうることを初めて認め,その際に,不当な取引制限における「事業活動の拘束は,その内容が行為者（例えば,メーカーと流通業者）全てに同一である必要はなく,行為者のそれぞれの事業活動を制約するものであって,特定の事業者を排除する等共通の目的の達成に向けられたものであれば足り

---

[25] 今村研究(1)232-233頁参照。
[26] 実方・独禁165-168頁参照。
[27] 根岸哲ほか『独占禁止法入門』（有斐閣,1983年）93-94頁参照。

る」(流通・取引慣行ガイドライン第2部第2の3(1)(注2))とした。これは,上記の限りにおいて取引段階が異なる当事者間での不当な取引制限の成立を認めるものであった。

　また,シール談合刑事事件・東京高判平5・12・14[28]は,「実質的競争関係」の概念を導入することによって縦のカルテルへの不当な取引制限適用に途を開くものであった。本件は,社会保険庁による支払通知書等貼付用シールの指名競争入札に際して談合が行われた事案に関わる。入札談合の当事者とされた4社のうち1社は,自らは指名業者に選定されなかったが,自らと関係の深い訴外会社(元来は当該会社の専属の下請メーカーの立場にあった会社)が指名業者として選定されており,この訴外会社をして本件入札談合の基本合意に従わせていた。この基本合意によれば,入札ごとに落札予定業者を決定するとともに,形式上,当該落札業者から仕事を製造者に取り次ぐ立場の者を介在させる等して,4社間で利益を配分することが取り決められていた。入札談合の当事者のうち,指名業者である3社と自らは指名業者でない1社とは,形式的に見れば競争関係にないことになり,新聞販路協定審決取消請求事件判決に従えば,両者間では不当な取引制限は成立しないことになりそうである。しかし,東京高裁は,自らは指名業者でない1社が談合に参加することを他の3社も認めており,当該1社の同意なくして本件入札談合は成立しない関係にあったところから,4社は「実質的には競争関係にあった」と述べて,当該1社が本件の不当な取引制限の当事者となることを認めた。

　本判決は,傍論として,競争の実質的制限の要件がなかった旧4条では,違反行為たる共同行為の成立範囲を競争関係にある当事者間のそれに限定する必要があったかもしれないが,競争の実質的制限の要件を含む不当な取引制限では,その当事者をそのように限定する実質的根拠は乏しくなったとして,不当な取引制限にいう「事業者」を互いに競争関係にある事業者に限定する解釈に疑問を呈した。今後,新聞販路協定審決取消請求事件・東京高判昭28・3・9の先例性についてどのような判断が下されるか,注目されるところである。

---

28) 稗貫俊文・経済法百選[第2版]40頁とそこに掲げられた参考文献を参照。

この問題についての現状を要約すると，共同行為の本質論の観点から縦のカルテルは不当な取引制限に該当しえないとする前掲新聞販路協定審決取消請求事件は先例として生きているが，その妥当範囲は「実質的競争関係」論や流通・取引慣行ガイドラインの登場によって狭められてきている。この流れを受けて，課徴金納付命令の対象者に同一の取引段階に属しない事業者を含めた事例（松下電器産業事件・課徴金納付命令平 7・3・28，沖縄アルミサッシ事件・課徴金納付命令平 12・6・6）[29]，入札参加資格を認められ入札に参加したメーカーと販売業者がともに入札談合の当事者とされた事例（防衛庁発注タイヤチューブ入札談合事件・勧告審決平 17・1・31，東洋ゴム工業事件・同意審決平 17・3・31）が見られるようになっている。

3　拘束の程度

　相互拘束の要件が「拘束し」と表現されているところから，不当な取引制限とされる行為が相手方当事者に対して法的拘束力を持つことが必要かどうかについては過去に議論があった。これに関する過去の実務では，共同行為の立証に加え，当事者が法的に拘束されることの立証を行ったとみられるものがあった（賠償施設梱包運輸組合事件・同意審決昭 23・3・27，松竹ほか 2 名事件・同意審決昭 23・5・13）。しかし，このような法運用には強い批判が行われ，拘束性を別途立証した事件はごく早い時期の審決にとどまる。最高裁も，石油価格カルテル刑事事件・最判昭 59・2・24 において，石油価格の一斉引上げ協定が締結されたことをもって，そのような「協定を締結したときは，各被告会社の事業活動がこれにより事実上相互に拘束される結果となることは明らかであるから，右協定は，独禁法 2 条 6 項にいう『相互にその事業活動を拘束し』の要件を充足」するとしている。さらに，最高裁は，協定の「実効性を担保するための制裁等の定めがなかったことなど」の事情が当該行為の不当な取引制限該当性を左右するものではないとして，協定の拘束力の具体的立証の必要性はないとしている。学説も，相互拘束にいう拘束は事実上の拘束で足りると解している[30]。

---

[29]　厚谷襄児「いわゆる縦のカルテルと課徴金納付の受命者」ジュリ 1209 号 122 頁以下所収を参照。
[30]　詳細な説明は，注解上巻 91-93 頁（実方謙二＝和田健夫）を参照。

ここでいう拘束の実効性があるといえるためには、競争の実質的制限が成立しうる程度の相互予測が成立していれば、それで足りる。種苗カルテル審決取消請求事件・東京高判平20・4・4では、事業者団体の会合で決定された基準価格に沿って各事業者が価格表価格（一種の建値）を調整する旨の合意が成立したとされる事案で、当事者間で実際の取引価格についてまで合意がなかったとしても、「上記の限度で事業者相互の競争制限行動を予測することが可能であったものといえるのであって、不当な取引制限にいう相互拘束性の前提となる相互予測としては、上記の程度で足りるものと解するのが相当である」とされた。その実質的根拠として東京高裁は、「基準価格に基づいて自社の価格表価格及び販売価格を定めても競争上不利となることがないものとして価格設定に係るリスクを回避し、減少させることができるものといえ、これをもって価格表価格及び販売価格の設定に係る事業者間の競争が弱められている」と述べている。

前述のように、入札談合に係る多摩談合（新井組）審決取消請求事件・最判平24・2・20は、話合い等によって入札における落札予定者および落札予定価格をあらかじめ決定し、落札予定者の落札に協力するという程度の取決めであっても、入札参加者は、「本来的には自由に入札価格を決めることができるはずのところを、このような取決めがされたときは、これに制約されて意思決定を行うことになる」という意味で各社の事業活動が事実上拘束される結果となることは明らかだとして、これをもって「その事業活動を拘束し」の要件は充足されるとした。この点、原判決（東京高判平22・3・19）は、競争の実質的制限を「自由で自主的な営業活動を行うことを停止あるいは排除すること」と捉える立場から、上記の程度の取決めがあったというだけで「自由で自主的な営業活動上の意思決定を将来にわたって拘束するほどの合意の成立があったと断ずることができるのか甚だ疑問」だとしていた。最高裁判決は、このような東京高裁の立場を明確に否定した点に意義がある。いずれにせよ、ここでいう「拘束」とは、競争の実質的制限をもたらすに足るほどのものをいうと解されており、その認定は、競争の実質的制限の解釈によって左右されることがわかる。

第3節　競争の実質的制限

I　概説

「競争を実質的に制限する」という文言（以下，「競争の実質的制限」という）は，判例では，「競争自体が減少して，特定の事業者または事業者集団が，その意思で，ある程度自由に，価格，品質，数量，その他各般の条件を左右することによって，市場を支配することができる形態が現われているか，または少くとも現われようとする程度に至つている状態」（東宝・スバル事件・東京高判昭 26・9・19）とか，「一定の取引分野における競争を全体としてみて，その取引分野における有効な競争を期待することがほとんど不可能な状態をもたらすこと」（石油価格カルテル刑事事件・東京高判昭 55・9・26）と説明されている。理論的には，利益を上げながら，ある程度持続的に，競争が保たれている状態で設定される水準以上に価格を設定し，あるいは，競争が保たれている状態で設定される水準以下に産出量を削減しうる力としての市場支配力が形成，維持，強化されることと解される（第2章第2節）。以下では，不当な取引制限事件における競争の実質的制限の認定に特有の論点に絞って解説する。

共同行為の諸類型に即した具体的論点は第4節で取り上げるが，そこに進む前に，いわゆるハードコア・カルテルと非ハードコア・カルテルで競争の実質的制限の認定のあり方は，なぜ，どのように違うのか，また，そもそも，両者を区別する指標を何に求めるべきかという問題に再度触れないわけにはいかない。従来から，違反行為の態様によって競争の実質的制限の認定のあり方は異なって然るべきだとする主張[31]が唱えられてきたが，第1節Ⅱで説明したように，不当な取引制限だけ取り上げてみても，そこには多様な類型があり，類型ごとに競争の実質的制限の認定のあり方は異なると予想される。3条後段事件に関する従来のわが国の実務では事実上ハードコア・カルテルに規制対象が限定されていたので，この点が意識されることは少なか

31）　たとえば，伊従寛「一定の取引分野における競争の実質的制限の解釈」今村・退官下巻 186 頁を参照。

った。しかし，競争秩序に及ぼす影響が一様でない様々な協定について独禁法上の判断が求められる場面が今後増えると予想される。あらゆる類型に対応しうるだけの判断枠組みを備えておかなければ，カルテル規制の実効性は確保しえないであろう。

II　ハードコア・カルテルと非ハードコア・カルテルとの区別

そもそも「競争を実質的に制限する」とは，生の事実そのものではなく，いわば競争政策上の関心に照らして再構成された評価的要素の含まれたものであり，その存在を示唆する，現実に利用可能な個別具体的な事実からその存在を推測する作業が求められる。具体的に競争の実質的制限を推測する際にまず確認しなければならないのは，違反を問われている行為の外見上の特徴から，その存在をある程度推測しうるということである。違反を問われている行為の外見上の特徴は，競争の実質的制限の有無を識別するための最初のスクリーンである。

カルテルについては，ハードコア・カルテルと呼ばれる類型が存在し，その存在のみで反競争効果の存在と競争促進効果の不存在とを推測してよい場合があることが広く知られている。これを一般的に定義するならば，次のようになろう。すなわち，ハードコア・カルテルとは，競争制限（価格引上げないし産出量削減）のみを目的とし，あるいは，客観的に反競争効果が明白で，しかも，これを補うような競争促進効果ないし正当化事由を持ちえないことが外見上明らかなカルテルといえる。言葉を換えると，合意の当事者が共同で市場支配力を有するのでなければ，利潤最大化を図る企業行動として合理的に説明しえないようなカルテルともいえる。これは，米国反トラスト法上は，「あからさまな制限（naked restraint）」に相当し，このうち違反行為のカテゴリーとして確立されたものが「当然違法の原則」の適用対象となる。具体的には，競争者間での価格カルテル，数量制限カルテル，市場分割を含む取引先制限カルテル，入札談合が，これに該当するとされることが多い[32]。これら諸類型のより詳細な説明については，第4節II～Vを参照されたい。

---

32)　たとえば，OECD, Recommendation of the Council concerning Effective Action against Hard Core Cartels, C(98)35/FINAL を参照。

第3節　競争の実質的制限

　他方で，日本や欧米の独禁法運用の経験に照らすと，以下に掲げる類型のカルテルについては，その存在から直ちに反競争効果の存在と競争促進効果の不存在とを推定することは困難である。すなわち，①効率性を高めることで産出量を拡大する目的ないし効果を持つ経済活動の統合に合理的に関連し，その競争促進効果を達成するために合理的に必要である場合[33]，②広告，営業時間，従業員の労働時間など，価格・産出量に対する影響が直接的でない事柄について取決めがなされる場合[34]，③専門職団体の内部規則で，当該専門職が提供する役務の性質に照らして競争促進的な正当化事由が主張される場合[35]，である。これらは，米国反トラスト法上は「合理の原則」ないし「簡略化された合理の原則」が適用される場合におおむね相当する。本章では，これらの，ハードコア・カルテル以外のカルテルを，便宜上「非ハードコア・カルテル」と総称している。

　以上の分類は，不当な取引制限における競争の実質的制限の認定においても有益である。すなわち，後述のように，ハードコア・カルテルの場合には，その存在から直ちに競争の実質的制限を認定してよい（あるいは，少なくとも競争の実質的制限を事実上推定してよい）場合が多い。他方で，非ハードコア・カルテルの場合には，競争の実質的制限についてより慎重な認定が求められる。なお，具体的にいかなる類型のカルテルがハードコア・カルテルあるいは非ハードコア・カルテルにあたるかはア・プリオリに決定することはできず，法適用事例の積み重ねとそのときどきの経験科学の成果に基づく経験則とに照らして，いわば経験的に確定せざるをえない。前述のハードコア・カルテルおよび非ハードコア・カルテルの具体例は，現時点で国際的に

---

[33]　この表現は，米国連邦司法省・連邦取引委員会「競争者間の共同活動に関する反トラスト・ガイドライン（Antitrust Guidelines for Collaborations Among Competitors）」（2000年）3.2 の記述に依拠している。わが国で「共同事業」ないし「ジョイント・ベンチャー」と呼ばれるものに付随する諸制限を指す。

[34]　この場合は，わが国の独禁法上は，競争の実質的制限をもたらさないが自由な競争を減殺するものとして8条4号や19条の適用が問題となりうる。

[35]　わが国では従来あまり意識されてこなかった問題であるが，専門職が提供する役務の性質や供給者と需要者との情報格差等に照らして，他の場合には強い反競争効果を推測せしめる類型のカルテルが，かえって競争促進的と評価される場合がありうる。米国でかような問題を提起した判例として，California Dental Association v. F.T.C., 526 U.S. 756（1999）を参照。

コンセンサスが成立している範囲内のものとして理解されたい。

III 競争の実質的制限の認定手法

ハードコア・カルテルについては，それが実効性をもって成立しえたことそれ自体が競争の実質的制限の存在を雄弁に物語っている。そもそも，ハードコア・カルテルは，有効な競争圧力となりうるような競争者を取り込まなければ有効に成立しえないことが多い。逆に，かような障害を克服して実効性をもって成立しえた[36]ハードコア・カルテルは，そのことのみで市場支配力を形成し，あるいは，行使したものと考えることができる。したがって，ハードコア・カルテルについては，関連市場の画定と市場構造の調査に基づいて市場支配力を推測する作業は通常不要である。一定の取引分野も，当該カルテルによる制限の対象となった商品・地域（場合によっては，取引段階・特定の顧客）をもって画定すれば足りる（この点を明言するものとして，エアセパレートガス審決取消請求事件・東京高判平28・5・25を参照）。

他方，非ハードコア・カルテルについては，反競争効果の優位が一見して明らかではないために，より慎重な認定が求められる。一般的には，反競争効果と競争促進効果（その具体的内容については第4節VII 2～7を参照）との比較衡量によって競争の実質的制限の有無が判断されるといえる。反競争効果については，制限条項の性格そのものから比較的明白な場合もあるが，制限の性格のみから反競争効果が明らかでない場合には，関連市場の画定と市場構造の調査に基づいて，当事者が市場支配力を共同で行使しうるか否かを推測する必要がある。反競争効果が推測される場合には，次に，競争促進効果との比較衡量が必要となる。ただし，文字通りの比較衡量は不可能であるので，実際には，競争促進効果の実現のために，他により競争制限的でない代替的手段がなかったかどうか，あるいは，問題の制限を禁止した場合に市場がより競争的となるかどうかが問われる[37]。

---

36) 8条1項4号（現行法では8条4号）違反事件では，事業者団体の活動を通じてハードコア・カルテルを試みたが，十分な実効性が伴っていなかった場合が規制対象とされている。これは，わが国の事業者団体の実態に照らして競争の実質的制限の程度に至らないカルテルをも規制対象に含めたことの反映として理解されよう。

37) 以上の記述は，宮井雅明「ジョイント・ベンチャー規制の現状と課題(1)」立命館法学283号126-134頁に依拠している。

わが国の独禁法の場合，1953（昭和28）年改正で旧4条が削除されて以降，条文上はハードコア・カルテルとそれ以外とを区別する手がかりは失われた。したがって，ハードコア・カルテルであるか否かを問わず，不当な取引制限の適用が問題となり，いずれについても，違反成立のためには「一定の取引分野における競争を実質的に制限する」という要件が充足されなければならない。かような事情があるので，わが国の審判決例では，ハードコア・カルテルであっても，一定の取引分野の画定の後に市場占拠率等のデータから競争の実質的制限の成立を根拠付けることが通例となっている。しかし，ハードコア・カルテルにおける一定の取引分野や競争の実質的制限の認定は，たとえば企業結合の審査結果における説明と比べると，かなり簡略化されてきているのも事実である。わが国においても，ハードコア・カルテルの存在そのものから競争の実質的制限が事実上推定されていると考えられる。他方，非ハードコア・カルテルについては，後述の8条1項4号（現行法では8条4号）事件を除くと，事前相談や各種ガイドラインで一般的な考え方が示されるにとどまり，審判決例はほとんど存在しなかった。非ハードコア・カルテルの場合には，前述のように，行為そのものから競争の実質的制限を推測することが常に容易とはいえないため，より慎重な検討を要する。

　なお，刑事責任が問われる場合に不当な取引制限の罪がどの時点で既遂に達するかという問題と関わって，競争の実質的制限という要件がどの時点で充足されたと考えるべきかが問題となる。この点，かつては，事業活動を相互に拘束する合意の内容が実行に移されなければ競争の実質的制限がもたらされたとはいえないとする立場（実施時説）も有力に唱えられた。しかし，石油価格カルテル刑事事件・最判昭59・2・24は，そのような合意により公共の利益に反して競争が実質的に制限されたと認められる場合には，合意の時点で直ちに不当な取引制限の罪が既遂に達することを認めた（合意時説）。事業活動を相互に拘束する合意が第2節Ⅳ3で述べたような意味で実効性をもって成立したと認められれば，その時点で市場支配力は「形成」されたといえるから，合意時説が妥当である。

第4節　共同行為の諸類型の違法性判断

本節では，共同行為の類型ごとに違法性判断に関わる重要論点を解説する。共同行為そのものの立証に関する基本問題は第2節Ⅲですでに触れたので，ここでは競争の実質的制限の認定のあり方が中心的課題となる。ただし，入札談合（Ⅴ）については，説明の便宜上，共同行為の立証に関わる論点にも若干触れている。

なお，3条後段が適用された審判決例のほとんどはハードコア・カルテルに係るものであり，そこでは，ハードコア・カルテルの様々な類型に共通する論点や法運用上の特徴が示されている。そこで，以下では，まず，ハードコア・カルテル全般についての審判決例を分析し（Ⅰ），その後，共同行為の類型ごとに解説することとする（Ⅱ～Ⅶ）。

Ⅰ　ハードコア・カルテル全般

1　全体の傾向

従来わが国で3条後段が適用されたハードコア・カルテル事件をより仔細にみると，商品役務の対価に係る制限を含むものと入札等における受注予定者の決定に係るものとが大半を占めていることがわかる。これ以外では，映画制作会社が映画の賃貸借契約において2本建興行禁止条項を盛り込む旨を取り決めた松竹ほか2名事件・同意審決昭23・5・13，メーカー間での出荷比率の取決めと技術供与条件の制限に係るコンクリートパイル事件・勧告審決昭45・8・5，メーカー間での販売比率の取決めと物件ごとの受注予定者の決定に係る川重冷熱ほか4名事件・勧告審決昭55・10・21，輸入数量・引取比率・輸入経路の決定に係るソーダ灰輸入カルテル事件・勧告審決昭58・3・31，受注数量比率の決定に係るクボタほか2名事件・勧告審決平11・4・22，総需要に対する各社の受注比率の取決めに係るダクタイル鋳鉄管シェアカルテル事件・東京高判平12・2・23等が目立つ程度である（共同ボイコットについては，後述Ⅵ参照）。いずれにせよ，非ハードコア・カルテルの事例は見当たらない。このことを反映してか，一定の取引分野や競争の実質的制限の認定が争点となった事例は少ない。ほとんどの審決は当事者が

関連市場の全部ないし大半を占めることに簡単に言及するにとどまり，合計市場占拠率の具体的な数値が示されない場合も多い。

過去のハードコア・カルテルに関する審判決例の中には，一定の取引分野の画定や競争の実質的制限の認定のあり方に関する問題を考察する上で興味深い素材を提供するものがいくつか存在した。一定の取引分野の画定や競争の実質的制限の認定に関する一般論は第2章第2節，入札談合に特有の論点は第3章第4節Vに，それぞれ譲り，以下では，審判決例に現れた具体的論点を整理するにとどめる。

2　一定の取引分野

まず，一般に公取委は取引段階ごとに一定の取引分野を認定する傾向が強いが，メーカーごとに流通経路が固定化されている業界でのメーカー間の価格協定では，すべての流通段階を包含する商品の販売分野に一定の取引分野が認定されることがある（たとえば，醸造用活性炭製造業者事件・勧告審決昭57・7・28，アサヒコーポレーションほか2名事件・勧告審決平2・8・1，ダスキンほか5名事件・勧告審決平3・10・18）[38]。また，これらとは状況が異なるが，シール談合刑事事件・東京高判平5・12・14では，入札指名業者と取引関係にある仕事業者が談合に参加していた事例で，発注者から仕事業者に至るまでの受注・販売に関する取引に一定の取引分野が認定された。

次に，現実に競争が行われていなかった場合でも潜在的競争関係が成立する範囲で一定の取引分野が認定される場合がある。エレベーター保守料金協定事件・審判審決平6・7・28では，昇降機の保守点検業者である各被審人の顧客は，当該被審人，あるいは，その親会社たる昇降機メーカーから昇降機を購入した者に限られ，被審人間で顧客の奪い合いがなかったにもかかわらず，互いに他者の顧客に対して独立保守業者並のサービスを提供することは技術的に可能であったことから，被審人間に競争関係が認定された。旭砿末審決取消請求事件・東京高判昭61・6・13では，福島県田村郡に石灰石鉱山を有する2事業者間での石灰石供給先制限と互いの事業への相互進出制限が問題となったが，当事者の一方は自ら採掘する石灰石からセメントを製造・

---

[38]　メーカー間の再販価格協定における一定の取引分野の認定に関する審決例の分析として，吉田省三・百選［第3版］68頁を参照。

販売していたのに対して，他方は石灰石粉末を製造・販売しており，いずれも他のセメント製造業者への石灰石の販売実績がなかった。それにもかかわらず，本件では，問題の協定が両当事者の事業活動を長期間にわたって拘束するものであったことなどから，田村郡におけるセメント製造業者への石灰石供給において両当事者は潜在的競争関係にあるとされ，「セメント製造業者に対する潜在的供給を含む石灰石供給の取引分野」に一定の取引分野が成立すると判示された[39]。

さらに，石油入札価格協定事件・東京高判昭31・11・9が典型的に示すように，同じ商品でも，販売方法や販売経路によって特定の顧客が他から区別され，当該顧客に対して取引を失うことなく価格引上げが可能な場合には，当該顧客に対する取引のみをもって一定の取引分野が認定されうる[40]。

最後に，通常は商品役務の購入分野については販売分野とは区別して独自に一定の取引分野が認定される（購入カルテルの場合）[41]が，販売分野でのカルテルの実効性を確保するために購入価格が取り決められる場合は販売分野のみが一定の取引分野として認定される。中部トヨタリフトほか14名事件・勧告審決昭55・4・4では，フォークリフトの最低価格協定の実効性を維持するために中古品の下取り最高価格も取り決められていたが，一定の取引分野は「フォークリフトの販売分野」にのみ認定された。

3　競争の実質的制限

ほとんどの3条後段事件では，カルテル当事者の合計市場占拠率は一定の取引分野の大半を占めるものと認定されている。しかし，カルテル当事者の市場占拠率が一定の取引分野の過半を占めるにすぎない場合でも，合計の生産能力が小さい等の理由でアウトサイダーがカルテルに伴う産出量削減にすばやく反応して産出量を拡大して価格を元の水準に押し下げることができないときには，カルテルは実効性を持ちうる。当然のことながら，かような場合にも競争の実質的制限は成立する。このような事例として，中央食品ほか

---

[39]　隅田浩司・経済法百選［第2版］56頁とそこに掲げられた参考文献を参照。

[40]　本判決は「全体としての石油販売市場の中に，さらに大口需要者に対する元売業者の直接販売という，細分された取引分野が形成され」るとするが，全体としての市場は本件の分析に関係しておらず迂遠な市場画定といわざるをえない。

[41]　購入カルテルの実例は，Ⅶ6で紹介する。

6名事件・勧告審決昭43・11・29（高松市旧市内における豆腐類の卸売分野における価格引上げ協定）[42]，丸善ほか6名事件・勧告審決平8・5・31（6大学向け特定外貨建図書の販売に係る主要6通貨の納入換算率におけるマークアップ額の決定）[43]がある。前者では，アウトサイダーはカルテル当事者による価格設定行動におおむね追随したと認定されている。後者では，アウトサイダーは以前から被審人が決定する納入換算率を採用していたことが認定されている。

II 価格カルテル

ここで価格カルテルとは，商品役務の供給ないし購入に係る対価（いわゆる「価格」）に影響を及ぼす競争者間の取決め全般を指す。価格は，企業間の競い合いの最も重要な手段であるとともに，社会全体で効率的な資源配分が達成されるためのシグナルとしても機能する。したがって，これを人為的に左右することになる価格カルテルの成立は，市場支配力の存在を強く推測させるものである。現に，価格カルテルの大半は競争がある状態よりも産出量を減少させる効果を持ち，したがって，ほとんどの場合，価格カルテルが実効性をもって成立しえたことのみをもって競争の実質的制限を認定してよい。このことは，商品役務の供給に係る価格カルテルの場合だけでなく，その購入に係る価格カルテルの場合にも妥当する（Ⅶ6を参照）。

もっとも，著作権管理団体による著作権の包括的ライセンスに伴う均一料金の設定のように，およそ特定の商品役務が供給されるために競争者間で共通の価格設定が必要とされる場合等，価格に関する取決めが何らかの意味で競争促進的な共同事業に付随する場合が皆無とはいえない。その場合には，非ハードコア・カルテルの一種として競争の実質的制限の認定にはより慎重にならざるをえない（第3節Ⅲを参照）が，共同事業の目的に照らして当該取決めの必要性は厳密に審査する必要があろう。

ハードコア・カルテルとしての価格カルテルは，様々な形態をとりうる。

---

42) 本件を素材とした競争の実質的制限の解釈に関する議論として，丹宗暁信ほか『論争独占禁止法』（風行社，1994年）第2章（和田健夫ほか）を参照。

43) 本件カルテルの背景にある業界の慣行も含めて，詳しくは，高橋岩和・百選［第6版］50頁を参照。

まず，商品役務の対価そのものに関する取決めとしては，特定額の取決め，値上げ額ないし値上げ率の取決め，値下げ額ないし値下げ率の取決め，価格設定範囲の限定，最低価格の取決め，最高価格の取決め等があげられる。実勢価格とは別に建値や目標価格ないし標準価格を取り決める場合も，ここに含まれる[44]。また，商品役務の対価そのものに関する取決めではなくても，価格算定方式の取決めや，リベートや割り戻しに関する取決め等，価格の構成要素の取決めも価格カルテルの一種と考えてよい。

このうち，最高価格の取決めの独禁法上の扱いについては，商品役務の購入に係る場合と商品役務の供給に係る場合とで区別して考えなければならない。商品役務の購入に係る最高価格の取決めについては，Ⅶ 6 で後述する。他方，商品役務の供給に関する最高価格の取決めについては，一見すると，価格の上昇を防ぎ，産出量を拡大する効果を持つようにみえるので，この場合に，取決めの存在のみで競争の実質的制限を認定してよいかは必ずしも自明ではない。

この点，審決例は，「私的企業が恣意的に価格を支配する力を有することそれ自体が結局消費者にとり不利である」（醬油価格協定事件・審判審決昭27・4・4）との立場から，これを肯定する。たしかに，商品役務の供給にかかる最高価格の取決めは，実質的には特定額の取決めにほかならない場合や，現時点で特定額について合意がなくても価格に対する支配力が残るために将来容易に特定額の合意に転化しうる場合が多いと考えられる。現に，醬油価格協定事件では，統制撤廃後の物価高騰を恐れた旧物価庁による価格上限に関する行政指導が背景にあり，かような特殊事情がなければ，本件カルテルは容易に価格引上げカルテルに転化しえたと考えられる。また，最高価格の取決めではないが，競争関係にあるメーカーが共同で価格引上げ決定を繰り返していたところ，ある時ユーザーの圧力に抗し切れずに価格引下げを決定した事案につき 3 条後段違反が問われた，硬質塩化ビニル管価格協定事件・勧告審決昭 50・3・31 も参照されたい。かような実務に照らしてみると，商品役務の供給に係る最高価格の取決めもまた，ハードコア・カルテルとしての価格カルテルの一種と考えてよく，ほとんどの場合，それが実効性をも

---

[44] その近年の実例として，前掲の種苗カルテル審決取消請求事件・東京高判平 20・4・4 を参照。

って成立しえたことのみをもって競争の実質的制限を認定してよい。

　国際航空貨物利用運送業務カルテル事件・審判審決平23・10・17[45]では，国際航空貨物利用運送業務（国際航空運送事業を営む者〔航空会社〕による国境をまたがる運送事業を利用して行う貨物運送業務）を営む14社（2004〔平成16〕年以降は13社）が，航空会社から，燃油サーチャージ，AMSチャージ（米国の関税当局が新たに導入した航空貨物情報事前申告制度に対応するための費用），セキュリティチャージ，爆発物検査料（以下，「4料金」という）が請求されることが判明した際に，それぞれを荷主に対して請求することに合意したとされた。14社ないし13社が，2001（平成13）年から2008（平成20）年までのわが国における国際航空貨物利用運送業務（以下，「本件業務」という）における総貨物量に対して占める比率は，最小で72.5％，最大で75.0％であった。

　審決は，4料金のそれぞれについて「本件業務を構成する個別の作業の取引分野」が存在することを認めつつ，本件の合意は，これら個別分野における競争の回避のためではなく，「本件業務という1個の取引分野について競争を回避するためのもの」と認め，本件業務全体について競争の実質的制限を認定した。この点と関わって，被審人は，4料金が本件業務の対価全体に占める比率が小さい旨主張していた。これに対して審決は，4料金の売上合計額が本件業務の売上額に占める割合は13社全体で12％程度と推認されることから本件合意は本件業務の取引分野における競争を実質的に制限していると優に評価することができるとした。また，4料金以外の運賃および料金について競争は消滅していないとの主張に対しては，本件違反行為の期間中，本件業務について4料金以外の部分（本体運賃等）で競争が行われていたことを示す事実はなく，また，4料金以外の部分で自由な競争が行われていたとすれば，そもそも本件業務の運賃および料金の中でわずかな比率を占めるにすぎない4料金について競争制限を行う必要性はないはずだとして，これを斥けた。

　本件のカルテルは，すでに何かの理由で本件業務について価格競争が消滅

45）佐藤吾郎・平成23年度重判256頁，白石忠志「判批」ジュリ1436号4頁，杉浦市郎「評釈」NBL972号39頁，渕川和彦「評釈」ジュリ1437号88頁を参照。本審決の取消請求に係る東京高判平24・11・9（請求棄却）も参照されたい。

していた状況下で，追加的に発生した費用の需要者への転嫁を図ったものである。いわば，すでに当事者間で共有されていた市場支配力が維持・強化されたという意味で，競争の実質的制限が認められた事例といえよう[46]。

III　数量制限カルテル

ここで数量制限カルテルとは，商品役務の生産量ないし販売量の取決め，生産量ないし販売量の配分比率の取決め，設備投資制限等，市場全体の産出量水準に直接・間接に影響を及ぼす競争者間の取決め全般を指す。かような取決めは，競争促進的な共同事業に付随するのでない限り，市場支配力の存在を強く推測させるものであり，それが実効性をもって成立しえたことのみをもって競争の実質的制限を認定してよい。数量制限カルテルは，価格カルテルよりも，合意の達成や当事者相互間での遵守の監視が比較的容易なことが多く，その意味では価格カルテルよりも実効性が高いともいえる。実際には，価格カルテルの実効性を担保するために数量制限カルテルが同時に締結されることが多い。制限される数量として販売量を限定する場合は直接的に市場メカニズムへの介入があったといえるが，生産量や仕入れ量の限定も結局は需要者向け販売量の制限効果を持つものと解することができる。

また，シェア維持協定は直接的に販売数量を制限する効果を持つわけではないが，参加事業者が価格引下げ等で顧客を奪取して販売数量増大によって利益を上げるインセンティブを低下させるものであり，合計シェアの大きな事業者が行えば（そうでなければ，そもそも行うインセンティブがない），競争の実質的制限が認められることになる。このような協定では，カルテル破りをしても，それは他者のシェアを減少させるから，当該他者が協定を遵守するために増産し，その結果総供給量が増大し，カルテル破りが利益を生むことを妨げる。このように，増産して競争するインセンティブを低下させる，非常に競争制限効果が大きいものといえる。実例として，ダクタイル鋳鉄管シェアカルテル事件・東京高判平 12・2・23 がある。

生産数量の制限の中には生産設備の制限を伴うものもある。この場合には

---

46) もっとも，本件で課徴金算定の基礎となった売上額は，4 料金の売上額に限定されている。そのことが，7 条の 2 第 1 項にいう「当該……役務」の解釈として妥当であったか否かについては問題が残る。

生産数量の制限が将来にも及ぶ。設備を廃棄したり，増設を禁止したりする設備廃棄のケースでは反競争効果は現実化するが，新規投資の制限のように純然たる将来の生産数量の制限については，これ自体を捉えて違法とした事案はない。しかし，この場合も設備廃棄と同様に捉えてよいものと思われる。将来の市場における生産数量は予測困難ではあるが，生産能力が限定されている場合には，市場価格に有意な影響を持つ形で競争的な行動の緩和をもたらすという想定が相当であろう。具体的に価格が決定されている状況の出現することが競争の実質的制限を認定する前提となるわけではないのである。

Ⅳ 取引先制限カルテル

取引先制限カルテルとは，顧客争奪の禁止，顧客や販売地域の配分による市場分割，顧客登録制度等，および取引相手の選択に影響を及ぼす競争者間の取決め全般を指す。入札談合，共同ボイコット，共同販売は，いずれも，かような意味での取引先制限カルテルの一種といえるが，ここでは，これら以外の取引先制限カルテルを念頭に置いている。入札談合は，特定の入札参加者のみが受注できるようにする取決めであるため実質的に価格カルテルと変わらない点に特徴がある。この点も含め，入札談合に特有の論点についてはⅤで解説する。共同ボイコットの場合，これに特有の反競争効果は，特定の事業者が市場から駆逐され，あるいは，同業者と比して費用上著しく劣位に置かれることに起因する。この点で，反競争効果が当事者間の競い合いの停止に起因する，他の形態の取引先制限カルテルとは異なる。共同ボイコットについてはⅥで解説する。共同販売は，他の形態のハードコア・カルテルの実効性確保手段として用いられる場合が多いが，逆に，商品・役務の販売促進手段として用いられる可能性も皆無ではない。この点も含め，共同販売についてはⅦ5で解説する。

取引先制限カルテルは，顧客をめぐる競い合いが成立する範囲を直接的に制約するものであり，そのことを通じて価格や販売量に影響を及ぼすものであるから，競争促進的な共同事業に付随するのでない限り競争政策上は正当化されえない。取引先制限カルテルは，合意の達成や当事者相互間での遵守の監視が比較的容易であるから，価格カルテルよりも実効性が高いともいえる。

もっとも，わが国の実務では，価格カルテルや数量制限カルテルの実効性を確保するために取引先制限カルテルが締結される場合や，廉価販売による顧客争奪の禁止を目的とする等価格への影響がより直接的な事例しか見当たらない。たとえば，価格カルテルに付随して取引先が制限された事案に係る東洋高圧ほか4名事件・勧告審決昭31・1・30，メーカー間での販売比率の取決めと物件ごとの受注予定者の決定に係る川重冷熱ほか4名事件・勧告審決昭55・10・21，価格カルテルに付随して納入実績を優先する形で顧客争奪が制限された事案に係る日産化学工業ほか1名事件・勧告審決昭58・2・2がある。取引先制限カルテルが単独で問題とされた事例は，むしろ8条1項4号（現行法では8条4号）事件に集中している（第4章第2節IV 2を参照）。8条1項1号（現行法では8条1号）が適用された事例も2例ほどみられ，入札談合事件を除く取引先制限カルテルについて1号と4号とがどのように使い分けられているのかは必ずしも明らかでない（第4章第2節I 2を参照）が，一定の取引分野における多数の事業者が相互に顧客争奪を回避している場合には競争の実質的制限が認められることになろう。流通・取引慣行ガイドラインも顧客の獲得をめぐって行われる競争を制限する行為は原則として違法だとしている（第1部第一1）。

V　入札談合

1　概　説

注文による取引に際して競争者間であらかじめ受注者を決定する受注調整のうち，特に入札取引に係るものを入札談合と呼ぶことが多い。入札談合には受注予定価格の決定が伴う場合とそうでない場合とがあるが，いずれにせよ，特定の者を受注させることには受注価格の調整が必然的に伴うから，入札談合は，経済的な効果の上で価格カルテルと区別しえない。入札談合もまた，ハードコア・カルテルの一典型である。入札談合事件では，受注予定者の決定等に関する基本合意が成立した後に，個々の入札物件ごとに基本合意に従って実際に受注予定者が決定されるというパターンが多い。そのことに起因して，法適用上，入札談合に特有の論点が提起されている。

入札談合の問題を考える前提として，入札制度そのものについても若干触れておきたい。国または地方公共団体が商品役務を調達する方式は，会計法

ないし地方自治法の定めにより，一般競争入札，指名競争入札，随意契約またはせり売りの方法によらなければならないとされている（会計29条の3，29条の5，地方自治234条1項）。国または地方公共団体の出資に係る法人で，特別の法律または特別の設立行為を根拠として設立された，いわゆる政府関係機関が商品役務を購入する場合についても，同様の定めがある場合が多い。このうち，一般競争入札と指名競争入札は，入札の方法により事業者間で競争させる方式を指す。入札は，その参加者に，特定の日時または一定の期間内に，入札箱への投函・郵便・持参等の方法により，発注物件に関する見積りを記入した入札書を提出させることによって行われる。一定の客観的条件以外には参加資格の制限がないのが一般競争入札で，発注側があらかじめ指名した者のみが参加できるのが指名競争入札である。法律上は一般競争入札が原則とされ，例外的に，他の方法によることができる場合が政令（予算決算及び会計令，地方自治法施行令等）で定められることとされている。実際には，入札による競争によらずに特定の者と契約する随意契約の比率が高く，入札による場合でも，指名競争入札による場合が多いといわれる。指名競争入札は，入札の参加者が限られることや，発注側と事業者との癒着を招きやすいこと等から，入札談合の温床となっていると指摘されている。また，発注側職員が入札談合に加担し，あるいは，これを主導する「官製談合」も，指名競争入札の下で蔓延しやすい[47]。

入札談合が後を絶たない現状を改善するためには，単に3条後段ないし8条1号や刑法96条の6第2項の談合罪を談合行為者に適用するのみでは足りない。政治家から官庁への業者のあっせん（「口利き」），業者から政治家へのあっせん依頼，官庁から業者への働きかけという，政・官・業の構造的な癒着を断ち切ることが必要である。刑法96条の6第1項（競売入札妨害罪）の適用，あっせん利得防止法の強化，公共工事入札方式自体の改善（公共工事入札契約適正化法等），そして，後述の入札談合等関与行為防止法など，総合的な取り組みが求められる。以上の点に留意しつつ，以下では，入札談合に対する独禁法適用上の論点，とりわけ，入札談合に特有の論点を中心に

---

[47] 以上について，より詳しくは，武藤・前掲注1），学会年報25号，鈴木満『入札談合の研究〔第2版〕』（信山社，2004年），碓井光明『公共契約法精義』（信山社，2005年）などを参照。

解説する。

2 共同行為の立証

まず，基本合意の成立後に個々の入札物件ごとに談合（個別調整行為）が行われる場合，公取委は，基本合意の成立をもって相互拘束を認定するとともに，一定の取引分野の認定においては，個々の入札物件ごとにそれを認定するのではなく，これらすべてを包括する時間的・数量的にある程度の広がりを持った取引の場として一定の取引分野を認定する実務を確立してきた。そのことは，入札談合の実態に即した事実認定と排除措置命令の設計を可能とし，さらには，課徴金算定の上でも談合に対する抑止力を高めることに寄与してきた。しかし，個々の入札については談合の存在を示す証拠があっても，基本合意の存在を示す証拠が不十分である場合には，かような措置はとりえないことになる。かような場合に，個々の入札における談合の事実と実態とから，受注予定者決定のルールに関する暗黙の合意を推測する手法を採用したのが，協和エクシオ課徴金事件・審判審決平6・3・30[48]であり，この立場をさらに徹底させたのが，大石組審決取消請求事件・東京高判平18・12・15[49]であった。詳しくは，本章第2節Ⅲ2(2)(ii)を参照されたい。

次に問題となるのは，基本合意と個々の入札における談合行為との関係である。この点は，入札談合行為について刑事責任が問われる場合に，共犯の成立，罪数，公訴時効の起算点等との関係で問題となる。

もっとも，年度ごとに基本合意が改定される場合には，各年度の基本合意改定に関する合意を相互拘束と捉えることが可能である（たとえば，下水道談合事件・東京高判平8・5・31）[50]。この場合には，各年度で相互拘束が成立したといえるので，上記の問題は顕在化しない。防衛庁石油製品入札談合刑事事件・東京高判平16・3・24でも，「基本ルール」（受注実績を勘案して受注予定会社を決定し，受注予定会社が受注できるような価格で入札を行うこと）それ自体は相当以前に合意されていたが，発注期ごとに被告会社の担当者が

---

[48] 本件事例について詳しくは，第2節を参照。本件についての評釈については，土田和博・百選［第6版］42頁とそこに掲げられた文献を参照。

[49] 前掲注10）を参照。

[50] 田中利幸・経済法百選［第2版］248頁とそこに掲げられた参考文献を参照。

受注調整会議に集まるなどして,「まず，その基本ルールに従うことが確認・合意され，次いで，その合意に基づいて当該期の個別受注調整が決定されてきた」と認定され，これが，相互拘束・共同遂行に該当するとの法律構成がとられた。

上記の問題が顕在化するのは，1回の基本合意の下で何年も入札談合が続けられ，基本合意の改定ないし確認行為をもって相互拘束を認定することができない場合である。かような場合の法適用のあり方と関わって，2つの論点が提起されている[51]。

第1に，不当な取引制限は，状態犯か継続犯かという論点がある。一方では，不当な取引制限の既遂時期に関する合意時説に忠実に従って，基本合意の成立時に不当な取引制限の罪は既遂に達して本罪は終了し，以後は法益侵害状態が残るのみと考える（したがって公訴時効は合意時から起算されるとする）立場がある。これは，不当な取引制限の罪を状態犯と解する立場である。これに対して，不当な取引制限を継続犯と捉え，個々の入札物件につき談合行為が行われている以上違反行為の継続を認めるのが，第一次東京都水道メーター談合刑事事件・東京高判平9・12・24[52]の立場である。判決によれば，不当な取引制限の罪は，「右のような相互拘束行為等が行われて競争が実質的に制限されることにより既遂となるが，その時点では終了せず，競争が実質的に制限されているという行為の結果が消滅するまでは継続して成立し，その間にさらに当初の相互拘束行為等を遂行，維持又は強化するために相互拘束行為等が行われたときは，その罪の実行行為の一部となるものと解するのが相当である」。もっとも，不当な取引制限を継続犯と捉える判旨に対しては刑法学者による有力な反論がある[53]。

第2に，第1の論点と関連はするが一応別次元の論点として，個々の入札における談合行為が，相互拘束とは区別される独自の実行行為としての共同遂行に該当するか否かという論点が提起されている。公取委の実務に従えば，そもそも共同遂行は独自の実行行為としては認められないことになろう（第

---

51) より詳しくは，泉水文雄「入札談合と独占禁止法」法時66巻7号44頁，金井貴嗣「不当な取引制限罪の構造と課題」法学新報106巻7・8号105頁を参照。
52) 島田聡一郎・経済法百選258頁とそこに掲げられた参考文献を参照。
53) 議論の状況について，田中利幸・百選［第6版］262頁とそこに掲げられた文献を参照。

2節Ⅲ1を参照)。これに対して，基本合意に基づく個別調整行為を独自の実行行為としての共同遂行（論者の用語法では「遂行行為」）と捉えることにより，状態犯か継続犯かの議論に立ち入ることなく，不当な取引制限を継続犯と捉えるのと実質的に同じ結果をもたらそうとする見解がある[54]。

判例は，前述のように，不当な取引制限の罪を継続犯と捉えつつ，基本合意（＝相互拘束）に基づく個別調整行為は遂行行為として独自の犯罪行為を構成するとの立場をとっている。鋼橋上部工事入札談合刑事事件・東京高判平19・9・21は，共犯関係からの離脱の主張との関係で，改めて不当な取引制限の罪が継続犯だと明確に判示した上で，相互拘束の合意（基本合意）が成立した後に，これに従って受注予定者を決定することは遂行行為として独自に不当な取引制限の罪を構成し，かような場合には，不当な取引制限の罪についての包括一罪が成立するとした。

3　一定の取引分野の認定

入札談合事件では基本合意の及ぶ範囲の入札取引において一定の取引分野が認定されるのが常であるが，基本合意の立証が不可能である場合，あるいは，包括的な基本合意なしに個々の入札物件についてのみ談合が行われた場合に，個々の入札取引のみをもって一定の取引分野を認定しうるかが問題となる[55]。たしかに「一定の取引分野」という言葉の通常の語感に照らすと，ある程度の取引の継続性や規模がないと一定の取引分野は成立しえないようにも思われる。他方で，前述のように，ハードコア・カルテルが実効性をもって成立しているという事実そのものが，競争の実質的制限の存在を雄弁に物語っているのであり，かような場合には制限の対象となっている取引分野をもって一定の取引分野を認定してかまわないという立場もある。

---

54) 代表的な学説として，芝原邦爾「不当な取引制限罪における『遂行行為説』」ジュリ1167号101頁。これに対する批判として，正田彬「不当な取引制限の罪における共同遂行行為と行為者」ジュリ1174号56頁，舟田正之「談合と独占禁止法」学会年報25号（2004年）24頁を参照。そのほか，「状態犯説＋遂行活用説」と「継続犯説＋遂行不活用説」とを対比させた上で，前者が犯罪行為者として自然人を念頭に置く刑事法専門家の発想に由来し，後者が違反行為者として法人を念頭に置く公取委関係者の発想に由来するとの分析から論点の整理を試みるものとして，白石・講義96-99頁も参照。

55) この論点についても，泉水・前掲注51），金井・前掲注51）を参照。

この点，判例では，談合罪との関係で1回限りの談合に独禁法が適用されないかのように述べる神戸市工事談合事件・最判昭32・12・13の傍論がある。他方，公取委の審決の中には，1回限りの入札談合について一定の取引分野を認定した例がある（弘善商会ほか14名事件・勧告審決昭59・8・20）。可罰的違法性の存在が求められる刑事事件と，将来に向かって談合行為の停止を命じるための行政事件とでは，この問題の扱いは異なるとの立場もありうるだろう。

防衛庁石油製品入札談合刑事事件・東京高判平16・3・24では，防衛庁調達実施本部が発注する石油製品（自動車ガソリン，灯油，軽油，A重油および航空タービン燃料）の発注期ごとに，同一油種に係る発注物件全体を対象とする取引分野が認定された。判決は，全国各地を納入先とする数百件という多数の物件が対象であることや，各期の油種別の合計受注金額が約2200万円から68億円に達するほどに大規模であったことのほか，「本件が，その都度基本ルールを確認・合意しつつ行われてきた継続的な入札談合事案であること」をもって，上記の認定を根拠付けている。

なお，需要面でも供給面でも代替性のない複数の商品役務について，発注者や入札手続が同じで，かつ入札参加者においてもかなりの程度で重なりがある場合，これら複数の商品役務が実質的に同じ基本合意の下で談合の対象とされることがある（一例として，警視庁交通信号機交通弱者感応化等工事入札談合事件・審判審決平18・3・8を参照）。このようなことは入札談合以外の類型のカルテルでも起こりうる（たとえば，前掲のエアセパレートガス審決取消請求事件・東京高判平28・5・25を参照）。この場合，代替性がない複数の商品役務であっても，各商品役務について合意が競争に及ぼす影響に大きな違いがないと見込めるのであれば，これら複数の商品役務を一括して同じ一定の取引分野に含めるということはありうる。もっとも，各商品について別個の合意が成立し，各合意に対応する別個の一定の取引分野が成立すると説明される場合もある。

4　入札談合事件における拘束の共通性

典型的な入札談合事件では，一定の時間的，空間的な広がりを持った一定の取引分野を前提として，談合当事者間で，自分以外の者が受注予定者とな

った場合にはその者が実際に受注できるように協力し、自分が受注予定者となった場合には他がそれに協力するという関係が成立する。この場合、ある物件において他者が受注できるよう協力する義務と、同じ一定の取引分野に含まれる他の物件において自らが受注できるよう協力する他者の義務とは、拘束内容が実質的に共通し、かつ、一方がなければ他方も実効的に存続しえないという意味で相互性を持つといえる。入札談合事件に係る近年の審決は、かような典型例にあてはまらない事案においても、当事者間での拘束内容の共通性を比較的緩やかに認定する傾向にある。なお、取引関係にある事業者間の拘束内容の共通性については第2節Ⅳ2ですでに触れたが、ここでは、潜在的なものも含めて競争関係にある事業者間の拘束内容の共通性が問われる場面を想定している。

　まず、公成建設ほか7名事件・審判審決平16・9・17は、相互拘束があるといえるためには特定物件の受注をめぐって現に競い合いが存在したことは必ずしも必要でないことを明言した[56]。本件では、あらかじめ特定物件について受注希望を表明させた上で、受注希望者が1社のときはその者を受注予定者とし、受注希望者が複数のときは受注希望者の話し合いにより受注予定者を決定し、受注予定者以外の者は、受注予定者が定めた価格で受注できるように協力することを内容とする合意が成立したと認定された。談合の対象となった74物件中71物件については、受注希望者は1社のみで受注を断念させられた者はいなかったことから相互拘束はなかったとの被審人の主張に対して、審決は、合意への参加者は、「自己が受注予定者となった場合には相指名業者の協力を得て受注し、また、自己が受注予定者とならなかった場合には受注予定者が受注できるよう協力する」形で相互にその事業活動を拘束し、受注をめぐる競争を回避していたとして、これを斥けた。

　拘束内容の共通性が明示的に争われたわけではないが、協和エクシオ課徴金事件・審判審決平6・3・30は、いわば、現在における事業活動の拘束と、将来の事業活動の拘束（の期待）との間で相互性が認められた事例とみることもできる。本件の談合参加者のうち、従来から受注実績のあった事業者は、新規参入による落札価格の低落を防ぐ狙いから談合（受注予定者を話し合い

56）　長谷河亜希子・経済法百選［初版］54頁とそこに掲げられた参考文献を参照。

で決定し，受注予定者が受注できるよう協力すること）に参加したとされ，他の参加者は，将来の受注の布石として談合に参加したと認定されている。実際にも，従来から受注実績のあった事業者がほとんどの物件を受注していたが，そのことは，基本合意認定の妨げとはならないとされた。

安藤造園土木事件・審判審決平13・9・12では，拘束内容の共通性の問題は，一定の取引分野の認定のあり方と結びつけて提起された。本件では，福岡市が入札の方法により発注する造園工事について，落札予想金額1億円以上が超特Aランク，5000万円以上1億円未満が特Aランク，2000万円以上5000万円未満がAランク，600万円以上2000万円未満がBランク等の区分が造園工事業者間で設けられ，業者は自社に割り振られたランクより上のランクの工事は受注できず，超特Aランクの工事については，同ランクに属する業者だけが受注できることとされ，各物件のランクごとに入札に参加する造園工事業者間で受注に関する話し合いが行われ，相互の協力が行われていた。本件では，福岡市発注の落札予想金額1億円以上の造園工事を対象として，超特Aランクに属する業者間で，一定のルールに従って受注予定者を決定し，受注予定者が受注できるように協力する旨の暗黙の合意が成立したと認定された。しかし，対象物件の指名業者の中には超特Aランクに属さない業者も一部含まれていたこと等から，被審人は，福岡市が入札により発注する造園工事全体が一定の取引分野に該当すると主張した。これに対して審判官は，本件合意があくまでも超特Aランクに属する業者間で成立したことを強調した上で，次のように述べた。

「超特Aランク以外の指名業者がこれらの物件を自ら受注せずに受注予定者に協力するのは，自分のランクにおける受注に関して超特Aランク業者の協力を得ることを期待すると共に将来自分が超特Aランク業者になった場合に利益を享受できる見込みがある反面，他方超特A業者に協力しなければ業界ぐるみの制裁を受けるおそれがあったためであり，これらの者は，本件合意による事業者間の相互拘束をしていたのではなく，一方的に超特Aランク業者に協力していたのである。したがって，これらの者を当該談合の参加者ということはできず，これらの者を含めた上での一定の取引分野を想定することはできない」。

この点，超特Aランク以外の指名業者についても他の当事者との間で相互

拘束を認めるべきだったとの批判[57]があるのに対して，ランクの区分それ自体と各ランク内での談合行為とは区別して考えるべきことを示唆する見解もある[58]。ランクの区分それ自体も一種の市場分割カルテルとして本来厳格に規制されるべきであるが，市場分割について合意を立証するに足る証拠がないといった場合はありうる。この場合でも，分割された個々の市場を対象とする談合の基本合意が立証されうるならば，当該個々の市場を一定の取引分野として競争の実質的制限を認定することは可能である。現に市場分割が実効的に遵守されている状況では，分割された個々の市場における市場支配力の形成・行使を妨げる外的要因は取り除かれているからである。他方で，本件のように，自らに割り当てられていない市場において談合に協力する事業者の行為は，当該事業者が談合の合意の当事者であることを明示的に示す証拠がない限り，市場分割の一環として自主的にそうしている可能性が拭い切れない。本件審決がいわんとするところも，これに近いように思われる。

他方で，四国ロードサービスほか3名事件・勧告審決平14・12・4では，安藤造園土木事件と類似の状況にある指名業者間で相互拘束が認められた。本件被審人四国ロードサービスは，1996（平成8）年度まで，日本道路公団四国支社が発注する道路保全土木工事のすべてを随意契約の方法により受注していたところ，1997（平成9）年度以降の公募型指名競争入札への移行に伴い，自社が受注することを前提として複数の入札参加者を確保するため，中国地区において保全工事の受注実績を持つ山陽メンテック，ショウテクノ，東中国道路メンテナンス（以下，「中国地区3社」）に対し，四国支社が発注する保全工事の公募型指名競争入札の参加者として指名を受けるよう依頼した。中国地区3社は，当該依頼に応じれば，四国ロードサービスは日本道路公団中国支社が発注する道路保全土木工事の入札に参加しないと考え，当該依頼に応じた。かくして，四国支社が公募型指名競争入札の方法により発注する道路保全土木工事について，四国ロードサービスを受注予定者とし，中国地区3社は四国支社から入札の参加の指名を受けた場合に四国ロードサービスが受注できるよう協力する旨の合意が，四国ロードサービスおよび中国

---

57) 鈴木満・平成13年度重判261頁，佐藤吾郎「評釈」ジュリ1243号136頁。
58) 直接には，本文で次に掲げる四国ロードサービス事件の評釈だが，泉水文雄・平成14年度重判239頁を参照。

地区3社の間で成立したとされた。

　本件は，安藤造園土木事件のように拘束内容の共通性を厳格に考えていない。本件審決は，当事者が互いに合意内容を遵守し合う関係があれば相互拘束を認める立場に立っていると考えられる[59]。安藤造園土木事件と本件との結論の違いは，前者が暗黙の合意による談合事件であったのに対して，後者が明示的合意による談合事件であったことによるのかもしれない。他方，相互拘束を一方的拘束から区別する上で重要なのは，むしろ，合意に実効性をもたらすメカニズムないし背景事情であるとも考えられる。本件では，中国支社発注の道路保全土木工事の入札に四国ロードサービスが参加しないとの期待が成り立ちえたのは，仮に四国ロードサービスが中国支社発注の道路保全土木工事の入札に参加すれば，中国地区3社は四国支社発注の道路保全土木工事の入札で四国ロードサービスに協力しないことを選択しえたからである。そのことが本件談合の実効性を担保しているものと考えられる。

　そうだとすれば，本件は，ある市場における事業活動の拘束が，別の市場における事業活動の拘束の可能性との間で相互性を保つことによって，前者の市場における競争の実質的制限をもたらした事例と位置付けられるかもしれない[60]。

　近年の入札談合事件では，拘束内容の共通性を重視する傾向はますます後退し，共通の談合のルールに従うべきことについて認識が共有されていれば相互拘束は認められる傾向にある。そうなると，入札談合の当事者の範囲は，結局，意思の連絡が成立する範囲によってのみ画されるべきことになる。多摩談合（新井組）審決取消請求事件・最判平24・2・20が，意思の連絡の形成をもって「共同して……相互に」の要件が充足されるとしたのも，同旨と解することができる。たとえば，岩手県入札談合（南建設）審決取消請求事件・東京高判平23・10・7において，原告は，本件で問題となった入札談合が行われた期間中，1回も受注予定者となったことはなかった。しかし，談合組織に入会後，ある入札に参加し，受注予定者から価格連絡を受けて受注に協力していたほか，本件入札談合の基本合意の他の当事者のうちのいず

---

59) 小菅英夫「日本道路公団が発注する道路保全土木工事の入札参加事業者による独占禁止法違反事件」公正取引628号88頁。
60) 白石・講義85頁は，「背景の関連性」から拘束の相互性が認められた事例と捉える。

れかが落札していて個別調整の存在が推認される，他の2つの入札にも参加していたことから，本件基本合意の当事者と認定された[61]。

5 入札談合における競争の実質的制限

大石組審決取消請求事件・東京高判平18・12・15では，「本来の競争入札のルールとは相いれない別のルール」が存在していることをもって入札談合の基本合意の存在を認めてよいとしているが，近年，他の事例でも，「本来の競争入札のルールとは相いれない別のルール」の存在は，競争の実質的制限の認定において重視されてきている。

たとえば，対象となった入札取引の参加者のすべてが入札談合の当事者ではなかった（逆にいえば，アウトサイダーが存在した）とか，入札談合の当事者がすべての対象物件を受注できたわけではなかったとしても，そのことは競争の実質的制限を直ちに否定する根拠とはならない。たとえば，多摩談合（西松建設）審決取消請求事件・東京高判平21・5・29では，個別調整行為により，「受注予定者となったゼネコン1社（受注予定者となったゼネコンをメインとする1組のJV〔共同企業体のこと—筆者〕）とゼネコンに比して事業規模が小さく，価格競争力の劣る地元業者1社ないし3社（地元業者をメインとする1組ないし3組のJV）〔これがアウトサイダーにあたる—筆者〕との競争と評価すべき状況を作出しているのであるから，このような状況を作出したこと自体をもって競争を実質的に制限しているのであり，アウトサイダーである地元業者が入札に参加しているからといって競争の実質的制限が生じていないことにはならない」とされた。

愛媛県のり面保護工事入札談合事件・審判審決平21・6・30でも，「競争の実質的制限とは，取引分野全体において競争が全くなくなることを要しな

---

[61] もっとも，同じ入札談合事件に係る別の審決取消請求訴訟では，談合組織への入会前に受注予定者から事前に価格連絡を受けて受注に協力したことがあるにすぎない原告について，基本合意の当事者であることが否定された（岩手県入札談合〔大森工業〕審決取消請求事件・東京高判平23・6・24）。本判決については，越知保見「判批」ジュリ1433号120頁，志田志朗「判批」ジュリ1434号104頁，宮井雅明「判批」NBL970号64頁，横田直和・平成23年度重判254頁を参照。結論の是非はともかくとして，自らは受注予定者とならなかった当事者については，そうでない者よりも意思の連絡を認定する上での困難は大きいとはいえる。

いし，違反行為者がある程度自由に受注予定者や受注価格を左右できる状態をもたらしていれば足りるのであるから，個別物件の指名業者や当該市場における競争入札への参加者全員が違反行為の参加者であることは必要ではない」とされている。

　64頁で言及した多摩談合（新井組）審決取消請求事件・東京高判平22・3・19は，競争の実質的制限を解釈するにあたり，2条4項の「競争」概念に依拠して，話合い等によって入札における落札予定者および落札予定価格をあらかじめ決定し，落札予定者の落札に協力するという程度の取決めがあったというだけでは競争の実質的制限を認めることはできず，さらに建設業者の自由で自主的な営業活動が停止または排除されたことが示されなければならないとの，従来とは異なる判断を示したので注目された[62]。しかし，最高裁（最判平24・2・20）は，これを斥けて，競争の実質的制限とは，「当該取引に係る市場が有する競争機能を損なうこと」，より具体的には，上記のような取決めによって「その当事者である事業者らがその意思で当該入札市場における落札者及び落札価格をある程度自由に左右することができる状態をもたらすこと」をいうとした。本件では，対象となった入札物件への参加者数全体に占める違反行為者数の割合は必ずしも大きくなかったが，違反行為者が上位に格付けされていたため指名業者に選定される可能性が高かったこと，アウトサイダーの協力ないし競争回避行動が期待できる状況があったこと，結果として，相当数の入札において個別調整が行われ，そのほとんどすべてで受注予定者ないし受注予定共同企業体が落札し，その落札率も97％を超える極めて高いものであったことから，競争の実質的制限が認められた。最高裁判決は，従来の審判決例を肯定したとみてよい。

　これらの審判決例が示すように，入札参加者のすべてが談合の当事者でなくても，個別調整が機能して談合の目的が達成され，競争の実質的制限を認定することができる場合がある。たとえば，受注機会の均等配分よりも落札価格の低落防止が談合の目的であるかもしれない。また，入札談合当事者とアウトサイダーとの事業能力の格差や別の地域での報復行動の懸念等により，アウトサイダーが談合に対する牽制力として期待できない場合も考えられる。

---

[62]　本判決における競争の実質的制限の解釈に対する詳細な批判として，林秀弥「競争『関係』の制限と競争『機能』の制限」法政論集（名古屋大学）236号49頁を参照されたい。

そもそも，談合の当事者の範囲があいまいで，直接の談合当事者以外にも談合のルールは多かれ少なかれ共有されているが，アウトサイダーとの間に意思の連絡を認定するに足る証拠がないだけかもしれない。いずれにしても，競争の実質的制限の認定においては，全入札参加者に占める入札談合当事者の比率，全発注額に占める入札談合当事者による落札額の比率は必ずしも決め手とはならず，「本来の競争入札のルールとは相いれない別のルール」が支配しているかどうか，換言すれば，「当該取引に係る市場が有する競争機能」が損なわれているかどうかが本質的に重要である。

6 公共的入札ガイドライン

公取委は 1994（平成 6 ）年に公共的入札ガイドラインを公表して，事業者および事業者団体に違反行為について目安を与えている[63]。同ガイドラインでは，①受注者の選定に関する行為，②入札価格に関する行為，③受注数量等に関する行為，④情報の収集・提供，経営指導等に分けて，それぞれにつき，「原則として違反となるもの」，「違反となるおそれがあるもの」，「原則として違反とならないもの」を例示している。

このうち，①受注者の選定に関する行為では，受注予定者ないし受注予定者の選抜方法の決定は「原則として違反」となるとされ，それとの関連で，受注意欲の情報交換，指名回数・受注実績等に関する情報の整理・提供は，受注予定者に関する暗黙の了解ないし共通の意思の形成につながる蓋然性が強いとされている。また，受注予定者の決定等に伴い入札価格の調整等が行われる場合には，受注予定者の決定等に係る違反行為に含まれるとされている。その他，他の入札参加者への利益供与，受注予定者決定への参加要請・強制等は，受注予定者の決定等を容易にし，または強化するために行われる場合に問題となるとされる。また，「違反となるおそれがある」行為としては，指名や入札予定に関して報告を求めること，共同企業体の組み合わせに関する情報交換，特別会費・賦課金等の徴収があげられている。「原則とし

---

[63] 同ガイドラインのより詳細な解説として，小川秀樹『入札ガイドラインの解説』（商事法務研究会，1994 年）を参照。なお，同ガイドラインは，「公共工事に係る建設業における事業者団体の諸活動に関する独占禁止法上の指針」（昭和 59 年 2 月 21 日）の適用範囲を拡大するとともに，違反となりうる場合を明示する方向でそれを改訂したものである。

て違反とならない」行為としては，発注者に対する入札参加意欲等の説明，自己の判断による入札辞退があげられている。

　②入札価格に関する行為では，最低入札価格等の決定が「原則として違反となる」とされ，それとの関連で，入札価格の情報交換等が最低入札価格等に関する暗黙の了解ないし共通の意思の形成につながる蓋然性が強いとされている。「違反となるおそれがある」行為としては，入札の対象となる商品または役務の価格水準に関する情報交換等があげられている。「原則として違反とならない」行為としては，積算基準についての調査，標準的な積算方法の作成等があげられている。

　③受注数量等に関する行為では，受注の数量・割合等の決定が「原則として違反となる」とされ，官公需受注実績の概括的な公表は「原則として違反とならない」とされている。

　④情報の収集・提供，経営指導では，前述の受注者の選定や入札価格に関する行為との関連で違反の疑いを持たれるような情報収集・提供活動が掲げられているほか，「原則として違反とならない」行為が整理されている。

7　入札談合等関与行為防止法

　「官製談合」への社会的批判を踏まえて2002（平成14）年に成立した「入札談合等関与行為の排除及び防止に関する法律」は，2008（平成20）年に，入札談合等関与行為等により入札等の公正を害する行為に対する処罰規定を追加する等の改正により，その名称も「入札談合等関与行為の排除及び防止並びに職員による入札等の公正を害すべき行為の処罰に関する法律」に変更された。

　この法律によれば，入札談合事件の調査の結果，国ないし地方公共団体の職員または特定法人の役員ないし職員が入札談合等に関与していた（いわゆる「入札談合等関与行為」）と認められる場合，公取委は，各省庁の長に対して，入札談合等関与行為を排除するため，あるいは，入札談合等関与行為が排除されたことを確保するために必要な改善措置を講ずることを求めることができる（同法3条1項・2項）。ここで，「入札談合等関与行為」とは，具体的には，①談合の明示的な指示等（同2条5項1号），②受注者に関する意向の表明（同項2号），③発注に係る秘密情報の漏洩（同項3号），④特定の談

合の幇助（同項4号）に分けて定義されている。2008（平成20）年改正で新設された④は，より具体的には，落札予定者の入札参加者としての指名，事業者の作成した割付表の承認，分割発注実施を含む発注方法の変更等を念頭に置いている[64]。公取委から改善要求を受けた各省庁の長は，必要な調査を行ったうえで，当該調査結果に基づいて求められた改善措置を講じなければならない（同3条4項）。

　また，公取委から改善要求を受けた各省庁の長は，入札談合等関与行為による国等への損害の有無と額について調査し，行為者たる職員が故意または重大な過失により国等に損害を与えたと認めるときは，損害賠償を求めなければならず，調査結果は公表しなければならない（同4条）。この公表義務は2008（平成20）年改正により導入されたものである。さらに，公取委から改善要求を受けた各省庁の長は，行為者たる職員に対して懲戒処分をすることができるかどうか調査しなければならず，調査結果は公表しなければならない（同5条）。この公表義務も2008年改正により導入されたものである。これらの調査は，各省庁の長等または任命権者が指定する職員に実施させなければならない（同6条）。

　最後に，発注機関職員が入札談合等関与行為等により入札等の公正を害する行為を行う場合，5年以下の懲役または250万円以下の罰金に処せられる。2008年改正によって新設されたこの罪は，競売入札妨害罪（刑96条の6第1項）や談合罪（同96条の6第2項）と同様に入札の公正を害すべき行為を処罰するという趣旨を有するとともに，公務員等の職務違背性・非違性に着目して設けられたとされ，独禁法違反の存在を必ずしも前提としない[65]。

　これまで，同法に基づく改善要求は，2003年1月30日付で北海道岩見沢市（建設工事），2004年7月28日付で新潟市（建設工事），2005年9月29日付で旧日本道路公団（鋼橋上部工工事），2007年3月8日付で国土交通省（水門設備工事），2008年10月29日付で北海道札幌市（電気設備工事），2009年6月23日付で国土交通省（車両管理業務），2010年3月30日付で防衛省（什器類），2010年4月22日付で青森市（土木一式工事），2011年8月14日付で茨城県（土木一式工事および舗装工事）2012年10月17日付で国土交通省（土

64）　公正取引委員会事務総局「入札談合の防止に向けて」（平成29年10月版）31-32頁参照。
65）　前掲注64）52頁参照。

木工事），2014年3月19日付で鉄道建設・運輸施設整備支援機構（機械設備工事）等に対して行われている。職員の懲戒は，改善要求が行われたほぼすべての案件で何らかの形で行われているようである。職員に対する損害賠償請求は，旧日本道路公団の事件当時の役員に対して2008年7月に行われたほか，これまでに7件で行われた。2008年改正によって導入された罰則については，これまでに20件の適用事例が確認されている[66]。

VI 共同ボイコット

1 概　説

共同ボイコットとは，一般的には，共同で特定の事業者との取引を拒絶し，あるいは，取引相手に圧力をかけて特定の者との取引を拒絶させるよう取り決めることを指す。取引先選択の自由は事業者間の競い合いの前提にあるべきものであるところ，特定の者との取引を共同で拒絶すること・させることはその否定にほかならず，2条6項にいう「相互にその事業活動を拘束」する行為に該当しうる。共同ボイコットは，競争者間での価格ないし産出量制限の実効性を確保する手段として行われる場合もあるが，他のカルテルにない独自の問題をはらむのはそれ以外の場合である。この場合に，その反競争効果は，自らの間で競い合いを停止することに起因するのではなく，特定の事業者が市場から駆逐され，あるいは，同業者と比して費用上著しい劣位に置かれることに起因する。

米国反トラスト法において共同ボイコットが不当な取引制限の一類型として規制されていたことはわが国でも古くから知られていたが，わが国の実務では，共同ボイコットは不公正な取引方法（現行法では2条9項1号および一般指定1項）の一類型と扱われ，実際の違反事例は，8条1項5号（現行法では8条5号）を適用するものがほとんどであった[67]。ところが，日本市場の閉鎖性に対する批判を受けて1991（平成3）年に公表された流通・取引慣行ガイドラインでは，一定の場合には共同ボイコットが競争の実質的制限をもたらす場合がありうることが示された。その結果，同じ共同ボイコッ

---

66) 以上につき，前掲注64) を参照。なお，本文の数字は2017年10月時点のものである。
67) かような法運用が，カルテルの一類型としての「ボイコット」の概念にそぐわないことの指摘として，今村・独禁103-104頁を参照。

トでも，公正競争阻害性（自由競争の減殺）をもたらすにすぎないため不公正な取引方法違反（あるいは 8 条 5 号違反）にとどまる場合と，競争の実質的制限をもたらすために 3 条後段ないし 8 条 1 号違反に問われる場合とが区別されるべきことになった。しかし，同ガイドラインが掲げた競争の実質的制限の指標に対しては学説上異論が唱えられた。これと関連して問題となるのは，共同ボイコットにおいてもハードコア・カルテルに準じる制限とそれ以外とを区別しうるのではないかという点である。

2　流通・取引慣行ガイドラインの立場と判例・学説

議論の出発点となった同ガイドラインの第 1 部第二の 2 (1)（注 2）（現行ガイドラインでは，第 2 部第 2 の 2 (2)）は，共同ボイコットによって競争の実質的制限が認められる場合として次のような状況を列挙した。すなわち，

「①価格・品質面で優れた商品を製造し，又は販売する事業者が市場に参入することが著しく困難となる場合又は市場から排除されることとなる場合

②革新的な販売方法をとる事業者などが市場に参入することが著しく困難となる場合又は市場から排除されることとなる場合

③総合的事業能力が大きい事業者が市場に参入することが著しく困難となる場合又は市場から排除されることとなる場合

④事業者が競争の活発に行われていない市場に参入することが著しく困難となる場合

⑤新規参入しようとするどの事業者に対しても行われる共同ボイコットであって，新規参入しようとする事業者が市場に参入することが著しく困難となる場合」

このガイドラインの記述が意図するところについて 2 つの点を指摘できよう。第 1 に，共同ボイコットの行為者たる事業者の合計市場占拠率ないし合計生産能力が市場の大半を占める等の要因から，取引拒絶によって競争者を排除する力がすでに形成されていることが，この記述の前提であると考えられる。そのような力の存在のみでは直ちに競争の実質的制限を認定できないというのがガイドラインの立場であろう。第 2 に，このガイドラインの記述は，ある意味で，判例・通説上の競争の実質的制限の定義に忠実である。す

なわち，ここに掲げられた状況は，いずれも，取引拒絶がある場合に，それがない場合と比較して，関連市場における商品の価格や品質に影響が及びそうな場合だといえる。逆に，取引拒絶の対象となる事業者の事業能力が小さく，既存事業者間の競争が活発な場合には，取引拒絶からただちに競争の実質的制限が生じるとはいえないことになる。

　これに対しては，市場の開放性が妨げられていることそれ自体をもって「閉鎖型市場支配」と呼び，従来の判例・通説における競争の実質的制限（「統合型市場支配」と呼ばれる）とは区別される，独自の類型と捉える立場が学説上存在する[68]。この立場によれば，共同ボイコットにおける競争の実質的制限の認定においては，取引拒絶による価格や品質への悪影響まで立証する必要はなく，したがって，かような悪影響の指標としての被排除者の事業能力等に着目する必要はないとされる。共同ボイコットが公正競争阻害性を持つにすぎない場合と競争の実質的制限に至る場合との区別は，行為者たる事業者が競争者を排除する力をどの程度持つか，したがって，具体的には，主としてその合計市場占拠率ないし生産能力の大きさによることになる。

　判例では，日本遊戯銃協同組合事件・東京地判平9・4・9が，共同ボイコットについて8条1項1号（現行法では8条1号）にいう競争の実質的制限の成立を認めた点が注目される。これは，後述のように，エアーソフトガン・メーカーの事業者団体たる被告が，自ら作成した製品安全基準に合致しない原告製品の取り扱いを取引先小売店にやめさせるよう圧力をかけることを構成員および取引先問屋に要請したという事案に関わる。判決は，8条1項5号（現行法では8条5号）違反を認めた後，被告に加入するメーカーの合計市場占拠率が100％に近いことを指摘し，本件行為によって「原告が自由に市場に参入することが著しく困難になった」として形式的に8条1項1号（現行法では8条1号）違反が成立するとした。本判決が前述の議論をどの程度踏まえているかは定かではないが，判決の表現上は，「閉鎖型市場支配」の発想に近いように見受けられる[69]。

---

68) 代表的な学説として，今村・入門14-16頁，根岸哲「共同ボイコットと不当な取引制限」正田還暦431頁以下，金井24-25頁を参照。

69) この点に関する判旨を支持するものとして，村上政博「事業者団体による自主基準の設定と共同の取引拒絶（上）」NBL622号18頁，岩本諭・平成9年度重判234頁を参照。

以上の議論に対しては，競争者の排除による競争の実質的制限もまた本質的には価格支配力の形成・維持・強化と捉えながら，適切な経験則による推定ルールのあり方の問題としてガイドラインの立場に懐疑的な立場が存在する[70]。この立場によれば，ガイドラインの立場は，価格支配力に着目する点では理論的には正しいが，競争者を排除する以外に目的がない共同ボイコットについては，そもそも，取引拒絶の対象者は，既存商品の価格や品質に影響を及ぼすと考えられたからこそ取引拒絶の対象とされたと考えてよい場合が多いだろう。かような場合にまで被排除者の事業能力の証明を要求するのは，経験則に照らして妥当とはいえない。かような場合には，行為者の合計市場占拠率等の指標により競争者を排除する力が認められれば，競争の実質的制限を事実上推定してよいことになる。

3　共同ボイコットにおけるあからさまなボイコットとそれ以外との区別

2の議論とも関連して，共同ボイコットに競争促進的その他の正当化事由がある場合に，競争の実質的制限の認定はどうあるべきかという問題がありうる。規格・標準の作成・管理のための共同事業において技術的理由で特定事業者に対して認証が与えられなかった場合，研究開発の成果へのただ乗りを防ぐために共同研究開発のパートナーが限定される場合等である。かような場合には，行為者に競争者を排除する力があることのみから直ちに競争の実質的制限を認定することは明らかに妥当ではない。かような場合には，取引拒絶に正当化事由が考えられ，したがって，取引拒絶をもって直ちに市場支配力の存在を断定できないからである。かような場合には，反競争効果と競争促進効果との比較衡量が求められる。さらに，正当化事由が競争政策からは説明しえない利益に関わる場合には，2条6項における「公共の利益」（あるいは「公共の利益」を読み込んだ場合の8条1号にいう競争の実質的制限）の解釈も問題となりうる。

要するに，共同ボイコットにおいても，競争者排除以外の目的ないし効果を持たないという意味でハードコア・カルテルに準じる性格を持つ制限ない

---

[70]　和田健夫「共同ボイコットと正当化事由」商学討究44巻1・2号89頁，川濵昇「『競争の実質的制限』と市場支配力」正田古稀112頁，宮井雅明「ジョイント・ベンチャー規制の現状と課題（2・完）」立命館法学285号1頁を参照。

しあからさまな制限（以下，「あからさまなボイコット」という）とそうでない制限との区別が可能であり，この区別に対応して競争の実質的制限の認定のあり方は異ならざるをえない。2で述べた議論は，あからさまなボイコットを念頭に置いていたといえる。あからさまなボイコットにおいては，たしかに，競争者を排除する力の存在のみで競争の実質的制限を事実上推定してよい場合が多いだろう。他方，これ以外の共同ボイコットの場合には同じ議論は妥当しない。従来共同ボイコットは不公正な取引方法の問題として議論されてきたので，この区別が意識されることは少なかったが，今後この区別の重要性は増すと思われる。

取引拒絶の真の理由や効果を探ることが困難な事案が多いと予想されるので，特定の指標に基づいて機械的に両者を区別することには慎重でなければならないが，一般的にいって以下の諸要素が認められる場合に共同ボイコットはあからさまなボイコットである可能性が高い。すなわち，①協定当事者相互が競争関係にあること，②共同ボイコットの標的となった事業者と協定当事者とが競争関係にあること，③共同ボイコットにより，標的となった事業者が有効な競争の機会を奪われること，④何らかの共同事業や専門職団体の内部規約の執行に付随するものでないこと[71]。

VII 非ハードコア・カルテル

1 概　説

以下では，実務上重要と思われる類型に絞って，非ハードコア・カルテル（共同ボイコットについては，あからさまなボイコット以外の共同ボイコット）における競争の実質的制限の認定のあり方を具体的に解説する。なお，競争者間での共同事業一般については，事業者団体ガイドライン第二の11も参照されたい。

---

71) これらの要素は，共同ボイコットに関する米国反トラスト判例法（詳細は，河谷清文「共同の取引拒絶とその違法性(1)～(3)」六甲台論集法学政治学篇43巻3号59頁・44巻1号11頁・44巻2号25頁を参照）から抽出したものであるが，わが国の8条3号および5号事件で問題とされてきた共同ボイコットにもおおよそあてはまる。

2 共同研究開発

(1) 問題の所在

　研究開発を共同で行うことには，新製品・新技術の投資成果の専有可能性を高める効果，互いに補完的な技術情報の結合によるシナジー効果，研究開発活動における規模の経済性や重複投資の回避といったメリットが期待され，それ自体としては競争促進的と評価されてよい。独禁法上問題が生じるのは，共同研究開発の当事者がいずれかの市場で競争関係にある場合で，①共同研究開発本体，あるいは，それに付随する取決めにより，当事者相互間の競争が減少する場合と，②共同研究開発への参加制限や共同研究開発の成果に関するライセンスの拒絶によりアウトサイダーの事業活動が困難となる場合とに分類できる。

　このうち，①はさらに，共同研究開発本体がもたらす反競争効果と，これに付随する取決めがもたらす反競争効果とに区別して分析すると便利である。共同研究開発本体は，当該研究開発が製品化の段階に近い場合には製品市場におけるカルテル（製品の品質・種類の意図的な画一化による一種の数量制限）となりうるが，ほとんどの場合，研究開発そのものの遅延や停止をもたらすか否かという観点から問題とされるであろう[72]。他方，共同研究開発に付随する取決めとしては，既存の製品の生産・販売に係るもののほか，共同事業の運営や費用分担のあり方，研究開発の成果たる技術の帰属，当事者ないし第三者へのライセンスの条件，ライセンス収入の配分といった，研究開発活動とその成果たる技術の取引に係るものが想定される。前者は，既存製品の生産・販売に関するカルテルである可能性があるので，共同事業の目的との関連性を厳格に審査されるべきであろう。後者は，その定め方によっては，研究開発の意図的な遅延や停止をもたらす可能性がある。

　②に関しては，研究開発の成果へのただ乗り防止の観点から独禁法上正当化される場合がほとんどだと思われるが，例外的に，当該事業分野で有効な

---

[72] 研究開発そのものの遅延や停止については，一定の取引分野との関係では，①既存の製品市場における競争の減殺，②将来の製品の市場における競争減殺，③研究開発の成果である技術の取引市場における競争減殺，④研究開発そのものの市場における競争減殺，という4つの捉え方が可能である。後述の共同研究開発ガイドラインは，①と③を採用している。ただ，取引の対象である技術の開発主体数の減少を問題にする箇所があり，この点において，実質的には④と同様の見方を採用しているといえなくもない。

競争を行うのに不可欠な技術ないし施設に係る共同事業で，これに対するアクセスの制限により競争者の事業活動が著しく困難となるような場合には独禁法上問題となりうる。

(2) 共同研究開発ガイドライン

1993年に公表された共同研究開発ガイドラインは，おおむね(1)で述べた考え方に沿って，より具体的に違法判断の目安を示している[73]。同ガイドラインは，製品市場と技術市場との両方に着目することを前提として，共同研究開発本体については，参加者の数・市場シェア，研究の性格（基礎，応用，開発のいずれの段階か），共同化の必要性（リスクやコストに照らして），対象範囲・期間等を総合的に勘案して競争の実質的制限の有無を判断するとしている。特に，参加者の合計市場シェアが20%以下の場合，あるいは，当該技術市場において研究開発の主体が相当数存在する場合には，通常は独禁法上問題とならないとしている。また，同ガイドラインは共同研究開発の実施に伴う取決めについてはもっぱら不公正な取引方法の観点から分析しているが，前述のように，これらの取決めが研究開発を意図的に遅延させるための事業活動の相互拘束と捉えられる可能性も否定すべきではないだろう。さらに，前述の(1)の②の場合について同ガイドラインは，私的独占の観点から問題となりうる旨を述べているが，一種の共同ボイコットとして不当な取引制限とすることが妥当な場合もありえよう。

いずれにせよ，同ガイドラインからも明らかなように，ハードコア・カルテルの偽装として行われるのでない限り，共同研究開発が独禁法上問題視される場合はほとんどないとみてよい。公表された相談事例の中では，大手家電メーカーによる新製品の開発・製造・マーケティングを目的とする提携の事例[74]と，生保会社と損保会社によるいわゆる第3分野での新しい保険商品の開発を目的とする提携の事例[75]がある（いずれも2000年）。前者は，合計市場占拠率が20%に満たないことから問題なしとされた。後者は，実質的

---

[73] 同ガイドラインの解説として，平林英勝編著『共同研究開発に関する独占禁止法ガイドライン』（商事法務研究会，1993年）を参照。また，その前提となった技術取引等研究会報告書「共同研究開発と独占禁止法」については，公正取引委員会事務局経済部編『共同研究開発と競争政策』（ぎょうせい，1990年）を参照。

[74] 「事業者の活動に関する相談事例集」（2001年）事例7。

[75] 「事業者の活動に関する相談事例集」（2001年）事例8。

には新規参入のための提携であることと対象期間が限定されていたことから問題なしとされた。

平成16（2004）年度の相談事例集では，建築資材メーカー3社による建築資材部品の共同研究開発の事例[76]と，建築資材メーカーと建築業者間の建築工法の共同研究開発に伴う建築資材の購入先制限の事例[77]が報告されている。前者では，特定の建築資材の市場で合計30％のシェアを占める3社間で当該部品の共通化が目的とされていたため，建築資材の市場における自由な価格設定を困難にすることによる競争への影響が問題となった。しかし，これにより共通化される費用が当該建築資材の生産費用全体の約10％であることや，当該部品が利用される製品の割合が5％程度で他の製品については各社独自に開発するものであること等から，問題なしとされた。後者では，共同研究開発の当事者である建築業者は，当該建築工法を用いる際に使用する特定の建築資材を他方の当事者である建築資材メーカーからのみ購入するが，その際の供給価格は他の建築業者に対するそれを下回らないとの契約条項が問題となった。直接には不公正な取引方法の問題であるが，研究開発の成果を当事者間で配分するために合理的に必要な範囲にとどまる限り，このような制限は独禁法上の問題とならないとされた点が注目される。

3　情報交換

情報交換と一口に言っても，交換の対象となる情報の内容や情報交換の態様は様々である。事業者団体ガイドライン第二の9「情報活動」に示されているように，独禁法上特に問題となるのは価格・生産ないし販売量に関する情報の交換である。同ガイドラインにもあるように，このような情報の交換によって将来の価格や生産量に関する共通の認識が醸成され，合意が形成されたとみられる場合に独禁法上問題となる。より具体的には，競争者の将来の行動を予測するのに役立つ情報の交換が問題視される可能性が高い。たとえば，価格に関する過去の統計よりは将来の価格設定方針に関する情報の交換の方が，また，業界全体での集計値ないし平均値よりは個別取引が特定される形での情報の交換の方が，問題視される。さらに，事業者団体によって

---

[76]　「独占禁止法に関する相談事例集（平成16年度）」（2005年）事例6。
[77]　「独占禁止法に関する相談事例集（平成16年度）」（2005年）事例5。

収集・加工された情報が構成員に対して定期的に拡布される場合よりも，個々の事業者の要求によりアド・ホックに情報交換の場が持たれる場合の方が問題視される。

　なお，同ガイドラインでは，情報交換はあくまでも競争制限の合意を推測せしめる証拠として位置付けられているが，情報交換の取決めそのものを3条後段または8条1号ないし4号違反とする考え方も存在する[78]。かような考え方に立てば，情報交換は一種の非ハードコア・カルテルと位置付けることができ，情報交換の当事者が共同で市場支配力を行使しうるほどの地位にあるかを調査した上で，交換される情報の内容や情報交換の態様等から競争の実質的制限の有無を判断することになろう。ただし，交換される情報の内容や交換の態様によっては，詳細な市場分析を省略して競争の実質的制限を認定しうる場合がありうる。

　1999年の事業者団体に関する相談事例の中に，寡占市場における情報交換の例が示されている[79]。この事例では，構成員から生産・出荷実績を毎月事業者団体に報告させ，その毎月および暦年ベースでの合計値を需要見通しとともに構成員に提供することとされていた。対象製品の製造業者は，かつて4社存在したが，相談当時は2社のみで，いずれも事業者団体の構成員であった。公取委は，たとえ合計値であっても複占市場では競争者の生産・出荷実績を容易に識別することができ，さらに，これとあわせて需要見通しも示されるため，2社間で現在または将来の生産・出荷量につき予測が容易になることから，独禁法上問題があるとした。

4　共同生産

　共同生産には，生産における規模の経済性の達成，新市場への参入に伴うリスクの分散，補完的商品・生産技術の統合，単独では調達が困難な資金の調達，さらには，共同研究開発の成果へのただ乗り防止といった諸点において競争促進効果が期待されうる。他方で，共同生産は，競争会社間で既存製品の生産施設を統合する場合に典型的に示されるように，競争単位を減少させて市場集中を高めることを通じて独禁法上問題視される可能性がある（独

---

[78]　代表的なものとして，厚谷襄児「情報交換活動と独占禁止法」今村退官下巻231頁。
[79]　「事業者団体の活動に関する主要相談事例（平成11年度）」（2000年）48頁。

禁法第4章の，いわゆる市場集中規制に係る諸規定の適用が問題となる）。また，共同生産そのものは新製品の商品化に必要不可欠であり競争促進的であったとしても，それに付随する諸制限を通じて反競争効果がもたらされる可能性がある。たとえば，価格制限，数量制限，市場分割等である。3条後段の適用が問題となるのは，主としてこちらの方である。

これらの付随的制限の違法性を判断するに際しては，まず制限と共同生産の目的との関連性が問われなければならない。当該目的を達成するためにより競争制限的でない代替手段がある場合には，これらの制限は正当化されない。価格制限，数量制限，市場分割等は，いずれも，共同生産に付随していなければハードコア・カルテルに相当するものであるから，共同生産の目的との関連性によって正当化されなければ，反競争効果を強く推測させる。一般的にいえば，共同生産の対象となる商品役務に直接的に関わる制限の場合には独禁法上正当化されやすく，そうでない場合（たとえば，直接共同生産の対象となっていない既存製品に関する価格・生産量の制限）には，逆に競争の実質的制限が認定されやすいといえる。もっとも，価格制限については，共同生産によって初めて新製品の生産が可能となる場合でも販売活動においてはなお当事者間で競争の余地がある場合があると思われるので，共同生産の対象たる新製品の価格を共同で決定することは独禁法上問題視される可能性がある。共同での販売の取り組みを伴う場合については，次の5を参照されたい。

いずれにせよ，共同生産に伴って，共同生産の対象とは直接関連しない既存製品の生産・販売に関する情報が競争者間で共有される危険が生じる。独禁法上の疑いを招かないためには，共同生産の参加者間で競争上センシティブな情報の漏洩を防ぐセーフガードを講じる必要がある[80]。

実例としては，まず，旅行販売業者2社が，特定期間に需要が集中する特定地域向け旅行商品を共同して企画・実施することにより，コストを削減して，従来に比して安い料金で販売する計画に関する相談事例がある[81]。両社

---

80) このことは，企業結合規制に係る事前相談において，「競争を実質的に制限することとなる」共同生産子会社の独禁法上の問題点を解消するための措置を申し出る際に特に留意しておかなければならない。

81) 「独占禁止法に関する相談事例集（平成18年度）」（2007年）事例2。

は，同一地域・同一時期向け旅行商品を既に供給しており，当該商品についての旅行人数ベースでのシェアは，それぞれ，約10％と約20％であった。公取委は，他に有力な競争事業者が複数存在することのほか，同一地域・同一時期向けの既存の旅行商品は従来通り各社が独立して販売するものとされ，新商品の開発および販売にも何ら制限がなかったことから独禁法上の問題はないとされた。

また，典型的な共同生産とは異なるが，互いに離れた地域に生産拠点を置くメーカー同士が，運送費用の節約等のため相互に製品をOEM供給（相手方商標を付した上での製品供給）をする取決めに係る相談事例が存在する[82]。公取委の立場は，相互OEM供給それ自体の正当性を認めながらも，当事者の合計市場占拠率が大きく，しかも，各社が他社からOEM供給を受ける比率が高い場合には，市場の相当の部分において事実上製造コストが共通化され，あるいは，製造コスト情報が競争者間で共有される結果として，当該製品の製造販売分野における競争を実質的に制限するおそれがあるというものである。

他方，一方的なOEM供給契約の実例としては，まず，2009（平成21）年度の相談事例において，化学製品の添加剤の製造販売を行う事業者が，新たな性質を付加した新製品を開発し販売を開始したところ，自らは有力な販路を有していないこと等から，新製品の知名度を高めてユーザーからの直接の引合いを増やすこと等を目的として，当該商品について60％のシェアを有する競争事業者に対して当該新製品をOEM供給する計画が問題とされた例がある[83]。公取委は，他に高い研究開発力を有する競争事業者が存在することのほか，当該新製品は製造原価に近い価格でOEM供給されることになっていたところ，当該新製品の原価率は約30％であるため当事者間で価格競争の余地があったこと，両当事者は新製品の販売価格や販売先には一切口出しせず，それぞれ独自に販売を行うとされていたことから，独禁法上の問題はないとされた。本件計画は，新製品の販路拡大に資する点が評価されたと考えられる。

---

82) 「平成13年相談事例集」（2002年）事例7，事例8。事例の解説として，宮井雅明・経済法百選［第2版］68頁を参照。
83) 「独占禁止法に関する相談事例集（平成21年度）」事例4。

2010（平成22）年度の相談事例では，ある検査機器のわが国における販売市場で10％のシェアを有するメーカーが，販売数量の落ち込みから自らは当該検査機器の製造を取りやめる代わりに，90％のシェアを有する競争事業者からOEM供給を受けて自社ブランドで販売する計画が問題とされた例がある[84]。両当事者あわせて100％のシェアとなるが，公取委は，隣接分野の有力な事業者が新規参入したことのほか，当該検査機器の製造からの撤退を考えていた事業者に対するOEM供給であること，両当事者は互いの販売価格や販売先には一切関与せず，それぞれ独自に販売を行うとされていたこと等から，独禁法上の問題はないとされた。本件計画は，業績不振企業を救済するための企業結合の規制のあり方と同種の問題を提起するものとして注目される。

これら以外では，一般乗合旅客自動車運送事業における事業者間協定一般についての独禁法上の考え方が，1997（平成9）年7月の「一般乗合旅客自動車運送事業に係る相談について」に示されている。その中で，国土交通省の認可の対象となる，道路運送法18条（独禁法の適用除外）が定める共同経営に関する協定のほか，高速バスの共同運行についても，初期投資に必要な費用の大きさに照らして単独事業者による参入が困難である等の事情から，運賃・料金・運行回数・運行系統の制限，または路線分割や市場分割を伴う場合を除き，原則として独禁法上の問題はないとされていた。2004（平成16）年2月の「高速バスの共同運行に係る独占禁止法上の考え方について」では，過去の注意事例を踏まえて，事業者が単独では参入しにくい場合が具体的に説明されているほか，他の事業者による競合路線への新規参入の阻害，協定への参加と協定からの脱退の不当な制限もまた独禁法上問題となることが明記された。後者については，3条前段や不公正な取引方法の適用が主として念頭に置かれているようだが，共同ボイコットとして3条後段が適用される場合も想定しうる。

なお，2005年2月3日付の公取委新聞発表によれば，仙台市・山形市間および仙台市・福島市間の高速バス路線でそれぞれ共同運行を行っていた乗合バス事業者が，運賃，運行回数等を共同で決定し競争業者に対抗している疑いで審査を受けたとされる（その後，改善が図られたため，審査は終了）。

---

84)「独占禁止法に関する相談事例集（平成22年度）」事例3。

5 共同販売

商品役務の販売段階での共同化は，競争者間での価格や産出量の調整を必然的に伴う場合が多いため，一般的にいって，他の共同事業の場合よりも独禁法上の懸念は強くなる。実際，共同販売機関は，ハードコア・カルテルの実効性を維持する仕組みとしてしばしば用いられる。わが国の審判決例の中では，日本油脂ほか6名事件・勧告審決昭50・12・11[85]がその典型例である。しかし，共同販売は，交渉窓口の一本化を通じた取引費用の削減，販売促進活動における規模の経済性の実現といった点で競争促進効果を持ちうる可能性が皆無というわけではない。とりわけ，中小規模の事業者が，自らの供給する商品に共通の商標を付するなど販売促進活動に伴うリスクとコストを共同で負担する場合，地域的に分散した事業者が全国規模で事業展開する顧客に対して共同で受注する場合等は，中小企業が大手の競争者と対等に競争する上で共同販売が有効な手段となりうることを示している。

そこで，独禁法上は，市場支配の手段としての共同販売とそうでない共同販売とを識別することが求められる。一般的には，第3節Ⅲで述べたように，反競争効果と競争促進効果との比較衡量によることになるが，共同販売の場合は，詳細な市場分析を行わなくても比較的容易に両者を識別しうる場合が多い。両者を識別する指標としては，第1に，共同販売事業の内容が挙げられる。積極的な販売拡張のための努力が盛り込まれておらず，価格の安定のみが目的であることが事業内容そのものから明らかな場合には，独禁法上問題視される可能性が強まる。第2の指標としては，参加者に対して他の共同販売事業への参加や，独自の販売ルートの維持が許容されているか否か，が挙げられる。純粋に販売活動の共同化に伴う効率性の実現のみを狙いとする共同販売であれば，参加者による他ルートを通じた販売を制限しなくても共同販売は参加者に利益をもたらす。逆に，市場支配の手段として共同販売が用いられている場合には，参加者による他ルートを通じた販売は市場支配を脅かす要因となるから，これを放置すれば共同販売は参加者の利益とならない。この場合には，共同販売を通じた価格・産出量の調整は，市場支配力の行使そのものと区別しえない。

---

85) 事例の解説として，森平明彦・経済法百選［第2版］66頁とそこに掲げられた文献を参照。

共同販売が3条後段違反に問われた実例としては，前述の日本油脂ほか6社事件以外では，広島糧工ほか14名事件・勧告審決昭30・8・15，日本冷蔵事件・勧告審決昭32・7・18，化学及血清療法研究所ほか7名事件・勧告審決昭50・10・27等がある。このうち，広島糧工ほか14名事件では，広島市内のすべての製氷業者が共同販売機構を設立するとともに，小売業者の団体と相互排他的な取引契約を結び，当該小売業者の団体は氷の小売価格を決定して構成員に守らせていたことが問題であった。日本冷蔵事件は，価格カルテルの実効性を確保するために販売先が一本化された事案に関わり，化学及血清療法研究所ほか7名事件は，各種ワクチンの生産量の配分と生産時期の決定に伴って販売先が一本化された事案に関わる。

ほかに，8条1項1号（現行法では8条1号）事件が数件あり，いずれの事例でも，共同販売の参加者による他ルートでの販売が制約されていた。このうち，北海道ちり紙工業組合事件・勧告審決昭44・7・24では，茶ちり紙に係る共同販売が問題となり，対象製品には「どさんこ」という共通の商標が付されていた。かような共同販売事業そのものには正当な理由があると考えられたためか，排除措置では参加者に対する拘束のみが問題とされ，共同販売事業そのものの破棄は命じられなかった。他方，京都生コンクリート工業組合事件・勧告審決昭48・4・26，秋田県土木コンクリートブロック工業組合事件・勧告審決平7・3・8では，共同販売事業そのものの破棄が命じられている。前者では，市況対策の一環として組合員による個別販売をやめさせるために共同販売事業が企画されたと認定されている。後者では，販売価格の決定と組合員間での受注比率の配分が伴っていた[86]。

八重山地区生コンクリート協同組合事件・那覇地石垣支判平9・5・30は，協同組合の適用除外に関する事例であるが，生コンクリートの共同販売事業への参加を過怠金によって強制することが不公正な取引方法に該当しないかが争われた。裁判所は，共同販売事業そのものの正当性を暗黙のうちに前提

---

[86] なお，これらの事例は，すべて中小企業団体の組織に関する法律に基づく商工組合の行為に係る事例であったため，同法に定める安定事業（同法17条1項1号）ないし共同施設（同条2項）として独禁法の適用を除外されるか否かが一応問題となりえた。この点も含めて，各事例の次の評釈を参照。奥島孝康・百選［第2版］66頁，厚谷襄児・百選［第2版］83頁，富山康吉・百選［第3版］62頁，王義郎・百選［第3版］70頁，高橋岩和・百選［第4版］84頁，土佐和生・百選［第5版］86頁。

としながら，その実効性を確保する上で過怠金の賦課はやむをえないとし，さらに，組合脱退の自由が認められていることも指摘して，不公正な取引方法にはあたらないと判示した。本件は共同販売そのものの独禁法上の問題点を考える上でも1つの素材を提供するものである。裁判所が前提とするように共同販売そのものが正当だったとしても，これを過怠金で強制することまで許されるとする点は議論が分かれるところであろう。なお，この判決例には適用除外に特有な論点が含まれていることにも注意されたい（第10章第3節Ⅱ2）。

そのほか，相談事例の中には共同受注の例が散見されるが，単に受注者をあっせんするのみであれば問題ないが，往々にして受注の割当てや販売価格の決定を伴う場合があり，この場合には独禁法上問題視される[87]。

6　共同購入

商品・役務の購入市場においても，購入者が互いの間での競争を停止し，購入価格や購入数量を一定水準に決定する場合には市場支配力が発生しうる。これを，ここでは買い手市場支配力と呼ぶこととする。買い手市場支配力が行使されると，競争が保たれている状態よりも低い価格で，より少ない数量でしか取引は成立しえないから，死重損失（競争制限のために実現しなかった取引に係る資源配分上の非効率性，または厚生上の損失。第1章第3節Ⅰ参照）が発生する。また，ある製品（インプット）について買い手市場支配力を行使する事業者が，当該製品を原材料として用いる別の製品（アウトプット）の販売市場において市場支配力を行使しうる場合には，買い手市場支配力行使の結果としての費用削減はアウトプット市場における顧客には還元されない。それどころか，インプット購入量が少なくなる分，アウトプットの生産量が縮小され，販売価格はかえって上昇するかもしれない（もっとも，かような効果が伴う場合のみが独禁法の規制対象となるわけではない）。かくして，購買市場でのカルテルは，一方では，インプットの購入における競争の実質的制

---

[87]　たとえば，「事業者団体の活動に関する主要相談事例（平成11年度）」（2000年）事例7（地方公共団体が実施する狂犬病集合注射の一括受注），事例23（協同組合による製造・販売の共同受注事業），「独占禁止法に関する相談事例集（平成22年度）」事例4（特定ユーザー向け営業活動を共同出資会社に委ねるに伴って販売価格が決定された例）を参照。

限の観点から問題視され，他方では，アウトプットの価格に占めるインプット価格の比率が大きく，しかも，当該比率が比較的固定的である場合にはアウトプットの販売市場での競争の実質的制限の観点からも問題視されうる。

　注意を要するのは，インプットの大量・一括購入に伴う規模の経済性の実現による購入価格の引下げと買い手市場支配力行使の結果としての購入価格引下げとは，概念上区別されるべきことである。前者は，買い手市場支配力行使の場合とは異なり，購買量を拡大する効果を持ち，それ自体としては競争促進的である。だが，現実には，2つの効果は混在して現れることが多いので，独禁法上は，ここでも，買い手市場支配力行使の手段としての共同購入とそうでない共同購入とを識別することが求められる。

　両者を識別する指標としては，第1に，当事者が買い手市場支配力を行使しうるほどの地位を当該購買市場において占めているかどうかが挙げられる。ここでは，当事者が購買市場に占める合計市場占拠率，買い手市場支配力行使に対抗してインプット供給者が代替的販売先をどれだけ確保できるか，あるいは，インプット供給からの撤退がどれだけ容易か，購入市場における競争者が買い手市場支配力の行使に乗じてどれだけ購入量を拡大しうるかといった諸点が関わってくる。第2の指標は，共同購入事業の参加者が代替的な購入ルートをどれだけ許容されているかである。ここでも共同販売の場合と同様に，純粋に大量・一括購入による効率性の実現のみが共同購入の狙いであるのならば，（一定の購入量さえ確保できていれば）あえて他の購入ルートの利用を妨げる合理的理由は見出しにくい。代替的購入ルートを禁止しなければ利益を上げられないような共同購入の場合には，買い手市場支配力の行使が狙いである可能性が高まる。これらの指標は必ずしも絶対的なものではなく，一応の目安にすぎない。本質的に重要なのは，購入量の拡大を志向する仕組みとなっているかどうかである。

　3条後段事件に係る審判決例の中で購入カルテルを取り上げたものとしては，牛乳価格共同交渉事件・勧告審決昭49・5・22がある。これは，飲用牛乳製造業者が団体交渉において共同で原料乳購入価格の引下げを決定した後，飲用牛乳価格を共同で引き上げたという事例に関わる。法の適用においては，「原料乳の購入分野」と「飲用牛乳の販売分野」との両方において競争の実質的制限が認定された。飲用牛乳の価格に占める原料乳価格の比率に照らし

て考えると，上記2つの取引分野におけるカルテルは不可分の関係にあったと推測される。

　独禁法2005（平成17）年改正により購入カルテルに対しても課徴金が課されることになったが，その最初の適用例として溶融メタル購入カルテル事件・排除措置命令・課徴金納付命令平20・10・17がある。これは，溶融メタルを含む非鉄金属スクラップの販売ないし非鉄金属の製造に従事する事業者が，地方自治体が競争入札または随意契約の方法により売却する溶融メタルについて，購入価格の上昇を防ぐため過去の購入実績等に基づいてあらかじめ購入者を決定し，それ以外の者は購入予定者が実際に購入できるように協力していたという事案に関わる。

　また，8条1項1号（現行法では8条1号）事件のうち，羊蹄山麓アスパラガス振興会事件・勧告審決昭40・6・23では，アスパラガスの一手購入と購入者間での割り当て配分率の決定が問題とされた。四国食肉流通協議会事件・勧告審決平4・6・9では，食肉の処理・販売事業を営む者の団体が，肉豚の購入価格の決定に用いる豚枝肉の建値を決定したことが8条1項1号（現行法では8条1号）違反に問われた。8条1項4号および5号（現行法では8条4号および5号）事件のうち，西日本特殊ゴム製版工業組合事件・勧告審決昭43・5・11では，組合員の最終製品の販売先制限とともに原材料の購入先制限（被審人たる組合からのみ購入する義務）が課せられ，さらに，原材料供給元に対して非組合員への納入に際しても組合を経由する旨の契約を結ばせていたことが注目される。

　相談事例の中には部品・資材等の共同購入の事例がいくつか散見される。公取委の回答では，当事者の購入市場における合計市場占拠率が小さいことと，共同購入の対象たる部品・資材がアウトプット価格に占める比率が小さいことから問題なしとされる場合が多い[88]。ただし，2001（平成13）年の電子商取引サイトでの共同購入[89]に関しては，複数の購入者の購入ロットを集めて一括してオークションにかける方式が，購入者の購入市場における合計

---

88)　たとえば，「事業者の活動に関する相談事例集」（2001年）事例10（輸送用機械の資材および部品の共同購入），事例11（日用品メーカーによる外注加工の共同化）を参照。
89)　「平成13年相談事例集」（2002年）事例9。事例の解説として，渕田和彦・経済法百選[第2版] 70頁を参照。

市場占拠率が6割に上るため，当該複数の購入者が「本件調達サイトを利用して当該資材を購入するのが一般的な場合には」問題となりうる旨回答されている。

7 規格・標準，安全基準等の共同作成・管理，その他

2から6で取り上げたもの以外で今後実務上問題となりそうな共同事業を思いつくままに列挙すると，商品役務そのものの規格・標準，安全性や品質に係る自主基準，広告の自主規制，商品役務の品質ないし利便性を高めるために共同で利用される施設・役務の提供（スポーツ競技の提供と管理，クレジットカード発行銀行間の決済システム，銀行ＡＴＭ網の相互接続と決済等も含む）などがある。これらの共同事業においては，直接的な競争手段に係る取決めを伴わない限り，参加者相互間での競争制限として問題視される可能性は小さい（商品役務の規格・標準を定めることが産出量制限と同視しうるような特殊な場合は別）。むしろ，かような共同事業へのアクセスを制限することによりアウトサイダーの事業活動を困難とする場合が問題とされる可能性が強い。この場合は，共同ボイコットの一種として問題とされる。Ⅵで前述したように，本書では共同ボイコットにあからさまなボイコットとそれ以外との区別があるとの立場に立っているが，これらの共同事業へのアクセスの制限は後者にあたり，一般的に言えば，反競争効果と競争促進効果との比較衡量により競争の実質的制限の有無を判断することになる。

前述の日本遊戯銃協同組合事件・東京地判平9・4・9では，エアーソフトガンのメーカーからなる事業者団体が，自ら自主的に作成した安全基準に合致しない製品を製造・販売するメーカーに対して間接ボイコットを実施したことが問題であった。東京地裁は，本件行為が8条1項5号（現行法では8条5号）違反（不公正な取引方法〔2009年改定前の一般指定1項2号〕を構成員にさせるようにした）のみならず8条1項1号（現行法では8条1号）違反にも形式的に該当することを認めながらも，なお，「本件自主基準設定の目的が，競争政策の観点から見て是認しうるものであり，かつ，基準の内容及び実施方法が右自主基準の設定目的を達成するために合理的なものである場合」には違反が成立しない余地があると判示した。本件では，自主基準の目的と内容には一応の合理性が認められたが，当該基準に合致していないこと

が直ちに社会的に危険な結果をもたらすとまではいえず，また，本件行為は安全基準そのものの実施のためというよりむしろ被告に加入しようとしなかった原告への制裁的な色合いが強いことなどから，本件行為は自主基準の実施方法として相当とはいえないとされ，結局違反が認定された。安全性の維持と独禁法の目的との関係をどう捉えるべきかについては別途論じるが，この種の共同事業へのアクセス制限における違法判断のプロセスを示すものとして参考になる。とりわけ，目的の正当性そのものとは別に，目的に照らした手段の相当性を厳密にみる点が注目される[90]。

相談事例では，公取委は，事業者による自主規制等に係る事例の場合にも，事業者団体ガイドライン第二の7(2)にある考え方に沿って判断を下している。それによれば，自主規制等に関する競争阻害性の有無は，次のように判断される。すなわち，

「①競争手段を制限し需要者の利益を不当に害するものでないか及び②事業者間で不当に差別的なものではないかの判断基準に照らし，③社会公共的な目的等正当な目的に基づいて合理的に必要とされる範囲内のものか」の要素を勘案しながら判断するとされている。

具体的には，自主規制等が直接的な競争手段に係るものでないかどうか，自主規制等の利用・遵守が強制されていないかどうかに着目する例が多い。

なお，技術標準に伴う技術取引については第8章第2節も参照されたい。

8 いわゆる社会公共目的の共同行為

(1) 社会公共目的の考慮のあり方

7で述べたことと関連して，安全衛生，環境保護，治安の維持といった，「公正かつ自由な競争」促進の観点からは説明し難い，あるいは，それと矛盾する社会公共目的のために共同行為が行われていると主張される場合に，これをどのように違法判断のプロセスにおいて考慮すべきか（あるいは，考慮すべきでないのか）という問題がある。かような主張がなされた場合の公取委および裁判所の対応は，いくつかの類型に分類することができる[91]。

---

90) 本判決のかような判断方法を肯定的に評価するものとして，和田健夫「日本における社会的規制と競争政策」学会年報21号（2000年）17頁，33-34頁を参照。

91) 他の分類の試みとして，講座第2巻371頁，407-412頁（岸井大太郎）を参照。

第1に，独禁法における「公共の利益」を，自由競争を基盤とする経済秩序そのものと解する立場から，競争の実質的制限がもたらされている以上，この意味での「公共の利益」は常に侵害されているのであって，独禁政策以外の立場からの公益性に照らしてこれを違法でないとすることは許されないとする立場がある。これは，愛媛県LPガス保安協会事件・審判審決昭47・7・25の立場である。本件は，事業者団体によるプロパンガスの小売価格の引上げが8条1項1号（現行法では8条1号）違反に問われた事例であるが，被審人は，LPガス法に定める保安義務を履行するための保安経費の原資を確保するために値上げが必要だったと主張していた。審決は，前述のような「公共の利益」論のほかに，構成員の価格決定の自由を奪うことは保安経費確保という本来の目的を逸脱した行為であるとも述べている。

　第2に，石油価格カルテル刑事事件・最判昭59・2・24における「公共の利益」の解釈，および，そこでいう「公共の利益」を読み込む形で競争の実質的制限を解釈する立場がある。石油価格カルテル刑事事件・最高裁判決は，2条6項にいう「公共の利益に反して」を次のように解釈した。すなわち，「原則としては同法の直接の保護法益である自由競争経済秩序に反することを指すが，現に行われた行為が形式的に右に該当する場合であつても，右法益と当該行為によって守られる利益とを比較衡量して，『一般消費者の利益を確保するとともに，国民経済の民主的で健全な発達を促進する』という同法の究極の目的（同法1条参照）に実質的に反しないと認められる例外的な場合を右規定にいう『不当な取引制限』行為から除外する趣旨と解すべき」である，と。

　さらに，前述の日本遊戯銃協同組合事件・東京地判平9・4・9は，この石油価格カルテル刑事事件判決を8条1項1号（現行法では8条1号）の解釈にも導入しようとして，次のように判示した。すなわち，「形式的には『一定の取引分野における競争を実質的に制限する行為』に該当する場合であっても，独禁法の保護法益である自由競争経済秩序の維持と当該行為によって守られる利益とを比較衡量して，『一般消費者の利益を確保するとともに，国民経済の民主的で健全な発展を促進する』という同法の究極の目的（同法1条）に実質的に反しないと認められる例外的な場合には，当該行為は，公共の利益に反さず，結局，実質的には『一定の取引分野における競争を実質

的に制限する行為』に当たらないものというべきである」。東京地裁は，かような立場から，具体的には「消費者及びその周辺社会の安全という法益」と自由競争秩序維持の法益との比較衡量のあり方を示したのであった。

　第3に，広島県石油商業組合事件・審判審決平8・6・13に示されたように，問題の行為が社会公共目的を追求するものと主張された場合でも，当事者の決定的動機は競争の抑圧にあったと認定することにより，いわば事実認定のレベルで被審人の主張を斥ける立場がある。本件では，石油製品の販売に従事する者から構成される事業者団体が，石油製品の乱売合戦を回避するため自粛ルール5原則（安値看板・チラシ・ダイレクトメール等の禁止，旗振り等の禁止，記念セールの当面の自粛，石油製品の景品販売の禁止）および自主ルール（記念セール自粛の解除に伴う実施期間や実施方法の制限）を取り決めたことが8条1項4号（現行法では8条4号）違反に問われた。被審人は，これらのルールは交通安全の確保や景表法違反の未然防止といった合理的理由を持つと主張したが，公取委は，これらのルールは全体として組合員の機能または活動を不当に制限していると同時に，個別にみても交通安全の確保や景表法の未然防止はせいぜい副次的動機にすぎず，決定的動機は組合員間の販売競争の制限にあったと認定した。

　第4に，大阪バス協会事件・審判審決平7・7・10の論理構成にみられるように，独禁法上の保護に値しない競争については，その実質的制限が生じる余地はないとみる立場がある。本件は，バス運送事業者の事業者団体が，特定の顧客向けの貸し切りバス料金について，道路運送法上の幅運賃制度の下で認められた料金の下限を下回る水準で料金引上げを決定した事案に関わる。公取委は，決定された料金の水準が道路運送法上違法であることから，本件決定に対して排除措置を講じる実益があるのかを問題として次のように述べた。すなわち，「これらの場合には，他の法律により当該取引又は当該取引条件による取引が禁止されているのであるから，独占禁止法所定の構成要件に該当するとして排除措置命令を講じて自由な競争をもたらしてみても，確保されるべき一般消費者の現実の利益がなく，また，国民経済の民主的で健全な発達の促進に資するところがなく，公正かつ自由な競争を促進することにならず，要するに同法の目的に沿わないこととなるのが通常の事態に属するといい得るため，特段の事情のない限り，その価格協定を取り上げて同

法所定の『競争を実質的に制限する』ものに該当するとして同法による排除措置命令を受ける対象となるということができない」と。

一般に，社会公共目的の共同行為は，その制限の内容が直接的な競争手段に及ばないことが多いが，上記第1の立場は，直接的な競争手段の制限が直ちに競争の実質的制限をもたらす場合にまでそれを容認することができるかという，競争政策の存在意義に関わる問題に対応するものである。したがって，制限の内容が直接的な競争手段に及ばないことが多い，社会公共目的の共同行為に関する基準作りを志向したものとは言い難い。これ以外の立場は，説明の仕方に違いはあるものの，目的と制限との間に合理的関連性が認められるかどうかに着目する点で共通する。このうち，第4の立場は，「他の法律により当該取引又は当該取引条件による取引が禁止されている」場合以外にもこの論理が拡張されうるとしたら，第2の立場に近づくといえる[92]。第3の立場は，主観的事情を検討課題としているようにもみえるが，むしろ目的と制限との合理的関連の有無について基準を示したものと読むこともできる。このようにみてくると，社会公共目的の共同行為についての判断枠組みは，次第に収斂しつつあるといえる。

(2) リサイクルガイドライン

いわゆる社会公共目的のカルテルの中で近年最も注目を集めたのは，廃棄物の回収・運搬・再資源化のための共同行為であった。その背景には，循環型社会形成推進基本法の制定等によって，生産者が自らの生産する製品等が消費された後の段階での環境保全費用をも負担すべきだとする「拡大生産者責任」が一般原則として確立されたことに伴い，事業者が，容器包装，家電製品，建設資材，食品についてリサイクルのシステムを構築する必要に迫られたという事情がある。しかし，新たにリサイクルのシステムを構築することに伴うコストの大きさに照らすと，単独ではこれに着手しがたい場合が多い。そこで，一定程度，リサイクル・システムを構築・運用するための共同行為を容認しつつも，競争秩序への悪影響を最小限度に抑える必要が生まれ

---

[92] 本文のように解することができれば，大阪バス協会事件審決の立場は，石油価格カルテル刑事事件判決にいう「公共の利益」を競争の実質的制限の中に読み込む日本遊戯銃協同組合事件判決の立場と実質的に異ならなくなる。なお，競争の実質的制限と「公共の利益」との関係に関する大阪バス協会事件審決と石油価格カルテル刑事事件判決との異同については，白石忠志「競争政策と政府」『現代の法8』（岩波書店，1997年）73頁以下を参照。

る。同ガイドラインは，以上の背景の下，リサイクル・システムの構築に伴う独禁法上の問題点の明確化を図るために2001（平成13）年6月に公表された。この分野では，独禁法は，リサイクル・システム構築のコストを事業者が不当に取引相手や消費者に転嫁することを防ぐ役割を果たしうるのであり，この意味で競争政策とリサイクル政策とは，抵触する関係というよりむしろ相互補完的関係にあるとさえいえる。

　同ガイドラインは，大別すると，リサイクル・システムの共同構築とリサイクル等に係る共同行為とに分けて独禁法上の考え方を説明している。前者では，広範囲にわたるリサイクル・システムで，そのコストが製品価格に占める割合が大きい場合や，合理的な理由なくリサイクル・システムへのアクセスを拒絶する場合等に，製品市場における競争に悪影響が及びうること，場合によってはリサイクル市場にも悪影響が及びうることが指摘されている。後者では，具体的には，リサイクル率達成目標の決定，リサイクルのための部品規格の統一ないし部品の共通化，リサイクルしやすい製品の共同研究開発，廃棄物管理表の様式の統一と使用の強制，リサイクル費用の徴収方法・徴収時点・表示方法[93]，デポジット制度の構築における預り金の水準決定について独禁法上問題となりうる場合が示されている。

Ⅷ　カルテルと行政指導

1　問題の所在

　行政指導は，「行政機関がその任務又は所掌事務の範囲内において一定の行政目的を実現するため特定の者に一定の作為又は不作為を求める指導，勧告，助言その他の行為であって処分に該当しないもの」（行政手続2条6号）と定義される。その行政の行為形式としての特徴は，それ自体には法的拘束力がなく，したがってまた，当該行政機関の所掌事務の範囲内であれば，行政作用法上の根拠規範も不要とされる点にある。しかし，そのことは，行政指導に実効性がないことを意味しない。相手方の任意の協力ないし同意のほ

---

[93] これと関連して，事前相談事例の中に，ビニール・プラスチックごみの減量化のため，特定地域のスーパーマーケットが共同して，従来無料配布していたレジ袋を有料化する計画が，独禁法上問題なしとされた例がある（平成14年4月30日公表の株式会社エコスからの相談への回答「事業者等の活動に係る事前相談の回答について」，「独占禁止法に関する相談事例集（平成19年度）」〔2008年〕事例3）。

か,相手方の事業活動に係る許認可権限,補助金,有利な条件での融資ないし融資のあっせん等が,「江戸の仇を長崎で討つ」かたちで行政指導の実効性を担保することが多い。さらに,公務員の「天下り」の慣習もまた,行政指導を行う者とその相手方との間での意思疎通を円滑にしている側面があると指摘されている[94]。

　行政指導は,法の不備を補って臨機応変に行政需要に対応することを可能にするから,国民の権利保護に貢献し,さらには,新たな政策展開の先駆けともなりうる。しかし,他方で,行政指導は,相手方の権利の抑圧や,法律上保護されるべき利益の侵害を伴うことも多く,まさにこの点で,法律による行政の原則を空洞化させる危険性をはらんでいる。かような場合に法的救済をいかに図るかについては,以前から判例・学説上一定の議論の蓄積があった。1993(平成5)年に制定された行政手続法は,これを踏まえて,行政指導そのものの存在は容認しつつ,所掌事務の範囲逸脱の禁止(同32条1項),従わない場合の不利益取り扱い等による行政指導の強要の禁止(同32～34条),求めに応じた書面交付義務等の方式に関する義務(同35条)を定めて今日に至っている[95]。

　行政指導は,企業集中を促進する産業政策の手段としても多用された。とりわけ,戦後復興期から高度経済成長期を経て1970年代後半の構造不況期に至るまで,不況克服や産業再編の手段として行政指導によるカルテルが多用され,独禁法との抵触を引き起こした。1950年代前半に綿紡績業を対象として始まった勧告操短や買上げ機関設立の慫慂,1950年代後半から始まった鉄鋼公開販売制度,1960年代前半に開放経済体制への移行に備えて石油化学や紙パルプ等の分野で行われた設備投資調整,石油ショック後の構造不況に対処するために石油化学や段ボール原紙等の分野で行われたガイドライン方式などが,その典型例である。いずれも旧通産省によるもので,このうち勧告操短では,旧通産省に当時認められていた外貨割当権限が行政指導の実効性を高めるのに寄与したといわれている[96]。今日では産業政策の手段

---

94) 行政指導の実態と機能については,新藤宗幸『行政指導』(岩波書店,1992年),大山耕輔『行政指導の政治経済学』(有斐閣,1996年)等を参照。
95) 行政指導に関する行政法上の論点を概括するものとして,宇賀克也『行政法概説I　行政法総論〔第5版〕』(有斐閣,2013年)第21章を参照。

として行政指導によるカルテルが公然と用いられることは少なくなったが，参入・退出等に係る許認可の申請や届出に際して競争制限的な行政指導が行われる場合があることは否定できない。なお，いわゆる「官製談合」も行政指導によるカルテルの一種といえないこともないが，これについてはⅤを参照されたい。

行政指導に従ってカルテルが行われる場合，独禁法上は，行政指導に従ったことがカルテルの違法性を阻却する理由となるかという問題が提起されてきた。また，この問題と関連して，独禁法に照らした行政指導の限界ないし違法性の問題も論じられてきた。以下，この問題に関する審判決例の立場を概観する。

2 審判決例

この問題に最初に取り組んだのは，醬油価格協定事件・審判審決昭27・4・4であった。本件は，物価統制撤廃後の醬油価格の高騰を懸念した旧物価庁が主要メーカーに対して値上げ自粛を要請し，これを受けて主要メーカーが，物価庁との折衝を経て統制撤廃後の醬油価格の上限を取り決めたという事案に関わる。本件カルテルが物価庁の行政指導に従ったものであることが違法性阻却の理由となるかについて，審決は，独禁法の運用がもっぱら公取委に委ねられていることから他の行政官庁が恣意的に独禁法解釈を歪めることは許されないことを指摘した後，次のように述べた。「多数行政官廳当局者中たまたま本法の精神を理解せず誤つた指導をなすものがあつたとしても，事業者又はその団体は各自法の命ずる所が何であるかを判断してこれに従う責任があるものであることは言を俟たない。官廳の指導の有無は或は罰則適用の際斟酌すべき情状となることはありうるかも知れないが違法の状態を排除するに必要な措置をとるべき事業者又はその団体の責任を軽減するものではない」。

この立場は，勧告操短に係る，横浜護謨製造ほか5名および日本自動車タイヤ協会事件・勧告審決昭27・9・30と化繊操短事件・審判審決昭28・8・

---

96) 戦後の産業政策の一手段としての行政指導の実態と法的問題点について文献は多数いが，ここでは，御園生等『日本の独占禁止政策と産業組織』(河出書房新社，1987年)のみ掲げておく。

6 にも，基本的には受け継がれた。ただし，後者では，勧告に外貨割当権限の裏づけがなく，その内容が概括的であったことから，事業者による自主的調整がなければ本件カルテルの実施は困難であったとも述べられている。

石油連盟価格カルテル事件・最判昭57・3・9は，石油連盟による価格カルテル締結後に通産省が価格引上げ幅を圧縮する旨のガイドラインを示し，石油元売各社がそれに従ったという事案に関わる。最高裁は，「当該事業者団体がその行つた基準価格の決定を明瞭に破棄したと認められるような特段の事情がない限り」，本件の行政指導によって競争の実質的制限が消滅したとすることはできないと判示した。本件では，行政指導は価格引上げの上限を示したにすぎず，上告人の価格引上げ決定の効力に影響を及ぼさなかったとされた。

以上に紹介した審判決例の中では，醬油価格協定事件審決が先例的位置を占めるものと理解されてきた。他方で，行政指導への協力行為と自主的調整とを区別する議論も，かなり早い時期から援用されていた。これは，後の石油生産調整刑事事件・東京高判昭55・9・26と石油価格カルテル刑事事件・最判昭59・2・24に引き継がれた。この2つの判決が新たに取り上げたのは，独禁法に照らした行政指導の限界ないし違法性の問題であった。

まず，石油生産調整刑事事件・東京高判昭55・9・26では，石油ショックに伴う原油の大幅値上げに対処するための，いわゆる石油カルテル事件の生産調整カルテルの側面が問題とされ，その際，石油業法に根拠を持つ行政指導に従ったことが違法性阻却事由となるかが問われた。当時の石油業法は，旧通産省が作成する石油供給計画に基づく石油製品の安定供給のため，新規参入や設備新増設に関する許可制，事業譲渡・合併に関する認可制，石油製品生産計画の届出義務等を定めるものであった。同法10条2項は，石油供給計画の実施に重大な支障が生じるか，そのおそれがある場合に，旧通産大臣は，石油製品生産計画の変更を勧告することができる旨規定していた。

東京高裁は，一般論として，「石油業法の定める供給計画制度を実施するため通産省の指示又は委任に基づいて行なわれた措置で，同法がその運用として許容していると解される」場合には刑法35条により違法性が阻却されうると判示した。そのうえで，東京高裁は，石油業法が，需給調整による石油製品の安定供給という目的を達成するために，「その設けた規定の許容す

る限度で競争原理の機能を制限したものと解すべき」として，その行政目的を達成するのに必要な限度において行政指導を行うことも容認されるとしたが，その際，「その指導の内容が法令に違反しない限り，また実質上強制に等しいような不当な手段によるのでない限り」との制約が及ぶことを明らかにした。

　具体的には，東京高裁は，①個々の事業者に対し個別に指導を行う場合，②多数の精製業者に対し，一律に原油処理量を制限する基準を定め，または個々の業者の原油処理量を指示した割当表を示してこれに従うよう指導する方法，③事業者団体を指導して各業者に対する原油処理量の制限を行わせる方法，を区別した。その上で，①はそれ自体としては独禁法の禁止規定に形式的に違反するものでないが，②は，業者間の共同行為を招く危険性と営業の自由の侵害の疑いとに照らして，「供給計画の実施に重大な支障を生ずるおそれが顕著で，その適正な実施のためやむを得ず行なう場合に限られるべき」とされた。③については，ほとんど常に共同行為を招くとともに，独禁法 8 条 1 項 1 号（現行法では 8 条 1 号）に形式的に違反する行為を指示することになり，石油業法の予定するところではないとされた。

　本件では上記の③の方式（石油連盟に対する生産調整の要請）がとられたが，東京高裁は，「本件のような生産調整を行なわなければ，通産省の供給計画ないしその見直しの需給計画の実施に重大な支障を生ずるほどの生産過剰のおそれがあり，したがつて本件各行為がやむを得ない措置であつたとまでは認められない」とした。また，東京高裁は，石油連盟が全体として旧通産省の容認の下に行動しつつも，おおむねその自主的判断により生産調整の内容，方法を決定したことも指摘して，結論として被告による違法性阻却の主張を斥けた。

　本判決の最大の意義は，行政作用法上の根拠を持つ行政指導であっても，その内容や方式について，実質的に独禁法の観点からする制約があることを明らかにした点にある。この点に関する判示は行政指導ガイドラインでも踏襲されている。

　次に，石油価格カルテル刑事事件・最判昭 59・2・24 では，石油カルテル事件の価格カルテル（石油製品の値上げ）の側面が問題とされ，その際，旧通産省による，石油業法に直接根拠を持たない行政指導が介在した。旧通産

省の行政指導は、「業界の値上げ案作成の段階において基本的な方針を示して業界を指導し……，これによつて，業界作成の値上げ案に通産省の意向を反映させ」るものであり，積極的・直接的な介入は極力回避されていたとはいえ，旧通産省の意向を無視した値上げは事実上困難だったという意味で，必ずしも弱いものではなかったと認定されている。このことから，最高裁は，「値上げに関する通産省の了承を得るための業界の価格に関する話合いないし合意が独禁法上一切許されないと解することは，業界に難きを強いる結果となつて，妥当とはいえない」とした。その上で，最高裁は，「値上げの上限についての業界の希望に関する合意」で「通産省の了承が得られた場合の各社の値上げに関する意思決定（値上げをするか否か，及び右上限の範囲内でどの程度の値上げをするかの意思決定）をなんら拘束するものでない」ものは不当な取引制限にあたらないとした。他方で，「その属する事業者の業務に関し，通産省の了承の得られることを前提として，了承された限度一杯まで各社一致して石油製品の価格を引き上げる」合意は，不当な取引制限に該当し，本件価格カルテルはこれに該当するとされた。

　これに続けて，最高裁は，傍論ながら次のように述べて，行政指導への協力行為が違法性を阻却される場合があることを認めた。すなわち，「流動する事態に対する円滑・柔軟な行政の対応の必要性にかんがみると，石油業法に直接の根拠を持たない価格に関する行政指導であつても，これを必要とする事情がある場合に，これに対処するため社会通念上相当と認められる方法によつて行われ，『一般消費者の利益を確保するとともに，国民経済の民主的で健全な発達を促進する』という独禁法の究極の目的に実質的に抵触しないものである限り，これを違法とすべき理由はない。そして，価格に関する事業者間の合意が形式的に独禁法に違反するようにみえる場合であつても，それが適法な行政指導に従い，これに協力して行われたものであるときは，その違法性が阻却されると解するのが相当である」。本件の行政指導も，かような意味で，違法であったとはいえないとされた。

　本判決の意義は，行政作用法上の根拠を持たない行政指導でも独禁法上適法と評価される場合がありうることを明らかにし，さらに，そのような行政指導への協力行為について違法性が阻却される余地を認めた点にあると考えられる。この立場は，本判決の「公共の利益に反して」の解釈論（第5節Ⅱ

を参照）と密接不可分に結び付いていることに留意されたい。本判決に対しては，（適法な）行政指導への協力行為と自主的調整との区別が非現実的であることや，行政指導の「適法」性の基準が曖昧であること等，学説上多くの批判があった[97]。もっとも，本判決の「公共の利益に反して」の解釈とあわせて考えると，本判決の論理に従っても従来型の産業政策に基づく行政指導は正当化できないであろうし，それに従ったカルテルの違法性が阻却されることにもならないであろう。結局，いかなる内容の行政指導がいかなる方式で行われた場合にカルテルの違法性が阻却されるかは，本判決の「公共の利益に反して」の解釈の射程をいかに解するかにかかってくる。後述のように，本判決の「公共の利益」の解釈論には曖昧さが残り，その射程を具体的に画することは困難だが，今日，本判決の論理に基づいて違法性の阻却がありうるとすれば，行政指導がⅦ8で述べたような意味での社会公共目的を追求する場合に限られるであろう。

3　行政指導ガイドライン

公取委は，前述の石油生産調整刑事事件・東京高判昭55・9・26を受けて，1981年3月16日に「独占禁止法と行政指導との関係についての考え方」を公表して，行政指導が独禁法上の問題を誘発しやすい場合があることについて他の行政機関に注意を喚起した。これは価格や数量に直接影響を及ぼすカルテルを主として念頭に置くものであったが，その後の行政調整の実務では，これ以外にも多様な類型のカルテルが行政指導によって誘発されている実態が明らかになった。この経験を踏まえて1994年6月30日に公表されたのが，行政指導ガイドラインである[98]。

行政指導ガイドラインは，行政指導と独禁法との関係については，石油価格カルテル刑事事件に関する前述の2つの判決の立場を基本的には踏襲して，法令に具体的な規定がある行政指導とそうでない行政指導とに分けて独禁法

---

97)　たとえば，『石油カルテル最高裁刑事判決』学会年報6号（1985年）の諸論稿を参照。なお，本判決が刑事事件判決であることを強調し，公取委による行政的措置を論じるに際して本判決の解釈論が無条件に妥当することを疑問視する見解として，林幹人・百選［第4版］256頁，京藤哲久・百選［第6版］258頁を参照。

98)　行政指導ガイドラインのより詳細な解説として，和田健夫「行政指導と独占禁止法」NBL552号26頁を参照。

との関係を説明している。その上で，①参入・退出に関する行政指導，②価格に関する行政指導，③数量・設備に関する行政指導，④営業方法，品質・規格，広告・表示等に関する行政指導，⑤許認可等の運用に伴う行政指導，のそれぞれについて具体的に独禁法上の問題点を指摘している。かつての「独占禁止法と行政指導との関係についての考え方」と比べると，参入・退出に関する行政指導や許認可等の運用に伴う行政指導に言及している点が目新しい。これは，行政調整の実務においてこの種の事案が占める比重を反映しているものと推測される。

第5節　公共の利益に反して

I　概　説

2条6項にいう「公共の利益に反して」という文言は，これを反対に解釈すれば，競争の実質的制限をもたらすカルテルであっても「公共の利益」に合致する場合は違反を免れるように読める。そこで，当初は，カルテルの促進を旨とする産業政策を支持する立場から「公共の利益」を幅広く読む解釈が唱えられたが，これに対しては，競争政策の独自性を貫徹しようとする立場から「公共の利益」を自由競争秩序の維持という狭い意味に限定的に解釈する立場が唱えられた。この対抗軸とは別に，消費者の利益を独禁法上の保護法益として明確に位置付けるべきか否か，独禁法中の適用除外規定の存在を「公共の利益」の観点からいかに整合的に説明するか，そもそも「公共の利益に反して」という文言の法的性格をいかに理解すべきか，といった諸論点をめぐっても学説は分かれていた。前述の石油価格カルテル刑事事件・最判昭59・2・24は，この問題に一定の回答を与えたかにみえたが，その抽象的かつ曖昧な表現のために多くの議論を呼び起こした。近年は，前述のように，社会公共目的のカルテルに前記最高裁判決の論理を援用する下級審判決が現われ，議論は新しい段階に入りつつある。なお，学説と判例は，いずれも，「公共の利益」の解釈と1条の究極目的の解釈とを連動させて考えている。

Ⅱ　審判決と学説の状況

以下では，おおよそ時系列の順に代表的な立場を概観する。

①1条にいう「国民経済の民主的で健全な発達」とは，国民経済全体の利益を意味し，「一般消費者の利益」はこの「国民経済全体の利益」の一部を構成するにすぎず，2条6項にいう「公共の利益に反して」とは，かような意味での「国民経済全体の利益」の観点から，競争の実質的制限をもたらすカルテルであっても違法でなくなる場合があることを意味するとの立場[99]。

この立場は，競争政策とは異なる政策からのカルテルの容認を意図するものであった。

②1条にいう「国民経済の民主的で健全な発達」で意味されているのは，自由競争秩序の維持によってもたらされる利益に限定され，「一般消費者の利益」は，自由競争秩序の維持という公益の保護によって反射的にもたらされるにすぎず，法的保護の対象とはならないとする立場[100]。

③1条にいう「国民経済の民主的で健全な発達」の部分で意味されているのは，自由競争秩序の維持によってもたらされる利益に限定されるが，自由競争秩序を維持する政策は，消費者の「選ぶ権利」と「知らされる権利」が実質的に保障された民主的な経済秩序の追求を本質とするから，「一般消費者の利益」を法的保護の対象として位置付ける立場[101]。

以上の②と③の立場は，いずれも2条6項にいう「公共の利益」を上記のように狭く限定して解釈し，「公共の利益に反して」とは，競争の実質的制限がもたらされる場合に直ちに「公共の利益」に反することを訓示的に宣言するものにすぎないとして，この文言を解釈する実益を否定する。両者の違いは，「一般消費者」の法的な位置付けにある。

④1条全体の文章の構造に照らして，「公正且つ自由な競争」の促進は，

---

[99] 出雲井正雄『新独占禁止法の解説』(時事通信社，1953年) 91-94頁等を参照。1950～60年代の産業政策の立場を反映した解釈といえる。

[100] 金沢良雄『経済法〔新版〕』(有斐閣，1980年) 147-151頁を参照。

[101] 代表的な学説として，根岸・問題76頁を参照。また，この立場からの競争政策における「一般消費者の利益」の位置付けについては，根岸＝舟田28-29頁も参照。

「一般消費者の利益」の保障を不可欠の条件とする「国民経済の民主的で健全な発達」を究極目的とし，「公正且つ自由な競争」の促進は，この究極目的に至るための原則として位置付けられるが，必ずしも唯一の手段ではなく，例外的に他の手段によって究極目的が達成される場合を認める立場。

この立場は，「公共の利益」という文言も同様に解する結果，競争の実質的制限をもたらすカルテルであっても例外的に違法でなくなる余地を認める[102]。このことをもって，「公共の利益に反して」という文言を，刑法にいう違法性阻却事由を示すものと説明する見解もある[103]。

⑤「公共の利益に反して」とは，「原則としては同法の直接の保護法益である自由競争経済秩序に反することを指すが，現に行われた行為が形式的に右に該当する場合であっても，右法益と当該行為によって守られる利益とを比較衡量して，『一般消費者の利益を確保するとともに，国民経済の民主的で健全な発達を促進する』という同法の究極の目的（同法1条参照）に実質的に反しないと認められる例外的な場合を右規定にいう『不当な取引制限』行為から除外する趣旨と解すべき」であるとする立場。

前述の石油価格カルテル刑事事件・最判昭59・2・24の立場である[104]。本判決がこの判旨によって正当化しようとしたのは，石油ショックによる原油の大幅な値上り分を石油製品価格に転嫁する際の値上げの上限を石油精製業者に指示する旧通産省の行政指導であった。すなわち，本件価格協定自体は行政指導の趣旨を超えた自主的調整を含むものとして違法とされたが，適法な行政指導への単なる協力行為としてカルテルが行われたとすれば，ここに示した論理に従ってカルテルは正当化されえたかもしれないことを，上に引用した判決文は示唆するものであった。

---

102) 丹宗昭信『独占および寡占市場構造規制の法理』（北海道大学図書刊行会，1976年）116-118頁，正田・全訂189-198頁を参照。もっとも，正田説は，1条の究極目的を「経済的従属者（消費者，中小企業）の利益・権利の確保」と捉える点で丹宗説とは異なる。なお，今村・独禁82-87頁は，「公共の利益に反して」の解釈に関する一般論では丹宗説に近いが，不当な取引制限については，究極目的の観点からみて常に非難に値する行為であるとして，当該要件は宣言的意味を持つにすぎないとする。この限りにおいて今村説は②および③の立場と同じ結果となる。

103) 丹宗・前掲注102) 120-121頁。

104) 本件判決を支持する学説として，松下53-58頁を参照。

石油価格カルテル刑事事件判決は，一定の取引分野における競争を実質的に制限したことが示されればそれが公共の利益に反したことを示す必要はないが，例外的な事情の立証ができれば不当な取引制限に該当しないとしているのであるから，違法性阻却事由型の構成をとったものである。ただし，例外的事情についての表現の曖昧さゆえに，これを拡張解釈するならカルテル規制に抜け穴を認めかねないとして多くの批判が寄せられた[105]。しかし，実際にはそのような拡張的な解釈はなされなかった。究極目的を一般消費者の利益を中心にすえて解釈することを通じて，第4節Ⅶ8で述べたように，「公共の利益」論は，社会公共目的の共同行為に対する法適用の文脈において新たな役割を担いつつある。

---

105) ここでは，代表的なものとして，『石油カルテル最高裁刑事判決』学会年報6号（1985年）の諸論稿のみあげておく。

第4章 事業者団体

第1節 概 説

I 事業者団体規制の意義

　事業者団体は，一方では，事業者単独で行うのが困難な活動，とりわけ，市況情報等の収集と提供等に従事し，構成員が合理的かつ計画的に経営を行うことを助けるが，他方では，同業者間で日常的に互いの価格・生産量について意見交換する場としてカルテルの温床となりやすい。しかし，事業者団体を舞台とするカルテルは，結局，実態の上ではその構成員たる個々の事業者間の意思の連絡によって成り立つとみられるところから，事業者団体について特別の規定を置く立法例はさほど多くないと思われる。

　わが国では，戦時中の統制会が，国家による戦時統制経済の運営の一翼を担っていたため，終戦直後の経済民主化政策の1つの柱として統制団体の排除が推進された。具体的には，重要産業団体令の廃止，原始独禁法における統制団体の設立禁止（旧5条），閉鎖機関令による統制団体の強制閉鎖が行われた。1948（昭和23）年には，現行独禁法8条の前身である事業者団体法が制定された。その後，事業者団体法は，1953（昭和28）年の独禁法緩和改正の際に廃止され，その代わりに現行の8条が盛り込まれた。わが国の独禁法が事業者団体について事業者に対する以上に厳格な規定を置いているのは，以上のような歴史的経緯と無関係ではない[1]。

　実際の独禁法の運用においても事業者団体規制は大きな比重を占めており，1953（昭和28）年改正以降2000年度までの全審決数に占める8条事件の比率は4割を超えるといわれる。もっとも，近年では，8条事件，とりわけ1

---

1) たとえば，注解上巻361-362頁（厚谷襄児）を参照。

項4号事件と5号事件の数は急減している[2]。ギルド的体質を色濃く残した事業者団体が，少なくとも高度経済成長期の終わり頃までは数多く存在し，そのことが上記の数値の背景にあると考えられる。この種の事業者団体については，行為の外形から，いわば定型的に違法性を推測することが容易だったと考えられる。さらに，8条1項は，1号で「競争を実質的に制限する」行為を規制する以外に，競争秩序に対する影響がそこまで大きくなくても一定の行為を規制しうる3～5号の規定を置いていた。このこともまた，上記の数値の背景にあったと思われる。今日では，専門職団体の内部規約や，その他の社会公共目的での自主規制との関連において，改めて事業者団体規制の独自の存在意義が注目されつつある。

以上要するに，わが国では，個々の事業者の行為とは別に事業者団体としての意思決定それ自体を規制の対象としなければならない必要性が現に存在した。そして，実際の違反事例を一瞥すればわかるように，その必要性は今日でもなくなっていない。実際の法適用においても，この事業者団体規制の独自の存在意義を踏まえることが必要である。たとえば，個々の事業者の行為が3条前段ないし後段に該当する場合であっても，それとは別個に，これらの事業者を構成員とする事業者団体の決定が8条違反に問われる場合がある。ぱちんこ機製造特許プール事件・勧告審決平9・8・6では，パチンコ機械製造業者10社と遊技機特許連盟とが通謀して，後者が所有または管理運営する特許権の実施許諾の拒絶により新規参入者を排除したことが3条前段違反に問われた。これと同時に，わが国におけるほとんどすべてのパチンコ機械製造業者を構成員とする日本遊戯機工業組合に対しては，上記の新規参入者の排除に関与している疑いがあるとして，8条1項違反の疑いで警告が発せられている。

なお，2009（平成21）年改正により事業者団体についての届出義務に関する8条2項から4項までの規定が削除された。これに伴い，従来の8条1項1～5号は，8条1～5号へと表記が変わった。本章では，2009年改正前の事例や実務に言及する場合には「8条1項○号」と表記している場合があることをあらかじめお断りしておきたい。

---

[2] 講座第2巻327頁，331頁（鈴木恭蔵）を参照。

Ⅱ　制度の概要と基本的概念

　2条2項は,「事業者としての共通の利益を増進することを主たる目的とする2以上の事業者の結合体又はその連合体」として事業者団体を定義する。8条1号から5号にかけては，後述のように事業者団体の禁止行為を列挙する。8条の2は，事業者団体に対する排除措置命令について定める。後述のように，規制の対象となるのは事業者団体の団体としての決定であるが，「特に必要があると認めるとき」は，当該団体の役員もしくは管理人のほか，その構成事業者（構成事業者が他の事業者の利益のためにする行為を行うものである場合には，その事業者を含む）に対しても排除措置命令を命じうる点に留意されたい（同条3項）。8条の3は，事業者団体に対する課徴金納付命令について定める。事業者団体が8条1号ないし2号に違反する場合には，事業者団体の構成事業者（構成事業者が他の事業者の利益のためにする行為を行うものである場合には，その事業者）に対して課徴金納付命令が下される点にも留意されたい。

　以下では，第2節に進む前提として2つの事柄を説明しておきたい。1つは，事業者団体の定義についてである。前述のように，事業者団体の成立にとって最も重要な要件は「事業者としての共通の利益」の増進を目的としているか否かである。これは事業者が事業活動を行う上での利益であり，それが構成事業者の事業活動の全部に関わるか否か，受益が直接的であるか否かを問わないとされる。また，構成事業者の2以上にとって「共通」であれば足り，すべての構成事業者にとって「共通」である必要はない。また，2条1項2文では，「事業者の利益のためにする行為を行う役員，従業員，代理人その他の者」も2条2項との関係では「事業者」とみなされるので，これらの者が「事業者としての共通の利益」の増進のために継続的に会合を持つ場合にも，事業者団体にあたる。ただ，たとえ事業者が参加していたとしても，「事業者としての共通の利益」の増進を目的に含まない学術団体や宗教団体などは事業者団体とはいえない[3]。他方で，たとえば犯罪の防止という公共目的の達成を目的とする団体であっても，それが構成事業者の利益の増進に役立つ場合には独禁法上の事業者団体に該当しうる（ウエスタンによる

　3）　以上は，事業者団体ガイドライン第一の2に依拠している。

除名決議無効確認請求事件・名古屋地判平 9・7・9〔特定地域におけるパチンコ遊技場を構成員として含む防犯組合〕)。なお，2 条 2 項は，事業者団体の法的形式ないし構造をいくつか掲げているが，これは例示的列挙であり，「事業者としての共通の利益」の増進に資する事業者の結合体であれば，その法的形式は事業者団体の成立には関係しない。最後に，事業者団体それ自体が，2 条 1 項にいう「事業」を営む場合には，その限りにおいて独禁法上は「事業者」として扱われる[4]。

　もう 1 つは，事業者団体の団体としての決定をいかなる事実により認定するかについてである。大阪バス協会事件・審判審決平 7・7・10 では，「事業者団体の何らかの機関で決定がされた場合において，その決定が構成員により実質的に団体の決定として遵守すべきものとして認識されたときは，定款又は寄付行為上その機関が団体の正式意思決定機関であるか否かに係わりなく，その決定を団体の決定というのに妨げはないと解するのが相当である」とされた。事業者団体ガイドライン第二の(8)もまた，事業者団体としての「決定」は，「事業者団体の正規の意思決定機関の議事を経た明示の決定のようなものに限られず，事業者団体の意思形成と認められるものであれば，慣行等に基づく事実上の決定も含まれる」とし，(注)において「規程上は意思決定機関でない委員会，部会等における決定や合意が，慣行上同団体による決定として扱われているような場合」を例示している。したがって，事業者団体内部で問題に応じてアド・ホックに組織された会議体であっても，そのメンバーに有力事業者がいる等の事情から，当該会議体の決定を構成事業者の大半が団体の決定として遵守すべきものと認識している場合には，その決定をもって事業者団体の決定と考えてよいことになる。

第 2 節　実体規定の概要

I　8 条 1 号

1　概　説

本号は，事業者団体の団体としての意思決定により一定の取引分野におけ

---

[4]　以上は，事業者団体ガイドライン第一の 2 に依拠している。

る競争が実質的に制限される場合を問題とする。ここで競争の実質的制限をもたらす事業者団体の行為について条文上は何ら限定がないので，2条5項にいう「支配」ないし「排除」に相当する行為に対しても本号は適用されうる（実例として，石油連盟東京支部事件・勧告審決昭45・1・21を参照）。また，2条6項にいう「相互拘束」と「共同遂行」との関係をめぐる解釈問題（第3章第2節IVを参照）は本号の適用に影響しないことになる[5]。ほとんどの事例では，互いに競争関係にある構成事業者の代表が事業者団体の意思決定に参加することにより，実質的にみれば，3条後段の不当な取引制限にいう相互拘束に相当する行為により，競争の実質的制限がもたらされている。

　私的独占ないし不当な取引制限の要件と比較してみると，8条1号には「公共の利益に反して」という文言が含まれていない。この点をいかに理解するかについては，従来，必ずしも明快な説明は存在しなかった。たとえば，事業者団体の行動は，いわば定性的に「公共の利益」に反しており，したがって，事業者団体の行動により競争の実質的制限がもたらされる場合には，あえて「公共の利益に反して」いるかをみるまでもないといった説明があった[6]。しかし，第3章第4節VIで触れた日本遊戯銃協同組合事件判決におけるように，不当な取引制限における「公共の利益」を読み込む形で競争の実質的制限の意味を限定的に考える立場が現れるに至っている。かような立場の是非はともかくとして，今や事業者団体についてのみ「公共の利益に反して」という文言が含まれないことについて合理的な説明を見出しえなくなっていることは確かである。

　なお，カルテルが事業者団体を舞台として行われる場合，当該カルテルは事業者団体の決定として行われたとして8条1号違反と構成することもできるし，より実態を重視して，構成事業者の事業活動の相互拘束行為として3条後段違反と構成することもできるということがありうる。かような場合の法律構成のあり方と関連して，石油価格カルテル刑事事件・最判昭59・2・24は，「独禁法上処罰の対象とされる不当な取引制限行為が事業者団体によつて行われた場合であつても，これが同時に右事業者団体を構成する各事業者の従業者等によりその業務に関して行われたと観念しうる事情の

---

[5] 実方・独禁228頁，根岸＝舟田157頁を参照。
[6] たとえば，注解上巻363-364頁（厚谷襄児）を参照。

あるときは，右行為を行つたことの刑責を事業者団体のほか各事業者に対して問うことも許され，そのいずれに対し刑責を問うかは，公取委ないし検察官の合理的裁量に委ねられていると解すべきである」と判示している。公取委の実務では，8条1項1号と3条後段とのいずれか一方のみが適用されていた。いずれの規定の違反に対してとりうる措置もほぼ同様であるので，多くの場合，実益のある議論ではない。ただ，事業者団体の統制力を利用したカルテルにおいて3条後段違反のみが問われる場合には事業者団体に対する措置を命じえないと解される余地があるから，かような場合には，万全を期して両方の違反を問うべきである。

2 審判決例

3条後段事件と同様，8条1項1号事件においても，商品役務の対価に係るカルテルの事例と，入札等における受注予定者の決定に係る入札談合の事例とが大半を占めている。これ以外では，販売先制限が問題とされた事例として，全国港湾荷役振興協会（兵庫・大阪・名古屋・東京）事件・勧告審決昭38・10・25（港湾事業者の事業者団体による構成員の取引先の相互尊重の取決め），所沢市牛乳販売店組合事件・勧告審決昭44・10・31（牛乳販売店の事業者団体による他の構成員の得意先を安売りによって獲得しない旨の取決め）等がある。販売ないし生産数量の制限が問題とされた事例として，メタノール・ホルマリン協会事件・勧告審決昭46・9・28（総販売量，構成員ごとの販売量の決定のほか，国内出荷量を調整するための輸出促進，輸入制限），日本羊毛紡績会事件・勧告審決昭49・11・6（構成員による生産計画書の提出と個々の生産数量の決定）等がある。共同販売事業が問題とされた事例として，第3章第4節Ⅶ5で前述した北海道ちり紙工業組合事件・勧告審決昭44・7・24，京都生コンクリート工業組合事件・勧告審決昭48・4・26，秋田県土木コンクリートブロック工業組合事件・勧告審決平7・3・8がある。共同購入が問題とされた事例として，第3章第4節Ⅶ6で前述した羊蹄山麓アスパラガス振興会事件・勧告審決昭40・6・23，四国食肉流通協議会事件・勧告審決平4・6・9がある。

このように，ほとんどの8条1項1号事件はハードコア・カルテルとみてよい事例だったと思われるが，初期の事例の中には，ごく狭い地域での料金

カルテルや販売先制限等，後述の4号事件との区別が見極めにくいものも散見される。特に販売先制限については，前掲の事件を除くと，それが単独で問題とされた事例にはもっぱら4号が適用されてきている。前掲の事件のうち，所沢市牛乳販売店組合事件は価格カルテルに準じる事例であったから1号が適用されたといえなくもないが，全国港湾荷役振興協会事件ほか4件において4号でなく1号が適用された理由は審決書からは明らかでない。そのほか，構成員に間接ボイコットを要請した事業者団体の行為に8条1項1号が適用された事例として日本遊戯銃協同組合事件があることはすでに触れた。

II　8条2号

本号は，事業者団体に対して6条に規定する国際的協定または国際的契約をすることを禁じるものであるが，適用事例が存在せず，また，6条そのものに関わる論点と切り離して論じることは不適切でもあるので，説明を省略する。

III　8条3号

1　概　説

本号は，一定の事業分野における現在または将来の事業者の数を制限することを禁止する。ここで「一定の事業分野」とは，「一定の取引分野」が主として商品役務の需要側の観点から画定されるのに対して，もっぱら供給側の特徴に着目した概念であるとされている。すなわち，同種または類似の商品役務を供給しうる一群の事業者の範囲をもって「一定の事業分野」が画定されると説明されることが多い[7]。もしそうだとすれば，通常の手順によって一定の取引分野を画定するよりも（第6章第3節），特定の商品役務を供給する事業者側の意識や，生産・販売施設，販売方法，販売ルートの類似性によって競争関係の範囲を画定することの方が容易だと思われるので，その分，競争の実質的制限の認定よりも簡易迅速に競争への悪影響を推定してよいことになろう。現に，本号違反が成立するためには，競争秩序への悪影響が競争の実質的制限に至る程度でなくてもよいと説明されることが多い。

---

[7]　たとえば，注解上巻372頁（地頭所五男）を参照。

このようにみてくると，本号は，わが国の事業者団体が，所轄官庁との結び付きや，特定地域において歴史的に形成されたギルド的体質等によって構成員に対して強い統制力を有し，しばしば，不当にアウトサイダーを排除する目的でこの統制力を用いてきたという現実に鑑みて，詳細な市場分析を省略して簡易迅速な規制を可能にするために制定されたといえる。そのような機能を本号は現に果たしてきたといえる。

2 審判決例

本号の違反事例は，アウトサイダーを一定の事業分野から排除しうる力の源泉がどこにあるかによって分類するとわかりやすい。まず，事業者団体が構成員の取引相手に対して非構成員との取引をやめるよう集団で圧力をかける場合が挙げられる。この場合，取引相手に圧力をかける行為自体は8条1項5号違反（2009〔平成21〕年改定以前の旧一般指定2項ないし1項2号の勧奨）とされ，これと同時に事業者団体が構成員資格を不当に制限したり，非構成員による新規参入を妨害する場合に3号違反が認定されることが多かったが，3号違反行為が実効性を持ちうるのは間接ボイコットの事実があるからであろう。この種の法適用の実例としては，鳥取青果商組合事件・勧告審決昭33・2・25，山形海産物仲買人協同組合事件・勧告審決昭38・2・6，滋賀県生コンクリート工業組合（第一次）事件・同意審決昭58・9・30，仙台港輸入木材調整協議会事件・勧告審決平3・1・16，滋賀県生コンクリート工業組合（第二次）事件・勧告審決平5・11・18等がある。

また，基本的には同じパターンだと思われるが，3号違反のみを認定した事例として，全国レコード商組合連合会（第一次）事件・同意審決昭38・2・13，日本ボウリング場協会事件・審判手続打切決定昭49・6・4（ボウリング場経営者の事業者団体が，風営法上の規制を免れるための自主規制の実効性を確保するために，ボウリング協会に働きかけて非加盟店では公開競技を行わないこと，認証制度導入に際して非加盟店に認証を与えないことを要請）等がある。

次に，特定の事業分野で活動するのに不可欠の施設ないし情報を事業者団体が管理ないし支配していることがアウトサイダーを排除する力の源泉となっている場合がある。千葉市医師会事件・勧告審決昭55・6・19，豊橋市医師会事件・勧告審決昭55・6・19，観音寺市三豊郡医師会事件・東京高判平

13・2・16等の一連の医師会ないし歯科医師会の決定に係る事例では,旧厚生省からの通達が医師会ないし歯科医師会を通じてしか参照しえない等,これに参加しなければ営業活動が困難となる状況の下で,需給調整的な発想で当該地域における医療機関の新増設を妨げようとしたことが問題であった。また,岡崎青果商業協同組合事件・勧告審決昭41・1・13では,岡崎市内の6つの市場で仲買人の資格が得られないと同市内での営業が困難であるところ,被審人の組合員でなければ仲買人資格が与えられないという状況で,組合への加入や店舗新設が制限されたことが問題であった。

Ⅳ 8条4号

1 概 説

本号は,事業者団体に対してその構成事業者の機能または活動を不当に制限することを禁止するものである。ここでは,構成事業者間での何らかの意味での競い合いの停止が,競争の実質的制限にまでは至らないが,競争阻害的な効果を発生させる場合に「不当」性が認められると説明されることが多い[8]。この「不当」性が不公正な取引方法における「公正な競争を阻害するおそれ」と同義だとすれば,競争手段としての不公正さや自由競争基盤の侵害の観点も4号の適用において考慮されうることになるが,後にみるように,4号事件のすべてが自由競争の減殺を問題にしているといってよい。かような規定を3条後段や8条1号とは別に置くことの意味はどこにあるのだろうか。

第1に,一定の取引分野において確かに競争の実質的制限は生じている(あるいは,そのおそれが強い)が,単独では市場を支配する力を持たない複数の事業者団体が競争の実質的制限に部分的にのみ寄与しており,しかも,各事業者団体間で意思の連絡が立証できないため,競争の実質的制限をもたらした行為者を特定しえない場合が考えられる。たとえば,一定の地理的市場の範囲内に同業者の事業者団体の地域支部がいくつも置かれている状況の下で,各地域支部がそれぞれに構成事業者の機能ないし活動を制約する,ほぼ同内容の決定を行い,実施するような場合である。この場合でも,各行為

---

[8] たとえば,注解上巻375頁(地頭所五男)を参照。

者の行為が競争の実質的制限にいくらかは寄与していることはたしかであり，他に競争促進的な正当化事由が示されない限り独禁法上正当化することはできないだろう。

　第2に，問題の行為が価格や供給量に対して直接的な影響を持たない競争手段に係るものであるため，当該行為によって競争の実質的制限が直ちにもたらされるとは考えにくい場合がありうる。たとえば，価格や供給量を直接制限する決定の存在が立証できれば，それだけで競争の実質的制限の存在が強く推測されてよいが，広告の媒体，商品のショー・ルームの展示時間の制限の場合には，かような制限の存在から直ちに市場支配力がもたらされるとは考えにくい。しかし，これらの制限も，商品役務の供給量に間接的に影響を及ぼしていることはたしかであり，他に競争促進的正当化事由がない限りは正当化できないであろう。

　第3に，価格や供給量のような直接的な競争手段を制限する決定が試みられたが，当事者間の調整に失敗して抜け駆けを完全には防ぐことができない場合，あるいは，アウトサイダーの競争力や取引相手の交渉力を見誤ったために目論見通りに制限を実施できない場合が考えられる。いわば不完全なカルテルである。この場合でも，同じ試みが再度起こることのないように独禁法を適用する価値はあるかもしれない。

　わが国では，歴史的な背景から，この種のカルテルは事業者団体を舞台として試みられやすい（逆に，団体の統制力がなければカルテルが成立しえない）という事情があったと推測される。他方で，わが国の実務では，競争の実質的制限の成立範囲は狭く解釈・認定される傾向にあった。これを克服し，比較的簡易迅速な証明による規制を可能とすることにより，8条4号は，3条後段や8条1号を補完する役割を果たしてきたといえる。

2　審判決例

　ここでは，1号との相違という視点から4号事件を整理してみたい。
　まず，1号事件では価格・供給量に対する直接的な制限が多く取り上げられているが，4号事件でも同様の事件がいくつかみられる。最も初期の事例である，東京都理容師協同組合事件（荻窪支部・杉並中央支部・城東支部）・同意審決昭28・9・28は，各支部の管轄地域内で理容料金を決定した事案に

係る。詳細は今となってはわからないが，3つのカルテルが全体として一定地域における競争の実質的制限に寄与していたのかもしれない。もっとも，同様の事案で1号が適用された事例もあるので，当時は法適用の方針が定まっていなかったのかもしれない。また，三重県理容環境衛生同業組合津芸濃支部事件・勧告審決昭40・5・28も理容料金の引上げに係る事例であるが，本件では当該地域内の理容師数全体に占める支部員数の比率が小さかったことが，1号でなく4号適用の決め手であったようである。

同じく価格に関する制限でも，東京コクヨ会・大阪地区コクヨ会事件・勧告審決昭41・10・27や，大阪キッコーマン会・大阪東丸会・大阪丸金会事件・勧告審決昭43・8・10等は，いずれも，特定ブランド品に限定した価格決定が問題とされた。メーカーによる再販売価格の指示に流通業者の事業者団体が自主的に従ったものではないかと思われる。醬油の事例などは，ブランド間競争の制限をも推測せしめる。

また，価格・供給量に関する制限のうち，市場占拠率が小さい等の理由でカルテルの実効性が乏しかったとみられる事例でも4号が適用されている。たとえば，岡山県被服工業組合事件・勧告審決昭48・6・29では，衣類メーカーの事業者団体が複数の種類の商品について販売価格を引き上げることを決定したが，構成事業者の合計市場占拠率が50％以上の衣類の場合には1号が適用され，13〜27％にすぎない衣類の場合には4号が適用された。1号と4号との同様の使い分け方は，羊蹄山麓アスパラガス振興会事件・勧告審決昭40・6・23にもみられる（ただし，こちらはアスパラガスの購入比率の配分決定に係る事例）。また，福島県トラック協会事件・勧告審決平8・2・29では，運賃料金を決定した後，決定通りに旧運輸大臣に届出を行わせたが，新運賃に基づいて荷主と交渉する構成員は一部しかなかったと認定されている。日本冷蔵倉庫協会事件・審判審決平12・4・19では，事業者団体の決定の対象となったのは冷蔵倉庫保管料の届出料金であったが，実際には，届出料金と実勢料金とは乖離しており，両者の値動きの間に連動性も認められないという事情があった。なお，料金等が届出や認可に係る場合，料金に関する明確な決定が成立していなくても，本来個々の事業者の自由に委ねられるべき認可内容やその変更を事業者団体が制約したと認められる場合には4号違反となりうる（大阪バス協会事件・審判審決平7・7・10参照）。

価格・供給量制限以外では，販売方法・広告等の販売促進手段の制限（たとえば，レコード小売店の組合が実質的には値引きの手段であったサービス券を廃止した事案に係る全国レコード商組合連合会（第二次）事件・勧告審決昭54・11・27，料金割引の禁止・広告媒体の制限・広告における料金明示の禁止に係る石川県理容環境衛生同業組合事件・勧告審決平12・4・26，滋賀県薬剤師会事件・排除措置命令平19・6・18等），取引先制限（たとえば，顧客争奪の禁止に係る日本ポリオレフィンフイルム工業組合事件・勧告審決昭50・3・7，東日本おしぼり協同組合事件・勧告審決平7・4・24等），販売地域の制限（たとえば，全国病院用食材卸売業協同組合事件・勧告審決平15・4・9），製造・販売拠点の新増設の禁止（たとえば，前掲日本ポリオレフィンフイルム工業組合事件，立川市医師会事件・勧告審決平9・2・5等）といった事例が多い。これらの制限の中でも価格や供給量に及ぼす影響の程度は様々であり，価格や供給量に対する直接的な影響が立証されるならば，1号違反が成立する場合もあるとみるべきである。

V　8条5号

1　概　説

本号は，事業者に不公正な取引方法に該当する行為をさせるようにすることを禁止の対象とする。ここで，不公正な取引方法を勧奨する相手方は，4号の文言との比較からいっても，事業者団体の構成事業者には限られない。実際にも，構成事業者の取引相手に対して不公正な取引方法を勧奨したとされる事例は数多い。ただし，取引相手を一律に不公正な取引方法の主体と認定してよいかについては，見解が分かれる。そのこととは別に，構成事業者間での競争制限ないし減殺とみられる場合には通常1号か4号が適用されうるので，5号に何らかの存在意義があるとすれば，構成事業者以外の事業者による競争に影響を及ぼすような行為を規制対象とする場合で，しかも，競争の実質的制限を立証しえない場合であろう。

2　審判決例

8条1項5号事件の過半を占めるのは，事業者団体による間接ボイコットの事例である。典型的には，特定の非構成員を市場から駆逐するため，構成

事業者の取引相手に対して，当該非構成員と取引する場合には取引を拒絶する旨の脅しをかけて，当該非構成員との取引を拒絶させる場合である。全国石鹸洗剤日用品雑貨卸商組合連合会事件・同意審決昭38・7・3を例にとると，石鹸洗剤等の卸売業者の事業者団体が，その製造業者に対して，当時台頭してきた大量仕入れ機構との取引を拒否するよう申し入れる決議を行った。製造業者は販売高の大部分を事業者団体加盟店に依存していたので，その圧力に屈して大量仕入れ機構との取引を中止するに至った。この事例において公取委は，当該事業者団体は，構成事業者の取引相手である製造業者に不公正な取引方法に該当する行為（昭和28年制定の旧一般指定1号）をさせるようにしたとして，8条1項5号違反を認定した。かような法律構成の下では，不公正な取引方法の行為主体は構成事業者の取引先たる非構成員となる。しかし，これに対しては，当該非構成員は事業者団体の構成事業者からの圧力を受けて仕方なく取引を拒絶している場合が多く，かような状況の下では，当該非構成員は事業者団体の目的を達成するための単なる道具にすぎず，これを不公正な取引方法の主体とみるのは誤りであるとの批判があった[9]。

　この問題の背景には，昭和28年制定の旧一般指定において間接ボイコットが明示されていなかったという事情もあったのだが，昭和57年制定の旧一般指定1項2号（現行法では2条9項1号ロおよび一般指定1項2号）や2項（現行法でも一般指定2項）に間接の取引拒絶が明記されて以降も，しばらくは構成事業者の取引先たる非構成員に旧一般指定2項に該当する行為をさせるようにしたとの法律構成を採用する審決が下された（たとえば，滋賀県生コンクリート工業組合〔第一次〕事件・同意審決昭58・9・30）。しかし，仙台港輸入木材調整協議会事件・勧告審決平3・1・16において，おそらく初めて，構成事業者に対して旧一般指定1項2号（間接の共同取引拒絶）に該当する行為をさせるようにしたとの法律構成が採用された。日本遊戯銃協同組合事件・東京地判平9・4・9もまた，取引先問屋とともに構成事業者に対しても旧一般指定1項2号をさせるようにしたとの法律構成を採用している。他方，東日本おしぼり協同組合事件・勧告審決平7・4・24は，従来通り，非構成員に旧一般指定2項に該当する行為をさせるようにしたとの法律構成

---

9)　たとえば，今村研究(2) 166頁，同(4) I 41-42頁参照。

を採用している。

　学説上は，前述の，事業者団体の非構成員に「させるようにする」との法律構成に批判的な見解のほか，8条5号にいう「不公正な取引方法に該当する行為」とは，「不公正な取引方法」として指定された行為の外形上の特徴を備えた行為であればよく，公正競争阻害性（一般指定各項における「不当に」「正当な理由がないのに」等）の有無は問わなくてもよい（したがって，事業者団体の非構成員に「させるようにする」との法律構成に問題はない）との立場もある[10]。

　なお，日本遊戯銃協同組合事件判決が示すように，間接の共同ボイコットについても，それが競争の実質的制限をもたらす場合には1号の適用が問題となりうる。

　このほか，過去の5号事件では，昭和28年制定の旧一般指定2号，7号，8号，11号の勧奨が認定された事例，昭和57年制定の旧一般指定13項（現行法では一般指定12項）の勧奨が認定された事例が存在するが，ここでは省略する。

第3節　事業者団体規制に関わる諸論点

　以下では，主として事業者団体ガイドラインに依拠しながら，事業者団体の活動の類型ごとに改めて独禁法上の問題点を整理しておきたい[11]。理解を確実にするために，すでに触れた事柄との重複をいとわないことにする。

I　事業者団体による価格制限

　すでに説明したように，商品役務を直接制限する事業者団体の行為は，8条1号違反に該当するおそれが高い。事業者団体ガイドラインの第二の1「価格制限行為」には，(1)で価格制限の多様な種類が示されているほか，(2)「価格制限行為とその実施を確保するための行為」として，価格制限行為への協力要請，強要等，安値品の買上げ，価格制限行為の監視のための情報活

---

10)　学説については，講座第2巻343-344頁（鈴木恭蔵）とそこで引用された文献を参照。
11)　同ガイドラインの解説として，岩本章吾編著『事業者団体の活動に関する新・独禁法ガイドライン』別冊NBL34号を参照。

動が列挙され，それぞれ，単独でも8条4号ないし5号の違反になりうることが指摘されている。また，(3)で価格制限行為という場合の「価格」の意味については，名称や形態のいかんを問わず商品または役務の対価であるものを指しており，割戻し，値引き等実質的に価格の構成要素となるものを含むことが示されている。

II 事業者団体による非価格制限

事業者団体による非価格制限としては，同ガイドラインの第二の2から12にかけて，数量制限行為，顧客・販路等の制限行為，設備または技術の制限行為，参入制限行為等，不公正な取引方法（の勧奨），種類・品質・規格等に関する行為，営業の種類・内容・方法等に関する行為，情報活動，経営指導，共同事業，公的規制・行政等に関連する行為が列挙され，それぞれについて独禁法上の考え方が示されている。以下では，不公正な取引方法以外について同ガイドラインの内容を概説する。

1 数量制限行為や顧客・販路等の制限行為

このうち，数量制限行為や顧客・販路等の制限行為（市場の分割や受注配分，受注予定者の決定を含む）については，1号または4号違反の可能性が高いことが示唆されている。また，設備または技術の制限行為のうち，設備の新増設等の制限は1号または4号違反の可能性が高いことが示唆されている。他方，技術の開発または利用の制限に関しては，前述の共同研究開発ガイドラインの考え方が適用されるとする。

2 参入制限行為等

参入制限行為等については，構成事業者ないしその取引先事業者に対して特定の者との取引を拒絶させる行為が問題となることが指摘されているほか，事業者団体への不当な加入制限として問題とされる場合として，過大な入会金等の徴収，店舗数の制限等，直接的競合関係にある事業者の了承を加入の要件とすること，国籍による制限があげられている。ただし，「設立目的や事業内容等に照らして合理的な内容の加入資格要件や除名事由」を設定すること，「社会通念上合理的な金額の入会金や合理的な計算根拠に基づいた負

担金を徴収すること又は入会金や負担金の金額につき構成事業者間で企業規模等に応じて合理的な格差を設けること」は，それ自体としては問題にならないとされている（5(2)）[12]。

3　種類・品質・規格等に関する行為

種類・品質・規格等に関する行為については，前述したように，「①競争手段を制限し需要者の利益を不当に害するものでないか，及び，②事業者間で不当に差別的なものではないか，の判断基準に照らし，③社会公共的な目的等正当な目的に基づいて合理的に必要とされる範囲内のものか」（7(2)ア）の要素を勘案しながら判断するとされている。より具体的には，自主認証・認定の利用が構成事業者の任意に委ねられているか（逆にいえば，強制がないか），事業者にとって自主認証・認定等を受けなければ事業活動が困難な状況において，正当な理由のない利用制限があるか（逆にいえば，非構成事業者を含めて開放されているか〔ただし，合理的な負担を非構成事業者に求めることは問題ない〕）が考慮されるとする。

4　営業の種類・内容・方法等に関する行為

営業の種類・内容・方法等に関する行為については，その制限による競争阻害が独禁法違反に該当しうることが指摘された後，消費者の商品選択を容易にするための表示・広告すべき情報に係る自主的な基準の設定，その他社会公共目的での営業方法等に係る自主規制については，前記の「自主規制等に係る判断」に準じて判断するとされている。違反となるおそれがある行為としては，特定の販売方法の制限，表示・広告の内容・媒体・回数の制限，差別的な内容の自主規制，自主規制等の強制があげられている。

5　情報活動

情報活動については，ほとんどの情報活動は独禁法上問題とならないことを前提として，例外的に違反となるおそれがあるのは「競争関係にある事業者間において，現在又は将来の事業活動に係る価格等重要な競争手段の具体

---

[12] これらの点が実際に争われた事例として，埼玉県不動産鑑定士協会事件・東京高判平17・3・10を参照。

的な内容に関して，相互間での予測を可能にするような効果を生ぜしめる場合」（9⑵）とされ，重要な競争手段に具体的に関係する内容の情報活動が問題視されうることを指摘している。

他方で，消費者への商品知識等に関する情報の提供，技術動向，経営知識等に関する情報の収集・提供，事業活動に係る過去の事実に関する情報の収集・公表，価格に関する情報の需要者等のための収集・提供，価格比較の困難な商品役務の品質等に関する資料の提供，概括的な需要見通しの作成・公表，顧客の信用状態に関する情報の収集・提供は，原則として違反とはならないとされている。もっとも，これらの情報の収集・提供であっても，事業者間に現在または将来の価格についての目安を与える場合や，特定の者とのみ取引する合意をもたらすような場合（ブラックリストの配布など）には問題となるとされる。なお，情報交換に関する独禁法上の考え方の基本的な点については，第3章第4節Ⅶ3をあわせて参照されたい。

6 共同事業

共同事業に関しては，共同事業の内容，参加事業者の市場シェアの合計，共同事業の態様等を総合的に勘案して独禁法上の問題となるかどうかを判断するとされている。共同事業の内容に関しては，商品役務の価格，数量，取引先等の重要な競争手段についての決定を含むものかどうかが重視されるとされ，したがって，共同販売，共同購買，共同生産の場合には他の共同事業よりも問題となる可能性が高いとされる。市場シェアの合計に関しては，それが低い場合には独禁法上問題となる可能性は低くなるとされる。共同事業の態様に関しては，共同事業への参加ないし利用の強制がないかどうか，参加ないし利用において事業者間で差別的な取り扱いがないかどうかが重視されている。共同事業の各類型についての基本的な考え方は，第3章第4節Ⅶを参照されたい。

7 公的規制・行政等に関連する行為

ここでは，まず，許認可，届出等に関連する制限行為として，構成事業者の事業活動に係る許認可等の申請または届出内容の制限，幅認可料金の幅の中での料金の収受の決定，認可料金以下の料金の収受に関する決定（ただし，

幅認可料金の最低額または認可確定額を下回る実勢料金による取引が平穏公然としてしかも継続的に行われながら，主務官庁により法律的に効果のある措置が相当の間にわたり講じられていないような場合に限られる―大阪バス協会事件・審判審決平7・7・10参照），届出料金の収受に係る決定が問題とされやすいことが指摘されている。その他，公的規制の対象外の事項に係る制限行為，公的業務の委託に関連する違反行為，行政指導により誘発された行為，入札談合についての考え方が示されている。

III 資格者団体の活動

1 問題の所在

　高度に専門的な知識と能力を備えていることを証明する公的な資格を持って活動する専門職もまた独禁法上の「事業者」たりうることはすでに確立されており，したがって，かような専門職の共通の利益の増進を図る団体は，独禁法上「事業者団体」と捉えることができる。専門職団体が独禁法上の規制を受けることは，たとえば，すでに引用した，地域の医師会ないし歯科医師会に対する8条1項3号および4号事件をみればわかる。なお，医師会の活動に関しては，医師会ガイドラインも参照されたい。医師会や歯科医師会以外では，日本建築家協会事件・審判審決昭54・9・19（報酬基準の定め等が8条1項4号違反に問われたが，問題の行為はすでになくなっていたので違法宣言のみにとどまった事例）がある。

　数ある専門職の中で今日特に注目されているのは，団体の設立と当該団体への入会を法律上義務付けられている8つの資格者，すなわち，公認会計士，行政書士，弁護士，司法書士，土地家屋調査士，税理士，社会保険労務士，弁理士である。これらの資格者については，業務独占や資格者団体の強制設立・強制入会が法定されていたこと，団体の会則記載事項として報酬規定を盛り込むべきことが法定されていたこと，そして，より根本的には，その業務が（単なる経済的利益に還元されない）公益に関わること等から，その活動，とりわけ団体の会則やその他の内部規約に対して独禁法の適用があるのか明確ではなかった。現に，これらの資格者団体に対して独禁法違反を根拠として何らかの法的措置がとられた事例は従来皆無であった。

　しかし，1993（平成5）年公表の事業者団体問題研究会「事業者団体の活

動と独占禁止法上の諸問題」が典型的に示すように，1990年代に入って公取委は，これら資格者団体による各種規約を独禁法の規制対象として意識し始め，相談事例や警告事例にこれらの資格者団体が現れるようになった。また，1998（平成10）年に公表された公正取引委員会事務総局「専門職業（司法書士・行政書士）の広告規制等に関する実態調査報告書」は，調査報告という形をとりながらも，各種の資格者の団体に注意を促す効果を持った。この潮流は，2001（平成13）年3月に閣議決定された「規制改革推進3か年計画」に結実した。そこでは，「各種業務分野における競争の活性化を通じたサービス内容の向上，価格の低廉化，国民生活の利便向上」を図る観点から，業務独占の見直し，異なる資格間での業務の相互乗り入れ，業務範囲の見直し，報酬規定の廃止，試験制度の見直し，自主規制の見直し等の規制緩和措置が提案されていた。これらが計画的に実施に移され，今日に至っているわけである。

今日では，規制緩和が進んだ結果，少なくとも制度的には，これらの資格者の団体への独禁法の適用を妨げる要素はなくなったといえる。ただ，これらの資格者が提供するサービスは，顧客にとっては事前に優劣を判断しがたく，しかも供給者と需要者との情報格差が著しいという特徴を持つ。かような特徴に照らして独禁法の適用上特別の配慮が必要であるかもしれない。いずれにせよ，今後求められるのは，競争政策に固有の論理に照らした専門職サービスの分析である[13]。

2　資格者団体ガイドライン

資格制度における「規制改革」の取り組みの一環として公取委が2001年10月に公表した資格者団体ガイドラインは，前記の8つの資格者の団体（以下，単に「資格者団体」という）が行う活動に対する独禁法適用上の考え方を示すものである。これは，過去の実態調査や警告事例の経験を踏まえたもので，この問題に関する公取委の現段階での到達点を示すものといえる。

同ガイドラインは，会員間の競争に特に大きな影響を及ぼす，報酬，広告，

13）　関連して，泉水文雄「司法書士と独占禁止法(1)(2・完)」市民と法5号2頁・6号25頁を参照。

顧客に関する資格者団体の活動を取り上げている。

　まず，報酬に関しては，同ガイドラインは，法律で報酬基準を定めることが義務付けられている場合，会則に定める報酬額が個々の資格者が報酬額を定める際の基準として用いられる限りにおいては独禁法上問題とならないとする。しかし，会則に定める報酬額を確定額として運用することや，法律上会則に定める対象とならない業務に係る報酬まで定めることは独禁法上問題だとする。なお，現在では，前記の8つの資格者すべてについて会則への報酬に関する記載は法律上の義務ではなくなったので，報酬の決定に関して，独禁法上，他の事業者団体と資格者団体とを区別する必要がなくなった。具体的には，標準額，目標額等，会員の収受する報酬について共通の目安となるような基準を設定することを含めて独禁法（8条1号ないし4号）違反に問われることになる。

　他方，会員に過去の報酬に関する情報を提供する際に，概括的な情報を任意に収集して，客観的に統計処理し，高低分布や動向を正しく示し，当該データを需要者を含めて概括的に提供すること，原価計算や積算方法に関する一般的な指導等を行うことは，会員に共通の目安を与えるものでない限り問題ないとされる。

　広告に関する自主規制については，それが法律上一定の根拠を有するとしても，会員の事業活動を過度に制限する場合には問題となり，制限の内容は，需要者の正しい選択を容易にするために合理的に必要とされる範囲内で，会員間で不当に差別的でないものとすべきことが指摘されている。また，自主規制を行う際には会員からの意見聴取の十分な機会を保障するとともに，需要者や知見ある第三者との意見交換が十分に行われることが望ましいとされる。具体的には，広告の媒体，回数，内容等の制限が問題になりうるとする。他方，虚偽・誇大表示の排除や，需要者にとって最低限必要な広告事項を定める等，需要者の正しい選択を容易にすると認められる場合は問題とならないとする。もっとも，かような名目で過度に会員の広告活動を制限する場合には問題となりうる。

　最後に，顧客に関する活動については，他の会員の顧客との取引禁止，事業活動を行う地域等の制限，会員間での業務の配分が8条1号ないし4号違反になることが指摘されている。他方，他の会員の誹謗・中傷の禁止や，正

常な商慣習に照らして不当な金品等の提供や対応を行うなど不公正な競争手段による顧客の誘致の禁止など，公正な競争秩序を維持するためのものである場合には，原則として問題とならないとする。ただし，ここでも，かような名目で過度に会員の顧客獲得のための活動を制限する場合には問題となりうる[14]。

同ガイドラインが示唆するように，顧客への正しい情報の提供や不正な競争手段の排除を名目とする制限が具体的にどの範囲まで許されるかは，ときに微妙な判断を迫る問題となりうる。

---

[14] 会員の広告活動や顧客獲得のための活動の制限が8条1項4号違反に問われた例として，三重県社会保険労務士会事件・勧告審決平16・7・12がある。

第5章
私的独占

第1節　概　説

I　私的独占の意義

「私的独占」とは，「事業者が，単独に，又は他の事業者と結合し，若しくは通謀し，その他いかなる方法をもつてするかを問わず，他の事業者の事業活動を排除し，又は支配することにより，公共の利益に反して，一定の取引分野における競争を実質的に制限すること」である（2条5項）[1]。この定義を受けて，3条前段は「事業者は，私的独占……をしてはならない」と定め，事業者による私的独占[2]を禁止している。

II　私的独占規制の現状

私的独占の禁止は，不当な取引制限の禁止，企業結合の規制および不公正な取引方法の禁止とともに，独禁法の中核をなす重要な規制として位置付けられている[3]。

私的独占の規制は，米国反トラスト法の「独占化行為」（monopolization）

---

[1] 2条5項は「私的独占」の定義規定であるが，本文でみたように，（行為主体が）「私的」であること，たとえば行為主体が私企業でなければならないという限定はない。「私的」の趣旨は，法制度上の独占（公的な独占。たとえば，水道事業など）ではないという程度のものである（根岸＝舟田65頁）。また，行為主体が市場を「独占」している状態そのもの（市場において売り手または買い手が1事業者であること）を要求しているわけではない。

[2] 事業者団体が私的独占に対応する行為を行う場合については，8条1号による規制を受ける（注解上巻49頁〔根岸哲〕。第4章第2節Iを参照）。

[3] 鈴木孝之「私的独占の行為概念と構成要件の解釈」正田還暦392頁は，私的独占と不当な取引制限を禁止する3条が「一般条項」であるとした上で，さらに私的独占が「独占禁止法の規制対象行為の原型（prototype）」であるとする。

等の規制（シャーマン法〔Sherman Act〕2条）に由来する[4]。シャーマン法2条の「独占化行為」は，独占力を形成・強化することであるが，規制内容ないし要件の具体化は，もっぱら判例の展開に沿って進められてきた[5]。わが国の私的独占規制は，後述するように規制事例が少数であることなどの事情もあり，米国の「独占化行為」をめぐる判例や学説，さらに欧州連合（EU）の「（市場）支配的地位の濫用」の規制（欧州連合機能条約〔The Treaty on the Functioning of the European Union: TFEU〕102条）のそれが持ち込まれる傾向がある。私的独占規制に対応する米国反トラスト法の「独占化行為」やEU競争法の「支配的地位の濫用」の規制での議論を参照することによってわが国の私的独占規制を洗練されたものとすることは有益であるが，規制の基本的なところでは共通性がある[6]としても，法文の差異もあることから，欧米の議論をそのまま持ち込むことには注意が必要であろう[7]。

　独禁法制定（1947〔昭和22〕年）から2017（平成29）年12月までに，公取委において私的独占に該当するとされたケースは20件程度であり，不当な取引制限や不公正な取引方法のケースに比して私的独占の規制事例は少数にとどまっている。また，東洋製罐事件・勧告審決昭47・9・18と日本医療食協会事件・勧告審決平8・5・8との間には，24年にわたる規制の空白期がある。日本医療食協会事件以降は，毎年1件あるいは数年に1件のペースで，私的独占の規制事例がある[8]。このような事件数の変動の背景・原因は，必ずしも明らかでないが，近年に至って公取委が私的独占規制に対して積極

---

4) シャーマン法2条は，独占化（monopolize）のほか，独占の企図（attempt to monopolize）および独占のための結合または共謀（combine or conspire……, to monopolize）を違法としている。

5) シャーマン法2条の規制については，川濵昇「独占禁止法2条5項（私的独占）の再検討」『京都大学法学部創立百周年記念論文集第3巻』（有斐閣，1999年）329頁以下，越知保見『日米欧独占禁止法』（商事法務，2005年）479頁以下。

6) 泉水文雄「私的独占規制の展開と課題」法時884号11頁参照。シャーマン法の独占行為等の規制とわが私的独占規制の異同について，根岸編・注釈27頁以下（川濵昇）を参照。

7) 川濵・前掲注5）326頁以下参照。

8) 私的独占に該当するおそれがあるとして公取委の警告を受けたケースとして，NTT東日本に対する警告（平12・12・30），北海道電力に対する警告（平14・6・28），東邦ガスエンジニアリング（および東邦瓦斯）に対する警告（平19・5・11）等がある。また，民事事件において，路線免許を有しているバス会社が新規参入しようとするバス会社との間で参入を制限する契約を締結した行為が私的独占にあたるとされた事例がある（奥道後温泉観光バス事件・高松高判昭61・4・8，最判平元・11・24）。

的になっていることがうかがわれる[9]。

　私的独占の規制事例が少数であったことの理由の1つとして，私的独占に該当しうるケースについて不公正な取引方法の規制により実際上の規制がなされていたことがあげられる。私的独占に該当する行為（特に排除行為）は，不公正な取引方法にも該当する行為であることが多い。私的独占に対する法的措置も，刑罰の規定があるものの実際にそれが発動されたことはなく，また，行政措置についても，2005（平成17）年の独禁法改正前は，私的独占の規制には不当な取引制限におけるような課徴金制度がなかったことから，私的独占に該当するとされても，不公正な取引方法の場合と同じく行為の差止を中心とする排除措置命令が行われるだけであった。従来の私的独占の規制は，不公正な取引方法の規制とエンフォースメントにおいて異なるところはそれほどなかったことから，あえて私的独占の規制を行う実益は乏しかったといえよう。

　このような分析が的確であるとしても，学説においては，①私的独占として規制した方が広範で多様な排除措置を行うことが可能となること，②不公正な取引方法にあたらない行為を私的独占として規制する必要があることが指摘されていた。また，③私的独占と不公正な取引方法とでは，私的独占の方が競争秩序に対する悪影響が大きく，その禁止違反に刑罰規定を設けている立法判断を尊重すべきであること，④私的独占として排除措置を命じる場合の方が違反事業者に対する社会的な感銘力も大きなものになること等が指摘されていた[10]。

　2005年の独禁法改正により，支配行為による私的独占（支配型私的独占）について，対価等の要件を満たす場合に，課徴金が課されることとなった（7条の2第2項）。さらに2009（平成21）年の独禁法改正により，排除行為による私的独占（排除型私的独占）に対しても課徴金（この場合は，対価等に係る要件は設定されていない）が課されることとなった（7条の2第4項）[11]。

---

9) 根岸編・注釈34頁（川濱昇）は，近時の私的独占の規制事例の増加の背景として，規制緩和により既存の事業者の排除的な事業活動が活発になったこと，不公正な取引方法では捉えにくい類型が増えたことをあげている。
10) 根岸＝舟田78頁以下，川濱・前掲注5）325頁以下（なお，313頁以下）参照。
11) また，同じく2009年改正により，不公正な取引方法の一部についても課徴金が課されることとなった（20条の2〜20条の7）。各々の違反行為に対する課徴金の要件や算定率

第5章　私的独占

　公取委は，排除型私的独占が課徴金の対象となったことを踏まえ，どのような場合に排除型私的独占が成立するのかを明らかにするために「排除型私的独占ガイドライン」（「排除型私的独占に係る独占禁止法上の指針」（2009〔平成21〕年10月28日）（以下，本章では，単に「ガイドライン」とする）を策定・公表している[12]。

　ガイドラインでは，排除型私的独占に対する，公取委の執行方針が示されている。それによれば，公取委は，排除型私的独占として事件の審査を行うか否かの判断にあたり，①行為開始後の行為者が供給する商品のシェアがおおむね2分の1（複数の事業者が結合・通謀して行為者となる場合には，各事業者の供給する商品のシェアを合算して算出する）を超える事案であって，②市場規模，行為者による事業活動の範囲，商品の特性等を総合的に考慮して，国民生活に与える影響が大きいと考えられるもの，について優先的に審査を行うとされている（ガイドライン第1）[13]。

　　　等が異なることから，事件を私的独占あるいは不公正な取引方法として構成するのか，また，私的独占と構成するとしても支配型私的独占と排除型私的独占のいずれとするのか，さらに，不公正な取引方法として構成する場合に，どの類型の不公正な取引方法にあたるとするのかによって，課徴金の有無・算定率等に違いが生ずることとなる。現行法の下では，いずれの違反行為に該当するのかが，課徴金というエンフォースメントの場面において，実際上の意味を持つこととなる。

12）　米国・欧州連合（EU）においても，わが国の私的独占規制に対応する規制（独占化の規制・支配的地位の濫用の規制）について活発な議論が展開され，ガイドライン等を策定する動きが見られる。欧州委員会は，2008（平成20）年12月に，「支配的事業者による濫用的排除行為に対するEC条約82条の適用における委員会の優先的執行に関するガイダンス」（Guidance on the Commission's enforcement priorities in applying Article 82 of the EC Treaty to abusive exclusionary conduct by dominant undertakings）を公表している（Official Journal C 045, 24/02/2009, p.7. なお，EC条約〔EC Treaty: Treaty establishing the European Community：欧州共同体設立条約〕82条は，2009年12月以降，TFEU 102条となっている）。米国では，司法省反トラスト局が，2008年9月に，報告書（「競争と独占：シャーマン法2条における単独事業者の行為」〔Competition and Monopoly: Single-Firm Conduct Under Section 2 of the Sherman Act〕）を公表している（もっとも，この報告書は2009年5月に撤回された）。このように，私的独占（主として排除行為によるもの）の規制のあり方は，わが国を含む世界各国の独禁法において重要な検討課題となっている。

13）　なお，これらの基準に合致しない事案であっても，行為の態様，市場の状況，競争者の地位等によっては，排除型私的独占の審査を行う場合があるとされ，また，審査の結果，排除型私的独占に該当しない場合も，不公正な取引方法その他の独禁法の規定に違反する行為として問題となりうるとされている（ガイドライン第1）。

第2節 私的独占の成立要件

I 概　説

　私的独占の成立要件は，次の3つに分けて整理することができる。
　第1は，行為主体の要件である。2条5項の定義のうち「事業者が，単独に，又は他の事業者と結合し，若しくは通謀し，その他いかなる方法をもつてするかを問わず」の部分がこれにあたる[14]。第2の要件は，行為形態の要件である。2条5項の定義のうち，「他の事業者の事業活動を排除し，又は支配することにより」の部分がこれにあたる。第3の要件は，対市場効果の要件である。上記第2の要件である他の事業者の事業活動の排除または支配という行為により，特定の市場で競争制限的な効果を生じさせることであり，2条5項にいう「公共の利益に反して，一定の取引分野における競争を実質的に制限すること」がそれにあたる。

II 行為主体の要件

　私的独占の行為主体は，法文にあるように，「事業者」である。独禁法上の「事業者」（2条1項）の解釈は第2章第1節Iで述べた。
　私的独占規制に対応する米国シャーマン法2条の独占化行為の規制では，行為主体が「独占力」を有することが判例により要件とされ[15]，同じくEUの（市場）支配的企業の濫用行為の規制（TFEU 102条）においても市場支配的地位を有することが要件とされているが，私的独占の場合にはそのような要件は，少なくとも明示的には定められていない。もっとも，行為要件（特に排除行為）および対市場効果の要件（一定の取引分野における競争の実質的制限）との関係で，実際には，市場支配力を有する事業者が関与することなしに私的独占が成立することは考えにくい。

14）　2条5項の「他の事業者と結合し，若しくは通謀し，その他いかなる方法をもつてするかを問わず」の部分は，行為主体に係る要件とも行為の態様を示した要件ともいえるが，ここでは行為主体に係る要件として解説を行う。
15）　同じくシャーマン法2条で規制される「独占の企図」や「独占のための結合または共謀」については，そのような要件は設定されない。

第5章　私的独占

　この点に関連して，ガイドラインは，上述のように，排除型私的独占の場合において，行為主体（行為者）のシェア（行為開始後において行為者の供給する商品のシェア）がおおむね2分の1を超えることを，優先的に審査を行う場合の基準の1つとしている[16]。

　行為主体に関しては，事業者が単独で私的独占を行う場合のほかに，複数の事業者によって私的独占が行われることがありうる。法文において事業者が「単独に，又は他の事業者と結合し，若しくは通謀し，その他いかなる方法をもつてするかを問わず」とあるからである。もっとも，事業者が単独で行いうることが，不当な取引制限と比較した場合の私的独占の特徴である[17]。

　複数の事業者による私的独占において，法文が掲げる「結合」または「通謀」には，①株式保有および役員兼任などの企業組織上の手段により，事業者が独立性を喪失する程度にまで結びついている場合（「固い結合」と呼ばれることがある）だけでなく，②事業者が独立性を維持したままで結びつく場合（「ゆるい結合」と呼ばれることがある）も含まれる。後者の場合，不当な取引制限の場合と同様に，事業者間に「意思の連絡」があれば，私的独占における複数の事業者間での「結合」または「通謀」は充足されると考えられる。したがって，複数の事業者による私的独占が成立する場合は，同時に不当な取引制限が成立することがありうる。そのような場合は，私的独占規制と不当な取引制限の規制との重畳的な適用が考えられてもよい[18]。

---

16) シェア2分の1の優先審査基準は，①従来の事例において，排除行為の対象となった商品等のシェアが大きな事業者が審査対象であったこと，②排除行為によって市場を閉鎖する効果を持つこととなるのは，行為者の当該商品等のシェアが大きな場合がほとんどであること，③諸外国での指針におけるシェア基準（たとえばEUのガイダンスは，シェアが40％未満の事業者について，当該事業者が〔市場〕支配的地位を有することは「ありそうにない」〔not likely〕としている〔同ガイダンス・パラグラフ14〕）を参考にして設定されたものとされている。

　　なお，シェア2分の1の基準は，優先審査の基準（の1つ）であり，それに達しない事業者の行為が通常違反とならないことを示すセーフハーバーではないとされている（佐久間正哉「『排除型私的独占に係る独占禁止法上の指針』について」公正取引710号4頁）。

17) 村上〔第2版〕252頁以下は，米国法の規制状況に適合させる形で，わが国の私的独占規制も市場支配力・独占力を有する単独の企業の行為を規制対象とするように法適用を行うべきであるとする。滝川敏明『日米EUの独禁法と競争政策〔第4版〕』（青林書院，2010年）211頁以下も参照。

18) 不当な取引制限が成立するためには，「意思の連絡」を通じた「相互拘束」が必要となる（第3章第2節Ⅲ・Ⅳを参照）。複数の事業者が意思の連絡による相互拘束によって他の

株式保有など企業組織上の裏付けを持つ事業者間の結びつきについては，独禁法第4章の企業結合規制が用意されている。株式保有などの企業統合により結びついた複数の事業者が，排除行為または支配行為により一定の取引分野において競争の実質的制限をもたらす場合には，私的独占規制とともに企業結合規制の適用対象にもなりうると考えられる。しかし，私的独占の違反行為である排除または支配に該当する行為が認められる場合には，企業結合としてではなく複数の事業者の「結合」・「通謀」による私的独占として規制するのが法運用として適当なようにも思われる[19]。

　事業者の事業活動を排除・支配する場合には，本文で述べたように，私的独占と不当な取引制限の両者が成立しうると考えることができる。たとえば，共同ボイコット（第3章第4節Ⅵを参照）により，他の事業者が排除され，一定の取引分野における競争が実質的に制限される場合には，不当な取引制限とともに私的独占も成立すると考えられるが（鈴木・前掲注3）390頁以下参照），流通・取引慣行ガイドラインでは，2017年改定前まで，共同ボイコットは（私的独占としてではなく）不当な取引制限として規制する方針が示されていた。2017年改定後の流通・取引慣行ガイドラインは，共同ボイコットについて，市場における競争が実質的に制限される場合には，「私的独占又は不当な取引制限」に該当して違法となる，としている（同ガイドライン第2部第2の1・2）。また，市場における競争が実質的に制限されるまでには至らない場合であっても，共同ボイコットは，一般に公正な競争を阻害するおそれがあり，原則として不公正な取引方法（共同の取引拒絶〔2条9項1号，一般指定1項〕）として違法になるとされている（同ガイドライン第2部第2の1・2）（不公正な取引方法としての共同ボイコットないし共同の取引拒絶については，第7章第2節Ⅱ2を参照）。

　一定の取引分野における競争の実質的制限をもたらす共同ボイコットないし共同の取引拒絶を不当な取引制限として構成する場合と，排除型私的独占として構成する場合とでは，課徴金の有無・算定率に違いが生ずる。不当な取引制限として構成すれば，対価等の要件を充足する限りで課徴金の対象となり，その場合の算定率は原則として売上額（または購入額）の10％である（7条の2第1項）。他方で，複数の事業者の結合・通謀による排除型私的独占として構成すると，課徴金において対価等の要件はなく，その算定率は原則として売上額の6％である（7条の2第4項）。

　なお，支配型私的独占においては，対価等の要件を充足する場合に課徴金が課され，その算定率は原則として売上額の10％である（7条の2第2項）。支配型私的独占と排除型私的独占の両者が並列的に認められる場合や，支配行為と排除行為が相俟って1個の私的独占が成立する場合は，7条の2第4項（最初の括弧書）により，対価等の要件が充足される限りで，支配型私的独占の課徴金が優先されることになると解される（川濵昇「排除型私的独占に係る課徴金」ジュリ1385号21頁以下参照）。

19）ぱちんこ機製造特許プール事件・勧告審決平9・8・6（後掲Ⅲ2(4)⑤事件）参照。なお，東洋製罐事件・勧告審決昭47・9・18（後掲⑬，Ⅲ3(2)②事件）では，他の事業者の株式保有について，複数の事業者の「結合」ないし「通謀」ではなく，端的に当該他の事業者に対する「支配」として構成し，私的独占にあたるとしている。

Ⅲ　行為要件

1　概　説

　私的独占の行為として，法文上，他の事業者の事業活動の「排除」と「支配」が掲げられている。これが私的独占の行為要件となる。行為要件は，事業者の様々な活動のうち，まず，その行為の外形的な側面を捉えることで独禁法違反となるかどうかを分別する機能を有し，法執行の局面では差止めを中心とする排除措置命令の対象となる行為を特定する機能を有するが，私的独占に関しては次の 2 点に注意する必要がある。

　第 1 に，私的独占にあっては，行為要件が包括的に設定され，排除行為にせよ支配行為にせよ，事業者の広範な活動を包含するものとなっていることである。私的独占に該当する行為を行為要件によって絞り込む機能は必ずしも十分なものとはならない可能性がある。第 2 に，私的独占については，行為（の外形的側面）とその競争への影響が密接に結び付いていることである[20]。この点を踏まえると，事業者の一定の行為が私的独占の排除または支配に該当するかどうかは，当該行為の有する競争制限効果と連動する形で評価・判断されることとなり，行為要件と対市場効果の要件を明確に区別するのは困難になる。私的独占の行為要件の包括性や行為要件と競争制限的効果（対市場効果の要件）の連動性を踏まえると，市場支配力を有する事業者について，通常の場合──つまり市場支配力を有しない事業者が行った場合──は適法とされる行為であっても，私的独占の排除または支配に該当することがありうることとなる[21]。

2　排除行為

（1）排除行為の意義

　「排除」とは，他の事業者の事業活動を継続困難にし，または新規参入を困難にする行為であると解されている[22]。ガイドラインも，排除について，

---

[20]　講座第 2 巻 229 頁（來生新）。
[21]　泉水文雄・独禁法審決・判例百選［第 5 版］25 頁は，通常は適法な事業活動とされる行為であっても，行為主体の市場での地位（市場支配力）が高ければ，私的独占として認定されやすくなるとしている。

「他の事業者の事業活動の継続を困難にさせたり，新規参入者の事業開始を困難にさせたりする行為であって，一定の取引分野における競争を実質的に制限することにつながる様々な行為をいう」としている（第2の1(1)）[23]。

この場合，被排除事業者が問題となる取引分野から完全に駆逐されたり，新規参入を完全に阻止することまでは要しない。排除の対象となる事業者の事業活動全体が継続困難となることも要しない[24]。他の事業者において，問

---

22) 実方・独禁64頁，根岸＝舟田66頁，注解上巻50頁（根岸哲），条解42頁（向田直範），川濵・前掲注5）353頁等を参照。このような「排除」の解釈（他の事業者の事業活動の継続を困難にすること，あるいは他の事業者の新規参入を困難にすること）は，特定の行為を示すものではなく，他の事業者の事業活動への影響に着目したものである。なお，「排除」は，他の事業者が排除されているという状態それ自体ではなく，そのような状態をもたらす個々の具体的な行為を意味する（今村・独禁72頁参照）。

23) なお，ガイドラインは，本文で示したように，排除行為を「一定の取引分野における競争を実質的に制限することにつながる様々な行為をいう」（下線は筆者）とし，排除行為が「一定の取引分野における競争の実質的制限」と「つながる」ことを強調しているように読める。この点に関連して，ガイドラインのこの記述から，排除行為に該当するかどうかの判断が，対市場効果の要件をあらかじめ取り込む形で，何らかの「一定の取引分野」を想定し，そこで競争制限的効果が生じることを踏まえて行われることとなる旨の指摘がなされている（向宣明「課徴金導入で注目される公取委の調査姿勢・事情聴取で重視される排除行為の『目的・動機』」ビジネス法務10巻3号46頁参照）。ガイドラインは，行為要件としての排除行為と対市場効果の要件としての「一定の取引分野における競争の実質的制限」を区別して記述しているものの，実際には，本文において先に述べたように，排除行為にあたるかどうかについて，当該行為が有する競争制限的効果（対市場効果）と融合・連動する形で認定される側面があることは否定できないように思われる。もっとも，排除行為にあたるかどうかを競争制限的効果と一体化させる形で判断することには，疑問がないではない。競争制限的効果が生じる場合であっても，それが良質・廉価な商品の提供など能率競争に適う正常な事業活動によるものであれば，私的独占の成立は否定されるのが適当である。そうでなければ，事業者の自由な事業活動を萎縮させてしまうおそれがあるからである。行為要件において，排除行為の態様・類型について形式的にある程度の絞りをかけることは，やはり有用であるように思われる（もっとも，排除行為にあたるかどうかについて，競争制限的効果を有するかどうかによって判断するとしても，良質・廉価な商品の供給など能率競争に適う方法による「排除」の場合には，競争制限的効果を正当化する理由があるとすることによって〔つまり，行為要件ではなく，対市場効果の要件の方を満たさないとして〕，私的独占の成立を否定するという立論の仕方もありうる）。

24) ニプロ事件・審判審決平18・6・5（後掲(4)⑪事件）では，排除された事業者による事業活動（輸入）は引き続き行われていたが，排除にあたるとされている。どのような場合に事業活動の継続および新規参入が「困難」となったと判断すべきかについては，必ずしも明確な考え方が確立されているわけではないが，被排除事業者が競争的な事業活動を十分に行うことができなくなる場合には，事業活動の継続または新規参入が「困難」となったと評価することができると思われる。

題となる取引分野での事業活動が継続困難となれば，排除は成立する。行為主体となる事業者が市場の状況等からみて事業経営上必要であると判断した行為であっても，そのことで排除行為に該当しなくなるものでもない（以上につき，ガイドライン第2の1(1)）。また，行為主体と排除の対象となる事業者が同一の市場で活動している（つまり競争関係にある）必要はない。

　従来，排除の典型的な手段行為としては，①取引拒絶，②差別対価，③低価格販売，④抱き合わせ販売，⑤排他条件付取引等があげられてきた。これらは不公正な取引方法として規制の対象となっている行為類型でもある。逆にいうと，不公正な取引方法の行為類型は，私的独占の排除行為の典型的なものを列挙したものとみることができる。そして，この点が私的独占規制が低調であった理由の1つと考えられることはすでに述べた通りである。

　ガイドラインでは，私的独占の排除行為の典型例として，次の4つの行為類型を掲げている。すなわち，(i)低価格販売（商品の供給に要する費用を下回る対価での販売），(ii)排他的取引，(iii)抱き合わせ，(iv)取引拒絶・差別行為である（第2の1(2)，第2の2～5）。いずれも従来から排除行為となりうるとして指摘されてきたものである。ガイドラインの掲げる排除行為の典型例は，従来の議論と対比すれば，いずれも不公正な取引方法の行為にあたりうるものであり，ガイドラインの記述も，不公正な取引方法の規制に関してすでに行われている議論を取り込んだものとなっている（ガイドラインが掲げる行為類型については後述(3)）。

　もっとも，排除の具体的方法・手段は，法文上何らの制約もなく，これら不公正な取引方法に該当する行為に限られるものではない。また，事業者の一連の行為が複数の不公正な取引方法に該当する場合や，事業者の行為の一部が不公正な取引方法に該当する場合も，それらを総合する形で私的独占の排除行為と構成することができる。その方が事案の実態に適合するとともに，柔軟な排除措置を設計することが可能となる。従来の規制事例においても，不公正な取引方法では的確に対処できない場合に私的独占として規制が行われたとみることができるものがある（北海道新聞社事件・同意審決平12・2・28〔後掲(4)⑧事件〕等）。

　また，排除行為に関しては，行為者における他の事業者の事業活動を排除する意図をどのように評価するのかという問題がある。ガイドラインは，行

為者が他の事業者の事業活動を排除する意図を有していることは排除行為に該当するための「不可欠の要件ではない」としつつ，主観的要素としての排除の意図は，問題となる行為が排除行為であることを推認させる重要な事実になるとしている（第2の1(1)）[25]。さらに，排除する意図の下に複数の行為が行われたときには，それらの行為をまとめて，排除する意図を実現するための一連の，かつ，一体的な行為であると認定しうる場合があるとしている（ガイドライン同所）。

(2) 排除行為と正常な事業活動

競争とは取引先の獲得を目指して複数の事業者が相互に他の事業者を排斥しようとする行動であり，競争的な事業活動それ自体が他の事業者を排除する側面を有している。2条5項にいう「他の事業者の事業活動を排除し」は，競争事業者への対抗的な事業活動に必然的に伴うものといいうる。

このように考えると，形式的には企業の事業活動のほとんどが私的独占の排除行為に該当することになりかねない。しかし，それでは排除行為の範囲が広すぎるのではないかとの疑問が生じる。学説上，表現に差異はあるものの，排除の効果を持つあらゆる行為を私的独占の行為要件としての排除にあたると捉えるのは適当でないことが指摘されてきた。良質・廉価（不当廉売には該当しない程度の低価格販売）の商品・役務を提供することにより競争事業者を排除することとなった場合に私的独占としての排除となるのかといえば，そのようには解されていない。それは正常な事業活動であり，むしろ競争を維持促進する独禁法の法目的にかなう事業活動である。

私的独占として違法となる排除行為と正常な事業活動との境界線はどのよ

---

[25] 独禁法の目的を競争への悪影響があった場合にそれを阻止するものと捉えれば，行為者の意図・目的といった主観的要素は，独禁法違反の成否について直接の関係はないと見ることができる。ガイドラインも，本文で述べたように，行為者が排除する意図を有していることは，排除行為が成立するための不可欠の要件ではないとしつつ，同時に，排除の意図が排除行為の存在を推認するための重要な事実となるとも述べている（第2の1(1)）。ガイドラインのこのような説明はわかりにくいところがあるが，次のように解きほぐすことができそうである。すなわち，排除の意図が認められる場合，行為者は問題となる具体的行為（排他条件付取引など）を長期的・継続的・組織的に実施する可能性があることから，排除が実効的なものとなる可能性が高まる。このように，排除の意図の下で行われる行為は，現実にも排除の効果をもたらす可能性が高いことから，排除の意図は，排除行為該当性にとって重要な要素となる，というものである。

うなものとなるのか。従来の議論では，次のようなことがいわれてきた。すなわち，私的独占における排除行為とは，「非難に値する手段」，「批判されるべき行動・非難されるべき行動」，「人為的な反競争的行為」，あるいは「何らかの人為性が認められる具体的行為があり全体として排除行為があると構成できること」である，というものである[26]。これらの見解は，あらゆる排除的な活動を私的独占における「排除」に含めるのでは広すぎるとして，何らかの限定を加えようとしたものとして理解できる。

このように，私的独占の排除については，「人為的な反競争的行為」等として把握するのが現在の通説的な理解であると思われる。私的独占に関する最高裁判決であるNTT東日本事件・最判平22・12・17は，排除行為の成否について，「自らの市場支配力の形成，維持ないし強化という観点」からみて，「正常な競争手段の範囲を逸脱するような人為性を有するもの」であり，競争者の「市場への参入を著しく困難にするなどの効果を持つもの」かどうかにより決定されるべきであるとし，日本音楽著作権協会（JASRAC）事件・最判平27・4・28も同様の説示を行っている[27]。これら2つの最高裁判決が上述の通説的見解に合致するものかどうか，必ずしも明らかではないが，排除行為について，①他の事業者の事業活動の継続を困難にすること，または新規参入を困難にすることとして，他の事業者への影響の観点から把握していること，②正常な競争手段の範囲を逸脱するような「人為性」に言及していることから，基本的には通説的見解に沿ったものと評価してよいと思われる。

もっとも，ここにいう「非難に値する手段」や「反競争的行為」について

---

26) 今村・独禁72頁，久保126頁，実方・独禁64頁，谷原修身『新版・独占禁止法要論〔第2版〕』（中央経済社，2010年）92頁，注解上巻49頁（根岸哲）。
27) NTT東日本事件・最判平22・12・17および日本音楽著作権協会（JASRAC）事件・最判平27・4・28は，排除行為の「人為性」に言及するにあたって，「自らの市場支配力の形成，維持ないし強化という観点からみて正常な競争手段の範囲を逸脱するような人為性を有する」という表現を用いている。その趣旨は必ずしも明らかではないが，通常の場合であれば正常な競争手段の範囲を逸脱するとまでは評価されない行為であっても，「自らの市場支配力の形成，維持ないし強化という観点」からすると，正常な競争手段の範囲を逸脱する「人為性」がある行為として評価される場合がありうることを述べたものとして捉えることができる。この点については，注21）を参照。また，両判決における排除行為の認定等に関する説示の詳細については，注55）および注57）を参照。

は，何を基準にそれを判断するのかが示されないと違法な排除と適法な事業活動とを分ける基準は不明確なままであろうし，「人為性」ないし「人為的」についても，事業者の行為である以上，それはすべて「人為性」があるというのではないか（良質・廉価の商品・役務の販売も人為的行為ではないのか），という疑問も生じる。

　私的独占の規制対象となる排除行為とはどのようなものか。さしあたりは次のように述べることができると思われる。すなわち，少なくとも不公正な取引方法の行為類型に該当するような行為であれば，私的独占の排除行為となりうることである（ガイドライン第2の1⑵参照）。具体的には，上述のように，①取引拒絶（2条9項1号，一般指定1項・同2項），②差別対価（2条9項2号，一般指定3項），③その他の差別的取り扱い（一般指定4項），④不当廉売（2条9項3号，一般指定6項），⑤不当高価購入（一般指定7項），⑥抱き合わせ販売等（同10項），⑦排他条件付取引（同11項），⑧拘束条件付取引（同12項），⑨不当な取引妨害（一般指定14項）等である。これらは，不公正な取引方法のうち「自由な競争の侵害」（競争減殺）にその公正競争阻害性が求められるものであり，さらにその中でも他の事業者を排除する効果を持つ行為類型である[28]。これらの行為が私的独占となるかどうかは，その競争に与える影響が「競争の実質的制限」であるのか（その場合は私的独占に該当する），公正競争阻害性であるのか（その場合は不公正な取引方法となる）によると考えられる。

　次に，不公正な取引方法に該当しないような行為についてであるが，そのような行為も，私的独占における排除行為に含まれる場合があるとすること

---

[28]　これらのうち，抱き合わせ販売等の取引強制（一般指定10項）は，「自由な競争の侵害」（競争減殺）だけではなく，「競争手段の不公正さ」にもその公正競争阻害性が求められる（第7章第6節Ⅴ2参照）。また，抱き合わせ販売は，「自由競争基盤の侵害」（優越的地位の濫用）に公正競争阻害性が求められることがある。拘束条件付取引（同12項）は，「自由な競争の侵害」（競争減殺）のうち競争回避の内容を持つものが多いが（第7章第4節Ⅳ1参照），競争排除の内容を有することもある。

　なお，私的独占の規制と不公正な取引方法の規制は，別個の規制として組み立てられている。私的独占における排除の成立を認定する場合に，これらの不公正な取引方法の行為類型にあてはまることを示す必要はない。また，不公正な取引方法の行為類型に該当すれば，当然に私的独占の排除となるわけでもない。私的独占の排除行為にあたることを排除の意義に即して認定する必要がある。

で学説はほぼ一致している（ガイドラインも，そのような場合のあることを前提としている〔第2の1(2)参照〕）。問題となるのは，それがどのような行為であり，その理論的根拠はどのようなものかということである。

不公正な取引方法に該当しそうにないが，私的独占の排除行為となる可能性がある行為としては，米国の「独占化行為」をめぐる学説や規制事例を参考にして，次のようなものが指摘されてきた[29]。すなわち，①市場支配的な事業者が需要を先取りして生産規模を拡大し市場を先占する行為（先占行為〔preemption〕）[30]，②虚偽ないし実現可能性の乏しい新製品（これをヴェイパーウェア〔vaporware〕と呼ぶ）を発表して，競争事業者の意欲を減退させ，あるいは消費者が競争事業者の商品を購入することを抑制することである。③リースオンリー契約（商品を売却せずに，賃貸〔リース〕によってのみ供給のみを行うこと）[31]などもそのような行為であろう。また，④政府行為や公的制度・規制の不当利用による他の事業者の排除も，不公正な取引方法には該当しそうにない行為の類型として指摘されている[32]。

不公正な取引方法に該当しそうにない行為が私的独占に問われたわが国の事例としては，たとえば，北海道新聞社事件・同意審決平12・2・28（後掲(4)⑧事件）がある。この事件では，行為主体が，新規参入を企図した事業者が使用する可能性の高い新聞題字について，自らが使用する予定もないの

---

29) 根岸＝舟田78頁，根岸＝杉浦44頁以下（泉水文雄）参照。
30) 先占行為（preemption）については，米国の著名な判例（アルコア事件）がある（U. S. v. Aluminium Co. of America〔ALCOA〕, 148F. 2d 416〔2d Cir. 1945〕）。アルコア事件では，アルコア社がアルミニウムの需要の拡大を見越して設備投資を積極的に行い，その結果，新規参入を阻害して90％のシェアを獲得したことがシャーマン法2条に違反するとされた。
31) リースオンリー契約は，中古製品市場の形成を阻害することで当該製品の価格低下を防止できるし，隣接市場としての製品の補修市場の発達を阻害することで当該製品市場への新規参入を抑制することもできる。さらに，リース契約において違約罰を設定することで，顧客を長期間にわたって囲い込むことも可能となる（川濵・前掲注5）361頁参照）。また，競争事業者が対抗上リース取引を行おうとする場合，競争事業者は売り切りの場合に比して低額なリース料収入で事業活動を維持するための資金力を要することとなり，資金力の脆弱な既存の競争事業者が駆逐されたり，あるいは新規参入を抑制する効果を持ちうる（越知・前掲注5）509頁以下参照）。
32) 泉水・前掲注6）13頁など。なお，本文では①～④を並列させる形で述べたが，④と①～③のような具体的な行為は次元を異にしている。④は広く公的制度を利用する様々な行為を包含するものである。

に新規参入事業者に先回りする形で商標登録の出願を行ったことが，（他の行為とあわせて）私的独占の排除行為にあたるとされている。商標登録の出願それ自体は，不公正な取引方法にただちに該当するとはいえないであろう[33]。このような行為は，商標制度という公的制度を不当に利用する行為と位置付けることができる（上記の④）。

　また，近時は，米国の独占化行為の規制をめぐる議論を踏まえて，私的独占における排除行為とは，「効率によらない排除」，つまり商品・役務の（低廉な）価格と（良好な）品質に基づくものとはいえない手段による他の事業者の排除である，との理解を基本的な出発点として，(a)「ライバルの費用を引き上げる」行為（raising rivals' costs, RRC），および(b)「略奪的行為」（predatory practice）について，不公正な取引方法に該当しうる行為を含む私的独占の排除行為として統一的に説明しようとする見解が主張される[34]。(a)には，抱き合わせ，排他条件付取引，共同の取引拒絶など不公正な取引方法に該当する行為のほかに，原材料の買い占め行為や，政府規制・公的制度の不当利用などが含まれる。(b)にあたる典型的な行為は不当廉売である。先に触れた先占行為（preemption）も，これに含まれる[35]。

---

[33]　不公正な取引方法のうち，他の事業者の排除による自由競争減殺に公正競争阻害性が求められる行為類型の一般条項的な位置付けを持つ不当な取引妨害（一般指定14項）にあたる行為として捉えられる可能性はある。

[34]　川濵・前掲注5）354頁。なお，川濵昇「競争者排除型行為規制の理論的根拠」公正取引671号20頁，根岸編・注釈40頁以下〔川濵昇〕も参照。「効率によらない排除」については，特定の事業者の具体的な行動がそれにあたるかどうかを法的に評価するのは容易ではないとの指摘もなされているが（講座第2巻230頁〔來生新〕），これは議論の出発点であり，それ自体が基準として機能するものではないとされる（根岸編・注釈40頁〔川濵昇〕）。

[35]　違法な排除行為の判断基準をめぐる問題については，米国・EUにおいても活発な議論が行われている。違法な排除行為（ないし支配的地位の濫用行為）が認められる場合の基準としては，①問題となる行為によって競争制限的効果が生じるのでなければ（市場支配力の形成・維持・強化が生じるのでなければ）行為者にとって利益にならない場合にそれを違法な行為とする考え方，②行為者と同等またはそれ以上に効率的な事業者を排除するような行為を違法とする考え方，③消費者の利益に寄与するかどうかによって違法な行為かどうかを判断する考え方などがあるとされる（参照, OECD Policy Roundtables: Competition on the Merits〔2005〕〈http://www.oecd.org/daf/competition/abuse/35911017.pdf〉。また，滝川敏明「排除行為の違法判定」学会年報28号（2007年）45頁以下，川濵昇「私的独占解釈論の現状と課題」同28頁以下なども参照）。①は「利潤犠牲テスト」（profit sacrifice test）あるいは「経済的不合理性テスト」（no economic sense test），②は「同等効率性事

（3） ガイドラインにおける排除行為の4類型

ガイドラインは，私的独占の排除の典型例として，次の4つの行為類型を掲げている。これらは，わが国において従来問題となった事例や，諸外国の指針で取り上げられている行為を参考にして示されたものと説明されている[36]。

（i） 低価格販売

低価格販売が排除行為となりうることは，従来から異論のないところである。しかし，どの程度あるいはどのような態様の低価格販売が排除行為にあたるのか明確ではなかった。

ガイドラインは，まず，「一般に，商品を供給しなければ発生しない費用さえ回収できないような対価」を設定することは，その商品の供給が増大するにつれて損失が拡大するため，このような行為は，特段の事情のない限り，「経済合理性のない」ものであるとする（第2の2(1)）[37]。そして，ある商品についてこのような対価を設定することにより競争者の顧客を獲得することは，「企業努力又は正常な競争過程を反映せず，自らと同等又はそれ以上に効率

業者テスト」（equally efficient firm test），③は「消費者厚生の比較衡量テスト」（consumer welfare balancing test）と呼ばれる（前掲 OECD Policy Roundtables）。

なお，③の考え方は，①②が競争の過程における何らかの侵害行為を違法な排除行為として把握するものであるのに対し，結果として消費者の利益に寄与する（消費者厚生を増大する）かどうかを基準とするものであり，①②とは次元を異にする面がある（川濵・前掲〔学会年報28号〕38頁（注51）参照）。

36） 佐久間・前掲注16) 5頁。
37） 本文で述べたように，ガイドラインは，「商品を供給しなければ発生しない費用」を下回る対価の設定について，特段の事情のない限り，「経済的合理性」がないものとしている。この「経済的合理性」の有無に関して，ガイドラインは，概念的（理論的）には，設定された対価が「平均回避可能費用」（average avoidable cost: AAC）（行為者が商品の追加供給をやめた場合に生じなくなる商品に固有の固定費用および可変費用を合算した費用を追加供給量で除することによって得られる商品1単位あたりの費用）を回収することができるかどうかにより判断されるとし，実務上，これ（平均回避可能費用）に相当するものとして，「商品を供給しなければ発生しない費用」を用いるとしている。

この「平均回避可能費用」の考え方は，不当廉売ガイドラインにおいて，不公正な取引方法としての不当廉売の規定（2条9項3号）の「供給に要する費用を著しく下回る対価」の基準に関しても用いられ，実務上は，これに相当するものとして「廉売対象商品を供給することによって発生する費用を下回る収入しか得られないような価格」が基準となるとしている（不当廉売ガイドライン3(1)ア(ウ)・(エ)を参照）。表現が微妙に異なるが，ガイドラインで述べるところと同様の基準であろう。

的な事業者の事業活動を困難にさせ，競争に悪影響を及ぼす場合」があり，排除行為に該当しうるとしている（ガイドライン同所）。

　このように，ガイドラインは，低価格販売が「自らと同等又はそれ以上に効率的な事業者の事業活動を困難にさせ，競争に悪影響を及ぼす場合」を問題としている。排除行為は，他の事業者の事業活動の継続を困難にし，または新規参入を困難にすることであるから，他の事業者の事業活動を困難にする場合には，排除行為となることはいわば当然のことであるが，ここでは「自ら（〔廉売行為者のこと─筆者〕）と同等又はそれ以上に効率的な事業者」の事業活動を困難にするということで，事業活動が困難となる他の事業者に一定の限定（自らと同等〔以上〕の効率性を有すること）が付されていることに留意すべきである。

　「商品を供給しなければ発生しない費用」を上回る価格で当該商品を販売することにより，他の事業者の事業活動が困難となる場合は，当該他の事業者は，「自らと同等又はそれ以上に効率的な事業者」ではない（行為者と同程度の費用によって商品を供給することができない事業者である）ことになり，そのような事業者の事業活動の継続や新規参入が困難になるとしても，排除行為にはあたらないこととなる[38]。

---

[38]　なお，ガイドラインは，「ある商品について，その供給に要する費用を下回り，かつ，『商品を供給しなければ発生しない費用』以上の対価を設定する行為は，当該商品の供給が長期間かつ大量に行われているなどの特段の事情が認められない限り，自らと同等又はそれ以上に効率的な事業者の事業活動を困難にさせるものとして排除行為となる可能性は低い」としている（第2の1）。この場合の「供給に要する費用」は商品の供給に要する総費用を意味し，企業会計上の「総販売原価」がこれにあたるとされる（ガイドライン第2の2（注10））。すなわち，「総販売原価」を下回り，かつ，「商品を供給しなければ発生しない費用」以上の対価を設定する場合は，原則として排除行為にはあたらないこととなる。この立場からすれば，明言されていないものの，ガイドラインは，「総販売原価」以上の対価を設定する行為は，当然に，私的独占の排除行為にはあたらない（総販売原価を下回ることが，排除行為に該当するための必要条件となっている）との考え方に立つものと思われる。

　もっとも，「商品を供給しなければ発生しない費用」を上回る対価を設定した場合であっても（さらに総販売原価以上の対価による販売についても），それにより効率性において同等またはそれ以上の事業者ではない事業者（効率性に劣る事業者）の事業活動が困難になれば，それらの事業者により行為者が受けていた競争上の掣肘が働かなくなることが考えられる（この点を指摘する文献は多数ある。たとえば，岡田羊祐「不当廉売・差別対価規制の経済的根拠について」学会年報30号〔2009年〕85頁以下）。そのような観点を重視す

「商品を供給しなければ発生しない費用」の算定については，ガイドラインは，実情に即して合理的と考えられる期間において，(a)商品の供給量の変化に応じて増減する費用であるか否か，(b)商品の供給と密接な関連性を有する費用項目であるか否かという観点から判断されるとしている（第2の2(1)）[39]。

また，「自らと同等又はそれ以上に効率的な事業者の事業活動を困難にさせる」かどうかを判断するにあたっては，①商品に係る市場全体の状況（商品の特性，規模の経済，商品差別化の程度，流通経路，市場の動向，参入の困難性等），②行為者および競争者の市場における地位（行為者および競争者の商品のシェア，順位，ブランド力，供給余力，事業規模，全事業に占める商品の割合等），③行為の期間および商品の取引額・数量，④行為の態様（行為者の意図・目的，宣伝広告の状況等）が考慮される（ガイドライン第2の2(2)ア～エ）[40]。

私的独占の排除行為としての低価格販売は，不公正な取引方法の不当廉売（2条9項3号，一般指定6項）にも該当しうる行為である。また，上記で展開されている価格・費用水準や同等またはそれ以上に効率的な事業者の事業活動が排除されるかどうかの議論は，これまで不公正な取引方法の不当廉売規制において，その不当性・違法性を推認できる価格水準等の問題において

れば，「商品を供給しなければ発生しない費用」を上回る対価を設定したとしても（さらに総販売原価を上回る対価を設定した場合であっても），私的独占の排除行為に該当しうる余地を残しておくべきであるようにも思われる（なお，白石・講義［第7版］141頁以下）。

[39] 商品の供給量の変化に応じて増減する費用であるか否かという観点からは，たとえば，変動費（操業度に応じて総額において比例的に増減する原価）は「商品を供給しなければ発生しない費用」となり，明確に変動費であるとは認められなくても，費用の性質上，供給量の変化に応じてある程度増減するとみられる費用は，「商品を供給しなければ発生しない費用」と推定される。

　商品の供給と密接な関連性を有する費用項目であるか否かという観点からは，たとえば，企業会計上の費用項目のうち，製造原価（商品の製造に要した費用の合計額），仕入原価（商品の実質的な仕入価格と運賃等の商品仕入れに付随する諸経費の合計額）は，「商品を供給しなければ発生しない費用」と推定される。販売費および一般管理費のうち運送費・倉庫費等の注文の履行に要する費用は，「商品を供給しなければ発生しない費用」となる（以上につき，ガイドライン第2の2(1)）。

[40] これらの考慮要素は，行為類型により内容に若干の相違はあるものの，次に述べる(ii)排他的取引，(iii)抱き合わせ，(iv)取引拒絶・差別的取り扱いにおける考慮要素と基本的に同じものである。

検討されてきた事項である（不公正な取引方法の不当廉売については，第7章第3節Ⅱ）。ガイドラインでは，私的独占における排除行為としての低価格販売は，基本的に，不公正な取引方法における不当廉売規制と同様の考え方に基づいて規制を行う方針が採られていると見てよい[41]。

(ii) 排他的取引

ガイドラインは，事業者が「相手方に対し，自己の競争者との取引を禁止し，又は制限することを取引の条件とする行為」を「排他的取引」として捉える（第2の3(1)）[42]。自己の競争者と取引しないことを明示的な契約内容とする行為だけではなく，自己の競争者との取引を禁止し，または制限することを実質的に取引の条件とする行為も，この場合の「排他的取引」に含まれる（ガイドライン同所）[43]。

ガイドラインは，排他的取引について，まず，競争者が当該相手方に代わり得る取引先を容易に見出すことができる場合には，競争者は，価格，品質等による競争に基づいて市場での事業活動を継続して行うことができることから，それ自体で直ちに排除行為となるものではないとする（第2の3(1)）。しかし，排他的取引により，「競争者が当該相手方に代わり得る取引先を容易に見いだすことができない場合には，その事業活動を困難にさせ，競争に悪影響を及ぼす場合」があり，排除行為に該当しうるとされる（ガイドライ

---

[41] ガイドラインにおいて排除型私的独占における低価格販売の参考例として示されているのは，不公正な取引方法の不当廉売の警告事件である（ゼンリン警告事件〔平12・3・24〕）。同警告事件では，住宅地図等の販売に関して，ゼンリンが製造原価を大幅に下回る対価で受注し，あるいは，一部に製造原価を下回る価格を含む総販売原価を下回る価格で販売し，競争事業者の住宅地図等の販売に係る事業活動を困難にさせるおそれを生じさせたとして，旧（昭和57年）一般指定6項（現行2条9項3号・一般指定6項）に該当し，19条に違反するおそれがあるとされた。

[42] 供給者が需要者に対して競争者との取引を禁止・制限する場合だけではなく，需要者（販売業者）が供給者（製造業者）に競争者との取引を禁止・制限する場合も，排他的取引に含まれる（ガイドライン第2の3(1)（注12））。ガイドラインが示す排他的取引の定義は，基本的に不公正な取引方法の排他条件付取引（一般指定11項）および拘束条件付取引（同12項）の行為類型に該当しうるものである。

[43] ガイドラインは，実質的な排他的取引の例示として，①自己との取引について一定の取引数量を達成することを条件とする際に，当該取引数量を取引先の取扱能力の限度に近い水準に設定する場合，②自己の競争者との取引について事前に承諾を得ることを要求する場合などを掲げている（第2の3(1)）。

ン同所)。つまり，排他的取引により，「他に代わり得る取引先を容易に見いだすことができない競争者の事業活動を困難にさせる場合には，当該行為は排除行為となる」（ガイドライン第2の3(2))[44]。

　排他的取引により他に代わりうる取引先を容易に見出すことができない競争者の事業活動を困難にさせるかどうかの判断にあたっては，①商品に係る市場全体の状況（商品集中度，商品の特性，規模の経済，商品差別化の程度，流通経路，市場の動向，参入の困難性等），②行為者の市場における地位（行為者の商品シェア，その順位，ブランド力，供給余力，事業規模等），③競争者の市場における地位（競争者の商品シェア，その順位，ブランド力，供給余力，事業規模等），④行為の期間および相手方の数・シェア（排他的取引を行っている期間，排他的取引の相手方の数・シェア等），⑤行為の態様（取引の条件・内容，行為者の意図・目的等）が考慮される（ガイドライン第2の3(2)ア〜オ）。

　また，リベートの供与についても，それ自体が直ちに排除行為となるものではないが，ある事業者が，相手方に対し，当該事業者からの購入額（購入量）の割合等が一定期間に一定以上に達することを条件としてリベートを供与することは，取引先に対する競争品の取扱いを制限する効果を有する場合があり，そのような効果を持つリベートは，排他的取引と同様の機能を有する排他的リベートとして，排他的取引一般の判断要素に基づいて（上記①ないし⑤），排除行為に該当するかどうかが判断される（ガイドライン第2の3(3))。

　リベート供与が，取引先に対する競争品の取り扱いを制限する効果を有し，排他的取引と同様の機能を有するものといえるか否かを判断するにあたっては，次の事項が考慮される。すなわち，(ア)リベートの水準（リベートの水準が高く設定されている場合は，競争品の取り扱いを制限する効果が高くなる），(イ)リベートを供与する基準（リベート供与の基準が取引先の達成可能な範囲内で高い水準に設定されている場合は，そうでない場合との比較で，行為者の商品を競争品よりも優先的に取り扱わせる可能性が高くなることから，競争品の取り扱

---

[44] 排他的取引の場合には，経済的合理性があるかどうか，あるいは，排除される事業者が行為者と同等またはそれ以上の効率性を有するかどうかはとりたてて問題とされていない。そこには，排他的取引がライバルの費用を上昇させる「人為的な反競争的行為」としての性格を有するとする発想があるように思われる。

いを制限する効果が高くなる），(ウ)リベートの累進度（累進的にリベートの水準が設定されている場合は，そうでない場合と比較して，行為者の商品を競争品よりも優先的に取り扱わせる機能が強く働き，競争品の取り扱いを制限する効果が高くなる），(エ)リベートの遡及性（取引数量がリベートを供給する基準を超えた場合に，リベートがそれまでの取引数量全体について供与される場合には，行為者に競争品よりも優先的に取り扱わせる機能が強く働き，競争品の取り扱いを制限する効果が高くなる）である（ガイドライン第2の3(3)ア～エ）[45]。

(iii) 抱き合わせ

ガイドラインは，「抱き合わせ」について，事業者が「相手方に対し，ある商品（主たる商品）の供給（または購入）に併せて他の商品（従たる商品）を購入（又は供給）させる行為」としている（第2の4(1)）[46]。

組み合わされた商品が「他の商品」（従たる商品）といえるか否かは，組み合わされた商品がそれぞれ独自性を有し，独立して取引の対象とされているか否かという観点から判断される（ガイドライン第2の4(1)）。

主たる商品と従たる商品を別々に購入することができるとしても，主たる商品の供給量が少なく，多くの需要者が主たる商品とともに従たる商品を購入することとなる場合には，実質的に従たる商品を購入させているのと同様であり，抱き合わせとなる（ガイドライン第2の4(1)）。また，抱き合わせにより組み合わされた商品の価格が両者の商品を別々に購入した場合の合計額よりも低価格となることで，多くの需要者が組み合わされた商品に引き付けられる場合も，実質的に見て抱き合わせとなる（ガイドライン同所）。

抱き合わせは，それ自体で直ちに排除行為となるものではないが，従たる

---

45) 排他的取引による私的独占の参考例として，ガイドラインは，ノーディオン事件・勧告審決平10・9・3（後掲(4)⑦事件），インテル事件・勧告審決平17・4・13（同⑩事件），ニプロ事件・審判審決平18・6・5（同⑪事件）を掲げている（インテル事件は，排他的リベート供与の例であろう）。

46) この定義は，不公正な取引方法における抱き合わせ販売等（一般指定10項）と基本的に同様のものである。

　この場合，(a)事業者がある商品を供給するのに併せて相手方に他の商品を供給させる行為，(b)事業者がある商品を購入するのに併せて相手方に他の商品を購入させる行為も，ここでいう抱き合わせに含まれ，ある商品を購入した後に必要となる補完的商品に係る市場（いわゆるアフターマーケット）において特定の商品を購入させる行為も抱き合わせに含まれる（ガイドライン第2の4(1)（注15））。

商品の市場において他に代わりうる取引先を容易に見出すことができない競争者の事業活動を困難にさせ，従たる商品の市場における競争に悪影響を及ぼす場合があることから，排除行為に該当しうるとされている。つまり，「抱き合わせ」により，「従たる商品の市場において他に代わり得る取引先を容易に見いだすことができない競争者の事業活動を困難にさせ，従たる商品の市場における競争に悪影響を及ぼす場合」には，当該行為は排除行為となる（ガイドライン第2の4(1)）[47]。

その判断にあたっては，次のような事項が総合的に考慮される。すなわち，①主たる商品および従たる商品に係る市場全体の状況（主たる商品および従たる商品についての市場集中度，商品差別化の程度，流通経路，市場の動向，参入の困難さ等），②主たる商品の市場における行為者の地位（行為者の主たる商品のシェア，その順位，ブランド力，供給余力，事業規模等），③従たる商品の市場における行為者および競争者の地位（行為者および競争者の従たる商品のシェア，その順位，ブランド力，供給余力，事業規模等），④行為の期間および相手方の数・取引数量（抱き合わせを行っている期間，抱き合わせなどの対象となる取引の相手方の数・取引数量等），⑤行為の態様（抱き合わせによって組み合わされた商品の価格，抱き合わせの条件・強制の程度，行為者の意図・目的等），である（ガイドライン第2の4(2)）[48]。

(ⅳ) 供給拒絶・差別的取り扱い

ガイドラインは，まず，事業者が，誰に商品を供給するのか，どのような条件で商品を供給するかは，基本的に事業者の自由であり，事業者が独立した事業主体として，商品の供給先を選択し，供給先事業者との間で供給に係る取引の内容，実績等を考慮して供給の条件を定めることは原則として排除行為とはならないとする（第2の5(1)）。

---

[47] なお，抱き合わせの場合も，排他的取引と同様に，経済的合理性があるかどうか，行為者と同等またはそれ以上に効率的な事業者が排除されることとなるかどうかはとりたてて問題とされていない（前掲注44）を参照）。

[48] ガイドラインが「抱き合わせ」の参考例とし掲げている事件は，日本マイクロソフト事件・勧告審決平10・12・14および東芝昇降機サービス事件・大阪高判平5・7・30である。これらは，私的独占として規制された事件ではなく，不公正な取引方法の抱き合わせ販売の事件（なお，東芝昇降機サービス事件は民事事件）である。また，後者の事件では，アフターマーケット（前掲注46）を参照）の問題が含まれる。

しかし，ある事業者が，供給先事業者が川下市場（供給先事業者が供給者となる市場）で事業活動を行うために「必要な商品」を供給する川上市場（供給先事業者が需要者となる市場）において，「合理的な範囲を超えて」，供給の拒絶，供給に係る商品の数量もしくは内容の制限または供給の条件もしくは実施について差別的な取り扱いをすることは，川上市場においてその事業者に代わりうる他の供給者を容易に見だすことができない供給先事業者の川下市場における事業活動を困難にさせ，川下市場における競争に悪影響を及ぼす場合がある。ガイドラインは，供給先事業者が川下市場で事業活動を行うために必要な商品について，「合理的な範囲を超えて」供給拒絶等をする行為は，排除行為に該当しうるとする（第2の5(1)）[49]。

この場合の「必要な商品」については，供給先事業者が川下市場で事業活動を行うにあたって他の商品では代替できない必須の商品であって，自ら投資，技術開発等により同種の商品を新たに製造することが現実的に困難と認められるか否かの観点から判断される（ガイドライン第2の5(1)）。

また，「合理的な範囲を超えて」の意義について，ガイドラインは，一般論としてとりたてて述べるところがないが，例示として，行為者が一部の供給先事業者に対してコスト差を著しく超える廉価販売を行った場合には，「合理的な範囲を超えて」いるとされ，他方で，川上市場における商品について行為者が長期間にわたって継続的に供給を行ってきた事業者に対する決

---

[49] 川下市場で事業活動を行うために必要な商品を供給する川上市場における事業者自身が川下市場においても事業活動を行っている場合がある。この場合において，供給先事業者に供給する川上市場の商品価格について，自らの川下市場の商品価格よりも高い水準に設定したり，供給先事業者が経済的合理性のある事業活動によって対抗できないほど近接した価格に設定したりする行為（マージンスクイーズ）は，供給拒絶・差別的取り扱いと同様の観点から排除行為に該当するかどうかが判断される（ガイドライン第2の5(1)（注17））。

また，たとえば，川下市場において卸売業または小売業を営む者であって，川上市場における商品を川下市場で販売するために必須の販売網等の流通経路を有する者が，これを新たに構築することが現実的に困難な川上市場における製造業者等に対し，合理的な範囲を超えて，購入の拒絶や差別的な取り扱いをすることについては，「供給拒絶・差別的取り扱い」と同様の観点から，排除行為にあたるかどうかが判断される（ガイドライン第2の5(1)（注18））。

なお，取引拒絶に関しては，いわゆる「不可欠施設」（エッセンシャルファシリティ〔essential facilities〕）の利用拒否が私的独占の排除にあたるかどうかという問題がある。「不可欠施設」の法理については，第7章第2節II 3(2)および第10章第2節III 4を参照。

済条件，配送条件その他の供給に係る条件が，新規に供給を受けようとする事業者に対する条件と異なっている場合であっても，それが過去の実績の相違に基づく正当なものであるときは，このような取り扱いの差は「合理的な範囲を超えている」とはいえないとしている（第2の5(1)）。ガイドラインは，「合理的な範囲を超えて」いるかどうかを判断するにあたっては，(a)供給に係る取引の内容および実績，(b)地域による需給関係等の相違が具体的に考慮されるとしているが（第2の5(1)），ガイドラインで述べられている上記の例示を見る限り，「合理的な範囲」としては，ある程度高度な合理性が求められるようにも思われる[50]。他方で，ガイドラインは，「事業者が独立した事業主体として行った供給先の選択や供給に係る条件の設定は，基本的には，事業者による自由な事業活動として尊重されるべきで」あり，排除行為にあたるかどうかが「特に慎重に判断される必要がある」とも述べている（第2の5(1)）。

　供給拒絶・差別的取り扱いは，供給拒絶等を受けた供給先事業者の川下市場における事業活動を困難にさせる場合には，排除行為となる。拒絶等を受けた供給先事業者の川下市場における事業活動を困難にさせるか否かを判断するにあたっては，次の事項が総合的に考慮される。すなわち，①川上市場および川下市場全体の状況（川上市場および川下市場における市場集中度，商品の特性，規模の経済，商品差別化の程度，流通経路，市場の動向，参入の困難性等），②川上市場における行為者およびその競争者の地位（川上市場における行為者およびその競争者の商品シェア，その順位，ブランド力，供給余力，事業規模等が，供給拒絶・差別的取り扱い），③川下市場における供給先事業者の地位（川下市場における供給先事業者の商品シェア，その順位，ブランド力，供給余力，事業規模等），④行為の期間（供給拒絶・差別的取り扱いを行っている期間等），⑤行為の態様（行為者の川上市場における商品の価格，供給先事業者との取引の条件・内容，行為者の意図・目的，供給拒絶・差別的取り扱い）である（ガイドライン第2の5(2)ア～オ）[51]。

---

[50] 川合弘造ほか「〈座談会〉課徴金導入後の私的独占・不公正な取引方法」Law & Technology 46号23頁以下では，この「合理的な範囲」について非常に高度な合理性を求めるとした場合には，取引先選択の自由が過度に狭められることから，それなりの合理性でよいとの考えが述べられている（長澤哲也発言）。

[51] 供給拒絶・差別的取り扱いによる排除型私的独占の参考例として，指針は，ぱちんこ機

(4) 運用事例

私的独占のこれまでの適用事例は，ほとんどが排除によるものである。排除行為の審決例としては次のものがある（以下，解説の便宜上，行為主体をXとする）。

①埼玉銀行・丸佐生糸事件・同意審決昭25・7・13

X銀行が，融資先の製糸工場に対して，X銀行の実質的な子会社であるAと取引するように要求したことが，製糸工場の従来の取引先（生糸問屋）を排除するものとされた。

②雪印乳業・農林中金事件・審判審決昭31・7・28

乳製品の製造事業者であるX_1とX_2が通謀して，X_1およびX_2に生乳を出荷する酪農家に対してのみ，X_1およびX_2と企業組織上の結合関係を有する金融機関Aによる融資を斡旋したことが，X_1・X_2と競争関係にある乳製品製造業者を排除するものであるとされた。

③東洋製罐事件・勧告審決昭47・9・18

わが国の食缶の56％を供給するX（Xが支配する事業者4社を含めると74％のシェアを占める）が，食缶を自家製造しようとした缶詰製造業者に対して，自家製造のできない種類の食缶の供給停止を申し入れるなどによって圧力をかけ，自家製造を阻止したことが排除にあたるとされた[52]。

④日本医療食協会事件・勧告審決平8・5・8

公的な検査制度により医療用食品の検査業務を独占的に行っていたX_1（財団法人）が，医療用食品の一次販売業者X_2と通謀して，医療用食品の登録制度や製造工場の認定制度などによって閉鎖的な製造販売体制を構築したことが，医療用食品の製造販売分野への新規参入を排除したとされた。

⑤ぱちんこ機製造特許プール事件・勧告審決平9・8・6

パチンコ機の製造上重要な特許を所有していたパチンコ機の製造業者X_1ないしX_{10}の10社（パチンコ機のシェアは約90％）とそれらが株式を保有あ

製造特許プール事件（後掲(4)⑤事件），NTT東日本事件（同⑫事件）を掲げる（NTT東日本事件は，マージンスクイーズ〔前掲注49〕参照）のケースとして位置付けられているようである）。

52) 本件および次の④事件は，指針において，他の事業者の事業活動を妨害する行為として，ガイドラインが掲げる4つの行為類型にあてはまらないケースとして位置付けられている（第2の1(2)（注4）①②）。

第 5 章　私的独占

るいは取締役を派遣していた共同子会社X_{11}が，特許を集積して管理し（特許プール），新規参入者に特許の実施許諾を行わなかったことなどが，排除行為にあたるとされた。

⑥パラマウントベッド事件・勧告審決平 10・3・31

東京都が発注する医療用ベッドについて，Xが実用新案権を有するベッドのみが納入可能となるように東京都の発注担当者に働きかけを行い，Xの競争事業者がベッドの納入をできないようにしたことが，Xの競争事業者を排除するものとされた。

⑦ノーディオン事件・勧告審決平 10・9・3

カナダ法人のXが，日本の取引先事業者A_1およびA_2に対して，その必要とする製品の全量をXから購入することを義務付けたことが，Xの競争事業者を排除するものとされた。

⑧北海道新聞社事件・同意審決平 12・2・28

函館地区の新聞販売において圧倒的な地位を有していたXが，同地区で新たに夕刊紙を発行しようとしてAが設立されたことから，新規参入者であるAが使用するであろう新聞題字について商標登録の出願を行うとともに，同地区での新聞広告料金を大幅に割り引き，通信社に対してAにニュースを配信しないように働きかけ，テレビ局に対してはAのテレビコマーシャルを放映しないように要請したことが，Aの排除にあたるとされた[53]。

⑨有線ブロードネットワークス事件・勧告審決平 16・10・13

店舗・宿泊施設等（業務店）に有線電気通信設備または通信衛星を使用して背景音楽を提供する取引分野において 68％のシェアを有していたX_1とその代理店X_2が，通謀して，競争事業者Aの顧客を奪うことによりその音楽放送事業の運営を困難にし，Aの音楽放送事業をX_1に売却させて統合する企図の下に，Aの顧客に限って最長 2ヶ月無料にするなどの低い料金を提示し，あるいは無料期間を延長するなどしたことが，Aを排除するものとされた[54]（第 7 章第 2 節Ⅲ 3(1)参照）。

⑩インテル事件・勧告審決平 17・4・13

---

[53] 本件は，ガイドラインにおいて，複数の行為をまとめて，一連の，かつ，一体的な排除行為として評価されたケースとして取り上げられている（第 2 の 1(2)(注 5)）。

[54] 本件は，ガイドラインにおいて，競争者と競合する販売地域または顧客に限定して行う

わが国においてパーソナルコンピュータ（パソコン）に搭載するCPUの製造販売分野で有力な地位を占めるXが，取引先であるパソコン製造業者に対して，パソコンに搭載するCPUのうちX製のCPUの数量の比率を90％から100％にすること，生産数量の多い機種のパソコンについて競争事業者のCPUを使用しないことを条件として割戻金などの提供を約束し，競争事業者のCPUを採用しないようにさせていたことが，排除行為にあたるとされた（累進リベート，忠誠リベートと呼ばれる。前記２(3)(ii)および第７章第４節Ⅲ１参照）。

⑪ニプロ事件・審判審決平18・6・5

西日本地区において注射液等の容器であるアンプル用の生地管を独占的に販売していたXが，生地管の輸入を行ったアンプル加工業者Aに対してのみ販売価格を引き上げ，生地管の受注を拒否したこと等が，Aの事業活動を排除し，海外の生地管メーカーを排除したとされた。

⑫NTT東日本事件・最判平22・12・17

東日本地区において光ファイバ回線の70％以上を保有するXが，ユーザー（戸建て住宅）向けに光ファイバによる新しい通信サービスを提供するにあたって，１芯（１本）の光ファイバを複数人が使用する方式（分岐方式）を用いるとして，他の通信事業者（Xの光ファイバ設備に接続してユーザーに通信サービスを提供する通信事業者）への接続料金の認可を受け，ユーザー料金の届出を行ったが，実際には，分岐方式ではなく，１芯の光ファイバを１人が使用する方式（芯線直結方式）によってユーザーに通信サービスを提供し，ユーザー料金が芯線直結方式による他の通信事業者への接続料金を下回る価格であったことが，単独かつ一方的な取引拒絶ないし廉売として，他の通信事業者の事業活動を排除するものとされた[55]。

価格設定行為として，ガイドラインの掲げる４つの行為とは異なるケースとして掲げられている（第２の１(2)(注３)）。本件審決においては，競争者の顧客について行った低価格販売について，原価割れ等の価格水準への言及がない。行為の目的（競争者の事業を自己に売却をさせること）や競争者をねらい打ちにしたという行為の態様から排除行為にあたるとされたようである。

55) また，本件において最高裁は，排除行為の認定について，①競争者（潜在的競争者を含む）がXに代わりうる接続先を確保することの難易，②本件役務の特性，③本件行為の態様，④Xおよび競争者の本件役務の市場における地位および競争条件の差異，⑤本件行為の継続期間等を総合的に考慮して排除行為の成否を判断すべきであるとした。最高裁

⑬日本音楽著作権協会（JASRAC）事件・最判平27・4・28

X（JASRAC）は，音楽著作物の著作権（音楽著作権）を有する者から委託を受けて音楽著作物の管理事業（利用許諾，使用料の徴収およびその著作者等への分配等の業務）を行う者であり（平成13年9月までは，「著作権ニ関スル仲介業務ニ関スル法律」（仲介業務法）による許可制が採られ，事実上，Xのみが管理事業を行っていたが，同年10月に「著作権等管理事業法」が施行され，他の事業者が管理事業を行うことが可能となった），Xは，ほとんどすべての放送事業者から，Xの管理楽曲が放送等に利用された割合を使用料に反映させることなく当該放送事業者の事業収入等に応じて管理楽曲の使用料を包括的に徴収する方法（本件包括徴収）により，使用料を徴収していた。本件包括徴収方式の下では，放送事業者がX以外の管理事業者の管理楽曲を利用する場合には，使用料をX以外の管理事業者に対して追加的に支払うことが必要となる。公取委は，放送事業者において，使用料の追加的支払いを避けるために他の管理事業者が管理する楽曲の利用を控える例があったとし，本件包括徴収について，他の管理事業者の事業活動を排除するものとして，その取りやめ等を内容とする排除措置命令を行った[56]（平21・2・27）。これに対してXは審判請求を行い，公取委は，Xの本件包括徴収が他の事業者の事業活動の排除をもたらしたといった事実は認定できない等として，排除行為の成立を否定し，排除措置命令を取り消す審決を行った（平24・6・12）。それに対して他の管理事業者（Xの競争事業者）が提起した審決取消訴訟において，東京高裁

は，結論として，「本件行為は，Xが，その設置する加入者光ファイバ設備を，自ら加入者に直接提供しつつ，競業者である他の電気通信事業者に接続のための設備として提供するに当たり，加入者光ファイバ設備接続市場における事実上唯一の供給者としての地位を利用して，当該競業者が経済的合理性の見地から受け入れることのできない接続条件を設定し提示したもので，その単独かつ一方的な取引拒絶ないし廉売としての側面が，自らの市場支配力の形成，維持ないし強化という観点からみて正常な競争手段の範囲を逸脱するような人為性を有するものであり，当該競業者の（本件役務）市場への参入を著しく困難にする効果を持つものといえるから，同市場における排除行為に該当するというべきである」とした。

56) 日本音楽著作権協会（JASRAC）事件の排除措置命令は，包括徴収方式そのものを独禁法違反（私的独占）としたのではなく，「本件包括徴収」（楽曲の使用割合を反映していない包括徴収）の方法を採ったことを問題とした。「本件包括徴収」は，それにより他の事業者の事業活動が困難になる場合には，ガイドラインが排除行為の典型として掲げる「排他的取引」（ガイドライン第2の3）に対応すると考えられる（参照，白石・事例集529頁以下）。

は，その原告適格を認めた上で，Xの本件包括徴収が他の管理事業者の事業活動の継続や新規参入を著しく困難にしているとして，審決を取り消す判決を行った（イーライセンスによる審決取消等請求事件・東京高判平25・11・1）。それに対して公取委が上告受理申立を行い，最高裁は，Xによる人為的な排除の効果を認め，上告棄却の判決を行った[57]。その後，Xは審判請求を取り下げ（平28・9・9），排除措置命令が確定した。

これらの事例においては，Xの行為が不公正な取引方法の行為類型に該当しうるものがある。たとえば，①②③④⑤⑦⑩⑪⑫⑬事件などでは，Xの行為について，直接・間接の取引拒絶あるいは差別的取り扱い（2条9項1号・一般指定1項ないし4項），または，排他条件付取引・拘束条件付取引（一般指定11項・12項）とみることができる（ガイドラインの供給拒絶・差別的取り扱い〔前掲2(3)(iv)〕，排他的取引〔同(ii)〕にも該当しうる）。他方，⑥事件での自社仕様の採用の働きかけ，⑧事件での商標登録の出願などは，不公正な取引方法の行為類型に直ちに該当するとまではいえないであろう[58]。

---

57) 本件において，最高裁は，Xの本件行為が他の事業者の事業活動を排除する効果（排除効果）を有するかどうかについて，①本件市場（後掲注77参照）を含む音楽著作権管理事業に係る市場の状況，②Xおよび他の管理事業者の上記市場における地位および競争条件の差異，③放送利用における音楽著作物の特性，④本件行為の態様や継続期間等（この①〜④は，ガイドラインが排他的取引における排除行為の成否の基準として述べる「他に代わり得る取引先を容易に見いだすことができない競争者の事業活動を困難にさせる場合」の判断要素（第2の3(3)）とほぼ対応する）の「諸要素を総合的に考慮して判断されるべきものと解される」とした上で，本件の事実関係を詳細に検討し，Xの本件行為について，「他の管理事業者の本件市場への参入を著しく困難にする効果を有するものというべきである」とした。

また，最高裁は，「なお書き」において，上記①〜④に加えて，Xにおいて個別徴収に関して高額な使用料が設定され，放送事業者が本件包括徴収の受入れを余儀なくされている等の事情を摘示して，Xの本件行為は「別異に解すべき特段の事情のない限り，自らの市場支配力の形成，維持ないし強化という観点からみて正常な競争手段の範囲を逸脱するような人為性を有するものと解するのが相当である」とした。本件最高裁判決が，私的独占の排除の成立について，排除効果とは別に「人為性」を独立の要件として設定したものかどうか，学説の評価は必ずしも一致していないように思われる（なお，本件最高裁判決の調査官解説である清水知恵子・曹時69巻8号2281頁は，「排除効果と人為性とは，……密接な関りを有し判断の基礎となる事情にも共通する点が多いとはいうものの，それぞれに独立した要件であることも否定できない」とする）。

58) 公正競争阻害性の自由競争減殺のうち競争を排除するタイプの行為の一般条項として位置付けられる一般指定14項（不当な取引妨害）に該当する可能性はある。

3 支配行為

(1) 支配行為の意義

　私的独占において排除と並ぶ手段行為である「支配」とは，一般に，他の事業者についてその事業活動に関する意思決定を拘束し，自己の意思に従わせることであると解されている[59]。「支配」には，「相手方の意思に反して」というニュアンスがあるが，相手方に対する何らかの働きかけを行うことにより，行為主体の意思に従わせることで「支配」に足りるとして広く解釈する余地もある[60]。その場合は，相手方への勧奨・推奨などにより，あるいは経済的な不利益を課したり利益を提供すること等により，相手方の意思決定に対して影響を与えることでもって「支配」の行為要件を満たすと考えられる[61]。

---

[59] 実方・独禁 68 頁，根岸＝舟田 66 頁，注解上巻 53 頁（根岸哲），条解 43 頁（向田直範）など。なお，注 68) に引用する野田醤油事件・東京高判昭 32・12・25 の説示も参照。

[60] 「支配」の意味をいずれに解するとしても，不公正な取引方法のうち，①抱き合わせ販売等の取引強制（一般指定 10 項），および②優越的地位の濫用（2 条 9 項 5 号）の行為類型に該当する場合のほか，③間接の取引拒絶（2 条 9 項 1 号，一般指定 1 項・2 項）の場合や，④再販売価格の拘束（2 条 9 項 4 号），⑤排他条件付取引（一般指定 11 項），および⑥拘束条件付取引（同 12 項）の行為類型に該当する場合については，私的独占における支配の要件を充足する場合があると考えられる。

　もっとも，①抱き合わせ販売について，(「他の商品」〔抱き合わされる商品〕の市場での) 他の事業者の排除に着目する場合には，私的独占の排除行為として捉えることもできる。③間接の取引拒絶，⑤排他条件付取引，および⑥拘束条件付取引のうち他の事業者を排除するタイプのものも，同様である。これらについては，支配行為として捉える場合であっても，対市場効果の要件（競争の実質的制限）の成否の検討においては，競争排除による競争制限（第 1 章第 3 節Ⅵ参照）に着目することになる（土田和博＝栗田誠＝東條吉純＝武田邦宣『条文から学ぶ独占禁止法』〔2014 年，有斐閣〕48 頁以下）。

　また，②優越的地位の濫用については，支配行為には該当しうるとしても，それにより「一定の取引分野における競争を実質的に制限すること」がありうるのかどうか，必ずしも明らかではないところがある。

[61] 福井県経済連事件・排除措置命令平 27・1・16（後掲 3 (2) ⑤事件）では，製造請負工事の施主代行者が，施工業者に対して，受注予定者を指定し，入札価格を指示していたことでもって「支配」があったとしている。そのように，単に意思の伝達によって相手方の意思決定に影響を与えることでもって，支配行為が成立するとする余地もあるが（参照，山部俊文「施主代行者による支配型私的独占」ジュリ 1481 号 76 頁），公取委担当官の事件解説によれば，排除措置命令書には記載はないものの，当該事件において，施主代行者の「指示に逆らえば……（施工業者が）不利益を被るおそれがあった」とされ，施工業者は施主代行者の「指示を受け入れるしか選択の余地はなく，その自由な意思決定が奪われていた」ことが示唆されている（関尾順市ほか「本件解説」公正取引 777 号 75 頁以下）。

もっとも，従来の規制事例のうち，日本医療食協会事件・勧告審決平8・5・8（後掲(2)③事件）をみると，私的独占の支配行為の認定について，相手方の「意思に反して」という要素が，実際上，重視されている可能性がある。同事件では，一次販売業者（X_2）が競争事業者と協定を締結して取引先制限等を行っていたところ，当該競争事業者はそのような協定による取引先制限等を行う意思を有しておらず，公的な検査業務を独占するX_1とX_2が圧力をかけて取引先制限を内容とする協定を締結させたという事情があった。協定の締結は意思の連絡として捉えることができるので，その内容が相互拘束の要件を満たす場合は，不当な取引制限として構成できる。しかし，同事件勧告審決では，不当な取引制限ではなく，圧力をかけたX_2らの支配行為による私的独占にあたるとされた。別の言い方をすれば，このような場合には，たとえ当事者間に協定があるとしても，競争者を支配したとして支配型私的独占と構成できることとなる。

支配の典型的な態様としては，①株式保有，役員兼任等の会社組織上の手段による支配，②取引上の優越的な地位を利用することによる支配などがある[62]。①については，株式保有に基づく影響力により相手方事業者を自己の意思に従わせること，役員兼任によって同様のことを行うことが典型例となる。もっとも，このような会社組織上の手段による支配，すなわち株式取得や役員兼任等による他の事業者の支配は，企業結合規制の対象ともなり，企業結合規制の対市場効果の要件は，競争の実質的制限の蓋然性で足りることから，①の場合は，通常，企業結合規制によって規制が行われることとなる。②については，金融機関による債務者事業者の意思決定の拘束・干渉，親事業者による下請事業者の拘束・干渉，メーカーによる販売業者に対する拘束・干渉等がある[63]。

他方で，同解説は，「施工業者が……指示に進んで従っていたとしても，それ自体は『支配』の認定に影響がない」とも述べる。

[62] 注解上巻53頁（根岸哲），条解43頁（向田直範）参照。

[63] 前掲注60)でも述べたように，優越的地位の濫用（2条9項5号）が支配型私的独占となる場合があるかどうかが問題となりうる。わが国では，優越的地位の濫用と私的独占の関係について十分な検討が行われている状況にはないが，わが国の私的独占に対応すると考えられているEU競争法の「支配的地位の濫用」（TFEU 102条）には，高価格販売など相手方に不当な不利益を課す搾取的濫用と呼ばれる行為が規制対象となる行為に含まれる。

支配には，相手方の事業活動に関する意思決定を実際に拘束して，その事業活動に対して具体的な干渉を行う場合とともに，株式の保有などによって相手方事業者に対して具体的な干渉を行いうる地位を獲得することも含むとされる[64]（相手方事業者を一般的な管理の下に置くこと。東洋製罐事件・勧告審決昭47・9・18〔後掲(2)②事件〕を参照）。

排除行為との関係については，相手方の意思決定を拘束することで，他の事業者の排除が行われる場合（間接の取引拒絶等）は，支配と排除の両者が行われたとみることができるし，相手方の競争的活動を阻止するような場合は支配とも排除ともいいうる。両者は相互に排他的な関係にあると考えるべきではないのであろうが，従来の規制事例では，同一の行為が排除と支配の両者に該当するとされたことはなく，また，支配に該当するとされた行為の競争制限的な効果は，基本的に競争回避（第1章第3節Ⅵ参照）によるものと見ることができる[65]。

さらに，支配行為については，いわゆる「間接支配」について，学説上議論がある。間接支配というのは直接支配に対応する概念であるが，株式保有等による支配を直接支配というのに対して，当該市場における客観的な事情を媒介として，他の事業者の事業活動に制約を加える場合を間接支配という（野田醬油事件・審判審決昭30・12・27，東京高判昭32・12・25〔後掲(2)①事件〕を参照）。間接支配も私的独占における支配行為に含めて考える見解[66]と，間

---

64) 実方・独禁70頁，根岸・問題142頁，川濵・前掲注5）350頁参照。本文で述べたような理解では，親子会社の関係も支配として私的独占規制の対象となる可能性があることになるが，この場合，従来独立して活動していた事業者を子会社に組み入れる場合は支配にあたると考えられるものの，設立当初からの子会社など，設立当初から実質的に支配を行っている場合にも，私的独占の支配が成立するのかどうかは明らかではない（根岸・問題174頁参照）。東洋製罐事件（後掲(2)②事件）の勧告審決では，設立当初からの子会社（発行済株式の50％を実質的に所有）についても支配を認定しているが，それについて排除措置命令は行われていない。

65) 前掲注60）を参照。なお，2005（平成17）年の改正前は，私的独占の排除と支配のいずれに該当するかを論じる実益はなかったが，同改正により，支配行為による私的独占について，対価等の要件を満たす限りで課徴金が課されることとなった（7条の2第2項）。また，2009（平成21）年改正により，排除型私的独占や一部の不公正な取引方法についても課徴金が課されることとなった。そのため，今後は，同じ私的独占でも排除行為によるものか支配行為によるものか，さらに，不公正な取引方法であるのかが，エンフォースメントにおいて意味を持つこととなる。

66) 実方・独禁68頁以下。

接支配は価格・取引条件の支配（つまり市場支配）と私的独占の行為要件としての支配を混同するものであり，支配概念を不当に拡大するものとして不適当であるとする見解[67]がある。

(2) 運用事例

支配行為による私的独占に該当するとされたケースは，排除行為に比べると少数にとどまる。また，同時に排除行為が認定されているものが多い。支配による私的独占とされた審決例は次の通りである（以下，解説の便宜上，行為主体をXとする）。

①野田醬油事件・審判審決昭30・12・27，東京高判昭32・12・25

醬油の製造販売において圧倒的な地位を有するXが，醬油の出荷価格を引き上げると同時に，販売業者に対して再販売価格の拘束を行い，他の有力な醬油製造業者もそれに追随して価格を引き上げた。Xは競争事業者に対して直接的働きかけを行ってはいないが，競争事業者がXと同一価格にしないと醬油の格付けを維持できないという客観的な条件の下で，Xが再販売価格の拘束により価格を引き上げたことが，競争事業者の価格決定に関する意思決定を支配したとされた[68]。

②東洋製罐事件・勧告審決昭47・9・18

わが国の食缶供給において約56％のシェアを有するXが，同じく食缶を製造する4社について，他人の名義なども利用して株式を保有し，あるいは

---

[67] 今村・独禁74頁など。

[68] 野田醬油事件・東京高判昭32・12・25において，東京高裁は，私的独占における支配の意義および間接支配について次のように述べている。すなわち「〔私的独占における〕支配……とは，原則としてなんらかの意味において他の事業者に制約を加えその事業活動における自由なる決定を奪うことをいうものと解するのを相当とする。しかしこのことから一定の客観的条件の存するため，ある事業者の行為が結果として他の事業者の事業活動を制約することとなる場合はすべてここにいう支配に当らないとするのは狭きに失する……。なんとなれば，法は支配の態様についてはなんらの方法をもつてするかを問わないとしているのであつて，その客観的条件なるものが全く予期せざる偶然の事情であるとか，通常では容易に覚知し得ない未知の機構であるとかいう特別の場合のほかは，一般に事業者はその事業活動を営む上において市場に成立している客観的条件なるものを知悉しているものというべきであるから，自己の行為がその市場に存する客観的条件にのつて事の当然の経過として他の事業者の事業活動を制約することとなることは，当然知悉しているのであつて，かような事業者の行為は結局その客観的条件なるものをてことして他の事業者の事業活動を制約することに帰するのであり，ここにいう他の事業者の事業活動を支配するものというべきであるからである」とする。

役員を派遣し、さらにそのうちの1社に対してはその事業活動について具体的な干渉行為（工場新設の阻止）を行ったことが、私的独占の支配にあたるとされた。

③日本医療食協会事件・勧告審決平8・5・8

医療用食品の公的な検査業務を独占的に行っていたX_1（財団法人）と医療用食品の一次販売業者X_2が通謀して、仕入先・販売先・販売地域等を制限することでX_2の競争事業者や二次販売業者を支配したとされた。

④パラマウントベッド事件・勧告審決平10・3・31

東京都が入札により発注する医療用ベッドについて、Xが、X製品の販売業者に対して落札予定者を決定し、落札価格を指示するなどしたことが、販売業者の事業活動の支配にあたるとされた[69]。

⑤福井県経済連事件・排除措置命令平27・1・16

福井県所在の農業協同組合（農協）が行う経済事業（農産物および農業関連資材等の販売・調達・購買等の事業）に係る上部組織であるX（福井県経済農業協同組合連合会（福井県経済連））が、各農協の発注する穀物の乾燥施設等の製造請負工事等に関する施主代行者（施主からの委託により基本設計の作成および入札等の執行の補助等を行う事業者）として、当該工事の入札において、受注予定者を指定し、入札価格を指示していたことが、施工業者の事業活動の支配にあたるとされた。

私的独占における支配行為については、排除行為のケースと異なり、ただちに不公正な取引方法の行為類型に該当するといいうるものはないとされ、この点で、支配行為は私的独占規制に固有の規制領域を形成しているということができるが、上述のように、不公正な取引方法のうち再販売価格の拘束

---

[69] ④事件（⑤事件も同様）は、販売業者による入札談合としての実質を有し、不当な取引制限が成立する可能性もあるが、入札談合を主導したのはXであり、Xを不当な取引制限の違反行為者とするには、相互拘束に該当するかについて難点がある（Xと販売業者は競争関係にはなく、また、本件は、実質的に見て、Xと販売業者が相互に拘束を受けていたのではなく、Xによる販売業者に対する一方的な拘束であり、従来の不当な取引制限の相互拘束の解釈からすれば、不当な取引制限として構成するには難点がある）。④事件については、Xが販売業者を支配したことによる私的独占として構成すれば、そのような不当な取引制限の行為要件に係る問題点を回避することができる。2005（平成17）年独禁法改正により、支配型私的独占に不当な取引制限と同じ算定率（原則として売上額の10%）の課徴金が導入されたのは、本件のようなケースを念頭に置いたものと思われる。

（2条9項4号）などを支配行為として捉えることは可能である。たとえば，③事件におけるX₂による二次販売業者の販売地域等の制限や，④事件におけるXによる落札予定者等の決定は，拘束条件付取引に該当しうる。②事件の場合は，株式保有ということで企業結合規制の適用対象となりうるが，相手方事業者の工場新設の阻止などの具体的干渉があったことや，缶詰製造業者の自家製缶を阻止する排除行為もあったことを踏まえると，私的独占としての処理の方が事案に適する。⑤事件は，施工業者間の意思の連絡は認定されていないが，Xによる支配型私的独占ではなく，あるいは，Xの支配型私的独占とともに，施工業者の不当な取引制限として（Xを結節点として施工業者がXを経由して意思の連絡を行っていたとして）構成すること（いわゆるハブ・アンド・スポーク型のカルテル）も考えられるケースである。

IV 対市場効果の要件

1 概説

私的独占が成立するには，排除または支配に該当する行為が行われたことだけでは足りず，それらの行為によって[70]「公共の利益に反して，一定の取引分野における競争を実質的に制限する」ことが必要である。

このうち「公共の利益に反して」の要件（反公益要件）については，主として不当な取引制限の成否の文脈で議論がなされている（詳細は第2章第4節，第3章第5節）。私的独占の反公益要件についても，そこでの議論が基本的に妥当するとみてよい。学説において通説とされる見解によれば，「公共の利益」とは，自由競争を基盤とする経済秩序そのものを意味するとされる。この見解においては，「競争の実質的制限」が認められる場合には，当然に「公共の利益」に反することとなる。

---

[70] 問題となる排除行為または支配行為が原因となって「公共の利益に反して，一定の取引分野における競争を実質的に制限すること」という対市場効果が生ずることを要する。つまり，排除行為または支配行為と対市場効果には因果関係があることを要する。NTT東日本事件・最判平22・12・17では，Xの排除行為が停止された後に，他の電気通信事業者が本格的に問題となる市場への新規参入を行っていることや，その前後を通じて競争者の競争力に変動があったことを示すような特段の事情はうかがわれないこと等から，当該市場における競争制限状態はXの排除行為によってもたらされたものであるとして，両者の間の因果関係を認めている。

これに対して、最高裁は、不当な取引制限における「公共の利益」について「原則としては同法の直接の保護法益である自由競争経済秩序に反すること」であるとしつつ、自由競争の利益と競争制限行為によって得られる利益を比較衡量して、競争制限行為が独禁法の究極の目的に実質的に反しない場合には、公共の利益に反しないとして不当な取引制限が成立しない場合があることを認めた[71]。この最高裁判決は、不当な取引制限についてのものである（また、刑事事件についてのものである）が、基本的に私的独占についても妥当すると考えられる[72]。

もっとも、「公共の利益」に関する通説的な解釈を採っても、社会的・公共的な目的を有する行為（たとえば、安全性を確保するための共同行為）や、他の法令によって禁止されているような行為等については、それにより競争が制限されるとしても、そこで行われる競争は独禁法上「保護に値しない競争」（第3章第4節Ⅶ8参照）であって、「競争の実質的制限」の要件を充足しない、とすることにより、上記最高裁判決と同様の結論を導くことは可能であろう。

この点に関連して、ガイドラインでは、「問題となる行為が、安全、健康、その他の正当な理由に基づき、一般消費者の利益を確保するとともに、国民経済の民主的で健全な発達を促進するものである場合には、例外的に、競争の実質的制限の判断に際してこのような事情が考慮されることがある」として、独禁法1条の究極の目的（一般消費者の利益を確保し、国民経済の民主的な発達を促進すること）に照らして肯定的に評価されるような特段の事情がある場合には、「競争を実質的制に制限すること」という要件に該当しないことがありうるとしている（第3の2(2)オ）。これも上記最高裁判決と同趣旨のことを述べていると思われるが（ガイドラインは、上記最高裁判決の要旨を引用している）、最高裁判決が「公共の利益に反して」の解釈として述べた内容を、ガイドラインは「競争を実質的に制限すること」の解釈として述べている点で最高裁判決の説示とは異なっている。もっとも、その趣旨は同じで

---

[71] 石油価格カルテル刑事事件・最判昭59・2・24。

[72] 私的独占における「公共の利益」については、競争秩序の観点から不当な手段で他の事業者を排除することにより市場支配力を形成等することではじめて達成できる例外的な社会目的は、あったとしても極めて稀であると指摘される（ベーシック167頁〔川濵昇〕）。

あり，最高裁判決およびガイドラインは実質的には一致していると評価されよう[73]。いずれにせよ，一般消費者の利益確保および国民経済の民主的で健全な発達を促進するという独禁法の究極の目的に反しないような特段の事情が認められる場合には，独禁法違反とはならないことになる。

2 一定の取引分野における競争の実質的制限

(1) 私的独占における「一定の取引分野」

一定の取引分野（市場）とは，競争が行われる場であり，その画定は，競争の実質的制限の成否の評価の前提となる（第2章第2節Ⅲ）。もっとも，私的独占の従来の規制事例では，一定の取引分野の画定が問題となったことはほとんどないとされる。

この点について，次のように説明する学説がある。すなわち，私的独占にあっては，排除・支配という競争行動の直接の制約を伴い，これらの行為は競争を有効に制約できる場合に成立し，実際にも競争制限の効果が発生してから規制が発動されることから，私的独占における一定の取引分野は実際に成立している競争制限の及ぶ範囲を意味し，一定の取引分野の範囲を画定する作業が重要な問題になることはない，というものである[74]。このように考えると，私的独占における一定の取引分野の画定はいわば自明のことであるということになろう。しかし，欧米ではわが国の私的独占規制に対応する規制において，一定の取引分野（市場）の画定が争点となるケースが多い。

ガイドラインは，この点について，次のように述べている。すなわち「この場合における一定の取引分野とは，排除行為によって競争の実質的制限がもたらされる範囲をいい，その成立する範囲は，具体的な行為や取引の対

---

[73] ガイドラインは，これに該当する場合として，次のような例を掲げている。すなわち，重大事故を防止する観点から，防止装置付の機器への買い替え需要を喚起するために，防止装置が装備されていない機器を使用する者に対して，供給に要する費用を下回る価格で自社の防止装置付の機器を販売するような場合である。ガイドラインは，そのような行為が重大な事故を未然に防止するという目的に基づくものであり，一般消費者の利益につながるとともに，競争に与える影響は限定的であることが多いと考えられることから，そのような事情を勘案して競争を実質的に制限するかどうかが判断されるとする（第3の2(2)オ）。もっとも，ガイドラインは，排除行為が独占または独占に近い状態をもたらす場合には，通常は，競争を実質的に制限するものと判断されるともしている（第3の2(2)オ）。

[74] 実方・独禁74頁，条解50頁（向田直範）。

象・地域・態様等に応じて相対的に決定されるべきものである。したがって，一定の取引分野は，不当な取引制限と同様，具体的行為や取引の対象・地域・態様等に応じて，当該行為に係る取引及びそれにより影響を受ける範囲を検討し，その競争が実質的に制限される範囲を画定して決定されるのが原則である」というものである（第3の1⑴）。そこでは，原則として，当該行為に係る取引およびその影響を受ける範囲を検討して，競争が実質的に制限される範囲が一定の取引分野として画定されるとしている。これは，上述の学説が述べる見解と同様の考え方に拠るものであろう。

　他方で，ガイドラインは，排除行為に係る取引およびそれにより影響を受ける範囲を検討する際に，必要に応じて，需要者にとって取引対象商品[75]と代替性のある商品の範囲または地理的範囲がどの程度であるかという観点を考慮するとしている（第3の1⑴）。また，この場合，需要者にとっての商品の代替性のほか，必要に応じて供給者にとっての商品の代替性が考慮されることがあるとされている（ガイドライン同所）。この市場画定の方法は，企業結合ガイドラインで示されている市場画定の方法と同じであり，ガイドラインの記述は，企業結合ガイドラインにおける一定の取引分野の画定の部分とほぼ同一のものとなっている（第3の1⑴～⑶と企業結合ガイドライン第2の1～3対比）。

　結局，ガイドラインでは，行為の影響の及ぶ範囲に基づいて一定の取引分野を画定するという市場画定の手法と，需要および供給の代替性に基づいて一定の取引分野を画定するという企業結合において用いられる市場画定の方法が，前者を原則としつつ，後者も取り入れるということで併存する形となっている。私的独占規制における一定の取引分野の画定については，行為の影響の及ぶ範囲を踏まえつつも，企業結合規制における一定の取引分野の画定と同じく（第6章第3節を参照），取引対象，地域，取引の相手方等の検討を通じた，より綿密な画定作業を行う必要があると思われる。

　これまでの規制事例をみると，東洋製罐事件・勧告審決昭47・9・18では「我が国における食かんの取引分野」，パラマウントベッド事件・勧告審

---

[75] この取引対象商品は，排除行為が抱き合わせに該当する場合には，従たる商品を意味し，供給拒絶・差別的取り扱いに該当する場合は川下市場における商品を意味する（ガイドライン第3の1⑴（注19））。

決平10・3・31では「〔東京都〕財務局発注の特定医療用ベッドの取引分野」，北海道新聞社事件・同意審決平12・2・28では「函館地区における一般日刊新聞の発行分野」などとされている。これらは，一定の取引分野の画定が比較的容易であったか，たまたま争点とはならなかったとみることも可能であろう。ニプロ事件・審判審決平18・6・5およびNTT東日本事件・最判平22・12・17では，一定の取引分野の画定が争点の1つとなっている。前者では，Xおよび外国の生地管メーカーを供給者とし西日本に本店を置くアンプル加工業者を需要者とする西日本地区における生地管の供給分野について一定の取引分野が成立するとされ，後者では，戸建て住宅（集合住宅は含まない）向けの光ファイバによる通信サービス（ADSLなど他のブロードバンドサービスは含まない）について一定の取引分野が画定できるとされた[76]。なお，日本音楽著作権協会（JASRAC）事件・最判平27・4・28では，「一定の取引分野」の画定（および「競争の実質的制限」）は争点になっていないが，「放送事業者による管理楽曲の放送利用に係る利用許諾に関する音楽著作権管理事業に係る」市場[77]における「排除」の成否が争われた。

(2) 私的独占における「競争の実質的制限」

私的独占の対市場効果として，一定の取引分野において「競争を実質的に制限すること」が必要である。

競争の実質的制限とは，市場支配力の形成・維持・強化を意味する（第2

---

76) NTT東日本事件・最判平22・12・17は，本件における一定の取引分野の画定に関して，ブロードバンドサービスのうち，ADSLサービス等との価格差とは無関係に，通信速度等の観点から戸建て住宅向け光ファイバによる通信サービス（FTTHサービス）を選好する需要者が現に存在していたことは明らかであり，それらの者については，ADSLサービス等の他のブロードバンドサービスとの需要の代替性はほとんど生じていなかったとして，FTTHサービス市場は，当該市場自体が独立して2条5項にいう「一定の取引分野」であると評価することができる，とした。

77) 音楽著作権管理事業に係る市場は，大きく，①管理委託に関するものと（顧客〔楽曲の提供者〕は著作権者等），②利用許諾に関するもの（顧客は放送事業者等の楽曲の利用者）に分けられる。本件では，②のうちさらに「放送事業者による管理楽曲の放送利用に係る利用許諾に関する」市場を前提として，「排除」の成否が争われた。なお，①②のように，両サイドの市場の需要・供給が相互に依存する関係にある場合（①において管理事業者の管理楽曲数が多ければ多いほど，②において供給する曲数が増加して内容も豊富となる）を「二面市場」（two-sided market）といい，両サイドの市場を結び付ける事業者のことをプラットフォーム事業者という。

章第2節Ⅳ，第3章第3節，第6章第4節Ⅰを参照）。市場支配力とは，「競争自体が減少して，特定の事業者又は事業者集団がその意思で，ある程度自由に，価格，品質，数量，その他各般の条件を左右することによつて，市場を支配することができる状態をもたらすこと」（東宝・新東宝事件・東京高判昭28・12・7）ができる力ないし地位である。排除または支配により，そのような力ないし地位を獲得し，維持し，または強化することで，私的独占の対市場効果の要件が充足されることとなる[78]。

私的独占における「競争の実質的制限」について，ガイドラインは，従来「競争の実質的制限」の解釈において引用されてきた上記の東宝・新東宝事件・東京高裁判決ではなく，NTT東日本事件・東京高判平21・5・29を参照する形で述べている。すなわち，「『競争を実質的に制限する』の意義については，裁判例上，競争自体が減少して，特定の事業者又は事業者集団がその意思で，ある程度自由に，価格，品質，数量，その他各般の条件を左右することによって，市場を支配することができる状態を形成・維持・強化することをいうものと解される旨判示されている」として，上記NTT東日本事件・東京高裁判決を引用し，「このような趣旨における市場支配的状態が形成・維持・強化されていれば，現実に価格の引上げ等が行われていない場合であっても，競争を実質的に制限すると認められる」としている（ガイドライン第3の2(1)）。同判決およびガイドラインと東宝・新東宝事件・東京高裁判決とでは，表現に微妙な差異が見られるが，実質的な違いはないと思われる[79]。

また，近時のNTT東日本事件・最判平22・12・17は，私的独占における競争の実質的制限について，「『競争を実質的に制限すること』，すなわち市場支配力の形成，維持ないし強化という結果が生じていたものというべき

---

[78] 私的独占規制では，市場支配力の存在それ自体や，市場支配力の行使それ自体が問題となるのではない。適法な事業活動により獲得された市場支配力の存在は許容されるし，（議論はあるものの）市場支配力を背景とした高価格の設定などもそれ自体が問題となるのではない。

[79] ガイドラインと同じく，「市場支配的状態」の形成・維持・強化という表現を用いたNTT東日本事件・審判審決平19・3・26について，参照，泉水文雄「私的独占規制における支配型規制及びエンフォースメントのあり方」学会年報28号（2007年）64頁以下。なお，第2章第2節Ⅳを参照。

である」と述べる。同判決において，最高裁は，「市場支配力の形成，維持ないし強化」という表現を明示的に用いた。「競争の実質的制限」について，学説は，上述のように，従来から市場支配力の形成・維持・強化としてこれを説明してきたが，最高裁もそれに沿った判示を行ったことになる。同判決では，その「市場支配力の形成，維持ないし強化」の内容への言及がないが，原審であるNTT東日本事件・東京高判平21・5・29を踏まえると，NTT東日本事件・最判平22・12・17も，「市場支配力の形成，維持ないし強化」の内容として，「競争自体が減少して，特定の事業者または事業者の集団が，その意思で，ある程度自由に，価格，品質，その他各般の条件を左右することによって，市場を支配することができる状態をもたらす」（東宝・新東宝事件・東京高判昭28・12・7）地位ないし力を形成し，維持し，または強化することとして捉えていると見てよいと思われる。

　いずれにせよ，このような意味における市場支配力が形成・維持・強化される場合であれば，「競争の実質的制限」が認められる。また，行為主体（排除・支配を行う者）が，自らの市場支配力を形成・維持・強化する場合に限らず，他の事業者においてそれが達成されてもよいと解されている[80]。

　また，学説にあっては，市場支配の他の態様として，既存の事業者を市場から排除したり，新規参入を阻止することで市場の開放性を妨げることが主張されている[81]。先に述べた態様の市場支配（特定の事業者または事業者の集団が，ある程度自由に，価格，品質，数量その他各般の条件を左右すること）が「統合型市場支配」と呼ばれるのに対して，この場合の市場支配は「閉鎖型市場支配」と呼ばれる。競争の実質的制限について，閉鎖型市場支配を含めると，排除行為が行われる場合は，排除行為それ自体が，他の事業者を排除する力としての市場支配力の存在とその維持・強化を示すものといいうることから，競争の実質的制限が容易に認められることとなる。

　もっとも，閉鎖型市場支配を競争の実質的制限に含めることについては，批判がある。それによれば，私的独占が典型的に非難してきたのは事業者が排除されることそれ自体ではなく，それにより競争水準を超える価格設定等

---

80) 泉水・前掲注6) 11頁。日本医療食協会事件・勧告審決平8・5・8を参照。
81) たとえば，金井25頁。

が可能となるということについてであり，他の事業者を排除する力の形成・維持・強化だけでは競争の実質的制限と認めるには不十分であるとされる[82]。

閉鎖型市場支配を競争の実質的制限に含めるかどうかはひとまずおくとして[83]，競争の実質的制限の解釈を私的独占の場合にあてはめてみると，先にみたように，排除・支配行為により，価格その他の取引条件を左右することができる地位・力としての市場支配力を形成・維持・強化すると認められる場合に，私的独占が成立することとなる。

(3) 「競争の実質的制限」の判断要素

「競争の実質的制限」つまり市場支配力の形成・維持・強化が認められるかどうかは，企業結合規制の解説（第6章第4節Ⅱ）で詳細に述べられるように，市場占有率（市場シェア），市場集中度，売り手・買い手の数，当該業界に固有の事情，新規参入（輸入を含む）の難易等を総合的に考慮して判断されることとなる。

ガイドラインは，競争の実質的制限が認められるかどうかについて，一律に特定の基準により判断されるのではなく，個別具体的な事件ごとに次の事項を総合的に考慮して判断されるとしている[84]。すなわち，①行為者の地位および競争者の状況（行為者の市場シェアおよびその順位，市場における競争の状況，競争者の状況），②潜在的競争圧力[85]（法令上の参入障壁の程度，実態面での参入障壁の程度，参入者の商品と行為者の商品との代替性の程度），③需要

---

82) 川濵・前掲注5) 346頁以下，根岸＝舟田43頁参照。
83) 閉鎖型市場支配の考え方は，私的独占の行為要件としての排除行為の意義（他の事業者の事業活動を困難にし，あるいは新規参入を困難にすること）と実質的に重なるところがあるが，私的独占における「競争の実質的制限」の要件は，そのような排除が行われたことにより，当該市場の競争がどのように悪影響を受けるのかを評価するための要件として捉えた方が座りがよいように思われる。もっとも，不公正な取引方法の規制にあっては，他の事業者の事業活動の継続困難，あるいは新規参入の困難が認められれば，基本的に，その実質的違反要件である「公正競争阻害性」が充足されると考えられている。その意味で，閉鎖型市場支配の考え方は，不公正な取引方法の規制に取り込まれていると見ることができる。
84) なお，排除行為が供給拒絶・差別的取り扱いにあたる場合の競争の実質的制限の存否については，川下市場での市場支配力ないし市場支配的状態の形成・維持・強化が問題となる（ガイドライン第3の2(2)（注20))。
85) なお，ガイドラインは，前記Ⅲ2(3)(i)で述べた低価格販売（「商品を供給しなければ発生しない費用を下回る対価設定」）による排除行為について，行為者が取引対象商品の価格

者の対抗的な交渉力，④効率性，⑤消費者利益の確保に関する特段の事情である（ガイドライン第3の2(2)ア〜オ）。

　これまでの私的独占の規制事例では，競争の実質的制限の認定が比較的容易であった。たとえば，東洋製罐事件・勧告審決昭47・9・18では，Xはすでに単独で56％の市場占拠率を有していた。そのXが他の事業者を株式保有等によって支配することで74％の市場占有率に達したこと，そして，それを背景にXが缶詰製造業者の自家製造を排除したことが，Xの市場支配力を強化したものとみることができる。雪印乳業・農林中金事件・審判審決昭31・7・28でも，X_1・X_2はすでに80％の市場占有率を有していた。これもすでに市場支配力を有しているX_1・X_2が競争者を排除することによってその地位を維持・強化したものといいうる。日本医療食協会事件・勧告審決平8・5・8では，X_2は当該取引分野においてそれまで100％のシェアを有しており，市場支配的地位をすでに獲得していたとみることができる。このケースも，市場支配力を有するX_2が，新規参入を排除し，また競争事業者および取引先を支配して，その地位を維持し，あるいは強化したものとみることができる。NTT東日本事件・最判平22・12・17では，Xには競争者が存在していたものの，競争者による当該サービス提供地域が限定されていたことや，当該サービスの特性等に照らし，先行する事業者であるXに対する競争者としての牽制力が十分には生じていなかったとされ，市場支配力の形成・維持・強化という結果が生じていたとされた。日本音楽著作権協会（JASRAC）事件・排除措置命令平21・2・27では，音楽著作権の管理委託及び利用許諾の市場において事実上の独占状態にあったXが「本件包括徴収」により他の管理事業者の事業活動や新規参入を困難にしていたことが，その市場支配力を維持・強化したものということができる。

　以上のことからもうかがえるように，法律上は行為主体が市場支配力を有していることは要件ではないものの，これまでの規制事例をみる限り，多くの場合はすでにそのような地位・力を有していることが私的独占の成立にとって前提となっているといいうる。私的独占において新たに市場支配力を形

を引き上げたとしても，参入障壁が低いために有効な牽制力のある事業者が短期間のうちに参入することが現実的に見込まれる場合には，当該行為が競争を実質的に制限するものとは判断されることはないとしている（第3の2(2)イ（注22））。

成するようなケースは通常考えにくいことが指摘されている[86]。このように市場支配力を有する事業者がその市場において排除・支配行為を行っていれば，通常，競争の実質的制限が認められる。

第3節　排除措置命令

本節では，私的独占の禁止違反に対する排除措置命令について，私的独占に特有の問題を中心として解説を行う。

排除措置命令とは，独禁法違反行為を排除するために公取委が所定の手続を経て行う行政処分である。公取委は，私的独占の禁止に違反する行為があるときには，事業者に対して当該行為の差止等の措置を命じることができる（7条1項）。すでに違反が消滅しているような場合でも，特に必要があると公取委が認めるときは，当該違反行為の消滅後5年間は，事業者に対して違反行為がすでになくなっている旨の周知措置その他当該行為が排除されたことを確保するために必要な措置（排除確保措置ということがある）を命じることができる（7条2項）。

排除措置命令の内容について，7条1項は，「当該行為の差止め，事業の一部の譲渡その他……違反する行為を排除するために必要な措置」としている。ここであげられているのは，措置の内容の例示であり，公取委は事案に即して，違反行為を排除するために何が必要な措置かを判断して，具体的な排除措置の内容を決定することとなるが，私的独占における違反行為とは，具体的には，その行為類型である排除・支配行為であり，その差止が排除措置の中心となる。もっとも，違反行為の排除のために「必要な措置」ということで，どこまで排除措置を拡張できるかが問題となる。

野田醬油事件・審判審決昭30・12・27では，排除措置として，希望小売価格，標準小売価格等の一切の再販売価格の表示を禁止すること等が命じられた。なお，その後，キッコーマン事件・変更審決平5・6・28は，2005（平成17）年独禁法改正前の66条2項（改正後の70条の12第2項に対応する）

---

[86] 市場支配力を形成するケースとしては，すでに他の市場において市場支配力を有する事業者が，その地位を利用して別市場において新たに市場支配力を形成するような場合が考えられる（「テコの理論」〔leverage theory〕と呼ばれることがある）。

の規定に基づき，上記審判審決以降におけるしょうゆの流通経路の変化，流通の各段階における取引および価格形成の実態等を勘案して，審決の再販売価格の表示を禁じた部分を取り消した。

　また，私的独占の禁止違反に対する排除措置の拡張については，競争的な市場構造にするために，企業分割や結合関係の解消（株式の処分）などの措置（「構造的措置」と呼ばれる）が可能かどうかが議論されている。結合関係の解消（株式の処分）といっても，私的独占の行為類型としての支配の一環として株式保有が行われている場合には，違反行為の排除として当該株式の処分を命じることができ，この点についてはとりたてて異論はない。東洋製罐事件・勧告審決昭47・9・18では，相手方に対する支配ができなくなる水準（5％）までの株式処分が命じられている。

　問題となるのは，私的独占の背景となった市場支配力や企業の結合関係そのものに対して，あるいは私的独占によって形成・維持・強化された市場支配力そのものを排除措置の対象とし，企業分割ないし結合関係の解消を命じることができるかどうかである。

　7条1項に，排除措置の例示として「事業の一部譲渡」とあることから，この文言を手がかりにして，構造的措置が可能であると考えることもできるが，これは事業譲渡により私的独占が行われた場合（つまり，事業譲渡が排除・支配にあたる場合）を想定していると解する余地がある。

　学説にあっては，私的独占の背景となった市場支配力や企業の結合関係については違反行為の反復の予防のためにその排除が必要であるとして，また，私的独占の結果として市場支配力が形成・維持・強化された場合であって，違反行為の差止めだけではそのような結果を排除できないときにおいて，市場支配力を除去するために構造的措置を命じることが可能であると解する見解も有力である[87]。もっとも，私的独占の運用事例にあっては，そのような構造的排除措置を命じたものはない。構造的排除措置を肯定する見解にあっても，違反行為と因果関係を有する市場支配力の形成・維持・強化の特定が難しいことを理由に，構造的措置は実際には困難であるとしている[88]。

---

87) 実方・独禁74頁以下，金井75頁等。
88) ベーシック169頁以下（川濵昇）。

第6章 企業結合

第1節　概　説

I　企業結合規制

　独禁法第4章（9条ないし18条）は，企業結合規制について規定する。企業結合とは，株式保有，役員兼任，合併など，会社組織の継続的一体性をもたらす会社法上の手段である。そこで「固い結合」と称される。これに対してカルテルは，複数の参加事業者はなお独立していることから，「ゆるい結合」と称される。企業結合のうち一定の合併等は，その不可逆性から事前届出制度が採用されている。

　企業結合については，ハードコア・カルテルと異なり，行為自体に競争制限効果を認めることはできない。また企業結合は，次のような社会的に望ましい効果や目的を有する場合がある[1]。たとえば競争者間においては，規模の経済性や範囲の経済性を達成して，生産・販売の効率性を高める場合がある。また，敵対的な企業買収により，非効率な経営者の交代をもたらす場合もある。さらに，メーカーと販売業者のような取引業者間においては，契約の限界を克服するために，組織的一体が志向される場合がある。これらの場合は，社会の資源配分上の効率性を高める可能性がある[2]。

　そこで，企業結合規制においては，①真に競争制限的な企業結合のみを規制するために，慎重かつ精緻な市場分析が必要となり，また②たとえ競争制

---

[1]　小田切宏之『企業経済学〔第2版〕』（東洋経済新報社，2010年）第12章等参照。
[2]　もっとも，①企業結合は単に会社経営者の自己満足のために行われる場合もあるし，②たとえ企業結合により効率性が達成されたとしても，同時に企業が大きくなりすぎたための非効率性が生じる可能性もある。

限的な企業結合であっても，可能であれば，排除措置命令や当事者の自主的な措置により競争制限効果のみを除去することが望ましい。このため，公取委の企業結合課には高度な審査能力が要求される[3]。

なお，企業結合に対して排除措置命令が下された事例は1973年の広島電鉄事件・同意審決昭48・7・17以降存在しない[4]。その理由は，すべての事案が非公式な事前相談段階において処理されていたからであるが，2011年に事前相談制度が廃止された後も，排除措置命令に至った事例はない。

II 市場集中規制と一般集中規制

企業結合規制は大きく2つの類型に分かれる。市場集中規制と一般集中規制である。

まず，市場集中規制は，10条，13条，14条，15条，15条の2，15条の3，および16条である。これら市場集中規制は，①「一定の取引分野における競争を実質的に制限することとなる場合」および②不公正な取引方法によるものである場合に，企業結合を禁止する。①は，私的独占の禁止や不当な取引制限の禁止等と同じく，「一定の取引分野」における市場支配力の形成，維持，強化の有無を問うものである。個別の商品市場および地理的市場を念頭に置く。②は，結合手段自体が不公正な取引方法と評価できる場合のほか，たとえばボイコットや優越的地位の濫用行為により相手方の事業活動を困難にさせて株式を取得するなど，不公正な取引方法を媒介として企業結合を行う場合を規制する。後者の場合，不公正な取引方法自体を違法としうるのはもちろんであるが，それに基づき実現された企業結合についても違法としうるのである。ただし②の適用事例はこれまでない。

次に，一般集中規制は，9条および11条である。これら一般集中規制は，「一定の取引分野における競争を実質的に制限することとなる場合」を法律要件としない。国民経済全体，ないしある産業全体における力の集中を問題

---

3) 企業結合課のスタッフ数については，欧米の規制当局と比して絶対数が少なく，また事件あたりのスタッフ数もその少なさが指摘されていた。そのような指摘に応えるように，企業結合課のスタッフ数は増員されてきており，2002年度において28名であった職員数は，2018年度において43名になっている。
4) 一般集中規制については，野村證券事件・勧告審決平3・11・11が存在する。

とする。一般集中規制は，法文上およびガイドライン上，一定の明確な数量基準により規制を行うことが特徴である。一般集中規制は市場集中規制の補完規定ないし予防規定との考え方が有力である。

以下では，まず市場集中規制について検討する。市場集中規制については，2004（平成16）年に企業結合ガイドラインが公表されている[5]。公取委は，同ガイドラインに基づいた法運用を行うことにより，規制の透明性を高め，事業者の予測可能性を高める旨を明らかにしている。

同ガイドラインにおける市場集中規制の判断枠組みは，後に掲げるフローチャートの通りである。まず第1に，審査の対象となるべき企業結合を抽出する（結合関係の認定）。第2に，一定の取引分野を画定する。そして第3に，企業結合が，画定された一定の取引分野において，競争を実質的に制限することとなるかを検討する。

第1の結合関係の認定作業は，次のような意味を持つ。市場集中規制は，市場における競争単位の減少を問題にする。この点，①企業結合行為が行われても会社が引き続き独立の競争単位として事業活動を行う場合，反対に，②親子会社間，兄弟会社間等，すでに一体関係にある会社間で企業結合行為を行う場合には，競争単位の減少はない。企業結合手段には，合併（15条）のように法律上（法人格）および事実上完全に会社間の一体性をもたらすものもあれば，株式保有（10条）のように保有比率およびその他の事情を考慮して初めて，会社間の一体性を認定できるものもある。そこで，企業結合手段ごとに，いかなる場合に当事会社間の一体性を認定できるかを，検討する必要がある。

第2および第3の作業は，私的独占の禁止や不当な取引制限の禁止などと共通する。市場支配力の認定作業である。企業結合には，①競争会社間の結合である「水平型企業結合」，②取引会社間の結合である「垂直型企業結合」，そして③競争関係にも取引関係にもない会社間の結合である「混合型企業結合」がある。

独禁法上，特に問題となるのは水平型企業結合である。なぜならば，水平

---

[5] 公取委「企業結合審査に関する独占禁止法の運用指針」（2004年5月31日）。以下，最新の改定内容（2011年6月14日）による。

型企業結合は，市場における競争単位を直接に減少させるからである。水平型企業結合は，結合企業が単独で市場支配力を有する場合と，市場構造の変化により結合企業と競争者との間に協調行為が発生し共同で市場支配力を有する場合に，独禁法上問題となる。垂直型企業結合および混合型企業結合は，水平型企業結合ほど独禁法上問題になることはないが，近年，規制において精査が必要ではないかとの議論があり，同ガイドラインにおいても別項が立てられている。

なお，たとえば水平型と分類される競争者間の企業結合であっても，それにより取引会社への持株比率が高まる結果，垂直型の競争制限効果が問題となる場合もある（王子製紙・神崎製紙合併事件【平成5年度事例1】[6]）。また，水平型の競争制限効果と垂直型の競争制限効果が，相乗的に現れる場合もある。このように，当事者間の競争関係や取引関係のみから，問題となる競争制限効果のタイプが一義的に決定されるわけではない点に，注意が必要である。

以下では，企業結合ガイドラインに沿い，まず第2節において結合関係認定の問題を説明し，第3節において市場画定の問題を説明する。そして，第4節において，単独の市場支配力（単独行動による競争の実質的制限）の立証問題を説明する。企業結合規制に限らず，市場支配力の伝統的な立証方法は，市場シェアおよび市場集中度の算定により開始する。そのような立証方法の意義を理論的に確認する。第5節においては，共同の市場支配力（協調的行動による競争の実質的制限）の立証問題を説明する。企業結合規制は，寡占規制として，共同の市場支配力の規制が重要な課題である。第6節において共同出資会社の問題を説明し，第7節において垂直型企業結合および混合型企業結合に関する問題を説明する。垂直型企業結合および混合型企業結合の規制は，近年，関心が高まっている分野である。そして第8節において，市場集中規制に関する手続的問題を説明する。最後に第9節および第10節において，一般集中規制と独占的状態に対する規制をそれぞれ説明する。

---

6) この事件番号は，毎年度公表される主要な企業結合事例集における番号である。

第6章　企業結合

● 企業結合審査のフローチャート

```
┌─ 企業結合審査の対象となるか否かの判断 ───────────────────────┐
│   株式保有，役員の兼任，合併，分割，共同株式移転，事業譲受け等の行為類型ごとに検討  │
│ ┌──────────────────────────┐ ┌──────────────────────┐ │
│ │例：企業結合集団に属する会社等が保有する株│ │例：議決権保有比率が10％以下　かつ役員兼任なし│ │
│ │  式に係る議決権を合計した割合が50％超　ま│ │  同一の企業結合集団に属する会社の合併，事業│ │
│ │  たは20％超かつ割合の順位が単独第1位   │ │  譲受け　　　　　　　　　　　　　等  │ │
│ │  兼任役員が双方に代表権を有する　　等 │ │                          │ │
│ └──────────────────────────┘ └──────────────────────┘ │
└──────────────────────────────────────────────┘
           ↓ 対象となる                    ↓ 対象とならない

┌─ 一定の取引分野の画定 ─────────────────────────────────┐
│   当事会社グループが行っている事業すべてについて，取引対象商品の範囲，地理的範囲│
│   等をそれぞれ画定する。一定の取引分野の画定にあたっては，基本的には，需要者にとっ│
│   ての代替性の観点から，また，必要に応じて供給者にとっての代替性の観点からも判断す│
│   ることとなる。                                                    │
└──────────────────────────────────────────────┘
           ↓

┌─ 画定された一定の取引分野ごとに競争を実質的に制限することとなるか否かを判断 ──┐
│         ┌──────────────────────────────────┐       │
│ 該当しない │【水平型】①HHI1,500以下　②HHI1,500超2,500以下かつHHI増分250以下 │ 該当する │
│         │      または　　③HHI2,500超かつHHI増分150以下               │       │
│         └──────────────────────────────────┘       │
│         ┌──────────────────────────────────┐       │
│ 該当しない │【垂直・混合型】①市場シェア10％以下　または　HHI2,500以下かつ市場シェア25％以下│ 該当する │
│         └──────────────────────────────────┘       │
│                         ↓ 2つの観点から検討                         │
│  ┌────────────────────┐  ┌──────────────────────┐ │
│  │ 単独行動による競争の実質的制限について検討 │  │ 協調的行動による競争の実質的制限についての検討 │ │
│  │【当事会社グループの地位および競争者の状況】│  │【当事会社グループの地位および競争者の状況】 │ │
│  │・市場シェアおよびその順位          │  │・競争者の数等                 │ │
│  │・当事会社間の従来の競争の状況等       │  │・当事会社間の従来の競争の状況等        │ │
│  │・競争者の市場シェアとの格差         │  │・競争者の供給余力                │ │
│  │・競争者の供給余力および差別化の程度     │  │【取引の実態等】                 │ │
│  │【輸入】                      │  │ 取引条件，需要動向，技術革新の動向，    │ │
│  │ 制度上の障壁の程度，輸入に係る輸送費用の │  │ 過去の競争の状況　等             │ │
│  │ 程度や流通上の問題，輸入品との代替性の程 │  │【その他】                     │ │
│  │ 度，海外の供給可能性の程度          │  │・輸入，参入，隣接市場，需要者からの競争圧力 │ │
│  │【参入】                      │  │・速効性および当事会社グループの経営状況　等 │ │
│  │ 制度上・実態面での参入障壁の程度，参入者 │  └──────────────────────┘ │
│  │ の商品との代替性の程度，参入可能性の程度 │          ┌─ 各要素を総合勘案 ─┐    │
│  │                            │    問題あり  │ 問題なし        │    │
│  │                            │         │   ・単独・協調とも問題がない │    │
│  │                            │         │    場合に限る         │    │
│  │【その他】                    │         └──────────────┘    │
│  │・隣接市場からの競争圧力 ・需要者からの競 │    ┌──────────────────┐ │
│  │ 争圧力                      │ ←─ │ ただちに一定の取引分野における競 │ │
│  │・総合的な事業能力 ・速効性 ・経営状況　等 │    │ 争を実質的に制限することとはなら │ │
│  └────────────────────┘    │ ないとの判断            │ │
│             ┌─ 各要素を総合勘案 ─┐            └──────────────────┘ │
│          問題あり │ 問題なし                                  │
│         ┌────────────────┐   ┌──────────┐             │
│         │ 一定の取引分野における競争を実質的に制限す │ → │ 問題解消措置   │             │
│         │ ることとなるとの判断           │   └──────────┘             │
│         │                          │ → ┌──────────┐             │
│         └────────────────┘   │ 排除措置の対象  │             │
│                                      └──────────┘             │
└──────────────────────────────────────────────┘
```

第2節　審査の対象となる場合

I　結合関係の認定

1　株式保有

(1)　結合関係認定の意義

企業結合のうち合併（15条），分割（15条の2），共同株式移転（15条の3），事業譲受け等（16条）については，通常それにより，当然に結合関係が発生する。これに対して，株式保有（10条，14条），役員兼任（13条）については，事案に応じた結合関係の認定が必要である。

結合関係の認定において注目すべきは，市場における競争単位の減少である。したがって，当事会社間に「実質的一体化」が認められればよい。ここでは，一方が他方を「支配」するような関係は必要なく，相手方ないし相互の事業活動に「相当な影響」を及ぼす関係があれば足りる。

なお，学説には，法文上は企業結合手段と競争の実質的制限との間に因果関係を要するのみであるから，結合関係の認定は不可欠でないとする意見がある[7]。寡占市場においては少数株式取得であっても，競争者の行動に大きな影響を与えうることを懸念するのである。もっとも通説においても結合関係の認定基準は「相当な影響」にまで稀釈化されており，思考のプロセスとして結合関係の認定を前置することが不合理とまではいえないであろう。後述するように，企業結合ガイドラインが示す結合関係認定の数値基準が絶対的なものでないことはもちろんである[8]。

(2)　10条，14条

10条および14条は，株式保有規制について定める。10条の名宛人は「会社」である。会社が他の会社の株式を取得または所有することにより，市場

---

[7]　根岸哲『経済法』（放送大学教育振興会，2000年）167頁，根岸哲「独禁法における行動規制と構造規制」『厚谷襄児先生古稀記念論集　競争法の現代的諸相（上）』（信山社，2005年）420-426頁参照。

[8]　反対に，企業結合規制を「固い結合」の規制として一体的に構成するために，少数株式取得等による「相当な影響」では足らず，「支配」関係まで必要とする説として，平林英勝『独占禁止法の解釈・施行・歴史』（商事法務，2005年）156頁参照。

支配力が形成，維持，強化されることを規制する。会社とは，株式会社，合名会社，合資会社，合同会社，相互会社，および外国会社（9条2項括弧書）である。「株式」には，合名会社，合資会社，合同会社，および相互会社の「社員の持分」を含む（9条1項）。「取得」とは株式を新たに所有する行為であり，「所有」とは継続的な所有状態である。取得と所有をあわせて「保有」と呼ぶ。取得は売買契約の履行により完了し，会社に対する対抗要件としての名義書換（会社法130条1項）は不要である[9]。

取得に加えて所有を規制対象とすることは，株式取得時に独禁法上問題なしとされた場合であっても，事後の株主構成や市場状況の変化により，その処分を命じうることを意味する。株式保有は，合併，分割，共同株式移転，事業譲受け等と異なり，可逆性が高いことに基づく。なお，株式交換も株式取得として扱われる。

14条の名宛人は「会社以外の者」である。具体的には，会社以外の社団法人，財団法人，特殊法人，地方公共団体，金庫，組合，個人等が考えられる。事業者である必要はない。14条については，①ある個人がA会社とB会社の株式を保有することにより，A会社間とB会社間とに結合関係が成立する場合のほか，②事業者と呼べる「会社以外の者」Aが競争関係にあるB会社の株式を保有する場合が，規制対象として考えられる。

10条に関する正式事件として，日本石油運送事件・審判審決昭26・6・25，および日本楽器事件・勧告審決昭32・1・30がある。日本楽器事件では，競争者の株式を第三者名義により25％取得したことが，10条の脱法行為として17条違反とされた[10]。排除措置として，14％を超える部分について，株式の処分が命じられた。10条に関する公表事例は多い。14条について，正式事件および公表事例はない。

(3) 企業結合ガイドライン

企業結合ガイドラインは，株式保有に基づく結合関係が認定できる場合として，次のように述べる（第1の1(1)ア）。第1に，議決権保有比率が50％

---

[9] 山田昭典「企業結合審査と手続上の留意点」商事法務1733号20頁。なお，募集株式発行の場合には会社法209条の規定日に取得が完了すると考えられる。

[10] 株式保有の規制について公取委は，保有名義が第三者であれば17条を適用するという法運用を行っている。日本楽器事件のほか，11条に関する野村證券事件・勧告審決平3・11・11参照。

を超える場合[11]。第2に，議決権保有比率が20％を超え，かつ，議決権保有比率の順位が単独で第1位となる場合。議決権保有比率については，10条2項に規定される企業結合集団をベースにする。なお，20％，50％という議決権保有比率は，会社による株式取得に関する事前届出制度の基準値と合致する。

　企業結合ガイドラインは，上記以外の場合には株式保有に基づく結合関係を「通常認定できない」とした上で，議決権保有比率の程度および順位，株主間の議決権保有比率の格差，株主の分散の状況，議決権相互保有の状況，役員兼任関係，取引関係等を考慮して，結合関係を認定すると述べる（第1の1(1)イ）[12]。これら考慮要素のうち，議決権の「相互保有」は重要である。議決権が相互保有される場合には，低い議決権保有比率により一体性を認定することができる。

　なお，企業結合ガイドラインは，議決権保有比率が10％以下または議決権保有比率の順位が第4位以下のときは，結合関係を認定できないとする[13]。これは結合関係の認定段階において，企業結合規制にセーフハーバーを設けるものである。しかし企業結合規制における関心は，市場における競争単位の減少である。企業結合により，当事会社に一体性が生じるかを実質的に判断することが必要なはずであり[14]，このようにセーフハーバーを設けることが適当か否かについて，議論がある[15]。

(4) 共同出資会社

　共同出資会社（共同子会社）を通じて，出資会社（親会社）間に結合関係

---

11) 独禁法の規制は株式の保有であるが，結合関係の認定は議決権に注目して行われる。
12) 新日鉄・住金合併事例【平成23年度事例2】は，①議決権保有比率10％超・単独第1位であることのほか，従業員と役員の兼任，業務提携の存在から結合関係を認定する例と，②同様に議決権保有比率10％超・単独第1位であるにもかかわらず，役員兼任関係，第2位以下の株主との議決権保有比率の格差，需要者による議決権の保有などから結合関係を否定する例を示す。
13) 上とは異なり，議決権保有比率は企業結合集団をベースとしない。
14) 一体性は，強固なものから緩いものまで存在する。それら一体性の程度は，市場における競争に影響を及ぼす。新日鉄・住金合併事例【平成23年度事例2】は，結合関係を認定するものの，「両社が完全に一体化して事業活動を行うような強固な関係ではなく，緩やかであり，一定程度の競争関係を維持している」と判断する例を示す。
15) 池田千鶴「企業結合規制（審査手続及び審査基準）の見直し」公正取引729号16頁参照。

が生じる場合もある。共同出資会社とは，「2以上の会社が，共通の利益のために必要な事業を遂行させることを目的として，契約等により共同で設立し，又は取得した会社」（第1の1(1)ウ）である。

共同出資会社については，出資会社間の結合関係に注意が必要である（間接結合）。企業結合ガイドラインは，出資会社間の具体的な契約の内容や取引関係等を考慮して，間接結合の認定を行うとする[16]。出資に伴う出資会社間の利害の共通化も重要である。なお，企業結合ガイドラインは，出資会社と共同出資会社間の結合関係にも言及する。しかしこれは，両者の間に競争を期待するものではないであろう。出資会社と共同出資会社間の結合関係を断つことによって，出資会社間の結合関係を断つことになる場面において意味がある。

2　役員兼任

(1)　13条

13条は，役員兼任の規制について定める。13条の名宛人は「会社の役員又は従業員」である。まず「役員」とは，「理事，取締役，執行役，業務を執行する社員，監事若しくは監査役若しくはこれらに準ずる者，支配人又は本店若しくは支店の事業の主任者」である（2条3項）。同定義のうち「これらに準ずる者」とは，相談役，顧問，参与等の名称で，会社経営に実際に参画している者である。次に「従業員」とは，「継続して会社の業務に従事する者であつて，役員以外の者」（13条1項括弧書）である。臨時雇いは含まれないが，出向者は従業員に含まれる。

13条は，「会社の役員又は従業員」が，「他の会社の役員」を兼任する場合を規制対象とする。したがって，①一方的な役員派遣は13条の規制対象外であるし，また②会社の従業員が他の会社の従業員を兼任する場合も，13条の規制対象外である。もっとも，これら場合を17条で規制できるかは，1つの論点である。

(2)　企業結合ガイドライン

企業結合ガイドラインは，役員兼任に基づく結合関係が認定できる場合と

---

[16]　間接結合を認定した事例として，カンタス・JAL共同出資会社設立事例【平成23年度事例8】参照。

して，次のように述べる（第1の2(2)）。第1に，兼任当事会社のうちの1社の役員総数に占める他の当事会社の役員または従業員の割合が過半である場合。第2に，兼任する役員が双方に代表権を有する場合。これら以外の場合には，常勤または代表権のある取締役による兼任か否か，兼任当事会社のうちの1社の役員総数に占める他の当事会社の役員または従業員の割合，兼任当事会社間の議決権保有状況，兼任当事会社間の取引関係，業務提携等の関係を考慮して，結合関係を認定するとする[17]。

以上に対して，企業結合ガイドラインは，原則として役員兼任に基づく結合関係を認定できない場合として，次のように述べる（第1の2(4)）。第1に，代表権のない者のみによる兼任であって，兼任当事会社のいずれにおいても役員総数に占める他の当事会社の役員または従業員の割合が10％以下の場合。第2に，議決権保有比率が10％以下の会社間における常勤取締役でない者のみによる兼任であって，兼任当事会社のいずれにおいても役員総数に占める他の当事会社の役員または従業員の割合が25％以下の場合。

(3) 株式保有および役員兼任による結合関係

役員兼任は株式保有を前提とすることが多い。広島電鉄事件・同意審決昭48・7・17では，①広島電鉄が広島バスの発行済株式13万株のうち11万株（約85％）を取得し，また②広島電鉄の役員および従業員4名が，広島バスの取締役3名および監査役1名を兼任することが問題になった。広島バスの取締役は5名であり，監査役は1名であった。

本件では，①について10条が適用され，②について13条が適用された。その上で，排除措置として，①について11万株のうち8万5,000株の処分，および②について兼任役員4名全員の辞任が命じられた。広島電鉄事件は，13条が適用された唯一の正式事件である。

ところで，株式保有のみでは結合関係を認定できず，また役員兼任のみでも結合関係を認定できないが，株式保有および役員兼任をあわせれば結合関係を認定できる場合がある[18]。このような場合に10条および13条をともに

---

17) たとえば，代表権を有する重要な地位を兼任する場合には，兼任者の数が1名であっても結合関係を認定できる場合がありえよう（鵜瀞恵子編『新しい合併・株式保有規制の解説』別冊商事法務209号18頁参照）。

18) 「株式所有及び役員兼任による結合関係」に言及する事例として，ペカルト・ブリヂストンメタルファ役員兼任事例【平成7年度事例6】がある。本件は，株式所有と役員兼任

適用できないとの意見もある。しかしこの場合，株式保有，役員兼任ともに条件関係は存在するのであり，結合との因果関係を認めることができる。したがって10条および13条を重畳的に適用し[19]，または10条もしくは13条を個別に適用すればよい。公取委は，後者，特に10条の単独適用を検討するようである[20]。

II 分割・共同株式移転・事業譲受け等

合併（15条）類似の企業結合行為を規制するものとして，分割の規制（15条の2），共同株式移転の規制（15条の3），および事業譲受け等の規制（16条）がある。これらの名宛人は「会社」である。定義は10条におけるものと同じである。

15条の2は，共同新設分割および吸収分割を規制する。新設分割が会社の一部門の分社化に用いられる場合には，競争単位の減少はなく競争上の問題はない。そこで新設分割のうち，「共同」新設分割のみを規制するのである。

15条の3は，共同株式移転を規制する。共同株式移転は，新たに設立される会社が当事会社の株式の全部を取得するものであるから，合併と同様の強固な結合関係をもたらすものである。

16条は，事業の全部または重要部分の譲受け（1項1号），事業上の固定資産の全部または重要部分の譲受け（同項2号），事業の全部または重要部分の賃借（同項3号），事業の全部または重要部分についての経営の受任（同項4号），および事業上の損益全部を共通にする契約の締結（同項5号）を規制する。

15条の2における届出基準，および16条1項1号ないし4号における実体基準として用いられる（事業または事業上の固定資産の）「重要部分」は，市場における競争単位の減少という観点に基づき，解釈される。したがって会社法467条1項2号における「重要な一部」の内容と必ずしも合致しない。

　　　　関係が契約により関連付けられていた事例である。
　19) 根岸・問題145頁参照。
　20) 舟橋和幸編『独占禁止法による合併・株式保有規制の解説』別冊商事法務169号94頁は，「株式所有関係と役員の兼任関係が複合して存在する場合には，株式所有による企業の結合関係を認定する際の追加的考慮事項とされる場合が多い」とする。

企業結合ガイドラインは,「重要部分」とは「事業を承継しようとする会社ではなく,事業を承継させようとする会社にとっての重要部分」を意味するとする（第1の4(3)）。そして,これは①当該承継部分が1つの経営単位として機能しうるような形態を備え,かつ②事業を承継させようとする会社の事業の実態からみて客観的に価値を有する場合とする。なお,企業結合ガイドラインは,年間売上高に占める割合が5％以下かつ1億円以下の場合には,通常「重要部分」に該当しないとする。

　15条の2に関する公表事例として,新日鉄・住友金属工業ステンレス事業統合事例【平成14年度事例8】がある。15条の3に関する公表事例として,肥後銀行・鹿児島銀行共同株式移転事例【平成27年度事例10】がある。15条の3は,2009（平成21）年の法改正により,新たに設けられた。かつて共同株式移転は,10条の規制対象であった。16条に関する正式事件として,東宝・スバル事件・審判審決昭25・9・29がある。

第3節　市場画定

I　市場画定の意義

1　市場支配力が成立する範囲としての市場

　企業結合ガイドラインは,結合関係の認定に続いて,「一定の取引分野」の画定を行うとする。企業結合ガイドラインは,「一定の取引分野」は「企業結合により競争が制限されることとなるか否かを判断するための範囲」を意味するとする（第2の1）。これは経済学上の「市場」である。

　それでは「市場」は,どのように画定されるのか。企業結合規制の分野に限らず,伝統的な市場支配力分析は,市場画定の後,市場シェア算定へと進む[21]。そして,市場シェアの意義は,市場支配力発生のおそれを,客観的数

---

[21]　市場画定・市場支配力分析が特に重要となるのが,企業結合規制である。他の独禁法違反行為については,通常,事後的に行為の反競争効果を評価することになる。したがって,行為前の市場状況および行為後の市場状況を,実際に確認および比較できる場合が多い。しかし企業結合については,企業結合後の市場状況を事前に予測せざるをえず,そのために慎重かつ精緻な市場支配力分析が必要となる。

値(百分率)で表しうる点にある。したがって市場は,その領域内で競争がなくなったとしたなら,完全な市場支配力(独占力)が発生する範囲である必要がある。市場支配力を規律するのは,①需要の代替性,および②供給の代替性である。

　まず,①需要の代替性は,次のように市場支配力を規律する。たとえば,ある企業がA商品の価格を引き上げた場合に,多くの消費者がB商品の購入を検討するのであれば,A商品の価格引上げは不可能である。同様に,ある町の企業Aが商品の価格を引き上げた場合に,多くの消費者が隣町の企業Bからの購入を検討するのであれば,企業Aの価格引上げは不可能である。前者は,需要者が他の商品を購入することにより,価格引上げが不可能になる場合である(商品市場における需要の代替性)。後者は,需要者がその購入地域を拡大することにより,価格引上げが不可能になる場合である(地理的市場における需要の代替性)。

　次に,②供給の代替性は,次のように市場支配力を規律する。たとえば,ある企業がA商品の価格を引き上げた場合に,B商品の生産者の多くがA商品の生産に転換するのであれば,A商品の価格引上げは不可能である。同様に,ある町の企業Aが商品の価格を引き上げた場合に,隣町の企業Bが超過利潤を求めて参入してくれば,企業Aの価格引上げは不可能である。前者は,他の商品の供給者が参入してくることにより,価格引上げが不可能になる場合である(商品市場における供給の代替性)。後者は,他の地域の供給者が参入してくることにより,価格引上げが不可能になる場合である(地理的市場における供給の代替性)。

　以上から,市場支配力が存在するためには,需要側の競争圧力および供給側の競争圧力が存在しないことが前提となることがわかる。すなわち市場は,需要側の競争圧力および供給側の競争圧力が機能しうる範囲に成立する。

2　原油処理市場・粗鋼生産市場

　市場画定について,①原油処理量の調整カルテル事件(石油生産調整刑事事件・東京高判昭55・9・26)において「原油処理市場」を画定できるか,また②大手鉄鋼メーカーの合併事件(新日鉄合併事件・同意審決昭44・10・30)において「銑鉄や粗鋼の生産市場」を画定できるかと議論されたことが

ある[22]。

　これら市場画定を支持する見解もあるが[23]、石油生産調整刑事事件判決は「原油処理とは原油を精製するため蒸留装置にかけることであるから、原油処理そのものの取引分野というものを考えることは困難」とし、通説も、それらが中間生産であり取引対象でない以上、「一定の取引分野」とはいえないとする[24]。もっとも、結合生産や供給の代替性を考慮した結果として、実質的に原油処理能力や銑鉄・粗鋼生産能力に基づき市場画定したと同程度に、商品市場が拡大することはありうる。

II　SSNIP 基準（仮定的独占者テスト）

1　SSNIP 基準

　市場支配力が存在しうる範囲という観点に基づき、市場画定を行おうとするものとして、「SSNIP 基準」と呼ばれるものがある。SSNIP 基準は「仮定的独占者テスト」とも呼ばれる。市場シェアを市場分析に用いるためには、市場画定において SSNIP 基準の考え方が必要となる。

　SSNIP 基準とは、ある領域を独占している企業が「小幅ではあるが、実質的かつ一時的ではない価格引上げ（small but significant and nontransitory increase in price）」を行って利潤を得ることのできる場合に、同領域を市場とする考え方である。米国反トラスト政策に起源を有し、比較法的に広く支持を受ける市場画定道具である。企業結合ガイドラインも SSNIP 基準の採用を明示する。

　企業結合ガイドラインは、市場を「商品の範囲」と「地理的範囲」とに分ける。講学上、前者は商品市場、後者は地理的市場と呼ばれる。SSNIP 基準に基づき、商品市場は次のように画定される。まず、企業結合により問題となりそうな商品を考える。水平型企業結合であれば、当事会社がともに生産を行っている商品の最小範囲である。次に、その暫定商品市場における独占者を仮定する。そして、その仮定的独占者が「小幅ではあるが、実質的かつ一時的でない価格引上げ」を行いうるかを検討する。

---

22)　金井貴嗣・百選［第 5 版］132 頁。
23)　たとえば、村上［第 2 版］353 頁参照。
24)　条解 375 頁（根岸哲）参照。

企業結合ガイドラインは，①「小幅ではあるが実質的」とは5％から10％の価格引上げを指し，②「一時的ではない」とは1年を指すとする。数値に絶対的意味はないが，①価格引上げ幅が大きくなればなるほど，また②期間が長くなればなるほど，需要の代替性および供給の代替性を広く検討できるので，市場は広く画定されることになる（通常，当事会社の市場シェアが低く算定され，当事会社に有利になる）。

さて，仮定的独占者が価格引上げによって利潤を得ることが可能であれば，それが関連商品市場ということになる。しかしそれが不可能であれば，暫定商品市場は狭すぎたということになる。その暫定商品市場には，需要面ないし供給面において，独占者の成立を妨げる競争圧力（代替商品）がいまなお存在するのである。その際には，需要面および供給面における次善代替商品を，暫定市場に含めてみる。そして同様の価格引上げを仮定する。この作業を繰り返し，仮定的独占者の価格引上げが可能となる最小の市場を画定する。この市場が，SSNIP基準が求める関連商品市場である。

地理的市場の画定は当該関連商品について，同様にSSNIP基準を適用することになる。その結果得られる市場が，「関連市場」すなわち「一定の取引分野」である。当該市場は，需要面および供給面において，競争圧力が有意に機能しうる最小範囲である。結合企業の市場シェアはその範囲において算定され，初めて市場支配力を表す指標としての意味を有することになる。

2　実際の事件処理における機能

SSNIP基準は，実際の事件分析において，関連市場を推認させる様々な間接証拠につき，その解釈に一貫した意味を与える思考方法として機能する。関連市場の画定は，多くの間接証拠によりなされる。企業結合ガイドラインは，需要の代替性の評価について，以下のような考慮要素を指摘する。

まず商品市場については，「商品の代替性の程度は，当該商品の効用等の同種性の程度と一致することが多く，この基準で判断できることが多い」とした上で，その判断につき，①用途の同一性，②価格・数量の動き，③需要者の認識・行動といった考慮要素を指摘する（第2の2）。また地理的市場については，「各地域で供給される商品の代替性は，需要者および供給者の行動や当該商品の輸送に係る問題の有無等から判断できることが多い」とし

た上で，その判断につき，①供給者の事業地域，需要者の買い回る範囲，②商品の特性（商品の鮮度維持の難易，破損性，輸送の困難性等），③輸送手段やその費用等といった考慮要素を指摘する（第2の3）。

企業結合ガイドラインは，供給の代替性の評価については，多大な追加的費用やリスクを伴わない短期間（1年以内を目処）による転換を判断するとし，その判断につき，「供給に要する設備等の相違や切替えに要する費用の大きさ等」を考慮要素として指摘する（第2の2）。

3　これまでの実務

これまでの実務を見ると，商品市場の画定については，「機能・効用の同一性」を手がかりとして，当事会社間の競合商品を関連市場とした事例が目立つが，機能・効用の観点からポリエチレンの製造事業について3つの市場に細分化した事例（三井化学・出光興産ポリオレフィン事業統合事例【平成16年度事例8】）があるほか，新生瓦の製造業者間の事業統合について「機能・効用が同一であり，両製品の価格差も小さい」として「住宅用新生瓦及び粘土瓦」に拡大して市場を画定した事例（松下電工・松下電工外装・クボタ屋根材等事業統合事例【平成15年度事例3】）もある。商品市場の画定にあたり，機能・効用のほか，価格差や価格変動，原料の同一性などに言及する事例もあるが，それらの考慮はあくまで機能・効用基準を補完するものとなっている。

地理的市場の画定については，全国を関連市場とする事例が多いが，広島市における電鉄業者とバス事業者との企業結合について広島市の主要地域を市場とした事件（広島電鉄事件・同意審決昭48・7・17）があるほか，商品特性に起因する長距離輸送の困難性などから全国市場を8ブロックに分けた事例（日本石油・三菱石油合併事例【平成10年度事例7】，エクソン・モービル事業統合事例【平成11年度事例10】），買参人の分布状況から青果卸売市場を中心とする半径20キロ圏内を市場とした事例（東京新宿青果・東京淀橋青果青果物卸売事業統合事例【平成16年度事例11】），立地状況や規模等に基づく商圏として店舗ごとに半径500m〜3kmの円形の範囲を市場とした事例（マックスバリュ関東・マルエツ・カスミ経営統合事例【平成26年度事例9】）がある。

以上のような，これまでの公取委実務は，SSNIP基準に基づく仮想的な市場画定手法というよりも，既存の競争関係に基づく現状追認的な市場画定

手法とも評価できた[25]。しかしSSNIP基準を明示するガイドラインに従い，このような実務も変化するものと考えられる[26]。

4　セロファン・ファラシー

SSNIP基準が参照する「前提価格」によって生ずる問題がある。すでに市場支配力が行使されている場合，当該非競争的な高価格を前提にさらに価格引上げを仮定すれば，市場が無意味に拡大されてしまうという問題である。市場支配力がすでに存在し行使されているならば，そこにSSNIP基準をあてはめたとしても，有意な市場を画定できないのである。これは，米国の著名な判例にちなみセロファン・ファラシーと呼ばれる。セロファン・ファラシーの解決には，仮定的な競争価格を想定するほかはない[27]。

これに対し，現在の市場状況よりも悪化する場合のみが企業結合規制の対象との考え方もありえないではない。しかし通説は，企業結合規制は市場支配力の「形成」の防止だけではなく，市場支配力の「維持・強化」にも及ぶものと考えており，やはりこの問題に撞着することになる[28]。

---

[25] 川濱昇ほか『企業結合ガイドラインの解説と分析』（商事法務，2008年）80頁（宮井雅明）参照。

[26] 市場画定は，後に見るセーフハーバー該当性を判断する前提となり，また競争圧力を確認する前提となる。したがって実務において，市場画定が主要な争点となることが多い。共英製鋼・東京鐵鋼経営統合事例【平成21年度事例4】は，当事会社がSSNIP基準に基づく経済分析結果に依拠して広い市場を主張したことに対して，データの問題，需要者らに対するヒアリング結果から，当事会社の主張を受け入れることができないとした事例である。

[27] セロファン・ファラシーを含めたSSNIP基準の問題について，林秀弥『企業結合規制・独占禁止法による競争評価の理論』（商事法務，2011年）430頁以下参照。

[28] 宮井雅明「市場支配力の法的分析」学会年報24号（2003年）29頁参照。もっとも公表事例には，市場シェアの有意な上昇や順位の変動がないことを理由として，企業結合を認めるものも目立つ。たとえば，「当事会社のシェア増加が僅少であること」を理由に詳細審査が不要とする東海カーボン・三菱化学カーボンブラック事業統合事例【平成16年度事例10】，「順位が変更しない」ことを積極的に評価する日立造船・日本鋼管造船事業統合事例【平成13年度事例11】参照。これらは，現在の市場状況より悪化する場合に限って，企業結合規制を行っているようにもみえる。

Ⅲ　世界市場・下位市場・クラスター市場

1　世界市場の問題

　市場画定における重要な問題として，世界市場（グローバル市場）の問題がある。経済が国際化する中で，日本企業が海外に進出し，また日本の需要者が海外から商品を購入する現象がみられる。このような現象について，企業結合ガイドラインは，「ある商品について，内外の需要者が内外の供給者を差別することなく取引しているような場合には，日本において価格が引き上げられたとしても，日本の需要者が，海外の供給者にも当該商品の購入を代替し得るために，日本における価格引上げが妨げられることがあり得る。このような場合には，国境を越えて地理的範囲が画定されることとなる」とする（第2の3）。

　そして企業結合ガイドラインは，そのような例として，「内外の主要な供給者が世界（又は東アジア）中の販売地域において実質的に同等の価格で販売しており，需要者が世界（又は東アジア）各地の供給者から主要な調達先を選定しているような場合は，世界（又は東アジア）市場が画定され得る」とする（第2の3⑵）。海上運送で取引される鉄鉱石について，世界中で連動した価格が観察されることを考慮して世界市場を画定した事例として，BHPビリトン・リオティントJV設立事例【平成22年度事例1】がある。また，統一の指標価格が存在することを考慮してアジア地域市場を画定した事例として，新日本石油・新日鉱ホールディングス経営統合事例【平成21年度事例2】がある。

　2007（平成19）年に企業結合ガイドラインが一部改正されるまで，公取委は，地理的市場の外延を日本国外に広げることはできないとの立場をとっていた。国外に及ぶ需要の代替性や供給の代替性については，外国事業者からの輸入量，国内向けに転換可能な国内事業者の輸出量等を，市場分析の段階において考慮するとの手法を採用していたのである。このような実務に対しては，まずは経済実態に基づき国外に及ぶ市場を画定してしまい，法律の適用問題は別途検討すればよいとの意見があった。現在の企業結合ガイドラインはこのような意見に沿うものである。かつて「輸入」等として市場分析段階において考慮されていたものの一部は，市場参加者に含められる（市場集

中度の基礎となる）ことになる[29]。

　なお，日本国外に及ぶ市場や，さらには世界市場を画定すべきだという主張が，日本企業が海外市場において競争力を獲得，維持するために，国内市場における市場支配力形成を甘受すべきとの立場からなされる場合がある。しかし，これは独禁法の解釈としてはとりえない。市場画定は，わが国の需要者に不利益となりかねない市場支配力を測定するために行われるのであり，当該企業が他国で活発な競争を行うか否かは，同測定に直接の関連性を持たない。

2　下位市場の問題
(1)　価格差別の場合

　市場画定においては，下位市場（二次的市場）も重要な論点である。市場は商品ごとに成立するので，当事会社が2つ以上の商品を扱う場合には，商品それぞれについて市場が成立することはもちろんである。また同一商品であっても，地理的市場が異なれば，2つ以上の市場が成立する。

　これらとは異なり，画定された市場に包摂される形で，さらに小さな市場の成立が主張される場合がある。企業結合ガイドラインも，「一定の取引分野は，取引実態に応じ，ある商品の範囲（又は地理的範囲等）について成立すると同時に，それより広い（又は狭い）商品の範囲（又は地理的範囲等）についても成立するというように，重層的に成立することがある」とする（第2の1）。このような市場は，下位市場と呼ばれる。

　公取委実務でも，下位市場を画定する事例がある[30]。それらの理由としては，①価格差別（第7章第2節Ⅲ参照）の場合が考えられるほか，わが国実務の説明としては，②供給の代替性の時間的変化を考慮している可能性，ま

---

[29]　新日鉄・住金合併事例【平成23年度事例2】は，H形鋼について，国境を越えて地理的範囲が画定される可能性を認めつつも，当事会社がその旨の資料を提出しなかったことから，「日本全国」を地理的範囲として画定した上で，海外メーカー品の競争圧力を「輸入」として評価した。

[30]　商品市場について，博報堂・大広・読売広告社経営統合事例【平成15年度事例4】参照。地理的市場については，金融機関の結合事例に多くみられる。たとえば，岐阜県全体とともに県内の地域別にも市場を画定する，十六銀行・岐阜銀行優先株式取得事例【平成20年度事例6】参照。

た③関連市場の予備的検討を行っている可能性がある。

　まず，特定の需要者に対して価格差別が可能な場合は，下位市場が成立する典型的場合である[31]。カルテル事件ではあるが，石油入札価格協定事件・東京高判昭31・11・9では，一般的な石油販売市場の中に，大口需要者向けの下位市場が認められた[32]。一般的な石油販売市場とは異なり，大口需要者向け市場は参加者が限定された入札により取引がなされ，談合行為により価格差別が可能な場合であった。

　なお，ある需要者（群）が，他の需要者よりも高い価格を支払ってもよいと考えることが，下位市場を成立させるわけではない。需要者の留保価格（この値段なら買ってもよいと思っている価格）がそれぞれ異なることは当然である。市場画定で重要なのは，高い価格を払ってもよいと考える需要者に対して，実際に高価格をつけることができるか否かである。そのような需要者群が存在したとしても，それをターゲットとした価格設定が可能でない限りは，そのような需要者群に対する市場は画定できない。

（2）供給の代替性の時間的変化

　供給の代替性を考慮してより広い市場を画定したと考えられる事例がある。JAL・JAS事業統合事例【平成13年度事例10】においては，一定の取引分野として4市場が画定された。国内航空運送分野，羽田空港発着航空運送分野，伊丹空港発着航空運送分野，そしてJALとJASが競合する国内各路線分野である。このうち，羽田空港および伊丹空港発着の航空運送分野は「混雑空港発着路線」として検討対象とされた。

　当該市場画定に対する合理的説明の1つは，供給の代替性が機能するタイムスパンに応じて，市場支配力の検討を行ったというものである。すなわち，需要者の観点からは，各路線が市場と考えられる。しかし，各路線において市場支配力が形成されたとしても，他路線からの運行便の振り替えが行われれば（供給の代替性が機能すれば），価格引上げは不可能になる。ただし，航空運送事業を行うためには，航空法に基づく国土交通大臣からの事業許可が

31）下位市場の事例ではないが，価格差別の可能性から市場を画定した事例として，三井化学・住友化学工業事業統合事例【平成14年度事例6】がある。そこでは，アニリンについて「小口取引について，大口取引とは異なる販売価格をある程度自由に設定し，これを維持し得る状況が認められることから」，大口取引市場と小口取引市場が別に画定された。

32）評釈として，宮井雅明・百選［第6版］10頁。

必要であり，特に混雑空港の利用には別途の許可が必要である。したがって各路線における市場支配力は，これら許可が競争者に与えられるか否かにより，大きな影響を受けることになる。このように市場における競争状態が，混雑空港における許可が与えられる段階，国内運送事業における事業許可が与えられる段階において大きく変化する状況において，それぞれの段階における市場が画定されたと考えることができる[33]。

(3) 予備的な検討

公取委が，予備的検討として，下位市場を画定している可能性もある。公表事例では，当事会社の競合する複数商品のうち数種の商品を取り上げ，「重点審査対象」とすることがある。これは，問題となりうる商品市場について，予備的に検討を行っているともいえる。下位市場も，ある企業結合について厳格な市場画定が困難な場合に，成立の可能性ある市場すべてについて，公取委が予備的に検討を行っている可能性がある。NEC エレクトロニクス・ルネサステクノロジ合併事例【平成21年度事例6】は，統計上の分類，業界の定義の曖昧さを理由として，重畳的に商品市場を画定した事例である。

3 クラスター市場の問題

商品間に代替性がないにもかかわらず，それらを包摂する新たな市場を画定できるかという問題がある。このような市場は，クラスター市場と呼ばれる。商品をあわせて販売することで供給に要する費用を節約でき，また需要者の取引費用を節約できる場合に問題となる。クラスター市場と下位市場は，市場を重畳的に認める点において似ている。しかし下位市場を構成する商品間に代替性が認められるのに対して，クラスター市場を構成する商品間に代替性はない。損害保険会社の合併について自動車保険，自賠責保険，火災保険，傷害保険などの個別の保険種目ごとに市場を画定するとともに，損害保険全体について市場を画定した事例はクラスター市場で説明することができる（三井海上火災保険・住友海上火災保険合併事例【平成13年度事例2】）。

---

[33] これに対して，いわゆるマイレージプランを前提に，個別路線にとらわれずに航空会社の選択を問題にするビジネス顧客群の観点から説明を行うものとして，白石忠志「JAL・JAS の事業統合と独禁法」NBL747号8頁参照。

第4節　単独の市場支配力

I　競争の実質的制限の定義

1　市場支配力

　競争の実質的制限の解釈について，企業結合ガイドラインは，東宝・新東宝事件・東京高判昭28・12・7[34]を引用する。同判決は，「競争を実質的に制限するとは，競争自体が減少して，特定の事業者又は事業者集団がその意思で，ある程度自由に，価格，品質，数量，その他各般の条件を左右することによって，市場を支配することができる状態をもたらすことをいう」と定義する。同定義は不当な取引制限の禁止にかかる判示であるが，市場集中規制，私的独占の禁止等，独禁法全体に通じる定義として理解されている[35]。

　学説は，このような状況を，市場支配力が形成，維持，強化される場合（以下，単に「市場支配力の形成」という）と呼ぶ。市場支配力は，典型的には価格支配力に現れる。価格支配力とは，産出量を削減して市場価格に影響を及ぼしうる力のことである。もっとも市場支配力は，品質改善の誘因低下等，非価格競争への悪影響という形で現れることもある。前掲東宝・新東宝事件判決も，「価格，品質，数量，その他各般の条件を左右する」として，この点を明示する。しかしながら，非価格競争へ悪影響を及ぼしうる力も価格支配力に起因する。したがって，企業結合規制における通常の違法性判断においては，価格支配力の形成を問題にすれば足りる。

　市場支配力については，市場の開放性を妨げる力，すなわち市場から競争者を排除する力ないし新規参入を妨げる力をめぐって，議論がある。学説には，当該力をもって，価格支配力とは別個の市場支配力概念を構成すると考

---

[34]　また，競争の実質的制限の解釈に関する基本判例として，東宝・スバル事件・東京高判昭26・9・19がある。両判決の比較検討も含め競争の実質的制限の解釈については，川濵昇「『競争の実質的制限』と市場支配力」正田古稀112頁参照。

[35]　市場集中規制の各規定は，私的独占の禁止や不当な取引制限の禁止等と異なり，競争を実質的に制限する「こととなる」場合を法律要件とする。この「こととなる」の意味について，企業結合ガイドラインは，「競争の実質的制限が必然ではないが容易に現出し得る状況がもたらされることで足りるとする蓋然性を意味する」という（第3の1(2)）。

える立場がある[36]。この立場によると，競争者を排除しうる地位をもって，市場支配力の形成と考えることになる。

これに対しては，競争者や新規参入者の排除は，価格支配力形成に至る1つのシナリオであり，独自の市場支配力概念を構成するものではないとの立場がある。この立場によると，競争者の排除は市場支配力認定の重要な要素ではあるが，しかしあくまで一要素であるにすぎない。公取委は，共同ボイコットの違法性判断基準について，このような立場を示している。もっとも価格支配力形成に至る1つのシナリオと理解する立場においても，公取委の基準については閾値が高いと指摘される[37]。

2 有効競争

石油価格カルテル刑事事件・東京高判昭55・9・26は，「競争の実質的制限とは，一定の取引分野における競争を全体として見て，その取引分野における有効な競争を期待することがほとんど不可能な状態をもたらすことをいう」とした。この判示を捉えて，競争の実質的制限の解釈について，産業組織論における有効競争理論に依拠したものと解する立場がある。

産業組織論における有効競争理論とは，市場の競争状態を市場構造，市場行動，市場成果の各規準から眺めようとするものである。たとえば，市場構造規準には，低い集中度，参入が容易，極端な製品差別化の不存在等が含まれる。しかしながら有効競争理論は，法規範になりうるものではない。有効競争理論は，市場の競争状況を叙述するための様々な市場環境を指摘するのみであり，客観的かつ一義的な規制基準を提供するものではない。したがって，競争の実質的制限を有効競争の不存在と理解しても，そこから何らかの法規範が生まれるわけではない。

また，そもそも上記判例は，有効競争理論の適用が意味を持つ場合ではない。すなわち上記判例はハードコア・カルテルに係る事例であり，いずれの立場であっても独禁法による厳格な規制が支持される事例である。そうすると，上記判例における有効競争への言及は，単に市場支配力の形成を抑制す

---

36) この点については，第2章第2節Ⅳ，第3章第4節Ⅵ2参照。
37) 川濵・前掲注34) 128頁。

る市場環境（効果的な競争）を形容したにすぎないと考えられる[38]。

II 市場支配力の立証

1 市場支配力形成の経済的条件

　市場支配力を有するとは，自己に利益となるように，競争水準を超えた価格設定が行える状況にあることを意味する。経済学の基礎から明らかだが，これは産出量を削減することによって，自己に利益を与えることができる状況と同じである。このような状況には単独企業が産出量削減によって利益を得る場合と，複数企業が産出量削減によって利益を得る場合がある。前者を「単独の市場支配力」と呼び，後者を「共同の市場支配力」と呼ぶ。

　産出量削減による価格引上げについて，企業結合ガイドラインは，「当事会社グループの生産・販売能力が大きいのに対し，他の事業者の生産・販売能力が小さい等の事情から，当事会社グループが当該商品の価格を引き上げた場合に，他の事業者が当該商品の価格を引き上げないで売上げを拡大することや，需要者が購入先をそのような他の事業者に振り替えることができないときがある」と説明する（第4の1(1)ア）。

　市場が有意に画定されている限り，市場における独占企業は十分な市場支配力を行使できる。それでは，独占企業といえない者は，どのような道筋で，市場支配力を行使できるのだろうか。産出量の削減は価格引上げをもたらすが，売上量の減少による利益の喪失も生み出す。市場シェアの小さい企業が自らの産出量削減によって市場価格を引き上げようとしても，売上量減少に伴う利益の喪失に照らして，価格引上げの効果は乏しいということになろう。また，産出量削減により価格が引き上げられたとしても当該企業の市場シェアが小さければ，競争者の生産余力が大きいと通常想定されることから，競争者がそれに対応して産出量を増大させる蓋然性が高い。共同の市場支配力の場合も同様である。それらの者の合計市場シェアが小さければ，価格引上げの効果が乏しい上に，アウトサイダーが産出量を増大させる蓋然性が高くなる。

　市場支配力は単に市場シェアだけで認定できるものではないが，市場シェ

38）　講座第2巻51頁（川濵昇）参照。

アが市場分析の出発点として重要なのは，以上の理由による。競争者の供給余力が市場支配力の抑制要因になることがあるのも，上記の理由による。

2　市場支配力の立証
(1)　量的基準
(i)　市場シェア

市場支配力を直接に認定することは著しく困難である。そこで，様々な市場要素を間接証拠として，市場支配力を推認せざるをえない。

企業結合ガイドラインが具体的判断要素としてまず示すのが，「当事会社グループの地位及び競争者の状況」である（第4の2）。これには，当事会社グループ（以下，単に「当事会社」という）[39]の市場シェアおよびその順位，当事会社間の従来の競争の状況，競争者の市場シェアとの格差，競争者の供給余力および差別化の程度が含まれる。続いて企業結合ガイドラインは，輸入，参入，隣接市場からの競争圧力，需要者からの競争圧力，総合的な事業能力，効率性，当事会社の経営状況を具体的判断要素として列挙する。

これら判断要素は「総合的に勘案」される。これは，いわばポイント制ないしチェックリスト制のように無機質に判断要素を検討するものではない。競争制限効果を示す要素が，競争促進効果を示す要素よりも量的に多いからといって，企業結合が規制されるわけではない。また逆もそうである。「総合的に勘案」するとは，競争促進効果と競争制限効果との比較衡量というよりは，競争制限効果が発生するかどうかの検討そのものである。

ただし，様々な判断要素を総合的に考慮せざるをえないとはいえ，市場シェアと市場集中度は，市場支配力を立証する際の出発点である。市場支配力の立証において，市場シェアと市場集中度は「量的基準」として，それ以外の「質的基準」と区別されてきた。特に，当事会社の市場シェア（共同の市場支配力形成であれば同調的行動をとると考えられる市場参加者の合計市場シェア）は，市場支配力形成の経済的必要条件である。当事会社の市場シェアが小さい場合，すなわち市場価格に影響を及ぼしうるだけの産出量を有さない

---

[39]　企業結合ガイドラインは，企業結合の直接的な当事者のみならず「企業結合により結合関係が形成・維持・強化されることとなるすべての会社」（第2）を指して，「当事会社グループ」という文言を用いる。

場合，産出量削減は企業に損失をもたらすだけである[40]。

企業結合ガイドラインは，「過去の事例に照らせば，企業結合後のHHIが2,500以下であり，かつ，企業結合後の当事会社グループの市場シェアが35％以下の場合には，競争を実質的に制限することとなるおそれは小さいと通常考えられる」とする（第4の1(3)）。

(ⅱ) 市場集中度

次に，市場集中度は，市場全体の競争状況を知る上で重要である。競争者数が多いほど，需要者にとって代替的取引先が多く，各企業が直面する需要の価格弾力性は大きなものとなろう。また後に述べるように，競争者数が多いほど，共同の市場支配力の形成および維持は困難となる。

市場集中度を計測する指標としては，累積集中度（CRn）およびハーフィンダール・ハーシュマン指数（HHI）の2つがよく知られている。累積集中度とは，上位n社の市場シェアを単純に合計したものである。1998（平成10）年の企業結合ガイドライン（公取委「株式保有，合併等に係る『一定の取引分野における競争を実質的に制限することとなる場合』の考え方」（1998年12月21日））は，「上位3社累積シェアが70％を超えることとなる場合には，競争者間において協調的行為が行われやすくなる」（第3の2(2)ア）としていた。

ただし累積集中度には，次の2つの限界がある。まず累積集中度には，上位企業以外の競争者について，情報が反映されない。また累積集中度では，次のような場合を区別できない。すなわち，首位企業が68％の市場シェアを有し，続く2企業が1％ずつの市場シェアを有する場合も，上位3社が70％の市場シェアをほぼ等分する場合も，ともに上位3社集中度は70％である。おそらく，前者は単独の市場支配力が問題になる場合であり，後者は共同の市場支配力が問題になる場合であろう。しかし累積集中度からは，この区別は不可能である。

累積集中度に対してHHIは，市場におけるすべての競争者について市場シェアを検討し，また競争者間の市場シェア格差をよりよく反映する。

---

[40] 当事会社の市場シェアが有する意味は，市場によって異なる。BHPビリトン・リオティントJV設立事例【平成22年度事例1】は，供給能力に制約があり，かつ需要が極めて非弾力的な市場において，低コスト・大規模供給者が市場価格を決定しうる要となる地位を有する事例であった。

HHI とは，すべての競争者について市場シェアを2乗した値を，合計したものである。理論上，0（完全競争）から 10,000（独占）の値をとる[41]。

企業結合ガイドラインは，企業結合後の HHI，および企業結合による HHI の増分に注目して[42]，次の3つの場合は，「水平型企業結合が一定の取引分野における競争を実質的に制限することとなるとは通常考えられ」ない（セーフハーバー）とする（第4の1(3)）。①企業結合後の HHI が 1,500 以下の場合，②企業結合後の HHI が 1,500 超 2,500 以下であり，かつ HHI の増分が 250 以下の場合，そして③企業結合後の HHI が 2,500 を超え，かつ HHI の増分が 150 以下の場合である。

(2) 市場支配力に関する推定則の問題

以上のように，企業結合ガイドラインは，市場シェアおよび市場集中度に基づくセーフハーバーを提示する。それでは反対に，一定の市場シェアや市場集中度を，市場支配力の推定準則として用いることは可能であろうか。すなわち，市場集中度が一定値を超えた場合に「一定の取引分野における競争を実質的制限に制限する」に至ったと推定を行い，それに対する反証を当事会社に要求することは可能であろうか。米国では，市場集中度に基づき企業結合が反競争効果を持つと推定されるという判例法がある[43]。

精緻な市場支配力分析を行うためには，市場状況に関する詳細な情報が必要である。特に共同の市場支配力（寡占的協調関係）の立証においてはそうである。そして規制当局よりも，当事会社側が，市場に関する情報を有していることも多い。したがってかかる推定則は，規制当局にとって大きな武器になる。

わが国においては，かかる推定規定はない。また，市場支配力の形成を推

---

[41] もちろん，HHI も絶対的なものではない。実際の市場分析では，様々な角度から市場を眺めて，初めて問題となる競争制限効果を知ることができる場合が多い。したがって，複数の指標から市場を眺めてみることも重要である。

[42] 企業結合ガイドラインは，市場参加者すべての市場シェアを把握することが困難な場合には，生産集中度調査から得られた関係式（HHI＝最上位企業の市場シェア(%)の2乗×0.75＋上位3社累積市場シェア(%)×24.5－466.3）を用いた推計値を用いるとする（第4の1(3)（注4））。

[43] 正確には米国では「違法性が推定される」ものとしており，推定が生じた後の被告側の反証の余地はかなり限定される。ドイツでは，市場シェアおよび市場集中度から市場支配的地位を推定する明文の規定が置かれている（競争制限禁止法19条3項）。

定する経験則も，判例上または審決先例上，確立しているとはいえない。しかしながら，今後，事件例の積み重ねにより，市場支配力の発生類型に応じた事実上の推定則を確立していくことは可能であるし，望ましいものと考えられる[44]。

III 競争者の対応

1 既存競争者の対応

(1) 既存競争者の増産可能性

さて，市場支配力分析は，市場シェアおよび市場集中度の算定のみで終了するわけではない。競争者の対応を検討することは，とりわけ重要である。単独の市場支配力であれ，共同の市場支配力であれ，産出量削減に対して，競争者が産出量を増大させれば，市場支配力の形成は不可能になる。競争者の増産可能性は，市場支配力の形成において，決定的意味を有するのである。

競争者の増産は，市場内の競争者による場合と，新規参入による場合がある。まずは，市場内の競争者（同調的行動をとらないと考えられる市場参加者）による増産可能性を検討するべきである。新規参入よりも，競争者による産出量増大の方が一般にサンクコストが小さく[45]，現実的である。

もっとも競争者の増産可能性は，市場画定・市場シェア算定において供給の代替性を十分に考慮すれば，市場支配力分析において検討される余地は小さなものになる。しかしながら，たとえ市場シェアが小さくとも，活発な競争単位として機能する競争者が存在する場合がある。その場合，市場シェアに還元できない競争上の機能を検討する必要がある。

(2) 「有効な牽制力ある競争者」理論

公取委の典型的な法運用の1つに，「有力な競争者」の存在を指摘した上

---

44) なお，必ずしも「一定の取引分野」（＝市場）における市場シェア・市場集中度と一致するわけではないが，独占的状態の市場構造要件である1社で50％超または2社集中度75％超の数値は重要な立法意図の表明であって，市場支配力の存在を立証する際に重要な機能を営むことになるとの意見がある（注解上巻72頁〔根岸哲〕）。

45) サンクコスト（埋没費用）とは，回収不可能な固定費用である。たとえば，広告宣伝費用や研究開発費用である。企業は，参入時の意思決定において，サンクコストの回収が見込める場合にのみ参入を決定する。また，いったん参入すれば，たとえ赤字となっても，費用からサンクコストを控除し黒字であれば，市場から退出することはない。

で，企業結合を認める類型がある。これは競争者の増産可能性を評価するものである。ただし競争者の増産可能性を評価するには，①市場支配力を抑制するに足る十分な供給能力を持つか（十分性），および②市場支配力の形成に対して実際に供給を増大させるインセンティブを持つか（蓋然性）の2点に関する検討が必要である[46]。

この2点について批判を受けたのが，新日鉄合併事件・同意審決昭44・10・30である[47]。同事件では，鉄道用レールについて独占，鋼矢板でほぼ独占になるなどした。これに対して，公取委は，競争者への高炉の譲渡や技術提供などの措置により「有効な牽制力ある競争者」の誕生が期待できると結論付けたのであった。

学説には，①同理論自体は誤りではないが，当事会社提出の計画によっても有効な牽制力ある競争者は生まれないとの批判[48]，および②同理論では複占でも許容されることになり，共同の市場支配力形成に対する考慮を欠くとの批判[49]がある。これら批判は互いに矛盾せず，ともに正当である。①は「十分性」について批判し，②は「蓋然性」について批判するのである。十分性，蓋然性をともにみたすことがなければ，競争者の増産可能性を評価することはできない。

新日鉄合併事件については，価格決定や設備投資におけるリーダーを生み出し，協調的な市場構造をもたらしたとの実証研究がある[50]。そうすると同事件における「有効な牽制力ある競争者」理論のあてはめは，十分性および蓋然性の双方において問題があったと評価できそうである。

それでは，近年の事例における「有力な競争者」理論は，どのように評価できるのだろうか。「有力な競争者」を評価した事例をみると，①競争者の市場シェアが10％以上の場合[51]，および②競争者が上位に存在する場合

---

[46] さらには，「増産に要する時間」の検討が必要になるかもしれない。これら検討要素は，次にみる新規参入における検討要素と共通する。

[47] 同事件については，今村研究（4・I）193頁，正田彬「企業合併と独占禁止法」『独占禁止法研究 I』（同文舘，1976年）77頁，実方謙二「大型合併と独禁法」『独占禁止法と現代経済』（成文堂，1976年）74頁参照。

[48] 理論自体は間違いではないが，その判断が重要とする，松下100頁参照。

[49] たとえば，金井貴嗣・百選［第5版］132頁参照。

[50] 後藤ほか・競争284頁（小田切宏之）参照。

[51] たとえば，アース製薬・バスクリン株式取得事例【平成23年度事例1】，リコーエレメ

に[52]，積極的評価が与えられている。正式事件ではなく，いかなる検討が行われたのか必ずしも明らかではないが，①については10％で供給の代替性は十分かとの問題（十分性の問題），②については上位の競争者との間に協調関係が生まれないかとの問題（蓋然性の問題）がある[53]。

2　新規参入の可能性
(1)　参　入

たとえ市場における競争者が十分な供給能力を有していない場合であっても，市場支配力を抑制するに足る新規参入があるかもしれない。企業結合ガイドラインにおける「参入」および「輸入」に関する考慮要素がこれに関係する（第4の2(2)・(3)）。新規参入を検討する場合には，①参入の蓋然性，②参入に要する時間，および③参入の十分性の評価が重要である。

①参入の蓋然性とは，参入障壁の大きさを検討するものである。たとえば，市場に規模の経済性が存在する場合には，たとえ超過利潤が発生していたとしても，参入後の市場価格低下から，効率的な規模で参入することができないかもしれない。

企業結合ガイドラインは，参入の蓋然性について，制度上の参入障壁の有無，実態面での参入障壁の程度（参入に必要な最小資本，立地条件，技術条件等），参入者の商品と当事会社の商品の代替性の程度，参入可能性の程度などの具体的考慮要素を列挙している（第4の2(3)）。なお参入障壁の大きさは，企業により戦略的に決定される場合もある。

②参入に要する時間とは，独禁法上，どれほど持続して初めて市場支配力の形成を認めるかという，価値判断の問題である。この価値判断は行為類型により変わるであろう。企業結合ガイドラインは2年以内の参入を目安にす

　　　ックス・愛知時計電機販売事業統合事例【平成23年度事例5】参照。
52)　たとえば，エディオン・ミドリ電化株式取得事例【平成16年度事例6】，三菱ウェルファーマ・田辺製薬合併事例【平成19年度事例2】参照。
53)　この点，競争者について「シェア獲得の能力は高いものと認められ，また，その意欲もある」と評価する，明治生命保険・安田生命保険合併事例【平成15年度事例1】参照。新日鉄・王子製鉄株式取得事例【平成19年度事例4】は，「供給余力は十分にある」とし，かつ増産は「半年ほどで可能となる」として，競争者の増産の十分性および時宜性を丁寧に検討する。

るという（第4の2⑵（注7））[54]。

　③参入の十分性とは，市場支配力を抑制するに足る十分な新規参入があるかを検討するものである。企業結合ガイドラインは，参入の十分性について，「参入者が当事会社グループと同等の品質の商品を同等の品揃えで製造・販売することが困難であるような場合，又は需要者の使い慣れの問題から参入者の商品が選好されないような場合には」，参入があったとしても十分な競争圧力とはなりにくいとしている（第4の2⑶③）。

　新規参入の検討において，市場における過去の参入の経歴を参照する際には注意が必要である。まず，過去に参入が活発に行われている証拠は，参入障壁が低い事実を示唆する[55]。しかし，過去に参入が行われなかった証拠は，参入障壁が高い事実を示唆するかもしれないし，単にこれまで市場が競争的であったことを示唆するだけかもしれない。

　なお新規参入は，その可能性だけで，大きな競争圧力になることがある。企業結合ガイドラインは，「参入が容易であり，当事会社グループが商品の価格を引き上げた場合に，より低い価格で当該商品を販売することにより利益をあげようとする参入者が現れる蓋然性があるときには，当事会社グループは，参入者に売上げを奪われることを考慮して，商品の価格を引き上げないことが考えられる」とする（第4の2⑶）[56]。

　経済学におけるコンテスタブル市場理論は，生産および参入にサンクコストを要せず，また既存企業の価格変更が遅い場合には，たとえ独占市場であっても，市場価格は平均費用に一致すると教えている。現実の市場において，

---

[54] 新規参入にかかる問題解消措置の多くも，その期限を2年としている。たとえば，三井化学・武田薬品ウレタン事業統合事例【平成12年度事例9】，三井化学・住友化学工業事業統合事例【平成14年度事例6】，ユアサ・日本電池経営統合事例【平成15年度事例5】参照。ただし2年以内に競争圧力が生じればよいのであるから，2年以降の新規参入を前提とした問題解消措置も可能である。新日鉄・住金合併事例【平成23年度事例2】は，5年後の輸入圧力を前提に，5年間の引取権設定を問題解消措置として評価した。ここでは引取権の設定により，2年以内に十分な競争圧力が生じるとの判断が前提となっている。

[55] 活発な新規参入を評価した事例として，たとえば三井海上火災保険・住友海上火災保険合併事例【平成13年度事例2】参照。また，過去の参入状況と過去の退出状況を評価した事例として，三菱ウェルファーマ・田辺製薬合併事例【平成19年度事例2】参照。

[56] 新日鉄・住金合併事例【平成23年度事例2】は，鋼矢板市場について，そのような評価を行う。

コンテスタブル市場が成立することはほとんどないと考えられているが，新規参入の圧力が重要なことはたしかである。

(2) 輸　入

輸入も，新規参入の一類型と考えることができる。もっとも輸入の場合には，参入の蓋然性，参入に要する時間，参入の十分性の条件充足は，一般に困難になるであろう。輸入の評価には，国際取引であることに起因する独自の難しさも存在する[57]。したがって，その考慮には慎重な判断が必要とされる。この点，最近の事例においては，輸入の現実性について需要者のヒアリング（ユーザーヒアリング）をなす事例が増えている[58]。

企業結合ガイドラインは，輸入評価の考慮要素を，「参入」に係る考慮要素と同様に，①制度上の障壁の程度，②輸入に係る輸送費用の程度や流通上の問題の有無，③輸入品と当事会社グループの商品の代替性の程度，および④海外の供給可能性の程度に分けて，説明する（第4の2(2)）。また，参入と同様に，現在輸入が行われているかどうかにかかわらず，評価の対象になるとする。

輸入を重視した事例に，新日鉄・住金合併事例【平成23年度事例2】がある。合併後，熱延鋼板市場において当事会社の合算市場シェア・順位は約40％・第1位，合併後のHHIは約2200，HHIの増分は約500となった。しかし輸入品が安価なうえ，その品質が国内の需要者にとって使用可能なレベルにあること，東アジア諸国から輸送費用は僅かであり関税が無税であること，また流通上の問題が存在しないことを，需要者のヒアリングなどから確認した上で，実際にも輸入比率が約15％に達しているとして，「輸入圧力が十分に働いている」とされた[59]。

---

57) たとえば，輸入が過大になれば，輸入制限措置が発動されるかもしれない。また為替変動は輸出入に大きな影響を与える。これらを完全にシミュレートすることは不可能である。輸入の評価に影響を与えうる，このような「政治的な要因」および「経済的な要因」について，金井貴嗣「経済の国際化と市場の画定」正田還暦154-157頁参照。

58) たとえば，東洋アルミニウム・昭和アルミパウダー株式取得事例【平成22年度事例5】参照。

59) また，三井化学・帝人化成事業統合事例【平成22年度事例4】，日新製鋼・日本金属工業経営統合事例【平成23年度事例3】も，輸入を競争圧力として評価した事例である。反対に，PSジャパン・大日本インキ化学工業ポリスチレン事業統合事例【平成16年度事例12】では，関税率の引き下げにもかかわらず，品質やグレード数，輸送条件・費用に問題

3　隣接市場からの競争圧力

関連商品と完全な代替性はないが，関連商品市場に有為な競争圧力を有する商品がある。たとえば複数の用途を有する商品について，用途ごとに競合品が存在するような場合である。企業結合ガイドラインは，これら競合品が有する競争圧力を，「隣接市場からの競争圧力」とする（第4・2(4)）[60]。日新製鋼・日本金属工業経営統合事例【平成 23 年度事例 3】は，「様々な用途で複数の他商品との競合関係にあり，需要者にとって不合理な価格の上昇が生じれば比較的容易に他商品への転換が行われ得るものと考えられる」として，隣接市場からの競争圧力の存在を認めた。競合品それぞれを関連商品と呼ぶことはできないが，全体としてみれば，関連商品市場における市場支配力を有効に規律するということである。

また，現在のところ関連商品市場に有為な競争圧力を有することはないが，近い将来において有為な競争圧力が期待できる商品もある。企業結合ガイドラインは，①「近い将来において競合品が当該商品に対する需要を代替する蓋然性が高い場合」や，②「需要の減少により市場が縮小している商品について，競合品が当該商品に対する需要を代替する蓋然性が高い場合」に，隣接市場からの競争圧力を評価しうるとする。①の例としてパナソニック・三洋電機株式取得事例【平成 21 年度事例 7】があり，②の例として北越紀州製紙・東洋ファイバー株式取得事例【平成 22 年度事例 2】がある。

市場画定作業は，いったん市場に含まないとした商品について，その競争圧力を無視することになりかねない。隣接市場の概念は，市場画定作業におけるそのような二値的思考を補完するものである。

Ⅳ　商品が差別化されている場合の特殊性

さて，いったん市場画定がなされると，市場に含まれる商品について，その特性はすべて無視される。しかし実際には，商品は差別化されているのが

があること，これまで輸入品・国内品の価格差が輸入量の増減に影響を与えてきたとはいえないこと，中国での需要の増大により日本向け供給が増加する蓋然性が低いことを理由として，輸入品が競争圧力となる蓋然性は低いとされた。

60)　商品市場のほか，地理的市場についても，隣接市場を観念することができる。そのような例として，ＪＸ日鉱日石エネルギー・三井丸紅液化ガス事業統合事例【平成 22 年度事例 8】参照。

通常であり，商品間の代替性は一様ではない。たとえば，差別化されたA商品，B商品，C商品が存在する市場において，A商品の価格引上げの結果，需要の多くがB商品に代替するということがある。市場の中は，いわばまだら模様となっているのである。ところが，市場画定作業はこのような事実を捨象し，市場シェアからもこのような事実を読みとることはできない[61]。

このような状況において，密接な代替関係にある商品間の合併（A商品とB商品との合併）は，たとえ市場シェア等の上昇が大きくなくとも，市場支配力の形成をもたらす可能性がある。A商品の価格引上げに伴う需要の減少を，B商品の需要の増大で相殺できるからである。これは，単独の市場支配力形成の一場面であるが，同質商品を念頭に置いた市場画定・市場シェア算定という伝統的な市場分析の限界を示す場合として，区別される。企業結合ガイドラインが「商品が差別化されている場合」の「単独行動による競争の実質的制限」として論ずるのは，同問題である（第4の1(1)イ）。

同問題については，一定の仮定の下，経済モデルを用いて企業結合後の価格上昇を直接推定する手法が知られている。また，価格上昇の蓋然性の程度を示す手法もあり，ファミリーマート・ユニーグループ経営統合事例【平成27年度事例9】では，GUPPIとよばれる同手法が利用された。

第5節　共同の市場支配力

I　協調行為発生のメカニズム

共同の市場支配力形成とは，競争者間の協調行為により，価格引上げが可能となる場合である。共同の市場支配力形成の規制を，寡占的協調の規制と呼ぶことがある。協調行為の成立可能性，およびその成立メカニズムは，以下のとおりである。

単独の市場支配力形成が不可能な場合に，競争者が共同で産出量を削減し市場価格を引き上げることは，全員にとって利益となる。しかし競争者が協調行為を守る場合，協調行為から逸脱して産出量を増大させることで，各企

---

[61]　商品そのものの差別化はもちろん，輸送費の差異等も問題になる。現実の市場において，市場の同質性を過度に強調することはできないのである。

業はより大きな利潤を得ることができる。また競争者が協調行為を守らない場合，各企業は協調行為を守らないことが合理的である。結局，協調行為は共同利潤を最大化する行為であるにもかかわらず，各競争者が自己の利潤のみを考えることにより，実効性ある協調行為の成立は不可能といえそうである。

しかしながらこのような状況は，短期の利潤を考えたものである。一般に企業は，明確な期限なくして競争を続けるのであり，長期の利潤を考えた意思決定を行う。このような継続的な競争関係においては，協調行為も成立する可能性がある。協調行為成立の理論的条件は，①協調行為について相互了解が成立すること，②協調行為からの逸脱（裏切り）の監視が可能であること，そして③逸脱への制裁が可能であることである。これら3つの視点から，協調行為の危険性を検討することになる。市場条件としては，競争者の対称性，市場の透明性，そして市場の安定性が，協調行為の危険性を高めることになる。

II 共同の市場支配力の立証

1 市場構造に関する要因

(1) 高い市場集中度

高い市場集中度は，協調行為発生の経済的必要条件とも呼べるものである。まず競争者数が多ければ，協調行為の相互了解は難しくなる。また，たとえ協調行為が成立しても，競争者数が多いほど，一般に各企業が直面する需要の価格弾力性は大きく，逸脱の利益は大きい。他方，競争者数が多いほど，逸脱の監視は困難である。逸脱の存在を確認できても，逸脱者を特定できないこともある。

企業結合ガイドラインは，企業結合後のHHIが1,500以下の場合を，単独の市場支配力および共同の市場支配力に共通するセーフハーバーの1つとする（第4の1(3)）。他方，「一定の取引分野における競争者の数が少ない又は少数の有力な事業者に市場シェアが集中している場合には，競争者の行動を高い確度で予測しやすい」とする（第4の3(1)ア）。

なお，共同の市場支配力形成のために，当事者の合計市場シェアが一定以上必要であることは，先に述べた（第4節II 1参照）。また，市場集中度に基

づく推定則の確立について，とりわけ共同の市場支配力の立証において重要な課題となることも，先に述べた（第4節Ⅱ2(2)参照）。

(2) 市場集中度以外の要因

(i) 競争者の対称性

企業結合ガイドラインは，「各事業者が同質的な商品を販売しており，費用条件が類似している場合などには，各事業者の利害が共通することが多いため」，協調行為の危険性が高まるとする（第4の3(1)ア）。これは，(i) 競争者の対称性，および (ii) 商品の同質性に言及するものである。

まず，競争者の対称性は，一般に協調促進要因である[62]。共同利潤最大化を達成するためには，参加企業の限界費用が等しくなるよう，生産量を割り当てることが必要となる。これにより，限界費用の高い企業は，大きく生産量を減少させる必要があるかもしれない。このような状況では，生産量を増大させる参加者から生産量を減少させる参加者への適切な補償がない限り，協調行為が形成されることはない。費用の対称性は，一般に競争者の市場シェアの対称性として現れる[63]。

(ii) 商品の同質性

商品の同質性も，協調促進要因である。商品が差別化されている場合，共通価格を設定することができず，差別化に応じた価格を設定する必要がある。また，商品の同質性は，協調行為へのインセンティブを高めることになる。理論上は，同質商品の市場において価格競争が起こると，価格は限界費用まで下がる[64]。寡占市場では，このような熾烈な競争状態について相互了解が

---

[62] 共通原材料の割合が大きく費用構造が類似することを指摘する，ＰＳジャパン・大日本インキ工業ポリスチレン事業統合事例【平成16年度事例12】参照。これに対して，キリングループ・協和発酵グループ資本提携事例【平成20年度事例1】（酒類原料用アルコール）は，競争者間の非対称性に注目する事例である。

[63] しかし，競争者の対称性が協調行為成立の必要条件というわけではない。大きな市場シェア（低い限界費用）を有する企業と，小さな市場シェア（高い限界費用）を有する企業が存在する場合，大きな市場シェアを有する企業からの報復的低価格を恐れ，小さな市場シェアを有する企業が，前者の価格引上げに追随するということがある。プライスリーダーシップと呼ばれる現象の一例である。プライスリーダーシップについては，植草益ほか『現代産業組織論』（NTT出版，2002年）136頁（堀江明子）参照。

[64] しかしながら，現実の市場においては，企業は泥沼の価格競争を回避するために商品の差別化に熱心である。また，各企業の生産能力に限界がある場合には，価格競争によっても価格が限界費用まで下がることはない。

存在し，それを避けるためのインセンティブが発生するからである[65]。これまでに協調行為が問題とされた公表事例は，すべて同質商品の市場におけるものである[66]。

(iii) 費用の構成要素

市場参加者の費用構造も，協調行為成立に影響する。各市場参加者の限界費用が小さい場合には，協調行為から逸脱することによる利潤が大きく，協調行為は不安定になる。いわゆるハイテク産業において協調行為が困難である理由の1つは，研究開発やネットワーク構築に大きな固定費用を要する反面，限界費用が極めて小さい点にある[67]。なお，余剰生産能力の存在は，限界費用が小さいことを推認させる。

しかし他方で，固定費用が大きい市場では，市場価格が平均費用を下回ることを避けるため，むしろ協調行為へのインセンティブが大きいともいえる。また余剰生産能力の存在も，逸脱に対する制裁の信憑性を高めるともいえる[68]。これらは一義的に判断できない市場条件である。

(iv) 市場の需要条件

企業結合ガイドラインは，「需要の変動が大きい場合や，技術革新が頻繁であり，商品のライフサイクルが短い場合などは，たとえば，価格を引き下げて売上げを拡大し，あるいは競争者の売上げを奪うことにより，大きな利

---

[65] さらに商品が差別化されている場合，協調行為からの逸脱を探知しがたいという問題もある。競争者は自らの需要の変動が，他者の協調行為からの逸脱によるものなのか，需要者の選好が変化したことによるものなのか，区別が困難なのである。

[66] たとえば，古河電気工業・スカイアルミニウム等アルミニウム圧延事業統合事例【平成11年度事例7】，日本製紙・大昭和製紙持株会社事業統合事例【平成12年度事例2】，東海カーボン・三菱化学カーボンブラック事業統合事例【平成16年度事例10】。反対に，役務の差別化を協調阻害要因と指摘する，サノフィグループ・ベーリンガー・インゲルハイム事業交換事例【平成28年度事例4】参照。

[67] ハイテク産業における企業結合事例として，エルピーダメモリ・三菱電機DRAM事業譲受け事例【平成14年度事例7】参照。ハイテク産業における企業結合規制の問題点については，武田邦宣「ハイテク産業における企業結合規制」阪大法学54巻2号419頁以下参照。

[68] 制裁の信憑性は，協調行為成立の重要な条件である。協調行為からの逸脱を発見したとしても，競争者にとっては制裁を行うよりも，再び協調関係に復帰する方が利益が大きい。このように制裁の現実的な脅威が小さい状況では，協調行為からの逸脱も利益となる。したがって協調行為の実効性を確保するためには，逸脱を発見した場合には必ず制裁を科すとの信憑性を確保しておく（制裁を科すことにコミットする）ことが重要である。

益を得ることができる可能性が高いので」，協調行為の危険性は低いとする（第4の3(2)イ)。

　市場における需要の価格弾力性が大きい場合には，価格引上げに伴う需要の減少分が大きいことから，協調行為への誘因は小さくなる[69]。さらに需要の減少に伴い余剰生産能力が発生する場合には，上で述べたように，協調行為からの逸脱の誘因が大きくなる[70]。このように需要の価格弾力性は協調行為の成立および安定に関係する。

　また，将来の需要変動も，協調行為の成立に関係する。安定した需要は協調促進要因である[71]。需要の成長が予想される場合には，成長する需要をめぐる競争が生じ，協調行為は困難である。ただし需要の減少が予測される場合には，一義的に判断できない。サンクコストが大きい市場において協調行為への誘因が大きくなるとも，価格低下圧力が協調行為を困難にするともいえる[72]。

(v)　市場の透明性

　企業結合ガイドラインは，「事業者団体が構成事業者の販売価格や数量に関する情報を収集・提供している場合など，価格，数量など競争者の取引条件に関する情報が容易に入手することができるときには，競争者の行動を高い確度で予測しやすく，また，競争者が協調的行動をとっているかどうか把握することも容易である」とする（第4の3(2)ア)。

　市場の高い透明性は，協調促進要因である。市場の透明性が高い場合，協調行為の相互了解が容易となる。また，協調行為からの逸脱を監視することも容易である。

　市場の透明性は，商品の同質性等，様々な要因に影響を受けるが，企業結

---

69)　ただし，需要の価格弾力性の大きさは，市場においてすでに協調的行動が存在することを示す可能性もある。

70)　国内需要の減少に伴う余剰生産能力に言及する事例として，住友電気工業・日立電線電力用電線販売事業統合事例【平成16年度事例4】参照。

71)　需要の変動が小さいことを競争者（輸入品）との協調促進要因とした事例として，三井化学・住友化学工業統合事例【平成14年度事例6】参照。インフルエンザワクチンについて需要期間が限定的であることを協調阻害要因とした事例として，山之内製薬・藤沢薬品工業合併事例【平成16年度事例7】参照。

72)　需要の減少を競争促進要因とした事例として，東芝・三菱電機変電設備事業統合事例【平成13年度事例7】参照。

合ガイドラインが言及する事業者団体の存在のほか，市場における協調促進的慣行の存在にも注意が必要である[73]。たとえば，対抗価格制度や基準地配送費制度がこれに該当する。

垂直統合も市場の透明性に関係する[74]。垂直統合が進展している場合には，末端価格の監視により，協調行為の安定性を高めることができる。垂直型企業結合が有する反競争効果の1つは，このように市場の透明性を高めることにより，協調行為を促進することにある（第7節Ⅰ1(2)参照）。

（ⅵ）　取引相手・取引条件

企業結合ガイドラインは，「大口の取引が不定期に行われている場合には，例えば，価格を引き下げて大口の取引を受注することによる利益が大きく，また，その機会も頻繁ではないので」，協調行為の危険性は低いとする。反対に，「小口の取引が定期的に行われている場合には」，協調行為の危険性は高いとする（第4の3(2)ア）。

市場における取引条件も重要である。取引が小口多頻度ではなく，大口なものであればあるほど，取引の短期利益が大きい。したがって，大口取引・大口顧客の存在は，協調行為からの逸脱の可能性を高める市場条件である[75]。また大口顧客は，新規参入を誘引したり，また自ら川上市場に参入することにより，協調行為に対抗する可能性もある[76]。これらは供給の代替性に関係

---

73) 販売価格を公表しない取引慣行を，協調阻害要因として積極的に評価した事例として，日立製作所・IBMハードディスクドライブ事業統合事例【平成14年度事例2】参照。寡占市場における協調促進的慣行の問題については，川濵昇「カルテル規制の再検討」法学論叢140巻5・6号171頁以下参照。

74) 垂直統合の程度は，ほかにも生産費用の差異，各企業が直面する需要の価格弾力性の差異等に関係する。

75) これは，市場における需要の代替性を検討しているわけではない。需要の代替性自体は，市場画定の段階にて検討される考慮要素である。大口取引（需要者の一括共同購入）を協調阻害要因とした事例として，スズケン・沖縄薬品株式取得事例【平成16年度事例2】参照。また，大口顧客の存在を協調阻害要因とした事例として，GE・日立製作所・東芝原子燃料事業統合事例【平成11年度事例6】参照。

76) 需要者による垂直的参入を検討した事例として，旭化成ケミカルズ・日本化薬産業用火薬事業統合事例【平成19年度事例3】参照。また需要者による垂直的参入に対する支援を問題解消措置の1つとした事例として，大日本インキ化学工業・旭化成ライフ＆リビング二軸延伸ポリスチレンシート事業統合事例【平成16年度事例3】参照。キリン・協和発酵資本提携事例【平成20年度事例1】は，製造委託先（供給者）の参入可能性を積極的に評価した事例である。

する要因である。

2　市場行動・市場成果に関する要因
（1）過去の競争状況
　以上の様々な考慮要素は，市場構造に関するものである。これら考慮要素を，協調行為の発生シナリオに従って，検討することになる。ただし，これら考慮要素について重要な評価基準になるのが，市場におけるこれまでの競争状況（市場参加者の過去の市場行動）である。逆説的だが，協調行為が存在するから非効率な企業の市場退出が妨げられ，市場集中度が低いということもありうるのである。

　たとえば，市場において活発な競争を仕掛ける企業を一匹狼（マーベリック）と呼ぶことがあるが，競争的な一匹狼企業を消滅させる企業結合は，たとえ企業結合による集中度の増加がわずかなものであっても，大きな協調促進効果を持つ可能性がある（第4の3(1)イ）。

　また，一般的に，協調行為の経歴が存在する市場における企業結合に対しては，厳格な審査が必要となろう[77]。それは，すでに協調行為の相互了解が存在することを示すとともに，様々な間接証拠の解釈に一定の方向性を与えるからである。企業結合ガイドラインは，「価格改定について協調的行動がとられたことがある場合には，当該商品について協調的行動がとられやすい取引実態等がある可能性が高いと考えられる」とする（第4の3(2)ウ）。

　近年の事例として，王子ホールディングス・中越パルプ工業株式取得事例【平成26年度事例3】では，高い市場集中度，競争者の限定的な供給余力，代理店を通じた市場の透明性，需要の変動の小ささといった市場構造に関する考慮要因に加えて，一斉にほぼ同内容の値上げを表明し，引き続いて各社が値上げに向けた既存の取引先との交渉を開始するという慣行が，市場において長期間にわたり継続的に行われていることから，協調行為のおそれありとした。

（2）効率性・経営状況
（i）効率性
　企業結合は生産上の効率性の達成を目的にすることが多い。生産上の効率

77）　平林・前掲注8）217頁，講座第2巻285頁（宮井雅明）参照。

性が，企業結合審査においてどのように考慮されるかという問題がある。まず，生産上の効率性を競争促進要因として，市場支配力の認定において考慮することは当然である（内在的考慮）。たとえば，生産上の効率性達成により下位企業が有効な牽制力を持ち，上位企業の単独の市場支配力を抑制する場合である[78]。また，企業結合が生産上の効率性を達成することにより，競争者間の非対称性を生み出し協調阻害要因として機能する場合もある。

これに対して，市場支配力を形成する企業結合を，生産上の効率性達成を理由に認めることができるかについては，議論がある（外在的考慮）。たとえば企業結合により独占市場となる場合に，当該企業結合が同時に達成する規模の経済性を評価して，市場支配力（独占力）を正当化できるかという問題である。

この問題について，従来の通説的立場は，効率性の外在的考慮は，独禁法の解釈論としては不可能と考えてきた。なぜならば，企業結合により市場支配力が形成される以上，「一定の取引分野における競争を実質的に制限することとなる」という要件をみたしており，かつ「公共の利益」文言など，生産上の効率性を検討する文言がないからである。また，真に必要な効率性であるならば，企業結合を禁止しても，企業の内部成長によりそれは達成可能なはずと考えられていたのである。

もっとも効率性の発生する蓋然性が高く，かつその規模が大きくて，市場支配力の形成にもかかわらず，商品価格が低下するような特段の事情があるならば企業結合を容認するとの考え方もある。消費者に均霑（きんてん）されて，はじめて効率性を考慮の対象にするとの考え方である。このような基準によれば，社会の構成員において市場支配力の弊害を被る者はいないことになる。現在の欧米の競争当局はこのような立場をとる[79]。

企業結合ガイドラインは，効率性の評価について，①企業結合に固有の効果として効率性が向上するものであること，②効率性の向上が実現可能であること，③効率性の向上により需要者の厚生が増大するものであることとの

---

78) NTT・NTTドコモ等PHSサービス共同事業会社設立事例【平成6年度事例6】では，NTTドコモがPHS事業を行う点について，「ドコモの『範囲の経済性』を考慮する必要性があり，通信事業においてNTTに対する有力な競争相手を育成するという観点からは」積極的に評価できるとした。

79) 武田邦宣「企業結合規制における効率性の考慮」公正取引628号35頁参照。

判断基準を示す（第4の2(7)，3(4)）。①は，主張された効率性について，競争制限的でない他の方法により達成可能か否かを検討するものである[80]。③は，欧米の競争当局と同様に，企業結合前の価格・品質水準から見て，それを上回るような市場支配力が実現しないことを基準にする立場の現れである。なお，企業結合ガイドラインは，独占や独占に近い状況を効率性が正当化することはほとんどないとする。また，企業結合ガイドラインは，「当事会社グループの効率性が向上することによって，当事会社グループが競争的な行動をとることが見込まれる場合」に効率性を評価の対象にする。これは，効率性の達成を競争インセンティブの改善から評価するものである。したがって，単なる価格引下げの約束が，需要者への均霑として評価されることはない。

(ii) 経営状況

企業結合の当事者または当事部門の業績が不振である場合，そのような経営状況が，企業結合審査においてどのように考慮されるかという問題がある[81]。経営状況は，結合企業の競争力を検討する際の考慮要素になる[82]。また，企業結合を認めなければ当事会社ないし部門が市場から退出する場合には，いずれにせよ市場における競争者数は減少するのであり，企業結合と市場支配力形成との間に因果関係がないとの理論構成も可能である。このように，当事者の経営状況は，市場支配力の認定において考慮することができる（内在的考慮）。

企業結合ガイドラインは，経営状況を「当事会社グループの事業能力を評価する上において考慮する」とするとともに，「当事会社の一方が継続的に大幅な経常損失を計上しているか，実質的に債務超過に陥っているか，運転資金の融資が受けられない状況であって，企業結合がなければ近い将来において倒産し市場から退出する蓋然性が高いことが明らかな場合において，これを企業結合により救済することが可能な事業者で，他方当事会社による企

---

80) BHPビリトン・リオティントJV設立事例【平成22年度事例1】参照。
81) 学説において「破綻会社の抗弁」の問題として論じられてきた問題である。泉水文雄「独禁法における破綻会社の抗弁について」法学雑誌45巻3・4号616頁参照。
82) 当事会社の一方の経営が悪化している状況において，統合により上位企業に対する牽制力を強化すると評価した事例として，大阪証券取引所・ジャスダック証券取引所新興市場統合事例【平成20年度事例7】参照。

業結合よりも競争に与える影響が小さいものの存在が認め難いとき」などには，市場支配力発生のおそれは小さいとする（第4の2(8)，3(4)）。因果関係における処理を行ったと考えられる事例として，チヨダウーテ石こうボード事業譲受け事例【平成10年度事例9】がある[83]。

以上に対して，市場支配力を形成する企業結合を，雇用の確保や地域経済への影響を理由に認めることができるかについては，通説および実務は，独禁法の解釈論としては不可能と考える（外在的考慮）。

Ⅲ　共同の市場支配力規制に関する実務

伝統的な独禁法学において，企業結合規制は私的独占の禁止の類型と整理されてきた。そのため，私的独占行為の行為主体に関するかつての典型的イメージに引きずられ，単独の市場支配力のみに注目して規制がなされる傾向もあった。新日鉄合併事件・同意審決昭44・10・30は，その極みともいえる。学説上，結合企業が首位になる場合のみが規制対象との意見も，かつては有力であった。しかし，法文上そのような限定はなく，競争の実質的制限に共同の市場支配力形成が含まれることは明らかである。企業結合規制の実効性を確保するためには，共同の市場支配力形成に注目した規制が必要である。今日では，企業結合規制を寡占規制として，私的独占の規制とは別の体系的整理を行う学説もある。

実務も大きく変化している。1994（平成6）年度以降，上位3社集中度を考慮要素として掲げる事例が見られるようになったほか[84]，特に「協調的行動をとること」への関心を示す事例も見られるようになった[85]。さらに1998年の企業結合ガイドラインは，共同の市場支配力形成への取り組みを初めて明示した。

しかし，共同の市場支配力に対する公取委の取り組み自体は評価するもの

---

[83]　譲受け可能な事業者で，競争に与える影響が小さい選択肢は当事会社以外にはありえないとした（譲受け後の市場シェア第2位）。なお，仮に首位企業が譲り受けることになれば，首位企業の市場支配力を強化するおそれがあるとする。また近年の事例として，HOYA・日本板硝子磁気ディスク用ガラス基板事業譲受け事例【平成15年度事例8】参照。

[84]　たとえば，新王子製紙・本州製紙合併事例【平成8年度事例1】，林薬品・オーク薬品合併事例【平成9年度事例5】，バレオ・ホシ伊藤合併事例【平成10年度事例5】参照。

[85]　たとえば，大阪商船三井船舶・ナビックスライン合併事例【平成10年度事例6】参照。

の，実際の規制についてはいまなお慎重すぎるとの意見や，問題解消措置が不十分との意見もある[86]。共同の市場支配力（協調的行動による競争の実質的制限）が問題となった最近の重要事例として，ポリプロピレン事業統合事例【平成13年度事例5】，JAL・JAS事業統合事例【平成13年度事例10】がある。前者は，カルテルが摘発された直後の事業統合であり，付された条件の甘さが指摘されている。また後者も，すでに寡占的協調関係が確認される市場において，対称企業を生み出す事業統合であった。

公取委の実務には，「有力な競争者」，「輸入圧力」[87]，「ユーザー（顧客）の価格交渉力」[88]などの定型的処理方法が存在する[89]。これら定型的処理方法が，チェックリスト制のように無機質に考慮要素を指摘するだけにならないよう注意する必要がある。これら定型的処理方法について，市場支配力の発生シナリオに応じた合理性の再検証が課題となっている[90]。

第6節　共同出資会社

共同出資会社により，出資会社がこれまで単独で行うことが不可能であった事業活動が可能になる場合がある。この場合，共同出資会社は競争促進的である。これに対して，共同出資会社が，出資会社が単独で行っている事業

---

[86] 平林・前掲注8）163頁，宮井・前掲注77）286頁，山部俊文「市場集中規制の新展開」法時884号21頁参照。

[87] 公取委実務につき「輸入」を過大評価しているとの批判として，平林・前掲注8）222頁参照。もっとも輸入の評価が大きくなるのは，世界市場の問題において述べたように，かつての実務の市場画定手法から，一定程度は不可避ともいえた。

[88] 「ユーザー（顧客）の価格交渉力」が協調阻害要因となる点については，先に述べた。もっとも企業結合ガイドラインは，共同の市場支配力形成の場合に限定せず，「需要者からの競争圧力」を考慮要素とする（第4の2(5)）。単独の市場支配力も含め，需要者の「対抗的な価格交渉力」を評価した事例として，ジャパントンネルシステムズ・三菱重工メカトロシステムズ事業統合事例【平成28年度事例7】参照。ただし，正確な市場画定を前提とする限り，単独の市場支配力形成について「ユーザーの価格交渉力」を過大評価すべきではない。

[89] 公取委実務における定型的手法について，伊従・理論と実務293頁（矢部丈太郎）。

[90] 近年の出光興産・昭和石油株式取得ほか事例【平成28年度事例10】は，競争者数の減少，商品の同質性，費用構造の類似性，業界紙を通じた市場の透明性，当事者の供給余力などに基づき，協調行為の発生シナリオに従い，協調行為にかかる相互了解の成立，逸脱の監視，逸脱へ制裁が，いずれも容易に行われることになると説明する。

活動，または単独で行うことが可能である事業活動を行う場合には，出資会社間の競争減殺を検討する必要がある[91]。

　この点，企業結合ガイドラインは，①出資会社がある事業活動の全部を共同出資会社に統合する場合と，②出資会社が事業活動の一部を共同出資会社に統合する場合とに分けて検討する（第4の2(1)ウ，3(1)エ）。

　①は，部分合併と呼ばれるものである。共同出資会社が，出資会社のある事業活動のすべてを引き受け，かつ出資会社が完全に市場から退出する場合には，出資会社間の競争は完全に消滅する。当該市場における出資会社間の合併と同じに扱えばよい。企業結合ガイドラインは，「ある商品の生産・販売，研究開発等の事業すべてが共同出資会社によって統合される場合には，共同出資会社について，市場シェア等を考慮することになる」とする（第4の2(1)ウ）。

　これに対して，②のように共同出資会社の機能が限定されている場合，また共同出資会社の存続期間が限定されている場合には，慎重な市場分析が必要となる。共同出資会社が研究開発や生産のみを行い，出資会社が販売活動を独立して行うのであれば，競争への影響は間接的である。また，共同出資会社の存続期間が限定されていれば，競争への影響は限定的である一方，共同出資会社を通してよいシナジー効果が生まれる可能性がある。

　この点からわかるように，共同出資会社についてはスピルオーバー効果の規制が重要である。スピルオーバー効果とは，共同出資会社の目的ないし活動範囲を超えて，出資会社間に協調関係が生まれることである。たとえば，①生産を行う共同出資会社を媒介として，出資会社の販売活動にまで協調関係が及ぶ場合，②A市場における共同出資会社を媒介として，B市場において出資会社間の協調関係が及ぶ場合である。企業結合ガイドラインは，「出資会社が行っていた特定の事業部門の一部が共同出資会社によって統合される場合には，共同出資会社の運営を通じ出資会社相互間に協調関係が生じる可能性がある」とする（第4の2(1)ウ）。カンタス・JAL共同出資会社設立事例【平成23年度事例8】は，新規事業への参入にあたり，当事会社がすでに活動する市場へのスピルオーバー効果が検討された事例である。

---

[91] わが国における共同出資会社の規制について，泉水文雄「合弁会社規制における独禁法上の問題」学会年報32号（1989年）132頁参照。

もっとも企業結合ガイドラインは,「共同出資会社の運営を通じ出資会社相互間に協調関係が生じることのないよう措置が講じられている場合には,競争に及ぼす影響はより小さいと考えられる」とする（第4の2(1)ウ）。そのような措置として,企業結合ガイドラインは,①出資会社相互間および出資会社と共同出資会社間の情報遮断措置（ファイアーウォール），および②共同資材調達の禁止など出資会社の独立性を確保する措置を例示する（第6の2(2)イ）。スピルオーバー効果を抑制しつつ,望ましい経済効果（参入や効率性）を確保するための問題解消措置を探ることは,共同出資会社の規制における重要課題である[92]。

　共同出資会社に関する事例として,アンハイザーブッシュ・麒麟麦酒合弁・提携事例【平成4年度事例1】では,バドワイザーブランドの販売子会社にキリンが出資をすることが問題となった。この事例では共同出資会社により,寡占市場である国内ビール市場への新規参入が期待できた。そこで,共同出資会社に対するキリンの影響力を限定し,また共同出資会社の存続期間を10年に限定する等を条件として,キリンによる出資が認められた。

　なお,共同出資会社が,出資会社間におけるハードコア・カルテルの単なる実効性確保手段にすぎない場合には,その反競争的効果は明らかである。そのような共同出資会社は,10条で規制できることはもちろん,ハードコア・カルテルに3条後段を適用した上で,排除措置として共同出資会社の設立禁止ないし解散を命じることもできる。

第7節　垂直型企業結合・混合型企業結合

I　垂直型企業結合

1　市場支配力発生のシナリオ

(1)　市場の閉鎖性・排他性

---

[92]　共同出資会社の事例ではないが,生産事業の統合が問題となったBHPビリトン・リオティントJV設立事例【平成22年度事例1】では,生産事業と販売事業間の情報遮断措置が問題解消措置として有効かが問題となった。公取委は,販売事業についての総費用のうち多くを占める生産費用が完全に共通化する状況においては,販売段階における競争インセンティブは大きく損なわれ,これは情報遮断措置で解消できる問題ではないとした。

垂直型企業結合，混合型企業結合は，近年，規制に対する関心が高まっている企業結合類型である。関心の高まりの背景には，競争者排除に起因する市場支配力への危惧が存在する。

もっとも垂直型企業結合および混合型企業結合は，市場における競争単位を直接に減少させない点において，市場競争への影響は間接的である。企業結合ガイドラインは，「垂直型企業結合及び混合型企業結合は，一定の取引分野における競争単位の数を減少させないので，水平型企業結合に比べて競争に与える影響は大きくなく，市場の閉鎖性・排他性，協調的行動等による競争の実質的制限の問題を生じない限り，通常，一定の取引分野における競争を実質的に制限することとなるとは考えられない」とする（第5の1）[93]。

まず，垂直型企業結合について検討する。企業結合ガイドラインにあるように，垂直型企業結合は，「市場の閉鎖性・排他性」および「協調的行動」の促進という2つのメカニズムにより，市場支配力形成をもたらす可能性がある。なお，川上または川下の市場が寡占的でなければ（川上市場および川下市場がともに競争的であれば），いずれの場合も競争上問題にならないことが通常である。

第1に，垂直型企業結合が「市場の閉鎖性・排他性」をもたらすとは，次のような場合である。たとえば，原材料メーカーAと完成品メーカーBが合併した場合，これまで当該原材料メーカーAと取引していた競争完成品メーカーCは，企業結合前と比較して不利な取引条件を提示されるかもしれない。また，Aが取引を拒否した場合には，Cは新たな取引相手を探さなければならない。この際，新たな取引相手の開拓自体に費用がかかるほか，新たな取引先である原材料メーカーDとの取引は，Aとの取引と比して取引条件がよくないかもしれない。これらの場合，Cの商品価格は，費用上昇の分だけ高くなる。

---

[93] 企業結合ガイドラインは，垂直型企業結合および混合型企業結合のセーフハーバーとして，①当事会社の市場シェアが10％以下である場合，および②企業結合後のHHIが2,500以下であり，かつ当事会社の市場シェアが25％以下の場合を，「競争を実質的に制限することとならない場合」とする（第5の1(3)）。さらに水平型企業結合の場合（第4の1(3)）と同じく，企業結合後のHHIが2,500以下であり，かつ当事会社の市場シェアが35％以下の場合には，競争の実質的制限の「おそれは小さいと通常考えられる」とする（第5の1(3)）。

これは垂直統合によるライバル費用引上げの一例であり，垂直型企業結合により競争者Ｃの競争圧力が弱まり，結合企業Ｂによる価格引上げが可能となる場合である。Ｃが代替的取引先Ｄをみつけることができず，市場から退出せざるをえない場合には，Ｃの競争圧力は完全に消滅する。以上では，競争回避ではなく，競争者排除による市場支配力形成が問題になっていることに注意が必要である。

(2) 協調行為の促進

第２に，垂直型企業結合が「協調的行動」を促進するとは，次のような場合である。市場の高い透明性は，協調促進要因であった。一般にメーカー段階において，協調行為からの逸脱（裏切り）を監視することは困難である。しかし市場における垂直統合が進展すると，互いの末端小売価格を監視することにより，相互監視が容易となる。このように垂直型企業結合が市場の透明性を高めることにより，協調行為を誘引することがある。

また，垂直統合したメーカーが競争メーカーの商品を扱う場合には，その監視効果はより直接的である。企業結合ガイドラインは，「メーカーが垂直型企業結合関係にある流通業者を通じて，当該流通業者と取引のある他のメーカーの価格等の情報を入手し得るようになる結果，当事会社グループのメーカーを含むメーカー間で協調的に行動することが高い確率で予測することができるようになる場合がある」とする（第５の１(2)）。

2 事件例

垂直型企業結合に係る正式事件として，日本石油運送事件・審判審決昭26・6・25がある。日本石油運送は，日本海側においてタンク貨車を有する唯一の石油運送業者であった。同社は石油精製業者３社（日本石油，昭和石油，日本鉱業）の原油輸送に従事していた。日本石油が同社の発行済株式20万株のうち７万株を所有し，タンク貨車の利用において競合２社に優先することが問題とされた。これは，垂直型企業結合による「市場の閉鎖性・排他性」を問題にしたものである[94]。排除措置として，日本石油所有株式７万株すべての処分が命じられた。

---

94) ただし，日本石油運送の株式は当初，昭和石油，日本鉱業にも所有されていたところ，旧事業者団体法の規制を回避するために，それら株式が譲渡された事実が認定されている。

近年のASML・サイマー経営統合事例【平成24年度事例4】では，部品の販売拒否および購入拒否のシナリオに加えて，競争者の秘密情報を入手するとのシナリオによる「市場の閉鎖性・排他性」が懸念されたが，前者については客観的かつ無差別な基準に基づき取引を行うなどの措置，後者については秘密保持契約を締結するなどの情報遮断措置を前提に，いずれも問題なしとされた[95]。他方，技術革新が頻繁であることから，情報入手による「協調的行動」の可能性は小さいとされた。

II　混合型企業結合

1　市場支配力発生のシナリオ

(1)　市場の閉鎖性・排他性

次に，混合型企業結合について検討する。企業結合ガイドラインは，混合型企業結合についても，「市場の閉鎖性・排他性」および「協調的行動」の促進という2つのメカニズムにより，市場支配力形成をもたらす可能性があると指摘する。

第1に，混合型企業結合が「市場の閉鎖性・排他性」をもたらす場合について，企業結合ガイドラインは次のように述べる（第5の1(1)）。「企業結合後の当事会社グループの原材料調達力，技術力，販売力，信用力，ブランド力，広告宣伝力等の事業能力が増大し，競争力が著しく高まり，それによって競争者が競争的な行動をとることが困難になり，市場の閉鎖性・排他性等の問題が生じるときがある」。

これは具体的には，次のような場合であろう。たとえば，混合型企業結合により強大な資金力を獲得する結果，略奪的価格設定を可能にする地位が生まれるかもしれない。また，ある商品Aで支配的地位を有する企業が，混合型企業結合により関連商品Bの販売を開始することになる場合には，①Aと

したがって日本石油運送が，共同出資会社として，石油精製業者3社間の協調関係を維持する機能を有していた可能性はある。

95）川上市場と川下市場の双方で市場閉鎖効果が問題になるとした事例として，日本軽金属・東洋アルミニウム株式取得事例【平成8年度事例3】参照。近年の事例では，企業結合後，当事会社が販売拒否または購入拒否を行う「能力」および「インセンティブ」を有するかとの視点から検討がなされる。たとえば，ヤマハ発動機・KYBモーターサイクルサスペンション株式取得事例【平成25年度事例6】参照。

Bとの抱き合わせ販売を開始することにより，A市場における独占力をB市場に拡張するかもしれない（レバレッジ），また②そのような人為的行為を行わなくとも，需要者による商品の一括購入がみられる市場では，おのずと競争者を排除する効果が生まれるかもしれない。

もっとも，このように競争者を排除しうる戦略的地位の形成を理由に混合型企業結合を規制することには，予測の困難さという問題がある。また，単に企業結合が効率的であるがゆえに競争者が排除される場合と混同して，規制が行われる危険性もある。たとえば，上記②の場合は少なくとも短期的には需要者にとって利益であろう。ゆえに慎重な検討が必要となる。

(2) 協調行為の促進

第2に，混合型企業結合が「協調的行動」を促進するとは，次のような場合である。ある企業が，混合型企業結合によりA市場のみならず，B市場においても，活動することになるとする。この場合，競争者もA市場およびB市場において活動する場合，競争者間の接触の回数が増え，協調関係が生じる可能性がある。

(3) 潜在競争の消滅

さて，以上2つの場合のほか，混合型企業結合が市場支配力形成を可能にするシナリオがある。混合型企業結合により新規参入の競争圧力を消滅させ，市場支配力形成を可能にする場合である。独禁法学上，混合型企業結合が有するこのような効果は，「潜在競争」の消滅効果と呼ばれてきた[96]。これは，新規参入の脅威ゆえに，既存企業による単独または共同の市場支配力形成が困難になっている場面において問題となる。

2　事件例

競争者を排除しうる戦略的地位の形成は，企業結合規制における近年の重要課題である。その背景の1つには，ネットワーク産業の発展や，企業間競争における技術やデータの重要性の高まりがある。

ネットワーク産業に係る事例として，NTT・NTTドコモ等PHSサービス共同事業会社設立事例【平成6年度事例6】，NTTコミュニケーションズ

---

[96]　潜在競争の問題については，泉水文雄「企業結合規制における潜在競争(1)(2・完)」法学論叢117巻1号20頁・3号52頁参照。

(NTT-C)・JSAT株式取得事例【平成12年度事例6】がある。前者においては，NTTの有する公衆網の不可欠施設性が問題となった。公衆網に接続することなくPHSサービスを提供することが困難な状況において，接続提供に係るインセンティブ低下が問題とされた。後者においては，地上網専用線サービスにおいて圧倒的地位を有するNTT-Cが衛星通信サービスを行うJSATに出資することで，地上網と衛星網を組み合わせたサービスの提供が可能となり，JSATの総合的事業能力が高まることが問題とされた。そこで，①それぞれNTT，NTT-Cについて他の事業者との接続も公平かつ適切な条件で行うこと，また，②新会社，JSATについてNTT，NTT-Cの購買力や販売力を利用した事業活動を行わないことが，条件とされた。

その他，トヨタ自動車・ダイハツ工業株式取得事例【平成10年度事例1】では，市場シェアの増大がない軽乗用車市場についても分析が行われた。そこでは①ダイハツがトヨタの技術援助を受けることによりダイハツの総合的事業能力が高まること，②それぞれが強みを有する小型乗用車および軽乗用車のフルライン生産により当事会社の総合的事業能力が高まることが検討された。ともにそれ自体としては独禁法上積極的に評価しうるものであるが，競争者排除の危険性が懸念されたのである[97]。

なお，公取委実務において「総合的事業能力」は，競争者に対する優位性を示す広い意味で用いられており，必ずしもその外延が明らかではない。三菱化成・三菱油化合併事例【平成6年度事例1】では原材料の生産能力の大きさを示すものとして用いられている。これに対してJAL・JAS事業統合事例【平成13年度事例10】では，「海外路線を含めた広範なネットワークの形成によりマイレージ等のサービス面で，新規航空会社を含む競争事業者に対し優位に立つこと」[98]とされ，ヤフー・一休株式取得事例【平成27年度事例8】では，消費者の購買行動等に関する情報の集積に懸念を示すものとされた。

潜在競争減殺を問題にした事例として，ベカルト・ブリヂストンメタルファ役員兼任事例【平成7年度事例6】がある。タイヤ補強材について国内1

---

[97] 池田千鶴『競争法における合併規制の目的と根拠』（商事法務，2008年）528頁。
[98] 公取委公表資料「日本航空株式会社及び株式会社日本エアシステムの持株会社の設立による事業統合について」第2の3(3)I（2002年3月15日）。

位のブリヂストンの子会社に，海外メーカーが資本参加および役員派遣することが問題とされた。本件は，潜在競争者とされた海外メーカーが世界有数のメーカーであり，新規参入能力および参入した場合の競争促進効果が比較的明らかな場合であった。

第8節　手続法

Ⅰ　概　説

市場集中規制の対象行為のうち，会社による株式取得（10条2項以下），合併（15条2項以下），分割（15条の2第2項以下），共同株式移転（15条の3第2項以下），および事業譲受け等（16条2項以下）については，事前届出制度が存在する[99]。届出を受けた公取委による審査は2段階に分かれる。2011年に事前相談制度が廃止され，審査実務の動向に関心が高まっている。問題解消措置も論点である。

Ⅱ　事前届出制度

1　事前届出義務

（1）　会社による株式取得

10条2項ないし7項は，会社による株式取得に関する事前届出手続を規定する。各項およびそれを受けた政令に基づく届出制度は，次のとおりである。

届出義務を負う「株式取得会社」は，当該会社が属する「企業結合集団」の国内売上高合計額が200億円を超えるものである。ここで企業結合集団とは，株式取得会社の最終の親会社（会社の親会社であって他の会社の子会社でないもの）およびその子会社（いわゆる孫会社も含む）からなる集団である。10条6項および7項に「子会社」および「親会社」の定義がある。過半数を超えて議決権を所有する場合のほか，財務および事業の方針の決定を支配する場合に，両項における経営支配関係が認められる[100]。国内売上高の算定，

99）　役員兼任（13条），および会社以外の者による株式保有（14条）に，そのような事前届出制度は存在しない。

100）　会社法等で用いられる「実質基準」である。これにより10条6項の「子会社」は，7

および次に見る議決権保有比率の算定にあっては，企業結合集団に属する組合等によるものを含む（10条2項）。

株式取得の結果，株式取得会社が属する企業結合集団が，「株式発行会社」の議決権の20％および50％を超えて所有することとなる場合に，それぞれ届出が必要となる。ここで株式発行会社とは，当該会社およびその子会社の国内売上高合計額が50億円を超えるものである[101]。組合を通じた株式取得については，当該組合の親会社が株式を取得するものと見なす（10条5項）。

届出対象行為は株式「取得」であるから，株式発行会社の自己株式の取得により，株式保有会社の議決権所有比率が届出基準を超えても，届出は不要である。また企業結合集団による議決権所有比率を見るのであるから，株式発行会社の株式を同一の企業結合集団に属する会社から取得する場合には，議決権所有比率に変動はなく，届出は不要である。さらに，「あらかじめ届出を行うことが困難である場合」として公取委規則で定める場合にも，届出は不要である（10条2項但書）[102]。

（2）合併等

15条2項は，合併に関する事前届出手続を規定する。同項およびそれを受けた政令により，企業結合集団の国内売上高合計額が200億円を超える会社と，企業結合集団の国内売上高合計額が50億円を超える会社が合併しようとする場合に，届出が必要となる。ただし，同一企業集団内の合併について，届出は不要である（同項但書）。

分割，共同株式移転，事業譲受け等についても，会社による株式取得や合併に準じた事前届出制度が設けられている（15条の2第2項・3項，15条の3第2項，16条2項）。ただし，16条1項において規制される行為のうち，事業の賃借（同項3号），経営の受任（同項4号），および損益の全部を共通

条の2第13項や9条5項の「子会社」よりも広い概念となっている。
[101] 株式発行会社の国内売上高は，企業結合集団を基礎としない。これは株式取得により，株式発行会社およびその子会社は，従前の企業結合集団から離脱することが多いと考えられるからである（藤井宣明＝稲熊克紀編著『逐条解説 平成21年改正独占禁止法』〔商事法務，2009年〕106頁）。
[102] 具体的に，株式の分割や併合により発行される株式の取得，子会社でない投資事業有限責任組合における組合財産としての株式の取得などが規定される（昭和28年公取委規則1号2条の7）。

にする契約の締結（同項5号）は，届出が不要である。なお，会社分割および事業譲受け等については，企業結合集団ベースのほか，単体ベースの承継ないし譲受け部分に係る国内売上高基準（30億円または100億円）が存在することに注意が必要である。

2　禁止期間・審査期間

10条8項により，会社は，株式取得の届出が受理された日より30日を経過するまでは，当該株式取得をしてはならない（禁止期間）。したがって少なくとも株式取得30日前には，届出が必要となる。ただし公取委は，必要があると認める場合には，禁止期間を短縮することができる（同項但書）。公取委は，①一定の取引分野における競争を実質的に制限することとはならないことが明らかな場合であり，かつ②禁止期間の短縮を届出会社が書面で申し出た場合に短縮を認めるとする（企業結合ガイドライン（付））。そして，セーフハーバーに該当する案件については，前者に該当する場合が多いとする。

10条9項により，公取委は，30日間または短縮された禁止期間内に，①排除措置命令前の通知（意見聴取の通知）（50条1項）を行うか，またはより詳細な審査が必要として，②報告，情報もしくは資料の提出の要請を行う。この間の審査を，「第1次審査」と呼ぶ。②の報告等の要請がなされると，①の通知期限は，届出受理の日から120日を経過した日と，要請した報告等の受理の日から90日を経過した日のいずれか遅い日まで，延長される。この間の審査を，「第2次審査」と呼ぶ。公取委は，第1次審査，第2次審査それぞれの段階において，問題ないと判断した株式取得について，③排除措置命令を行わない旨の通知をする。それら流れをまとめると，後に掲げるフローチャートのようになる。

以上のような審査期間の定めにかかわらず，株式取得について独禁法上の問題点を解消する措置（後述する問題解消措置）が期限内に履行されない場合などには，その期限から1年以内の事前通知期間が生じる（10条9項1号・10項）。また，届出内容の重要事項に関して虚偽の記載があった場合に，審査期間の制約はない（同条9項2号）。なお，禁止期間と審査期間は連動しない。すなわち審査期間にかかわらず，禁止期間が過ぎれば株式取得は可能

第6章 企業結合

(参考) 企業結合審査のフローチャート

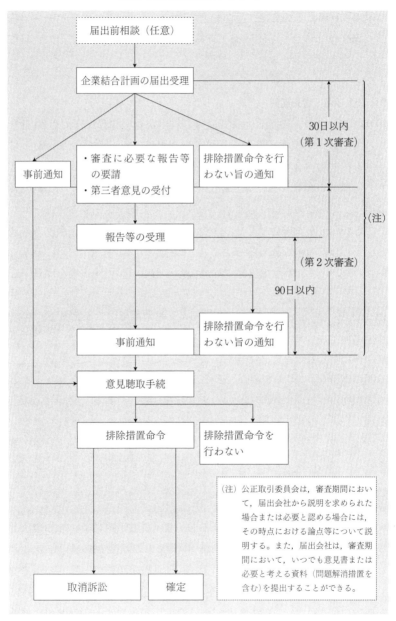

である。したがって禁止期間を超えて株式取得を行わせないためには，公取委による緊急停止命令の申立て（70条の13）が必要となる。

　株式取得に関する禁止期間および審査期間の定めは，合併，分割，共同株式移転，事業譲受け等に準用される（15条3項，15条の2第4項，15条の3第3項，16条3項）。事前届出義務に反し，または禁止期間内に行われた合併，分割，共同株式移転に対して，公取委は無効の訴えを提起できる（18条）[103]。事例はないが，届出対象外の合併に対して，合併登記後に15条1項の規制を及ぼすことができるかという論点がある。通説および実務は可能と考える[104]。

III　審査手続

1　審査の透明性

（1）　審査手続対応方針

　審査の透明性，迅速性を高め，事業者の予見可能性を確保することを目的として，公取委「企業結合審査の手続に関する対応方針」（2011年6月14日）が公表されている。そこでは，次の3つの方針が明らかとなっている。

　第1に，文書主義による手続の明確化である。公取委は，必要な届出がなされた場合，届出会社に対して届出受理書を交付する。また公取委は，報告等の要請を報告等要請書の交付によって行い，すべての報告等を受理した場合，届出会社に対して報告等受理書を交付する。審査終了時における，排除措置命令前の通知，排除措置命令を行わない旨の通知も，それぞれ書面で行う。他方，届出会社は，禁止期間の短縮に係る申出をする場合，書面によることが求められる。

　第2に，届出会社と公取委とのコミュニケーションの充実である。届出会社は，審査期間内において，いつでも公取委に対して意見書または審査に必要と考える資料の提出（後述する問題解消措置の申出を含む）を行うことができる[105]。公取委は，報告等の要請を行うにあたり，報告等要請書に報告等を求める趣旨を記載する。また公取委は，審査期間内において，届出会社か

---

[103]　合併無効の訴えに係る論点について，根岸編・注釈333頁以下（金井貴嗣）参照。
[104]　実方・独禁132頁。
[105]　公取委は，対応方針の別添において，審査において参考にする資料の具体例を示す。

ら企業結合審査における論点等について説明を求められた場合または必要と認める場合，届出会社に対してその時点における論点等の説明を行う。さらに公取委は，第2次審査後に排除措置命令を行わない旨の通知をする場合，独禁法上問題がないとする理由を書面により説明する。

　第3に，事例の公表による透明性の向上である。まず公取委は，第1次審査の結果，排除措置命令を行わない旨の通知をした事例のうち，先例的な価値があるものの審査結果を公表する。また報告等の要請を行った場合には，その旨を公表する。さらに第2次審査の結果，排除措置命令を行わない旨の通知をした事例は，すべて審査結果を公表する。なお，上記報告等の要請が公表された場合，意見がある者は，公表後30日以内に，公取委に対して意見書を提出することができる。

　これらの方針は，企業結合規制にかつて存在した事前相談制度に対する批判に対応するものである[106]。事前相談とは，当事者の任意の申出に基づき開始される，企業結合の違法性に関する相談であり，行政指導の一種であった。わが国における企業結合規制は，実質的に同事前相談の場で展開してきた。事前相談制度については，その必要性や有用性を認識するものの，その不透明さにつき批判の声も存在した。そこで上記対応方針は，事前相談制度を廃止した上で[107]，正式手続につきその透明性および迅速性を高めようとするのである。

　もっとも審査中，届出会社は，届出書を任意に取り下げることができる。また，①届出書の取下げ後，問題解消措置を記載した届出書により改めて届出（再届出）を行うことや，②届出書を取り下げることなく，問題解消措置を記載した変更報告書を提出することも可能である[108]。審査後，排除措置命令前の通知がなされたとしても，届出会社が問題解消措置を申し出て，公取委が排除措置命令を行わないこともある[109]。さらに，届出会社と公取委

---

106)　事前相談制度については，独禁手続149頁（向田直範）参照。
107)　届出対象外の企業結合については，事前相談制度は残る。すなわち公取委は，具体的計画を示して相談があった同企業結合については，正式審査手続に準じた相談を行うとする（対応方針・7）。
108)　小林渉＝深町正徳＝唐澤斉「最近の大型企業結合事例について」公正取引739号13頁。ただし変更が重要である場合には，届出書の再提出が必要となる。
109)　公取委は審査結果を公表する。

との届出前の協議も行われており[110]，そうするとこれまでの事前相談制度における法運用と，実務は大きく変わらないようにも見える[111]。

事前相談制度廃止後における事例は，すべて当事者による計画の取下げか，排除措置命令を行わない旨の通知で終わっており，排除措置命令が下されたものはない。しかし司法審査を前提としない法運用では，推定則の確立や立証責任の配分といった法的ルールの生成を望むことができないとの問題が残る[112]。

(2) 届出前相談

届出予定会社は，公取委に対して，届出書の記載方法等に関して相談することができる。これを届出前相談と呼ぶ。たとえば，届出会社の国内の市場における地位を記載する項目につき，その記載を行うため，一定の取引分野に関する公取委の考え方を確認する場合である。上で言及した事前相談とは異なり，届出前相談において，企業結合の違法性に係る公取委の判断が示されることはない。当然ではあるが，届出予定会社が届出前相談を行わなかったとしても，届出後の審査において不利益に取り扱われることはない。

2 問題解消措置の設計

当事者が，競争制限効果を解消するための措置を前提に届出をなし，または審査期間中もしくは審査期間後に，そのような措置を申し出ることがある。このような措置を「問題解消措置」と呼ぶ。また学説上，問題解消措置を前提とした事例を「条件付き承認」事例と呼ぶ[113]。問題解消措置自体は内容および手続が適切に設計される限り，望ましいものである。企業結合ガイドラインは「競争の実質的制限を解消する措置」として，問題解消措置の考え方を明らかにする（第6）。

---

110) 小林ほか・前掲注108) 12頁参照。
111) もちろん事前相談とは異なり，届出前協議において，企業結合の違法性に係る公取委の判断が示されることはないとの違いがある。
112) 問題解消措置事案について，排除措置命令を利用することの可能性および有用性について，川濵昇「評釈」NBL980号76頁。他方，公取委スタッフは，必要性につき慎重な立場を示すようである（小林ほか・前掲注108) 13頁）。
113) 問題解消措置については，川濵ほか・前掲注25) 234頁（和久井理子），泉水文雄「企業結合規制における救済措置の設計と手続のあり方」学会年報24号（2003年）75頁参照。問題解消措置の実施は10条9項1号（措置期間の例外）で担保される。

過去の事例を見ると，同意審決事件である新日鉄合併事件・同意審決昭44・10・30では，次のような問題解消措置（排除措置）が採用された。①鋳物用銑について，高炉を神戸製鋼に譲渡し，かつ一定期間生産を請け負うことにより，品質を決する原料配合等について協力を与える。②鉄道用レールについて，新規参入を予定している日本鋼管に対して有償にて技術提供を行い，経過的に日本鋼管の計算および指示において生産を請け負う。また鋼矢板について，競争者に技術提供を行う。③食かん用ブリキについて，競争者である東洋鋼鈑の株式を処分する。

問題解消措置には，様々なものが考えられる。しかし市場における競争単位の減少を問題にする企業結合規制において，その中心となるものは市場構造的な措置である。そのような措置には，競争者への事業譲渡や，競争者との結合関係の解消などがある。①の資産譲渡は前者に準じる例であり，③は後者の例である。これら市場構造レベルにおける問題解消措置は，有効性の判断が比較的容易である。他方，事業譲渡等が困難な場合には，例外的に，②のような技術の提供が評価されることもあろう[114]。

なお，事業譲渡については，その手続面に注意が必要である。当事者は，可能な限り将来強い競争相手になりにくい譲受人に対して，可能な限り競争上の価値が小さい事業を譲渡したいとのインセンティブを持つことになるからである。したがって，事業譲渡を問題解消措置とする場合には，前もって譲受人を決め，かつ事業価値の人為的低下を防止するため[115]，短期間に譲渡を完了させることが重要である。

企業結合ガイドラインは「問題解消措置は，原則として，当該企業結合が実行される前に講じられるべきものである」とし，また事業譲渡につき，「当該企業結合の実行前に譲受先等が決定していることが望まし」いとする（第6の1）。新日鉄合併事件は，このような手続面に限ってみれば，比較的問題が少なかった事例であった[116]。

---

114) ライセンスを条件とした事例として，富士電機・三洋電機自販機株式取得事例【平成13年度事例9】，東京証券取引所グループ・大阪証券取引所統合事例【平成24年度事例10】，新日鐵住金・日新製鋼株式取得事例【平成28年度事例5】参照。

115) ヤマダ電機・ベスト電器株式取得事例【平成24年度事例9】では，譲渡が完了するまでの間，対象店舗の事業価値を毀損しないことが条件とされた。ダウグループ・デュポングループ統合事例【平成28年度事例2】では，監視受託者による管理が評価された。

問題解消措置には，①や②におけるように，一定期間の生産の請負など，継続的な支援を内容にするものもある（市場行動レベルでの措置）。このような支援は，鋳物用銑の品質確保のように，事業譲渡等に不可避ないし付随的と考えられる場合もある。しかし，この場合もはたして当事者は積極的に支援を行うインセンティブを持つか，また逆に，支援という継続的な接触を通じて協調関係が発生することはないかについて注意が必要である[117]。

第9節　一般集中規制

I　事業支配力過度集中の規制

1　一般集中規制の目的

9条および11条は一般集中規制と呼ばれる。1条の「事業支配力の過度の集中〔の〕防止」に対応する規定である。一般集中規制は，元来，国民経済全体における力の集中を問題とするものであった。特に，戦前において少数の財閥が日本経済全体を支配し，かつ財閥が政治と密接に結びついたという歴史から，戦後，財閥の規制に代わり企業集団の規制に形を変えたとはいえ[118]，一般集中規制は，独禁法の社会的および政治的目的の象徴とされてきた。

しかしながら，もはや戦前の財閥によるような社会的および政治的弊害は考えがたく，過度な一般集中規制が企業の組織選択の自由を制限しているとの意見が強くなった。そのため，独禁法の社会的および政治的目的に基づく企業集団規制の重要性を認識しつつも，一般集中規制の性格について，「競

---

116)　譲受人について，譲渡対象事業を維持・発展させる資金，専門的技能，インセンティブを有することを求めた上で，一定期間内に譲受人が決定しない場合には，公取委の同意を得て選任した事業処分受託者が事業譲渡を行うとする，ジンマー・バイオメット事業統合事例【平成26年度事例7】参照。

117)　市場行動レベルでの問題解消措置に，引取権の設定がある。引取権の設定が十分な競争圧力をもたらすかは，引取条件による。新日鉄・住金合併事例【平成23年度事例2】では，コストベースでの引取権により有力な競争者を創出し，企業結合前と比して市場を改善すると評価する。

118)　企業集団は，株式相互保有および社長会を通じての結束を特徴とする。集団内での相互的取引は系列取引と呼ばれる。

争が行われる基盤を整備することにより市場メカニズムが十分に機能するための規定」との考え方[119]が有力になりつつある。このような状況において，1997（平成 9）年に持株会社が原則解禁されるとともに[120]，株式の相互保有の解消が進む中で[121]，さらに 2002（平成 14）年に法改正がなされた。

2　9条の規制の概要

9条1項は，「事業支配力が過度に集中することとなる会社」の設立を禁止する。また同条2項は，既存の会社が「事業支配力が過度に集中することとなる会社」に転換することを禁止する。2002年改正まで，9条は「持株会社」を対象とした規定であった。しかし 2002 年改正は，大規模会社の株式保有の総額規制（旧9条の2）を廃止するとともに[122]，9条を広く「会社」に対して規制を及ぼすものとした。なお，9条については，事業支配力過度集中ガイドラインが公表されている。

「事業支配力が過度に集中することとなる」か否かは，「会社グループ」について判断される（9条3項）。会社グループとは，「会社＋子会社＋実質子会社」である。「子会社」とは，会社が議決権の過半数（子会社が保有する分も含む）を有する，他の国内の会社である（9条5項）。「実質子会社」とは，会社が議決権の 25％超 50％以下を有し，かつ筆頭株主となる，他の国内の会社である。

「事業支配力が過度に集中すること」とは，会社グループについて，①(ア)総合的事業規模が相当数の事業分野にわたって著しく大きいこと，(イ)資金に係る取引に起因する他の事業者に対する影響力が著しく大きいこと，または

---

119) 菅久修一＝小林渉編著『平成 14 年改正独占禁止法の解説・一般集中規制と手続規定等の整備』（商事法務，2002 年）10 頁参照。

120) 持株会社解禁をめぐる議論については，『持株会社と独占禁止法』学会年報 17 号（1996 年），およびジュリ 1123 号における特集「持株会社解禁と今後の課題」参照。

121) 株式相互保有の経済的機能とその解消傾向について，岡部光明『株式持合と日本型経済システム』（慶應義塾大学出版会，2002 年）参照。

122) 旧9条の2は，資本の額が 350 億円以上または純資産の額が 1400 億円以上の会社（金融業を営む会社を除く）が，自己の資本の額または純資産の額のいずれか多い額を超えて他の国内の会社の株式を保有することを禁止していた。同条が新設された 1977（昭和 52）年当時と比して，主に同条の規制対象と考えられてきた総合商社の経済力が低下していることが，同条廃止の背景に存在する。

㈦相互に関連性のある相当数の事業分野においてそれぞれ有力な地位を占めることという3類型のいずれかに該当し，かつ②「国民経済に大きな影響を及ぼし，公正かつ自由な競争の促進の妨げとなる」ことである（9条3項）。①における3類型のいずれかに該当すれば，原則として②の実質要件もみたすと考えられる[123]。

事業支配力過度集中ガイドラインは，①および②をともにみたす類型として，㈠から㈦に沿った次の3類型を提示する。

第1類型は，会社グループの総資産合計額が15兆円を超え（銀行業，保険業または第一種金融商品取引業を営む会社の総資産額は除く），5以上の主要な事業分野（日本標準産業分類3桁分類のうち売上高6000億円超の業種）のそれぞれに単体総資産額3000億円超の大規模な会社を有する場合。

第2類型は，単体総資産15兆円超の大規模金融会社と，金融または金融と密接に関連する業務を営む会社以外の，単体総資産3000億円超の会社を有する場合。

第3類型は，取引関係や補完・代替関係等から判断して相互に関連性を有する5以上（規模が極めて大きい事業分野に属する有力な会社を有する場合は会社の有力性の程度により3以上）の主要な事業分野（定義は第1類型と共通）に，売上高に基づく市場シェアが10％以上の会社を有する場合。

これらに対して，分社化の場合（自社の事業部門を100％子会社化し継続して株式を所有する場合），一定のベンチャー・キャピタルの場合，金融会社の異業態参入の場合（新規設立の場合），および小規模の場合（会社および子会社の連結総資産6000億円以下の場合）をホワイトリストとする。

3　手続規定

9条4項および7項は，公取委による監視のために，報告・届出手続を規定する。両項およびそれを受けた政令によれば，会社およびその子会社の総資産合計額が，①持株会社（会社の総資産に対する子会社株式の取得価額合計の割合が50％を超える会社）については6000億円，②銀行業，保険業，または第一種金融商品取引業を営む会社については8兆円，③それ以外の会社

---

123)　根岸＝舟田125頁参照。

（一般事業会社）については 2 兆円を超える場合には，当該会社およびその子会社の事業に関する報告書を公取委に提出しなければならない。報告期限は毎事業年度終了の日から 3 ヶ月以内であるが，会社設立時に要件を満たす場合には，会社設立の日から 30 日以内に届出が必要となる。

II　銀行・保険会社による議決権保有の規制

1　11 条の規制の概要

11 条 1 項は，銀行が他の国内の会社の議決権総数につき 5％を超えて保有すること，および保険会社が他の国内の会社の議決権総数につき 10％を超えて保有することを禁止する。名宛人を「銀行業又は保険業を営む会社」に限定するのは，それらが融資を行うからである。融資と議決権保有により，金融会社が一般事業会社を支配することを防止しようとする。銀行の 5％基準に対して，保険会社の 10％基準は，保険会社の機関投資家としての役割を考慮したものである。

金融会社による事業会社の支配が問題であるから，「他の国内の会社」は「銀行業又は保険業を営む会社その他公正取引委員会規則で定める会社を除く」（10 条 3 項括弧書）。すなわち金融会社間の結合は 11 条の規制対象外である[124]。

2　適用除外

銀行または保険会社は，債権保全のためなど事業の性格上，議決権を保有する必要がある。また，議決権を保有することになっても，事業支配力の過度の集中をもたらすおそれのない場合もある。このような場合のために，5％（10％）を超えた議決権の保有について適用除外の規定が存在する。

11 条 1 項但書に基づきあらかじめ公取委の認可を受ける場合，および同項 1 号から 6 号に規定される特定の場合である。なお後者の 1 号ないし 3 号および 6 号の場合において，議決権を 1 年を超えて保有する際にも，公取委の認可が必要である（11 条 2 項）。公取委は，認可の基準について銀行・保険会社ガイドラインを公表している[125]。これら認可においては内閣総理大

124）　金融会社間の結合は市場集中規制の対象となる。

臣との協議が必要とされており（同条3項），内閣総理大臣の権限は金融庁長官に委任されている（同条4項）。

11条の適用事例として，野村證券事件・勧告審決平3・11・11がある。野村證券が野村土地建物の株式について，自己と友好関係にある会社に所有を依頼していることが，11条の脱法行為として17条違反とされた。ただし同事件は，11条の規制が証券会社に及んでいた2002年改正前の事件である。

第10節　独占的状態に対する規制

市場構造は，企業結合という外部的要因によってのみ非競争的に変化するわけではない。企業の内部成長により，非競争的市場構造が成立する場合もある。また企業結合の審査が，事後的にみれば誤りであったということもある。そこで，非競争的な寡占的市場構造そのものに注目して，事業譲渡（会社分割）等により，競争的状態に回復させる規定が設けられている。独占的状態に対する規制（8条の4）である。本規制は1977（昭和52）年改正において導入された。発動要件は厳しく，これまでの適用事例はない。

2条7項は「独占的状態」を定義する。独占的状態は，「一定の商品」（または「同種の役務」）に関する「一定の事業分野」について判断される。「一定の商品」とは，同種の商品，および当該同種の商品に係る通常の事業活動の施設または態様に重要な変更を加えることなく供給することができる商品（同種の商品との設備共通商品）である。「一定の事業分野」について，以下の要件が満たされる場合に「独占的状態」の存在が認定される。

第1に，年間の国内総供給価額要件である。「一定の商品」および「これとその機能及び効用が著しく類似している他の商品」（または「同種の役務」）について，年間の国内総供給価額が1000億円を超えること。

第2に，市場シェア要件である。「一定の商品」および「これとその機能及び効用が著しく類似している他の商品」（または「同種の役務」）の数量（または価額）について，第1位の事業者に係る市場シェアが50％超か，上位2社集中度が75％超であること。

---

125) とりわけ債務の株式化による議決権取得にかかる認可については，債務の株式化ガイドラインが公表されている。

第3に,「一定の事業分野」に新規参入することが著しく困難であること。

第4に,「一定の事業分野」において,相当の期間にわたり価格が下方硬直的であり,かつ当該事業者が著しく過大な利益率を得ているか,または著しく過大な販売費および一般管理費を支出していること。

なお,第1および第2の要件をみたす事業分野については,公取委事務局「独占的状態の定義規定のうち事業分野に関する考え方について」(1977年11月29日)の別表改正により公表がなされてきた。

公取委は,以上の要件をみたす「独占的状態」について,事業の一部譲渡を含む競争を回復させるために必要な措置を命じることができる(8条の4第1項)。ただし,規模の経済性を損なう場合,経理が不健全となる場合,国際競争力の維持が困難となる場合,または他の競争回復措置が講ぜられる場合には,措置を命じることができない(同項但書)。また,措置を命じるにあたり,公取委は「当該事業者及び関連事業者の事業活動の円滑な遂行並びに当該事業者に雇用されている者の生活の安定について配慮しなければならない」とされている(同条2項)。

第7章 不公正な取引方法

第1節　総論

I　はじめに

1　不公正な取引方法の位置付け

　不公正な取引方法の規制は私的独占，不当な取引制限および企業結合の規制と並んで4本の柱と一般に呼ばれ，重要なものと考えられている。不公正な取引方法は2条9項が定義しており，これには，ボイコット，不当廉売，再販，専売店制，抱き合わせ取引，不当表示，過大な景品，優越的地位の濫用，並行輸入阻害など多種多様な行為が含まれる。私的独占や不当な取引制限の規制がいわば自由な競争を維持することによって「競争の実質的制限」がもたらされるのを防ぐのに対し，「公正な競争を阻害するおそれ」を防ぐものであるといえるが，規制対象が雑多なこともあり，その体系上の位置付けや反競争効果要件である公正競争阻害性を理解するのは難しい。

　不公正な取引方法として規制されるものには，差別的ダンピング，不当廉売，抱き合わせ，排他条件付取引などのように私的独占の手段として歴史的に典型的なものとされてきた行為が多数含まれており，その点に注目して私的独占の予防ないし補完的規制と位置付ける議論も有力であった[1]。しかし，不当表示など私的独占の手段行為とはいえない不正行為や相手方に対して力の優位を持ったものの濫用行為なども規制対象となっており，そのように

---

[1] 米国やEUでは不当な取引制限として規制される再販や排他条件付取引などはわが国では垂直的な協定が規制対象でなかったことから（第3章第2節IV），不公正な取引方法で規制せざるをえなかった。なお，垂直的な協定（縦のカルテル）が規制対象となったとしても相互拘束要件のためわが国では不公正な取引方法に頼らざるをえない部分が残る。

単純なものではない。

2　規制の概要

不公正な取引方法は，事業者がそれを行うことを禁じた19条によって対処されるが，そのほかに，事業者団体が事業者に不公正な取引方法をさせること（8条5号），不公正な取引方法に該当する行為を内容とする国際協定・契約を締結すること（6条，8条2号），不公正な取引方法による他の会社の株式の取得または所有，役員兼任，合併，会社分割，事業譲受け等が禁止されている（10条1項後段，13条2項，14条後段，15条1項2号，15条の2第1項2号，15条の3第1項2号，16条1項柱書後段）。

不公正な取引方法に対しては，公取委により排除措置命令がなされ（20条），また，特定の類型のものについては課徴金も課される（20条の2～20条の6）。さらに，私人による損害賠償等の請求（25条，26条，民709条）や無効主張（民90条）に加えて差止請求（独禁24条）がなされうる。ただし，刑罰規定はない。

不公正な取引方法に関連した補完立法として，不当な表示・過大な景品については景表法が，優越的地位の濫用については下請法がそれぞれ存在している。なお，2009（平成21）年改正で景表法は公取委の所管から外れたが，不当な顧客誘引の特別法としての性格は変わらない。

また，独禁法の適用除外が認められている場合であっても不公正な取引方法を用いる場合は適用除外にあたらないと定められることが多い（22条，中小企業団体の組織に関する法律89条但書，海上運送28条但書，保険業101条但書等）。これは，不公正な取引方法には基本的な競争ルールに反するものや力を持ったものの許されざる濫用行為が含まれているがゆえのことと考えられる[2]。

II　不公正な取引方法の定義

1　定義規定と指定制度

不公正な取引方法は2条9項が定義している。2009（平成21）年改正によ

---

[2] 稗貫俊文「適用除外と不公正な取引方法」『独占禁止法講座VI』（商事法務研究会，1987年）121頁参照。

って同項は1953（昭和28）年以来はじめて変更された。一見したところ条文の体裁は激変したがその内容に実質的な変化はない。

改正法は，2条9項の1〜5号まで，共同の供給拒絶，特定の差別的対価，特定の不当廉売，再販売価格拘束，優越的地位の濫用を法定の不公正な取引方法の類型としてあげ，6号では，①6号イ〜ヘに定める行為であって，②「公正な競争を阻害するおそれのある」（以下，「公正競争阻害性」という）もののうち，③公取委が指定するものを不公正な取引方法としている。これは，一見したところ，例示的列挙と追加的指定という形式をとっているように見える。だが，1〜5号の法定類型は体系的に整序されたものではない。6号の公取委の指定による不公正な取引方法の定義は，改正までの定義規定そのものである。改正前はこの定義規定に依拠して不公正な取引方法の告示（いわゆる一般指定）が16の行為を不公正な取引方法として定めていた。現行法の法定類型1〜5号は2009年改正で不公正な取引方法にも課徴金制度を導入するに際して，課徴金の対象となる不公正な取引方法は法律で明示される必要があるという観点から，一般指定で定められた行為のうち改正法が課徴金に相応しいと考えたものを取り出したものである。したがって，旧法2条9項（現行2条9項6号）による体系的整序なしには現行法は理解できない。

旧法のシステムでは旧2条9項各号（現行2条9項6号イ〜ヘ）にあげられた行為類型について，それらの内で公正な競争を阻害するおそれがあるものを指定によって要件を明確にするという形で不公正な取引方法の定義がなされていた。

旧2条9項各号（現行2条9項6号イ〜ヘ）の定める行為は，イ 事業者の差別的取り扱い，ロ 不当対価取引，ハ 不当な顧客誘引・取引強制，ニ 不当な拘束条件付取引，ホ 取引上の地位の不当利用，ヘ 競争者に対する不当な取引妨害・内部干渉である。指定は告示の形式（72条）で行われる。

法が基本類型を示し，それを絞り込むという方式がとられたのは[3]，「不

---

[3] 1953年改正まで，その当時の不公正な競争方法は法が定めた類型に公取委が追加指定を行うという方式であった。このように改められたのは委任立法の批判を避けるためであるとされている（公取委事務局編『改正独占禁止法解説』〔日本経済新聞社，1954年〕215頁）。なお，現行の指定制度に対しても憲法41条に違反するという主張がなされたことがあったが，最高裁はかかる主張は「法2条7項〔現行9項〕が白紙委任規定であることを前提

公正な取引方法は，複雑かつ流動的な取引社会のうちに生ずる経済現象であるから，このような経済現象を対象として規制するには，その規制に可能な限り弾力性をもたせる必要があり，そのために，規制の前提となる経済実態とその変動の把握およびこれに即応した規制基準の設定，変更を，行政機関である」公取委に行わせるのが妥当だ（森永商事事件・審判審決昭43・10・11）と考えられたからである。

2条9項1～5号の法定類型も，6号イ～ヘの原類型に包摂される。原類型に基づく一般指定の行為類型から取り出されたのだから当然のことである。したがって，以下本章の説明はイ～ヘの原類型毎にそれに依拠する法定類型と一般指定という形で体系的な説明を行う。それには，まず旧2条9項の体系も含めて一般指定による規制システムを説明する必要がある。

2　一般指定と特殊指定

指定には一般指定と特殊指定の2種類がある。一般指定は，業種のいかんにかかわらずすべての事業者に一般的に適用されるものであり，昭和57年公取委告示15号「不公正な取引方法」によって指定されており，今回の改正に伴って平成21年公取委告示18号によって改正されたが，昭和57年の指定から法定類型を外しただけのものであり，実質的には変わりはない。通常「不公正な取引方法」といえばこれと法定類型を指す[4]。特殊指定は，「特定の事業分野における特定の取引方法」（71条）についての指定である。現在，大規模小売業（平成17年公取委告示11号），特定荷主が物品の運送または保管を委託する場合（平成18年公取委告示5号），および新聞業（平成11年公取委告示9号）に関し指定がなされている。一般指定と特殊指定はいわば一般法と特別法の関係にあるとされるが，一般指定の要件が充足される場合はそちらも適用可能である。なお，特殊指定の業種であっても，それに該

　　とするものであるが，同条項による委任の範囲が実質的に限定されていることは規定上明らかである」としている（第一次育児用粉ミルク〔和光堂〕事件・最判昭50・7・10）。
[4]　それまでの旧（昭和57年）一般指定以前は，旧（昭和28年）一般指定が適用されていた。旧指定は12項しかなく，条文構成に差異があるが，規制対象の広狭に大差ない。現行指定は旧指定の明確化を図ったものといえる。また，旧指定に関わる先例の多くは，それ以降の指定についても先例的価値を有する。

当しない行為については当然に一般指定が適用される[5]。

3 一般指定の形式と公正競争阻害性
(1) 不当性の内容

2条9項6号イ〜ヘの行為類型にはいずれも「不当に」という文言が付加されているが，これは社会通念や私法的な観点からの不当性を意味するのではなく，公正競争阻害性を意味するものと解されている。さもなくば，各行為類型に該当し，かつ競争秩序と無関係な意味で不当とされていることが必要だという競争政策の趣旨に反した結果になる[6]。公取委の指定は，各行為類型に該当しかつ「不当な」ものを具体的に定めていくことを予定しているのである。なお，一般指定の各構成要件においては，行為の態様を定めた要件（これを行為要件と呼ぶ）とともに「不当に」，「正常な商慣習に照らして不当に」あるいは「正当な理由がないのに」という文言が用いられている[7]。それらの実質的内容は，2条9項各号にいう「不当に」等と同じものと解されている。すなわち，公正競争阻害性であるとされている。したがって，ある行為が不公正な取引方法に該当するには，行為要件該当性とともに，それが個別的に公正競争阻害性を持つことも必要となっている。公取委の指定形式としては，行為要件に該当すれば個別的に公正競争阻害性を問題にする必要がないような方式も理論的にはありうる。現に，特殊指定にはそのような定め方も用いられている。しかし，すべての業種に適用されかつ不公正な取引方法を包括的に定める一般指定においては，行為要件はかなり抽象的なものとならざるをえず，このような形式は不可避であろう。

---

5) 旧（昭和28年）一般指定の頭書が「第71条の規定による手続を経て指定する特定の事業分野における特定の取引方法（附則5の適用を受けるものを含む。）を除き」としていたのはこの理を明示したものと解される。

6) 第一次育児用粉ミルク（明治商事）事件・最判昭50・7・11も「法が不公正な取引方法を禁止した趣旨は，公正な競争秩序を維持することにあるから，法2条7項〔現行9項〕4号の『不当に』とは，かかる法の趣旨に照らして判断すべきものであ」るとする。

7) 特殊指定の中には，行為の外形だけが示され，個別的に公正競争阻害性の有無を判断することを示す文言が付されない類型もある（たとえば「新聞業における特定の不公正な取引方法」2項）。なお，そのような定め方が広きに失すると考えられる場合は，具体的に公正競争阻害性の存在を必要とするように読み込むことになる。

(2) 3つの表現の意義

さて，前述の3つの表現はいずれも公正競争阻害性をその内容とするものであるが，このような形で書き分けられているのはなぜか。昭和57年指定の起草者の趣旨および通説によれば次のように説明される。

「不当に」という文言は当該行為要件に該当するだけでは原則的に公正競争阻害性があるとはいえず，個別的に公正競争阻害性が示されて初めて不公正な取引方法といえる行為類型であるとされる。「正常な商慣習に照らして不当に」は，行為に該当するだけではなく個別的に公正競争阻害性を示す必要があることは同様であるがその際に正常な商慣習が参照されるというものである。これに対して「正当な理由がないのに」という文言が用いられている場合は，その行為類型に該当すれば原則として公正競争阻害性が認められることを意味するものとされる[8]。いいかえれば，「正当な理由」とは，行為要件に該当しても例外的に公正競争阻害性が認められない特段の事情ということになる。このように，行為類型に該当すれば，特段の事情なき限り反競争効果が認められる行為類型は原則違法（の類型）と呼ばれることもある。

法定類型においても同じ文言が用いられているのは，同じ趣旨であると解されている。

「正当な理由がないのに」という文言が用いられているのは，法定類型1号および一般指定1項の共同の取引拒絶，法定類型3号の著しい費用割れ販売，法定類型4号の再販売価格拘束の各行為類型である。共同の取引拒絶は，米国では判例法上，当然違法とされる（行為要件に該当すれば競争を害し違法であると判断される）類型とされてきたものであり，再販売価格維持行為も同様に長らく当然違法とされてきた（近時合理性の主張が許されるようになった）。なお，再販売価格拘束はほとんどすべての国で行為に該当すれば反競争的なものであるという処理がなされている。また，著しい費用割れ販売については，欧米では一定の費用を基準に，それ以下であれば違法性ないし反

---

[8] 田中編17-18頁参照。「不当に」という文言が用いられている行為類型であっても，より細分化された一定の事実が示されるなら，経験則上公正競争阻害性が一応推定される場合もある。たとえば，取引の相手方に価格広告を禁止する場合や安売り業者への販売制限などは，通常，価格競争を阻害するおそれがあると考えられ，原則として不公正な取引方法に該当する一ものと考えられている。流通・取引ガイドライン第1部3(2)および第1部2の4(4)，第1部第2の6(3)を参照。

競争効果が推定されるという準則が採用されている。これらは，経済的な経験則上，当該行為が反競争効果を持つことが多いことを反映して，一応の推定ないし強固な推定を認めたものである。わが国でこれらの行為類型について，「正当な理由がないのに」という文言が用いられたのも同じ事情による。かつて，このような推定は公正競争阻害性について立証責任を転換するものであって不当であるとする見解もあったが[9]，経済的な経験則に依拠して定型的に事実上の推定が生じることを勘案して一応の推定ないし表見証明が認められたものと考えればよい[10]。このように一定の行為類型に該当するなら公正競争阻害性が一応推定される[11]場合に，かかる行為類型は原則違法と一般に呼ばれている。要するに，「その行為を正当化する特段の理由がない限り，公正競争阻害性を有するものとするものである。」（着うた事件・審判審決平

---

9) 「独禁研報告書」（昭和55年）第1部3(2)が原則違法を事実上の推定としつつ，立証責任の転換としたことから混乱が生じたようである。

10) 一応の推定とは，「事実上の推定の中で，特に類型的に一定の事実ないし法的概念を推認するもの」を指す（小林秀之『新証拠法〔第2版〕』〔弘文堂，2003年〕59頁）。なお，ここでの推定は，高度の蓋然性を持つという点のみならず，行為の外形にもかかわらず例外的に公正競争阻害性を持たない場合が，行為者側の主観的な事情に依拠しているために，行為者の側で特段の事情を証明させるのが妥当であることも勘案されている。共同の取引拒絶が合理的目的に付随する場合として正当化される場合や不当廉売で費用割れを正当化する事情などはこのような側面も持つ。この側面では，反証提出責任を相手方に発生させる点に重要な意義がある。なお，2条9項3号型の不当廉売について，例外が認められる場合が少なからずあるのに一応の推定が認められることに疑問を持つ見解もあるが（山部俊文「公正競争阻害性・再論」学会年報30号〔2009年〕27頁），そこでの例外的事情については証拠からの距離からして行為者側が証拠を提出しなければ立証がはなはだ困難なものであって一応の証明を認めるのが適切であると考えられる。合理的目的のある共同の取引拒絶に関しても同様である。それらについては，各該当箇所で詳しく論じられる。

11) そもそも，公正競争阻害性のような抽象的要件は主要事実ではなく，そのような評価を受けるべき具体的事実を主要事実と考えるのが妥当であって（高橋宏志『重点講義民事訴訟法（上）〔第2版補訂版〕』〔有斐閣，2013年〕424頁参照），本文のような表現は誤解を招くものではあるが，独禁法のほとんどの文献は公正競争阻害性の立証責任に言及しているので慣例に従った。なお，前掲注10）の小林教授による一応の推定の定義が法概念についての推定を含むように表現されているのも，多くの領域で抽象的な評価要素について立証責任に言及される例が珍しくないことの反映であろう。原則違法とされる類型におけるその意義については未解明な問題点は多いが，一般指定で明文化されたものについては，前掲注10）で述べたように経験則に依拠した定型的な事実上の推定と証拠の偏在に伴う事実解明義務（高橋・前掲509頁）で説明可能であろう。なお，これらの問題についての重要な先駆的な業績として，舟田正之「流通系列化と独禁法上の規制（5・完）」公正取引361号46頁がある。

20・7・24)。

「正当な理由がないのに」という表現はこのような原則違法を明文で認めたものであるが，原則違法はそのような場合に限られない。ある行為が一定の状況下でなされれば，特段の事情がない限り公正競争阻害性が認められるとする準則が，経済的な経験則に依拠して生成される場合もある。

4 ガイドライン等

前述のように，不公正な取引方法に該当する行為は指定によって明確化が図られているが，なお抽象的な表現があり，また具体的な事案において公正競争阻害性が認定されるのか不明確な点が少なくない。行政の運用上の基準を明確にして，事業者の予見可能性と運用の透明性を確保するために，様々な運用指針等が公表されている。その中でも特に流通・取引慣行ガイドラインは，不公正な取引方法の適用が問題となる取引慣行について包括的に指針を述べたものとして重要である。また，ガイドラインではないが，「独禁研報告書」(昭和57年)は，現行一般指定の制定趣旨を伝えるものとして重要である。さらに，不公正な取引方法に関わるものとして，不当廉売，フランチャイズシステム，不当返品，特許ノウハウ・ライセンス契約などに関するガイドラインが策定されており，実務上重要な意義を持つ(それぞれの箇所で説明される)。

ガイドラインは，公取委の考え方を伝えるものにすぎず，事業者等や裁判所を拘束するものではない。また，不公正な取引方法については24条の差止訴訟の制度があることから，公取委の第一次判断を待たずに直接に独禁法違反の有無が争われる[12]こともあるが，専門機関の示した考え方として尊重されるべきものと考えられる。

III 公正競争阻害性

1 公正競争阻害性の内容

公正な競争を阻害するとはどういうことなのだろうか。公正な競争とはい

---

[12] 24条は独禁法問題が先決問題であることが明示されている点が特色であるが，法律行為の効力や民法709条訴訟などで，私法上の違法性評価の前提として当該行為が独禁法違反か否かが問われることもある。

かなるものであるかを考えるのは難しい。競争の実質的制限が何であるかは比較的明瞭であったが，公正な競争を阻害するおそれとは何かについては，文言上もまた元となった米国法からもそれほど明確でない。公取委は2条9項の各行為類型に該当するもののうちで公正競争阻害性を有するものを指定するのではあるが，各行為類型の性格とそれが競争秩序に与えるであろう影響の仕方も多様であって，公正な競争を統一的な概念で説明するのは困難である。今日の公取委の実務で採用されている「独禁研報告書」（昭和57年）は，この多様性を認め，公正な競争ないし公正競争阻害性を次の3つの視点から整理する立場を表明しており，学説の多くも基本的にこの枠組みを採用している[13]。

2 「独禁研報告書」の3つの視点

「独禁研報告書」（昭和57年）によれば，公正な競争は，①事業者相互間の自由な競争が妨げられていないことおよび事業者がその競争に参加することが妨げられていないこと（自由な競争），②自由な競争が価格・品質・サービスを中心としたもの（能率競争[14]）であることにより，自由な競争が秩序付けられていること（競争手段の公正さ），③取引主体が取引の諾否および取引条件について自由かつ自主的に判断することによって取引が行われているという，自由な競争の基盤が保持されていること（自由競争基盤）が確保さ

---

[13] 田中編100頁，根岸＝舟田184頁，実方・独禁262頁，岸井ほか・経済229頁，ベーシック175頁参照。学説の詳細については，根岸編・注釈339頁以下（根岸哲）。かつての通説は，後述する3つの視点のうちの①を基軸に②の観点を加えて公正競争阻害性を把握し（今村），有力説は③を基軸に②の観点を加えて把握していた。しかし，前者では優越的地位の濫用についての説明が十分に行えないこと，他方後者では優越的地位の濫用についての説明を中核とするため，①の観点を主眼にした類型に行為の抑圧性が必要であるかのごとき理解となり不都合であったことから，それらを統合して，2条9項の各類型の公正競争阻害性を包括的に説明しようという取り組みがなされた。なお，公正競争阻害性についての理論的な探究の現状については，学会年報30号（2009年）掲載の各論文を参照せよ。

[14] 米国法におけるcompetition on the merits概念に基づいた考え方である。「良質廉価な商品または役務を唯一の手段として」と表現されることもあるが（根岸＝舟田182頁），サービス等の競争を否定するわけではない。より正確には「消費者の満足を満たすような品質，取引条件をめぐって事業者が自由に顧客の獲得を競い合うこと」と表現することもできる。なお，能率競争の概念は米国に由来するが，米国では自由な競争を制限する行為の評価に際して用いられる概念である。

れる状態であり，それらが侵害されるときに公正競争阻害性が生じることになるとする（「独禁研報告書」〔昭和 57 年〕第一部二(2)）。

①の自由な競争が侵害される場合（自由競争減殺と呼ばれる）というのは，いわば競争の実質的制限を萌芽的に捉えたものと理解できる。

市場支配力よりも低いレベルの力，またその前段階の力を形成する場合や，市場支配力の維持・強化の程度が競争の実質的制限のレベルに達する以前の段階ないしその危険性で捉えようとするものである。

これは，競争を回避することによって生じる場合と競争を排除することによって生じる場合に大別される[15]。

競争を回避する場合とは，たとえば，再販売価格拘束や販売地域制限等によって競争活動の自由が制約されることによって，それらのものが属する市場での競争が回避（ないし緩和）され，市場支配力の形成・維持・強化のおそれがある場合である。

競争を排除する場合とは，略奪的価格設定などの行為で効率性において同等の企業を人為的に市場から排除したり，不当な取引拒絶や排他条件付取引などによって取引機会の減少（市場閉鎖）を通じて競争者を人為的に市場から退出させたり，あるいは競争者の費用を人為的に引き上げることにより，競争者からの競争圧力を低下させて，市場支配力を形成，維持，強化するおそれのある場合である。

不公正な取引方法を私的独占あるいは不当な取引制限の予防規制とする見解[16]は主としてこの面の公正競争阻害性に注目したものである。

②の競争手段の不公正は，市場における競争が価格・品質・サービスを中心とする能率競争を本位として行われることを妨げるような，競争手段自体が非難に値するものの場合に認められる。手段自体の不当性は，顧客の意思決定の適正さを歪曲するような場合（ぎまん的取引，取引強制等）や競争者の事業活動に対するあからさまな妨害（競争者に対する取引妨害，内部干渉等）を行う場合のように取引相手や競争者を傷付ける場合に認められる。

③の自由競争基盤の侵害とは，取引主体が取引の諾否・取引条件について主体的な判断を行うことが自由競争の基盤であるのに，それが侵害されるこ

---

15) ベーシック 176 頁（泉水文雄）。
16) 今村・独禁 91 頁参照。

とをいう。2条9項5号の「取引上の地位を不当に利用」およびそれを受けた優越的地位の濫用の公正競争阻害性を説明するために持ち出された考え方である。

公正競争阻害性の内容は，以上の各行為類型に即して解明される。

3 阻害する「おそれ」

公正競争阻害性はあくまで公正な競争を阻害する「おそれ」があれば足りる。具体的に競争を阻害する効果が発生していることや，その高度の蓋然性があることまでは要件となっておらず，危険性があれば足りる。手段の不当性や自由競争基盤に関わるものの場合，特に具体的に競争秩序への害を示すことなく，行為がその抽象的危険性を胚胎していれば足りると解される。

もっとも，自由競争減殺が問題となる場合には，当該行為の一般的傾向だけで判断することが困難な場合は少なくない。具体的な市場状況の下で，当該行為がどのような影響を持ちうるかを明らかにして初めて公正競争阻害性の有無が判断できるものと考えられる[17]。「具体的な競争減殺効果の発生を要するものではなく，ある程度において競争減殺効果発生のおそれがあると認められる場合であれば足りるが，この『おそれ』の程度は，競争減殺効果が発生する可能性があるという程度の漠然とした可能性の程度でもって足りると解すべきではなく，当該行為の競争に及ぼす量的又は質的な影響を個別に判断して，公正な競争を阻害するおそれの有無が判断されることが必要である。」（マイクロソフト非係争条項事件・審判審決平20・9・16）とされるのはこの趣旨であろう。いずれにせよ，各行為類型に照らして自由競争減殺がどのような事情から認定されるかが問題であり，かかる抽象的基準は議論の出発点にすぎない。

4 事業上の合理性および社会的相当性との関係

一般指定の「不当性」「正当な理由」すなわち公正競争阻害性を判断するにあたって，当該行為が事業上合理的であり，自らの利益となることはそれを正当化する要因となるだろうか。第一次育児用粉ミルク（明治商事）事

17）　金井貴嗣「不公正な取引方法をめぐる諸課題」学会年報30号（2009年）10-11頁参照。

件・最判昭50・7・11は「正当な理由」について,「専ら公正な競争秩序維持の見地からみた観念であつて,当該拘束条件が相手方の事業活動における自由な競争を阻害するおそれがないことをいうものであり,……右拘束条件をつけることが事業経営上必要あるいは合理的であるというだけでは,右『正当な理由』があるとすることはできない」とした。公正競争阻害性がある場合に競争秩序と関係のない事業上の合理性が正当な理由となりえないとした点については妥当と考えられる。ただし,事業上の合理性が公正競争阻害性の判断に一切関係しないことまで含意するものではないという点に注意を要する。競争秩序の維持と関係する事業上の合理性もありうるし,公正競争阻害性の判断に反競争的な目的が関連性をもつ場合もあることなどから,事業上の合理性が公正競争阻害性の判断に有益な場合もある[18]。当事者の生産上の効率性に資するような目的は,競争促進的な効果と評価することも可能である（第6章第5節Ⅱ2(2)）。たとえば,排他条件付取引が営業秘密の保持のために行われ,当該目的の達成により制限的でない他にとりうる手段がない場合などには当該行為は公正競争阻害性を原則としてもたないものと考えられる。なお,主張された事業上の合理性がそれほど重要でなく,当該行為によってもたらされる反競争効果が大きい場合には,正当化は許されないものと解されている（マイクロソフト非係争条項事件・審判審決平20・9・16)[19]。

社会的な妥当性,すなわち公益性や安全性（広く公益に入るかもしれないが）などはどうだろうか。

都立と畜場の廉売行為が問題となった都営芝浦と畜場事件・最判平元・12・14は,公正競争阻害性は「専ら公正な競争秩序維持の見地に立」つとし,「公営企業であると畜場の事業主体が特定の政策目的から廉売行為に出たというだけでは,公正競争阻害性を欠くということはできない」としなが

---

[18] 根岸・問題164頁以下。
[19] このように,かかる正当化は競争促進効果と競争制限効果の比較衡量によって決せられることになる。比較衡量の基準は,結果として消費者を害する危険性があるか否かということになろう。当該行為の競争回避効果や競争排除効果が顕著である時は,よほどの効率性改善効果がない限り正当化される余地はなかろう。なお,根岸編・注釈347頁（根岸哲）は,目的の合理性と手段の妥当性があれば,事業経営上の目的,社会公共目的の区別なく公正競争阻害性が認められるとしているのは,これまでの判例・審決の立場とは一致せず,また比較法的に見ても極度に広範な正当化を認める立場といわざるをえない。

らも，原価を下回った料金設定が，「集荷量の確保及び価格の安定」という都の意図・目的と，その他の市場における競争の実態についての諸事情とを総合考慮すると，公正な競争を阻害するものではないとした。

この判決では，少なくとも公益目的に出た廉売であることが公正競争阻害性の判断において一考慮事項になったものと考えられる。前述の通り，公正競争阻害性の判断には行為の目的が関連性をもつことも多く，公益目的を持った場合，競争を害する可能性が低くなることも多いことから正当なものといえよう。ここでは考慮事項の1つとされただけであるが，これは問題とされた行為と公益目的の重大性が安全性ほど大きくなく，合理的連関も乏しいからである。

また，抱き合わせ取引等が安全性のためであると主張された，東芝昇降機サービス事件・大阪高判平5・7・30は，「商品の安全性の確保は，直接の競争の要因とはその性格を異にするけれども，これが一般消費者の利益に資するものであることはいうまでもなく，広い意味での公益に係るものというべきである。したがって，当該取引方法が安全性の確保のため必要であるか否かは，右の取引方法が『不当に』なされたかどうかを判断するに当たり，考慮すべき要因の一つである」とした。

ここでも考慮事項の1つとされただけであるが，判決はエレベーターの保守管理につき独立系の事業者に部品の入手を困難にする行為は安全性の確保に資するものといえないと判断した。

安全性の確保は，情報の非対称性などにより，市場の失敗（欠落）（第1章第1節Ⅲ）をもたらしかねない状況への対処の一例である。それに必要な限りでなされた行為は，競争の前提を作り出す行為ともいえ，重要な競争促進効果であると評価される。すなわち，当該行為が安全性確保と合理的な連関があり，他に競争への影響が少ない手法があるのにことさらに競争への悪影響が強い手段を用いた場合ではないときには，安全性確保のためであって競争阻害目的とはいえないであろう。消費者にとって重要な安全性のためであれば，それに必要な限度でなされたと認められれば公正競争阻害性はないものと考えられる。

第7章　不公正な取引方法

第2節　不当な差別的取り扱い

I　概　説

2条9項6号イ（旧2条9項1号）は，「不当に他の事業者を差別的に取り扱うこと」を不公正な取引方法の基本類型としている。この類型の不公正な取引方法としては，2条9項1号および一般指定1項が共同の取引拒絶，一般指定2項がその他の取引拒絶，2条9項2号および一般指定3項が不当な差別対価，一般指定4項が取引条件等の差別的取り扱い，一般指定5項が事業者団体等による差別的取り扱いをそれぞれ不公正な取引方法として定めている[20]。取引拒絶が差別的取り扱いとされるのは，特定の者との取引を拒絶するのが差別的取り扱いのはなはだしいものだからである。

差別的取り扱いの公正競争阻害性は第1節で述べた分類でいうなら自由競争の侵害（自由競争減殺）にあたる。どのように公正な競争が阻害されるかは各行為類型ごとに検討するが，大まかにいうなら，差別された事業者が不利益を被りその結果として市場で効果的な競争単位として機能できなくなることを通じて競争が害される場合や，差別に伴う不利益が何らかの作為不作為を条件付けるものであって独禁法に違反した拘束や競争制限的な拘束を実現する場合が問題となる。なお，差別対価においては特定の地域ないし取引先に対して有利な差別的対価を設定することを通じて自己と取引させるように仕向けることでもって競争者を害するという，後述する不当廉売（第3節II）と同様のタイプのものも射程に入っている。

II　不当な取引拒絶

1　規制の概略

（1）取引拒絶とは

2条9項1号，一般指定1項および2項は取引拒絶に関するものである。

---

[20] 後述（III 1）するように，2条9項2号および3号については差別的取り扱いと不当対価の両方類型にまたがるものであると解するのが通説である。

取引拒絶には単に取引[21]を拒否する場合だけではなく，取引に係る商品もしくは役務の数量もしくは内容を制限することをも含んでいる（以下では，取引の拒絶はこれらを含んだ意味で用いる）。要するに商品・役務の供給・受入れを拒むことに加えて，完全にそれを拒むわけではないがその数量に限定を付けたり，内容に制限を加えることも含んでいるのである。たとえば，メーカーと流通業者の継続的供給契約が存在しているときに，従来の品物については供給を停止しないが，新製品については停止するというのも取引拒絶にあたる。

また，拒絶には従来取引関係にあった者との取引を停止する場合[22]だけではなく，新たに取引の申込みがあったときにそれを拒む場合も含まれる。なお，交渉を行ったが取引条件に関する意見の不一致のため取引が行われなかったとき，通常はここにいう取引拒絶にはあたらないが，交渉が行われたとしても合理性を欠く取引条件を提示した場合など，取引拒絶に該当することもある。このような場合，取引の実態をみて判断する必要がある[23]。

取引先の選択は本来自由である。他方，取引の拒絶によって当該商品の代替的供給先や受入れ先をみつけることが困難になるときには，相手方事業者が競争活動上の不利益を被る。かかる不利益が相手方事業者の市場からの排除や新規参入の困難さをもたらし，競争への悪影響が生じる場合もある。また，かような不利益を加えることができるということは拒絶者をして被拒絶者たる相手方の行動を制御する地位に立つことを意味する。これを利用して，独禁法に反する行為を行わせたり，あるいは競争を回避・排除する効果を持つ行為を行わせることがある。

取引拒絶が共同でなされた場合には，相手方に対する排除効果が大きくなる。さらに，複数の当事者が共同するという人為的な手段により，単独では

---

[21] 旧一般指定で取引拒絶を扱っていた1項は，取引を「物資，資金その他の経済上の利益の供給」あるいはそれを受けることと定めていた。現行指定の取引も同内容と考えられている。経済上の利益には，たとえば新聞社が販売店に見本紙を配布することも含まれており（北海道新聞社事件・最判昭36・1・26），したがって見本紙の供給の受入れを販売店側が拒むことも取引拒絶にあたる。

[22] 継続的取引関係があった場合の取引停止には一般私法上の妥当性判断も関わってきて問題は錯綜するが，独禁法としての不当性と一般私法上の判断は区別される。この点については，独禁手続174頁（内田耕作）を参照。

[23] 金子晃ほか『新・不公正な取引方法』（青林書院新社，1983年）83頁（舟田正之）。

有しない排除的な力を行使したという点で非難可能性が高まる。複数の事業者が共同して行うものである以上，価格決定の自由が共同した場合には及ばないのと同様，単なる取引先選択の自由の行使といえないのである。(2)で説明する間接の取引拒絶の場合も同様であり，それらの場合は，拒絶自体が正当な目的達成の手段でない限り，排除効果が一定の閾値を超えるなら公正競争阻害性が原則として認められることになる。

(2) 取引拒絶の形態

取引拒絶の形態は次の2つの視点から分類される。

(ⅰ) 単独か共同か

事業者が単独で行うか，競争事業者と共同して行うかによる区別である。ある事業者との取引を拒絶しただけなら，取引先選択の単純な行使にすぎない。これに対して，競争業者間で共同して行われた場合には，本来自らの事業判断に基づいてその当否を判断すべき事項を共同して行った点に，取引先選択の自由を行使したのとは異なった人為性を見出すことができるし，拒絶された者に対する排除効果も大きくなる。そのため，共同の取引拒絶（共同ボイコットや集団的ボイコットとも呼ばれる[24]）は，2でみるように原則的に公正競争阻害性を持つと考えられている。なお，共同の取引拒絶については，課徴金の対象となりうる2条9項1号は供給を一般指定1項は供給の受入というように，タイプを分けている。これは，私的独占が課徴金の対象として供給にかかる場合のみを問題としていることに平仄を合わせたものとされている。課徴金の算定方式の技術的困難さによって作られた区分であって反競争効果についての本質的な差違に基づくものではない。

(ⅱ) 直接か間接か

ある者との取引を自ら拒絶する場合を直接の取引拒絶といい，他の事業者に別の事業者との取引を拒絶させる行為を間接の取引拒絶という。直接の取引拒絶を一次的取引拒絶（一次的ボイコット），間接の取引拒絶を二次的取引拒絶（二次的ボイコット）と呼ぶこともある。

---

[24] 語源からいえば，ボイコットとはそもそも集団的なものであって「共同」や「集団」は贅言であるが（今村・講義113頁 注(11)），わが国では慣用化されているのでそれに従った。

間接の取引拒絶は，直接の取引拒絶を背景に取引相手に押し付けることが多いが，それが要件となっているわけではない。自己の競争者を排除するためには，通常は間接の取引拒絶が用いられる[25]。間接の取引拒絶の場合，他者をして一定の行為をなさしめる点に，単なる取引先選択の自由の行使を超えた人為性を見出しうる。なお，間接の取引拒絶は，相手方に取引拒絶をさせているのだから，根拠規定は2条9項4号（不当な拘束条件付取引）であるという見解も有力である[26]。しかし，拒絶される相手方事業者は拒絶を先導した者によって現に差別的取り扱いを受けているともいえることから，拒絶を先導した者が被拒絶者に差別的取り扱いを行ったと捉えることに特に問題はない[27]。

2条9項1号と一般指定1項は共同の取引拒絶を一般指定2項は単独の取引拒絶を定めており，さらにそれぞれ1号および前段が直接の取引拒絶を2号および後段が間接の取引拒絶を定めている。共同の取引拒絶は事業者団体を通じてなされることも多い。その場合は8条5号によって規制されることになる。

2　共同の取引拒絶（2条9項1号，一般指定1項）

（1）　規制の概要

2条9項1号と一般指定1項は共同の取引拒絶を定めている。

2条9項1号は，

「正当な理由がないのに，競争者と共同して，次のいずれかに該当する行為をすること。

　イ　ある事業者に対し，供給を拒絶し，又は供給に係る商品若しくは役務の数量若しくは内容を制限すること。

　ロ　他の事業者に，ある事業者に対する供給を拒絶させ，又は供給に係る商品若しくは役務の数量若しくは内容を制限させること。」

---

[25]　もちろん，競争相手が競争する上で重要な要素を当事者が有している場合には，直接の取引拒絶で自身の競争者を直接排除することも可能である。

[26]　今村・入門121頁，舟田・前掲注23）81頁参照。

[27]　講座第3巻23頁，27-28頁（白石忠志）は，このような理解を前提に，現行指定が間接の取引拒絶において現に取引を拒絶する者を事業者に限定したことは2条9項の要請するものではないことを指摘する。

第 7 章　不公正な取引方法

　一般指定 1 項は，
「正当な理由がないのに，自己と競争関係にある他の事業者（以下「競争者」という。）と共同して，次の各号のいずれかに掲げる行為をすること。
一　ある事業者から商品若しくは役務の供給を受けることを拒絶し，又は供給を受ける商品若しくは役務の数量若しくは内容を制限すること。
二　他の事業者に，ある事業者から商品若しくは役務の供給を受けることを拒絶させ，又は供給を受ける商品若しくは役務の数量若しくは内容を制限させること。」

　従来の一般指定 1 項では，供給と供給の受入を併せて取引としていたが，課徴金対象を前者に限定したため 2 つに書き分けられたものである。規制対象に変わりはない。課徴金の対象行為として区別されたのも課徴金算定方式上の問題であって，公正競争阻害性の程度に起因する本質的な差違ではない。共同の取引拒絶の典型である，流通業者がメーカーを取引拒絶した場合やさせられた場合は 2 条 9 項 1 号でなく，一般指定 1 項の対象ということになる。

　行為要件に「正当な理由がないのに」という文言が付加されていることから，これらに該当する行為があれば，公正競争阻害性が原則として存在するものとされている（第 1 節Ⅱ 3 参照）。すなわち，「本件告示第 1 項は，かかる共同の取引拒絶行為は『正当な理由がない』限り不公正な取引方法に該当するものと定めている。」「本件告示の定めは，かかる共同の取引拒絶行為については，その行為を正当化する特段の理由がない限り，公正競争阻害性を有するものとするものである」と解されている（着うた事件・審判審決平 20・7・24）。

　共同の取引拒絶が原則として違法となるのは次のような考えによるものである。まず，この場合，共同して行われているのであるから，単なる取引先選択の自由の行使を超えた人為性が認められる。価格決定の自由が最も基本的な競争の自由であっても，共同して価格決定を行う自由がないのと同様，取引先選択の自由は共同して取引先を拒絶する自由を包含しない。さらに，共同の取引拒絶により「被拒絶者の市場における事業活動は，不可能又は著しく困難となる（かかる効果を伴わないボイコットは，通常行われることがない）。拒絶者集団は，この力を利用して，第三者の市場からの排除，又は，

第三者に対する何らかの強制を目的とする」[28]ものと考えられてきた。反競争効果とは独立した合理的な目的がない限り，特定の者と取引する機会を自ら手放すことを，合理的な経済人がわざわざする以上は，相手方に競争上有為な不利益が負荷されるからと考えるのが合理的だからである。したがって，その競争への悪影響は顕著に大きいのが通例とされてきた。これを論拠に米国では，長らく共同の取引拒絶を当然違法（per se illegal）としてきたのである。もっとも，上記論拠を裏からみれば，目的において排除や第三者に対する強制の企図をもたず，被拒絶者の事業活動を困難にする効果も考えられない例外的な場合には公正競争阻害性がないことになる。

　なお，取引拒絶の不当性について，競争者相互間において取引の相手方選択の自由が制限され，カルテル類似の効果をもつ点に求める見解もあった。共同することによって単なる取引先選択の自由の行使にとどまらない人為性（結託することによる他者を排除する地位の創出）をもつという意味ならその通りだが，取引先選択の自由を制限している点にカルテル類似の反競争効果をもつとみるのは妥当ではない。このような見方は共同の取引拒絶を行うことによって，拒絶した商品・役務等の市場自体への悪影響を直ちに問題が生じると考えているようだが[29]，拒絶された商品・役務等を投入要素として事業者が活動する市場での競争への影響を問題にするのが実態を反映しているのである[30]。公正競争阻害性の問題を考えるにあたってもこの面の効果は特に問題とされていない。

　競争者同士が拒絶するのだから，残された代替的取引先が少なくなるはずだという推論は間接の取引拒絶の場合は妥当しないようにもみえるが，競争者が共同することによって，取引拒絶の要請は強固になり，かなり多数の者が従うようになる蓋然性が大きく，被拒絶者に対し困難ないし競争上有意な

---

28) 今村研究(2) 127 頁。
29) 今村研究(2) 132 頁も「ボイコットは，当事者間の関係においては，顧客選択の自由の自発的制限という面をもっているけれども，顧客割り当て協定などと異なり，それによって，当事者間の競争が消滅するわけではない。……この面だけを問題にするのでは，ボイコットの，競争秩序に及ぼす影響を，見失う結果となるのである」とする。
30) 旭砿末審決取消請求事件・東京高判昭61・6・13（第3章第4節Ⅰ2）で，取引拒絶がなされた石灰石供給市場での反競争効果を問題にしたのはその点で疑問が残る。この場合，反競争効果はそれらを投入要素とする各生産・販売市場で発生すると考えるのが実態をよりよく反映している。

不利益を及ぼすであろうことが推認できる。また，拒絶に独立した合理的な理由がない限り，わざわざ特定の者を拒絶させるのは，相手方に競争上有意な不利益が負荷されるからと考えるのが合理的である。

なお，間接の取引拒絶を要請された複数の事業者は2条9項1号か一般指定1項により処理されるが，実際に取引拒絶を行う事業者はそれらの間で共同していない限りは一般指定2項によって規制されることになる。集団的な間接の取引拒絶は違法，それに応じてなされた個々の直接の取引拒絶の方は違法とならないケースもある。

共同の取引拒絶により「一定の取引分野における競争を実質的に制限する」場合には，私的独占もしくは不当な取引制限に該当する（2条5項，6項，3条）。共同の取引拒絶は事業者団体を通じてなされることも多く，「一定の取引分野における競争を実質的に制限する」場合には8条1号の適用を受け，公正競争阻害性にすぎないときには事業者団体が「事業者に不公正な取引方法に該当する行為をさせるようにする」[31]ものとして8条5号の適用を受ける。

（2）行為要件の概要

自己と競争関係にある他の事業者と共同して供給（2条9項1号イ）または供給の受入れ（一般指定1項1号）を拒絶すること（一般指定1項1号）もしくは他の事業者にそれらの拒絶を行わせること（2条9項1号ロ，一般指定1項2号）が行為要件となっている。2009（平成21）年改正までは「取引の拒絶」であったのが供給と供給の受入れに分離された。規制範囲と公正競争

---

31) 事業者団体が相手方に取引の拒絶をさせた場合，当該相手方の取引拒絶自体は不公正な取引方法とはいえない場合もあり，このような構成には異論もある（今村・独禁183頁）。たしかに，拒絶させられる個々の事業者の取引拒絶はそれだけをみれば公正競争阻害性を直ちに持つとは限らないし，無理強いされて相手方に従っている行為を不公正な取引方法とするのは酷なこともある。たとえば，メーカーの事業者団体が多数の個々の小売店にアウトサイダーの商品を扱わないように強要した例では，個々の小売店が取引拒絶をさせられているのはたしかだが，その個別の取引拒絶自体は一般指定2項がいう「不当」な取引拒絶とはいえないであろう。しかし，これまでの先例は「不公正な取引方法に該当する行為」とは，それ自体として不公正な取引方法として19条の禁止に触れるものでなくとも，行為の要件に該当すれば足りると解している。その上で事業者団体がそれをさせる行為を全体としてみた場合に公正競争阻害性を持つか否かを評価している。前述の例の場合，多数の小売店に取引拒絶に該当する行為をさせることが公正競争阻害性をもつことは明らかであろう。

阻害性の基準は従来と変わらない。もっとも，供給と供給の受入れをともに含むような取引ないし取引関係が拒絶される場合，従来ならひとまとめに取引拒絶として処理できたのが，課徴金の対象となりうる供給とそうではない供給の受入れに分解されることになり，煩瑣なものとなることは確かである。供給とその受入れを区別する実益は課徴金対象かどうかを決定する局面以外では存在せず，公正競争阻害性を判断する局面では有意味ではないので，以下では原則として両者をまとめて取引として叙述する。

「共同して」とは，不当な取引制限における「共同して」と同意義であると解される。すなわち，特定の事業者と取引を拒絶することまたは他の事業者に取引を拒絶させることについての意思の連絡があることを意味する。したがって，不当な取引制限と同様，明示でなく「相互に他の事業者の取引拒絶行為を認識して，暗黙のうちにこれを認容する」場合もこれに含まれる（着うた事件・審判審決平 20・7・24）。

不当な取引制限と異なって，競争関係にある他の事業者との共同行為であることが必要であると明文で定められている。競争関係のない事業者との取引拒絶にかかる相互拘束を伴う共同行為は共同の取引拒絶とはならない[32]。ただし，この競争関係は潜在的な競争関係で足りると解すべきである。メーカーと販売業者のように主たる取引段階は異なっていても販売面で競合関係が認められる場合であれば競争関係があることになる[33]。2条9項1号，一般指定1項は(1)で述べたように競争関係にある事業者間の共同取引拒絶が一般的に持つ反競争的な目的と効果に注目したものである。

取引を拒絶することの意義は1(1)で述べたように，数量・内容の制限を含み，また新規の申込みに対する拒絶も含む。新規の申込みに対する拒絶の場合，すべての当事者が特定の事業者との取引を現に拒絶することも必要ではない。当事者間で申込みがあっても取引を拒絶する旨の意思の連絡があり，

---

32) たとえば，あるメーカーが複数の流通業者に対して特定メーカーの製品を取り扱わないようにさせた場合，そのメーカーは一般指定2項後段（間接拒絶）に該当する余地はあるが，一般指定1項には該当する余地はない。他方，相手方たる流通業者は，その間に取引拒絶を行う共同意思の形成があれば共同の取引拒絶に該当する余地はある。もっとも，主導者が単独の場合の反競争効果はその者の地位と閉鎖される取引機会の評価が優先され，拒絶を要請された事業者間にたまたま意思の連絡があったがゆえに原則違法との評価を受けることにはならないものと考えられる。

33) 田中編42頁。

当事者の一部の者に対してのみ申込みがなされて，それが拒絶されたとき，当事者間に共同の取引拒絶があったといえる。また，新規取引の拒絶には申込みに対する拒絶も必要ではない。一定の場合に取引を拒絶することを明らかにし，拒絶されることが明らかな者が取引申込みを行わなかった場合も，取引は拒絶されているのである。

　間接の取引拒絶の場合の「させること」は，あからさまな強要によって拒絶させることまでは必要としない。相手方が特定の事業者との取引を拒絶しなければ相手方との取引を拒絶する旨の通告などがなくとも，取引を拒絶するように要求し，当該相手方がその要求に従ってこれを実行している事実があれば「させること」になる[34]。競争関係にある多数の事業者達が集団的に取引相手に対して取引拒絶を行うよう要請した場合，その不遵守に対して制裁を加える旨の告知がなくとも，それを遵守することが予想されるであろう。

（3）　公正競争阻害性

（i）　典型的なボイコット

　共同の取引拒絶は，被拒絶者の事業活動を困難にする蓋然性が高く，それを背景に被拒絶者を市場から排除したり，その者に何らかの行為を強制（しばしば反競争的な活動の強制）することを目的とするのが通例であるため，特段の事情がない限り公正な競争を阻害するおそれがあるとされている（前述(1)）。これまで，競争業者が集団的に取引拒絶を行った事件は典型的には次のような場合である[35]。①競争者による廉売を防止し，価格維持を図るためのもの[36]，②新規参入をおさえ，またはアウトサイダーの排除等により競争者の増加を防ぐためのもの[37]，③新しい流通機構の出現をおさえ，既存業者

---

34)　新潟市タクシーチケット取引拒絶事件・排除措置命令平19・6・25では，タクシー会社20社が株式を保有している3つのタクシーチケット会社が低額運賃タクシー会社との取引を拒絶した事案であるが，具体的な要請等の認定なしに，20社が株主権を背景に「させた」ものとされている。

35)　「独禁研報告書」（昭和57年）第二部一(3)ア参照。

36)　家電電機器具市場安定協議会事件・勧告審決昭32・10・17参照。

37)　たとえば，千葉新聞事件・東京高決昭30・4・6は，朝日，毎日，読売の3社が千葉県における千葉新聞の進出によって部数が減少したと考え，協議の上それぞれ自社の販売店に千葉新聞の不買を実行させたことが問題となった（旧一般指定7項の事件だが，現行一般指定では1項に該当するものである）。この場合，取引を拒絶される側が，市場から実際に排除されるまでに至らなくとも，競争上大きな痛手（費用の増大）を被れば，排除する側が受ける競争圧力は低下し，競争減殺効果が生じると考えられる。小売店が集団で卸

の事業を維持するためのもの[38]，④競争者の事業能力の拡大（設備の新増設）を制限するため[39]に行われるものなどである。要するに拒絶される事業者を市場から排除することをもって競争を抑制したり，競争的活動を制約する（独禁法上違法ないし不当な目的を実現する）手段として取引拒絶を強制の道具として利用したものである。かかる目的で行われる共同の取引拒絶は通常それを実施することで拒絶される者が代替的な取引相手を容易にみつけることが困難であるから行われるのであり，それによって市場で事業活動を行うことが困難になるか，あるいは拒絶する側が抑制しようとする行為を控えるだけの不利益を受けることが予想される。このように，取引拒絶を行うことに特段の正当化事由がない共同の取引拒絶は，他の事業者を市場から排除したり，競争を制約するような活動を強制する目的・効果を持つものと考えられ，そのような集団的ボイコット（共同の取引拒絶）[40]を「あからさまなボイコット」[41]と呼ぶこともある。これまで競争業者間の取引拒絶が違法とされた事例のほとんどはこれに該当する。

　共同の取引拒絶に該当しうる事案は多数あるが，昭和57年一般指定で現行の体系となってから共同の取引拒絶とされた事案としては，①ロックマン工法事件・勧告審決平12・10・31，②新潟市タクシーチケット取引拒絶事件・排除措置命令平19・6・25，③着うた事件・東京高判平22・1・29がある。

　　　売業者に対して新規参入者との取引を拒絶させた例は多数ある。たとえば，福岡市中央卸売市場事件・勧告審決昭39・3・24，日田鮮魚仲買人組合事件・勧告審決昭40・12・24参照（いずれも事業者団体によるもののため，8条1項5号違反の事件である）。さらに古い例として宇都宮青果協同組合連合会事件・同意審決昭25・1・19参照。
38) 全国石鹸洗剤日用品雑貨卸商組合連合会事件・同意審決昭38・7・3，富山県青果商業組合連合会事件・勧告審決昭39・7・14，浜松青果業者組合事件・勧告審決昭40・12・24，臼杵市鮮魚商仲買人組合事件・勧告審決昭43・10・21参照。②と③の事例では取引拒絶を行う者の競争者の競争活動の排除が課題となっているのであるから，間接の取引拒絶の形態をとるのが通例である。また，②と③は浜松青果業者組合事件がそうであるようにオーバーラップする。
39) 高知県生コンクリート工業組合事件・勧告審決昭53・3・1参照。
40) 1(2)でみたように，旧一般指定では間接の取引拒絶を直接規制する規定を持たなかったことや事業者団体を通じて行われる事情などもあって，共同の取引拒絶の実体を持った行為の多くが共同の取引拒絶として対処されてこなかったため，「集団的」という表現を用いている。
41) 第3章第4節Ⅵ3参照。

①事件では，特定タイプの下水道管渠敷設工法（ロックマン工法）に不可欠なロックマン工法専用機械の独占的販売業者AとAからこの機械を購入して同工法を施工している施工部会の会員であるB_1〜B_{17}が，相互に協力して①施工業者17名は会員以外の者に上記機械の貸与・転売することを共同して拒絶し，②Aは非会員に対して上記機械の販売・貸与を拒絶したというものである。このうち，①の部分について共同の取引拒絶にあたるとされた。B_1〜B_{17}の共同の取引拒絶はAの取引拒絶と相まって，同工法による新規参入を阻止する効果を持ち，それを意図したものである。本件では，Aは共同の取引拒絶の当事者とされなかったが，B_1〜B_{17}らの賃貸・中古販売とAの販売・貸与をあわせてロックマン機械の供給市場と構成すれば競争者とみることも可能であり，そうであれば全体として共同の取引拒絶とすることも可能であった。また，もし同工法を関連市場と認定できるのであれば「競争の実質的制限」をもたらすものとして，AとB_1〜B_{17}の間に不当な取引制限が成立する余地もあった[42]。

②事件では，新潟市内の20社のタクシー会社が，従来は低額運賃タクシー会社らとも共通乗車券会社A社を通じて共通チケットを発券していたのに，A社が解散した後，新たに20社によって発券事業を行う3社を設立し，その3社に低額運賃会社との間に新潟交通圏における共通乗車券事業に係る契約を締結させなかったことが，共同の間接取引拒絶とされたものである。低額運賃タクシー事業者を排除する以外に合理的な理由のないあからさまな取引拒絶である[43]。

---

42) なお，Aが取引段階を異にしてはいると解したとしても，販売貸与しないという形で事業活動を相互に拘束している。
43) 本件では，原則違法の類型でもあり悪影響が出たのはどの市場であるか明言されていない。タクシー事業の遂行において共通チケット事業から排除されることは提供するサービスの魅力の上で不利益を被るものであり，競争的行動を行った事業者にねらい打ちでそのような不利益を与えることにより，タクシー事業の分野における自由競争を減殺する効果を持つと考えるのが実態に即している。もっとも，共通タクシーチケットを利用したタクシー役務提供の市場を考えてそこからの排除という構成も考えられないではないが，市場において不可欠とはいえない程度の魅力向上のための共同事業から排除することによって競争を害するケースはよくみられ，あえて後者の構成を考える必要はない。特に，悪影響を受ける市場が問題になるのは，当該行為が正当な目的を持っており競争への悪影響が生じていないことを吟味する必要があるケースであり，そのような場合は市場の実情にあった前者の構成の方が正確な評価が可能になる。

③事件では，着うたの事業を共同で行ったレコード会社らが着うた事業を行うのに必要なライセンスを共同して拒絶した事件であり，拒絶を正当化する特段の事情がないことから公正競争阻害性が認められた。共同することにより，着うた事業への参入を困難にしたことが明白な事件である。

(ii) 正当な理由が認められるとき

共同の取引拒絶に該当するが公正競争阻害性が認められない場合，すなわち共同の取引拒絶に正当な理由が認められるのはいかなる場合だろうか。前述のようにこれが原則違法とされるのは，反競争的目的達成のために，被拒絶者を市場から排除する（あるいは一定の作為・不作為への圧力となる）効果をもって行われるのが通例だからである。逆にいうと，目的と効果が反競争的と認められない場合は正当な理由があることになる。

目的が反競争的でない場合には，自由競争減殺の効果がなくとも当事者に利益となるはずである。また，そのような目的があるときには反競争効果がなくとも形式的に共同の取引拒絶にあたる行為が行われる場合がある。しかしながら，被拒絶者に対する排除効果と，これら一見合理的な目的とが並立している場合もありうる。具体的な事例では判断の難しい問題となる。逆に，被拒絶者が安売りをしようとすることに対する制裁として共同の取引拒絶が用いられる場合のように，独禁法違反となる目的達成のために相手方をして作為・不作為をなさしめるべく取引拒絶が用いられた場合には，被拒絶者に与える不利益が軽微であっても自由競争減殺効果が大きいといえる。このように，正当な理由の判断には，共同の取引拒絶の目的，共同拒絶者の市場における地位，客観的な排除効果（残存する取引相手が通常の事業活動を行う上で不都合がないか否かによって決まる），被拒絶者の数や地位などを総合的に判断する必要がある。

なお，共同の取引拒絶の場合にも拒絶対象となった投入要素が不可欠であることが要件であるとする見解もある（白石357頁）が，不可欠性にまで至らなくとも共同して拒絶されることにより有意な費用上の不利益が生じれば，被拒絶者の競争上の抑制は有意に緩和されている。それゆえ，不可欠性のレベルに達する必要はなく，先例もそのような立場に立っている。仮に有意に費用上昇をもたらすもの（販路の大部分からの締め出しなど，なお費用上昇には商品等の魅力の有意な低下も含む）を「不可欠」と呼んでいるのだとしたら，それはいわゆるエッセンシャルファシリティ理論の前提する不可欠性とは異なったものということになる。

(i)でみたように，これまでの集団的ボイコットの事件はいずれも被拒絶者を排除する目的または被拒絶者の競争的活動を制約する目的が明瞭な事件であった。このような場合でも客観的な排除効果がないという状況も考えられないではない。しかしながら，被拒絶者の側に事業活動を行う上での不利益が生じることもないのに，上記目的で共同の取引拒絶が行われるというのは拒絶当事者にとって損失を生むだけであるから[44]，営利企業によるあからさまなボイコットで実際には公正競争阻害性が認められないというケースはほとんど考えられない[45]。

(iii) 正当な目的に付随する取引拒絶

正当な理由が問題となるのは，一見したところ正当な目的を実現する手段として取引拒絶がなされる場合である。これには主として2つのタイプが考えられる。

1つは，ジョイント・ベンチャーを行う上で，その競争促進的な目的追求に必要な限りで，当事者が取引相手を限定するような場合である。この場合，形式的には，独立した事業者が一定の取引相手との取引を拒絶していることになる。たとえば，中小のメーカーが自分たちの商品を効率的に販売するために共同して流通チェーンを組織化し，その際に排他条件を課した場合や同様に共同仕入機構を作り出したときにこれらの問題が発生する。これらの効率性の追求は中小企業が行った場合などもっぱら競争促進的な効果を持つと考えられることも多い。他方，大規模な事業者によって行われた場合には，競争的事業者が代替的な取引先を見出すのが困難となる場合もある。かよう

---

[44] もちろん，複数の当事者がともに見込み違いを行い，他者を排除等することによって事後に利益となるだけの反競争効果を得られないということはありうるが，これは結果として一定の取引分野における競争を実質的に制限できなかった場合（第3章第4節Ⅵ2・3）に相当し，ある程度被拒絶者に不利益が生じるような場合であれば公正競争阻害性を認定するに十分である。他方，その程度の不利益さえ生じない「あからさまなボイコット」はありえないとはいえないが，高度に同質的な商品役務でかつ代替的な取引先が広範に残存しているという状況であえて取引拒絶がなされた場合ぐらいであろう。

[45] これは米国では当然違法とされるタイプの共同の取引拒絶である。米国では共同の取引拒絶は当然違法であると紹介する文献は多いが，実のところ当然違法となるのは「あからさまなボイコット」の場合であり，正当な目的に付随して共同の取引拒絶がなされた場合は当然違法ではない。和田健夫「共同ボイコットと正当化事由」商学討究44巻1・2号89頁，河谷清文「共同の取引拒絶とその違法性(1)(2)」六甲台論集法学政治学篇43巻3号59頁・102頁，44巻1号11頁・45頁参照。

な目的が認められた場合[46]，事業者の当該市場における地位，排除される商品・役務の代替的な取引先などを総合的に判断して排除された事業者の事業活動が困難になるなら公正競争阻害性が認められることになる[47]。

　もう1つは，安全性や環境基準など，競争制限それ自体とは関わりのない適切な目的（社会公共目的）を持った自主規制の実施メカニズムとして取引拒絶が用いられる場合である（第3章第4節Ⅶ7・8参照）。商品の品質基準や取引の資格基準などを設定し，これに反した事業者との取引を拒絶するという取決めを行った場合などがその典型的な事例である。集団が自主規制を設けたとき，それを私的に実施する最も効果的な手段は違反者との取引拒絶である[48]。この場合，拒絶された者が何らかの不利益を被ったり，事業活動が困難になるとしても，そのことから直ちに公正競争阻害性が認められるわけではなく，当該規制の趣旨や手段の相当性が問題となりうる。他方，自主規制に名をかりて，反競争的な目的が達成されることがないようにする必要がある。

　「独禁研報告書」（昭和57年）は「一定の資格基準を設けていることにより，その基準に合致しない者が取引を拒絶されることになっても，基準設定の目的が是認され，かつ，その基準が当該目的を達成する上で相当な範囲である場合」（第二部一(3)イ）には公正競争阻害性がないとしている。第3章第4節Ⅶ8でみた日本遊戯銃協同組合事件・東京地判平9・4・9も同様の立場をとっている。すなわち，同判決では，①基準設定の目的が競争政策の観点からみて是認しうるものであり，かつ，②基準の内容および実施方法が自主基準の設定目的を達成するために合理的なものであるならば，公正競争阻害性がないとしている。目的が競争政策の観点から是認されるか否かは1条の目的規定が参照され，安全性確保による事故の防止は消費者の利益にかなうことであり独禁法の精神に反しないとされている。競争政策上是認されるか否かを消費者の利益の観点から説き起こすのは独禁法の目的からして妥当

---

46) 市場の大多数の者が参加するジョイント・ベンチャーなどではアウトサイダーを除外するために名目的に合理的な目的を主張することもありうる。名目にすぎないのであれば，違法な目的ないし排除の目的が存在し，排除効果は通常存在する。
47) 実質的には排他条件付取引（第5節Ⅲ）と同様の基準が用いられることになる。
48) 何らかの規範を公権力に頼らずに実現する典型的な手法が違反者と種々の関係を絶つことである。

である。当該基準がその目的にとって合理的か否かの吟味は重要である。必ずしも市場の大多数の者が参加しているとは限らないジョイント・ベンチャーのタイプとは異なって，自主規制の場合はしばしば市場の大多数の者が参加しており，そこから排除されることが事業活動の困難をもたらす場合も少なからずある。逆にいえばそのような地位をアウトサイダーに不利に反競争的に濫用される可能性がある。自主規制に名をかりて，競争制限的に事業活動の拘束を行ったり，アウトサイダーや競争的な事業者を排除することも稀でない。それゆえ，当該自主規制が競争政策上是認される目的にとって合理的なものか否か，およびその実施状況が合理的であるか否かが重要となる。この場合，拒絶された者と拒絶されなかった者を比較することによって，取引拒絶の真の目的が明らかになる場合が多い[49]。本件もそのような事案であった。なお，実施の合理性には，基準と目的との合理的連関のみならず，それを実施するために加えられる被拒絶者に対する不利益が目的達成の観点からみて合理的に関連しているか否かも基準に入る。安全基準を定めるのが妥当であったとしても，その軽微な違反に対して違反業者の製品全般を拒絶するような対応は（基準遵守の確保には効果的であったとしても）目的との合理的連関を欠くことになる。

　手形交換所の不渡停止処分が不公正な取引方法に該当するか否かが問題となった東京手形交換所事件・東京高判昭58・11・17は，不渡手形を2度出した者に対し加盟金融機関に取引停止を要請するという制度が「信用取引の安全を守り，手形制度の信用維持を図るという公益目的に資するもの」であるから，適用除外法2条3号の「それぞれの団体に固有な業務を遂行するに必要な範囲に」あたるものとされて，独禁法の適用が除外されたものである。同判決は傍論として，上記評価からするとかかる取引停止処分は不公正な取引方法に該当しないとしている。目的達成と取引拒絶との合理的連関の存否については判断していないが，取引停止処分が目的達成に必要な範囲を超える過剰なものであって，不渡情報の交換を行って取引の可否は各金融機関の自由に委ねるだけで十分ではないかという批判も有力である[50]。

---

[49]　拒絶された者とされなかった者との比較から，問題となった自主規制が見せかけのものかどうかが経験則上明らかになる点については，Richard H. Bork, Antitrust Paradox 337（1978）参照。

他方,テレビで特定業種の広告を倫理的観点などから行わないという広告基準の場合は,拒絶される者が当該業種全体に関わるものであり,また,被拒絶者にとって事業活動を困難にするほどの不利益とはならないことが多いであろうから,公正競争阻害性は認められないと考えられる[50]。

 独禁法違反行為に対する自力救済のために共同の取引拒絶が用いられた場合について従来から議論がある[52]。不当廉売を行っている事業者がいるときに,不当廉売を断念させるために取引拒絶を用いることは正当な理由にあたるのだろうか。伊勢新聞社事件・勧告審決昭51・5・13は,裁判所の決定によって不当廉売を行っているとされた新規参入新聞社に対する取引拒絶が問題となった。競合する新聞社および販売店が,他紙の定価に相当する価格になるまでは当該新聞社に折込広告を行った広告主の折込広告を行わないという共同の間接取引拒絶をしたものであるが,それを正当な理由のないものとして自力救済を認めなかった[53]。学説の多くも自力救済に対して否定的である[54]。特に不当廉売についての自力救済は,競争的行為に対する制約と識別困難であり,これを安易に認めると競争的行為を排除する共同の取引拒絶

---

50) 根岸哲「手形交換所の取引停止処分制度と独占禁止法」『河本一郎先生古稀祝賀 現代企業と有価証券の法理』(有斐閣,1994年)。根岸=舟田 195-196頁も参照。

51) 同旨,根岸=舟田 196頁。かような場合であっても,同種の業態の事業者は拒絶されず,特定の業態の事業者のみが拒まれている場合には,目的合理性を欠き,かつ拒絶された者の競争的行為を有意に制約したとして公正競争阻害性が認められる可能性はある。

52) この問題は独禁法違反に対する自力救済の問題であって,法律遵守一般の問題ではない。法律遵守のための取引拒絶が利用された場合は,当該基準の目的,業界全体でそれを遵守するために共同の取引拒絶を用いる必要性,実施の態様など,自主規制において示したのと同様の基準が用いられ,正当な理由ありとされる場合も多いであろう。しかし,何らかの法定基準違反に藉口して当該事業者の全面的な取引拒絶がなされたような場合等は正当な理由がないことになろう。

53) 不当廉売に対する自力救済の例として,大阪ブラシ工業協同組合事件・審判審決昭30・9・20が参照されることがある(根岸=舟田 196頁)。同事件は,大口の顧客から不当な廉価で落札した事業者からの製造委託に対して,それを共同で拒絶することが許容された事案である。しかし,落札価格が不相当に低価格であるため,規格に適合した製品を納入することはできないはずであることを理由とするものであり,公取委も「落札者は,予め,規格を無視した品質のものを納入する意図をもっていたものと認めるの外はない」と認定した上で,許容したのであって,不当廉売に対抗する必要があることを理由に共同の取引拒絶を許容したのではない。むしろ,前掲注52)で述べたタイプに該当するものである。

54) 代表的な見解である,実方・独禁337頁は,違法行為に対処するためのものであっても,私的な制裁力を形成・行使するものであって正当化されえないとする。

を容認することになりかねない。他方，独禁法違反行為に対し直接損害を被っている事業者が，損害を緊急に防止する必要があり，共同の取引拒絶以外に適切な手段がない場合には，これを認めることが公正な競争秩序の維持に有益であるという見解もある[55]。緊急避難に比すべき例外的事例がありえないとまではいえないが，慎重な判断を有する。伊勢新聞社事件では，不当廉売行為の存在は明白であったが，法的措置がすでにとられており，また，用いられた手段が，緊急の損害を防止するのに必要な限度を超えて，競争的行為を制約するものが明らかな事例といえよう[56]。

3 その他の取引拒絶（一般指定2項―単独の取引拒絶）

(1) 規制の概要・行為要件

一般指定2項は「不当に，ある事業者に対し取引を拒絶し若しくは取引に係る商品若しくは役務の数量若しくは内容を制限し，又は他の事業者にこれらに該当する行為をさせること」を不公正な取引方法としている。一般指定1項が競争関係にある事業者が共同して行う取引拒絶を問題にしていたのに対し，本項では単独（正確には競争関係にない者が共同して行う場合も含まれる）の取引拒絶が問題となっている。

取引先の選択は契約の自由の基本であり，締約強制を課されている事業者でない限り，事業活動を行う上で特定の者とは取引しないという自由を認められるのは当然である。したがって，共同の取引拒絶と違って，ある特定の事業者と取引を拒絶したとしても，その性格や必然的効果が反競争的なものとはいえない。それゆえ，個別的に公正競争阻害性を立証する必要がある。1でみたように，相手方に与える不利益によって被拒絶者を市場から排除する効果の観点および不利益によって独禁法に反するような作為・不作為を行わしめる目的・効果の2つの側面から検討されることになる。

(2) 公正競争阻害性

---

[55] 根岸＝舟田197頁，松下165頁。
[56] 不当廉売に対抗するような事例ではこれが許容される可能性は乏しいが，優越的地位を有する事業者が劣位のものに不当に不利益な取引条件を押し付けてくるとき（2条9項5号）に，そのような要請を拒否することを取り決めることは，その要請の拒否を個々の事業者に強制するようなものでない限り，正当な理由があるとされよう。

単独の取引拒絶については，取引先選択の自由の観点から，例外的な場合を除いて，自由であるという見解が有力である[57]。例外的な場合の範囲をどのように考えるかが問題だが，取引先選択の自由を尊重する必要があるとしても，それは，単独かつ直接的な取引拒絶の場合にあてはまることであって，間接の取引拒絶の場合は単なる取引先選択の自由の行使にとどまるものではない。流通・取引慣行ガイドラインでは，間接の取引拒絶の場合，後述する排他条件付取引（第4節Ⅲ）と同様に，有力な事業者が拒絶し，拒絶された者の「取引の機会が減少し，他に代わり得る取引先を容易に見いだすことができなくなるおそれ」があれば，公正競争阻害性があるという立場をとっている（第1部第4の2）が妥当なものといえよう[58]。両者の差は，被拒絶者が特定の者か自己以外の者一般であるか，また拒絶「させている」のか，取引を限定する「条件を付けて」いるのかという行為要件にある[59]。なお，被拒絶者にそこまでの不利益がなくとも独禁法上違法な行為を行わせるための手段に用いられたのであれば公正競争阻害性が認められることになる。

問題は，単独で直接の取引拒絶の場合である。いかなるときに単独で直接の取引拒絶が違法となるのかは，諸外国でも論議の尽きない難問であり[60]，わが国の学説上も規制の外延について見解の一致をみない。先例も乏しいが，流通・取引慣行ガイドラインは次の2つの場合に公正競争阻害性が見出せるとしている（第2部第3の1）。

①取引拒絶を独禁法上違法な行為の実行を確保する手段として用いる場合

---

[57] 今村・独禁105頁。

[58] 今村・独禁112頁

[59] 松下電器産業事件・勧告審決平13・7・27は，有力なメーカーが廉売を行っている小売店に対しその流通経路を調査し，廉売店に製品を供給していた代理店等に廉売店に製品供給を行わないように要請したことが一般指定2項の間接の取引拒絶にあたるとされた。これは代理店に対する拘束条件付取引と捉えることもできるが，事前に広く販売しないよう要請したのではなく，廉売店が登場するごとにそこへ供給している代理店等に供給を停止するよう要請したという実態は，間接の取引拒絶とするにふさわしいものと考えられたようである（伴伸宏ほか「事件解説　松下電器産業株式会社による独占禁止法違反事件について」公正取引612号70頁参照）。なお，大分大山町農業協同組合事件・排除措置命令平21・12・10では，特定の事業者と取引しないように「させていた」行為を「拘束」と認定した。

[60] 和久井理子「単独事業者による直接の取引・ライセンス拒絶規制の検討(1)(2・完)」民商法雑誌121巻6号813頁・122巻1号74頁参照。

②競争者を市場から排除するなどの独占禁止法上不当な目的を達成するための手段として，取引拒絶を行う場合[61]

①の例としては，再販売価格や違法な排他条件付取引の拘束手段として取引拒絶が用いられる場合などがある[62]。これらの場合，取引拒絶は2条9項4号や一般指定11・12項の拘束の手段にすぎず，取引条件の不当性はそれらの拘束条件の不当性の投影にすぎないという批判[63]もある。しかし，相手方を拘束から解くには，取引拒絶自体をも禁じるのが適切であり（24条訴訟の局面を考えられたい），取引拒絶も違法なものであるとすることに独自に意義があり，批判は妥当ではない。

②に関しては，学説の中には，不当な目的を問題とすることなく，取引を拒絶される事業者の通常の事業活動が困難になれば直ちに競争減殺が認められるとする立場もある[64]。しかし，取引拒絶された者の不利益が大きくともそのことだけで直ちに不当なものとなるわけではない。たとえば，継続的な供給関係があった場合に特定ブランドの取引に特化した流通業者はその者から供給を受けられないと事業活動が著しく困難となる場合がある。このような場合，取引拒絶に正当化事由がいるか否かについての民法上の評価[65]は別にして，相手方が代替的な取引先を容易に見出しがたいという事実だけで公正競争阻害性があるとはいえない。たとえば，特定製品に関する大手の流通業者で販路の35％を占めているAがいるとき，当該製品のあるメーカーBが他の事業者の商品を扱わないような契約をAと交わしたとき，それによっ

---

61) この場合は，これによって取引を拒絶される事業者の通常の事業活動が困難となるおそれがある場合であることが通常は要請されるものと考えられる。この点については，平成29年改正前の流通・取引ガイドライン第1部第3の2を参照。

62) 第二次大正製薬事件・勧告審決昭30・12・10，大正製薬が多数の特約店と結んだ排他約款が旧一般指定7項（現行一般指定11項）に該当するとともに，当該約款の強制手段として，違反者に対する取引を中止したことが旧一般指定1項（現行一般指定2項）に該当するものとされた。

63) 今村研究(1)247頁参照。

64) 「独禁研報告書」（昭和57年）（第二部各論一(2)）は，違法な行為の実行確保手段と不当な目的の類型を同一類型として，競争者の事業活動を困難にする類型は別個の類型としている。なお，同報告書は後者の類型についても競争者の事業活動を困難にすることを問題にしている点において同ガイドラインの不当目的類型と実質的に同じである。

65) これについては，中田裕康『継続的取引の研究』（有斐閣，2000年）3-18頁が判例・学説を的確に整理している。

てBの競争者が代替的な販路を見出すことが困難であれば公正競争阻害性が認められよう。しかし，かような背景事情なしに，特定のメーカーがAと取引してもらえない場合，その被る困難は同等であっても，それだけの事実で公正競争阻害性があるとは考えられない。取引先選択の自由が配慮されるからである。流通・取引慣行ガイドラインが不当な目的を付加しているのも，取引先選択の自由に配慮しているからである[66]。

　流通・取引ガイドライン第2部第3の2は独禁法上不当な目的として，競争者（自己と密接な関係のある事業者の競争者を含む）を排除する目的を例示し，それに該当するケースとして，①市場における有力な原材料製造業者が，自己の供給する原材料の一部の品種を取引先完成品製造業者が自ら製造することを阻止するため，当該完成品製造業者に対し従来供給していた主要な原材料の供給を停止することおよび②市場における有力な原材料製造業者が，自己の供給する原材料を用いて完成品を製造する自己と密接な関係にある事業者の競争者を当該完成品の市場から排除するために，当該競争者に対し従来供給していた原材料の供給を停止することをあげている。有力な学説が，単独の取引拒絶が例外的に違法となるケースとして独占の形成や強化のために用いられる事例をあげていたのに対応する[67]。

　私的独占の著名な事件である雪印乳業・農林中金事件・審判審決昭31・7・28で農林中金が行った取引拒絶は，自己と密接な関係を有している事業者の競争者と取引する者に融資拒絶したことが問題となったが，これは関係する事業者の独占的地位を違法に維持，強化することを目的としたものであって，不当な目的のためのものである。また，全国農業協同組合連合会事

---

[66]　東京スター銀行事件・東京地判平23・7・28（判時2143号128頁）も次のように述べる。「一般に，事業者は，取引先を選択する自由を有しているから，事業者が価格，品質，サービス等の要因を考慮して独自の判断によって他の事業者との取引を拒絶した場合には，これによって，たとえ相手方の事業活動が困難となるおそれが生じたとしても，それのみでは直ちに公正な競争を阻害するおそれがあるということはできない」が，「もっとも，例えば，市場における有力な事業者が競争者を市場から排除するなどの独占禁止法上不当な目的を達成するための手段として取引拒絶を行い，このため，相手方の事業活動が困難となるおそれが生じたというような場合には，このような取引拒絶行為は，もはや取引先選択権の正当な行使であると評価することはできないから，公正な競争を阻害するおそれがある」。

[67]　今村・独禁106頁。ただし，同ガイドラインは独占の形成や強化のレベルまで要求しているわけではない。

件・勧告審決平 2・2・20 で，競争的な行動を行っている子会社を有する親会社に対し，子会社の競争活動を断念させるべく，親会社の重要な取引先をして取引を縮小・拒絶せしめたことを不当な取引拒絶としたのもこの一例である[68]。

　同ガイドラインの不当な目的の例示は競争者の排除であるが，それに限定されるわけではない。たとえば，相手方レベルでの価格競争を回避させるための取引拒絶もこれに該当しよう。岡山県南生コンクリート協同組合事件・勧告審決昭 56・2・18 はその一例と考えることができる[69]。同事件は，実質的には共同の取引拒絶の事案ともいえるが，価格競争を行う可能性のあるアウトサイダーを取引拒絶によって排除することで価格の維持を図ったことが不当な取引拒絶とされた。サギサカ事件・勧告審決平 12・5・16 は，量販店向けの自転車用品パックの販売業者（シェア約 30％）が，量販店が自社の供給するキャラクタ製品を強く望んでいるため，その供給がない限り量販店との取引が困難な状況において，販売先卸売業者に対して自社のキャラクタ製品を自社の競争業者に提供しないようにさせていた事案である。これは，形式的には間接の取引拒絶の事案であるが，その実質において自社製品を必要とする競争者にその提供を拒絶するという直接の取引拒絶に比すべきものである[70]。取引先卸業者を通じた自社製品の販売拡大は本来自己に有利なはずであるが，ここでは競争業者の販売活動を困難にすること以外に格別の理由なしに取引を拒絶した点が不当とされたのであろう[71]。

　同ガイドラインがあげる類型以外に，いわゆる独占力の濫用型事例を問題とする考え方もある。独占的な事業者が取引の相手方の事業活動を困難に陥

---

68) 本件で拒絶された取引は問題となった競争活動に必要な投入要素に関わるものではない。拒絶対象が当該競争に必要な投入要素に関わることは，事実上そのような場合が多いというだけであって，公正競争阻害性の必要条件ではない。

69) 間接の取引拒絶事件であるが，前掲注 59) の松下電器産業事件も同様に考えることができる。

70) なお，本件では被審人が有力な事業者であることおよび競争業者が当該製品の供給を受けないことが量販店向け取引に不可欠であったことの認定が不十分であったといわれる。金井貴嗣「評釈」ジュリ 1194 号 124 頁参照。

71) 被拒絶者の事業活動を困難にすることを通じた利益以外には自己の利益とはならないような取引拒絶を違法とするのは米国の著名なアスペン事件でも問題となった限界的事例である。この点について，ベーシック 196-197 頁（泉水文雄）参照。

らせること以外に格別の理由なく，取引を拒絶する場合も不当な取引拒絶と考えるべきだという見解である[72]。これに該当する事例として，丸亀青果物事件・審判審決昭42・4・19があげられる。丸亀市内における青果物セリ市場取引の大部分を占めるセリ市場開設卸売業者が，会社内紛において現経営陣批判派に属する青果仲買人を同社のセリ取引から排除したため，青果物の仕入れに支障を来した事案でその排除を不当な取引拒絶としたものである。このような取引拒絶によっては競争を害したとはいえないという批判もある[73]。これに対しては，独占的地位[74]にある者が害意のみに基づいて取引拒絶を行うことを許容するならば，相手方市場での自由闊達な市場活動を妨げるおそれがある点に，公正競争阻害性を見出す見解もありえよう[75]。ノエビア事件・東京高判平14・12・5は，契約条項違反に基づく化粧品会社による代理店契約の解除の効力が争われた事案で，当該条項違反に至る経緯に化粧品会社側の問題点があったことなどから解除権の行使を信義則違反としたものであるが，あわせて「相手方である控訴人が被控訴人会社以外に容易に取引先を見出し得ないような事情の下に，取引の相手方の事業活動を困難に陥らせる以外に格別の理由がなく，取引を拒絶したものというべきであり」一般指定2項に該当するおそれがあり，19条に該当する可能性が高いとしたものである。独占力の濫用型取引拒絶の一事例と考えられよう[76]。

　欧米では単独の取引拒絶の一類型として不可欠施設の法理（エッセンシャルファシリティ理論）（第10章第2節Ⅲ4）と呼ばれるものがある[77]。これは，

---

[72] 「独禁研報告書」（昭和57年）は「有力な事業者が，取引の相手方の事業活動を困難に陥らせること以外に格別の理由なく，取引を拒絶する場合（いわゆる濫用行為）にも公正競争阻害性があり得よう」とする（第二部各論一(2)）。

[73] 白井皓喜「評釈」公正取引239号37頁，髙津幸一「民商法と独禁法の競合」公正取引251号16頁。

[74] 本件およびノエビア事件を独占力の濫用とするのは独占の認定がないので厳密には不適切である。

[75] 奥島孝康・百選［初版］61頁はこの趣旨か。

[76] ガイドラインの立場を前提とするなら不当な目的型類型として理解することになる（根岸＝舟田199頁）。しかし，ここで問題となった独禁法上不当な目的とは何であるかは判然としない。あえていえば，優越的な地位の濫用を実行あらしめるためということになるかもしれない（林秀弥・平成14年度重判234頁，および沢田克己「判批」判時1837号181頁も参照）。

[77] 講座第3巻23頁，27-28頁（白石忠志），和久井・前掲注60），根岸哲「『エセンシャル・ファシリティ』の理論とEC競争法」正田古稀303頁を参照。

電話の長距離回線に対する近距離回線網のように，その利用なしにおよそ市場へのアクセスが不能なもの（不可欠施設と呼ばれるが物理的な施設である必要はなく，投入要素程度の意味）に対し，重複して作り出すことが現実的でなく，かつアクセスを認めることが可能な場合，取引拒絶を正当化する特段の事情がない限り，平等無差別なアクセスを認めるべきだとする法理である。この法理の射程や妥当性をめぐっては各国で激しい議論がある。わが国でこの法理を用いた先例はない。前述の濫用事例と同様，競争への影響を要件としないことを問題とする見解，逆に独占の形成・維持・強化の蓋然性を要件としたものに再構成すべきだという見解など多様である。この法理が認められるとしても，次の点に注意を要する。ここでいう不可欠性は当該相手方が市場で活動を行うのに不可欠なだけでは不十分であって，およそ関連市場に参加する上でその利用なしには事業活動が行えないほど不可欠なものであることを必要とする。そのような事例はおのずから限定されるであろうが，限定された事案においてそのような者に広範な取引義務を課することが競争状況の改善につながることを重視するか，そのような立場にあっても取引先選択の自由は尊重されるべきであり，またそう解しないと不可欠設備への投資インセンティブが低下することを重視すべきかの問題となる。

III　差別対価・取引条件等の差別的取り扱い

1　概　説

2条9項2号は「不当に，地域又は相手方により差別的な対価をもって，商品又は役務を継続して供給することであつて，他の事業者の事業活動を困難にさせるおそれがあるもの」を一般指定3項は，「第2条第9項第2号に該当する行為のほか，不当に，地域又は相手方により差別的な対価をもって，商品若しくは役務を供給し，又はこれらの供給を受けること」を不公正な取引方法として定めている。従来は，一般指定3項で一括されていたものを課徴金対象となるものを分離したためこのような書き方になった。課徴金対象となる自由競争減殺型の不公正な取引方法は，2号以外はいずれも行為類型に該当すれば原則として公正競争阻害性が認められる類型であり違法となる場合が明瞭である。不当な差別対価では違法となる場合が明確ではないが，課徴金対象とすることに社会的要請が高いことから取り上げられた。そこで，

この類型と比較的近いと考えられた不当廉売に類似した要件で対象を絞り込んだのが2条9項2号である。しかし，従来と規制範囲に変更はない。

　差別的な対価の相手は事業者に限定されていない。したがって，これは差別的取り扱いと不当対価取引の両者の類型にまたがったものと解されている。

　対価による差別は差別的な取引条件の典型である。したがって，その反競争効果もⅠで述べたように，不当な取引拒絶と同様の効果をもちうることは確かである。すなわち，相手方市場のレベルでの影響として，それによって相手方事業者が市場から排除されたり，有効な競争単位として立ち行かなくなる問題や差別することで競争上の不利を生じさせることをもって相手方事業者に何らかの作為・不作為へと条件付けて，独禁法上違法または不当な目的の達成の手段とすることが問題となる。ところで，このような形で競争へ悪影響を与える場合には，同時に対価以外の取引条件においても不利益を与えることもある。一般指定4項は「不当に，ある事業者に対し取引の条件又は実施について有利又は不利な取扱いをすること」を不公正な取引方法としているが，上の場合これと差別対価が同時に問題となる。実際，取引拒絶型の差別対価は差別的取り扱いと並行して行われることが少なくない。また，対価における差別かその他の取引条件の差別か流動的な場合も多い。本節では一般指定4項も併せて説明することにする。

　差別対価規制で相手方を事業者に限定しなかったのは，差別的対価が行為者の競争相手に対し直接もつ影響を問題にするためである。すなわち，差別的対価は競争政策の問題としては歴史的にはまず第1に差別的ダンピングの問題として捉えられてきた。差別的ダンピングとは，市場支配力を有する企業（ないしその獲得を目指す企業）が，競争相手のいる地域（分野）の市場でのみ不当に安価な販売を行い，競争相手を排除したり，競争的行動をとらないように制圧する行為のことである[78]。これは，特定の市場での対価を有利に設定して顧客を誘引するものであって不当廉売と同様の基準が妥当する。しかしながら，多くの国で歴史的にこの場合を差別的ダンピングの問題とし

---

78) 地域のほかに，競争相手が存在する商品役務の分野でその分野をターゲットにしたファイティングブランドを作り，低価格販売を仕掛けることもある。なお，事業者ならざる取引相手を拘束する手段として差別的対価が用いられ公正な競争を阻害するおそれがあれば，これも規制対象となりうる。ただし，これまでそのような事例は知られていない。

て別のラベルで問題を処理することが多かった。わが国の規定もそのような立場をとっているのであろう。

要するに，競争への悪影響は次の3つの形で問題となる[79]。

①自己の競争者の事業活動を困難にさせることを通じて生じる行為者の属する市場での不当廉売型の自由競争減殺，②排他条件付取引や再販売価格拘束など独禁法上違法とされている行為の実効性確保手段として用いられている場合や独禁法上不当な目的を達成するための実行手段とされる場合，③取引の相手方を競争上著しく有利または不利にさせることを通じて取引の相手方市場で生じる自由競争減殺[80]。①は要するに特定の市場での対価を有利に設定して顧客を誘引するもので，①は不当廉売型，②と③は不当な取引拒絶の公正競争阻害性と同様に考えることができる[81]。なお，その他の差別的取り扱いが問題にするのは②③である[82]。

2　行為要件

差別対価の形態としては地域によるものと相手方によるものがあり，それぞれ行為者が商品・役務を供給する場合と供給を受ける場合がある。このうち，2条9項2号は供給に関してかつ継続し，他の事業者の事業活動の困難化をもたらすものを取り上げ課徴金の対象としている。

差別対価は，同一の商品・役務に対し異なった価格を設定することであるが，商品・役務が同一であるのはいかなる場合かが問題となる。まず，それが物理的に完全に同一であることは必要でない。同質同等ないし全体として実質的に同一であれば足りる（第二次北國新聞社事件・東京高決昭32・3・18）[83]。

---

[79]　これらは「独禁研報告書」（昭和57年）（第二部二）に依拠したものであるが後掲注80）で述べるように若干の修正を施した。

[80]　「独禁研報告書」（昭和57年）では②としては違法とされる行為の実効性確保のみがあげられているが，不当な取引拒絶と同様，独禁法上不当な目的達成のための実行手段と考えられる場合もある。

[81]　講座第3巻28-29頁（白石忠志）は，略奪的廉売的（型）と準取引拒絶的（型）と整理しているが，的確なネーミングと思われる。

[82]　抽象的には事業者相手の取引条件において同等に効率的な事業者であっても損失が生じるほど相手方に有利な取引条件を提示することによって競争者を排除するようなケースはありうるが，これまで事例がない。

対価とは、商品・役務の給付に対して現実に支払う価格を意味する。値引きなどがある場合、それを控除した現実に支払う価格が対価にあたる。ただし、値引きが複雑な形態をとるリベート制度や見本品等の現品添付の場合は問題となる。数量に応じて商品一単位あたり一定額をリベートとして割り戻す場合はこのリベートを控除した額が対価となるし（東洋リノリューム事件・勧告審決昭55・2・7）、給付対象と同じ現品が添付される場合も商品一単位あたりの対価を算定すればよいが、占有率リベートや忠誠度リベート、添付製品が対象商品と異なった景品等の場合は、単位あたりの対価を算定してその差異を判断することは困難または不可能である。この場合は、対価ではなく一般指定4項の「取引の条件又は実施」における差別の問題となる。

同一の商品・役務であっても、時間や購入量などに応じて価格が異なるのはむしろ通常のことである。地域や相手方によって販売費や運送費が違っている場合、とりわけ大量購入の取引先への種々の費用削減を反映した値引きが不当な差別対価にあたらないのは当然である。むしろ、このような状況であるにもかかわらず同一価格であることの方が、独占者が独占力を利用して超過利潤を獲得する手段という経済学的意味での価格差別があったといえるのである[84]。また、時期や顧客群を通じた需給関係の変化に応じた価格差も市場における当然の対応であって問題となりえない。これら費用や需給関係の変化などに対応した結果生じた価格差を行為要件に該当しないと考えるのか、実質的要件である不当性の不存在を示す要因とするのかが一応問題となる。後者の考え方だとあまりに多くの価格設定行動が形式的には差別対価に該当することになって妥当でないとも考えられるが、文言からは後者の考え方の方が説得的である。なお、支払条件の違いなどはそれも勘案して初めて対価の対象たる給付が確定すると考えられるので、行為要件の問題と考えられる。ただしこの立場であっても、3で述べる不当性立証の前に、かかる正当化要因によるのでない価格差別であることの立証が必要と考えるべきであ

---

[83] 本件では、「北國新聞」と「富山新聞」と異なった題号で発行されていたが、記事に地方性を反映した若干の相違点はあるものの、記事量も内容もほとんど同一で、かつ当該新聞社が富山新聞を事実上北国新聞の富山版として扱っていた事例において同一の商品であることが認定された。

[84] 三輪芳朗『独禁法の経済学』（日本経済新聞社、1982年）156頁。なお、前掲注83)参照。

ろう。
②取引条件または実施における差別的取り扱い

　一般指定4項は相手方が事業者に限定されている。対価以外の取引条件および実施において有利なまたは不利な取り扱いをすることが行為要件となる。有利または不利な取り扱いは差別そのものであるから，上記の差別と同様に解すればよい。取引の実施には，取引の条件とはなっていないが，配送の順序，市場情報の提供，商品の陳列など事実上取引に関連して行われる取り扱いが含まれる。取引条件か実施のいずれかに該当すれば一般指定4項の射程にはいるのであるから，厳密に区別する意義は乏しい。

　対価も取引条件の1つにすぎないため，不利益の中心がその他の取引条件に起因する場合には対価の部分も併せて一般指定4項が適用された事案もある[85]。

3　不当性（公正競争阻害性）

　2の行為要件に該当したとしても，それだけでは公正競争阻害性は推認されない。公正競争阻害性が認められるのは1で述べた3つの場合である。それぞれにつき以下順次検討する。

（1）不当廉売型

　取引相手に有利な差別対価を行うことで，競争者の事業活動を困難にすることを通じて自由競争を減殺する場合である。これは，地域的な差別対価の場合に典型的に問題とされる。市場支配力を有する（あるいは獲得を目指す）事業者が，競争者が存在するもしくは新規参入が生じた市場[86]でのみ低価格販売を行い，その者の事業活動を困難にすることによって市場支配力を形成・維持・強化するおそれのある行為が問題となる。かかる目的で行った差別対価は1つの市場における高価格を原資にして，他方市場で不当な安売りを行うものであるとして歴史的に非難されてきた。

　このようなタイプの差別対価が問題となった正式事件として第二次北國新聞社事件・東京高決昭32・3・18がある。これは石川県において高度のシェアを持つ北国新聞が石川県では月極め330円で販売していたところ，富山

---

[85]　オートグラス東日本事件・勧告審決平12・2・2参照。
[86]　狭義の地理的市場に限定されず，差別化された市場での部分市場であってもよい。

県において実質的に同内容の新聞を月極め 280 円で販売したことが，新聞業にかかる旧特殊指定違反とされた事件である。新聞業における旧特殊指定では「地域又は相手方により，異なる定価を付し，又は定価を割引すること」が違法とされたため，東京高裁が緊急停止命令を認めたものである。

　もっとも，これだけの事実で競争を害する地域的ダンピングといえるかは疑問がある。地域的ダンピングの競争への悪影響の根拠は，ある市場で高価格設定を行っており，別の市場で低価格設定を行っていること自体にあるのではない。同一製品を同じ価格であることを要請することはかえって同調的な価格設定やカルテル的活動を助長するおそれさえある。価格差別は寡占的市場において同調的行動を破る典型的活動だからである。何よりも，複数市場で活動している事業者が競争の活発な市場でそれに応じて低価格販売するのは当然であるし，複数市場で活動する事業者がそれぞれの市場の需要弾力性に応じて異なった価格を付けるのもまた当然のことである[87]。新規参入が生じた市場で，従来の高価格販売をやめて低価格戦略を採用したとしても，それは単に競争が回復しただけともいえる。不当廉売と同様に低価格販売によって競争業者の「事業活動を困難にさせること」が必要であるが，不当廉売の基準との差異はいかなる点にあるのだろうか。結論からいえば，これまでの学説で不当廉売の基準と異なった基準を提示できたものはないといってよい。この場合も不当廉売と同じ基準が採用されるべきだということになろう[88]。この種の差別対価規制が独立の表題で取り扱われているのは，歴史的に独占企業が不当廉売戦略を地域や顧客ごとに新規参入者がいるところや競争者が残存している市場で行ってきたことに由来するとしかいえない。差別することに競争を阻害する不当性の本質があるのではなく，不当廉売を行う

---

[87]　同一製品に係る複数の市場で活動する事業者は，市場間で鞘取りがない限り，それぞれの市場で利潤を最大化する価格設定を行う。いわゆる第三種の価格差別である（ベーシック 208 頁〔泉水文雄〕）。価格差別は市場支配力を有する事業者が各需要者の支払ってもよいと考える額（willingness to pay）を請求することによって，単一の独占価格よりも高い利潤を獲得することであるが，このこと自体が反競争的かどうかは問題である。少なくとも 9 項 2 号や一般指定 3 項が係る価格差別自体を違法視したものでないことはたしかである。なお，価格差別を実現するために，鞘取りを行うであろう事業者を高価格を請求できる市場から駆逐するために排除的慣行を使用することは，私的独占や不公正な取引方法に該当するおそれがある。

[88]　白石 124 頁，ベーシック 204 頁（泉水文雄）。

必要のある市場が特定の市場というだけのことである。不当廉売行為が，競争者を排除して自由競争を減殺する戦略として効果的に機能する場合は，複数市場で市場支配力を持つ企業が特定市場で集中的に低価格販売戦略を用いた場合であるのはたしかである[89]。これは一見したところ，差別対価を特別視することを正当化するようではあるが，不当廉売の一般的議論が妥当しやすいのが差別的戦略を行う場合であることを示唆するだけであり[90]，不当廉売の議論を参照せずに基準を設定することはできない。問題となる市場での低価格がその市場での競争秩序を害する不当な低価格販売でなければならない。そうだとすると，2条9項3号や一般指定6項の不当廉売の基準と異なった基準を採用する根拠がないことになる。

LPガスの販売について同時期の2つの24条訴訟で東京高裁は，この点について異なった立場を示した。LPガス販売差別対価差止請求（ザ・トーカイ）事件・東京高判平17・4・27では，原価割れでない差別対価は「不当な力の行使であると認められるなど特段の事情が認められない限り」は公正競争阻害性はないとして，例外が存在することを認めた。これに対し，LPガス販売差別対価差止請求（日本瓦斯）事件・東京高判平17・5・31は，「不当な差別対価とは，価格を通じた能率競争を阻害するものとして，公正競争阻害性が認められる価格をいい，当該売り手が自らと同等あるいはそれ以上に効率的な業者（競争事業者）が市場において立ち行かなくなるような価格政策をとっているか否かを基準に判断するのが相当であ」るとして，原価割れを必要条件とした。不当な力の行使とは何かが判然とせず，後者の見解が妥当である[91]。

私的独占で差別対価が排除行為として用いられた有線ブロードネットワークス事件・勧告審決平16・10・13では，当該排除行為が競争の実質的制限

---

[89] 中川寛子『不当廉売と日米欧競争法』（有斐閣，2001年）123-128頁が紹介する，略奪的価格設定が反競争的であることをもっともらしくする理論は，複数市場で活動する市場支配力を有する事業者が特定市場で廉価販売を行った場合によりよく妥当するものである。

[90] 不当廉売では後述するように埋め合わせの問題（第3節Ⅱ2）が議論されるが，差別的不当廉売は埋め合わせの可能性を向上させるのは明らかである。

[91] 同等に効率的とはいえない事業者を排除して自由競争減殺をもたらす以外の合理的な目的を持たない低価格販売戦略は理論的にはありえないわけではないが，それを識別する効果的な基準はない。価格競争の重要性に鑑みて同等に効率的であれば耐えうる低価格販売は容認すべきであろう。

をもたらしたことは疑いえないが，差別的低価格が費用割れであることの認定はなかった点が問題となろう。もっとも，本件では無料聴取期間の延長なども問題となっており，費用割れである可能性は高かったのかもしれない[92]。

(2) 取引拒絶類似型の事例

独禁法違反の行為の実効性確保として対価や取引条件の差別的取り扱いを用いるのは，取引拒絶同様多い。対価の差別は，相手方の行動を抑制する重要な手段であるから，差別する側の市場における地位が強い場合には，独禁法に違反するとまではいえなくとも独禁法上不当な目的を実行する手段として用いられる場合がある。このような事例としては，東洋リノリューム事件・勧告審決昭55・2・7がある。そこでは，ビニルタイルの主要な製造業者4社が価格安定のために流通業者を組織し，それを支援するために加盟者と非加盟者との仕切価格に差を付けたことが不当な差別対価とされた。この事案では，差別的に取り扱われた者が競争上不利益になったこと自体に公正競争阻害性を見出す立場も考えられる[93]。同時に，価格維持のためにアウトサイダーに不利益を与え協調的行為を行うように仕向けるという独禁法上不当な目的の事案288-289頁と考えることもできる。

また，差別対価と取引条件における差別的取り扱いの複合事例であるが，除虫菊事件・勧告審決昭39・1・16も同様の事例である。本件では除虫菊の生産者団体（全国販売量の80％）と需要者団体（全国購買量の93％）が結んだ協定が問題となった。生産者団体に競争する者として，除虫菊を農家から購入し，需要者に販売する独立系の集荷業者がいた。上記協定は，独立系の集荷業者からの購入価格を生産者団体に比べてキロあたり2円安い価格で購入するとともにその他の取引条件においても不利益な取り扱いをしたもの

---

[92] もっとも，無料期間をどのようにみるかも問題となる。本件のような事業では転換費用がかかるのであり，一定期間であれば費用割れさえ正当化される事情がある。これを認めないと，転換費用がかかる顧客への競争が不可能となり，顧客の囲い込みを手助けするという馬鹿げたことになるからである。この点について，川濵昇・経済法百選［初版］24頁参照。

[93] 特に本件で不利益差別を受けた者が競争上不利益を被るのがメーカーの共同行為に起因することに注目することもできよう。この点については，厚谷襄児『独占禁止法論集』（有斐閣，1999年）155頁，164頁参照。

である。需要者団体が集団で独立系事業者を競争上不利な立場に追いやった点に公正競争阻害性をみることができる[94]。

　オートグラス東日本事件・勧告審決平12・2・2では補修用ガラスの最大手事業者が，補修用ガラスの一部に輸入品を使い出した取引相手に対し，価格を15％引き上げるとともに，1日2回の配送回数を1回にしかつ臨時配送を行わないなどの措置を講じた。これは輸入品の販売を排除するよう拘束する手段となっていたと評価することができる。本件では，対価における差別と取引条件における差別があいまって輸入品の使用を避けるようにし向けられたのであるが，公取委は両者を併せて一般指定4項を適用した。改正法のもとでは，2条9項2号または一般指定3項と一般指定4項とを分けて適用することになるのかもしれないが煩瑣であることは否定できない[95]。

　このように，差別的な条件を用いて取引先に競争者の商品等を取り扱わないようにさせるものとして，流通業者の一定期間における取引額全体に占める自社製品の取引額の割合や，流通業者の店舗に展示している商品全体に占める自社製品の展示の割合に応じて供与されるリベート（価格の払い戻し）が利用される場合がある。このようなリベートを占有率リベートという。これは，競争品の取扱制限（排他条件付取引，間接的取引拒絶等）としての機能を持つことがある。この場合，排他条件付取引と同様の基準で判断がなされる。そもそも，一般指定11項，現行12項違反も認定されることが多い。詳細はそこで検討されるが，市場における有力なメーカーが，占有率リベートを供与し，それによって流通業者の競争品取り扱いを制限することとなり，

94）　なぜ本件で，需要者団体が生産者団体から高く購入してまで独立系業者に不利益を与えたのだろうか。生産者団体への除虫菊集荷の集中を目指したというのが1つの説明だが，それは何らかの効率性の達成を意図したものといえるだろうか。この事案では，独立系集荷業者は特定の地域ではかなりのシェアを有していた。本件協定はそれらの地域で独立系集荷業者を排除することを通じて，生産者団体の除虫菊買い手独占の地位を強化するという効果を持っており，その買い手独占利潤を需要者団体も分かちあうという不当な目的があったと考えられる。
95）　なお，本件を2条9項2号の事件とすることが適切かどうかは問題がある。当該価格差別が継続していたとしても取引相手方の事業活動が困難となっていたか否かが明らかでないこと，さらにそれ以上に本件では相手方の事業活動の困難化それ自体が公正競争阻害性をもたらすのではなく，その結果として輸入品が排除されることが公正競争阻害性をもたらしたものと考えられることが重要である。20条の3の課徴金算定方法はこのような状況を念頭に置いていると考えられるかどうかが問題となろう。

その結果，新規参入者や既存の競争者にとって代替的な流通経路を容易に確保することができなくなるおそれがある場合に公正競争阻害性が認められる。この場合，リベートは一般指定11項，現行12項の拘束の手段としての性質を持つが，それ自体も問題とする余地はある。なお，リベートは商品等の一単位あたりの対価に還元できる形で提供されれば差別対価となるが，そうでない場合は差別的な取引条件とするほかない。同様の効果は著しく累進的なリベート（取扱額が増えるにつれて，リベートの額が著しく増えるリベート）においても生じる。同様に，競争品の取り扱いを制限することとなり，その結果，新規参入者や既存の競争者にとって代替的な流通経路を容易に確保できなくなるおそれがある場合に公正競争阻害性が認められる。

私的独占の事件であるインテル事件・勧告審決平17・4・13は，このようなリベートが排除行為として用いられた例である。

IV 事業者団体における差別的取り扱い

一般指定5項は，事業者団体もしくは共同行為からある事業者を不当に排斥し，または事業者団体の内部もしくは共同行為においてある事業者を不当に差別的に取り扱い，その事業者の事業活動を困難にさせることを不公正な取引方法としている。

事業者団体の反競争的な行為は一般的には8条によって規制されることになる。不公正な取引方法は定義規定から事業者が行うものとなっているのであるから，ここで問題となるのは事業者団体が事業者として活動する場合の問題である。

金融機関の決済業務など多数の事業者で共同することが効率性に資する活動があり，それに参加しないと事業活動を効果的に行えないこともある。また，かかる事業活動が事業者団体によって行われる場合も少なくない。このような，共同事業から排斥されたり，そこで差別的な取り扱いが行われると公正な競争に深刻な影響を与えることになる。それに対処するために作られた規定である。公正競争阻害性についてはここまで述べた説明が妥当する。

第3節　不当対価取引

I　総説

2条9項6号ロ（旧2条9項2号）は不当な対価でもって取引することを基本類型としている。この類型は自由競争減殺によって公正な競争を阻害することを念頭に置いたものと考えられている。そのような不当対価取引には不当に安価に供給して競争者の販売を排除して競争を減殺する場合と，不当に高価に購入して競争者の購入を排除して競争を減殺する場合とが考えられる[96]。2条9項3号および一般指定6項は，不当に低い対価での不公正な取引方法を定め，一般指定7項は不当に高い対価での不公正な取引方法を定めている。

II　不当廉売

1　規制の概要

2条9項3号および一般指定6項は不当廉売行為を定めている。2条9項3号は，「正当な理由がないのに，商品又は役務をその供給に要する費用を著しく下回る対価で継続して供給することであつて，他の事業者の事業活動を困難にさせるおそれがあるもの」を不当廉売としている。

2009（平成21）年改正までの旧一般指定6項は前段と後段に分かれていたが，そのうち前段を2条9項3号として課徴金の対象とし，後段を現行一般指定6項に残したものである。

このように不公正な取引方法として廉売行為が定められているのは，安売りが競争を害する場合があるからである。これは，逆説的に思われるかもしれない。価格競争は独禁法が促進すべき公正かつ自由な競争の根幹に関わる。価格競争を回避したり，それを行うインセンティブを低下させるような行為や状況の出現を抑止するのが独禁法の最重要課題といっても過言ではない。しかしながら，歴史的に，不当な低価格で競争者を駆逐したり新規参入を妨

---

[96] 不当に安価な購入と不当に高価な販売も考えられるが，それらによって自由競争減殺は通常は生じない。それらは，優越的地位の濫用の問題として対処されるべきものである。

げるなどして市場支配力の形成・維持が図られたり，あるいはカルテル的協調を破った業者に報復的な廉売で打撃を与え協調破りに対する懲戒手段とするなど，安売りを反競争的に利用することが問題となってきた。

　これらはいずれも廉売によって他の事業者の事業活動を困難にすることを通じて反競争効果を生じさせているものであり，事業活動の困難化が要件となっている。他方，そもそも厳しい価格競争は常に競争相手の事業活動を困難にさせるものである。それゆえ，激しい価格競争が存在するとき，敗退する事業者にとって，それが「不当廉売」とみえることがしばしばある。単に活発な価格競争によって，ある事業者が市場から排除されたとき，その結果残存する事業者が市場支配力を獲得したとしても，それを非難することはできない。当該安売りが何らかの観点で「不当な」すなわち，公正な競争秩序を害するような形態のものであることが必要である。

　不当廉売であると申告される事件は小売業を中心に非常に多い。1998（平成10）年度以降，不当廉売が申告された事件は，小売業に限っても毎年度千数百件から4000件弱に及ぶ。それぞれの年度の全申告件数の70数％から80数％が小売業の不当廉売事件である。酒類等品質が均一化した財の小売業では価格が最重要の競争手段となり，価格の引下げは相手方の価格の引下げを誘発し激化する傾向[97]を持つためである。申告数は多いが正式な法的措置がとられる例は非常に少ない。

　廉売の不当性に関して，しばしば「採算を度外視」したことが批判の根拠として持ち出される。「採算を度外視」するとは，結果として採算がとれないことを意味するのではない。競争者を市場から排除したり，協調的行動を受け入れさせたりすることにより，事後に反競争効果の結果としての利潤を獲得する以外には，当該低価格販売がそれ自体としては事業者の利益にならないということを意味する。ここでのポイントは結果として採算がとれないことではなく，企業の意思決定段階で事後の反競争効果による利潤獲得以外には自己に損失をもたらすものでしかないことなのである。単に低価格販売をしなければ得られたはずの利益を得られなかったことは「採算を度外視」したものとは考えられていない。企業が自己の効率性を反映して低価格戦略

---

[97]　根岸＝舟田214頁は，不当廉売が昂進性を持つと主張するが，不当であろうがなかろうが価格競争は一般に昂進性を持つ。

をとることは不当ではない。それによって他の事業者が市場からの退出を余儀なくされかねないとしても容認せざるをえない。この場合，効率性によって顧客を奪取することはそれ自体として当該事業者の利益となっているはずである。公取委の「不当廉売に関する独占禁止法上の考え方」（2009年12月18日）（以下，「不当廉売ガイドライン」という）も「企業の効率性によって達成した低価格で商品を提供するのではなく，採算を度外視した低価格によって顧客を獲得しようとするのは，独占禁止法の目的から見て問題がある場合があり，そのような場合には，規制の必要がある。正当な理由がないのにコストを下回る価格，いいかえれば他の商品の供給による利益その他の資金を投入するのでなければ供給を継続することができないような低価格を設定することによって競争者の顧客を獲得することは，企業努力又は正常な競争過程を反映せず，廉売を行っている事業者（以下「廉売行為者」という。）自らと同等又はそれ以上に効率的な事業者の事業活動を困難にさせるおそれがあり，公正な競争秩序に影響を及ぼすおそれがある場合もあるからである」としている。効率性を反映した価格か否かが重要なのである。それを決するものとして何らかの費用基準が持ち出されるのである。

　要するに，このような観点から，廉売が不当性を帯びる前提として，その供給に要する費用を下回ること，すなわち原価を下回ることが導き出される。ただし，会計上の原価が不当性を決定するという印象を与えるならミスリーディングである。そもそも，会計上の原価は様々な目的に応じて定められるものであって固定されたものではない。企業の効率性を反映した価格か否かを判断するために算出されるものでもない。

　「供給に要する費用」という表現は2条9項3号で用いられているが，一般指定6項では用いられていない。「供給に要する費用」とは不当廉売ガイドラインおよび通説によれば総販売原価[98]（仕入れ原価もしくは製造原価に販売費および一般管理費を加えたもの）を意味するものだとされている。文言からすると供給に要するすべての費用を意味すると考えるこの立場が当然であろう。一般指定6項では「供給に要する費用」は言及されていないが，低価格が不当になるのは，自己の効率性の発揮とはいえない採算を度外視した低価

---

[98]　学説の整理は，根岸編・注釈390-408頁（中川寛子）参照。

格で同等に効率的な事業者の事業活動さえ困難にさせる点にあることからすると，一般指定 6 項でも「供給に要する費用」を下回ることを要するものと解される。

ところで，総販売原価を下回る販売は企業活動においてよく見られるものであって異常ではない。会計原価は過去の支出に基づいて算定されるが[99]，過去に行った支出が十分に報われないことはしばしばある。たとえば研究開発や多額の設備投資を行って市場に進出した場合に，それらの支出分をまかなえる価格設定ができるとは限らない。単に平均総費用を下回った価格をつけたとしても効率性を反映していないとはいえないのである。減価償却を用いたとしても，それは期間損益計算のための技法にすぎず赤字となったことを直ちに不当視することはできない。2 条 9 項 3 号は原則として公正競争阻害性をもたらす不当廉売を定めているが，それは単に「供給に要する費用」を下回っているだけではなく，「供給に要する費用を著しく下回っている」ことを要する。

「著しく下回る」は一見すると程度が甚だしいというだけのようにみえるかもしれないが，学説ではこれを平均可変費用もしくは平均回避可能費用を下回る場合であるとする見解が有力である。公取委の不当廉売ガイドラインもこの立場を採用した。このような費用基準に依拠して不当廉売の反競争効果に関する推定則を設けるのは米国や EU でも採用されている考え方である。

---

[99] 総販売原価は，会計上の概念であって，過去に支払った経済的価値に依拠して算定される（歴史的費用）。これが，企業の効率性を反映する経済的な費用と乖離することはしばしばある。かかる歴史的費用が市場価格とは無関係であることは経済学の初歩的知識に属する（G・J・スティグラー『価格の理論〔第 4 版〕』〔有斐閣，1991 年〕131 頁，J・E・スティグリッツ『スティグリッツ ミクロ経済学〔第 3 版〕』〔東洋経済新報社，2006 年〕269-272 頁）。経済学者が原価は不当廉売の基準にならないとするのはこのゆえのことである。

しかし，経済的費用は当該事業者に固有の事情を反映しており，外部から立証するのは困難である。第一次接近としては会計上の費用に依拠せざるをえない。正当な理由として，原価を割った販売が許容される事由は多数あるが，それらの多くは，この第一次接近としての会計費用と経済的費用との乖離で説明できる。すなわち，歴史的な費用としての原価を割ったことが実は経済的費用を反映したものであることを示す事情が正当な理由となっている。かような事由は証拠からの距離からしても事業者側でないと示しがたい。正当な理由なしにと定めたことは，立証責任の適切な分配として妥当なものである。なお，いわゆる機会費用のすべてが不当廉売の基準としての費用に勘案してよいのかについては議論がある（中川・前掲注 89) 155-156 頁参照）。

そのような推定をもたらしうる費用基準等[100]をめぐって細部には異同はあるが，総販売原価を基準に反競争効果を推定する立場が経済理論から正当化できない点については見解が一致しており，有力説や公取委の不当廉売ガイドラインと基本的な方向は一致している。かつての学説の中には総販売原価を基準とすると，必ずしも公正な競争を害すると直ちにいえない場合があることを根拠に，原則違法としている現行指定を妥当ではないとする見解[101]や，逆に総販売原価を下回ればそれは本来的に好ましくないということを前提に立論している見解[102]などが見受けられたが，「著しく」という文言を無視しており，公正な競争を阻害するおそれが推認できるように「著しく」の意義を確定すれば有力説や公取委の不当廉売ガイドラインのような立場になる。

2　不当廉売をめぐる理論的検討

（1）　自由競争減殺の道筋

不当廉売はそれ自体が競争手段として不公正なものであるからではなく，それによって競争相手の事業活動を困難にさせ，それを通じて次のように競争に悪影響をもたらすがゆえに規制されている。

①略奪的価格設定

不当に人為的な安値を設定して，競争者を市場から駆逐して，非競争的な状況（市場支配力）を作り出す。

②参入阻止

新規参入者があるとき，独占的ないし寡占的な現状を維持するために，安値で対抗して，参入の意図をくじき市場支配力の維持・強化を図る。

③カルテル（協調）の維持

カルテルないし協調を破った事業者に対し，報復的な安値をもって損失を負わせ，カルテルの実効性を高める。

競争に悪影響をもたらすこれらの廉売と正常な価格競争とは類似している場合が多い。既存業者を退出させ，参入を排除する廉売は単に価格競争の一

---

[100] 米国では埋め合わせ要件もみたして初めて推定が生じることになる。
[101] 学説の整理として，中川・前掲注89) 246頁参照。
[102] 中部読売新聞社事件・同意審決昭52・11・24では総販売原価を不当廉売の基準として採用しているが，同事件は旧一般指定によるものであり，それを基準に原則違法を認めたものと解することができるかどうか疑義がある。

環かもしれないし，カルテル破りに対する報復は，単にカルテル破りのせいで競争が活発化したせいかもしれない[103]のである。

(2) 費用と対価との関係についての理論的考察[104]

正常な価格競争と不当廉売とをいかに識別するかが問題となる。この点について，何らかの費用基準によって原則として公正競争阻害性を有する場合を識別するというのが多くの国でとられている立場であり，わが国もそうである。

この立場では，費用基準の内容とそれが採用される論拠は何かが問題となる。

現行ガイドラインや米国の反トラスト法とEU競争法では，平均可変費用ないし回避可能費用を採用することにコンセンサスがある[105]。この基準はそもそもは限界費用価格設定の代用物として提案された。すなわち，次のような説明がなされていた。企業が競争的行動をとることは抑制されるべきではない。市場が完全競争の状態にあるとき，各企業の価格設定は限界費用（財・サービスを追加的に一単位販売するのにかかる費用）に一致し，その価格で資源配分の効率性も実現する。それに近づけるべく低価格で販売を行う行為を抑制するのは好ましくない。逆に限界費用を下回る価格は自身に損失を，社会に不効率をもたらすものであって好ましくない。したがって，限界費用を不当廉売の基準とすべきである。しかしながら，限界費用は外部から直接観察することができず，立証が著しく困難である。ところで，費用には，工場設備費，本社の維持管理など生産の有無にかかわらず被る費用（固定費用）と原材料費や仕入費用のように生産すればするだけよけいにかかる費用（可変費用）とがある。この可変費用を生産量で割った費用，すなわち平均可変費用が限界費用の代用品として用いるべきである。

---

103) ③の場合は①②と違って費用基準は意味をもたないのではないかという見方もある。理論的には①②であっても，消費者を害する市場支配力の維持等にしか経済的合理性が見出せない費用以上の価格設定はありうる。費用基準は①から③の区別よりも，価格競争の重要性に鑑み，自己の効率性の発揮として行われる低価格販売を容認して，自己と同等に効率的な事業者にとってさえ脅威となりうる低価格を問題にするという規範的評価から導出されるのである。

104) 不当廉売の経済分析については，柳川隆＝川濵昇編『競争の戦略と政策』（有斐閣，2006年）219-231頁を参照。

105) 詳細は，中川・前掲注89），特に232-240頁参照。

しかし，平均可変費用基準についてはこれまでに説明してきた，自己の効率性を反映したものではない採算を度外視した低価格で同等に効率的な事業者の事業活動を困難にしかねない水準のものを問題にするという観点からも，正当化できる。可変費用とは当該製品に関して操業を行うこと自体が損失をもたらさない最低限度の水準である。これより低い価格ということは，操業を行うこと自体が損失をもたらすものであり，言葉の真の意味で採算を度外視したものであり，この価格が継続することは同等に効率的な企業が事業活動を行うこと自体を損失を生じるものとする。なお，可変費用と類似する概念として，回避可能費用というものがある。これは供給を停止すれば被ることを免れる費用のことである。可変費用は，供給する量に応じて変動する費用であり固定費は含まないとされるのに対し，回避可能費用は供給停止を決定する時点で固定費用の支出が含まれていればそれも含まれる点で違いがあるとされている。

　平均可変費用と平均回避可能費用とでどちらを採用すべきかが問題とされる時があるが，実はこれは対立する概念ではない。不当廉売ガイドラインは可変的費用（可変的性質を有する費用）を「廉売対象商品を供給しなければ発生しない費用」としているが，これは回避可能費用の定義と同じである。ガイドラインはこのような定義に続いて，変動費その他廉売対象商品の供給量に応じて変化する費用がこれに該当するとしている。これは，供給量に応じて変化する費用は供給しなければかからないものと原則として言えるからである。ところで，何が可変的な費用か固定的な費用かは文脈に応じて異なってくる。長期的には多くの費用は可変的になることはよく知られている。それゆえ，可変費用というのは本来は問題となっている略奪的低価格の意思決定におけるタイムスパンに依存して決定されるのである。回避可能費用は「供給しなければ発生しない費用」という定義を律儀に適用するものである。両者の違いは，廉売するものが，他者を困難にする戦略として行った供給量増を特定することが可能な場合に，その部分に注目して「供給しなければ発生しない費用」を算定できる点にある。具体例をあげて説明しよう。

　私的独占の事件である北海道新聞社事件・同意審決平12・2・28では，新規参入者の広告集稿を困難にさせる意図の下，別刷りとして地域情報版の発刊を決定し，新規参入者の広告集稿対象と目される事業者を対象とした大

幅な割引広告料金等を設定したことが排除行為の1つとされた。この場合，広告全体の可変費用ではなく，新規参入者を排除するために行った広告集稿のための費用が廉売の不当性を決定する上で関連性を持つのである。

　もちろん，競争相手の事業活動を困難にするための供給増を特定できない場合などは，回避可能費用を使う必要はないし，その場合は可変的費用と一致することになる。このように，回避可能費用は廉売行為の意思決定段階の事情が詳細にわかる場合に可変的費用を精密にしたものなのである[106]。

　不当廉売を立証する側（公取委・私訴の原告）が，「供給に要する費用を著しく下回る費用」として，会計資料などを参考に可変的費用を立証することになるが，その際に事業活動を困難にするためになされた略奪行為を特定することができ，それを「供給しなければ発生しない費用」として示すことができるなら，回避可能費用（この場合は可変的費用よりも高くなる）を立証すればよいことになる。

　いずれにせよ，「供給しなければ発生しない費用」を数量で除したものを下回る価格は，すでに市場に入っている企業が事業活動を継続しても利益にならないことを意味する。すなわち，これを下回る価格を続けることは，当該企業と同等に効率的な企業に対してその生存に即時的な脅威をもたらしかねない。当該企業の効率性を反映せずに他の事業者の事業活動の困難をもたらす不当なものだということができるのである。

　以上の理由から平均可変費用（平均回避可能費用）を下回る価格を不当もしくは不当性を推定する基準とすることには，欧米でも広範な支持がある。

　ところで，米国では平均可変費用等を下回る価格であることを必要条件と考える立場が極めて有力であるが，それに限定することは反競争的な不当廉売を見逃してしまうことになる。企業が新規参入するには固定費用を負担しなければならないのに，それが回収できない低価格設定は新規参入を抑制する。また，既存の企業に対しても次期の設備投資等を行うインセンティブを喪失せしめる。このような長期的な観点からの問題が残る。この観点から，固定費用をも含んだ総費用を基準にした価格（平均総費用）を下回る価格の場合にも，同等に効率的な事業者に脅威を与える可能性はある。先の可変費

---

[106] 排除型私的独占ガイドライン第2の2(1)（注8）が，平均回避可能コストを「追加」供給をやめた場合に生じなくなる費用に基づいてしているのはこの謂である。

用基準はいわば同等に効率的な既存業者に対し即時的に脅威をもたらす自己の効率性を反映しない低価格であるのに対し，後者は同等に効率的な新規参入者等[107]へ長期的な脅威をもたらす自己の効率性を反映しない低価格なのである。上述した米国と異なって，欧州の多数派は，不当な廉売という推定は生じないが追加的な要因を立証することで不当性を認める余地があると考えている。

　平均可変費用を下回る価格であれば，ある程度継続して行えば自己と同等に効率的な企業の事業活動の継続に困難をもたらすといえるが，新規参入や次期の設備更新等にあたって同等に効率的な企業に脅威となるには，単に平均総費用を下回っているだけでは十分ではない。この場合，低価格販売を持続して新規参入者等に固定費の回収を行いえないことを確信させなければならない。平均総費用といっても，固定費をどれだけの数量で案配すればよいのかなど簡単に解決できる問題ではない。減価償却を加味した原価計算は期間損益計算のためのものであって，それを下回った価格をつけたことがただちに効率性を反映しない価格であり，同等に効率的な企業への脅威をもたらすものであるとはいえない。米国では，このような場合には当事者の意図や固定費の回収期間，市場構造などきわめて多様な要因を勘案しなければならず，そのような複雑な分析は裁判所の能力を超えていると考え，簡明なルールの有用性を強調して例外的事例を無視するという立場がとられている。これに対し欧州では，困難ではあっても，当該行動の特徴や市場の状況，さらに意図などを勘案して，新規参入者等に固定費用を回収できないことを確信させて同等に効率的な企業に脅威を与える場合を識別することが可能であるし，現にそれが重要な事業分野があると考えている。たとえば，コンピュータソフト業界のように比較的短い期間に開発投資を行う必要があり，かつ可変費用が極端に低い産業では，開発投資を回収できない水準の価格を続けることで参入や次期の開発を断念させるという戦略が現実味をもっている。ただし，ここで重要なのは，平均総費用を下回る価格はそれが非常に長期にわたって持続し，固定費用の回収をおよそ意図しないものと他者が考えるのがもっともらしい状況であることが示されて初めて，長期的に同等に効率的な

107）　次期のための設備投資を含めた長期的な生存への脅威も勘案すれば既存業者も含むが，即時的な脅威とはならない。

事業者に脅威となることである[108]。

(3) 埋め合わせについて

費用基準に加えて，米国では「埋め合わせ」を要件とすることが判例法上確立している。「埋め合わせ」の要件とは，今日の低価格による利益の犠牲に対して事後に市場支配力が行使される蓋然性があること（「埋め合わせ」が可能であること）を不当廉売の要件とするものである。これは，不当廉売によって他の事業者の事業活動を困難にし，退出ないし協調へ回帰させた後，市場支配力を行使して不当廉売にかかった負担の回収が可能でないと，競争を害するような不当廉売が行われる蓋然性が乏しいという考え方に依拠したものである。蓋然性の有無は主として市場構造に依拠して検討される。企業数が多く，参入がたやすい市場で廉売行為が行われても事後に市場支配力が行使される余地はないと考えるのである。この立場は，不当廉売規制が価格競争を抑制するかもしれないことを懸念して，規制を慎重に行うべきだという要請に応じたものである。

EU競争法やわが国では「埋め合わせ」は要件となっていない。競争者を市場から排除する以外には説明のつかない低価格販売をしている以上は，何らかの反競争効果が想定できるという考え方にたったものといえよう。

3 行為要件

(1) 原則違法の類型

2条9項3号は「その供給に要する費用を著しく下回る対価で継続して供給し」「他の事業者の事業活動を困難にさせるおそれがあること」を原則として違法となる不当廉売行為としている。

(i) 「供給に要する費用を著しく下回る対価」

供給に要する費用とは，1で述べたように総販売原価を意味するが，ここで重要なのはそれを著しく下回る対価である。「著しく下回る」か否かは，

---

[108] 正式事件ではないが，「株式会社ゼンリンに対する警告」（平12・3・24）〈http://www.jftc.go.jp/pressrelease/00.march/000324.html〉は，住宅地図の圧倒的な有力企業が，従来独占的に供給してきた地域住宅地図に参入が行われたのを契機に製造原価を大幅に下回る価格での販売を行った事例であり，価格設定の態様などからして，平均可変費用を下回らなくとも同等に効率的な参入を阻止した事案と考えられる。排除型私的独占ガイドライン第2の2(1)も同じ趣旨である。

原価からの乖離の程度を量的に評価するものだと考えられていたようである。しかしながら，「著しく下回る」という要件は，単に数値的な基準というよりも，そのような価格が公正競争を害する傾向を持つものであることを意味するものと解するのが妥当である。そうだとすると，自己の効率性の発揮とはいえず，同等に効率的な事業者の事業活動を困難にするおそれのある，排除意図なくしては経済合理性のない低価格であることを意味すると考えるのが妥当である。したがって，2(2)で検討したように平均可変費用（算定が可能な時はその精密化である平均回避可能費用）を下回った場合が「著しく下回る」ものであると考えられる。

総販売原価からの乖離の程度を問題にしていたかの如きこれまでの判審決は，かかる理論的考察が行われる以前の立場であり，事業者にとって明確なルールを提示するためにも，平均可変費用等の基準が妥当である。公取委でも従来のガイドラインでも，この趣旨に読むことも可能な基準を示していたが，2009（平成21）年改正の不当廉売ガイドラインで，可変的性質を有する費用基準を採用することを明確にした。

何が可変費用か否かは，2(2)でも述べたように具体的コンテクストで決まるが，不当廉売ガイドラインは一応の目安として「廉売対象商品の供給量の変化に応じて増減する費用か，廉売対象商品の供給と密接な関連性を有する費用かという観点から評価する」（3(1)(エ)b）とした上で，(a)変動費（操業度に応じて総額において比例的に増減する原価をいう）がそれに該当すること，明確に変動費であると認められなくても，費用の性格上，廉売対象商品の供給量の変化に応じてある程度増減するとみられる費用は，特段の事情がない限り，可変的性質を持つ費用と推定されるとしている。さらに，費用の性格からそのように推定するまでは至らないものであっても，個別の事案において，廉売期間中，供給量の変化に応じて増減している費用は，原則として，可変的性質を持つ費用として取り扱われる[109]。その上で，企業会計原則上の費用項目のうち，製造原価や仕入原価が特段の事情がない限り可変的費用と考えられること[110]，また営業費については，「廉売対象商品の注文の履行に

---

109) ここで個別的に立証可能な費用項目が回避可能費用と呼ばれているものである。
110) 両者についてガイドラインは次のように説明する（3(1)(エ)b(b)）。
「(i) 製造原価　製造原価は製造業者が廉売を行うことにより販売した当該製品の『売上

要する費用である倉庫費，運送費及び掛売販売集金費は，事業者が，ある商品について廉売を行った場合に，廉売対象商品の供給と密接な関連性を有するものとして算定される費用項目であり，その性格上，可変的性質を持つ費用となる」とする（3(1)(エ)b(b)(iii)）。ガイドラインが示しているのは一応の目安であり，「供給を行わなければ生じなかった費用」か否かは具体的なコンテクストに応じて判断すべき複雑な事実問題である。

なお，顧客保護等のために料金に認可制度が設けられていたとしても，認可額の設定および変更の申請にあたり各事業者に自主的，裁量的判断の働く余地があるときは，一般指定6項の適用は妨げられない（都営芝浦と畜場事件・最判平元・12・14）。

(ⅱ) 継続して

このような価格での販売であっても，一時的なものであるなら種々の正当化が認められる場合が多いであろう。また，ごく一時的なものであるなら，事業活動が困難になるおそれが乏しく[111]，したがって2(1)でみたような反競争効果が発生する可能性もない。それゆえ，2条9項3号は継続性を必要

原価』を構成する重要な一要素である。製造原価は，製造業者が，ある製品について廉売を行った場合に，当該製品の供給と密接な関連性を有するものとして算定される費用項目であり，その性格上，特段の事情（注5）がない限り，可変的性質を持つ費用と推定される。製造原価のうち製造直接費（直接材料費，直接労務費及び直接経費）は，可変的性質を持つ費用となる。

（注5） 特段の事情に該当する事由としては，製造原価の中に，明らかに当該製品の供給と関連性のない費用項目があるといった事情（例えば，当該製品を製造する工場敷地内にある福利厚生施設（テニスコート，プール等）の減価償却費が製造原価に含まれている場合）が挙げられる。

(ⅱ) 仕入原価 仕入原価とは，仕入価格（注6）と，運送費，検収費等の仕入れに付随する諸経費との合計額である。仕入原価は，販売業者が，ある製品について廉売を行った場合に，当該製品の供給と密接な関連性を有するものとして算定される費用項目であり，その性格上，特段の事情がない限り，可変的性質を持つ費用と推定される。仕入原価のうち仕入価格は，可変的性質を持つ費用となる。

（注6） ここでの『仕入価格』とは，名目上の仕入価格ではなく，実際の取引において当該製品に関して値引き，リベート，現品添付等が行われている場合には，これらを考慮に入れた実質的な仕入価格をいう。」

111) 継続したものでないと競争事業者の意思決定に影響しないと考えられるからである。ガイドラインも，継続性を「廉売が廉売行為者自らと同等に効率的な事業者の事業の継続等に係る判断に影響を与え得るものである必要がある」という観点から説明している（3(1)イ）。ただし，「同等に効率的な事業者」の意思決定に限定する必要はない（315頁参照）。

としている。したがって，相当期間にわたって繰り返し廉売が行われているか，その蓋然性があることを要する。廉売が継続することが事業者の営業方針等から客観的に予測できれば事業者の事業活動を困難にするおそれが認められ，現実に継続していることまでは必要ではないからである。なお，継続しているとされるためには，間断なく行われていることは必ずしも必要ない。たとえば，特定期日に廉売が行われる場合であっても，それが繰り返されており，顧客の購入行動からして競争者の販売に持続的に影響を及ぼすことが明らかな場合などもこれにあたる。

どの程度の期間行われていれば，継続しているといえるのか。現実に行われた期間としては，ガソリンスタンドによる廉売で80日（濱口石油事件・排除措置命令平18・5・16），36～37日（シンエネコーポレーションほか事件・排除措置命令平19・11・27）といった期間で継続性を認めた例がある。現実に行われた期間は1ヶ月もしくは2ヶ月程度の廉売が問題となっているが，数値で簡単に割りきれるものではない。業種・事業活動の実態・商品特性などを踏まえて，事業活動を困難にするおそれがあるだけ，廉売が持続しそうか否かが問題となる。

このように考えると，事業活動を困難にするおそれの有無が本来問題であって継続性を要件とする意味は乏しいという考え方もある。もっとも，事業活動を困難にするおそれの判断において継続していること（その蓋然性が客観的に見て取れること）が必要であることを明示することにより，継続性がないがゆえに明らかに問題がない廉売行為を規制対象から外すという意味を持つものと考えることもできる。

(iii) 市場価格

条文上明示されていないが，価格水準に関して，市場価格を下回る必要があるとする見解がある。中部読売新聞社事件・東京高決昭50・4・30で東京高裁は，いわゆる不当廉価とは「単に市場価格を下回るというのではなく，その原価を下回る価格」をいうとした。一部の学説は，前半部分を必要条件と解するのである。現行法では明文化されておらず，不当廉売ガイドラインでもこの点についての言及はない。

実は市場価格が何であるかは不分明なことが多い。市場が競争的であって，当該事業者が価格受容者であるなら，市場価格に従った価格設定という表現

は意味を持つが,現実に不当廉売が問題になる場合は,多かれ少なかれ,問題の事業者の数量決定が市場価格に影響する。ベンチマークとしての市場価格なるものが確固として存在するわけではない。これを持ち出す論者は,供給に要する費用を著しく下回る価格設定であっても,それが市場環境から余儀なくされたものであって,行為者が受動的である点に注目しているようである。そのような問題であるなら,ガイドライン3(3)のように「需給関係から廉売対象商品の販売価格が低落している……場合において,商品や原材料の市況に対応」する場合を正当な理由の1つと考えるか,次に述べる他の事業者の困難化要件と考えることができる。

(iv) 他の事業者の事業活動を困難にするおそれ

他の事業者が廉売によって痛痒を感じないなら2(1)でみた反競争効果は発生しがたい。事業活動の困難化が必要とされるゆえんである。事業活動が困難になるおそれがあればよいのであるから,諸般の状況からそのような結果が招来される蓋然性が認められれば足りる。ガイドラインでは「例えば,有力な事業者が,他の事業者を排除する意図の下に,可変的性質を持つ費用を下回る価格で廉売を行い,その結果,急激に販売数量が増加し,当該市場において販売数量で首位に至るような場合には,個々の事業者の事業活動が現に困難になっているとまでは認められなくとも,『事業活動を困難にさせるおそれがある』に該当する」としている(3(2)イ(注9))。

著しい費用割れ販売が継続しているのであれば,通常はそのような廉売の結果として競争関係にある他の事業者の事業活動が困難になることが想定される。しかし,廉売対象商品が当該業態において占める重要性いかんによって困難となるおそれがない場合もある。

なお,低価格の不当性を根拠付ける際に,同等に効率的な事業者の事業活動への脅威を強調したため,ここで事業活動が困難になるおそれがあるものが同等に効率的なものである必要があるような誤解をする者もいるが,失当である。効率性においては劣っている事業者であっても競争的抑制を加えていることはしばしば見られる。そのような事業者が不当なる低価格で事業活動が困難になるおそれがあれば,公正競争阻害性を認定するのに十分である。

マルエツ・ハローマート事件・勧告審決昭57・5・28は,2つのスーパーが目玉商品たる牛乳を仕入価格を著しく下回る価格での供給を競い合った

事件である。このように自店への客が足を運ぶように目玉商品を低価格で供給することをおとり廉売と呼ぶ。おとり廉売がおとりとして不当なのは顧客にその店の価格設定について誤解を生ぜしめることであるが，そのような例は滅多にないといってよかろう。本件ではおとり廉売を行っている事業者同士はそれが売上げに占める比率はごく僅かであり，牛乳販売市場から排除されるように事業活動が困難になることはないといえるが[112]，牛乳の専売店にとっては大きな痛手となり，市場からの退出を余儀なくされるかもしれない。専売店を市場から退出させるという目的を当事者は持たなかったかもしれないが，効果としてはかかる事業者が市場からの退出を余儀なくされたなら牛乳の販売市場への影響が深甚なものとなる。したがって，公正な競争を阻害するおそれはあるものと考えられている。

また，市場における多くの競争事業者の価格が低く，費用を著しく下回った価格設定がそれに対応したものにすぎないときなど，当該価格設定が他の業者の事業活動を困難にするおそれがあったとはいえない場合もあろう。一見したところ他の事業者の事業活動を困難にする行為であるが，実質的には市場環境に対応したにすぎず，当該廉売行為が他の事業者の活動を困難にしたとはいえないのではないかということの考慮は（前述の「市場価格」の問題も含めて），「正当な理由」に関して行われることになろう。

(2) その他の不当廉売

一般指定6項は2条9項3号のほか，「不当に商品又は役務を低い対価で供給し，他の事業者の事業活動を困難にさせるおそれがあること」を不公正な取引方法としている。

「供給に要する費用」を下回っていることは明示的には要求はされていないが，2(2)で見たように，「供給に要する費用」＝総販売原価以上の価格設定は自己の効率性の発揮といえる水準のものであり，許容されるべきものと考えられており，不当廉売ガイドラインではそれを下回ることが必要条件とされており，ヤマト運輸対日本郵政公社不当廉売事件・東京高判平19・11・28も同じ立場をとる。営業原価に販売費および一般管理費を加えた総販売

---

[112] 米国では，おとり廉売は顧客を直接的に誘引する手段であって，購入にあたって補完性を持つ他の製品販売に関して直接的に利益になっていると考えられるため，そもそも採算を度外視した販売とはいえないから不当廉売にあたらないと考えられている。

原価を上回るときは，事業者の効率性によって達成した対価とみることができ，廉売がどのように長期に及ぼうと廉売を行っている事業者と同程度に効率的な事業者の参入が抑止されることはないものと考えられる[113]。

「著しく下回る」ものでない限り，短期的にも同等に効率的な企業の生存に脅威になるわけではない。また，総販売原価を下回る価格設定自体はしばしば見られる。廉売が行われた態様などから具体的な文脈で公正競争阻害性を明らかにする必要がある。不当性を孕んだ低価格で，他の事業者の事業活動に困難をもたらしたかどうかが問題なので，一般指定6項では事業活動を困難にするおそれの検討は「不当」性の判断において行われることになる。

ところで，総販売原価の算定には，共通経費の配賦や固定費率の決定など裁量的で評価が困難な問題がかかわる。また，単に当該事業者の損益計算書の基礎となっているものがそのまま，「供給に要する費用」となるわけではない。前掲中部読売新聞社事件では，密接な関係のある企業からの援助によって原価が低く見積もられていたが，東京高裁はそれら当該事業者の特殊な事情による操作を認めず，通常計上すべき費目は計上すべきものとして原価を算出すべきであるとした。「著しく下回っている」わけではない低価格で，同等に効率的な企業に脅威となると低価格とは，参入費用の回収が困難となるだけの長期にわたる低価格であることが客観的に明らかである必要がある。そのような戦略が現実に遂行される可能性が高いのは，問題となる事業者が他部門・他市場にまたがって操業し，特定市場で独占利潤を得ている場合にそれによって内部補助を与えるときであるが，そのような場合には会計上の操作の余地が大きいため，当該事業者の会計上の処理を批判的に吟味する必要がある。

前掲ヤマト運輸対日本郵政公社不当廉売事件では，かつては国家独占であった独占的な部門をもった事業者が，隣接する市場で不当廉売を行ったこと

---

113) 理論的には費用を超えた価格設定でもって，市場支配力の維持を人為的に図る場合も考えられないではない。特に，協調行動から逸脱した事業者に懲戒を与えるために，他の事業者が報復的な安値を集団で仕掛ける場合にそれは妥当しそうである。しかしながら，費用基準は自己の効率性の達成による価格競争は許容されるべきだという見解から導出されており，後者の場合でさえ，協調への懲戒と競争への回帰との区別が困難なことを考えると価格競争の重要性に鑑みると自己の効率性の発揮としての価格設定である限りは許容されるべきだということになる。

が問題となった。独占部門と隣接部門とに共通費用があるときに、それをいかに処理するかが問題となった。この場合、隣接部門に単体で参入した場合の費用（スタンドアローン）を前提に総販売原価を考えるのか、共通費用を適切に配賦して総販売原価を見るのかが争点となった。民営化に伴う競争促進政策として単体での費用を見るべしという議論もありうるが、この場合も自己の効率性の発揮を認めるべきだと考えるのならば複数部門をもつ企業としての総販売原価が基本となるべきであって、原則として共通費用を適切に配賦することによってそれを導出すべきことになる。共通費用の配賦は当該企業が採用していたないしは採用すべき会計手法を出発点とせざるをえないが、上述したようにそれが経済的費用の導出において適切であったか否かを批判的に吟味する必要がある[114]。

4　公正競争阻害性

(1)　「正当な理由」

廉売行為は、2(2)で見たような形で公正な競争を阻害するおそれがある。米国では、廉売の後に形成・維持された市場支配力により廉売による損失を埋め合わせることを要件にしているが、EUやわが国ではこれは問題とならない。そもそも、埋め合わせ可能な場合とは「一定の取引分野における競争を実質的に制限する」か否かの基準である。また、少なくとも原則違法となる著しい低価格販売が継続している場合は、特段の事情がない限り、同等に

---

[114]　ちなみに、ヤマト運輸対日本郵政公社不当廉売事件判決やそこで言及されている公取委の報告書などで共通費用配賦方式として活動基準原価方式が議論の対象となっているため、両者が混同されることがある。しかし、後者の基準は管理会計上の一手段であって金科玉条とすべきものではない（それを採用していない大多数の企業では意味をなさない）。なお、会計データからひとまず総販売原価が示されたとして、複合部門を有する廉売事業者が問題となっている部門で活動を行うために追加的に被っている費用（長期増分費用）を明らかにして、それをもって自己の効率性の発揮と考える立場も有力である。独占部門を有する事業者が持続的に廉売を行いうることに着目するなら、長期増分費用未満であれば、廉売の不当性が認識されやすいものと考えられる。すなわち、総販売原価を下回るからといって必ずしも「不当」とはいえないが、ヤマト運輸対日本郵政公社不当廉売事件のような事案では長期増分費用も下回っているならば同等に効率的な企業に対抗困難でかつ、非独占部門への事業拡張が不合理であったものとして、公正競争阻害性が認定されやすいものと考えられている。いずれにせよ、同事件では適法であることを確認するために総販売原価超えが認定されたのであり、長期増分費用を持ち出しても実益のない事案であった。

効率的な事業者の事業活動を困難にすることによって利益を得ると見込んだがゆえにそうしていると考えるのが相当だからである[115]。もっとも，2条9項3号の行為要件に該当するからといって，常にかような目的と効果をもっているわけではない。廉売が競争上正当な目的をもっていたり，競争に与える影響が乏しく，公正な競争を阻害するおそれがない場合には，「正当な理由」が認められる。かなり広範な事情が「正当な理由」にあたると解されている。過去の支出に基づいて著しい費用割れか否かが決せられているため，排除の意図や効果の有無にかかわらず，市場環境の変化等によっては過去の支出を大きく下回る価格での販売をしないことには損失を被ることもしばしばあるからである。その典型的ケースとしては，①当該商品の市場性が失われたため仕入価格を下回っても販売する必要があるとき，②当該商品の価格の低落や再調達価格の低下があった場合に，市場の需給関係に対応したため結果として費用から乖離したにすぎないときなどである[116]。また，新規参入に際して行われる廉売行為も正当な理由が認められる場合にあげられることがある。参入のもたらす競争促進効果[117]に加えて，参入にかかる固定費用などの点から供給に要する費用を下回る販売を余儀なくされるのがしばしばであることから[118]，学説の多くもこれを認めているが，これだけの事実

---

115) 埋め合わせが要件ではないにしても，事後に反競争的な効果が発生しそうにない事情があることを「正当な理由」と考慮する立場もありうる。

116) これらの場合は，歴史的な会計費用ではなく，事業者の効率性を考慮した経済的な費用を基準にするとそもそも費用割れではない。しかしながら，経済的費用に関連する情報は廉売行為者の主観的な事情を含んでおり，外部から立証することは困難である。それゆえ，違反行為を主張する側は会計費用に依拠して立証し，経済的な費用に関する違反行為者に有利な事情は，特段の事情すなわち「正当な理由」として違反行為者の側が立証すべき事情とするのが相応しいのでこのような枠組みが採用されているのである。

　なお，これらの場合は継続性の要件や市場価格を下回るという要件をみたさない例であって正当理由の問題ではないとする見解がある（たとえば，松下205頁）。たしかにそのような例も多いだろうが，継続性については現実に観察される期間において違法とされるべき場合と大差ない例もありうるし，市場価格の基準については3で見たように，それを要件と考えるべきではなく，市場の需給関係の結果として，当該価格での販売が反競争効果を持たないことにその実質的な正当化理由があると考えるべきであろう。

117) 新規参入企業が不当廉売を行うことによって，独占的地位を獲得する例もありえないではないが，それはかなり独特の市場構造においてであろう。その点で，中部読売新聞社事件決定は疑問が残る。

118) 総販売原価を下回る必要は通常の事業活動においてもしばしば認められるが，それを著しく下回る必要性は認めがたいといえよう。特に著しく下回る価格での販売を平均可変

では可変的費用を下回ることを正当化するものとはいえない。むしろ，既存の事業者から新規参入者に転換するのに費用がかかったり，商品を認知してもらうために低価格でプロモーションする必要がある場合[119]（これも広義の転換費用である）に，「著しく下回る」ことが正当化されると考えるべきである。

正当な理由をめぐる重要な判例として，都営芝浦と畜場事件・最判平元・12・14がある。本件では，都営のと畜場（被告）が多年にわたって著しい原価割れ販売を行ったことが不当廉売にあたるか否かが問題となった。最高裁は旧一般指定6項前段（現行2条9項3号）につき「原価を著しく下回る対価で継続して商品又は役務の供給を行うことは，企業努力又は正常な競争過程を反映せず，競争事業者の事業活動を困難にさせるなど公正な競争秩序に悪影響を及ぼすおそれが多いとみられるため，原則としてこれを禁止」するものとし，さらに「具体的な場合に右の不当性がないものを除外する趣旨で，……『正当な理由がないのに』との限定を付したものであると考えられる」とした上で，第1節Ⅲ4でも見たように公益目的があるというだけでは公正競争阻害性がないとはいえないとしたが，意図・目的が集荷量の確保と価格の安定にあるとき，「と畜場事業の競争関係の実態，ことに競争の地理的範囲，競争事業者の認可額の実情，と畜場市場の状況，上告人の実徴収額が認可額を下回った事情等を総合考慮すれば，被上告人の前示行為は，公正な競争を阻害するものではない」と判示した。この事件では，原告と被告は東京23区内に2つしかない大規模な一般と畜場であり，その一方が著しい原価割れをしたものであったが，輸送技術の進歩等に伴う流通形態の変化などから実際の競争関係にある一般と畜場はより広範な地域の多数のものに及びそのうち大多数が被告の実徴収額より低い認可額で営業していたという事実が

費用を下回る販売と捉えるなら，それを下回ることを当初から意図した販売は通常の事業活動としては考えがたい。ただし，新規参入に際して当該商品を認知してもらうためにプロモーション販売を行う必要があるとき等に，平均可変費用をも下回る場合があろう。さらに，新規参入に限らず，産業によっては現在の生産が生産技術の学習を通じて将来の費用引き下げをもたらす効果が極めて大きな場合があり，そのような状況では将来の費用引き下げを目的に現在利潤を見込まれないだけの生産を行うことが，効率性の促進にも消費者利益にもかなっている。

119) これも広義の転換費用の問題と考えることもできる。

認められるため，被告の低価格は市場への対応であり，それによって他の事業者の事業活動を困難にするおそれがあるとはいえないことになる。正当な理由以前の問題と考えることもできるのである。もっとも，本件判決は事業活動を困難にするおそれは，業態等などから判断し，個別市場の要因は特段の事情として「正当な理由」で検討すべきものと考えたのであろう[120]。また，本件廉売は原告を排除して競争に悪影響を与えるために自己の利益を犠牲にした行為とはいえないものだったとみることも可能である。公益目的は，排除の意図なく廉売を行った証拠とみることもできよう[121]。

(2) 「不当に」

(1)で正当な理由に関連して述べた事由は一般指定6項の不当性においても妥当する。しかし，ここでの問題は，「供給に要する費用を著しく下回る」ことがないもしくは「継続して」いない低価格販売が公正競争阻害性を有するのはどのような場合かである。

これまで，このタイプの廉売行為で公正競争阻害性が認定されたものとし

---

[120] かかる特段の事情は本来，他の事業者の事業活動の困難化要件で考慮すべきものである（金井貴嗣「判批」公正取引473号36頁，41頁）。他方，行為要件としての困難化要件は著しい廉売によって推認されるとしつつ，自身を取り巻く競争環境という廉売者側が証拠を提出しやすい事情について正当化理由の判定段階で考慮するという立場も考えられる。

[121] 不当廉売が反競争効果を持つのは，他の事業者を市場から人為的に退出させたり，競争的行動を断念させたりすることを通じて，市場における競争を害することによるのであるから，公益目的をもって行った行為はこのような事後の反競争効果の見込みが乏しいという見方もできる。なお，下関市福祉バス事件・山口地判平18・1・16は，町が通園・通学バスとして運営するバスを公共輸送が乏しい地域で週3日，1日2回当該地域とJR駅との30分の区間，交通弱者向けの福祉バスとして1人あたり200円の運賃で運行したことが競合するタクシー事業者の事業活動を困難にする不当廉売にあたるかが問題とされた事案であるが，旧一般指定6項前段の行為要件に該当するとしつつ，公益目的であることおよび過疎地域においてはこのような形でしか住民の交通の利便を向上させることができないことを理由に「正当な理由」があるものとした。不当廉売にあたらないという結論は妥当だが，そもそも本件では運用に必要な可変的費用を下回ったといえるか明らかでなく，このような限定的な運行によって事業活動が困難になったといえるかも問題であり（運行する日時での事業部分だけで事業活動を見ており，その一部分が競争事業者の業態にとっての影響を見ていない。3(1)(ⅳ)参照），前段に該当するとした判断に疑義が残る（河谷清文「本件判批」ジュリ1326号193頁を参照）。公共機関がナショナル・ミニマムを提供する際，費用を著しく下回っても，それなくしては基本的サービスへの市民のアクセスが不充分である場合には，事後の市場支配力形成・行使の危険性もなく「正当な理由」があるものと考える。

て，濱口石油事件・排除措置命令平 18・5・16 がある。そこでは，平均総費用を下回るが平均可変的費用以上である低価格販売が継続して行われるとともに，その内のかなりの期間（継続した期間）が平均可変費用割れであった。後者の廉売を一般指定旧 6 項前段に該当するものとし，前者については「有力な石油製品小売業者を排除する意図をもって」行っていることを根拠に旧一般指定 6 項後段に該当するとした。

このように，平均可変的費用以上の平均総販売原価（総費用未満）の対価については「排除の目的」を関連事項とする立場が有力である。これに対しては，かかる主観的要素を違反行為の成立要素と考えることに批判的な見解もある[122]。

確かに，主観的要素だけで「不当性」が根拠付けられるとするのは問題である[123]。しかし，2(2)で見たように，平均総費用未満の対価設定が自己の効率性の発揮とはいえない対価で同等に効率的な事業者の事業活動を困難にするおそれがあるといえるのは，固定費用を回収するのに必要な期間も持続して平均総費用割れが続くということが相手方に客観的に明らかになっている場合である。これは，「排除の目的」が客観的に明らかな場合ということもできる[124]。このように考えると，同等に効率的な事業者の事業上の意思決定に影響する態様での廉売行為を指し示すものとしての「排除の目的」は不当性を根拠づける重要な要因ということができる[125]。

III 不当高価購入（一般指定 7 項）

「不当に商品又は役務を高い対価で購入し，他の事業者の事業活動を困難

---

[122] 白石［第 2 版］186 頁。
[123] かつて米国では廉売行為者の意図をめぐる内部文書を通じて，それを主たる根拠に不当廉売を認定することになり，活発な競争を萎縮させたといわれる。
[124] 参入阻止等の効果をもつには，低価格販売の持続性が信頼できる形で競争事業者に認識させうることが必要であることは産業組織論においてよく知られた事実である。この点については，柳川＝川濱・前掲注 104）222-226 頁参照。
[125] なお，協調から逸脱した競争的事業者を懲戒するために複数の事業者が総販売費用未満の販売を行った場合も同様に考えることができる。この場合，個々の事業者に注目すると「継続性」もない場合も考えられる。もっとも，複数の事業者の廉売行為が全体としては事業活動を困難にするおそれをもつだけ継続することが客観的に明らかである必要はある。

にさせるおそれがあること」も不公正な取引方法とされている。不当廉売とは逆に，買い手が他の買い手の購入機会を排除することにその特色があるのだが，それによる反競争効果として，購入競争それ自体への悪影響が問題となることはほとんど考えられない（買い手独占の危険性）[126]。これによって競争相手が事業活動に必要な投入要素（原材料等）を入手できなくしたりその調達コストを引き上げることを通じて，その事業活動を困難にさせるケースが主として問題となろう。不当な高価格とは何かが問題だが，これまで，一般指定7項が適用された例がないため学説上も議論されたことはない。この場合，理論的には高価格そのものよりも，行為者にとってはその購入自身は不要（不利益）であって，競争相手の事業活動を困難にすることによって競争上の優位を確保すること以外には役立たないものである点に，公正競争阻害性の根拠があることになる。ここで高価格というのは，その購入行動が自身にとっては利益とはならない（採算を度外視した）ものであることを意味することになる。もっとも，現実には競争相手の調達を困難にする戦略としては排他条件付取引等の方が効果的であり，一般指定7項が適用されることはごく稀であろう。

第4節　事業活動の不当拘束

I　概　説

1　規制の概要

　独禁法は，事業活動の不当拘束に対する規制として，①再販売価格の拘束（2条9項4号），②排他条件付取引（一般指定11項）および③その他の拘束条件付取引（一般指定12項）に関する規定を定めている。再販売価格の拘束が法定されているのは，課徴金の対象とされているからである。再販売価格

---

[126]　高価格購入によって買い手競争者を駆逐して買い手市場支配力の形成等の危険性をもつこともありえないではない。その場合の危険な購入行為の水準は買い手競争者の事業活動を困難にして，事後の買い手市場支配力の獲得の可能性がないとおよそ採算がとれない高価格水準ということになろう。なお，この種の高価格購入が争われた珍しい米国の判例としてWeyerhaeuser Co. v. Ross-Simmons Hardwood Lumber Co., 549 U.S. 312（2007）があるが，同判例では違法とされるための具体的な判断基準は示されなかった。

の拘束と排他条件付取引以外の拘束条件付取引には，多様な形態があり，行為の形態に応じて公正競争阻害性の判断が異なっているので注意が必要である。

独禁法が，取引の相手方の事業活動を拘束する行為を規制するのは，「取引の対価や取引先の選択等は，当該取引当事者において経済効率を考慮し自由な判断によって個別的に決定すべきもので[127]」，当事者以外の者がこれらの事項について拘束を加えることは，良質廉価な商品・役務を提供するという形で行われるべき公正な競争を人為的に妨げるおそれがあるからである。

事業活動の拘束にも様々なものがある。供給者または需要者が，①相手方と相手方の商品・役務を購入する者との間の取引について拘束する場合，②相手方と相手方に商品・役務を供給する者との間の取引について拘束する場合がある。拘束の内容で，公正な競争秩序維持の観点から問題となるのは，価格，取引先，取引の地域，販売方法等である。それらの行為が競争秩序を侵害し違法となるかは，行為の形態や拘束の程度等に応じて公正な競争を阻害するおそれを判断して認定される[128]。

事業活動の不当な拘束として規制される事例の多くは，メーカーが，取引先卸売業者や小売業者の事業活動を制限する「垂直的制限行為」と呼ばれる行為である。垂直的制限行為が，いかなる場合に独禁法上問題となるかについて，公取委は，流通・取引慣行ガイドライン等を策定して明らかにしている。

2 拘束の意義とその認定

(1) 拘束の意義

2条9項4号および一般指定12項は，事業者の価格決定等の事業活動を「拘束」する行為を規制する。いかなる場合に相手方の事業活動の「拘束」にあたるか。最高裁は，第一次育児用粉ミルク（和光堂）事件・最判昭50・7・10において「『拘束』があるというためには，必ずしもその取引条件に従うことが契約上の義務として定められていることを要せず，それに従わない場合に経済上なんらかの不利益を伴うことにより現実にその実効性が確保

---

[127] 第一次育児用粉ミルク（和光堂）事件・最判昭50・7・10。
[128] 資生堂東京販売（富士喜）事件・最判平10・12・18。

されていれば足りる」と判示している。この判示内容は，一般指定11項の「競争者と取引しないことを『条件として』にもあてはまる」[129]。

(2) 拘束の認定

メーカーの何らかの人為的手段によって，流通業者の事業活動の制限について実効性が確保されていれば，拘束が認められる[130]。これまで以下のような場合に拘束が認められている。

①合意による場合

文書によるか口頭によるかを問わず，取引当事者間で事業活動の制限について合意する場合である。たとえば，メーカーが販売業者との特約店契約において，販売業者の販売価格や販売地域を定めるような場合，会合で説明して了解した者に対して商品を供給するような場合である。販売業者がメーカーに要請して受け入れた場合や当事者が対等の関係にあるような場合の合意も「拘束」にあたると解される。

②経済上の不利益

相手方が従わない場合に課される経済上の不利益には，出荷停止，出荷量の削減，リベートの支給停止，リベート金額の削減，卸売価格の引上げ等，多様な手段がある。小売店舗の巡回・監視，秘密番号による流通ルートの探索等によって指示を守らせる場合も拘束にあたる（流通・取引慣行ガイドライン第1部第1の2(3)参照）。これらの手段は実際に講じられる必要はなく，守らなければ講じることを通知・示唆すれば「拘束」があるとの運用がなされている（同第1部第1の2(3)②）[131]。

ハマナカ毛糸事件・東京高判平23・4・22では，指示価格を守らなかった小売業者に対する出荷停止の事実から，他の小売業者に対する価格拘束が認定されている[132]。ナイキジャパン事件・勧告審決平10・7・28では，小売業者の登録制の下で人気商品を優先的に供給する店舗を「キー・アカウン

---

[129] 田中編71頁，根岸＝舟田246頁。
[130] 流通・取引慣行ガイドライン第1部第1の2(3)。
[131] ヤマハ東京事件・勧告審決平3・7・25，ソニーネットワーク販売事件・勧告審決平5・3・8等。楢崎憲安「不公正な取引方法における拘束性のとらえ方について―家電製品の価格表示の制限事件の解説」公正取引511号60頁。
[132] 大槻文俊「再販売価格維持行為の『拘束』と『正当な理由』―ハマナカ手芸手編み糸事件」ジュリ1435号126頁参照。

ト」とし，指示に従わなければ「キー・アカウント」からはずすとしたことが拘束にあたるとされた。資生堂再販事件・同意審決平 7・11・30 では，試供品を提供して指示に従わせていたことが拘束にあたるとされている。

「拘束」がいつなくなったかについて，ソニー・コンピュータエンタテインメント（SCE）事件・審判審決平 13・8・1 は，拘束の手段・方法とされた具体的行為が取りやめられたり，当該具体的行為を打ち消すような積極的な措置が採られたか，販売業者が制約を受けずに事業活動をすることができるようになっているかの観点から判断し，制限の対象となっている商品の一般的な価格動向等を考慮するとしている。この論点は，2009（平成 21）年独禁法改正によって再販売価格の拘束に課徴金が課されるようになったことから，これまで以上に重要である。

(3) 拘束の相手方

再販行為を行うメーカーが自己の製品を取り扱う小売業者のすべてないしは相当数に対して当該小売業者の価格決定を拘束すれば，再販行為は原則として違法となる。というのは，後述するように再販行為の公正競争阻害性は，ブランド内価格競争の制限があれば原則として認められるとされているので，相当数の小売業者の価格決定を拘束すれば，当該メーカーの製品を取り扱う小売業間の価格競争が制限されるからである。

2 条 9 項 4 号は「自己の供給する商品を購入する相手方に……拘束の条件をつけて」と規定している。たとえば，①メーカーが，直接の取引先でない小売業者や二次卸に対して直接に価格や販売地域を指示して守るよう要請する場合や，②メーカーが，一次卸に「二次卸に小売業者に指示小売価格を守らせること」をさせる場合がある。日産化学事件・排除措置命令平 18・5・22 は，①の場合は，旧一般指定 2 条 12 項 1 号（現行 2 条 9 項 4 号イ）の「相手方」には直接の取引先だけでなく，間接の取引先も含まれると解して，また②の場合は，旧一般指定 2 条 12 項 2 号（現行 2 条 9 項 4 号ロ）の適用について，二次卸から購入する事業者（小売業者）の販売価格を定めて，一次卸に「二次卸に小売業者に指示小売価格を維持させる」ことをさせる，と解して，再販行為を違法としている[133]。一般指定 12 項の適用においても上記

---

[133] 鞠山尚子・経済法百選［第 2 版］136 頁，平林英勝「最近の不公正な取引方法事件排

のように「相手方」に間接の取引先も含めることができると解される。

3 公正競争阻害性の判断

再販売価格の拘束，排他条件付取引および拘束条件付取引の公正競争阻害性は，自由競争減殺に求められている（第1節Ⅲ2参照）。再販売価格の拘束は，自由競争減殺のうちの競争回避に，排他条件付取引は競争排除に，拘束条件付取引は拘束の内容によって競争回避と競争排除のいずれかまたは両方に求められる。

公正競争阻害性の判断については，2条9項4号は「正当な理由がないのに」と定めて再販売価格の拘束行為があれば原則として公正競争阻害性があるとしているのに対して，一般指定11項および12項は「不当に」の文言を採用して，原則として公正競争阻害性はないが，競争への質的な影響・量的な影響を考慮して公正競争阻害性の有無が判断される。非価格制限については，効率性の達成や競争の促進等，望ましい効果を有する場合もあるので，その点も考慮して判断される。

正当化事由の判断については，横流し禁止が問題となったソニー・コンピュータエンタテインメント（SCE）事件・審判審決平13・8・1において，「それにより当該商品の価格が維持されるおそれがあると認められる場合には，原則として一般指定第13項の拘束条件付取引に該当するのであるが，例外的に，当該行為の目的や当該目的を達成する手段としての必要性・合理性の有無・程度等からみて，当該行為が公正な競争秩序に悪影響を及ぼすおそれがあるとはいえない特段の事情が認められるときには，その公正競争阻害性はないものと判断すべきである」との判断枠組みが示されている。

再販行為について「正当な理由がないのに」にあたらない場合，一般指定11項および12項の公正競争阻害性の判断における行為の合理性の考慮については，それぞれの箇所で取り上げる。

4 親子会社間の取引

親子会社間の取引が，「実質的に同一企業内の行為に準ずるものと認めら

除措置命令の検討」判タ1258号45頁参照。流通・取引慣行ガイドライン第1部第1の2(6)参照。

れる場合」，親子会社間の取引は，原則として不公正な取引方法の規制を受けない[134]。たとえば，メーカーが，完全子会社である販売会社を通して商品を販売している場合に，当該販売会社の販売価格や販売先を指示しても，事業活動の不当な拘束として規制されることはない。ただし，親会社と子会社の間の契約によって，子会社が取引先販売業者の価格を指示しているような場合には，親会社の行為が不公正な取引方法の規制を受ける[135]。

親子会社間の取引が，「実質的に同一企業内の行為に準ずるものと認められる場合」について，流通・取引慣行ガイドラインは，親会社が子会社の株式を100％所有している場合だけでなく，①親会社による子会社の株式所有の比率，②親会社から子会社に対する役員派遣の状況，③子会社の財務や営業方針に対する親会社の関与の状況，④親子会社間の取引関係（子会社の取引額に占める親会社との取引の割合等），等を個別具体的な事案に即して，総合的に判断する，としている（(付)親子会社・兄弟会社間の取引4①〜④）。

たとえば，A社とB社が共同で開発した新製品を，A社とB社の共同出資会社であるC社が，A社の100％子会社であるD社と取引する際，D社の販売価格を指示しても，A社，C社およびD社間の取引は「実質的に同一企業内の行為に準ずるものと認められる場合」にあたり，不公正な取引方法の規制を受けない[136]。

II 再販売価格の拘束

1 概　説

再販売価格の拘束（以下，「再販行為」という）は，メーカー（またはメーカーの販売会社）が，自己の商品を購入する卸売業者に，卸売業者の販売価格を指示してその価格で販売させる行為，および自己の商品を卸売業者から購入する小売業者の販売価格を指示して当該卸売業者をして小売業者に指示価格で販売させるようにする行為である（2条9項4号）。2009（平成21）年独禁法改正により一般指定ではなく法律の規定に定められ，繰り返して行った

---

134) 流通・取引慣行ガイドライン（付）「親子会社・兄弟会社間の取引」1。根岸・問題171頁以下参照。
135) 資生堂再販事件・同意審決平7・11・30。
136) 「事業者の活動に関する相談事例集」（2001年）21頁。

場合に課徴金が課されることになった（20条の5）。

メーカー間で再販行為を共同して行った場合には，不当な取引制限として規制される[137]。事業者団体が事業者に再販行為をさせるようにすれば8条5号の規定が適用される[138]。

2 拘束の態様

販売業者の自由な価格決定を「拘束すること」が必要である。メーカーが，「メーカー希望小売価格」や「標準小売価格」を設定するだけで，販売業者が実売価格を自由に決定できるのであれば，拘束にはあたらない。拘束される価格には，確定額以外に，メーカー希望小売価格の○○％引き以内の価格，等も含まれる[139]。

「拘束」の意義・態様については，Ⅰ2で解説したが，再販行為の場合には，店頭でのパトロール，秘密番号による流通ルートの探索等の場合にも「拘束」が認められる[140]。エーザイ事件・勧告審決平3・8・5では，メーカーが，①営業担当者による小売店の巡回，②試買による価格・転売状況の確認，③秘密番号制による転売経路の確認等から「拘束」が認定されている。

再販行為の公正競争阻害性は，取引先販売業者全体に対する拘束があれば認められるが，資生堂再販事件・同意審決平7・11・30は，販売価格の拘束が取引先販売業者のうち大手量販店2社に対してしか行われなかった。当該量販店の販売価格が他の取引先販売業者の販売価格に影響を及ぼすような状況があったことから大手量販店2社に対する拘束によって再販行為が認められている[141]。

3 公正競争阻害性

2条9項4号の規定では「正当な理由がないのに」の文言が採用され，再販行為が原則として公正競争阻害性を有する行為とされている。たとえば，

---

137) 違反事例に，新学社事件・勧告審決平10・7・3，日本標準事件・勧告審決平10・1・16等がある。
138) 関西流通懇話会事件・勧告審決昭47・9・18等。
139) 流通・取引慣行ガイドライン第1部第1の2(5)。
140) 流通・取引慣行ガイドライン第1部第1の2参照。
141) 長谷部元雄「(株)資生堂の再販売価格維持事件について」公正取引544号63頁参照。

α製品のメーカー3社がいずれも同一の小売業者に製品を供給している場合に，小売業者間では，各々，小売業務について経営効率を高め小売価格を引き下げて顧客を獲得する競争が行われる。特定のメーカーが自社製品について再販行為を行えば，当該メーカーの製品をめぐる小売業者間の価格競争が制限・消滅する。

　再販行為の公正競争阻害性は，公正競争阻害性の3つの視点のうち自由な競争の減殺に求められるが，その場合の自由な競争は，「市場全体における競争」，先の例でいえば，小売業者の販売分野における競争であり，当該市場におけるα製品のメーカー3社の製品を消費者に対して販売することをめぐる競争のことである[142]。再販売価格の拘束が行われれば，原則として，この市場全体における自由競争を減殺するおそれがあると考えられている。これに対して，再販行為は，それを実施するメーカーの製品の小売業者間の価格競争（以下，「ブランド内競争」という）を消滅させるが，小売業者の間ではメーカー3社の製品をめぐる競争（以下，「ブランド間競争」という）があるから市場全体における競争はなくならないとも考えられる。公正競争阻害性の判断において，これらの競争への影響をどのように考慮すべきかが問題となる。

　第一次育児用粉ミルク（和光堂）事件・最判昭50・7・10は，市場競争力の弱い商品についての再販の公正競争阻害性について，「行為者とその競争者との間における競争関係が強化されるとしても，それが，必ずしも相手方たる当該商品の販売業者間において自由な価格競争が行われた場合と同様な経済上の効果をもたらすものでない以上，競争阻害性のあることを否定することはできない」と判示した。

　この最高裁判決は，再販売価格の拘束を原則違法とし，行為者の商品の販売業者間における価格競争が制限されることに公正競争阻害性を求めていると解される。流通・取引慣行ガイドラインも「流通業者間の価格競争を減少・消滅させることになることから」原則違法との考え方をとっている（第1部第1の1(1)）。この考え方が現在の通説的見解である。この見解に立てば，

---

[142]　第一次育児用粉ミルク（和光堂）事件・最判調査官解説（佐藤繁）は「取引が相手方の自主的な競争機能を制限することにより，相手方の事業分野における市場全体の競争秩序に悪影響を及ぼす点」にあると述べる。曹時29巻4号718頁も同旨。

再販売価格の拘束が実効性をもって行われれば当該商品をめぐる販売業者間の価格競争がなくなるから、市場への影響をみるまでもなく行為が行われれば公正競争阻害性が認められる。この点は、取引先の制限等の拘束条件付取引について、市場を画定して行為者の地位等を考慮して「価格維持効果」を判断して公正競争阻害性を認定するのとは異なっている。なぜ、このような取扱いでよいのかについて、第一次育児用粉ミルク（和光堂）事件の最高裁判決も流通・取引慣行ガイドラインも述べるところがないが、以下のように考えられている。再販売価格の拘束が実効性をもって行えるのは、①メーカーまたは小売の段階においてカルテルまたは協調的関係があってブランド間競争がもともと少ない場合か、②消費者が特定のブランドを他のブランドよりも価格が高くても購入するという製品差別化が進んでいるような場合である[143]。同最高裁判決も、特定の銘柄（ブランド）を一度選んだら他の銘柄に変更することがないという育児用粉ミルクの商品特性を前提にして理解する必要がある[144]。

上記のような通説的見解に対して、自由競争減殺が、市場全体における競争を減殺することにあるならば、一般論として、再販がブランド間競争を促進する場合には、市場全体における競争が減殺されたことにはならないからブランド内競争だけでなくブランド間競争もみる必要があるとする見解がある[145]。この見解に立てば、ブランド内価格競争を制限するが、ブランド間の競争を維持・促進することがあるか、あるとした場合にブランド内価格競争の制限によって生じる弊害と、ブランド間競争の促進によってもたらされる利益とを比較考量することが可能か、等の問題を検討する必要が出てくる。ほぼ1世紀にわたって再販行為を当然違法原則で判断してきた米国において、2007年のリージン事件[146]で連邦最高裁が、小売サービスを提供するための再販行為がブランド間競争を促進することもありうるとして、再販行為の違法性を合理の原則によって判断すると判示した。独禁法2条9項4号の規定

---

143) ベーシック 254 頁（泉水文雄）。
144) 白石・事例集 15-16 頁。
145) 根岸哲「『競争の実質的制限』と『競争の減殺』を意味する公正競争阻害性との関係」甲南法務研究 4 号 3 頁。
146) Leegin Creative Leather Products, Inc. v. PSKS Inc., 551 U.S. 877 (2007).

は「正当な理由がないのに」と定めているから，そのような議論を受け入れる規定になっている。流通・取引慣行ガイドラインは，再販売価格の拘束を原則違法としつつ，他方において，2条9項4号の「正当な理由」を判断する際に，ブランド間競争への競争を考慮するとの考え方をとっている。すなわち，「正当な理由」は，「事業者による自社商品の再販売価格の拘束によって実際に競争促進効果が生じブランド間競争が促進され，それによって当該商品の需要が増大し，消費者の利益の増進が図られ，当該競争促進効果が，再販売価格の拘束以外のより競争制限的でない他の方法によっては生じ得ないものである場合において，必要な範囲及び必要な期間に限り認められる」としている（第1部第1の2(2)）。

4　「正当な理由」

「正当な理由」について，最高裁は，「専ら公正な競争秩序維持の見地からみた観念であって，当該拘束条件が相手方の事業活動における自由な競争を阻害するおそれがないことをいう」と判示している（第一次育児用粉ミルク〔明治商事〕事件・最判昭50・7・11）。第一次育児用粉ミルク（明治商事）事件では，育児用粉ミルクが乳幼児の主食であることから，一定の価格で安定的に供給される必要があること等の理由が主張されたが，「事業経営上必要あるいは合理的であるというだけでは，『正当な理由』があるとすることはできない」とされた。また，適用除外とされる指定再販の要件を実質的に充足していれば「正当な理由」があるとの主張に対して，再販適用除外制度は不公正な取引方法の規制とは経済政策上の観点を異にするものであること，公取委の指定を受けていなければ，当該再販行為に「正当な理由」があるとすることはできないと判示している（前掲第一次育児用粉ミルク〔明治商事〕事件）。

米国において再販行為の許容が議論されている例に，最高価格再販と小売サービスを提供することによってブランド間競争を促進する再販がある。最高価格再販については，二重独占問題を回避するために行われる場合には，経済学の観点からは肯定的に解されている。市場支配力を有しているメーカーが，自己の製品を取り扱う販売業者の販売地域を制限すれば，各販売業者は割り当てられた地域において市場支配力を有する。メーカーの市場支配力

と各販売業者の市場支配力が二重に行使されたときには、販売市場における価格が上昇して需要が減退し、メーカーの供給量も減少して資源配分効率が悪化する。そこでメーカーが販売業者に対して最高再販売価格を指示して販売価格を抑えれば、販売量が増え資源配分効率が改善される[147]。最高価格再販は、理論上は合理性が認められるが、実際に、メーカーが定めた最高販売価格を容認するということは、本来市場における競争によって決められるべき販売価格に代えて、メーカーが人為的に設定した販売価格を適正な価格とすることになり、独禁法の基本的な考え方と抵触し、実務上運用することが難しい[148]。

つぎに、小売サービスを提供することによってブランド間競争を促進する再販については、米国では、連邦最高裁が、消費者にとって望ましい小売サービスを提供するには、当該小売サービスを提供する小売業者を、当該サービスを提供せずに安売りを行う小売業者の「ただ乗り」から守る必要があり、そのために行う場合には、ブランド間競争を促進することもあるから、その点を考慮して違法性を判断すべきであると判示している[149]。

この点については、前述したように、流通・取引慣行ガイドラインは、①実際に競争促進効果が生じてブランド間競争が促進され、②それによって当該商品の需要が増大し、消費者の利益の増進が図られ、③当該競争促進効果が、再販売価格の拘束以外のより競争阻害的でない他の方法によっては生じ得ないものである場合、という厳格な条件を付しており、実際にこれらの条件を充足できる場合はきわめて稀なケースであろう。

わが国において小売サービスを提供するための再販がブランド間競争を促進するから「正当な理由がないのに」（公正競争阻害性）に該当しないと解すべきかどうか。以下の理由で、消極的に解さざるをえない。第1に、再販行為を行って小売サービスを提供すればブランド間競争が促進されるかどうか疑わしい、第2に、仮にブランド間競争が促進されたとして、市場全体における競争が消費者の利益確保の観点からみてどのように改善されたのかを、再販がない状態と比較する合理的な判断基準がない、第3に、明確な判断基

---

[147] ベーシック 257-258 頁（泉水文雄）。
[148] 山口幸夫「株式会社ナイキジャパンの独占禁止法違反事件」公正取引 577 号 86 頁。
[149] 前掲注 146) 551 U.S. 877 at 889-92.

準がない場合に，公取委や裁判所が，違法・適法を審査・判断するコストを無視できない等である[150]。

5　2条9項4号に該当しない場合

再販売価格の拘束行為あるいはそれと類似する行為であっても，以下の場合には2条9項4号の規定に該当しない。

(1)　再販適用除外制度

独禁法23条に基づく再販売価格維持行為には独禁法の規定は適用されない（第10章第3節Ⅲ参照）。

(2)　「商品を購入する」にあたらない場合

2条9項4号の規定は「自己の供給する商品を購入する相手方」に対して「当該商品の販売価格」を拘束する場合を規制対象としている。このため，たとえば，特許ライセンス契約においてライセンサーが当該特許を実施して製造した特許製品の販売価格を拘束する場合や，役務の料金を拘束する場合には，2条9項4号ではなく，一般指定12項が適用される（本節Ⅳ2(1)参照）。

(3)　委託販売の場合

委託販売であって，受託者は，受託商品の保管，代金回収等についての善良な管理者としての注意義務の範囲を超えて商品が滅失・毀損した場合や商品が売れ残った場合の危険負担を負うことはないなど，当該取引が委託者の危険負担と計算において行われている場合である[151]。ただし，委託販売の形式をとっているようにみえても，メーカーが委託者としての危険負担を負っていないような場合には，上記の真正の委託販売にはあたらないとして違法とされる（第二次育児用粉ミルク〔森永乳業〕事件・審判決昭52・11・28）。

(4)　取引先卸売業者が単なる取次として機能している場合

メーカー→卸売業者→小売業者と流通している場合に，メーカーと小売業者の間で実質的な価格交渉が行われ卸売業者は単に取次として機能している

---

150)　川濱昇「再販売価格維持規制の再検討(5)―公正競争阻害性を中心に」法学論叢139巻4号14-22頁，舟田正之『不公正な取引方法』（有斐閣，2009年）321-325頁参照。

151)　委託販売の場合であっても受託者である流通業者の販売価格を拘束すれば違法とすべきとする見解に，根岸哲「流通系列化をめぐる独禁法上の問題点(下)―『一店一帳合制』等に関する（第二次粉ミルク事件）公取委昭52・11・28審決」NBL161号42頁。

に過ぎないような場合には，メーカーが卸売業者の価格を指示しても違法とならないとされている（流通・取引慣行ガイドライン第1部第1の2(7)）。

Ⅲ　不当な排他条件付取引

1　概　説

「相手方が競争者と取引しないことを条件として当該相手方と取引」する行為を排他条件付取引という（一般指定11項）。供給者が需要者に排他条件を課す場合（排他的供給取引），需要者が供給者に課す場合（排他的受入取引）および供給者・需要者の双方が課し合う場合がある。

相手方が競争者と取引しないことを条件とする行為には，特約店契約において競争者との取引を制限する場合（東洋精米機事件・東京高判昭59・2・17），相手方が仕入れる量のすべてを自己から購入するようにさせる全量購入契約（大分県酪農業協同組合事件・勧告審決昭56・7・7）などが典型的な行為である。これら以外では，形態上は排他条件を付しているのではないが，占有率リベートや累進的リベートを提供する場合に，占有率や累進率が著しく高く競争品の取扱いを制限する機能を有する場合には，一般指定11項に該当する（流通・取引慣行ガイドライン第1部第3の2(2)）。占有率リベートを用いた場合，行為者の占有率を100％ないし90％以上としている場合には，競合品の取扱いを制限しているとされる[152]。これに対して，山口県経済農業協同組合連合会事件・勧告審決平9・8・6では，累進リベートによって競合品を取り扱わなくなった農協の割合が8割ないし9割では競合品の取り扱いを制限したとはいえないとして旧一般指定13項（現行一般指定12項）が適用されている[153]。競合品を取り扱うときには了解を得ることという条件を付している場合（岡山県南生コンクリート協同組合事件・勧告審決昭56・2・18，富士写真フイルム事件・勧告審決昭56・5・11），競争者のうち特定の者（たとえば並行輸入業者）と取引しないことを条件とする場合も一般指定12項が適用されている。

---

[152]　インテル事件・勧告審決平17・4・13は私的独占に該当するとされた事例であるが，排他条件付取引にも該当したと解される。
[153]　甲田健「山口県経済農業協同組合連合会による独占禁止法違反事件」公正取引564号74頁。

特許ライセンス契約やノウハウ・ライセンス契約において，ライセンサーがライセンシーに競争品を製造・販売することまたはライセンサーの競争者から競争技術のライセンスを受けることを制限することも排他条件付取引にあたる[154]。

排他的受入取引には以下のような場合がある。完成品メーカーが部品メーカーに対して，競争者である完成品メーカーに供給しないことを条件にして，部品を購入する取引[155]，販売業者が，特定のメーカーの製品を一手に引き受けて販売する一手販売契約[156]，日本の事業者が潜在的競争関係にある外国事業者と結ぶ輸入総代理店契約（本節Ⅳ2(5)(i)参照）等である。

政府規制が廃止または緩和され，競争の促進が期待される事業分野（たとえば電気事業，電気通信事業）において，電力会社や相対的に高いシェアを有する電気通信事業者が，新規参入を阻止するために，排他条件付取引（または私的独占）を行う可能性がある（第10章第2節Ⅲ参照）。たとえば，電力会社が，需要者が新規参入者と取引するのを阻止するために，自己との契約を解約したときに不当に高い違約金・精算金を徴収することとしている場合である[157]。

2 公正競争阻害性

排他条件付取引の不当性＝公正競争阻害性は市場閉鎖効果が生じる場合に認められる。流通・取引慣行ガイドラインは，「市場閉鎖効果が生じる場合」とは，「非価格制限行為により，新規参入者や既存の競争者にとって，代替的な取引先を容易に確保することができなくなり，事業活動に要する費用が引き上げられる，新規参入や新商品開発等の意欲が損なわれるといった，新規参入や既存の競争者が排除される又はこれらの取引機会が減少するような状態をもたらすおそれが生じる場合」をいうとしている（第1部の3(2)ア）。排他条件付取引が，「他に代わり得る取引先を容易に見いだすことができな

---

154) 知的財産ガイドライン第4-4(4)。ノウハウの場合には技術の漏洩または流用防止を考慮して公正競争阻害性を判断するとされている。
155) 流通・取引慣行ガイドライン第1部第2の2(1)参照。
156) 全国販売農業協同組合連合会事件・勧告審決昭38・12・4。
157) 電力ガイドライン第二部Ⅰ2(1)①イⅷ。このような行為が，私的独占に該当するおそれがあるとされた事例に，北海道電力に対する警告（平14・6・28）がある。

い競争者の事業活動を困難にさせる場合」には，私的独占の「排除」にも該当する（第5章第2節Ⅲ2(3)(ii)参照）。

東洋精米機事件・東京高判昭59・2・17は，「公正競争阻害性の有無は，結局のところ，行為者のする排他条件付取引によって行為者と競争関係にある事業者の利用しうる流通経路がどの程度閉鎖的な状態におかれることとなるかによって決定されるべきであり，一般に一定の取引の分野において有力な立場にある事業者がその製品について販売業者の中の相当数の者との間で排他条件付取引を行う場合には，その取引には原則的に公正競争阻害性が認められる」と述べる。流通・取引慣行ガイドラインも「市場における有力な事業者」が，排他条件付取引を行い，これによって「市場閉鎖効果が生じる場合」に違法となるとしている（第1部第2の2(1)イ）。「市場における有力な事業者」の認定については，シェアが20％を超えることが一応の目安とされている（第1部3(4)）。「市場閉鎖効果が生じる場合」に該当するか否かは，①ブランド間競争の状況（市場集中度，商品特性，製品差別化の程度，流通経路，新規参入の難易性等），②ブランド内競争の状況（価格のバラツキの状況，当該商品を取り扱っている流通業者等の業態等），③垂直的制限行為を行う事業者の市場における地位（市場シェア，順位，ブランド力等），④垂直的制限行為の対象となる取引先事業者の事業活動に及ぼす影響（制限の程度・態様等），⑤垂直的制限行為の対象となる取引先事業者の数および市場における地位，を考慮して判断される[158]。

「市場における有力な事業者」の認定が，市場シェアを基準になされることから市場シェアを算定する基礎となる市場を画定することが必要となる。東洋精米機事件では，審決が「食糧加工機製造業者が食糧加工機を販売業者に販売するという取引の場」を基にしていたのに対して，判決は「本件審決が前記食糧加工機製造業者が販売業者を通じて小精米用食糧加工機を米穀小売業者に対して供給するという独立の取引の場」と捉えたために，市場シェアの算定に違いが生じたことが原因で，審決が取り消されている[159]。

東洋精米機事件判決は，複数のメーカーが排他条件付取引を並行的に実施している場合には，公正競争阻害性が認められないことがありうると判示し

---

[158] 流通・取引慣行ガイドライン第1部の3(1)。
[159] 中川丈久・経済法百選［初版］231頁参照。

たが，流通・取引慣行ガイドラインは，「複数の事業者がそれぞれ並行的にこのような制限を行う場合には，一事業者のみが行う場合と比べ市場全体として市場閉鎖効果が生じる可能性が高くなる」としている（第1部の3(2)ア）。

一般指定11項は「不当に」の文言を採用しているから排他条件付取引には原則として公正競争阻害性はない。フランチャイズ・システムにおいてフランチャイジーに課せられる競業禁止の制限について，「フランチャイズ契約関係の継続に固有な営業秘密の保護という必要性に出たものであり，その制限の範囲も合理的な限度に止まっているもの」であれば，独禁法上正当とする判例がある[160]。流通・取引慣行ガイドラインは，①完成品メーカーが部品メーカーに対し，原材料を支給して部品を製造させている場合に，その原材料を使用して製造した部品を自己にのみ販売させる場合，②完成品メーカーが部品メーカーに対し，ノウハウ（産業上の技術に係るものをいい，秘密性のないものを除く）を供与して部品を製造させている場合で，そのノウハウの秘密を保持し，またはその流用を防止するために必要であると認められるときに自己にのみ販売させる場合には，違法とはならないとしている（第1部第2の2(1)ウ）。

IV　その他の拘束条件付取引

1　概　説

一般指定12項は，2条9項4号または一般指定11項に該当する行為のほか，「相手方とその取引の相手方との取引その他相手方の事業活動を不当に拘束する条件をつけて，当該相手方と取引すること」を規定する。

「取引」の拘束のうち，2条9項4号の再販売価格の拘束と一般指定11項の排他条件付取引以外の様々な拘束条件付取引が，一般指定12項によって規制される。一般指定12項に該当する拘束条件付取引は，「不当性（公正競争阻害性）」を有する場合に違法とされる。公正競争阻害性は，行為「の形態や拘束の程度等に応じて」判断される（資生堂東京販売〔富士喜〕事件・最判平10・12・18）。公正競争阻害性の3つの視点のうち自由競争減殺の視点から判断されるが，競争排除型にあたる場合と競争回避型にあたる場合とが

---

[160]　ニコマート事件・東京地判平6・1・12。控訴審東京高判平8・3・28によって認容。

ある。公正競争阻害性の内容，判断基準が，各行為類型によって異なっている点に注意する必要がある。判断に際しては，対象商品のブランド間競争およびブランド内競争の状況等が考慮される。再販行為の場合には正当化事由にはならないとされた「事業経営上又は取引上の合理性・必要性」も，一般指定12項の不当性の判断に際して考慮される。

　拘束条件が問題となる例に，メーカーが自社の販売方針に適合している流通業者を選別して，当該流通業者にのみ商品を供給する閉鎖的流通システムを採用し，メーカーが流通業者と締結する特約店契約において，販売価格，販売地域，販売先，販売方法等を制限する場合がある。「選択的流通」と呼ばれる。そのような例に，ナイキジャパン事件・勧告審決平10・7・28におけるキー・アカウント制，ソニー・コンピュータエンタテインメント（SCE）事件・審判審決平13・8・1における閉鎖的流通経路政策，前掲・資生堂東京販売事件における特約店に対する対面販売義務条項，等がある。メーカーが販売業者を選別すること自体は問題とならないが，選別の基準とされる販売業者に対する制限に合理性がなく，かつ自由競争減殺効果が生じる場合に問題となる（本節Ⅳ2(3)(ⅳ)参照）。

2　規制対象行為と公正競争阻害性
(1)　価格の拘束

　2条9項4号の規定は，「自己の供給する商品を購入する相手方」に対して「その販売する当該商品の販売価格」を拘束する行為を対象にしているので，次のような場合には2条9項4号ではなく一般指定12項が適用される。①供給された商品を加工して完成品にして販売する場合（ヤクルト本社事件・勧告審決昭40・9・13），②供給された商品を用いて役務を販売する場合（小林コーセー事件・勧告審決昭58・7・6），③フランチャイズ・システムにおいて，加盟店が本部以外から仕入れた商品の販売価格を本部が拘束する場合[161]である。

　ライセンスを受けた特許を実施して製造した商品を販売する場合（知的財

---

161)　フランチャイズガイドライン3(3)。なお，委託販売の場合の価格指示が違法にならないことについて，流通・取引慣行ガイドライン第2部第1の2(6)参照。

産ガイドライン第4-4(3)）等における販売価格の拘束には2条9項4号の規定を適用できない。これらの場合には、一般指定12項が適用される。再販行為の場合と同様に、同一ブランドの商品をめぐる販売業者間の価格競争が制限されるので、原則として公正競争阻害性がある。

20世紀フォックスジャパン事件・勧告審決平15・11・25では、映画の配給会社が、上映者（映画館）が映画を鑑賞させる対価として徴収する入場料を拘束した行為に旧一般指定13項（現行一般指定12項）が適用されている。映画の著作物には著作権法上、投下資本を回収するための権利（頒布権・上映権）が認められているが、本件の拘束は、かかる権利行使の範囲を逸脱するものである。

(2) 値引き表示の制限

小売業者の価格表示を制限する行為に一般指定12項が適用される。メーカーまたはその販社等が、小売業者が、新聞折込広告、店頭等において販売価格を表示する場合に、最低価格を設定し、当該価格を下回る販売価格の表示をしないよう制限する行為である。流通・取引慣行ガイドラインは、値引き表示を制限する行為は、「事業者が市場の状況に応じて自己の販売価格を自主的に決定するという事業者の事業活動において最も基本的な事項に関与する行為であるため、再販売価格維持行為において述べた考え方に準じて、通常、価格競争が阻害されるおそれがあり、原則として不公正な取引方法に該当し、違法となる」としている。行為が実効性をもって行われていれば足り、それ以上に価格維持効果が生じていることを具体的に明らかにする必要はない[162]。

(3) 取引先の制限

メーカー等が卸売業者や小売業者に対して行う取引先の制限には、以下のようにいくつかのタイプがある。

(i) 安売り業者への販売禁止

メーカーが、取引先卸売業者に対して、「安売りを行うことを理由」に、当該卸売業者への出荷を停止すること、あるいは「安売りを行うことを理

---

162) 流通・取引慣行ガイドライン第1部第2の6(3)。違反事例に、ジョンソン・エンド・ジョンソン事件・排除措置命令平22・12・1等がある。同事件については、徳力徹也・経済法百選［第2版］152頁参照。

由」に，小売業者へ販売しないようにさせることは，前述の値引き表示の制限と同様の考え方で，通常，価格競争が阻害されるおそれがあり，原則として不公正な取引方法に該当するとされている[163]。安売り業者に供給させない行為は，拘束条件付取引にあたる場合と取引拒絶にあたる場合とがある。たとえば，メーカーが，卸売業者に対して，事前に，ディスカウントストア等に販売しないように要請している場合は，取引先の拘束として一般指定12項が適用される。これに対して，流通業者からの苦情を受けて，当該安売り業者へ販売しないようにさせている場合には，間接の取引拒絶として一般指定2項が適用される[164]。いずれの場合も小売業者間の価格競争を回避している点に公正競争阻害性がある。

(ii) 帳合取引の義務付け

メーカー（または販社）が卸売業者に対して，その販売先である小売業者を特定させ，小売業者が特定の卸売業者としか取引できないようにすることを「帳合取引の義務付け」という。特に，小売業者の仕入先卸売業者を1つに限定する場合を「一店一帳合制」という。たとえば，メーカーが，卸売業者の取引先小売業者を，卸売業者ごとに登録させ，小売業者に当該卸売業者以外の業者から仕入れることができないようにさせる一方，卸売業者にも他の卸売業者の登録小売業者とは取引させないようにする場合である。帳合取引の義務付けが行われると，「本来，卸売業者において自由に決定されるべき販売先の選択」が制限される（第二次育児用粉ミルク〔明治乳業〕事件・審判審決昭52・11・28）。流通・取引慣行ガイドライン（第1部第2の4(2)）は，帳合取引の義務付けによって，「価格維持効果が生じる場合」に違法になるとする。

---

163) 流通・取引慣行ガイドライン第2部第2の4(4)。「安売りを行うことを理由」にしているかどうかは，他の流通業者に対する対応，関連する事情等の取引の実態から客観的に判断される。

164) 旧（昭和57年）一般指定2項が適用された事件に，松下電器産業事件・勧告審決平13・7・27がある。同事件については，山本晃正・経済法百選〔第2版〕112頁参照。

第7章　不公正な取引方法

【流通・取引慣行ガイドラインにおける「価格維持効果が生じる場合」と判断に際しての考慮要素】（第1部3の(1)および(2)イ）

「価格維持効果が生じる場合」とは，「非価格制限行為により，当該行為の相手方とその競争者間の競争が妨げられ，当該行為の相手方がその意思で価格をある程度自由に左右し，当該商品の価格を維持し又は引き上げることができるような状態をもたらすおそれが生じる場合」をいう。

その判断は，以下に掲げる諸要因を考慮して行われる。

①ブランド間競争の状況（市場集中度，商品特性，製品差別化の程度，流通経路，新規参入の難易性等）

②ブランド内競争の状況（価格のバラツキの状況，当該商品を取り扱っている流通業者等の業態等）

③垂直的制限行為を行う事業者の市場における地位（市場シェア，順位，ブランド力等）

④垂直的制限行為の対象となる取引先事業者の事業活動に及ぼす影響（制限の程度・態様等）

⑤垂直的制限行為の対象となる取引先事業者の数及び市場における地位

これまで帳合取引の義務付けが違法とされた事例には，(ｱ)再販売価格維持の実効性を確保する手段として一店一帳合制が用いられた事例（第二次日本光学事件・勧告審決昭47・6・30），(ｲ)再販売価格維持と帳合取引の義務付けが併せて行われているが，帳合取引の義務付けが再販売価格維持とは独立して違法とされた事例（白元事件・勧告審決昭51・10・8，兼松スポーツ用品事件・勧告審決昭53・12・21，竹屋事件・勧告審決昭54・2・13，グンゼ事件・勧告審決昭51・6・14），(ｳ)帳合取引の義務付けが，それ自体で違法とされた事例（第二次育児用ミルク〔明治乳業〕事件・審判審決昭52・11・28，第二次育児用ミルク〔雪印乳業〕事件・審判審決昭52・11・28）がある。(ｱ)の場合は，再販売価格維持の拘束と一体のものとして公正競争阻害性がとらえられている。これに対して，(ｲ)に該当する場合，公取委の審決は，行為者が市場において有力な地位にあること（白元事件，兼松スポーツ用品事件，竹屋事件，グンゼ事

件)，「指名買い」される商品であること（アシックス事件・勧告審決昭57・6・9）等の事実を認定している。(ウ)に該当する事例では，商品の流通経路，当該商品の市場構造，商品特性等に関する事実が認定されている。

(iii) 仲間取引（横流し）の禁止

メーカーが，安売り業者に商品が流れるのを防止するために，卸売業者には商品を取引先の小売業者に対してのみ販売させ，小売業者には一般消費者に対してのみ販売させ，これ以外の流通業者との取引を禁止する行為を「仲間取引（横流し）の禁止」（「転売の禁止」と呼ばれることもある）という。

流通・取引慣行ガイドラインは，仲間取引の禁止が，安売りを行っている流通業者に対して自己の商品が販売されないようにするために行われる場合など，これによって「価格維持効果が生じる場合」に違法になるとしている（第1部第2の4(3)）。

ソニー・コンピュータエンタテインメント（SCE）事件・審判審決平13・8・1は，横流し禁止行為それ自体の公正競争阻害性をはじめて認定した事例である[165]。本件横流し禁止行為の公正競争阻害性について，審決は，流通・取引慣行ガイドラインの基準に従って，横流し禁止（仲間取引禁止）が「価格を維持するおそれがある場合」に原則として公正競争阻害性があるとしている[166]。本件において，審決は，「価格が維持されるおそれ」について，わが国のゲーム機およびゲームソフト市場において第1位を占めるSCEが，小売業者との「直取引」を基本とし，店舗の選別・管理等によって単線的で閉鎖的な流通経路を構築した上で，本件横流し禁止が閉鎖的流通経路外への製品の流出を防止して経路外からの競争要因を排除する効果に公正競争阻害性を求めている。被審人は，横流し禁止の合理性として，①実需の把握，②一般消費者への商品情報の提供の確保，③輸出の防止，④債権の保全，を主張したが，審決は「こうした目的は競争制限効果の小さい他の代替的手段に

---

165) この事件では，横流し禁止のほか中古品取り扱い禁止の違法性も問題となった。審決は，本件における中古品取り扱い禁止については違法とはしなかったが，一般論として，中古品が新品に対する需要の減少を通して，新品の販売価格を軟化させるから，中古品取り扱い禁止が新品市場における競争制限をもたらすことがあるとする。

166) この点については，「価格が維持されるおそれ」を具体的に認定することなく，取引の相手方の制限それ自体で原則として公正競争阻害性を認めるべきであるとの批判がある。正田彬・ジュリ1215号178頁，平林英勝・判タ1083号70頁。

よっても達成できるものであって，被審人が横流しを禁止すべき必要性・合理性の程度は低い」として否定している。

本件において被審人は，資生堂東京販売（富士喜）事件・最判平10・12・18がいう「それなりの合理性」と「他の取引先に対しても同様の制限が課されている」こと（本節2(7)参照）は，非価格制限行為一般にあてはまる基準であり，本件横流し禁止行為の公正競争阻害性についても，この基準で判断すべきと主張した。審決は，次のように述べて被審人の主張を否定した。すなわち「本件の横流し禁止は，販売業者の取引先という，取引の基本となる契約当事者の選定に制限を課すものであるから，その制限の形態に照らして販売段階での競争制限に結び付きやすく，この制限によって当該商品の価格が維持されるおそれがあると認められる場合には，原則として〔旧〕一般指定13項の拘束条件付取引に該当するというべきであり，たとえ取引先の制限に販売政策としてそれなりの合理性が認められるとしても，それだけでは公正な競争に悪影響を及ぼすおそれがないということはできない」と述べて，横流し禁止行為の公正競争阻害性の判断に，上記最高裁判決の基準を採用することを否定した。なお，前述したように花王化粧品販売事件・最判平10・12・18は，対面販売義務とともに課した卸売販売の禁止について，違法にならないと判断している。

(ⅳ) 選択的流通

メーカー等が自社の商品を取り扱う流通業者に対して，販売方法等に関する一定の基準を設定し，当該基準をみたしている流通業者にのみ商品を取り扱わせ，取り扱いを認めた流通業者以外の流通業者への転売を禁止することがある。「選択的流通」と呼ばれる。流通・取引慣行ガイドラインは，設定された基準が「それなりの合理性な理由に基づくものと認められ，かつ，当該商品取扱いを希望する他の流通業者に対しても同等の基準が適用される場合」には，通常，問題にならないとしている（第1部第2の5）。

(4) 競争者排除効果をもたらす拘束条件付取引

上記(1)から(3)において取り上げた拘束条件付取引は，競争回避による価格維持効果を有するとして公正競争阻害性が認定されていた。他方，拘束条件付取引にあたる行為が競争者排除効果を有する場合もある。

供給者が行う場合と需要者が行う場合とがある。供給者が行う場合には，

たとえば，取引先に累進リベートによって競合品の取扱いを制限する場合（山口県経済農業協同組合連合会事件・勧告審決平9・8・6），あるいは競合品を取り扱うときは了解を得るとの条件を付すような場合である（岡山県南生コンクリート協同組合事件・勧告審決昭56・2・18）。

　需要者が行う代表的な事例は，農協の連合会が，農業機械・肥料等のメーカーに，自己を通して会員農協に販売する「系統ルート」を維持するために，メーカーに農協等に直接販売しないことを条件として取引する行為である（鳥取中央農業協同組合事件・勧告審決平11・3・9）。全国農業協同組合連合会事件・勧告審決平2・2・20も同じタイプの事件であるが，この事件の行為は，競争者排除効果だけでなく価格維持効果も認めることのできる事例であった。サギサカ事件・勧告審決平12・5・16は，自転車用部品の卸売業者が，部品メーカーに対して，自己を通さずに，直接，量販店と取引するのを制限していた事件である。

　大分大山町農業協同組合事件・排除措置命令平21・12・10は，農産物直売所を設置して出荷農家から農産物の販売を受託する事業を行っている農協が，出荷農家に競争関係にある農産物直売所に出荷しないことを条件に取引した事件である。本件において農産物直売所が行っている販売受託事業は，出荷農家との取引と農産物直売所における農産物購入者との取引を仲介する機能を有していることから，需要が相互に依存する二面的ないし双方向性を有している。この点を考慮して公正競争阻害性を判断すべきことが指摘されている[167]。

　この事件にみられるように2つの需要者グループを組み合わせ，それぞれのグループの利用の程度が互いに影響を与え合うようなプラットフォーム事業を展開する場合には，一方の利用者グループの増加によって他方の利用者グループの便益・効用が向上することがある。このような効果を「間接ネットワーク効果」という。プラットフォーム事業者が垂直的制限行為を行う場合，プラットフォーム事業者間の競争の状況や，ネットワーク効果を踏まえて事業者の市場における地位等を考慮する必要があるとされている（流通・取引慣行ガイドライン第1部3⑴）。

---

[167] 井畑陽平・平成22年度重判305頁，東條吉純・経済法百選［第2版］150頁参照。

(5) 輸入総代理店契約と並行輸入阻害

輸入総代理店契約は，外国事業者とわが国の輸入業者との間で，わが国の輸入業者に，当該外国事業者の製品をわが国において一手に販売する権利を付与する契約である。一手販売権を付与された輸入総代理店は，並行輸入によって価格競争が起きるのを回避するために様々な阻害行為を行う。輸入総代理店契約それ自体が拘束条件付取引として問題となる場合と，輸入総代理店が並行輸入を阻害する行為が問題となる場合とがある。後者の場合には，行為の態様によって一般指定14項が適用されることもある。

(i) 競争者間の輸入総代理店契約

競争者の間において輸入総代理店契約が結ばれることがある。たとえば，わが国のビール・メーカーが，外国のビール・メーカーと輸入総代理店契約を結ぶような場合である。わが国に販売網をもたない外国事業者にとっては，たとえ競争者であっても自己の製品を販売するための有力な方法である。しかし，この場合，総代理店となるわが国のメーカーが，契約相手である外国メーカーに対して，総代理店以外の業者との取引を制限するだけでなく，契約当事者間での競い合いも回避されることになる。

(ii) 輸入総代理店による並行輸入阻害

輸入総代理店は，並行輸入を阻止するために，並行輸入業者の仕入先に対して，並行輸入業者への販売を中止させる行為，あるいは，輸入総代理店が，並行輸入品を取り扱わないことを条件として流通業者と取引する行為を行う。これまで輸入総代理店が，取引先卸売業者に対して，並行輸入品を取り扱っている小売業者に販売しないようにさせていた行為に対して旧（昭和57年）一般指定13項（現行一般指定12項）が適用されている[168]。この場合の公正競争阻害性は，製品差別化が進んでいる市場において，対象となるブランドをめぐる販売業者間の価格競争が制限されることにある。このような理解に対して，競争者である並行輸入業者の排除に公正競争阻害性を求める有力な見解がある[169]。

(6) 販売地域の制限

---

168) ホビージャパン事件・勧告審決平9・11・28。旧（昭和28年）一般指定8項が適用された事件に，オールドパー事件・勧告審決昭53・4・18がある。
169) 根岸＝舟田295頁。

メーカーが，卸売業者等の流通業者と取引する際，取引先卸売業者等の販売地域を制限することがある。メーカーが流通業者に一定のテリトリーを与え流通業者が当該メーカーのブランドを扱う他の流通業者からの競争圧力を受けずに，当該メーカーのブランドを積極的に販売することが期待できる。反面，流通業者に対する制限の態様，採用するメーカーの市場における地位等によっては，制限の相手方である流通業者の市場全体における自由な競争が減殺されるおそれがある。

メーカーが流通業者に対して行う販売地域の制限には，①一定の地域を主たる責任地域として定め，当該地域内において，積極的な販売活動を行うことを義務付けること（「責任地域制」），②店舗等の販売拠点の設置場所を一定地域内に限定したり，販売拠点の設置場所を指定すること（「販売拠点制」），③一定の地域を割り当て，地域外での販売を制限すること（「厳格な地域制限」），④一定の地域を割り当て，地域外の顧客からの求めに応じた販売を制限すること（「地域外顧客への受動的販売制限」）等がある（流通・取引慣行ガイドライン第1部第2の3参照）。

これら販売地域の制限の態様によって，競争に及ぼす影響が異なる。独禁法上問題となるのは，上記の③と④の場合である。流通・取引慣行ガイドラインは，上記④の「地域外顧客への受動的販売制限」については，「価格維持効果が生じる場合」に，また上記③の「厳格な地域制限」については「市場における有力な事業者」が行い，「価格維持効果が生じる場合」に違法となるとしている。③の「厳格な地域制限」について，市場における有力な事業者によって行われるかあるいは製品差別化が進んでいる場合に価格が維持されるおそれがあるとされるのは，そのような場合でなければ，販売業者が特定の地域において独占的地位を与えられても，他のブランドとの間の競争にさらされて価格を維持することができないからである[170]。「価格維持効果が生じる場合」の判断については，前述した帳合い取引の義務づけの場合と同じ事情・要因を考慮してなされる。

---

170) 山田昭雄ほか編著『解説 流通・取引慣行に関する独占禁止法ガイドライン』（商事法務研究会，1991年）173-174頁。根岸編・注釈471-472頁（泉水文雄）参照。厳格な地域制限について，市場における有力な事業者，価格維持効果の存否を検討して違法性を否定した24条訴訟に，三光丸事件・東京地判平16・4・15がある。

これまで、販売地域の制限が、それ自体単独で違法とされた事例はないが、再販売価格の拘束と併せて販売地域の制限が違法とされた事件に、富士写真フイルム事件・勧告審決昭56・5・11がある。被審人富士エックスレイ株式会社は、X線フイルムの供給量において約53％を占める被審人富士写真フイルム株式会社の100％子会社で、富士写真フイルムの製造するX線フイルムのすべてを取り扱っているところ、富士エックスレイが取引先販売業者との間で締結した特約店契約において、X線フイルムについて、再販売価格の指示、取扱商品の制限とともに、特約店の販売地域が競合しないようにするために行った販売地域の制限が、旧（昭和28年）一般指定8項に該当するとされたものである。

特許ライセンス契約において、ライセンサーがライセンシーに対して、特許製品の販売地域を制限しても、原則として、不公正な取引方法に該当しない[171]。旭電化工業事件・勧告審決平7・10・13は、外国事業者との間のノウハウ・ライセンス契約において、ライセンサーであるわが国の事業者が、ライセンシーである外国事業者に対して、契約終了後もわが国向けの輸出を制限していた行為が、旧一般指定13項に該当するとされた事件である。外国事業者のわが国市場への参入を制限している点に公正競争阻害性がある。販売地域の制限でも、メーカーが流通業者の販売地域を制限する場合と競争への質的な影響が異なっている点に注意が必要である。

(7) 販売方法の制限

メーカーが、自己の商品の安全性・品質の確保、ブランド・イメージの保持等の目的で、小売業者に対して、自己の商品の販売方法について制限を加える場合がある。たとえば、①商品の販売に際して、使用方法などの説明を義務づける、②チラシなどにおける価格の広告・表示方法を制限する、③商品の品質管理について指示する、④店舗内での商品の陳列場所・売り方などについて指示する、等である。これらの販売方法の制限は、競争政策上、どのように評価されるのであろうか。資生堂東京販売（富士喜）事件・最判平10・12・18は、次のように判示している。すなわち、「メーカーや卸売業者が販売政策や販売方法について有する選択の自由は原則として尊重されるべ

---

171) 知的財産ガイドライン第4の4(2)。

きであることにかんがみると、これらの者が、小売業者に対して、商品の販売に当たり顧客に商品の説明をすることを義務付けたり、商品の品質管理の方法や陳列方法を指示したりするなどの形態によって販売方法に関する制限を課することは、それが当該商品の販売のためのそれなりの合理的な理由に基づくものと認められ、かつ、他の取引先に対しても同等の制限が課せられている限り、それ自体としては公正な競争秩序に悪影響を及ぼすおそれはなく、〔旧〕一般指定の13にいう相手方の事業活動を『不当に』拘束する条件を付けた取引に当たるものではないと解するのが相当である」と。その上で、化粧品メーカーが、特約店小売業者に対面販売義務を課すことには、「それなりの合理的な理由」があると判示した。公取委の相談事例に、医薬品メーカーが、薬局・薬店に対して医薬品の服薬指導をして当該医薬品を販売するようにさせていたことには、合理的な理由があるとされた例がある[172]。

　最高裁判決のいう合理性基準については、特定の販売方法、本件の場合には対面販売義務を受け入れる販売業者とのみ取引する閉鎖的流通システムを前提にして、当該制限の合理性を判断する基準を述べたものと理解すべきといわれている[173]。上記判決と同日に下された花王化粧品販売事件・最判平10・12・18では、対面販売義務に合理性があることを前提に、対面販売義務とともに課された卸売販売の禁止は、対面販売義務に必然的に伴う義務であるとして肯定されている。

　上記最高裁判決は、販売方法の制限に、①「それなりの合理的な理由」があること、かつ、②「他の取引先にも同等の制限が課せられていること」という条件を充たせば、不当性がないと判示しているが、これは、これらの条件を充たす場合であっても、他の行為・事実の如何によって不当性が認められる場合があることを否定する趣旨ではない[174]。販売方法の制限が、独禁法上問題となる場合として、流通・取引慣行ガイドラインは、(ア)「メーカーが、小売業者の販売方法に関する制限を手段として、小売業者の販売価格、競争品の取扱い、販売地域、取引先等についての制限を行っている場合」、

---

172)　「平成13年相談事例集」（2002年）事例3。
173)　川濵昇「再販売価格の拘束と販売方法の拘束をめぐって―道具としての独禁法」民商法雑誌124巻4・5号612頁以下参照。
174)　泉水文雄・平成10年度重判236頁。

(イ)「メーカーが，小売業者に対して，店頭，チラシ等で表示する価格について制限し，又は価格を明示した広告を行うことを禁止する場合」をあげている（第1部第2の6(2)・(3)）。(イ)の値引き表示の制限については，前述した（本節Ⅳ2(2)参照）。(ア)の場合には，再販価格の拘束等，主たる制限に即して公正競争阻害性が判断される。化粧品メーカーが，対面販売条項と店別契約条項に違反した特約店小売業者との間の特約店契約を解約した事案において，裁判所が，「本件解約は，原告による値引販売を阻止するのみならず，一般的に商品の値引販売を萎縮させて，その再販売価格を不当に拘束するという結果をもたらし，公正な競争を阻害するおそれがあるから」，独禁法の「趣旨に照らし，公序良俗に違反する」と判示した例がある[175]。

(8) 知的財産に関する制限

特許権等の知的財産権のライセンス契約において，ライセンサーがライセンシーの事業活動に制限を課す行為が不公正な取引方法として問題となる。ライセンスされた技術を用いて製造する製品の製造数量，製品の販売価格，販売先・販売地域の制限，競合技術の利用制限等の制限が，拘束条件付取引として問題となる（第8章参照）。どのような場合に不公正な取引方法に該当するかについて，公取委は知的財産ガイドラインを定めて公表している。

第5節　優越的地位の濫用

Ⅰ　概　説

1　規制の概要

優越的地位の濫用には，①独禁法2条9項5号の規定が定めるものと，②2条9項6号の規定に基づいて公取委が一般指定および特殊指定で定めるものがある。特殊指定に「特定荷主が物品の運送又は保管を委託する場合の特定の不公正な取引方法」（物流業特殊指定）と「大規模小売業者による納入業者との取引における特定の不公正な取引方法」（大規模小売業者特殊指定）がある。

---

[175] マックスファクター事件・神戸地判平14・9・17。西村暢史・平成14年度重判235頁参照。

2条9項5号の規定に該当するもので「継続してするもの」には，課徴金が課せられる（20条の6）。2条9項5号に該当する優越的地位の濫用について，公取委が，法運用の透明性，事業者の予見可能性を向上させる観点から，「優越的地位濫用ガイドライン」を定めて，「優越的地位」の認定や，濫用行為に該当する場合等を明らかにしている。

優越的地位の濫用規制と同じ趣旨で，下請取引を公正ならしめ下請事業者の利益を保護するために下請代金支払遅延等防止法（下請法）が定められている（本節Ⅳ参照）[176]。

2　規制の趣旨

市場において，誰と，どのような条件で取引するかは，取引当事者の自由で自主的な判断に基づいて決められ，形成された取引関係に対して公的な干渉はしないというのが私的自治の原則である。独禁法による優越的地位の濫用規制は，私的自治の原則の例外をなす。

独禁法が確保しようとする市場における競争は，取引が当事者の自由で自主的な判断に基づいて公正に行われることによって，その機能が発揮され，それによって公正な競争秩序が形成される。取引の相手方に対して優越的地位にある事業者が，取引の相手方の自由で自主的な判断を妨げ，それによって競争機能の発揮が妨げられることがある。また，実際に何らかの事情で市場における競争が機能しないことから取引の相手方に対して優越的地位にある事業者が，そのことを利用して取引の相手方の自由で自主的な判断を妨げる場合もある。このような状態にあることに乗じて，競争が機能していれば課しえない不利益な条件を相手方に課す行為を規制しようとするのが優越的地位の濫用規制である。

Ⅱ　優越的地位の濫用規制（2条9項5号）

1　概　要

2条9項5号の規定が定める優越的地位の濫用は，①「自己の取引上の地

---

[176] 優越的地位濫用の解釈・運用上の諸問題の検討については，『優越的地位の濫用規制の展開』学会年報35号（2014年）および長澤哲也『優越的地位濫用規制と下請法の解説と分析［第2版］』（商事法務，2015年）参照。

位が相手方に優越していること」(「優越的地位」)を「利用して」,②「正常な商慣習に照らして不当」な行為(「濫用行為」)を行うことである。この規定に違反する行為を「継続して」行ったときは課徴金が課される(20条の6)。

2　優越的地位の意義および認定

「優越的地位」とは,市場における競争者との関係で優越していることではなく,取引の相手方との関係で取引上の地位が相対的に優越していることをいい,取引の一方の当事者(甲)が他方の当事者(乙)に対して優越的地位にある場合とは,「乙にとって甲との取引の継続が困難になることが事業経営上大きな支障を来すため,甲が乙にとって著しく不利益な要請等を行っても,乙がこれを受け入れざるを得ないような場合」をいう(優越的地位ガイドライン第2の1)。

優越的地位の認定に際して,ガイドラインは,①乙の甲に対する取引依存度(乙の総売上高に占める甲に対する売上高の割合),②甲の市場における地位,③乙の取引先変更の可能性(他の事業者との取引開始や取引拡大の可能性,甲との取引に関連して行った投資等),④その他甲と取引することの必要性を示す具体的事実(甲との取引の額,甲の今後の成長可能性,取引の対象となる商品または役務を取り扱うことの重要性,甲と取引することによる乙の信用の確保,甲と乙の事業規模の相違等)を考慮するとしている。

これまでの事例でみると,百貨店・スーパー等の大規模小売業者と当該業者に継続的に商品を納入している業者,コンビニ・チェーンと当該チェーンとフランチャイズ契約を締結している加盟店,金融機関とその融資先である中小企業等の取引関係において優越的地位が認定されている。チェーン組織など多店舗展開をしている小売業者と納入業者の関係という点では,上記の場合のほか,家電量販店,玩具,ホテル,ホームセンター等のチェーンと納入業者との関係において優越的地位が認定されている。

優越的地位の判断・認定について,トイザらス事件・審判審決平27・6・4は,それまでと異なり,特段の事情がない限り濫用行為から優越的地位の存在を推認するという判断手法をとった。しかし,山陽マルナカ事件・審判審決平31・2・20は,トイザらス事件・審判審決の認定手法を覆し,ガイドラインに沿って,上記の取引依存度等の事情を考慮して判断する手法を

とっている。相手方が不利益な要請等を受け入れるに至った経緯や態様については，相手方がこれを受け入れざるを得ないような場合にあったことをうかがわせる重要な要素となり得るとして，判断に際しての考慮要素とした[177]。

これまで優越的地位の濫用にあたるとされた事例は，すべて事業者間取引に係るものであるが，2条9項5号の規定は消費者との取引にも適用されうる文言になっている。たとえば，事業者が消費者との間で継続的なサービス取引を行っている場合に，中途解約が難しい事情の下で一方的に消費者に不利益を与えるように変更するような場合について，2条9項5号の規定を適用する余地がある[178]。

違反事例では，行為者の市場における地位，相手方の取引依存度，取引先変更の困難性等を示す事情から優越的地位が認定されている。

納入業者が全国展開しているときでも，相手方小売業者が特定地域において支配的な地位にある場合には，その取引依存度は特定地域の事業所単位でみることもある。山陽マルナカ事件・審判審決平31・2・20では，納入業者のうち，山陽マルナカと取引がある当該納入業者の支店等の事業所の売上高に占める山陽マルナカに対する売上高の割合が高い業者の場合についても優越的地位が認定されている。セブン－イレブン・ジャパン事件・排除措置命令平21・6・22では，加盟店に推奨商品とその仕入先を提示し，推奨商品についてはセブン－イレブンの発注・仕入・決済システムを利用できる便宜が得られること，加盟店に対して経営相談員が経営指導，援助等を行っている等の事情も考慮されている[179]。三井住友銀行事件・勧告審決平17・12・26では，融資先である中小企業が，①金融機関からの借入れのうち，主と

---

177) 根岸哲・経済法百選［第2版］160頁参照。
178) 消費者取引問題研究会報告書『消費者政策の積極的な推進へ向けて』（平成14年11月）は，「一方的不利益行為への対応中途解約が難しいことなど，消費者に対する情報・交渉力の格差に乗じて，消費者の取引先（事業者）変更の可能性が制限されている継続的なサービス取引において，事業者が不当な契約条項を定めたり，取引開始後に一方的に消費者の不利益となるよう契約内容を変更する行為」などが優越的地位の濫用として問題となると指摘している。同報告書26頁。同報告書の内容も含めて，消費者取引における優越的地位の濫用規制について，林秀弥「消費者取引と優越的地位の濫用規制―行動経済学と競争法」NBL981号105頁以下参照。
179) 坂本修＝石本将之＝市丸純「株式会社セブン－イレブン・ジャパンに対する排除措置命令について」公正取引709号60頁。

して三井住友銀行からの借入れによって資金需要を充足している，②三井住友銀行からの借入れについて直ちに他の金融機関から借り換えることが困難である，③三井住友銀行からの融資が得られることを想定して進めている事業について，当該融資が得られなければ他の方法によって事業資金を調達することが困難である，等の事情から優越的地位が認定されている[180]。ドン・キホーテ事件・同意審決平 19・6・22 では，当時，ドン・キホーテがディスカウント業界における新興の急成長企業であったことが重視されている[181]。

3 「利用して」

優越的地位を「利用して」について，優越的地位ガイドラインは，優越的地位にある行為者が，相手方に対して不当に不利益を課して取引を行えば，通常，「利用して」に該当するとしている。公取委が規制した事件において「利用して」が問題とされたことはないが，民事訴訟においては，取引の相手方に不利益な条件を受け入れさせる行為が，優越的地位と無関係に行われた場合には，「利用して」にあたらないとされる場合がありうることが指摘されている[182]。

4 濫用行為

(1) 購入要請（2条9項5号イ）

2条9項5号イの規定は，「継続して取引する相手方（新たに継続して取引しようとする相手方を含む。ロにおいて同じ）に対して，当該取引に係る商品又は役務以外の商品又は役務を購入させること」と定めている。括弧書の「新たに継続して取引しようとする相手方を含む」の意義については，文字通り継続的な取引を新たに開始しようとする者を含む趣旨とされている[183]。

---

180) 諏訪園貞明「株式会社三井住友銀行に対する勧告審決について」公正取引 664 号 47 頁。
181) 岡田羊祐＝林秀弥編『独占禁止法の経済学』（東京大学出版会，2009 年）289 頁（岡室博之＝林秀弥）。
182) 白石忠志ほか「鼎談・優越的地位濫用をめぐる実務的課題」ジュリ 1442 号 22 頁（長澤哲也発言）。秋吉信彦「民事訴訟における優越的地位の濫用」ジュリ 1442 号 61 頁に掲載されている事例で，たとえば，東京地判平 20・4・9 判タ 1299 号 227 頁は，金融機関が融資に際して融資希望者にゴルフ会員権を紹介した行為は，「融資者としての地位を利用した優越的地位の濫用ということもできない」と述べている。
183) 藤井宣明＝稲熊克紀編著『逐条解説 平成 21 年改正独占禁止法』（商事法務，2009 年）49 頁。

5号イの規定に該当する行為に，いわゆる「押し付け販売」がある。百貨店やスーパーが納入業者に対して，自らが販売する商品または役務を購入させる行為（三越事件・同意審決昭 57・6・17，山陽マルナカ事件・審判審決平 31・2・20），ホテル・チェーンが納入業者に対して当該ホテルの宿泊券を購入させる等の行為である（カラカミ観光事件・勧告審決平 16・11・18）。

「購入させる」には，その購入を取引の条件とする場合や，その購入をしないことに対して不利益を与える場合だけでなく，事実上，購入を余儀なくさせていると認められる場合も含まれる（優越的地位ガイドライン）。三井住友銀行事件・勧告審決平 17・12・26 では，融資先である中小企業に対して，金利スワップの購入が融資の条件であり，購入しなければ融資に関して不利な取扱いをする旨を示唆する等していたことが「購入させる」にあたるとされた。この事件では，オーバーヘッジとなる金利スワップを購入させていたが，オーバーヘッジにならなくとも融資の条件として金利スワップを購入させていれば「正常な商慣習に照らして不当」に不利益な条件を課したものといえよう。

金融機関が融資の条件として即時両建預金を要求する行為が優越的地位の濫用にあたるとされた事件に，岐阜商工信用組合事件・最判昭 52・6・20 がある。最高裁は，融資の条件として即時両建預金を要求する行為自体は，濫用行為にあたらないが，拘束預金比率と実質金利が高いことから不当に不利益な条件であり濫用行為にあたるとした。

(2) 利益提供の要請（2条9項5号ロ）

2条9項5号ロの「金銭，役務その他の経済上の利益を提供させること」に該当する行為に，百貨店・スーパー等が納入業者に対して，協賛金や売場改装費用等の名目で金銭の提供を要請する行為，棚卸し等の業務のために納入業者に対して従業員の派遣を要請する等，労務を無償で提供させる行為がある。「提供させる」という相手方に対する強制性については5号イの「購入させる」と同じである。

取引の相手方に，取引とは関係なく金銭や労務を提供させる行為は，行為自体が原則として濫用にあたりそうであるが，これまでの規制事例および優越的地位ガイドラインによれば，金銭や労務を提供させる行為であって，①協賛金等の負担要請や従業員等の派遣要請の条件について，取引の相手方と

合意することなく，あるいは負担額やその算出根拠を明確にすることなく要請する場合や，②提供させた金銭や労務が，取引の相手方に直接の利益とならない場合に，濫用行為に該当するとしている。

エディオン事件・排除措置命令平24・2・16では，従業員等の派遣について，納入業者との間で，「開店セール等における販売業務」に関する派遣については合意をしていたが，「搬出・搬入及び店作り」については合意せずに従業員の派遣を要請していたことから濫用にあたるとされた。

値引きの形をとっていても，その実質が，在庫処分費用や協賛金の要請である場合には，金銭提供の要請に該当するとの取り扱いがなされている（ローソン事件の「1円納入」は在庫処分費用の捻出，エコス事件・排除措置命令平20・6・23の「即引き」は開店にかかる協賛金の要請と捉えられている）[184]。

全国農業協同組合連合会事件・勧告審決平2・2・20では，全農が取引先段ボールメーカーによる系統外ルートで低価格で販売するのを阻止するために，需要者である単協に自己の価格との差額分の負担を申し出て，その差額分を「市況対策費」として取引先段ボールメーカーに提供させていた行為が金銭提供の要請にあたるとされている。

(3) その他の濫用行為（2条9項5号ハ）

2条9項5号ハの規定は，上記の行為のほか，受領拒否，返品，代金の支払遅延，減額をあげた上で「その他取引の相手方に不利益となるように取引の条件を設定し，若しくは変更し，又は取引を実施すること」と定めて，濫用行為を広く捕捉できるようにしている。取引条件の設定・変更のほか「取引の実施」が入っているのは，取引の過程において相手方に不利益となるような行為を含む趣旨である[185]。

これらの行為は，これまで下請法によって規制されてきたが，2009（平成21）年改正法施行以降，スーパー等が納入業者との取引において行った返品，減額が，2条9項5号の規定に該当するとの運用がなされている。

返品については，①納入業者の責めに帰すべき事由がなく，②合意により返品の条件を定めておらず，かつ③納入業者から返品を受けたい旨の申出が

---

[184] 渡邊俊一＝友澤興「株式会社エコスによる独占禁止法違反事件について」公正取引698号53頁。
[185] 田中編92頁。

ないにもかかわらず返品したことが濫用行為にあたるとされている（山陽マルナカ事件・排除措置命令平23・6・22，トイザらス事件・排除措置命令平23・12・13）。

減額（商品または役務を購入した後に契約で定めた対価を減額する行為）については，納入業者の責めに帰すべき事由がなく行われたことをもって濫用行為とされている（山陽マルナカ事件，トイザらス事件）。

受領拒否（取引の相手方から取引に係る商品の受領を拒む行為）について，優越的地位ガイドラインは，正当な理由がなく行われた場合に濫用にあたるとしている。正当な理由がある場合として，購入した商品に瑕疵がある場合等取引の相手方の責めに帰すべき事由がある場合や合意により受領しない場合の条件を定めている場合があげられている。

支払遅延（契約で定めた支払期日に対価を支払わない場合）についても正当な理由がなく行われれば濫用にあたるとされ，「あらかじめ当該取引の相手方の同意を得て，かつ，対価の支払の遅延によって当該取引の相手方に通常生ずべき損失を自己が負担する場合」には濫用にあたらないとされている（優越的地位ガイドライン第4の3(3)）。

2条9項5号ハの規定に列挙された行為以外に濫用行為にあたる場合として，優越的地位ガイドラインは，取引の対価の一方的決定，やり直しの要請をあげている。前者については，「取引の相手方に対し，一方的に，著しく低い対価又は著しく高い対価での取引を要請する場合であって，取引の相手方が，今後の取引に与える影響等を懸念して当該要請を受け入れざるをえない場合」に濫用にあたるとしている。公取委が注意した事例であるが，電力会社が大規模工場等の取引の相手方に対して，契約上，あらかじめ合意がなければ電気料金の引上げを行うことができないにもかかわらず電気料金の引上げを行ったことが，濫用にあたるおそれがあるとした事例がある[186]。

(4) フランチャイズ・システムにおける濫用行為

フランチャイズ・システムは，一般的に，「本部が加盟者に対して，特定の商標，商号等を使用する権利を与えるとともに，加盟者に物品販売，サービス提供その他の事業・経営について，統一的な方法で統制，指導，援助を

---

186) 公取委「東京電力株式会社に対する独占禁止法違反被疑事件の処理について」(2012年6月22日)。

行い，これらの対価として加盟者が本部に金銭を支払う事業形態」をいう（フランチャイズ・ガイドライン1(1))。加盟者は，本部の包括的な指導等を内容とするシステムに組み込まれるものであることから，フランチャイズ契約締結後の本部と加盟者との取引において，システムによる営業を的確に実施する限度を超え，加盟者に対して一方的に不利益を与えたり，加盟者のみを不当に拘束することが行われることがある。フランチャイズ・ガイドラインは，取引先の制限，仕入数量の強制，見切り販売の制限，フランチャイズ契約終了後の契約内容の変更，契約終了後の競業禁止等の行為等をあげている。

セブン－イレブン・ジャパン事件・排除措置命令平21・6・22において，セブン－イレブンが加盟店に対して行った見切り販売の制限は，廃棄ロス原価を含む売上総利益がロイヤルティの算定の基準となっている場合に，加盟店に見切り販売を禁止することによって，「加盟店が自らの合理的な経営判断に基づいて廃棄に係るデイリー商品の原価相当額の負担を軽減する機会を失わせている」ことが不当に不利益とされた[187]。

(5) 民事訴訟において優越的地位の濫用が認められた事例

民事訴訟において優越的地位の濫用が認定されて契約等が公序良俗に反して無効とされた事例に以下のような例がある[188]。

金融機関が融資に際して，融資先に即時両建預金を要請した行為（岐阜商工信用組合事件・最判昭52・6・20），融資先に他人の不良債務を重畳的に引き受けさせることを条件に融資に応じた例（品川信用組合事件・東京地判昭59・10・25）がある。

メーカー等が継続的取引関係にある取引先販売業者に対して行った競争品の取扱い，販売価格・販売地域等の制限を，契約期間を20年という長期に設定し（あさひ書籍事件・東京地判昭56・9・30），制限違反について高額の違約金を定めて（畑屋工機事件・名古屋地判昭和49・5・29，日本機電事件・大阪地判平元・6・5)，遵守させていた例がある。上記の制限を，長期間契約により，あるいは高額の違約金により遵守させていたことが「正常な商慣習に照らして不当に不利益」とされたと解される[189]。

---

187) 川濱昇・平成21年度重判289頁参照。
188) 民事訴訟において優越的地位の濫用が問題となった事例については，秋吉・前掲注182) 参照。

5 「正常な商慣習に照らして不当に」

(1) 正常な商慣習に照らして不当

2条9項5号は，優越的地位を利用して「正常な商慣習に照らして不当に」，同号に定める行為（以下，「濫用行為」という）を行う場合に違法となるとしている。

「正常な商慣習」は，現に存在する商慣習ではなく，公正な競争秩序の観点から是認される商慣習をいい，この文言は，経済社会において行われている行為との関係において，その不当性の程度を表現するために用いられている[190]。

(2) 公正競争阻害性

優越的地位の濫用行為が，いかなる意味において公正競争阻害性を有するのかについて種々議論があったが，現在は，「取引主体の自由かつ自主的な判断により取引が行われるという自由な競争の基盤が侵害されること」（独禁研報告書〔昭和57年〕）に求められている。行為が取引の相手方に対し不当な不利益（不当な抑圧）を加えているか否かで判断され，自由競争減殺の場合の競争者排除や価格維持といった影響は必要とされていない[191]。優越的地位ガイドラインは，公正競争阻害性の認定に際して，不利益の程度や「行為の広がり」（取引の相手方の数や他に波及するおそれ等）を考慮するとしているが，行為の広がりは，公取委が事件として取り上げるべきか否かを判断する際に考慮すべき事情であり，公正競争阻害性の認定には必要ないと解される[192]。

濫用行為の公正競争阻害性については，主に，①取引の相手方と合意している場合を含めて，取引条件の内容等が相手方にあらかじめ明確になっているか否か，②取引条件等が取引の相手方に対して不当な不利益を与えることになるか否かの観点から判断されている（優越的地位ガイドライン第4の2(1)および(2)参照）。①は取引の相手方に，予期していない取引条件を要請されることによって不利益が生じるおそれがあるからである。②については，取引

---

189) 根岸哲「あさひ書籍事件評釈」特許管理33巻6号759頁参照。
190) 田中編91頁，田中寿「不公正な取引方法（一般指定）改正案の概要」NBL256号11頁。
191) 根岸編・注釈497頁（根岸哲）。
192) 根岸編・注釈499頁（根岸哲）。

の相手方に与える不利益の内容・程度を勘案して合理的な範囲を超える場合には，当該取引条件があらかじめ明確になっていたとしても「不当に不利益」にあたる場合がありうるので，そのような場合も捕捉するためである。

具体的な判断は，2条9項5号のイからロの規定に列挙されている行為の間で異なっている。たとえば，受領拒否，支払遅延，減額等については，行われれば原則として不当性が認められ，取引の相手方側の責めに帰すべき事由がある等「正当な理由がある」場合には不当性がないとされている（同第4の3(1)(3)および(4)参照）。これに対して，協賛金等の提供要請，従業員等の派遣要請等については，取引の相手方に対して負担額，算出根拠，使途等が明確になっているか，取引の相手方に与える不利益がどのような内容・程度であるか等を勘案して合理的な範囲を超える場合に「正常な商慣習に照らして不当に不利益」とされている（優越的地位ガイドライン第4の2(1)および(2)参照）。「合意」については，形式的になされただけでは足りず「取引の相手方との十分な協議の上に当該取引の相手方が納得して合意している」ことが必要とされている（同第4の2(2)（注14））。

不利益性については，たとえば，金銭・役務の提供を要請したときに，提供された金銭・役務が当該取引の相手方が納入する商品の販売促進につながる等，取引の相手方の「直接の利益」となる場合には合理的な範囲内のものとして不当に不利益」にはあたらないとされている（優越的地位ガイドライン第4の2(1)および(2)参照）。

6 優越的地位の濫用に係る課徴金

2条9項5号に該当し「継続して」行われる場合には，課徴金の納付が命じられる。違反行為の実行期間における当該行為の相手方との間における政令で定める方法（引き渡した商品または役務の対価の額）により算定した売上額（当該行為が商品または役務の供給を受ける相手方に対するものである場合は引き渡しを受けた商品または役務の対価の額）に1％を乗じて得た額を課徴金として納付しなければならない。

トイザらス事件審決において，大規模小売業者が多数の納入業者に対して，異なる形態の濫用行為を，異なる相手方に対して行っている場合に，それが組織的，計画的に一連のものとして実行されていると評価できるときは，1

つの違反行為として規制されることになるとの判断が示された。この判断によれば，たとえば，大規模小売業者が，1月から3月末まで納入業者Aに対して押し付け販売を，2月から4月末までBに対して従業員派遣を，3月から5月末までCに対して返品を行い，これらが組織的・計画的に一連の行為と評価される場合には，課徴金の額は，実行期間である1月から5月末までの間に，当該大規模小売業者がA，BおよびCから購入したすべての商品または役務の購入額に1％を乗じた額となる。

7　私的独占規制との関係

2009（平成21）年改正法の20条の2から20条の5の各規定が，2条9項1号から4号の各規定に該当する行為に7条の2第1項，2項，4項のいずれかの規定によって課徴金が課される場合には，不公正な取引方法として課徴金を課すことはないと定めているのに対して，優越的地位の濫用について課徴金を定めている20条の6の規定には，そのような措置が定められていない。共同ボイコット等が3条前段または3条後段と不公正な取引方法の両方の要件に該当することがあり得るのに対して，優越的地位の濫用については，主に支配型私的独占との関係が問題となるが，両者が重複することはないと，立法者は考えたものと受けとめられている[193]。

私的独占と優越的地位の濫用は，競争に及ぼす影響が質的に異なっていることから，共同ボイコット等の行為について競争の実質的制限に至る前に不公正な取引方法によって予防的に規制するのと同じ関係はない。実際に問題となるのは，市場において支配的地位にある事業者または有力な事業者が2条9項5号に定める濫用行為を行った場合であるが，この場合も，当該行為によって市場支配力が形成・維持・強化されれば私的独占に該当し，当該行為が取引の相手方の自由で自主的な判断を侵害する場合には優越的地位の濫用に該当すると解される。

---

[193] 私的独占との関係については，上杉秋則「ついに優越的地位の濫用行為にも課徴金！対象となる行為と課徴金算定方式」ビジネス法務2009年11月号68頁，白石忠志「新独禁法の重要論点　優越的地位濫用規制の概要」ビジネス法務2009年11月号60頁参照。

Ⅲ 公正取引委員会の指定

1 概 説

2条9項6号ホの「自己の取引上の地位を不当に利用して相手方と取引すること」を受けて一般指定と特殊指定において優越的地位の濫用にあたる行為が定められている。一般指定または特殊指定が適用される場合には，課徴金が課されることはない。

2 一般指定13項（取引の相手方の役員選任への不当干渉）

一般指定13項に「自己の取引上の地位が相手方に優越していることを利用して，正常な商慣習に照らして不当に，取引の相手方である会社に対し，当該会社の役員……の選任についてあらかじめ自己の指示に従わせ，又は自己の承認を受けさせること」が定められている。

取引相手の役員選任の干渉は，1950年代に規制事例がある（日本興業銀行事件・勧告審決昭28・11・6，三菱銀行事件・勧告審決昭32・6・3）。これ以降，規制事例はない。

3 特殊指定

特殊指定で優越的地位の濫用に該当する行為を定めているものに物流業特殊指定，大規模小売業特殊指定および新聞業特殊指定がある。

(1) 物流業特殊指定（「特定荷主が物品の運送又は保管を委託する場合の特定の不公正な取引方法」）

資本金3億円超の荷主（特定荷主という）と同3億円以下の物流事業者（特定物流業者という）または資本金1000万円超3億円以下の荷主と資本金1000万円以下の物流事業者の間で行われる，物品の運送または保管を委託する取引における①代金の支払遅延，②代金の減額，③著しく低い代金を定めること，④自己が指定する物品・役務の購入・使用要請，⑤割引困難な手形の交付，⑥経済上の利益を提供させること，⑦運送・保管のやり直し等が不公正な取引方法とされている。

(2) 大規模小売業特殊指定（「大規模小売業者による納入業者との取引における特定の不公正な取引方法」）

この特殊指定は，百貨店・スーパー等の大規模小売業者が納入業者との取引において行う，不当な返品等の行為を不公正な取引方法として定めている。現在も施行されているが，2009（平成 21）年改正独禁法が施行されて以降，公取委は，本指定の対象となる行為を 2 条 9 項 5 号の規定に該当する優越的地位の濫用として規制している。

(3) 新聞業特殊指定（「新聞業における特定の不公正な取引方法」）

日刊新聞の発行業者が，販売業者に対して，正当かつ合理的な理由がないのに，注文部数を超えて新聞を供給すること（「押し紙」という）等によって販売業者に不利益を与える行為が不公正な取引方法とされている。違反事例に，第三次北國新聞事件・勧告審決平 10・2・18 がある。

IV 下請法による規制

1 目 的

下請法（下請代金支払遅延等防止法）は，1956（昭和 31）年に，独禁法の優越的地位の濫用に当たる行為をより効果的に規制するために，独禁法の補完法として制定された。

下請法が適用される典型例は，完成品メーカー等の親事業者が部品等を下請事業者に製造委託する取引において，親事業者が下請事業者に対して優越的地位にあることを利用して行われる代金の支払遅延等の不当な行為である。下請法が適用される行為は独禁法の優越的地位の濫用にも該当するが，独禁法とは異なる規制がとられるようになったのは，①下請取引においては取引条件が明確にされずに取引が行われることがある，②親事業者が不当な行為を行った場合に下請事業者が規制当局に申告することが期待できない，③親事業者と下請事業者の取引関係はできるかぎり存続させることが望ましい等の理由からである。下請法では，規制される取引が，取引当事者の規模・取引内容によって限定されている，取引条件を明確にするために親事業者に契約書面を作成し下請事業者に交付する義務を負わせている，親事業者の法違反に対しては指導・勧告といった緩やかな措置がとられる等，独禁法とは異なった規制が行われている[194]。

---

[194] 下請法による規制の詳細については，鎌田明編著『下請法の実務〔第 4 版〕』（公正取引協会，2017 年）参照。

2 規制される下請取引

　下請法が適用される下請取引は，取引の当事者である事業者の規模と，取引の内容によって限定されている（図1参照）。規制される取引は，「製造委託」「修理委託」「情報成果物作成委託」および「役務提供委託」である（2条1～4項）。これらの取引を行う事業者が図1の資本金の規模要件によって「親事業者」「下請事業者」に当たる場合に，それらの事業者間の取引が下請法によって規制される（2条7項・8項）。

　規模要件に該当し親事業者として規制をうける事業者が，規制を免れるために自己の子会社等をして下請事業者に製造委託等を行わせることがあり得る。これを防止するために，当該子会社等を親事業者とみなして規制が行われる（2条9項）。「トンネル会社規制」と呼ばれている。

● [図1] 下請法の対象

❶物品等の製造委託・修理委託および政令で定める情報成果物[*1]の作成・政令で定める役務[*2]の提供委託

親事業者	下請事業者
資本金3億円超	資本金3億円以下（個人を含む）
資本金1000万円超3億円以下	資本金1000万円以下（個人を含む）

＊1）政令で定める情報成果物…プログラム
＊2）政令で定める役務…運送，物品の倉庫における保管，情報処理

❷情報成果物の作成・役務の提供委託（政令で定めるものを除く）

親事業者	下請事業者
資本金5000万円超	資本金5000万円以下（個人を含む）
資本金1000万円超5000万円以下	資本金1000万円以下（個人を含む）

3 親事業者の義務

　下請取引においては，取引条件が不明確なまま取引が行われると下請事業者に不利益が生ずることがある。下請法は，親事業者が下請事業者と製造委託等の取引をしたときは，親事業者は，直ちに，下請事業者の給付の内容，

下請代金の額，支払期日および支払方法等を記載した書面を下請事業者に交付する義務（3条）を，また，親事業者は同様の事項を記載した書面を作成して保存する義務（5条）を定めている。

このほか親事業者には，下請代金の支払期日を，給付を受領してから60日の期間内に設定する義務（2条の2），支払期日までに支払わなかったときは遅延利息を支払う義務（4条の2）が負わされている。

4　親事業者の禁止行為

下請法4条1項は，親事業者が下請事業者に対し製造委託等をした場合に，以下の行為を禁止している（役務提供委託の場合は①および④を除く）。

①受領拒否
②支払遅延
③代金の減額
④給付を受領した後に引き取らせること（返品）
⑤同種の給付よりも著しく低い代金を定めること（買いたたき）
⑥自己の指定する物・役務を強制して購入または利用させること
⑦下請事業者が違反事実を公取委または中小企業庁に知らせたことを理由に不利益な取り扱いをすること（報復措置）

4条2項は，親事業者の以下の行為を定め（役務提供委託の場合は⑧を除く），当該行為が「下請事業者の利益を不当に害する」場合を禁止する。

⑧給付に必要な原材料等を自己から購入させた場合に，その対価を下請代金の支払期日よりも早期に支払わせること
⑨支払期日までに割引を受けることが困難な手形の交付
⑩金銭・役務等の経済上の利益を提供させること
⑪給付の内容を変更させまたは給付をやり直させること

5　下請法違反に対する手続

公取委は下請法違反被疑事件に接したときは調査を行い，親事業者が受領拒否や支払遅延等の「行為をしている」ときは，当該親事業者に対し給付を受領し，その下請代金を支払う等，不利益な取り扱いをやめるべきことその他必要な措置をとるべきことを「勧告」する（7条1項）。

上記の③から⑥に該当する「行為をした」ときは，減額分の支払い，返品した給付の再受領，代金の引上げ等の措置をとるべきことを勧告する（7条2項）。4条2項が定める行為（上記の⑧から⑪の行為）については，「下請事業者の利益を保護するために必要な措置」をとるべきことを勧告する（7条3項）。

下請法上の勧告に違反しても罰則や履行を促すための過料等の定めはなく，勧告という緩やかな措置によって法目的を達成しようとしたのは，親事業者の下請事業者に対する不当な行為を是正する方法として，親事業者に努力を要請し，その努力をみながら問題の解決を図ることが適当と考えられたからとされている[195]。

下請法8条は，下請法上の勧告がなされたときに，親事業者が当該勧告に従ったときは，勧告に係る行為については，独禁法の20条（不公正な取引方法に対する排除措置）および20条の6（優越的地位の濫用に係る課徴金）の規定は適用しないと規定している。この規定から，逆に，親事業者が勧告に従わなかったときは，公取委は，独禁法の不公正な取引方法として調査し，違反の事実があるときは独禁法上の措置を講じることができる。

第6節　不当な顧客誘引・取引強制

I　概　説

2条9項6号ハの規定は，不当な顧客誘引および不当な取引強制を定めている。この規定に基づいて，一般指定8項にぎまん的顧客誘引，一般指定9項に不当な利益による顧客誘引，一般指定10項に抱き合わせ等の不当な取引強制が定められている。一般消費者に対する不当な顧客誘引行為である不当表示および過大な景品付販売については，一般消費者保護の観点から不当景品類及び不当表示防止法（景表法）によって規制されている。

II　ぎまん的顧客誘引

195）鎌田明編著・前掲注194）196頁。

第6節　不当な顧客誘引・取引強制

1　規制対象

　一般指定8項が規制するのは，商品または役務の内容・取引条件について，実際のものまたは競争者のものよりも著しく優良または有利であると顧客に誤認させる行為である。虚偽の表示によって商品を購入させるような行為である。本項の規制が及ぶ一般消費者に対する優良誤認・有利誤認表示は，景表法によって行われている。本項は，表示に限らず広くぎまん的な行為を規制の対象としている。また，誘引の対象を「顧客」としているので一般消費者だけでなく事業者に対する誘引行為も含まれる（「著しく優良又は有利」等の意義については，景表法の規制の項を参照）。

　本項に該当するとされた行為にいわゆるマルチ商法がある。販売組織の破綻を告げずに高収入が得られるかのように誤信させて勧誘している場合に一般指定8項に該当するとされている（ベルギー・ダイヤモンド損害賠償請求事件・東京高判平5・3・29）。マルチ商法については，特定商取引に関する法律において「連鎖販売取引」として規制されている（同法33条以下）。

　フランチャイズ・システムの本部が加盟店を募集する際に，加盟後の商品の仕入先に係る推奨制度やロイヤルティの額・算定方法等について「十分な開示を行わず，又は虚偽若しくは誇大な開示」を行えば一般指定8項によって規制される（フランチャイズガイドライン2(2)・(3)参照）。

2　公正競争阻害性

　ぎまん的顧客誘引は，競争者の顧客を「不当に」誘引した場合に違法とされる。公正競争阻害性については，3つの視点（第1節Ⅲ2参照）のうち競争手段の不公正に求められ，ぎまん的誘引行為が顧客の適正かつ自由な選択を歪め，また正しい表示を行っている競争者の顧客を奪うおそれがあるので，行為自体が能率競争に反するとされている（独禁研報告書〔昭和57年〕）。行為が，競争者および競争にいかなる影響を及ぼしたかを具体的に立証する必要はない。独禁研報告書（昭和57年）は，公正競争阻害性の判断において「当該行為の相手方の数，当該行為の継続性・反復性等行為の広がりを考慮する」としているが，行為の広がりは，公取委が事件を取り上げる際の考慮事項であって，公正競争阻害性の要件ではないと解されている[196]。

---

196)　根岸・問題163頁，白石344-345頁。

III 不当な利益による顧客誘引

1 規制対象

　一般指定9項は，顧客に景品等の利益を提供して自己と取引するよう誘引する行為を規制する。正常な商慣習に照らして不当な場合に違法となる。正常な商慣習は，現に存在する商慣習ではなく，公正な競争秩序維持の観点から是認される商慣習をいう[197]。

　一般消費者に対して行われる景品付販売は，景表法によって規制される。これまで，不当な利益による顧客誘引として規制された事例に，マルチ商法に関するベルギー・ダイヤモンド損害賠償請求事件・福岡高判平8・4・18がある。マルチ商法は，前述したように勧誘方法にぎまん性が認められるが，本判決は，本件のマルチ商法が会員になった者がダイヤの販売のあっせんにより多額の利益配当を得られることを申し出てダイヤを販売していた点を捉えて一般指定9項にも該当するとしている。ホリデイ・マジック事件・勧告審決昭50・6・13は，一般指定9項を適用した事件であるが，マルチ商法の勧誘方法の上記2つの側面によって一般指定8項・9項のいずれかまたは両方が適用可能である。

　野村證券事件・勧告審決平3・12・2は，証券会社によるいわゆる「損失補てん」行為が，「投資家が自己の判断と責任で投資をするという証券投資における自己責任原則に反し，証券取引の公正性を阻害するもので，証券業における正常な商慣習に反する」と述べて，損失補てん行為自体が一般指定9項に該当するとした。綱島商店事件・勧告審決昭43・2・6は，ルームクーラーの販売にカラーテレビを景品として提供した行為が不当な利益による顧客誘引とされた。この事件は，景表法に基づく制限告示（後述IV 2 (2)）が制定される以前の事件で，景品の提供自体は正常な商慣習に反する行為ではないが，本件のように取引価額に比して景品の額が過大である場合に正常な商慣習に照らして不当と判断している。

2 公正競争阻害性

　景品等の利益を提供して顧客を誘引する行為の公正競争阻害性は，顧客の

---

[197] 田中編60頁。

適正かつ自由な商品選択を歪めるだけでなく，提供される利益の多寡またはその内容に競争が影響される点にある（独禁研報告書〔昭和57年〕）。一般指定8項のぎまん的顧客誘引が，行為自体に公正競争阻害性が認められるのに対して，提供される利益の内容・程度等を考慮して，正常な商慣習に照らして不当か否かが判断される。

IV 景表法による規制

1 概　要

景表法は，不当な景品類および表示による顧客の誘引を防止するため，一般消費者による自主的かつ合理的な選択を阻害するおそれのある行為の制限および禁止について定めることにより，一般消費者の利益を保護することを目的とする（1条）。2014（平成26）年11月改正法により，不当表示を行った事業者に対して課徴金を賦課する制度が導入された。食品等の不当表示事案が頻発したことに対処するためである[198]。

2 景品規制

（1）規制対象

規制される「景品類」は，事業者が自己の供給する商品または役務の取引に付随して相手方に提供する物品，金銭その他の経済上の利益である（景表2条3項）。製造業者が販売業者を通じて消費者に販売する場合，製造業者が景品類を提供していれば当該製造業者が規制され，販売業者が景品類を提供していれば当該販売業者が規制される。

「経済上の利益」には，正常な商慣習に照らして値引またはアフターサービスと認められる経済上の利益，および正常な商慣習に照らして当該取引に係る商品または役務に附属すると認められる経済上の利益は含まれない[199]。

---

[198] 2014（平成26）年6月改正法では，事業者のコンプライアンス体制の整備が義務付けられ（26条1項），従わない場合には，内閣総理大臣が勧告・公表を行うことができる（28条）とする改正が行われた。景表法の規定において内閣総理大臣が有する権限は，消費者庁長官等に委任されている（33条）。景品表示法による規制の詳細については，大元慎二編著『景品表示法〔第5版〕』（商事法務，2017年）参照。

[199] 「不当景品類及び不当表示防止法第2条の規定により景品類及び表示を指定する件」（昭和37年6月30日公取委告示3号）。

取引通念上妥当と認められる基準に従って行われるキャッシュバックや同一商品の追加提供のような場合である[200]。

(2) 制限告示

景品規制は，景表法4条の規定に基づいて内閣総理大臣が定める「制限告示」によって行われる。

制限告示には，業種を問わず一般的に適用される「一般消費者に対する景品類の提供に関する事項の制限」および「懸賞による景品類の提供に関する事項の制限」がある。これらの制限告示によって提供される景品類の最高額が以下のように定められている。

①総付景品（懸賞によらず購入者全員に提供されるもの）の場合
　取引価額の2割（取引価額が200円未満の場合は200円）

②懸賞による場合
　取引価額の20倍（上限10万円）を限度とし，かつ総額が懸賞に係る取引価額の20倍（上限10万円）を限度としかつ総額が懸賞に係る売上予定総額の2％を上限。

③共同懸賞（小売業者等が共同で行うもの）の場合
　取引の価額にかかわらず30万円かつ懸賞に係る売上予定総額の3％を上限。

上記のほか，特定の業種を対象とした制限告示が，新聞業，雑誌業，不動産業および医療用医薬品業・医療機器業・衛生検査所業について定められている。

3 表示規制

(1) 規制対象

規制されるのは，事業者が「自己の供給する商品又は役務の内容又は取引条件その他これらの取引に関する事項について」行う広告その他の表示である（景表2条4項）。たとえば，製造業者または販売業者が自ら供給する商品または役務について，テレビ・新聞等の媒体を用いて表示を行う場合，当該製造業者または販売業者が規制され，直接表示を行う広告代理店や広告媒体

---

[200]　「景品類等の指定の告示の運用基準について」（昭和52年4月1日事務局長通達第7号）参照。

が規制されるのではない。

　商品がメーカーから卸売業者，小売業者を通じて消費者に販売される場合に，表示の主体は「表示内容の決定に関与した者」とされている。これには「自ら若しくは他の者と共同して積極的に表示の内容を決定した事業者」だけでなく，「他の者の表示内容に関する説明に基づきその内容を定めた事業者」や「他の事業者にその決定を委ねた事業者」も含まれる[201]。

　景表法は，商品または役務の内容に関する不当表示（5条1号）と取引条件に関する不当表示（5条2号）に分けて規制している。内容に関する表示については，不実証広告の規制（5条2項）がかかる。

(2)　内容に係る優良誤認表示（5条1号）

　商品または役務の内容について，実際のものまたは競争者のものよりも著しく優良であると示す表示が，一般消費者による自主的かつ合理的な選択を阻害するおそれがあると認められる場合に不当表示となる。2009（平成21）年景表法改正により，「公正な競争を阻害するおそれ」が「一般消費者による自主的かつ合理的な選択を阻害するおそれ」に変わったが，これまでも競争への影響を立証する必要はないとされてきたので，規制基準に変更はないものと解される。

　5条1号で規制されるのは，景表法制定の契機となった「にせ牛缶事件」のように，缶詰の中身が牛肉でないのにラベルに牛肉と表示しているような場合である。

　「著しく」優良であると示す表示とは，表示における「誇張・誇大の程度が社会一般に許容されている程度を超えている」ことをいう。カンキョー空気清浄機審決取消請求事件・東京高判平14・6・7は，空気清浄機の集塵能力についての表示が競争者のものよりも「著しく優良」であるかが問われた事件で，判決は「当該表示を誤認して顧客が誘引されるかどうか」は「商品の性質，一般消費者の知識水準，取引の実態，表示の方法，表示の対象となる内容など」によって判断されるとしている。旅行会社が行った北欧向けの主催旅行の広告において「白夜」「24時間沈まない太陽」という表現については，実際には一定の時期しか見ることができないのに，一般消費者には

201）　ベイクルーズ原産国表示審決取消請求事件・東京高判平20・5・23。

当該主催旅行の実施期間中見られるかのように誤認されるとされている[202]。いわゆる司法試験予備校が司法試験対策講座の受講者でない者を当該講座の受講者に含めて合格実績をパンフレット等に表示していた行為が「一般消費者に対して実際のものよりも著しく優良である」ことを示す表示とされている[203]。

（3）不実証広告規制（7条2項）

内閣総理大臣は，事業者の表示が5条1号に該当するか否かを判断するため必要があると認めるときは，当該事業者に対し，当該表示の裏付けとなる合理的な根拠を示す資料の提出を求めることができる。この場合において，当該事業者が該当資料を提出しないときは，5条1号に該当する表示と「みなす」とされている（7条2項）。これは「不実証広告規制」とよばれている。

近年の健康志向を反映して，痩身効果を標榜する器具や食品等の表示が増え，当該表示通りの効能効果があるかどうかの判断が難しくなってきている。規制する側の負担を軽減するとともに，事件を迅速に処理するために，2003（平成15）年の景表法改正によって導入された。

法文上は「資料を提出しないときは」と規定されているが，提出された資料が合理的な根拠を示すものと認められない場合「資料を提出しないとき」に含まれる（オーシロ審決取消請求事件・東京高判平22・10・29）。合理的な根拠を示すものであると認められるためには，①提出資料が客観的に実証された内容のものであること，②表示された効果，性能と提出資料によって実証された内容が適切に対応していること，の2つの要件をみたさなければならない[204]。

後述する課徴金納付命令に関しても同様の規定が設けられているが，資料が提出されないときは5条1号に該当する表示（優良誤認表示）と「推定する」と規定し，資料提出期間経過後であっても，優良誤認表示該当性を争う余地を与えている（8条3項）。

（4）取引条件に係る有利誤認表示（5条2号）

---

202) 日本交通公社事件・審判審決平3・11・21。
203) 東京リーガルマインド事件・排除命令平17・2・10。
204) 公取委「不当景品類及び不当表示防止法第4条第2項の運用指針―不実証広告規制に関する指針」2003（平成15）年10月28日。

5条2号に該当するのは，価格その他の取引条件について，実際のものまたは競争者のものよりも著しく有利であると一般消費者に誤認される表示である。販売価格に関する表示で，安さを標榜する場合等が問題となる。

販売価格に関する表示が不当表示に該当するのは，①実際の販売価格より安い価格を販売価格として表示すること，②通常他の関連する商品や役務と併せて一体的に販売されている商品について，これらの関連する商品や役務の対価を別途請求する場合に，その旨を明示しないで，商品の販売価格のみを表示すること，③表示された販売価格が適用される顧客が限定されているにもかかわらず，その条件を明示しないで，商品の販売価格のみを表示すること，である（価格表示ガイドライン第3の2）。

販売価格の表示で違反事例が多いのが，いわゆる二重価格表示（販売価格に当該販売価格よりも高い他の価格〔比較対照価格〕を併記して表示すること）である。つぎの場合に不当表示に該当する。すなわち，①同一ではない商品の価格を比較対照価格に用いて表示を行う場合，②比較対照価格に用いる価格について実際と異なる表示やあいまいな表示を行う場合（価格表示ガイドライン第4の1）である。

ヤマダ対コジマ事件・東京高判平16・10・19は，家電量販店が競合店である「Aよりも安くします」との表示が旧4条1項2号違反になるかが問題となった事例である。判決は，「著しく有利であると一般消費者に誤認される」か否かは，一般消費者の認識を基準として判断され，安さを強調する表示が個別の商品についてではなく概括的・包括的内容のものである場合，一般消費者は当該表示はAよりも安く売ろうとする企業姿勢の表明として認識するにとどまり，表示行為者の方がAよりも有利であると認識するとは限らないとの理由で本号違反を否定している。

(5) 内閣総理大臣が指定するもの（5条3号）

5条1号および2号のほか，一般消費者に誤認されるおそれがある表示であって，内閣総理大臣が指定するものが不当表示として規制される。

2018（平成30）年1月現在，無果汁の清涼飲料水，商品の原産国，消費者信用の融資費用，不動産のおとり広告，おとり広告，有料老人ホーム等について指定が定められている。これらの指定では，表示することが義務付けられている事項について表示しないこと（「不表示」）が不当表示となることが

ある。たとえば，「無果汁の清涼飲料水等についての表示」は，果汁が入っていないものに果汁の名称・絵等を用いる場合に「無果汁」の表示をしなければ不当表示とされる。

　本号の指定のほか，前述した2条3項または4項の指定，および4条の制限告示を定めるとき，内閣総理大臣は，公聴会を開催して関係事業者および一般の意見を聴取するとともに消費者委員会の意見を聴取しなければならない（6条1項）。

4　違反行為に対する措置
（1）　措置命令

　内閣総理大臣は，4条の規定による制限または5条の規定に違反する行為があるときは，当該事業者に対し，当該行為の差止めまたは再発を防止するために必要な事項を命ずることができる（7条1項）

（2）　課徴金納付命令

①制度趣旨

　不当表示に対する抑止力を高めるために，平成26年の景表法の改正によって課徴金制度が導入された。独禁法上の課徴金制度とは異なり，消費者の被害を回復するための措置が設けられている。

②課徴金対象行為

　課徴金が課されるのは優良誤認表示（5条1号）と有利誤認表示（5条2号）である。5条3号に基づく指定告示に係る表示は課徴金の対象とはされてない（8条1項）。

③課徴金額の算定

　課徴金額は，課徴金対象行為をした期間における課徴金対象行為に係る商品または役務の「政令で定める方法」（引き渡した商品または提供した役務の対価の額を合計する方法（景表法施行令1条））により算定した売上額に3％を乗じた額（8条1項）である。ただし，課徴金対象行為を行った事業者が当該課徴金対象行為をした期間を通じて当該課徴金対象行為に係る表示が優良誤認表示または有利誤認表示に該当することを知らずかつ知らないことについて「相当の注意を怠った者でないと認められるとき」は課徴金の納付は命じられない。当該表示の根拠となる情報を確認するなど，正

常な商慣習に照らして必要とされる注意を払っているような場合である[205]。
④事実の報告による課徴金の減額（9条）
　事業者が課徴金対象行為を行った場合であっても，立入検査等の調査が行われる前に，当該課徴金対象行為について内閣総理大臣に報告したときは，課徴金の額が50％減額される（9条）。
⑤返金措置による課徴金の減額（10条・11条）
　景表法上の課徴金制度の特徴の1つに返金措置による課徴金の減額がある。これは，課徴金対象行為を行った事業者が，当該行為に係る商品または役務を購入した一般消費者に対して，政令で定める方法により算定した購入額に3％を乗じた額以上の金銭を交付する措置（「返金措置」）を行った場合には，8条1項または9条の規定により計算した課徴金の額から返金措置を行った金額を減額するものである（11条2項）。
　返金措置によって課徴金が減額されるためには，①実施しようとする返金措置の計画を作成して，内閣総理大臣の認定を受け（10条1項），②認定された計画に従って適正に返金を実施したことを報告することが必要である（10条4項）。
(3) 適格消費者団体による差止請求
　消費者契約法2条4項に規定する適格消費者団体は，事業者が，不特定かつ多数の一般消費者に対して，優良誤認表示（5条1号）または有利誤認表示（5条2号）を「現に行い又は行うおそれがあるとき」は，当該事業者に対して，当該行為の差止め等を請求することができる（30条1項）。
　優良誤認表示にあたる内容を記載したチラシを配布していた事業者に対して差止請求がなされた事件において，提訴後にチラシの配布をやめたことから「現に行い又は行うおそれがあるとき」にあたらないとされた事件がある[206]。
(4) 事業者の法令遵守体制を整備する義務
　事業者は景表法を遵守するために，内閣総理大臣が定める指針に従って必要な措置を講じなければならない（26条1項・2項）。

---

[205] 大元慎二編著・前掲注198）298頁。
[206] クロレラチラシ事件・最判平29・1・24。この事件については，近藤充代・経済法百選［第2版］258頁参照。

5 公正競争規約

　事業者または事業者団体は，景品類または表示について，消費者庁長官および公取委の認定を受けて，一般消費者の自主的・合理的な選択および公正な競争を確保するための協定または規約を締結・設定することができる（31条）。「公正競争規約」と呼ばれている制度である。認定を受けた協定または規約およびこれらに基づいてする事業者または事業者団体の行為には，独禁法違反として措置がとられることはない（31条5項）。

V　不当な取引強制

1　総　説

　2条9項6号ハの規定は，不当な顧客誘引とともに，「不当に競争者の顧客を自己と取引するように強制すること」を定めている。これを受けて一般指定10項は，前段で，供給者が「相手方に対し，不当に，商品又は役務の供給に併せて他の商品又は役務を自己又は自己の指定する事業者から購入させ」る抱き合わせ販売を，後段で，その他の取引強制を定めている。

2　抱き合わせ販売

(1)　概　要

　抱き合わせ販売が違法となるには，(1)抱き合わす商品または役務（以下「主たる商品」という）と抱き合わされる商品または役務（以下，「従たる商品」という）が別個の商品であること，(2)従たる商品を「購入させること」にあたる取引の「強制」があること，および(3)不当性（公正競争阻害性）があること，が必要である。

(2)　行為形態

　一般指定10項は，「商品又は役務」の供給に併せて「他の商品又は役務」を購入させることと規定していることから，抱き合わせには，商品と商品を抱き合わせる場合だけでなく，商品と役務（例：機械の販売と当該機械の保守契約），役務と商品（融資と機械の購入）および役務と役務（例：航空券とホテルの宿泊）を抱き合わせる場合も含まれる。「供給」には，売買だけでなく貸借，リース等も含まれ，特許等のライセンス契約において原材料等を抱き合わせる場合も含まれる。

従たる商品は，主たる商品とは別個の商品であることが必要である。これまで，抱き合わせに該当するとされた事例では，教科書と普通図書（長野県教科書供給所事件・同意審決昭39・2・11），融資と農業機械等（斐川町農業協同組合事件・勧告審決昭51・3・29），人気テレビゲームソフトと在庫ソフト（藤田屋事件・審判審決平4・2・28），エレベーターの部品と取替え工事（東芝昇降機サービス事件・大阪高判平5・7・30），表計算ソフトとワープロソフト（日本マイクロソフト事件・勧告審決平10・12・14）が別個の商品の抱き合わせとされている。

　2つの別個の商品を組み合わせて1つの商品として販売する場合には，抱き合わせにならない。たとえば，歯磨きと歯ブラシをセットにして「旅行用」として販売するような場合である。2つの商品の組み合わせが「1つの商品」になるか否かは，組み合わせによって，内容・機能が実質的に変わっているか，通常「1つの商品」として販売されているか，等を考慮して判断される[207]。複写機のリースに，トナーのような消耗品を併せて購入させる場合も，当該消耗品について他のメーカーの参入を阻害するおそれがあるので，別個の商品の抱き合わせとして独禁法上問題となる[208]。

　主たる商品の販売に併せて従たる商品を「自己又は自己の指定する事業者から『購入させること』」が必要である。「自己の指定する事業者」は，たとえば，機械の販売に際して，自己の子会社と当該機械の保守契約を締結させるような場合である。「購入させること」に該当するか否かは，個別主観的に当該個々の顧客が取引を強制されたかどうかではなく，ある商品の供給を受けるのに際し，客観的にみて少なからぬ顧客が他の商品の購入を余儀なくされているか否かによって判断される[209]。主たる商品市場において経済力を有している売手が抱き合わせを行えば，原則として「購入させること」に該当する[210]。前掲長野県教科書供給所事件では，行為者が県内における唯一の教科書卸売業者であること，および教科書と併せて一定額以上の普通図書を購入しない取次店は整理統合することを取り決めて取次店に了承させてい

207）　田中編65頁。流通・取引慣行ガイドライン第1部第2の7(3)参照。
208）　「事業者の活動に関する相談事例集」（2000年）16頁。
209）　前掲藤田屋事件。
210）　川濵昇「独禁法上の抱合せ規制について（2・完）」法学論叢123巻2号27-28頁。

た。前掲日本マイクロソフト事件では，主たる商品である表計算ソフトが同市場において市場占拠率第 1 位であることに加えて，買い手が主たる商品のみの供給を要請したのに対して，それを拒絶して従たる商品も買わせていた事実，およびマイクロソフトが抱き合わせの方針をとっていることを知っていて仕方なく応じたこと，が認定されている。逆にいえば，これら 2 つのソフトのばら売りにも応じるのであれば「購入させること」にはならない。藤田屋事件では，①主たる商品が人気の高いゲームソフトである，②当該ゲームソフトの需要に比し供給量が不足している，③当該ゲームソフトを新規の取引先から容易に入手し難い，等の状況のもとで行われたことが「購入させること」に該当するとされた。

(3) 不当性（公正競争阻害性）
(i) 公正競争阻害性の内容

抱き合わせの公正競争阻害性には，以下の 2 つのタイプ，すなわち，(ア)顧客の商品・役務の選択の自由を妨げるおそれのある競争手段であり，価格・品質・サービスを中心とする競争（能率競争）の観点からみて，不公正であること，(イ)主たる商品の市場における有力な事業者が行って，従たる商品の市場における自由な競争を減殺するおそれがあることである[211]。上記(ア)の観点からみるときは，「市場全体における競争に及ぼす影響は必ずしも要件ではない。しかしながら，独占禁止法の規制の対象となる行為であるから，当該行為の対象とされる相手方の数，当該行為の反復・継続性，行為の伝播性等の『行為の広がり』を考慮する」とされ，(イ)の観点からは，「主たる商品に係る市場における地位（市場シェア，順位等），当該行為の対象となる顧客数，規模，従たる商品の市場シェア・出荷額，従たる商品の競争者の状況，顧客の移動状況又はそのおそれ等を考慮して」，自由競争の減殺を判断する。これらの要因は，すべて考慮しなければならないということではなく，事例によって考慮される要因は異なる。

これまで違法とされた事例に共通していることは，行為者が，主たる商品市場において有力な事業者であるか，または人気の高い商品を取扱っている事業者であることである。「行為の広がり」については，それを公正競争阻

---

211) 田中編 63 頁。

害性を認定するために必要であるとする上記の見解に対して,「行為の広がり」は,公取委の事件選別の基準にすぎず,「行為の広がり」がなくとも,行為それ自体のもつ性格から公正競争阻害性を認めることができるとする見解も有力である[212]。

(ⅱ) 能率競争阻害

これまで,抱き合わせ販売が,能率競争の観点からみて不公正とされた事例に,前掲・長野県教科書供給所事件,前掲・藤田屋事件がある。長野県教科書供給所事件は,県内唯一の教科書卸売業者が,教科書の販売に際して,教科書以外の商品の販売を禁止されていたにもかかわらず,県内のほぼすべての教科書取次店に対して,教科書の販売に併せて普通図書を購入させた行為に,旧(昭和28年)一般指定6号が適用された事例である。

藤田屋事件の審決は,公正競争阻害性について,「当該抱き合わせ販売がなされることにより,買手は被抱き合わせ商品の購入を強制され商品選択の自由が妨げられ,その結果,良質・廉価な商品を提供して顧客を獲得するという能率競争が侵害され,もって競争秩序に悪影響を及ぼすおそれのあることを指すものと解する」と述べ,認定事実として,①ドラクエⅣの人気が高いことによる市場力(事業者の独占的地位あるいは経済力を背景にするものではない)を利用して本件抱き合わせを行ったこと,②本件抱き合わせは,組織的・計画的なもので,相当数の小売業者に対して行われたこと,および③ゲームソフトの流通業界において,他の卸売業者も被審人と同様の抱き合わせを行っていたことをあげている。審決は,本件抱き合わせによっていかなる意味で良質・廉価な商品を提供して顧客を獲得するという能率競争阻害を認定しているのか判然としない。「被抱き合わせ商品市場における競争秩序」に悪影響を見ているようにも見えるが,むしろドラクエⅣの市場力を利用して価格・品質等によらずに他のゲームソフトを抱き合わせた行為が,「買手の商品選択の自由を妨げ,卸売業者間の能率競争を侵害し競争手段としての公正さを欠く」としている点に着目して捉えるべきと考えらえる。藤田屋事件審決については,不人気ソフトのように,買い手にとって不要な商品を購入させる場合で,かつ競争者の取引の機会を奪うものでないのであれば,優

---

[212] 根岸・問題163頁。

越的地位の濫用として規制すべきであるとする有力な学説がある[213]。

(ⅲ) 自由競争の減殺

抱き合わせの公正競争阻害性の第2のタイプは，自由競争の減殺である。従たる商品市場における競争が排除される場合である[214]。流通・取引慣行ガイドラインも「市場閉鎖効果が生じる場合」に違法としている（第1部第2の7(2)）。これに該当するとされる事例に，前掲・日本マイクロソフト事件がある。審決は，①パソコンユーザーにとって需要がきわめて高い表計算ソフト市場において，被審人の表計算ソフトがシェア第1位を占めていること，②本件行為が行われるまでは，ワープロソフト市場においては他社のソフトが第1位であったが，本件行為によって被審人のワープロソフトが第1位になったこと，等から従たる商品市場における自由競争減殺を認定している。

前掲東芝昇降機サービス事件における部品と取替え工事の抱き合わせ販売の公正競争阻害性について，判決は，「買い手にその商品選択の自由を失わせ，事業者間の公正な能率競争を阻害するものであって，不当というべきである」と述べて，上記の能率競争阻害の観点から公正競争阻害性を捉えているが，従たる商品（修理・保守サービス）市場において，独立系保守業者を排除し，自由な競争を減殺する効果を有しているととらえることもできる事案であった[215]。その場合の従たる商品市場は，東芝製エレベータ所有者を需要者として，当該メーカーの部品を一手に販売する系列子会社と独立系保守業者との間の修理保守サービス市場である[216]。

抱き合わせ等の不当性（公正競争阻害性）の判断においては，安全性等が考慮される。東芝昇降機サービス事件で，控訴人は，部品と取替え工事を一緒に行うのでなければエレベータの安全性を確保できないと主張した。判決は，不当性の判断にあたって安全性の確保も考慮すべき要因の1つであることを認めたが，以下の理由をあげて，本件抱き合わせは安全性を確保するた

---

213) 「座談会 最近の独占禁止法違反事件をめぐって」公正取引500号39-40頁（今村成和発言）。白石386頁。
214) 主たる商品市場における市場支配的地位を抱き合わせによって維持する点に競争阻害性が認められる場合もありうる。根岸編・注釈438-439頁（泉水文雄）。また，抱き合わせが私的独占の排除行為に該当することもある。この点につき，第5章第2節Ⅲ2(3)(ⅲ)参照。
215) 根岸＝舟田241頁。
216) 根岸編・注釈437頁（泉水文雄）。

めに正当化されるものではないと判示した。すなわち，①独立系保守業者にも検査資格者がいる，②独立系保守業者も組合等において技術交流，情報交換を行っている，③外国に輸出されたものについては，現地の保守業者が保守業務を行っている，④他社製のエレベータの場合，本件のような抱き合わせは行われていない，と。抱き合わせ販売が，安全性の確保等の目的を達成するために必要であれば，当該抱き合わせ販売は正当化される。しかし，その必要性を判断する際には，「より制限的でない代替的手段」によって同じ目的を達成できないかどうかを考慮すべきである[217]。

3 その他の取引強制

抱き合わせ販売以外で，自己（または自己の指定する事業者）と取引するように強制する行為には，以下のような場合がある[218]。

(1) 売り手が，自己の供給するすべての種類の商品を，買い手に購入させる行為
(2) 売り手が，商品を供給する際に，買い手の商品を自己に供給するようにさせる行為
(3) 買い手が，売り手から商品を購入する際に，自己の商品を売り手に購入させる行為
(4) 買い手が，売り手から商品を購入する際に，売り手の他の商品も供給するように強制する行為

等である。

(2)と(3)の行為は，「相互取引」または「互恵取引」と呼ばれている。これらの行為には，一般指定10項だけでなく，2条9項5号または一般指定12項が適用される可能性がある。

---

[217] 根岸＝舟田243頁
[218] 田中編61-62頁。

第7節　不当な取引妨害・内部干渉

I　概　説

不公正な取引方法を定義する2条9項6号への規定に基づいて，一般指定14項に競争者に対する取引妨害の規定が，一般指定15項に競争者に対する内部干渉の規定が定められている。

II　不当な競争者に対する取引妨害

1　行為主体

一般指定14項は「自己又は自己が株主若しくは役員である会社と」と規定しているが，規制されるのは「事業者」である（19条参照）。本項に「自己が株主若しくは役員」の文言が入っているのは，独禁法14条が，個人の不公正な取引方法による株式保有を禁止していることに対応して，株主または役員が一般指定14項（または15項）に該当する行為によって株式保有を行った場合に，当該株式取得等を不公正な取引方法によるものとして規制するためである[219]。

2　行為形態

市場における取引は，取引当事者の接触，取引の申出，取引条件の交渉，取引の成立，取引対象の引渡し，支払いの決済等の過程をとって行われる。競争関係にある事業者は，この取引過程のいずれかに働きかけて競争者の顧客を獲得しようとする。一般指定14項は，競争者とその取引の相手方との取引を不当に妨害する行為を規制する。妨害行為は，契約の成立の阻止，契約の不履行の誘引のほか，多種多様な行為が含まれる[220]。

これまでに規制された事例に即して，公正な競争秩序維持の観点から，4つの類型に分けて検討する[221]。

---

[219]　公取委事務局・昭和28年改正解説229頁。
[220]　田中編94頁参照。
[221]　根岸編・注釈512頁（泉水文雄）以下も参照。

第7節　不当な取引妨害・内部干渉

(1) 威圧・強迫，誹謗・中傷，物理的妨害等

行為の外形からみて反社会的・反倫理的であって競争手段として不公正な行為である。この類型に含まれる行為に，①競争者の取引先に対する脅迫・威圧，②競争者自体または競争者の商品・役務についての誹謗・中傷，③競争者の取引先に対して，競争者が知的財産権を侵害していることの告知，④競争者の取引に対する物理的妨害等である。物理的妨害が規制された事例に，熊本魚事件・勧告審決昭35・2・9がある。魚市場内のせり場に障壁を設けて競争者をせりに参加させないようにした事件である。神鉄タクシー事件・大阪高判平26・10・31では，駅前のタクシー待機場所において競争者のタクシーの前に立ちはだかる等，物理的実力を用いて利用者との契約の締結を妨害したとされた[222]。

(2) 競争者の契約の奪取

競争者の顧客を奪う行為が債権侵害として不法行為に該当する場合には，当該行為は取引の公序の観点からだけでなく公正な競争秩序の観点からも規制の対象となる[223]。かかる行為が問題となった事例に，東京重機工業事件・勧告審決昭38・1・9がある。競争者とミシンの予約販売契約を締結した顧客に対して，競争者にすでに支払った掛金相当額の値引きを申し出て自己と取引させるようにした事件である。

(3) 取引拒絶・供給遅延等

納期の遅延，供給拒絶，廉売行為，従業員の引き抜き等は，行為それ自体が競争手段として不公正な行為ではないが，行為の目的・態様等を考慮して取引妨害にあたる場合がある。

東芝昇降機サービス事件・大阪高判平5・7・30では，エレベーター等の保守サービス市場において，修理部品を一手に販売しているメーカー系保守業者が，独立系保守業者と契約しているエレベータ所有者に限って手持ち部品の納期を3ヶ月も先に指定して遅延させ，独立系保守業者の保守契約を解約させた行為が取引妨害行為とされた。この事件は，抱き合わせと取引妨害の2つの行為が問題となり，エレベータ所有者が部品と取替工事を込みで注文していた行為については旧（昭和57年）一般指定15項（現行一般指定

---

222) 神鉄タクシー事件については，池田毅・経済法百選［第2版］174頁参照。
223) 根岸哲「民法と独占禁止法（上）」曹時46巻1号14頁。

14項）に該当するとされた。同様の事例に，競争者である独立系保守業者からの購入申し込みに対して手持ちの部品の納期を遅延させ，また自己の顧客に対する価格を著しく上回る価格で販売した場合も独立系保守業者に対する取引妨害とされている三菱電機ビルテクノサービス事件・勧告審決平14・7・26，東急パーキングシステムズ事件・勧告審決平16・4・12がある。これらは，いわゆるアフターマーケットにおいて，メーカー系列の事業者が独立系事業者の取引を妨害していた事例である。アフターマーケットにおける取引妨害が問題となる例に，レーザプリンタに使用されるトナーカートリッジにICチップを搭載して，トナーカートリッジの再生品取引をさせないようにしていた例がある。公取委は，「技術上の必要性等の合理的理由がないのに，あるいは，その必要性等の範囲を超えて」再生品を利用させないようにする行為は，競争者の取引妨害（または抱き合わせ販売等）に該当するおそれがあるとしている[224]。

　第一興商事件・審判審決平21・2・16では，通信カラオケ機器製造業者が，通信カラオケ機器事業に必要な管理楽曲で，他社に使用させることができ現に使用させてきたものを，特定の競争者との紛争を契機に使用を拒絶し，競争者の取引先卸売業者にそのことを告知した一連の行為が取引妨害行為に該当するとされている。本件被審人の行為が特定の競争者を攻撃する目的からなされている。ヨネックス事件・勧告審決平15・11・27は，バドミントン・シャトルの製造業者が輸入品を排除する目的で，輸入品を取り扱う取引先販売業者に対してのみ「廉価版」商品を提供するとともに，大会主催者に輸入品販売業者の協賛を受けるのであれば協賛しないとして輸入品を取り扱わせないようにさせた行為が取引妨害にあたるとされている。このほか，従業員の引き抜き行為も①競争者を排除する目的で大量かつ一斉に競争者の従業員を引き抜き，②引き抜いた従業員を使って競争者の顧客を奪取する場合には，②の行為が取引妨害行為に該当する[225]。

---

[224]　公取委「レーザープリンタに装着されるトナーカートリッジへのICチップの搭載とトナーカートリッジの再生利用に関する独占禁止法上の考え方」（2004年10月21日）。

[225]　USEN損害賠償請求事件・東京地判平20・12・10参照。これに対して従業員を大量かつ一斉に引き抜き競争者の牽制力を弱める場合にも不当な取引妨害に該当するとする有力な見解がある。田村善之『競争法の思考形式』（有斐閣，1999年）93-94頁，白石284頁。

(4) 協同組合等によるアウトサイダーの排除

　協同組合が，共同事業を行うに際して，アウトサイダー（員外者）の取引を妨害する行為が問題とされた事例がある。アウトサイダーの原料の調達あるいは製品の販売を妨害する行為である。協同組合が排他条件や拘束条件を付して取引先にアウトサイダーと取引させないようにすれば，一般指定11項または12項に該当する。それらの規定に該当しない場合に一般指定14項が適用されている。

　神奈川生コンクリート協同組合事件・勧告審決平 2・2・15 は，生コン製造業者をセメントメーカーの系列ごとに区分する「系列別責任体制」の下，組合員である生コン製造業者にセメントを供給しているセメントメーカーが，員外者にもセメントを供給している場合に，員外者の生コンの販売量を抑制するために，系列下の組合員と員外者の生コン販売数量が一定限度を超えた場合に調整金を課すこととして，員外者とセメント製造業者との取引を妨害した事件である。東京地区エー・エル・シー協同組合事件・勧告審決平 15・1・31 では，アウトサイダーが需要者と契約する場合には，組合員を通して「代理申請」させることにして，協同組合と当該需要者とが契約を締結させていたことが，アウトサイダーと需要者との取引を妨害しているとされた。三浦地区生コンクリート協同組合事件・勧告審決平 3・12・2 は，生コン協組のアウトサイダーの原材料の仕入を妨害するために，同協同組合が原材料を共同購入している取引先協同組合に要請して，アウトサイダーの仕入先である販売業者と取引している同協同組合の組合員に，当該販売業者にアウトサイダーと取引させないようにした事件である。一般指定2項および一般指定11項の適用が困難と考えられたものと解される。

　山脇酸素事件・勧告審決昭 50・4・2 は，価格カルテルのアウトサイダーに安売りさせないようにするために，アウトサイダーの仕入れ先に商品の供給停止を要請した事件である。関東地区登録衛生検査所協会事件・同意審決昭 56・3・17 は，事業者団体が，会員間および会員・非会員間における顧客の争奪を抑制するために，会員または非会員が，会員の顧客を奪取した場合に，事業者団体が，当該行為の中止，奪取した顧客の返還等を申し入れるとともに，これに従わなかった非会員の顧客に対し，会員をして一斉に営業活動を行わせて当該非会員の顧客を奪取させるなどの行為を行っていたも

ので，8条1項5号（現行8条5号）違反とされた事件である。これら2件は，価格競争や顧客獲得競争の回避の実効性を確保するために，アウトサイダーに対する取引妨害を行っているので競争者排除というよりも競争回避に公正競争阻害性がある。

（5） 並行輸入阻害

並行輸入阻害行為は，海外の業者とわが国の輸入業者との間で結ばれる輸入総代理店契約を背景に，わが国の輸入総代理店が並行輸入業者とその取引先との取引を妨害する行為である。

輸入総代理店契約によって，海外の業者は，輸入総代理店となるわが国の輸入業者に当該業者の製品のわが国における一手販売権を付与し，輸入総代理店以外の業者には販売してはならない義務を負う。そこでわが国の輸入総代理店以外の輸入業者等が，海外事業者の販売先等から当該事業者の商品を仕入れてわが国で販売するのが並行輸入である。並行輸入品は，輸入総代理店経由で販売される場合よりも安く売られるために，輸入総代理店は，様々な方法で並行輸入業者の並行輸入を阻止しようとする。公取委の流通・取引慣行ガイドラインは，独禁法上問題となる並行輸入阻害行為として以下のような行為をあげている（第3部第2の2）。

① 　総代理店が，並行輸入業者の海外からの仕入れ経路を探知して，自己の取引先等に要請するなどして並行輸入業者への販売をやめさせること，

② 　総代理店が取引先販売業者と並行輸入品を取り扱わないことを条件として取引すること，あるいは並行輸入品を取り扱っている場合に取り扱わないようにさせること，

③ 　総代理店が取引先卸売業者に対し並行輸入品を取り扱っている小売業者には販売しないようにさせること

④ 　総代理店が，真正の並行輸入品を取り扱っている事業者に対して，並行輸入品が偽物で商標権を侵害していると称してその販売をやめさせること，

⑤ 　総代理店が並行輸入品を取り扱っている小売業者に出向いて並行輸入品を買い占めること，

⑥ 　総代理店しか並行輸入品の修理に応じることができないかまたは補修部品を供給できない場合に，合理的な理由なしに修理または補修部品の

供給を拒否すること,
⑦　総代理店がその取引先である雑誌・新聞等の広告媒体に対して，並行輸入品の広告を掲載しないようにさせること，等である。

　いずれも真正商品の並行輸入について上記の行為が行われた場合が問題となる。並行輸入品が偽物である場合，総代理店が当該商標権者であれば，商標権侵害を理由に販売の差止めを求めることができる。また，並行輸入品の広告宣伝が，商標権侵害や不正競争防止法上の混同にあたる場合には，当該広告宣伝活動の中止を求めることができる（流通・取引慣行ガイドライン第3部第2の2(4)および(7)）。

　これまで並行輸入阻害行為が独禁法違反とされた例には，輸入総代理店が並行輸入業者とその海外の仕入先との取引を妨害した事例（星商事事件・勧告審決平8・3・22）と，並行輸入業者が海外から仕入れた商品を国内において販売業者と取引するのを妨害した事例（ラジオメータートレーディング事件・勧告審決平5・9・28）の2つのタイプがある。輸入総代理店が取引先販売業者と取引する際に，並行輸入品を取り扱わないことを条件として当該販売業者と取引すれば，一般指定12項の拘束条件付取引に該当する（オールドパー事件・勧告審決昭53・4・18）。

3　公正競争阻害性

　競争は同一の需要者を奪う形をとって行われるから，競争者の取引先や自己の取引先に対して競争者と取引させないようにする行為は，競い合いの過程で常に起こる。かかる行為と取引妨害行為を区別することは容易ではない。競争者に対する取引妨害を広範に規制すると，正常な競い合いの過程に対して過剰介入するおそれがある。取引妨害の不当性＝公正競争阻害性の検討においてはこの点に留意しておく必要がある。

　独禁研報告書（昭和57年）は，取引妨害の公正競争阻害性について，次のように述べている。すなわち，「取引妨害行為は，多くの場合，特定の競争者の活動に悪影響を与えるものであるため，私的紛争の側面を有するものであるが，競争秩序に影響のないときは，独占禁止法の関係するところではない。かかる行為は，……反社会性・反倫理性のゆえに直ちに公正競争阻害性を有するといえるものではない。……その行為自体の有する目的・効果から

みて，……価格・品質による競争が歪められるような行為である」と。このように述べた上で，取引妨害行為が公正競争阻害性を有する場合として，①ある商品の価格維持を目的として安売業者の取引を妨害する場合，②カルテルの実効を確保したり，新規参入を阻止するためにアウトサイダーや新規参入者の取引を妨害する場合，③中傷，誹謗，物理的妨害，内部干渉等の価格・品質によらない競争手段がある事業者によって組織的・計画的に行われ，あるいはその可能性があり，また，一般的にも広く行われる可能性がある場合，をあげている。

取引妨害の公正競争阻害性は，独禁研報告書の3つの側面のうち競争手段の不公正に求められる場合，自由競争減殺に求められる場合，およびこれら2つの側面をともに有する場合があると考えられる。

(1) 競争手段の不公正

取引妨害行為の公正競争阻害性は，独禁研報告書が提示されてからは，主に「競争手段の不公正さ」の意味で公正競争阻害性が認められると考えられ，この意味での公正競争阻害性が認められれば，市場における競争への影響を具体的に認定する必要はないとされている。そのような行為としては，上記に掲げた競争者の取引先に対して脅迫・威圧を行う場合や競争者の取引行為を物理的に妨害する行為等，社会的・倫理的にみて非難に値する行為がこれに該当すると考えられる。しかし，これまで行為の反社会性・反倫理性だけで公正競争阻害性を認めた事例はないようである。物理的妨害がなされた例として引用される前掲熊本魚事件の場合，魚市場内における卸売業者の統合にからんで，統合後に同市場において8割強を取り扱っている卸売業者が，統合に反対する卸売業者の買受人との取引を妨害する行為として，①自己の取引先買受人とのみ取引する専属契約を締結し，②買受人が競争者との契約を更新するのを「威圧」を用いて阻止した，③そのほか競争者の従業員の引き抜き，競争者と取引している買受人の監視等が併せて行われていた事件であり，物理的妨害のみが競争手段として不公正であるとされた事件ではない。むしろ，次にみる事例と同様に，行為の目的・態様・影響等を考慮して公正競争阻害性が認定されたとみるべきであろう。

競争手段の不公正のみで判断されたと考えられるのは，前掲東京重機工業事件である。この事件は，わが国において家庭用ミシンが普及する時期に，

ミシンメーカー各社が顧客との間で行っていた予約販売契約の下で，すでに他社と予約販売契約をしている顧客に対してすでに払い込んだ掛け金相当額の値引きを申し出て競争者の顧客を自己と契約させ，競争者との契約の不履行を誘引した事件である。競争者の債権侵害という側面に加えて，当時のミシン業界においてこのような手段を用いた顧客獲得行為が横行していたことから，競争手段として不公正であるとして公正競争阻害性が認定されたものと考えられる[226]。物理的実力を用いて競争者であるタクシー事業者の顧客獲得行動を妨害した神鉄タクシー事件・大阪高判平26・10・31も競争手段の不公正さで公正競争阻害性を認定した事例である。もっとも判決が競争関係を丁寧に検討していることから自由競争減殺にも配慮しているとみることもできる。

(2) 目的・態様・影響等から公正競争阻害性が認められる場合

前記2(3)で取り上げた事例を検討してみると，行為の目的・態様において不当で，当該行為が自由競争減殺効果を有している点に公正競争阻害性があると捉えることができる。前掲東芝昇降機サービス事件に即してみると，判決は公正競争阻害性についてほとんど述べていないが，自社しか保有していない部品を競争関係にある独立系保守業者と契約している東芝製エレベータ所有者に限って手持ちの部品を故意に納期を遅延させている行為の不当性と，当該行為が東芝製エレベータ所有者に対して保守サービスを提供する市場から独立系保守業者を排除する効果の両方を考慮して公正競争阻害性を認定することができたと考えられる。前掲第一興商事件の場合も，管理楽曲の使用承諾を拒絶する行為には，反社会性・反倫理性はなく，審決は，使用承諾の拒絶とそのことを競争者の取引先に告知した行為をその目的・態様からみて競争手段として不公正としている。かかる行為の標的とされた競争者が排除される効果と合わせて公正競争阻害性を判断したものと解される[227]。

ディー・エヌ・エー事件・排除措置命令平23・6・9では，携帯電話向けソーシャルネットワーキングサービス（SNS事業）を提供する事業者であ

---

[226] 江口信次「東京重機工業(株)に対する勧告審決」公正取引150号25頁，根岸編・注釈514頁（泉水文雄）参照。

[227] 本件審決については，本文の記述とは異なり，審決が競争手段の不公正で公正競争阻害性を認定したとみる見解も，根岸哲「一般指定15項の競争者に対する取引妨害の公正競争阻害性」ジュリ1378号170頁，根岸編・注釈518頁（泉水文雄）。

るディー・エヌ・エーが，ソーシャルゲーム提供事業者に対して，競争者であるグリーのウェブサイトを通じて提供するときは，自社のウェブサイトには掲載しないとした行為が，競争者とソーシャルゲーム提供事業者との間の取引を妨害したとされた。市場において売上1位の事業者であるディー・エヌ・エーが競争者にゲームを提供しないよう要請し，要請に応じない場合には自らのウェブサイトには掲載しないとし，実際にそのような措置をとっていた点が競争手段として不公正とされ，ディー・エヌ・エーがソーシャルゲーム提供業者に対して提供するサービス市場において，先行して事業を行い売上第1位であるディー・エヌ・エーが有力な競争者であるグリーのソーシャルゲーム提供事業者との取引機会を奪い市場閉鎖効果をもたらしている点において自由競争減殺も認められた事案であったと解される[228]。

(3) 自由競争減殺の競争排除型

取引妨害行為が競争者の取引の機会を奪っている場合には，競争者排除を捉えて自由競争減殺効果に公正競争阻害性を求めることができる。前記2の(3)・(4)で取り上げた事例の競争者排除効果には2つのパターンがある。第1は，行為者以外のすべての競争者が排除されるおそれがある場合である。前掲東芝昇降機サービス事件，前掲三菱電機ビルテクノサービス事件および前掲東急パーキングシステムズ事件における独立系保守業者，協同組合による取引妨害事件の場合のアウトサイダーが排除されるおそれがある。第2は，特定の競争者を「狙い打ち」にして排除して自由競争減殺が認められる場合である。前掲第一興商事件で攻撃目標とされた競争者への妨害行為，前掲ヨネックス事件における輸入品販売業者に対する妨害行為である。この場合には，「誰が」「誰を」排除したかによって競争への影響が第1の場合と異なる[229]。第一興商事件では，シェア44％の事業者がシェア13％の競争者を排除した

---

228) 本件のSNS事業については，ソーシャルゲーム提供事業者とユーザーを仲介するサービスを提供する事業であり，対ソーシャルゲーム提供事業者の市場と対ユーザーの市場を結びつける機能（以下，「プラットフォーム機能」という）を有している。このように，一方の需要と他方の需要が相互に関連し合う2つの市場を仲介するサービス市場は，「二面性ないし双方向性」を有しており，その点を考慮して競争への影響を分析すべきであることが指摘されている。林秀弥「双方向市場における公正競争阻害性―プラットフォーム事業者による取引妨害事件」ジュリ1451号96頁。

229) この点について，金井貴嗣「取引妨害の公正競争阻害性―第一興商事件審判審決平21・2・16」公正取引709号14頁参照。

点，ヨネックス事件ではわが国における水鳥シャトルの供給量において第１位の事業者が低価格で売上げを増大していた輸入品販売業者を排除したことをもって自由競争減殺が認定されている。

(4) 自由競争減殺の競争回避型

取引妨害行為で自由競争減殺の競争回避に公正競争阻害性が求められているのが並行輸入阻害行為である。流通・取引慣行ガイドラインは，並行輸入阻害行為が「契約対象商品の価格を維持するために行われる場合」に公正競争阻害性が認められるとしている（第３部第２の２）。特定ブランド内の価格競争を制限している点に公正競争阻害性が求められている。契約対象商品の価格を維持するために行われる場合にあたるか否かは，行為者の主観的意図のみから判断されるのではなく，当該行為が行われた状況を総合的に考慮して判断される。たとえば，並行輸入品が低価格で販売されることにより，総代理店の取り扱っている商品に値崩れが生じることが予想されるような状況において，供給業者に対し，当該並行輸入業者が真正商品を入手できないようにするための措置を採るよう求める場合がこれに該当する[230]。

並行輸入阻害の公正競争阻害性が競争回避に求められる点については，再販売価格の拘束の場合と同じように，市場全体における自由競争への影響が考慮されていると考えられる。すなわち，並行輸入は対象となるブランド内の価格競争を促し，並行輸入阻害はかかる競争を制限する。並行輸入阻害が，海外の有名ブランド商品について行われる場合のように，同種の商品をめぐるブランド間において製品差別化が進んでいる場合には，市場全体における自由競争が減殺される。このような場合に，公正競争阻害性が認められるものと解される[231]。これに対して，並行輸入阻害行為の公正競争阻害性を，並行輸入業者が排除されることに求める見解もある[232]。

4　一般指定14項の射程

一般指定14項の文言が一般的・抽象的であることから，「取引妨害」には多種多様な行為が含まれる可能性がある。前述したように，取引妨害は正常

---

[230] 山田ほか編著・前掲注172) 275頁。
[231] 根岸編・注釈519頁（泉水文雄）。
[232] 根岸＝舟田295頁。

な競い合い行為との区別が容易ではない。このため不公正な取引方法の他の規定、たとえば一般指定2項、11項および12項等の規定が適用できる場合にはそれらの規定を適用し一般指定14項は補完的に適用すべきであると解されている[233]。一般指定14項と他の規定の適用範囲を明確にする必要がある。

取引妨害行為は、排他条件付取引（一般指定11項）やその他の拘束条件付取引（一般指定12項）、間接の取引拒絶（一般指定2項後段）と、競争者の取引機会を減少させる点では共通しているが、以下にみるような違いがある。まず、取引の相手方に自己の競争者と取引しないあるいは自己と取引することを「拘束」していれば、排他条件付取引または拘束条件付取引に該当する。次に、拘束の条件を付けていないが、取引の相手方に競争者との取引を「拒絶させる」場合が間接の取引拒絶にあたる。これらに該当しない場合で競争者の取引機会を奪う場合が「取引妨害」として規制されることになる。

先にあげた例でいえば、生コンの協同組合が「代理申請」や「系列別責任体制」を用いて、取引の相手方に員外者と取引させないようにしている場合、エレベータ保守業者が供給可能な部品の納期を遅らせることによって競争者との保守契約を解約させる場合、輸入品販売業者の取引先に限定して廉価版商品を設定して売り込むことで輸入品販売業者と取引させない場合等は、一般指定11項または12項、一般指定2項後段を適用するのが難しいので一般指定14項が適用されたと考えられる。並行輸入阻害の場合には、輸入総代理店が「有力な事業者」でないことから一般指定2項ではなく一般指定14項が適用されたとみられる事例がある[234]。

III 不当な内部干渉

一般指定15項は、「事業者」または「株主若しくは役員」が競争会社の株主または役員に、当該会社が不利益となる行為をするようにさせる行為を不公正な取引方法として定めている。

「自己が株主若しくは役員である会社」の文言の入っている趣旨は、一般指定14項の場合と同じである。本項は、競争会社内部の意思決定や業務執

---

233) 白石忠志「独禁法一般指定15項の守備範囲(1)」NBL585号18頁。
234) 根岸編・注釈523頁（泉水文雄）は、一般指定14項を適用することによって自由競争減殺の認定が安易にならないようにすべきであると指摘している。

行に干渉して，競争上，自己を有利にするかまたは競争会社を不利にするような行為を規制しようとするものである。内部干渉の方法は，競争会社の株主または役員に対する「株主権の行使，株式の譲渡，秘密の漏洩その他いかなる方法」でもよいとされている。競争会社の株主または役員に対して，経済上の利益を提供して誘引する行為または要請を受け入れなければ不利益を課す等により強制する場合に規制される。

競争会社に対する内部干渉も「不当に」行われた場合に不公正な取引方法に該当する。本項の公正競争阻害性は競争手段の不公正に求められている。競争会社に対する内部干渉行為自体が，価格・品質をめぐる競争秩序を歪めるような性格・影響を有するものである場合に公正競争阻害性が認められる。これまで競争会社に対する内部干渉に該当するとして規制された事例はない。

第8章 知的財産権と独占禁止法

第1節 独占禁止法と知的財産保護制度

I 「知的財産」と保護制度

「知的財産」とは，「発明，考案，植物の新品種，意匠，著作物その他の人間の創造的活動により生み出されるもの（発見又は解明がされた自然の法則又は現象であって，産業上の利用可能性があるものを含む。），商標，商号その他事業活動に用いられる商品又は役務を表示するもの及び営業秘密その他の事業活動に有用な技術上又は営業上の情報」をいう（知的財産2条）。これらのうち「発明」は特許法，「考案」は実用新案法，「植物の新品種」は種苗法，「著作物」は著作権法，「商標」は商標法，「商号」は商法等，営業秘密等の情報は「不正競争防止法」によって保護されている。これら以外に知的財産を保護する法として「半導体集積回路の回路配置に関する法律」等がある。

これらの法律は，権利者をして，一定の技術・表示・情報を権限を有する者が排他的に支配し利用できるようにすることを共通の本質とする。排他的利用が認められる範囲（対象や時間的範囲等）は法律によって異なっている。これらの法律では例外を設けて，一定の他者の利用を認めている。この例外の内容も知的財産権の種類により異なる（特許69条，新案26条，意匠36条（試験研究の例外），著作30～50条（著作権の制限），種苗21条（育成者権の効力が及ばない範囲），半導体12条（回路配置利用権の効力が及ばない範囲）等）。

権利者でない者が知的財産権を利用するには，知的財産権者との間でライセンス契約（実施許諾契約，使用許諾契約）を締結して，実施権を確保しておく必要がある。ライセンス契約（実施許諾契約・使用許諾契約）は，本来は権限を有しない者が知的財産を利用しても知的財産権者（許諾者，ライセンサ

ー）がこれを差し止めないことを約することを本質とする諾成・非典型契約である。

　特許法等は，被許諾者（ライセンシー）のみが排他的に知的財産を利用できることとする専用実施（使用）権許諾・設定制度（登録により効力が発生する）と，こうしたものでない通常実施（使用）権の許諾制度を設けている。実務では，第三者へのライセンスを行わないことを約する独占的通常実施権も付与されている。知的財産権者自らも実施しないことを約する完全独占的通常実施権が付与されることもある。

　ライセンスをする者間の関係や態様は，知的財産権保有者が他者にライセンスを許諾するというものに限らない。知的財産権を有する複数の者が各々の権利またはこれらについてライセンスを与える権限を一定の機関に拠出する等して，これら知的財産権者その他事業者がこの機関からライセンスを受けることができるようにすることがある（知的財産権をプールするという。特許については，特許プールまたはパテントプールと呼ばれる）。それぞれ知的財産権を有する複数の者が，各々の権利を相互にライセンスすることもある（クロスライセンス）。ライセンスを受けた者がさらに他の者にライセンスすることもある（再許諾またはサブライセンス）。また，許諾契約の内容には，差止請求を行わないというにとどまらず，技術の実施に必要なノウハウ等を包括的に移転し技術援助を行うことなどが含まれることがある。

　特許権，意匠権等については，ライセンスが円滑に行われず公共の利益が損なわれる場合などに備えて，経済産業大臣・特許庁長官等の裁定によって実施権を設定する制度（裁定実施制度）が設けられている[1]。

II　知的財産保護制度と独占禁止法

　知的財産権により他者の事業活動が排除・制約されることがあり，知的財産法と独禁法とはいかなる関係に立つか，両者は緊張・対立する関係にあるのかが問題になる。

---

1) 不実施による裁定実施権，利用関係に基づく裁定実施権，公益に基づく裁定実施権。特許83～93条。意匠権について意匠33条参照。著作権法等にも，同様の配慮に基づく規定が設けられている（著作67～70条，種苗28条）。裁定実施制度については，過去に裁定が行われた例はなく，請求件数も限られている。国際的調和や特許制度の趣旨を損なわないようにするなどという考慮から，慎重に運用されている。

第8章　知的財産権と独占禁止法

　基本的に，知的財産法と独禁法とは，究極の目的を共通にし，相互補完的に働くべきものであって，実際にもそのように機能することが通常である。

　独禁法は，事業者の創意を発揮させ，事業活動を盛んにし，国民経済の民主的で健全な発達を促進することを目的に掲げる（1条）。独禁法が活発に保つべき競争には，技術間の競争も含まれているのであって，この競争を活発に保つことで，独禁法は，技術開発・流通・普及を促進している。商品・役務の間の競争がある程度まで活発に保たれていることが技術開発と普及を促進することが知られているところ，独禁法は，商品・役務間の競争を保つことによっても，技術開発等を促進している[2]。

　これに対して，知的財産法も産業の発達に寄与するという目的を掲げている。たとえば，特許法は「発明の保護及び利用を図ることにより，発明を奨励し，もつて産業の発達に寄与すること」を目的とする（特許1条）。商標法では，「商標を保護することにより，商標の使用をする者の業務上の信用の維持を図り，もつて産業の発達に寄与し，あわせて需要者の利益を保護すること」が目的に掲げられている（商標1条）。

　知的財産保護制度は，次のようにして産業の発達と競争を促進すると考えられている。

　第1に，知的財産保護制度は，技術開発などの知的創作活動を行い，表示に一定の信用を化体させ，有用な情報を創出ないし集積して，これらを活用する活動を知的財産の排他的利用を認めることを通じて促進している。自ら独占的に知的財産を利用し支配する状況を利用して，それがなければ得られなかったであろう利益ないし利潤を獲得する可能性があることが，技術開発活動など上述した活動のインセンティブとして働くのである。新規商品，品質向上，生産方法の改善による生産費用の削減，有用な営業上の情報の活用，表示に対する信頼獲得努力等は競争を促進する。これらが存在することが市場が機能することの前提となることもある。

　第2に，知的財産保護制度は，技術取引も促進する。技術取引は，補完的関係にある技術と財または複数技術が効率的に組み合わされるようにすることなどを通じて技術の有効活用を促し，技術開発，品質向上と競争を促進する。

---

　2)　第1章第3節Ⅳ参照。

特許・実用新案・意匠法では，権利取得にあたり，技術情報を公開することが義務付けられている。この制度は重複投資を回避させ，後続する技術開発活動を喚起・促進する。

他者が築いた信用にただ乗りし，他者が品質等の劣る商品を権利者自身が製造等した商品のように販売することは，競争手段として不正であるのみならず，買手の不信を招いて競争を停滞させる効果をもちうる。「需要者の利益保護」（商標1条），「事業者間の公正な競争」確保（不競1条）を目的に掲げ商標・商号・商品形態等を保護する商標法・不正競争防止法上の制度は，このような不正な競争行為を防いで，公正かつ活発な競争を維持する機能をもつ[3]。

そもそも，知的財産権を獲得・利用することによって，独禁法上問題にすべきような市場支配力やこれに比する地位が形成・維持・獲得されることは多くない。たとえば特許権については，権利を取得するためには，従来技術にない新規性をもち，従来技術から容易に想到できない進歩性をもつことなどが必要である。しかし，技術的に優れていても市場では受け入れられなかったり，代替性のある技術が存在したり，迂回技術が開発されたりすることがしばしばある。独創性があれば権利が発生する著作権については，権利者が市場支配力やこれに比する地位を有することは例外的である。現実においては知的財産権を保有することは，他の財産を保有することと，さほど異ならない。このことは，独禁法と知的財産権とが対立・緊張関係に立つことが多くないことを意味している。

また，独禁法による規制が行われるのは，独禁法の観点からして不当な人為的拘束や排除，結合が行われた場合である。知的財産権により競争が制限・阻害されているように見える場合であっても，そのことにより知的財産権の保有・利用がただちに独禁法による非難の対象となるわけではない。なかでも優れた技術を開発し，知的財産権を取得しつつ，顧客を獲得する行為それ自体には，独禁法の観点からして非難すべきところはないのであって，ここには独禁法と知的財産法の間に緊張関係はない。

以上述べたことからすれば，独禁法と知的財産法は，目的・役割を共通と

---

3) 根岸哲「独占禁止法と不正競争法」フェアネス研究会編『企業とフェアネス―公正と競争の原理』（信山社，2000年）98頁。

するのみならず，実際にも相互補完的に機能することが通常であるといえる。

もっとも，知的財産権が独禁法とは相対立するものであるという見方は根強いし，両者が緊張関係に立つ場合がないではない。知的財産保護制度の機能を損なわないようにしながらも，競争が適切に維持されるように独禁法を運用しなければならない。

第2節　独占禁止法21条

Ⅰ　意　義

独禁法には，「この法律の規定は，著作権法，特許法，実用新案法，意匠法又は商標法による権利の行使と認められる行為にはこれを適用しない」との規定がある（21条）。「権利の行使」および「権利の行使と認められる行為」の意義が問題になる。

これらの点については，知的財産権の本質（第1節Ⅰ参照）と前記の知的財産法と独禁法との間の補完的関係に照らせば，次のように解釈することができる。

まず，「権利の行使」とは，知的財産法に基づいて知的財産を排他的に支配・利用する権能を有する者が，知的財産権に基づいて，無権限者による知的財産の利用を排除すること（裁判所内外を問わない）を意味する。この典型は，①知的財産侵害訴訟の提起および遂行，②侵害警告，③知的財産権者によるライセンス拒絶，④知的財産権者がライセンス付与にあたり知的財産権の利用を保護範囲中の一定範囲に限定する行為である。

そして，21条は，知的財産法による上記の意味での「権利の行使」については，知的財産保護制度の趣旨・目的に反すると認めるべき例外的な事情がない限り独禁法を適用しないことを定めていると解釈することができる。つまり，知的財産保護制度の趣旨・目的に反する行為は，外形的にみて「権利の行使」に該当しそうであっても（権利の行使とみられる行為であっても），21条上の「権利の行使と認められる行為」にはあたらず，結局独禁法の適用を受けることになる。他方で，知的財産保護制度の趣旨・目的に反しない限りは，知的財産権の行使には独禁法は適用されない。

なお，21条は，法律により設けられた知的財産保護制度が存在することおよび知的財産権と独禁法との間の補完的関係から当然に妥当すべき独禁法適用上の原則を念のために明らかにしたにすぎない。この意味で21条は，新たに適用除外される行為を創設するものでなく，確認的意義をもつにすぎない。

また，21条にあげられた法律は例示にすぎず，種苗法など，21条が明示的に規定しない他の知的財産法またはその下で保護される知的財産権も同様の扱いを受ける。不正競争法に基づく差止の対象となる不正競争行為を排除する行為も，21条にいう「権利の行使と認められる行為」と同様に扱われるべきである[4]。

知的財産保護制度の趣旨・目的に反するかどうかの判断を行うにあたっては，発明の奨励（特許1条），商標使用者の業務上の信用維持および需要者の利益保護（商標1条）などの知的財産法固有の趣旨・目的のほか，競争に与える影響も考慮する。もっぱら公正かつ自由な競争を制限・阻害する目的で知的財産権を用いるのは知的財産法保護の目的とするところではないと考えられるし，知的財産基本法10条に「知的財産の保護及び活動に関する施策を推進するに当たっては，その公正な利用及び公共の利益の確保に留意するとともに，公正かつ自由な競争の促進が図られるよう配慮するものとする」と規定されていることから，知的財産保護制度には公正自由競争を不当に制限・阻害すべきでないとの原理が内在していると見るべきであるからである。

II 批判と検討

21条については様々な説が提起されてきたが，現在では上記のように解することが通説的立場として受容されるに至っている[5]。

---

4) 知的財産ガイドライン第2-1（注5）参照（基本的に同旨。ただし，ノウハウとして保護される技術については，法律により排他的利用権を付与するものでないため21条の規定は適用されないが同様に取り扱われるとする）。根岸＝舟田399頁は，ノウハウの利用に関する制限は，独禁法21条の対象には入らず直接独禁法の適用を受けるとする。

5) 根岸・問題185頁，根岸＝舟田394頁，金井＝川濵＝泉水［第2版補正版］・338頁（稗貫俊文），白石忠志「『知的財産法と独占禁止法』の構造」相澤英孝ほか編集代表『知的財産法の理論と現代的課題（下）』（弘文堂，2005年）496頁，知的財産ガイドライン第2-1，ソニー・コンピュータエンタテインメント（SCE）事件・審判審決平13・8・1，第一興商事件・審判審決平21・2・16参照。

この解釈に対しては,「権利の行使と認められる行為」の概念が明確性を欠く,「権利の行使と認められる行為」該当性の検討と独禁法に反するかどうかの検討の2度にわたって競争への影響を考慮することがあり煩瑣であるなどの批判がある。一部には,21条を,独禁法適用の際には知的財産権制度の趣旨および関係規定の内容を十分考慮することを求めるものと説明したり[6],特許権の行使がそれ自体で独禁法違反となることはない(または,特許権の存在自体で市場支配力があると認定ないし推定されることはない)ことを明らかにしたことにすぎないと説明したりする例も見られる[7]。他方で過去にはおよそ知的財産権の利用に関わる行為であれば何であれ21条に基づく適用除外の対象とするかのような立場が示されたこともある[8]。

しかしながら,適用除外規定を知的財産権制度趣旨尊重の姿勢を述べるにすぎないと解釈するのは難しいのではないか。特許権行使がそれ自体で独禁法違反とならないとか,特許権の存在により市場支配力が推定されないということは,当然のことであり,このような解釈も21条の意義を実質的になくすものであるように思える。適用除外規定が存在し,過去には上記のように広範に適用除外を認める解釈が示されたこともあることを考えれば,法律の文言を尊重しつつ不適切な拡張的適用がなされないよう21条を解釈する必要があるのではないか。そして,この点で上記の通説的解釈は適切なのではないか。競争への影響を2度判断することについては,適用除外規定が適用されるかどうかを判断する場面と,独禁法上の関連実体規定の要件をみたすかどうかを判断する場面とでは,審査する影響の内容および基準ならびに主張立証の構造が違うのだから必ずしも煩瑣とはいえない。「権利の行使と認められる行為」の外延が不明確であるとの批判については,現在までにある程度まで明確化が図られ,上記のように類型的に論じることが可能となっているし,知的財産保護制度の趣旨・目的違反という規範的評価を含む以上不明確となるのもある程度までは容認せざるをえないとも考えられる。

---

6) 村上85頁。
7) 学説の展開について,講座第2巻167頁(茶園成樹),渋谷達紀『知的財産法講義Ⅰ〔第2版〕』(有斐閣,2006年)380頁参照。
8) たとえば,パテントプールの構築を「特許権等の行使」としたものとして,パチスロ機特許権民事事件・東京高判平15・6・4参照。

III 消尽原則

　21条との関係で重要な知的財産法上の原則に，消尽原則がある。特許権の消尽原則（あるいは，用尽原則）によれば，特許権により保護される製品であっても，1度，国内で適法に流通に置かれれば，その後には当該製品について特許権侵害が成立することはなくなる。実用新案権，商標権についても同様に権利が消尽する。半導体回路配置法では12条3項が消尽することを定めている。種苗法は種苗を使用して収穫等する行為につき育成者権の行為が及ばないと規定している（種苗21条1項4号）。著作権法では，一定の権利について消尽することが規定されている（著作26条の2第2項）。

　消尽後には「権利の行使」はありえず（知的財産ガイドライン第2-1参照），特約により消尽後の行為に制約を加えても，その違反行為は債務不履行となるだけである。独禁法上は，これは，消尽後の拘束（たとえば，特許製品を特許権者から買い受けた者が，それを販売するときの拘束）には，21条の適用がなく独禁法が直接に適用されることを意味する[9]。

---

9) 上記消尽原則は，国内で流通に置かれた商品についてのものである。国外で流通に置かれた商品については，いわゆる国際消尽の可否，すなわち外国で流通に置かれた商品に対して，日本の知的財産権を行使できるどうかが問題になる。もし知的財産権を行使できるのであれば，外国において適法に拡布された商品の日本への流入を知的財産権に基づいて止めることができることになる。なかでも並行輸入品の流入および国内流通を日本内において知的財産権を有する特約店，正規代理店等が差し止めることができることになる。この問題について，特許権については，日本の特許権者またはこれと同視しうる者が国外において特許製品を譲渡した場合については，当該特許権者は，譲渡時に当該製品の販売先ないし使用地域から日本を除外することを譲受人との間で合意した上で，この合意を特許製品上で表示している場合を除いて，譲受人から当該特許製品を譲り受けた第三者およびその後の転得者に対しては日本の特許権を行使することはできないものとされている（BBS事件・最判平9・7・1）。商標権については，商標権者以外の者が日本の登録商標と同一の商標を付した商品を輸入する行為は，外国における商標権者または当該商標権者から使用許諾を受けた者により商標が適法に付され，当該外国における商標権者と日本の商標権者とが同一人であるかまたは同一人と同視しうるような関係があり，かつ外国において当該商標を付された商品と日本の商標権者が商標を付す商品との間で品質において実質的に差異がないために商標の出所表示機能と品質保証機能が害されない場合（「真正商品の並行輸入」にあたる場合）には，日本の商標権者の許諾を得ていなくとも，商標権侵害としての実質的違法性を欠くとされている（フレッドペリー事件・最判平15・2・27）。

第3節　独占禁止法の適用

I　総論

　知的財産の行使と取引およびこれらに伴って付随的に課される制限は，競争促進効果をもつことが多い。たとえば新規な商品の開発促進や技術革新による費用削減を通じて技術が利用される商品・役務の市場で競争を活発にする効果や，補完的な資源を組み合わせより有効に活用することを通じて技術開発活動を促進しこれにより商品・役務市場での競争を活発にする効果をもちうる。権利の存否や侵害性が不確実であることが，商品・役務の提供や技術開発を行う上で障害となっているときに，この障害を迅速かつ円滑に取り除くことで競争を活発にする効果も，知的財産取引およびこれに付随する制限により生じることがある。投下した資本が回収できるかどうかが不確実であることが障害になって技術開発等が行われず，あるいは遅れているときに，投下資本の回収を確実とするような取決めが行われ，これにより技術革新と競争が促進されることもある。

　知的財産の行使・取引とこれらに付随する制限を独禁法上評価する際には，これら競争促進効果に対する配慮または考慮が必要である。

II　競争制限・阻害効果

　知的財産権の行使・取引と付随的制限が競争を制限または阻害するかどうかは，個別具体的に，競争が行われる場（市場）を画定し[10]，市場における当事者の地位や他者との競争との状況，集中度，新規参入・輸入の容易さ，隣接市場からの競争圧力の有無，顧客の行動等を考慮して判断していくことになる。

　もっとも，新規技術については，市場支配力を備えるかどうかの判断やそのための事実を把握することは容易ではない。この点については，知的財産

---

10)　なお，関連市場となるのは，現実に取引が行われている「商品・役務」あるいは「技術」の市場であって，「技術開発市場」，「研究開発市場」を「市場」ないし「一定の取引分野」とすることは，現在のところ，行われていないことについて，第6章第3節 I 2参照。

ガイドラインが，①特定技術が技術市場において占めるシェアについては，当該技術を用いた製品の市場におけるシェアにより代替できる場合が多いとし（第2-3（注8）），②通常は「制限行為の対象となる技術を用いて事業活動を行っている事業者の製品市場におけるシェアの合計が20％以下である場合には，原則として競争減殺効果は軽微であると考えられる」（ただし，技術市場における競争に及ぼす影響については，製品市場におけるシェアが算出できないときまたは製品市場におけるシェアに基づいて技術市場への影響を判断することが適当と認められないときには，当該技術以外に，事業活動に著しい支障を生ずることなく利用可能な代替技術に権利を有する者が4以上存在すれば競争減殺効果は軽微であると考えられる）[11]としていることが（第2-5），参考となる。

Ⅲ 不当な競争手段の利用・自由競争基盤の侵害

不公正な取引方法のうちでも，能率競争（手段の正当性）または自由競争基盤を確保することを理由として規制されている行為については，行為者が市場においていかなる地位を占めるかや競争の状況などに照らし市場支配力の形成等があるかどうかを審査することなく公正競争阻害性を認めてよいと考えられている（第2章第3節，第7章第1節Ⅲ2参照）。知的財産権に関する場合であっても基本的に同様に扱ってよいと考えられる[12]。

知的財産ガイドラインでは，たとえば，自己が権利を有する技術の機能・効用や権利の内容について誤認させる行為や，競争者の技術に関して誹謗中傷を流布する行為，自らが有する権利が無効であることを知りながら差止請求訴訟を提起することによって競争者の事業活動を妨害する行為について競争手段の不当性が問題になるとしている（第4-1(3)）。

---

11) この基準は，①制限の内容が当該技術を用いた製品の販売価格・数量・シェア・地域もしくは販売先の制限，研究開発活動制限または改良技術譲渡義務・独占的ライセンス義務を課す場合および②競争手段として不公正であることおよび自由競争基盤の侵害の観点からの公正競争阻害性が問題となる場合については，適用されない。

12) ただし，「行為の広がり」は必要であるとする立場がありうる。知的財産ガイドライン第2-5，第4-1(3)参照。

IV 知的財産に係る諸行為と判断枠組み

　知的財産に関わる行為の多くは，通常の商品・役務の取引に係る判断枠組みと基準を応用して，評価することができる。

　たとえば，知的財産の譲受・集積には資産譲受（16条）の考え方を応用できる。知的財産の共同管理ないし知的財産プールについては，共同販売等（3条後段）の評価方法を応用できる。専用実施権ないし独占的通常実施権を付与する行為には，排他的条件付取引（一般指定11項）の分析枠組みを用いることができる。競合する知的財産を有する者の間で，実施許諾料，製造・販売数量，取引先を相互に取り決める行為は，商品市場で競争関係にある事業者間の価格・数量・取引先カルテルと同様の枠組みで評価できる。

　次節以下では，主要な行為類型別に，21条との関係ならびに独禁法上の違法性判断枠組み・基準について検討する。

第4節　知的財産権侵害訴訟・ライセンス拒絶・権利化

I　権利化（特許権・商標権等の出願等）

　知的財産について権利を取得しこれを維持する行為（特許については，特許出願，拒絶査定に対する不服審判の請求等特許を受けこれを維持する行為）は，知的財産保護制度の趣旨・目的に反し制度を濫用していると認めるべき例外的な事情がない限り，独禁法に違反しない。特許権等の登録・維持により，新規参入等が困難になり，市場における競争が制限されることがある。しかし，これら効果は，生じるとしても通常は技術その他効率性および知的財産法により定められた手続・方法に従って権利が付与されることにより生じるのであって，反競争的な排除行為が行われているとはいえず，公正競争阻害性も認められない。

　特許権等を取得・維持する行為が独禁法に違反する例外的な場合として，知的財産の権利化過程において知的財産法の規定または制度目的・趣旨に反する行為が行われた場合がある。

　たとえば，詐欺により特許査定等を受けることは，特許法上刑罰をもって

禁じられている（特許197条)[13]。詐欺により特許査定等を受けることは，反競争的な排除であり公正競争秩序の観点から非難される行為であって，一定の取引分野における競争を実質的に制限する効果をもつならば3条前段，自由競争を減殺するならば規定の他の要件もみたすことを前提として19条（一般指定14項）に違反することとなる。

北海道新聞社事件・同意審決平12・2・28では，使用する予定がないにもかかわらず，商標登録を得ようとした行為が，私的独占（排除行為）を構成するとされた。この事件において違反行為者は，自ら使用する計画がないにもかかわらず新規参入者に利用させないことを目的として，新規参入者が使用されると目される9つの新聞題字について商標登録を求める出願手続を行い，新規参入者がこのうち一の新聞題字を利用することが明らかになると新規参入者に対して当該新聞題字の使用中止を求め，その後商標登録出願について拒絶査定を受けるとこれを不服として審判請求を行っていた。商標制度は，実際に使用し，出所識別・品質保証等の機能を果たすべきものとして設けられた制度であって，この目的を確保するために不使用取消制度も設けられている。このことに照らせば，北海道新聞社事件において行われた上記行為は，商標制度の趣旨・目的に反する行為であるといえる[14]。

II 知的財産権侵害訴訟・侵害警告

1 原則（権利の行使とみられる行為）

知的財産権侵害行為を排除すべく，知的財産権者や専用実施権者（特許100条等参照）等，知的財産法により差止請求をすることを認められた者が，知的財産権の侵害を理由として実施・使用行為の差止め等を求めて訴訟を提起し遂行することおよび侵害行為者（潜在的侵害者を含む）に対して裁判外で侵害行為をやめるように要求すること（いわゆる侵害警告，裁判外の権利行使)[15]は，権利が無効であることまたは侵害されていないことが明らかである場合，またはもっぱら独禁法違反行為の実効性を確保するために侵害訴訟

---

13) 新案（57条），意匠（70条），商標（79条）等にも同種の規定がある。
14) なお，本件商標出願は，公益に反するものとして拒絶査定を受けている。不服審査不成立審決平11・3・10。
15) 関税法69条の13に基づき税関長に対して輸入差止申立てを行うことを含む。コンバース事件・知財高判平22・4・27参照。

等を提起する場合などの知的財産保護制度の趣旨・目的に反すると認めるべき例外的事情がない限り、「権利の行使と認められる行為」であって独禁法は適用されない[16]。

2 登録の有効性、侵害の有無が不明確な場合

知的財産権として有効に権利が成立しているかどうかや侵害の有無が明らかでない状況下で行われる侵害訴訟の提起・遂行および侵害警告はいかに評価されるか。

無効事由を含みまたは特許技術を実施していないために非侵害であることが明らかな場合に、もっぱら妨害の目的で行う差止訴訟の提起や侵害警告は、知的財産保護制度の趣旨・目的を逸脱しており「権利の行使と認められる」行為にはあたらないと考えられる。これら行為は、2条5項、一般指定14項、同2項に該当する可能性がある[17]。

他方、無効であることまたは侵害していないことが明らかではない状況下で行われる差止訴訟等の提起および侵害警告は、通常は「権利の行使と認められる」行為にあたりまたは独禁法に反しないと考えられる。有効性や侵害の有無は判断が困難であり、訴訟提起時には有効性および侵害の有無等が明らかでないことが多い。無効であることまたは侵害していないことが明らかではない限り差止訴訟提起または侵害警告等が知的財産保護制度の趣旨・目的を逸脱し「権利の行使と認められる」行為にあたらないというのは、不合理であり、知的財産保護制度の予定するところでもないと考えられる。

著作権を侵害することが明らかでない状況下で行われた出版社に対する侵害警告行為が独禁法に反しないとされた事例に教文館事件・東京高判平18・9・7がある。この事件では、書籍について使用権を得て書籍の出版を行っていた者が、この書籍の編集著作権を侵害すると考えた書籍について出版販売者に対して当該書籍の制作・販売に関与しないよう申入れ等を行った行為が一般指定2項にあたるかが争われた。東京高裁は、編集著作権の侵害

---

16) 知的財産ガイドライン第3-1(1)、第4-2参照（同旨）。なお、独占的通常実施権者が差止訴訟を提起できるかどうかについては議論があるが、もし可能だとすれば、この者の差止訴訟提起行為も「権利の行使」とみることができる。

17) 競争者の取引先に対する侵害警告は、不競法2条1項14号（営業誹謗行為）にも該当しうる。

があると断定することはできないとしながらも，侵害すると考えたことには相当の理由があったとした。そして，編集著作権を侵害すると考えたために上記申入れ等を行ったことは，社会的に妥当な目的に基づくものといえ公正競争阻害性がないとした。

3　ライセンス交渉の決裂と侵害訴訟の提起

　ライセンス交渉をしたものの合意に至らなかったときには，その後の知的財産権者による侵害訴訟の提起等は不当であり，場合によっては独禁法に反するとすべきか。とりわけ，知的財産権者の示したライセンスの条件が，ライセンスを受けようとする者にとって受け入れることができないものであった場合にはどうか。

　ライセンスを付与することについては，生産能力上の制約は存在せず，商標やノウハウ・ライセンスの場合でもなければライセンス付与による知的財産の価値低下やノウハウ漏洩のおそれもないのであって，合意に至らない理由が知的財産権者が高い実施料を設定したことにあることは少なくないと思われる。社会的経済的にみて行われることが望ましいライセンスが行われないことは，競争政策の観点からも知的財産保護制度の観点からも望ましくないといえそうである。もっとも，競争水準を上回る利潤を獲得する可能性が社会経済にとって有益な活動を促進するという見方をもとに現在の知的財産保護制度は設計されており，競争水準を超える利潤の獲得は通常は許されていると考えるべきである。ここでライセンス契約を締結せずに差止請求訴訟の提起を行うことが独禁法違反にあたるとすると，利潤の獲得可能性が低くなり，知的財産保護制度の機能が損なわれるおそれがある。また，何が独禁法に反するのかについての外延が不明確となり，予測可能性および透明性の観点から問題がある。ライセンスが効率的に行われないという問題は，特許法等により設けられた裁定実施制度を利用し，場合によっては保護範囲・対象・方法等を変更することにより解決あるいは緩和することもでき，この方法による方が透明性および予測可能性の観点からは望ましいと考えられる。

　以上の理由から，ライセンス交渉が行われた場合であっても，その後に行われる提訴等の行為には独禁法が適用されないと考えるべきであると思われる。

Ⅲ　ライセンス拒絶

1　単独の事業者による直接のライセンス拒絶

　知的財産権を保有する者が自らの判断で他者に対して知的財産権の実施許諾を拒絶する行為は，知的財産法により付与された排他的実施・利用の権能を実現する「権利の行使」である[18]。知的財産保護制度の趣旨・目的に反していると認めるべき例外的な事情がない限り，この種の行為は「権利の行使と認められる行為」であり独禁法は適用されない[19]。また，独禁法が適用されるとしても，事業者が単独で行う直接取引拒絶は例外的な場合にしか独禁法違反とならないとされていることから（第7章第2節Ⅱ3(2)参照），ライセンス拒絶についても独禁法違反になるのは特殊な事情がある場合に限られることになる[20]。

---

[18]　知的財産ガイドライン第3-1(1)・第4-2参照（同旨）。

[19]　ライセンス交渉をしたものの合意に至らずにライセンス許諾を拒絶するに至った場合も，同様である。この場合でも「権利の行使と認められる行為」とみるべきことについて，Ⅱ3参照。

[20]　単独かつ直接の取引拒絶の場合についてもあてはまる。特殊な事情を伴う取引拒絶の例として，第一興商事件・審判審決平21・2・16がある。この事件では，①楽曲の著作権に関する利用許諾契約を子会社に更新させない行為が行われており，②取引拒絶行為の対象となったのは，知的財産権者の競争者であるとともに，知的財産権者に対して特許権を行使した企業の子会社であって，利用拒絶更新拒否に関する行為は，特許権行使に対する対抗措置として行われており，③利用許諾がなされないことについて第三者（競争者の取引先など）する告知があわせて行われていたという事情があった。公取委は，更新拒絶を子会社にさせた上でそれを告知した行為が，競争手段として不当であるとともに自由競争減殺効果を持ち不当であって，一般指定14項に該当するとした。この他，プロ野球12球団の球団名，選手名，球団マーク等に係る知的財産権の再許諾を拒絶ないし遅延する行為が独禁法に違反するおそれがある（一般指定2項）とされたコナミに対する警告事件（平15・4・22）では，問題の行為（再許諾の拒絶・遅延）は，特段の合理的理由がない限り競合メーカーに対してこれら知的財産権を再許諾しなければならないという権利者との取決めに反して行われていた。このほか考えられる特殊な事情として，知的財産ガイドライン第3-1(1)，第4-2(1)以下が参考になる。これらでは，①ライセンス条件を偽るなどの不当な手段によって技術を採用させた上で，採用者が他の技術に切り替えることが困難になった後に行われる当該技術のライセンス拒絶（一般指定2項・14項，共同で策定された規格に関わるものである場合について2条5項），②多数の事業者が一定の技術を事業活動において利用している場合に，これらの事業者の一部の者が，当該技術に関する権利を権利者から取得した上で他の事業者に対して行われるライセンス拒絶（2条5項，一般指定2項・14項），③自身では利用しないにもかかわらず，競争者が利用する知的財産権を網羅的に集積しこれについて競争者に対して行うライセンス拒絶（2条5項），④公共

知的財産保護制度の趣旨・目的に反すると認められる例外的な場合としては，独禁法違反行為の実効性確保手段としてライセンス拒絶が行われている場合をあげることができる。販売・再販売価格の拘束等，独禁法に反する拘束を行い，これに従わなかったことを理由としてライセンス拒絶を行うことは，反競争的な拘束の実効性確保のために知的財産権を利用するものであって知的財産保護制度の趣旨・目的に反しており，「権利の行使と認められる行為」に該当しない。そして，一体として行われた独禁法違反行為の一部としてまたは一般指定2項に該当するものとして独禁法違法とされるものと考えられる。

2 共同のライセンス拒絶

各々別の知的財産権を保有する複数の知的財産権者らまたは知的財産権者とそれ以外の者らがライセンス先について取決めを行うこと（なかでも，ある者に対してライセンスを拒絶することを取り決めること）は，知的財産権を行使する行為ではない。そして，この取決めに基づいて知的財産権者が行うライセンス拒絶は，形式的にはライセンス拒絶であって権利の行使にあたりそうであっても，実質的には共同のライセンス拒絶行為を構成しまたは「権利の行使と認められる行為」にあたらないものとして独禁法が適用される（第6節III参照）。

第5節 ライセンシーに対する拘束

I 実施範囲，数量，販売価格および実施料に関する取決め

1 実施態様，地理，期間，分野および取引先の制限

特許法，著作権法等には，実施権者は，設定行為で定められた範囲内において実施を行う権利を有する旨の規定が置かれている（特許77・78条，新案

機関が，調達する製品の仕様を定めて入札の方法で発注する際，ある技術に権利を有する者が公共機関を誤認させ，当該技術によってのみ実現できる仕様を定めさせることにより，入札に参加する事業者は当該技術のライセンスを受けなければ仕様に合った製品を製造できない状況下で行われる取引拒絶（2条5項）等が，それぞれ独禁法違反となる可能性があるとする。

18・19条, 意匠27・28条, 商標30・31条, 著作63条)[21]。

実施態様（販売, 製造等の別），期間，実施分野，地理的範囲を一定範囲に限定してライセンスを付与する行為は，原則として「権利の行使と認められる行為」であり，知的財産保護制度の趣旨・目的に反しない限り独禁法の適用はない[22]。これら行為は，ライセンシーに対して，知的財産権者が排他的に利用することを認められた範囲のうち一定範囲に限って利用を認めつつ残りの範囲からは排除しているのであって，範囲の一部について排他的利用を実現する行為であるといえるからである[23]。

実施品の販売先等，取引先の制限については，これらが，「権利の行使」とみられるかどうかは明らかではない[24]。もっとも，「権利の行使」ではないとしても，独禁法上，当然に違反となるわけではない。

これら制限は，実施が効率的に分担されるようにするために課されることがある。また，特にライセンサーが範囲等の一部については自ら実施し，一部について許諾を与えたいと考えているときには，これら制限を課すことでライセンス契約の締結が促進される。これら制限をライセンシーに対して同一技術に基づく競合品・技術からの競い合いが行われないように設定することで，ライセンシーの実施許諾を受ける意欲が増すことがある。これら制限は，ライセンシーによる製品化・販売促進等の努力や後続する活用・関連技術の開発を促進する効果をもつこともある。

知的財産ガイドラインは，①技術を利用する事業活動（生産・使用・譲

---

21) 一部について譲渡する場合も同様である。なお，著作権については一部譲渡できること，商標権については指定商品・役務ごとに分割して移転できることが規定されている（著作61条，商標24条の2）。

22) 知的財産ガイドライン第2-5（注9）・第3-1(2)・第4-3参照（同旨）。

23) 判決にも，通常実施権の許諾範囲を逸脱した実施行為を特許権侵害にあたるとしたものがある。建物用換気口枠事件・大阪地判昭60・6・28など。契約違反行為が知的財産権侵害行為を構成するかどうかをめぐる裁判例について，平嶋竜太「特許ライセンス契約違反と特許権侵害の調整法理に関する一考察」相澤英孝ほか編集代表・前掲注5）235-248頁参照。契約関係にある者間の規律である以上，約定に反した実施行為は，知的財産侵害とするのでなく，民法413条3項ないし同415条による方が適切であるという者もあり（松本司「実施態様の制限を越えた実施」山上還暦『判例ライセンス法』（発明協会，2000年）264-267頁），この立場に立つならば，範囲を約定により限定することは，「権利の行使とみられる行為」にはあたらないということとなりそうである。

24) 知的財産ガイドライン第4-4(2)イは，権利の行使ではないとする。

渡・輸出等のいずれか），②技術を利用できる期間，③技術を利用する分野（特定の商品の製造等）および④当該技術を利用して製造販売を行うことができる地域を制限または限定することは，原則として不公正な取引方法に該当しないとする（第 4-3(1)・(2)ア，第 4-4(2)ア）。他方，⑤ライセンス技術を用いた製品の販売の相手方を制限する行為は，公正競争阻害性を有する場合には，不公正な取引方法に該当するとする（一般指定 12 項）（第 4-4(2)イ）[25]。

2 数量制限

製造・販売の数量制限，なかでも最高数量制限が「権利の行使とみられる行為」にあたるかどうかについては，説が分かれてきた。知的財産ガイドラインは，ライセンス技術を用いた製品の販売数量を制限することは，権利の行使とみられるとする（第 2-5（注 9））[26]。もっとも，肯定説に立つとしても，知的財産保護制度の趣旨・目的に反する場合には，「権利の行使と認められ」ず独禁法が適用される。

知的財産保護制度の趣旨・目的に反する場合としては，たとえば，競争者間の数量制限カルテルを偽装しまたはその実効性を確保するために特許権のライセンス契約上で数量を制限する場合が考えられる。

また，特許品を含む製品の市場において競争が活発でない状況下において，ライセンシーに対して最高数量制限を課すことにより特許実施者間の競争が活発でなくなるときには，知的財産保護制度の趣旨・目的との関係が問題となりうる。

これら以外の場合には，ライセンシーに対して数量制限を課すことが知的

---

[25] 特許品の販売先制限について検討した例として，公取委「平成 19 年度相談事例集」事例 5 がある。この事例では，ライセンス対象技術を用いて製造された製品材料の販売先を当面，特定の製造業者 1 社に制限する行為が行われた。公取委は，販売先制限に合理的理由があること，将来には販売先が拡大される可能性があること，同種の製品材料を供給するメーカーがこの材料メーカー以外にも存在すること，この材料メーカーもそれ他の材料メーカーも当該特許の許諾を受けなくとも同種の製品材料の供給を続けることができることから，公正競争阻害性が認められないとの回答を行った。

[26] これを肯定的に評価するものとして，たとえば根岸＝舟田 408 頁参照。一方で，特許権（専用実施権）について最高数量制限を設定することは当事者の契約としてのみ可能であるとするものとして中山信弘『特許法〔第 3 版〕』（弘文堂，2016 年）501 頁参照。著作権についても数量制限に違反する利用行為は著作権侵害行為を構成しないとする説がある。中山信弘『著作権法〔第 2 版〕』（有斐閣，2014 年）426 頁。

財産保護制度の趣旨・目的に反することは稀であって，むしろこの制限が付されなかったら行われなかっただろうライセンスを促進し，特許実施品の製造の分担を効率化する効果を持つことが多いと考えられる。

　知的財産保護制度の趣旨・目的に反する数量制限行為が独禁法に照らして違法となるかどうかは，各規定の要件を満たすかどうかによる。競争者間の数量制限カルテルは，一定の取引分野における競争を実質的に制限する効果を有することが多く，3条後段により規制を受けているところ（第3章第1節Ⅱ参照），競争者間の数量制限カルテルの偽装または実効性確保のための数量制限も3条後段により違法となることが通常であろう。これ以外の場合は，主として一般指定12項（拘束条件付取引）にあたるかどうかが問題となる。

　知的財産ガイドラインは，複数の者にライセンスが行われる場合について，ライセンサーおよび複数のライセンシーが共通の制限を受けるとの認識の下に製品の販売数量を制限する行為は，当該製品の取引分野における競争を実質的に制限する場合には，不当な取引制限に該当するとする（第3-2(2)）。他方，上記以外の場合については，①技術を利用して製造する製品の最低製造数量または技術の最低使用回数を制限することは，他の技術の利用を排除することにならない限り，原則として不公正な取引方法に該当せず，②製造数量または使用回数の上限を定めることは，市場全体の供給量を制限する効果がある場合には権利の行使とは認められず，公正競争阻害性を有する場合には，不公正な取引方法に該当する（一般指定12項）とする（第4-3(2)イ）。

　競争者間の価格カルテルを偽装しまたはこの実効性確保のために特許実施許諾が用いられていた事件として，かいわれ警告事件・平6・2・17がある。この事例では，事業者団体が構成員が生産する商品の栽培方法・装置にかかる特許権等について専用実施権を取得した上で，構成員に対して実施量の制限を付して通常実施権を許諾していた。実施量は構成員の参加する会議において決定されていた。公取委は，これらの行為が8条1号に違反するおそれがあるとして警告を行った。

　日之出水道（北九州地区）事件・審判審決平5・9・10では，価格等カルテルを行っていた実用新案権者による販売数量制限行為（数量比率の決定）が，実用新案権の正当な行使であり独禁法違反行為にあたらないかが問題と

なった。この事件では，製造業者らが販売価格と販売数量比率，販売先を共同で決定していた。そして，この製造業者には実用新案権者が含まれており，他の合意参加者はこの者からライセンスを受けていた。公取委は，本件販売数量比率の決定は競争を相互に制限するものであり独禁法に違反することは明らかであるとした[27]。

3　販売価格制限

価格制限行為は，競争に悪影響を与えることが多い。ライセンス契約に基づいて製造等された商品・役務等の価格制限行為については，競争に与える悪影響が顕著であることから独禁法の適用を排除すべきではないと考えられてきた。この種の行為は，知的財産法により認められた範囲から他者を排除する行為ではないため「権利の行使とみられる行為」ではないと考えることができる[28]。また，競争に与える悪影響の大きさからして知的財産保護制度の趣旨・目的を逸脱する行為であると考えられる。

価格制限は，原則として公正競争阻害性があり19条に違反する（一般指定12項）（第7章第4節Ⅳ2（1）参照）。また，価格カルテルを偽装しまたはこの実効性を確保するために価格制限が行われていれば，2条6項に該当する。

なお，ライセンシーは通常，ロイヤルティ支払義務を負っており，この限度で価格上昇効果が生じているかもしれないが，この限度を超えて追加的に競争的活動を制約することは許されるべきでない。

また，知的財産品の価格制限がライセンス収入確保のために必要であるといわれることがある。たとえば，特許実施品の売上により得られた額の一定率をライセンス料として徴収することとしている場合に，特許実施品の価格に伴うライセンス収入減少を防ぐために特許実施品の下限価格を決めておくことが必要だというのである。しかし，売上にかかわらず一定額を徴収する

---

[27]　日之出水道（福岡地区）事件・審判審決平5・9・10でも同種の行為が行われていた。この事件においては，実用新案権保有者は数量比率の決定が行われていなかったとも主張したが公取委はこの主張も退けた。

[28]　特許実施品の価格拘束を「権利の行使とみられる行為」でないとすることに対しては，「一定額で販売される商品の製造・販売に限って許諾を与え，これ以外の商品については実施を排除しているのであり，権利の行使にあたる」という主張がありうるが，このような見方をとるならばほとんどの付随的条項が権利の行使にあたることになり妥当ではない。

こととしまたは数量に基づき一定額を徴収することとすれば収入は確保できるところ競争制限・阻害効果の大きい価格制限を行うことは相当性を欠き，このような主張は認めることができない。

知的財産ガイドラインは，販売価格の制限はライセンシーの「事業活動の最も基本となる競争手段に制約を加えるものであり，競争を減殺することが明らかであるから，原則として不公正な取引方法に該当する（一般指定12項）」とする（第4-4(3)）。また，複数の者にライセンスが行われる場合について，ライセンサーおよび複数のライセンシーが共通の制限を受けるとの認識の下に販売価格を制限する行為は，当該製品の取引分野における競争を実質的に制限する場合には，不当な取引制限に該当するとする（第3-2(2)）。

20世紀フォックスジャパン事件・勧告審決平15・11・25では，高い人気のある映画作品を配給する事業を営む者が，映画館等で上映を行う者（上映者）に対して，上映者が映画を鑑賞させる対価として入場者から徴収する入場料の額の設定について制限を加え，入場料を引き上げさせ入場料の値引き等をやめさせたことが独禁法19条違反（旧〔昭和57年〕一般指定13項，現行一般指定12項）とされている。

4 実施料の支払および計算方法

実施料（使用料，実施許諾料，ロイヤルティ）ないしライセンスの対価の徴収方法を定めることは，「権利の行使と認められる行為」の内容ではないと考えられてきた[29]。

もっとも，21条の適用除外を受けると否とにかかわらず，実施料を課すことそれ自体およびその設定の方法は通常，独禁法上問題にならない[30]。

---

[29] もっとも，権利の行使であるとみる可能性を示唆する判決もある。日之出水道機器意匠権侵害差止請求事件・大阪地判平18・12・7参照。

[30] 設定の方法について，製造台数に応じてロイヤルティを課すことは，一括で製造数量にかかわらないライセンス料を課すことよりも，競争を制約する度合いが強いことは確かである。一括金の場合には払ってしまえば許諾品の価格決定に支払額が影響をもたないのに対して，ロイヤルティとして支払わせる場合には，そうではないからである。さらに複数の競争者に一律のロイヤルティを課せば，この間で費用ないしマージンの率が共通化して，競争者間の競争を活発でなくする可能性がある。しかし，ロイヤルティが製品価格全体に占める割合が通常はごく小さいものであることから，これら効果が競争に及ぼす影響はあるとしても小さなものにとどまるだろう。

例外的に，利用の有無または量にかかわらず一定の対価を支払うことを義務付けることが，ライセンシーの競合する技術等を利用するインセンティブを減少させることにより競合技術等を排除する効果をもつことが問題となることがある。これにより競争に悪影響が及ぶ場合には，独禁法に違反しないかが問題となる（一般指定11項・12項，2条5項）。

知的財産ガイドラインは，「ライセンス技術の利用と関係ない基準に基づいてライセンス料を設定する行為」（ライセンス技術を用いない製品の製造数量または販売数量に応じてライセンス料の支払義務を課すなど）について，このような行為はライセンシーが競争品または競争技術を利用することを妨げる効果を有することがあるとし，公正競争阻害性を有する場合には不公正な取引方法に該当する（一般指定11項・12項）（ただし，計算等の便宜上，最終製品の製造・販売数量または額等をライセンス料の算定基礎とすること等，算定方法に合理性が認められる場合は，原則として不公正な取引方法に該当しない）とする（第4-5(2)）。

日本音楽著作権協会（JASRAC）事件・排除措置命令取消審決平24・6・12では，音楽著作権を集中的に管理し放送事業者らに対してライセンスする事業（著作権管理事業）を営む者が，管理する楽曲（管理楽曲）の利用の有無や回数にかかわらず定額または定率によって使用料（ライセンス料）を徴収することとする利用許諾契約を締結することが私的独占（排除）行為にあたるとされた。日本音楽著作権協会は，ほとんどすべての放送事業者からこの使用料算定方式による使用料徴収（「包括徴収」と呼ばれる）を行っていた。公取委は排除措置命令を取り消す審決をしたが，この審決は東京高裁により取り消された（イーライセンスによる審決取消等請求事件・東京高判平25・11・1）。最高裁は，東京高裁の判断を支持し，大部分の音楽著作権につき管理委託を受けている日本音楽著作権協会が，同協会が管理する楽曲の利用許諾に係る放送使用料額の算定に放送利用割合が反映されない徴収方法を採用すれば，放送事業者としては他の管理事業者の管理楽曲を有料で利用する場合に追加的に生じる使用料負担を避けるべく他の管理事業者の管理楽曲の利用を抑制することになるのであり，その抑制範囲の広さおよび継続期間の長さをあわせて考えると，問題の行為は他の管理事業者の参入を著しく困難にする効果を有するとした（日本音楽著作権協会〔JASRAC〕事件・最判平27・4・

28)。

II 保護範囲外にある事業活動の排除・拘束

1 知的財産権消滅・移転後の制限

ライセンス契約上の制限または拘束が，知的財産権の失効等消滅後に及ぶことや，知的財産権の譲受人に対して課されることがある。権利失効等の後の制限には，21条は適用されない。

知的財産ガイドラインでは，権利消滅後において技術の利用を制限する行為について，「一般に技術の自由な利用を阻害するものであり，公正競争阻害性を有する場合には，不公正な取引方法に該当する」とする（第4-5(3)）。

旭電化工業事件・勧告審決平7・10・13およびオキシラン化学事件・勧告審決平7・10・13では，ノウハウの移転先に対して，ノウハウ移転後にノウハウを利用した製品の日本における製造・販売を制限したことが，19条（旧〔昭和57年〕一般指定13項，現行一般指定12項）違反とされた。この事例においては，この制限のために，台湾において安値で販売されていた商品の日本における販売が妨げられていた。

2 権利消尽後の事業活動の拘束（再販売価格拘束等）

権利消尽後は知的財産法に基づいて他者の実施・使用行為を排除することはできず（第2節III参照），消尽後に及ぶライセンシーの事業活動の拘束は「権利の行使」にあたらない。たとえば，特許品販売者による当該特許品の再販売価格の拘束，販売先の制限，使用方法等の拘束は，「権利の行使」ではなく21条の適用がない。これらのうちなかでも再販売価格拘束行為は独禁法上，原則として違法になるとされている（2条9項4号）。特許品，商標品等についても，再販売価格の拘束が違法とされた例は少なくない[31]。

知的財産ガイドラインは，再販売価格の制限は「当該製品を買い受けた流通業者の事業活動の最も基本となる競争手段に制約を加えるものであり，競争を減殺することが明らかであるから，原則として不公正な取引方法に該当

---

31) ソニー・コンピュータエンタテインメント（SCE）事件・審判審決平13・8・1，スキューバプロアジア事件・勧告審決平14・12・26，ナイキジャパン事件・勧告審決平10・7・28など。ただし，23条4項（著作物に係る適用除外）が適用される場合には違法にならない。

する」とする（第4-4(3)）。

3 抱き合わせなど

ライセンスを付与するに際して，保護範囲内に含まれない技術・商品・役務にかかる取引を行うよう強制すること（抱き合わせなど）または取引を行わないよう拘束すること（競争品の製造・販売制限，競争技術の取引制限など）は，「権利の行使」ではない[32]。これらの行為については，一般指定10項・11項・12項，2条5項に該当しないかが問題となる（第7章第4節Ⅳ，同第6節Ⅴ2参照）。

知的財産ガイドラインは，ライセンサーがライセンシーに対して①ライセンシーの求める技術以外の技術についても一括してライセンスを受ける義務を課す行為および②ライセンシーに対する原材料・部品その他ライセンス技術を用いて製品を供給する際に必要なものの購入先または品質を制限する行為については，当該技術の機能・効用の保証，安全性の確保，秘密漏洩の防止の観点から必要な限度を超えており，公正競争阻害性を有する場合には，不公正な取引方法に該当する（一般指定10項・11項・12項）とする（第4-4(1)・5(4)）。また，これら行為は，一定の取引分野における競争を実質的に制限する場合には，私的独占（排除）（2条5項）に該当するとする（第3-1(3)ウ）。

知的財産ガイドラインでは，また，特定技術または仕様を前提として，多数の応用技術が開発され，これら応用技術間で競争が行われている状況下で，特定技術または仕様について権利をもつライセンサーが特定の応用技術を自己の特定技術または仕様に取り込んで一体のものとしてライセンスする行為は，この特定技術または仕様に取り込まれていない他の応用技術の利用を妨げ他事業者の取引機会を排除する効果をもち，公正競争阻害性を有する場合には，不公正な取引方法に該当する（一般指定10項・12項）とする（第4-5(5)）。

---

[32] これら拘束に反する行為は，知的財産権の侵害にはあたらず，当事者間の債務不履行の問題が生じるだけである。たとえば，ポットカッター特許事件・大阪高判平15・5・27では，ライセンス契約中の約定に反して他社製品とともに特許品を利用した行為について，特許品とともに用いる製品の供給者がだれかということは，特許で保護された特許発明の実施行為とは関係がないのであって，特許侵害行為にあたらないと判断されている。

第8章　知的財産権と独占禁止法

　異なる知的財産権ライセンス（コンピュータソフトウェアに関するライセンス）を抱き合わせて購入させる行為が違法とされた事例に，日本マイクロソフト事件・勧告審決平10・12・14がある。この事件では，パーソナルコンピュータ（PC）用応用ソフトウェアの一種（表計算ソフト）をPCにあらかじめ搭載しまたはこれに同梱する権利をPCメーカーに対して許諾するにあたり，複数種類のソフトウェア（ワープロソフトおよびスケジュール管理ソフト）を併せて搭載または同梱するライセンスを受けるよう強制したことが独禁法に反するとされた（一般指定10項）。表計算ソフトについてはライセンサーが市場で行為前から第1位の占拠率を有しており，他種のソフトウェア（ワープロソフト）については競合他社が市場で第1位の占拠率を占めていた。ライセンシー（PCメーカー）の中には，表計算ソフトだけを搭載または同梱することや，他社のソフトウェアと併せて搭載または同梱することを希望した者があったが，ライセンサーはこの希望を受け入れなかった。この行為に伴って，ライセンサーが抱き合せて購入させたソフトウェア（ワープロソフト・スケジュール管理ソフト）の市場占拠率は拡大して1位を占めるに至った[33]。

　メディプローラー特許許諾に係る損害賠償等請求事件・大阪地判平18・4・27では，ノウハウ保護のために類似品の製造を制限することが独禁法に反しないかが問題となった。この事件では，製造委託者から見本品・成分比率の開示等を受けながら製造受託者が完成した製剤と類似する製剤について，製造受託者が許可なく製造委託者以外の者に販売することを，製造契約

---

[33] このほかに公取委「平成16年度相談事例集」事例11が参考になる。この事例では，住宅施工の工法に関する特許の許諾にあたり特定の製造業者が製造した部材を使用することを義務付けることが違法かどうかが検討された。問題の特許技術は従来から工務店約300店（地域の5割の工務店に相当する）に対してライセンスされていた。特許権者は，特許許諾にあたり一定の基準をみたす部材を用いることを義務付けていた。また，かねてから，各部材について部材メーカーと契約を結び，工務店に対してこれら工務店の製造する部材を用いるよう指導してきていた。ところが，ライセンシーの一部（約10社）が，これら部材メーカー以外のメーカーから部材を調達して，他のライセンシーよりも30％程度低い価格で特許技術が採用された工法により施行された住宅を販売し始めた。これら部材メーカーの部材は，性能は同じであって，調達の価格がより低かった。この状況下で，特許権者は，これらライセンシー（工務店）との契約更新の際に，部材の調達先を特定メーカーに制限することとできないかどうかを検討し，公取委に相談を行った。公取委は，特定メーカーの部材の使用を義務付けることを内容とする本件制限は工法の効用を達成するために必要な制限ではないことおよび競争制限を目的としている可能性がある旨の指摘を行い一般指定12項に該当するおそれがあるとした。

委託期間およびその後9ヶ月の間禁じていた。裁判所は，この制限は製造委託者のノウハウを守るため合理性があり一般指定12項にはあたらないとした。

4 研究開発活動の制限

ライセンサーがライセンシーの研究開発活動を制限することは，ライセンサーの「権利の行使」ではない（ライセンス技術を研究開発において利用することを制限する場合を除く）。

ライセンス許諾時の研究開発制限は，独禁法上問題となることが多い。研究開発活動の制限は，第1に，ライセンシーまたはそれに協力した第三者により実現されえた競合技術の出現を妨げ，技術・製品間の競争を不活発とする可能性がある。第2に，ライセンサー・ライセンシーが技術開発競争を回避しようとして，ライセンス契約に研究開発活動の制限条項が加えられることもありうる。もっとも，研究開発制限は，技術の流用・流出を防止し，最善実施努力を確保するなど，ライセンス契約の締結やライセンシー・ライセンサー間における協力関係の構築のために必要な場合もあり，このような必要性が認められるときには制限のもつ競争促進効果も考慮して，競争制限効果または公正競争阻害性の有無が判断されることになる。

知的財産ガイドラインでは，研究開発制限は原則として不公正な取引方法に該当する（一般指定12項）（ただし，ノウハウの漏洩・流用の防止に必要な範囲でライセンシーが第三者と共同して研究開発を行うことを制限する場合には一般には公正競争阻害性が認められず不公正な取引方法に該当しない）とされている（第4-5(7)）。

5 改良技術の取り扱い（グラントバック・アサインバック）

一般に「改良技術」と呼ばれるものには，特許の実施をよりよく行うためのノウハウのようなものであり特許の対象とならず営業秘密として保護されるにとどまるもの，特許により保護されるもののライセンスされた技術を利用するためにライセンサーの許諾が必要になるもの（特許72条等参照），利用関係なく独立して特許として保護されるものが含まれる。実施許諾時には，これら改良技術がライセンシーによって開発されたとき，①改良技術が開発

されたことをライセンサーに報告し，②ライセンサーに実施権を許諾し（「グラントバック」といわれる），③ライセンサーに譲渡し（「アサインバック」といわれる），または④ライセンサーおよびライセンサーのライセンシーに対しても当該技術を許諾すべき義務などをライセンサーがライセンシーに対して課すことがある。

　これら約定は知的財産権の行使やその範囲を画することとは無関係であり，「権利の行使」ではない。一般指定12項にあたるか，特に一般指定12項にいう「不当」な事業活動の拘束にあたるかどうかが問題になる。

　これら約定は競争促進効果をもつことが多い。たとえば，ライセンシーにより改良技術が発明された場合には，この技術をライセンサーも利用できるようにすることには競争促進効果があることが通常である。ライセンサーは契約対象技術について知得し，関連する補完的技術等を有しており，改良技術の存在を知り利用すればさらに技術を発展させる他これを有効活用して，技術および商品に関する競争を活発にする可能性が高いからである。もっとも，ライセンシーが十分な対価を得ることなく，ライセンサーのみが改良技術を利用できることとすれば，ライセンシーの技術開発意欲が低減して競争に悪影響が及ぶかもしれない。ライセンサーがグラントバック条項を通じて関係技術を自己の支配下に収めていき，これにより技術市場における有力な地位を維持または製品市場における他者の事業活動の排除・支配を続けることになるかもしれない。

　このように競争への悪影響が生じるかどうかは，約定が対象とする範囲および義務の内容ならびに競争の状況による。

　知的財産ガイドラインは，①改良技術がライセンス技術なしにも使える場合に，ライセンサーまたはライセンサーの指定する事業者に改良技術の権利を帰属させまたはライセンサーに独占的ライセンスを付与する義務を課す行為は原則として不公正な取引方法に該当し（第4-5(8)ア），②改良技術にかかる権利をライセンサーとの共有とする義務を課す行為は，公正競争阻害性を有する場合には不公正な取引方法に該当し（第4-5(8)イ），③ライセンサーに非独占的にライセンスをする義務またはライセンス技術についてライセンシーが利用する過程で取得した知識または経験をライセンサーに報告する義務を課す行為は原則として不公正な取引方法に該当しない（第4-5(9)・

(10))とする。

6 不争義務

「不争義務」とは,ライセンスないし譲渡された知的財産権の有効性を争わない義務をいう。課される場合にはライセンサー（あるいは譲渡人）からライセンシー（譲受人）に対して課されることが通常である。

不争義務の賦課は,権利・侵害にかかる状況の早期確定を促し,ライセンス許諾契約締結を促進する等の競争促進効果をもちうる。他方で,この義務のために無効とされるべき知的財産権が存続し,技術の自由利用が妨げられ,競争に悪影響が及ぶ可能性もある[34]。

知的財産ガイドラインは,不争義務を課すことは,「公正競争阻害性を有するものとして不公正な取引方法に該当する場合もある（一般指定12項）」とし,「なお,ライセンシーが権利の有効性を争った場合に当該権利の対象となっている技術についてライセンス契約を解除する旨を定めることは,原則として不公正な取引方法に該当しない」とする（第4-4(7)）。

7 非係争義務

「非係争義務」とは,ライセンシーが所有し,または取得することとなる全部または一部の権利をライセンサーまたはライセンサーの指定する事業者に対して行使しない義務をいう[35]。

非係争義務を課すことは,権利の行使ではなく21条は適用されない。

非係争義務が課されれば,結果として実施許諾が相互に行われることになる。

非係争義務を課すことは,実施許諾インセンティブを増し,ライセンシーが保有する技術の普及を促すことにより競争を促進しうる。他方で,ライセンシーの研究開発意欲を損ない競争を阻害・制限する効果をもちうる。

---

34) そもそもライセンシーが許諾を受けた特許について無効審判を請求することができるかどうかが問題となる。実施許諾者とライセンシーとの間に組合類似の極めて緊密な関係にあるような場合には無効審判請求が信義則・禁反言原則に反するとされることがあり,また,明示的に不争契約がある場合には契約の効果として無効審判請求が認められないことがありうることについて,中山・前掲注26)『特許法〔第3版〕』256頁参照。

35) 非係争義務を課す規定は「NAP（Non Assertion of Patent）」と呼ばれることがある。

知的財産ガイドラインは，非係争義務を課すことは，公正競争阻害性を有する場合には不公正な取引方法に該当するとする（一般指定12項）(第4-5(6))。

非係争条項の賦課が違法とされた例に，マイクロソフト非係争条項事件・審判審決平20・9・16がある（旧〔昭和57年〕一般指定13項，現行一般指定12項）。この事例では，非係争条項によりライセンシーは自己の保有する特許権を行使しないという義務を長期間，ライセンサーおよび同業他者のほとんどに対して負うことになった。ライセンシーが行使することを制限された特許権は広範に及んだ上に，ライセンサーの許諾対象技術の改良等に伴ってさらに拡張される可能性があった。ライセンサーと義務を課されたライセンシー（15社）とは関連技術（パソコンAV技術）の市場において競争関係にあり，ライセンシーは有力な技術を有していた。非係争条項が課されたことで，ライセンシーとしては，関連技術の実施を他者に許諾してこの対価を得るとともに，自己の製品を差別化するために用いることが困難となり，このためにライセンシーの研究開発意欲が低下する蓋然性が認められた。他方で，ライセンサーの市場における地位は強化されるおそれがあった。この非係争条項は，ライセンサーの許諾対象技術（パソコン用基本ソフトウェア）に関する有力な地位を背景として課されたものであった。公取委は，本件非係争条項は，ライセンシーの上記関連技術（パソコンAV技術）の研究開発意欲を損なわせる高い蓋然性を有し，この技術取引市場におけるライセンシーの地位を低下させ，ライセンサーの地位を強化するものであって公正競争阻害性を有するとした。

第6節　知的財産権者間の合意・ライセンシーによる拘束

知的財産権の処分または利用について，ライセンシーと知的財産権者の間，または複数の知的財産権者の間で取決めを行うことは，知的財産権で保護された一定の技術等から他者を排除する行為ではなく，権利の行使とみられない。つまり，21条は適用されない。

以下では，複数の権利者ないし権利者・非権利者が共同して行う行為のうち問題になることが多い行為類型について説明する。

I　知的財産権者間の知的財産の利用に関する取決め

各々別の知的財産権を保有する複数の知的財産権者らまたは知的財産権者とそれ以外の者らが，知的財産権の実施または実施品の製造，販売等について取決めを行うことは，知的財産権の行使ではない。

この種の行為には，場合によって，3条，19条，8条などが適用される。特許権者間で実施品の価格・数量を制限することが，独禁法上違法とされた例としてコンクリートパイル事件・勧告審決昭45・8・5がある。この事件では，コンクリートパイルに関して各々特許・実用新案権を有する事業者らが，コンクリートパイルについて各社の出荷比率を取り決めた上で，注文を受けたときには出荷比率の取決めに従い事業者ら間で調整して出荷すべき者を決めたことが独禁法3条後段違反とされた。

II　実施料カルテル（知的財産権者間の実施許諾料に係る取決め）

知的財産権者らが，自己が各々保有し実施許諾を行っている知的財産権の実施許諾料について取決めを行う行為は，2条6項に該当する可能性が高い[36]。

公取委「平成22年度相談事例集」事例7では，電子コンテンツに係る著作権者等を会員とする事業者団体が，会員が電子コンテンツ事業者（電子コンテンツを利用して事業を営む者のこと）から収受する許諾料の料率について目安を示すことについて，「許諾料の額について会員間に共通の目安を与えるものであり，電子コンテンツAの著作物の利用等の許諾に係る競争を制限し，独占禁止法上問題となるおそれがある」（8条1号または4号）とされている。

III　共同のライセンス拒絶

各々別の知的財産権を保有する複数の知的財産権者らまたは知的財産権者とそれ以外の者らがライセンス先に係る取決めを行うことは，知的財産権の

---

[36]　知的財産ガイドラインでは，パテントプールについての検討の中で，「一定の技術市場において代替関係にある技術に権利を有する者同士が，それぞれ有する権利についてパテントプールを通じてライセンスをすることとし，その際のライセンス条件（技術の利用の範囲を含む）について共同で取り決める行為は，当該技術の取引分野における競争を実質的に制限する場合には，不当な取引制限に該当する」と述べている（第3-2(1)イ）。

行使ではない。共同のライセンス拒絶は，競争関係にある事業者が共同して行う場合には2条1項1号イ（なお，ここでいう競争関係は，拒絶対象技術について存在するのであっても，商品等他の市場において存在するのであってもよい），競争関係にない事業者が共同して行う場合には一般指定2項に該当する。なお，独禁法に違反する共同のライセンス拒絶が行われているときに，その取決めに基づいて知的財産権者がライセンスを拒絶することは，知的財産権の趣旨・目的に反し，「権利の行使と認められる行為」ではないと評価することができる[37]。

共同のライセンス拒絶については，2条6項（不当な取引制限），2条5項（私的独占）に該当しないかも問題になる[38]。

コンクリートパイル事件・勧告審決昭45・8・5では，特許・実用新案権を各々有する事業者らが，シェアカルテル（出荷比率の制限）と出荷者決定に並行して，シェアカルテルに参加する他の知的財産権者すべてから承諾が得られ，かつライセンシーが出荷比率の制限に係る知的財産権者らの決定を遵守することを受け入れない限り，各々が保有する特許・実用新案権を他者にライセンスしてはならないという合意を行っていた。公取委は，これらは出荷比率および割当方法ならびに技術供与に関する条件を決定することにより競争を実質的に制限し3条後段に反する行為であるとした。

着うた事件・東京高判平22・1・29では，レコード会社5社が各々が原盤権（著作96条〜97条の3）を有する楽曲を携帯電話ユーザーに送信し着信音として利用できるようにする事業（着うた事業）を行うための会社を共同で設立し運営する過程において，共同して（相互に意思を通じあって），同じ着うた事業を営む者に対して各々が保有する原盤権の利用許諾を拒絶した行為が19条に違反するものとされた（旧〔昭和57年〕一般指定1項1号，現行2条9項1号イ）。本件においては，共同の利用許諾拒絶を行った5社は，人

---

[37] 著作権（原盤権）に関して，東京高裁は，知的財産権者による利用許諾の拒絶行為も「それが意思の連絡の下に共同してなされた場合には，それぞれが有する著作隣接権で保護される範囲を超えるもので，著作権法による『権利の行使と認められる行為』には該当しないものになる」と述べたことがある。着うた事件・東京高判平成22・1・29。

[38] 第3章第4節VI（共同ボイコット）参照。共同研究開発の成果たる知的財産権の取り扱いを取り決める行為の独禁法上の評価について，第3章第4節VII 2ならびに共同研究開発ガイドライン第2-2(2)参照。

気楽曲の約半数について原盤権を直接または間接に保有等していた。5社による着うた事業会社が提供する着信音のダウンロード数は，総ダウンロード数の4割以上であった。

IV　パテントプール

パテントプールを設立し運営するときには，①パテントプールに特許の管理・運営を委託することとする特許拠出者間の合意（パテントプールを形成ないし組織し，ライセンスを拠出することとその際の条件等を定めた合意），②特許拠出者によるパテントプール機関に対する特許の管理・運営の委託（再許諾権の付与等），③ パテントプール機関からライセンシーに対するライセンスを付与という3種類の行為が行われることになる。このうち，第1の合意は，知的財産権者間の知的財産権利用方法に係る取決めであって，「権利の行使」ではない[39]。第2，第3の行為は，知的財産権者によるライセンス許諾であって，「権利の行使」にあたりそうである。もっとも，第2，第3の行為が第1の合意に基づいて行われているときには，これら行為は実質的に第1の合意の一部をなすものとして評価することができる。また第1の合意が独禁法に反するときには，それに基づいて行われる第2，第3の行為が，知的財産保護制度の趣旨・目的に反し「権利の行使と認められる行為」ではないと評価されうる。

パテントプールは，取引費用を節約し，ライセンス料金の水準を合理的なものとし，知的財産権の利用を促進することによって，競争を促進する効果をもつ。他方で，反競争効果をもつこともある。たとえば，競合関係にあり，もともとは独立してライセンスが提供されていた特許が，同一のパテントプールによって管理・許諾されることになれば技術間の競争が不活発となり，特許権者らがライセンス料を高額化する力が形成されることがありうる。競争を排除することで悪影響を生じさせることもある。悪影響が生じるかどうかは，特許の地位，プールされる特許間の関係，市場における競争の状況，パテントプール外で特許を許諾することが認められているかどうかなどによる。

知的財産ガイドラインは，①一定の技術市場において代替関係にある技術

---

39)　金井＝川濵＝泉水［第2版補正版］・342頁（稗貫俊文）参照。

に権利を有する者同士が，それぞれ有する権利についてパテントプールを通じてライセンスをすることとし，その際のライセンス条件（技術の利用の範囲を含む）について共同で取り決める行為，②プールしている技術の改良を相互に制限する行為およびライセンス先を相互に制限する行為，③新規参入者や特定の既存事業者に対するライセンスを合理的理由なく拒絶することにより当該技術を使わせないようにする行為および④一定の製品市場で競争関係に立つ事業者が，製品を供給するために必要な技術を相互に利用するためにパテントプールを形成し，それを通じて必要な技術のライセンスを受けるとともに，当該技術を用いて供給する製品の対価，数量，供給先等についても共同して取り決める行為は，一定の取引分野における競争を実質的に制限する場合には2条6項に該当する（なお，③については2条5項にも該当しうる）とする（第3-1(1)ア・2(1)）。

特許権者らが共同して特許権を一特許管理機関に集積（プール）した上で，集積された特許については新規参入者に対してライセンスを許諾しないという方針を取り決め，この方針に基づいてライセンスを拒絶することが私的独占（排除行為）（2条5項）を構成するとされた例に，ぱちんこ機製造特許プール事件・勧告審決平9・8・6がある。この事例においては，新規参入者は，違反行為のために，製品を販売する上で重要な特許であり，法律上の基準に適合する製品を製造する上で許諾を受けることが必須の特許の許諾が受けられなくなっていた。新規参入が妨げられた製品の製造販売分野では，長年にわたって協調的な取引慣行がとられており，自由な競争が著しく阻害されている状態にあった。

V　知的財産権の買収，独占的ライセンスを受けること等

知的財産権の買収は，内容・態様次第で，2条5項等に該当しうる。知的財産権に係るライセンスを受ける側が，もっぱら自己にのみライセンスを許諾することを条件としてライセンスを受けることは一般指定11項に該当しうる。特定の者にライセンスを供与しないよう要請することは一般指定2項に該当しうる。これら行為は，競争に与える影響次第では2条5項に該当することもある。

これらの行為は，ライセンシーがライセンスを受ける意欲を高め，技術の

効率的利用・普及を促進することなどを通じて，競争を促進することが多い。なかでも，自らは製造する能力をもたない研究開発専業企業などは，製造について独占的実施許諾を与えることによって自己の特許技術を実施する者を確保している。もっとも，これら行為も拘束の内容と競争の状況次第では排除等を通じて競争に悪影響が及ぶことがある。

　知的財産権の集積が競争に及ぼす影響について検討が行われた例として，富士電機・三洋電機自販機株式取得事例【平成13年度事例9】がある。この事例では，株式取得に伴って製品（飲料用自動販売機製造）に係る技術が集積され，当事会社の技術力が高まり，当事会社が競争事業者に対して事業活動（将来の技術活動を含む）において著しく優位に立つことが見込まれた。製品の製造・販売分野におけるシェアは約55％であった。公取委は，当事会社が保有する技術の競争事業者に対する供与が制限された場合には，競争事業者が当事会社と同一の機能をもつ製品を製造販売することが難しくなるおそれがあると考えた。問題解消措置として，保有する特許権等の技術について競争事業者から実施許諾等の求めがあれば当事会社は適正な条件の下でその求めに応ずることとする措置がとられた。

第9章
国際取引と独占禁止法

第1節　国際的な反競争行為に対する独占禁止法の適用

I　独占禁止法と国際取引

　国内，海外の事業者が海外で行った行為について，独禁法を適用する場面が増加している。経済活動がグローバルに展開するなかで，国内法である独占禁止法が，国境を越えた海外での取引や合意・契約に対してどこまで適用可能となるのかという問題は，反競争的効果をどのように分析するか，という問題だけでなく，法運用における手続上の問題など様々な論点がある。ところでこの問題に関しては，従来，海外事業者に対する独禁法の域外適用という文脈で議論されてきた。すなわち，独禁法は，条文上，国内の事業者についてのみ適用を行う旨明記される場合を除き，域外適用をすることができると解されている。不当な取引制限（3条後段），私的独占（3条前段），不公正な取引方法（19条），企業結合など主要規制はすべて，独禁法の域外適用が可能である。なお，独禁法には，不当な取引制限，不公正な取引方法に該当する内容の国際的協定，契約を規制する6条が用意されている。この6条は，これまで国際的な反競争行為の規制に際して重要な役割を果たしてきた。

　独禁法の域外適用が許容されるといっても，具体的な域外適用に際してはいくつかの問題を克服する必要がある。まず，外国の事業者が行った外国での行為に対して独禁法を適用する際には，外国政府の主権を侵害するおそれが生じる。この問題は，独禁法にとどまらず国際法上の国家管轄権が関係することになる。次に，外国事業者に対して具体的に独禁法を適用する際，外国で日本の公取委がどのように調査をするのか，外国の競争・法執行当局と

どのような・協力・連携を行うのか，さらには，外国事業者の適正手続の保障のための具体的な手続上の法的問題をどのように処理するのかという実務上の問題を処理する必要がある。このように，独禁法の域外適用は理論的に可能といっても，実際には困難な課題が多く含まれていることに注意する必要がある。

また，今日のように経済活動のボーダレス化が進展していることに伴い，反競争行為も国際化している中で，単に日本の独禁法を域外適用して問題を解決するという手法では十分ではないことも多い。なぜなら，競争法の域外適用は，国内法を一方的に外国所在の企業に適用して問題を解決しようというものであって，ときとしてその適用は，外国政府の反発を招くこともあるからである。このような観点から，最近では，各国の競争法の執行当局が連携して反競争行為を規制するために，二国間執行協力協定が盛んに締結されている。他方，WTO（世界貿易機関）では，加盟国国内での反競争的な取引慣行や，世界的な国際カルテルが貿易に与える悪影響を重視して，この問題について多数国間での問題解決を目指そうとしている。これが，「貿易と競争」問題である。また，国際的なフレームワークで一種の国際的な統一競争法を策定しようという動きもある。このように，独禁法による国際取引の規制については，域外適用のみならず，今後様々な変化が生じる可能性がある。

II　国際取引に対する6条の存在意義

国際取引に対する独禁法の運用では，6条の適用が問題となる。かつて，1997（平成9）年改正前は，国際的協定または契約について事前届出制度が存在していたこと（旧6条2項），独禁法の域外適用について3条および19条の直接適用よりも，国際的協定に対する規制を定めた根拠条文として6条を適用することが簡便であったことなどから6条が適用されたケースがある。

しかし，今日では，3条および19条を直接域外適用すれば足り，ことさら6条を根拠とする必要はないともいえる。さらに国際的協定に関する事前届出規定が廃止された現在，6条それ自体に独自の存在意義があるか否かについても疑問がある。

6条の存在意義については，次の2つの点について検討する必要がある。
第1に，日本に営業拠点を有さない外国事業者を含む国際的な反競争行為

を規制する際に，6条を適用して，当該契約の一方当事者である日本の事業者のみを名宛人として当該協定の締結の禁止といった排除措置を講じるという「間接的域外適用」を認めるべきか否かという問題である。すなわち，6条は，不当な取引制限または不公正な取引方法を内容とする国際的協定の締結によって当該契約の当事者となることを禁止する規定であるので，契約の一方当事者である日本の事業者のみを対象として排除措置を命じることが可能になることから，契約の相手方である外国事業者を審決の名宛人とする必要はないということになるためである。

この間接的域外適用について，天野・ノボ事件・最判昭50・11・28がある。本件は，デンマークの製薬会社ノボ・インダストリー社が天野製薬との間で締結した洗剤の原料であるアルカラーゼ（アルカリ性バクテリア亜タンパク分解酵素）の継続的供給契約において，契約終了後の競争品の生産，販売および取り扱い禁止を定めた部分が旧6条1項に違反するとして天野製薬を名宛人とする勧告審決に対して，ノボ社が契約上の利益を侵害されたことを理由とする審決取消訴訟を提起した事件である。

本件の主要争点は，ノボ社が審決取消訴訟の原告適格を有するか否かにある。判決では，勧告審決は名宛人以外の第三者を拘束するものでもなければ，名宛人の行為が同法違反の行為であることを確定するといった「法律的な影響を及ぼす」ものでもないとした上で，本件では天野製薬がその自由な意思で勧告を応諾したものであって，これに伴う契約の破棄は，「天野製薬自身の意思による一方的な契約の破棄ないし債務不履行として評価されるべきものであつて，審決の強制によるものということはできない」と判示して，ノボ社は本件審決によって法律上の利益を侵害されたとはいえず，原告適格を有さないと結論付けた。

しかし，独禁法違反行為を理由とした契約の破棄を勧告審決（当時）で求められ，その審決については，その遵守が刑罰により強制されていること（90条3号）に鑑みれば，天野製薬の意思に基づいた契約破棄と評価することは困難である。また，独禁法違反に関する条項の不履行が債務不履行として損害賠償の対象となることは，想定されにくいことである。このことから，第一義的には，本件においてノボ社に原告適格を認め，契約終了後の競合品取り扱いに関する独禁法上の論点を争わせるべきであるとし，さらに，基本

的に当初の審決の段階でノボ社に対して勧告書の送達を行うなどして，手続に関与させるべきであったという批判が有力である[1]。このように，6条を根拠として間接的域外適用を行うことは，外国事業者に対する適正手続の保障を損なうことになる危険性が高い。また，不当な取引制限と不公正な取引方法に対して6条を根拠として間接的域外適用を認め，私的独占，企業結合にはこれを認めないとすることに合理的根拠を見出しがたいことも事実である[2]。また，天野・ノボ事件当時は，日本に営業拠点等をもたない外国事業者への書類送達規定が整備されていなかったが，2002（平成14）年改正によって，70条の17において民事訴訟法108条を準用し，公示送達規定（70条の18第1項2号・3号）を整備するなどの改善がなされた。したがって，今日送達の不備などを理由とする間接的域外適用の採用には疑問がある。

第2に，輸出カルテルに3条後段のみを域外適用する場面を想定してみよう。そして，このカルテルが日本から外国への輸出に関する価格・数型・販売地域に関するカルテルであって，後述するレーヨン糸国際カルテル事件のように外国事業者による日本国内への輸出がほとんど存在しないかあるいは，輸出は存在したがその輸出に関しては競争制限的な合意が行われなかったとする。

この場合，不当な取引制限に該当するためには，一定の取引分野の画定が必要である。上記の例の場合は，当該製品に係る「外国向けの輸出取引の分野」を画定することになる。では，この輸出取引分野の競争制限は，日本国内の市場の競争にどのような悪影響をもたらすだろうか。純粋に輸出のみに関するカルテルであれば，日本国内の製品の価格が上昇することは考えられない。したがって，この場合，国内市場に直接的・間接的な反競争効果・影響を与えている場合に独禁法を適用するという効果主義（第2節Ⅱ1参照）に基づく域外適用の原則の範疇では，3条後段を直接適用することは困難であるとして，6条の適用を検討するという可能性もある[3]。

---

1) 講座第2巻133頁（根岸哲）参照。ただし，当時，外国事業者による反競争的な内容を含む契約の犠牲となっている日本の事業者を救済するという趣旨で，この6条を根拠とした規制を行っていたという背景事情も無視できない。ベーシック315頁（泉水文雄）参照。
2) 講座第2巻129頁（根岸哲）参照。
3) ベーシック314頁，316頁（泉水文雄），独禁手続381頁（瀬領真悟）参照。ちなみにこの関係で，外国において日本の事業者が外国の市場に関する競争制限行為に参加した場合，

なお，2002年の独禁法改正により，既往の違反行為に対する措置規定に6条が追加され，既往の違反行為に対しても排除措置を命じることが可能となった（7条2項，8条の2第2項）。これによって，国際カルテルが終了した後にも外国事業者を名宛人として排除措置を行うことによって，国際カルテルの将来の再発を防止することが可能となる。

第2節　独占禁止法の域外適用

I　域外適用総論

法の域外適用とは，「国家が自国の領域外にある人，財産又は行為に対して国家管轄権を行使すること」[4]である。この国家管轄権は，国内法が自国の領域を超えてどこまで適用されるのかという国内法の適用範囲に関する立法管轄権と，具体的に法の域外適用を行う際の行政上，司法上の手続の問題を取り扱う手続管轄権（強制管轄権）に分けて分析するのが通例である。

この域外適用の問題について，現在の国際法では，国内法の適用範囲を自国の領域外に及ぼすこと，すなわち，立法管轄権を域外に拡大することおよび裁判管轄権の範囲を自国の領域外に及ぼすという司法管轄権の域外への拡大については，各国の自由裁量に委ねられていると理解されている[5]。しかし，国内の行政機関が自国の領域外において物理的強制を伴う強制捜査を行う行政の執行管轄権の域外への拡大は，許されていない。したがって，各国の行政機関の多くは，各国の行政機関との協力協定などを通じて，海外での

6条に基づいて国内事業者の外国でのカルテル参加を禁止しうるかという問題がある。この場合，6条の「国際的協定又は国際的契約」は，国内事業者と外国事業者との契約でなければならないとする渉外性を必要とするほか，特に，国内市場に影響を与える協定でなければならないと解する必要はないので，理論上，独禁法を適用することはできる。警告事案に関しては，ビタミンの製造業者に対する警告事案において，日本市場に対する競争制限とともに世界市場および各地域市場等海外の市場を制限したことについて，3条および6条に基づき警告がなされている。

なお，域外適用の論点とは関係ないが，日本の事業者が外国において日本国内の市場に影響を与えるような反競争行為を行った場合には，当然に独禁法が適用される。この場合には，執行協力協定などを根拠として外国の競争法当局の協力を仰ぐ必要があるだろう。

4) 講座第2巻136頁（根岸哲）参照。
5) 講座第2巻137頁（根岸哲）参照。

調査活動を行うことになる。特に最近は，国際的な反競争行為が増加傾向にあることから，独禁法の執行協力協定によって各国の競争法当局が緊密に連携をとる必要性が高まりつつある。日本政府も，米国政府および欧州共同体と執行協力協定を締結している。

II 立法管轄権と効果主義

1 立法管轄権

　国際法上，立法管轄権を域外に及ぼすことが肯定されるとして，具体的にどのような場合に法の域外適用を行うのかという判断基準が重要となる。域外適用に関する判断基準としては，自国の領域内で行われた行為に対してのみ国内法を適用するという属地主義，行為の一部が国内で行われた場合であっても国内法を適用する客観的属地主義，そして，行為が自国の領域外で行われた場合であっても，当該行為が日本市場に直接的・実質的な[6]効果・影響を与える場合には独禁法を適用する効果主義がある。

　日本の独禁法については，日本国内に支店，子会社などが存在しない場合であっても，外国企業による日本への輸出などに関連して独禁法に違反する場合には規制対象となるが，この場合にも，日本市場に対する実質的な効果が及んでいるかをまず検討することになっている[7]。では，日本は効果主義を採用しているといえるのだろうか。しかし，審決において明確に効果主義を採用することが明示されたことはない。そして日本の従来の運用は，外国企業が日本国内において違反行為を行った事案が多い。このことから現段階では，日本の独禁法が効果主義を採用していると断定することはできない[8]。

　過去の審決例では，サンフランシスコ所在の外国事業者に対して，日本光学工業の光学機器全製品に関する一手販売権に関する排他的な条件を含む契約内容が問題とされた第一次日本光学（オーバーシーズ）事件・審判審決昭27・9・3[9]があげられる。この事件では，独禁法が日本国内のみに適用さ

---

[6]　独禁手続392頁（瀬領真悟）参照。
[7]　山田昭雄ほか編著『解説 流通・取引慣行に関する独占禁止法ガイドライン』（商事法務研究会，1991年）238頁参照。
[8]　独禁手続393頁（瀬領真悟）参照。
[9]　なおスウェーデンのウエスタン社と同種の契約を行ったことについて，第一次日本光学

れるべきとする被審人の主張に対して，審決案では，独禁法は「日本国内又は日本の国際通商に影響を与える限りその適用を妨げられない」と判断している。本件は初期の事例ではあるが，独禁法の域外適用について効果主義的な姿勢[10]を示したものといえる。ただし，多くの事案は，日本国内において違反行為が行われたことを重視している。三重運賃事件・審判審決昭47・8・18では，日本郵船株式会社等貨物定期航路事業を営む事業者らにより構成される「同盟」と，日本の荷主との間で締結された貨物輸送協定において，同盟非参加船舶運航事業者に輸送を行わせた場合に損害賠償金の支払を請求する旨の契約条項が存在していたことが，不公正な取引方法の特殊指定[11]に違反するとされた。この審決では，被審人の問題となった契約は，日本の港からの定期航路事業に関するものであって，海外の事業者が主たる事業を海外で行っているとしても，被審人の日本での事業活動に関する公正かつ自由な競争を阻害するものである以上，独禁法を適用するとしている。このほか，小松製作所事件・審判手続打切決定昭56・10・26では，両社による技術提携契約条項の中で，契約終了に関してビサイラス社の同意なしに契約を終了することができないとしたこと，および競争製品取り扱い禁止等が不公正な取引方法に違反するか否かとが問題となり，その際，外国事業者が事業活動の一部を日本国内で行っていることをもって，外国事業者を被審人としている。

　このように，日本では，独禁法違反行為の一部が国内で行われた場合に外国事業者を被審人とする場合が多かったといえる。しかし，これは，日本が事実上客観的属地主義を採用していると考えるべきではなく，むしろ公取委の調査能力および2002（平成14）年の独禁法改正前の送達規定の不備に原因があると考えるべきである。この点，ノーディオン事件・勧告審決平10・9・3は，日本の独禁法適用において効果主義を採用したものと理解されている[12]。本件は，放射線医薬品の原料であるモリブデン99について，

　　　（ウエスタン）事件・審判審決昭27・9・3参照。なお，いずれも審判開始決定取消事案である。
10) 独禁手続393頁（瀬領真悟）参照。
11) 「海運業における特定の不公正な取引方法」（昭和34年公取委告示17号）。
12) 根岸＝舟田52頁。

世界第1位の製造業者であり世界において圧倒的な販売量を占めているノーディオン社と、日本の2社がモリブデン99の排他的供給契約を締結した際、日本の2社は、使用するモリブデン99の全量を10年間、ノーディオン社から購入する契約内容が含まれていた。この結果、世界第2位のモリブデン99の製造業者であるベルギーのIRE社は、日本の需要者と取引することができないこととなった。これに対して公取委は、ノーディオン社の全量購入契約の締結および実施は、日本におけるモリブデン99の販売分野において競争者を市場から排除し、競争を実質的に制限したとして、3条前段の私的独占に違反するとした。本件は、契約地は東京都内であったことが審決中明示されている（審決集45巻151頁）ので、客観的属地主義に基づいたとしても域外適用が肯定される事案[13]であることに注意が必要である。その意味では、本件は、効果主義を採用した域外適用であると判断することも、属地主義[14]あるいは客観的属地主義に基づいて独禁法を適用したとも考えることができる事案である。したがって、ノーディオン事件の審決内容から、明確に効果主義が採用されたと断定する材料はない。ただし、1998（平成10）年改正によって、15条1項において、外国会社同士の合併について合併審査を行う可能性を明記したこと、および米国に、ヨーロッパとの執行協力協定締結といった国際的な執行に向けた体制整備を進めていることなどからみて、日本の独禁法の域外適用に関する公取委の方針は、基本的に効果主義を採用する方向に大きく傾斜しつつあると評価することができる。

　独禁法の域外適用について、効果主義を採用することになれば、日本国内の市場に影響を与える外国事業者の行為を有効に規制することが可能となる。しかし、仮に独禁法の域外適用が可能であるとしても、あえて域外適用を差し控える必要が生じる場合がある。これが国際礼譲の問題である。これは、国内法の域外適用が必然的に外国主権に対する干渉または侵害となる危険性を内包しているからである。たとえば、外国政府の政策によって当該国の事

---

13) 金井貴詞「評釈」ジュリ1152号168頁。
14) 審決では、日本国内におけるモリブデン99の販売分野に関して競争者を排除した旨の記載があることからみて、違反行為もまた日本で行われたとみることが妥当である以上、本件は属地主義に基づいても独禁法の適用があると考えることができる。吉井文夫＝遠藤厚志「評釈」公正取引579号76頁参照。

業者がある特定の行為を強制されている場合に，その行為が日本の独禁法に違反する際には，相手国の国益を十分に配慮し，基本的には域外適用を差し控えるというのが「消極礼譲」と呼ばれる国際礼譲の古典的な形態である。しかし，経済のグローバル化に伴い各国の市場が密接に連動するようになった現在，単に相手国の国益に配慮した消極礼譲で独禁法の域外適用を差し控えるという姿勢のみでは十分ではない。むしろ，二国間の執行協力協定が存在する場合や，あるいは通商上密接な関係にある当事国同士の間では，相手国政府に対して自国市場の反競争行為の除去に向けた積極的な自国の競争法の執行を要請することは，国際礼譲の観点からも許されるべきである。このように外国政府に対して，自国の競争法の執行を要請することを「積極礼譲」という。今日，二国間での独禁法の執行協力協定締結が進展するにつれて，実務上も積極礼譲の考え方に基づいて，この種の要請，要望が相互に交換されることになることが予想される。

Ⅲ 手続管轄権

1 域外適用と手続管轄権

独禁法の域外適用を考える上で最も重要となるのが，手続管轄権の問題である。たとえば，理論的に立法管轄権が認められて独禁法を域外適用することが可能であることが確認されたからといって，実際の域外適用の前提ともいえる外国事業者への書類の送達1つをとってみても，そこには手続上の様々な問題が存在している。特に，2002（平成14）年改正前は，送達手続を規定していた旧69条の2において，外国への送達について定めた民事訴訟法108条を準用していなかったために，国内に拠点を有さない外国事業者に対する送達が不可能であった。その結果，法改正以前は，国内にいかなる拠点も代理人も存在しない場合には，送達ができないので審判手続を開始できないと解されていた[15]。このような外国事業者に対する送達規定の不備を克服するための1つの方策が，6条において国内事業者のみを名宛人とする間接的域外適用であった。また，手続管轄権には，公取委が外国において外国事業者の違反行為をどの程度まで調査することが可能となるのか（調査管轄

---

15) 条解246頁参照。三重運賃（外国企業）事件・審判手続打切決定昭47・8・18。

権)という問題も存在する。この場合,外国事業者などに対して任意での事情聴取ないし手紙,電子メールなどを通じた調査を行う場合,問題はほとんど存在しない。しかし,公取委が違反行為の特定のために立入検査等を行う場合には,当該検査が強制力を伴うために,外国主権との抵触が問題となる。このように,実際に外国事業者に対する独禁法の域外適用に関しては,国内とは異なる様々な困難な手続上の問題が存在することに留意する必要がある。

2 外国事業者への送達

独禁法の域外適用の前提ともいえるものが,外国事業者に対する送達を行うことである。独禁法上,送達すべき書類は,排除措置命令書の謄本 (49条2項),課徴金納付命令書の謄本 (50条2項),審判開始決定書の謄本 (55条3項) 等があり,その他,公取委規則によって定められた書類の送達が求められる (70条の16)。

まず,外国事業者が国内に拠点を有している場合には,これらの拠点などに送達することが通常となる[16]。これについて,三重運賃事件では,日本営業所,日本駐在員宛になされた送達を適法とする。しかし,この種の送達を受領する権限のない代理店に対する送達は,無効であるとされる[17]。

もし,仮にこの種の営業所などを有さない場合には,日本での代理人を通じて,実質的に外国事業者への送達を行うことも可能である。ノーディオン事件では,同社が日本に拠点を有していないことから,同社の日本における代理人である弁護士に文書を送達した。ただし,この場合,弁護士に文書受領権限があるか否かが問題となる。ノーディオン事件では,弁護士に対してノーディオン社が文書受領の権限を付与していたことから,代理人への送付が可能となった。

また,日本国内に送達先がなく,外国事業者に対して直接送達する場合には,70条の17の規定に基づき,外国送達に関する民事訴訟法108条を準用することとなる。したがって,同法は「裁判長」を「公正取引委員会」に読み替え (70条の17),その結果,「外国においてすべき送達は,公正取引委員会がその国の管轄官庁又はその国に駐在する日本の大使,公使若しくは領

---

[16] 独禁手続 395 頁(瀬領真悟)参照。
[17] 三重運賃(外国企業)事件・審判手続打切決定昭 47・8・18。

事に嘱託してする」と準用される。特に，送付される外国事業者に対して，たとえば課徴金の納付を命じるなど，命令的・強制的な効果を有する場合には，相手国の同意を得る必要があることから，この場合には，外国の合意を得た後に文書が送達されることになる[18]。なお，70条の17により準用された民事訴訟法108条では，当該外国の「管轄官庁」に送達を嘱託することができる旨の規定がある（領事送達）。この場合の管轄官庁とは，民事訴訟の分野における国際条約[19]によって当該条約加盟国各国が設置するものである[20]。

次に，民事訴訟法108条を準用してもなお送達することができない場合には，公示送達を行うことになる（70条の18）。送達できない場合とは，「民事訴訟法第108条の規定によることができない」場合，または民事訴訟法108条の規定によっても「送達をすることができない」場合が重要である[21]。民事訴訟法108条の規定によることができない場合とは，日本の外交使節が存在しない場合を指すとされる[22]。次に，民事訴訟法108条の規定をもってしても送達できない場合とは，当該外国が戦争もしくは災害によって物理的に送達することが不可能な場合を指すとされる[23]。このような場合，送達すべき書類について，送達を受けるべき者に対していつでも送付できるという旨を公取委の掲示板に掲示し（70条の18第2項），当該掲示開始から6週間後に，公示送達の効力が発生する（同条4項）。

この公示送達は，BHPビリトン（豪州）とリオ・ティントの事業統合案件において初めて実施された。本件は，資源メジャーである両社の事業統合に際し，鉄鉱石およびコークス用原料炭の高騰が予想され，その結果日本における海上貿易によって供給される同製品の取引分野を実質的に制限するこ

---

[18]　菅久修一＝小林渉編著『平成14年改正　独占禁止法の解説　一般集中規制と手続規定等の整備』（商事法務，2002年）42頁参照。
[19]　民事又は商事に関する裁判上及び裁判外の文書の外国における送達及び告知に関する条約（昭和45年条約7号）。
[20]　菅久＝小林・前掲注18）43頁参照。
[21]　70条の18第1項3号では，外国の所轄官庁に送付を依嘱した後6ヶ月を経過しても文書送達の書類が送付されない場合を規定するが，現状では，外国の所轄官庁が存在しない以上，現状では本号に基づく公示送達が行われる可能性はない。
[22]　菅久＝小林・前掲注18）46頁参照。
[23]　菅久＝小林・前掲注18）46-47頁参照。

ととなるとして，公取委が調査を開始したものである。しかし，両社は，公取委の調査に対して協力せず，質問状の受け取りの拒否を行った[24]。その結果，豪州政府の了承を経て70条の7に基づく送達を行ったものの，受領を拒絶されたため公示送達を行った。本件は，最終的に，欧州委員会の審査の過程や世界的な景気後退などの影響から，統合の打ち切りが当事会社より公表され，公取委は審査を打ち切ることになった。なお，不当な取引制限に関して，テレビ用ブラウン管に関する国際カルテル事件（事実関係は後述）では，サムスンSDI，サムスンSDIマレーシアによる日本国内の代理人解任によって，そしてLPディスプレイズ・インドネシアの場合は国内に営業所などがなく同社は国内において代理人を選任しなかったことから公示送達を行うことになった[25]。

IV 国際取引に対する独占禁止法適用例

1 国際カルテル・私的独占

今日，国際カルテルに対する厳格な規制という点では，先進国間において相違がない。特に米国，ヨーロッパでは，国際カルテルの摘発が競争法の国際的執行の重要な柱となっている。たとえば，人造黒鉛丸形電極事件は，米国では，米国，ドイツ，日本の7社に対して4億2480万ドルの罰金，EUでは米国，ドイツ，日本の8社に対して総額2億1880万ユーロの制裁金の支払いが命じられた。またビタミン事件では，米国において米国，スイス，ドイツ，日本，カナダの11社に対して，総額9億1050万ドルの罰金の支払が命じられ，EUでは，8億5522万ユーロの制裁金の支払が命じられた[26]。

---

24) 本件について，川合弘造「域外企業の企業結合に対する日本の独占禁止法の適用」NBL905号47頁参照。なお，ブラウン管カルテル事件において，サムスン・エスディーアイ・カンパニー・リミテッドが受領拒否を行ったため，平成22年2月に公示送達を行い，同年5月，審判を開始した。この点について，受領拒否によって相手方の防御の機会は尽くされているとし，拒否の段階で当該処分の効力は発生しているとみるべきであるという見解がある。越智保見「独占禁止法の国際的執行の諸問題」土田和博編著『独占禁止法の国際的執行』（日本評論社，2012年）60頁。
25) 公取委報道発表資料「テレビ用ブラウン管の製造販売業者らに対する排除措置命令及び課徴金納付命令について（追加分）」（平成22年3月29日）。
26) 「独禁研報告書」（平成15年）別紙8参照。なお，人造黒鉛に関するカルテルでは，三菱商事が，米司法省との間で量刑合意による罰金支払とカルテルの被害者への和解金支払

そして，日本においても，これまで国際カルテルおよび輸出入カルテルに対して独禁法を適用している。代表的な例は，日本事業者と外国事業者との国際カルテルである。たとえば，化合繊（レーヨン糸）国際カルテル（旭化成）事件・勧告審決昭 47・12・27，化合繊（アクリル紡績糸）国際カルテル（東洋紡績）事件・勧告審決昭 47・12・27（これらの事件を総称して，「レーヨン糸国際カルテル事件」という）では，レーヨン，スフなど化合繊維に関する販売地域制限，輸出数量制限，最低販売価格協定をヨーロッパの事業者と締結したことが，各製品の輸出取引分野における競争を実質的に制限する不当な取引制限を内容とする協定であるとして，旧 6 条 1 項に違反するとされたものである。国際カルテルについては，近年，アメリカおよびヨーロッパにおける規制強化を受けてその密室性が高まり，摘発が困難となっている。そのため，最近の傾向としては，リーニエンシー・プログラム（制裁減免制度）[27]に基づく事業者の自主的なカルテルの破棄を促進するインセンティブを促すといった制度の活用によって，米国の司法省反トラスト局などが，日本の公取委よりも先に摘発するケースが多い。この場合，米国およびヨーロッパにおいてリーニエンシー制度の適用を受けた国内事業者，または外国事業者に対して，日本の独禁法を域外適用し課徴金納付命令などを命じることができるか否かは，今後，国際カルテルに対する域外適用を検討する上で最も重要な問題であるといえる[28]。このような状況を受けて，2005（平成 17）年の独禁法改正では，課徴金減免制度が導入された。これによって，国際的なハードコア・カルテルの離脱や自主的な破棄に際し，米国やヨーロッパの執行当局に加えて，公取委への申告というルートが確保されたことになる。この課徴金減免制度は，競争法のコンプライアンスに熱心な外国事業者にとって，

　　　　　　に応じている。これに対し，同社の株主により株主代表訴訟が提起され，同社の組織的関与の有無，当時の取締役・監査役の善管注意義務違反等が問題となった（三菱商事株主代表訴訟事件・東京地判平 16・5・20，なお，長谷川新「判批」ジュリ 1296 号 150 頁参照）。本件請求は棄却されたが，今後，独禁法実務において，コンプライアンス構築を含め，同種の問題に対する対処が重要となるだろう。

27) 同制度について，詳しくは第 11 章第 2 節 II 2 (4)参照。

28) たとえば，ビタミンカルテル参加事業者に対する警告であるビタミンの製造販売業者らに対する警告事例（平成 13・4・5）では，カルテルに参加した日本の事業者に対する審告である。また，脚注において，米国司法省との司法取引に日本の事業者らが応じていることが記載されている。

極めて重要な法改正であるといえる。今後，日本の課徴金減免制度が，企業の国際的な競争法遵守行動の中で，どのように位置付けられていくことになるのか，公取委の運用を含めて注意深く観察しておく必要があるといえるだろう[29]。

次に，国際取引との関係では，日本の事業者による輸入カルテルも問題となる。たとえば，ソーダ灰輸入カルテル事件・勧告審決昭58・3・31では，ソーダ灰の輸入数型および取引比率，輸入経路を制限したことが不当な取引制限に該当するとされた。ただし，この場合，外国の事業者が当該協定に関与している場合には，独禁法の域外適用の可能性が生じることになる。

また，マリンホースに関する国際カルテル事件・排除措置命令・課徴金納付命令平20・2・20は，公取委が，米司法省，欧州委員会とともに調査を行った事件である。本件では，日本，英国，フランスそしてイタリアに所在するマリンホースの製造業者によって，マリンホースの需要者が複数の企業に見積価格を要求してきた場合に，需要者の使用地となる国に本店を置く者を受注予定者とし，当該事業者が複数存在する場合は，当該複数の事業者のうちのいずれかの者を受注予定者とすること，また本店所在国以外を使用地とする場合には，マリンホースの割合を決定し，それに基づいてコーディネーターが選定する者を受注予定者とすることなどを取り決めていた。本件において，公取委は，これらのカルテルのうち，日本のマリンホースの需要者が発注するものの取引分野に限定して，不当な取引制限の成立を認めた。本件では，課徴金減免制度が利用されている[30]。また，テレビ用ブラウン管に関する国際カルテル事件・排除措置命令・課徴金納付命令平21・10・7では，テレビ用ブラウン管（CRT）に関する国際カルテル事件について，日本のブラウン管テレビ製造会社5社が，海外に拠点を有する製造子会社，あるいは製造委託会社に購入させるブラウン管（特定ブラウン管）について，それぞれマレーシア，インドネシア，タイに所在する子会社において製造させているCRTについてその遵守すべき最低目標価格等を設定する旨を合意す

---

29) 今後，企業のコンプライアンス体制の構築が急務となる。その際，参考になる資料として ABA Section of Antitrust Law, Antitrust Compliance: perspectives and resources for corporate counsels（ABA, 2005）など参照。

30) 横浜ゴム株式会社が100％免除，株式会社ブリヂストンが30％減額となっている（公取委ホームページより）。

ることにより，特定ブラウン管の販売分野における競争を実質的に制限していたとされた。本件は，海外での売上を課徴金算定の基礎とした最初の事件である[31]。サムスンSDI等による審決取消請求事件・最判平29・12・12では，ブラウン管製造販売業者およびその製造子会社等が，日本のテレビ製造販売業者に対するブラウン管の購入取引に関して最低価格を取り決めたという価格カルテルが問題になった。この事件のポイントは，ブラウン管製造販売業者が，すべてのブラウン管を海外に所在する子会社等に製造させ，それらのブラウン管を，日本のテレビ製造販売業者の海外に所在する現地製造子会社等に直接納入していたという点である。すなわち，本件は，日本国外で価格カルテルの合意がなされ，実際にカルテルの対象商品も海外で販売されたという事案において，不当な取引制限が適用されるか否かが争点となった。これについて最高裁判決は，「一定の取引分野における競争を実質的に制限」するとは，当該市場の競争機能を損なうことをいい，価格カルテルによって競争機能が損なわれることとなる市場に日本が含まれる場合には，当該カルテルは，日本の自由競争経済秩序を侵害するものであると判断した。そのうえで，本件では，ブラウン管の購入取引における日本のテレビ製造販売業者と現地製造子会社等について，資本関係または緊密な業務提携関係を前提とし，日本のテレビ製造業者が同事業を統括していたこと等から経済活動として一体となって行ったものであるといえ，価格カルテルの合意は，日本に所在するテレビ製造販売業者をも相手方とする取引に係る市場における競争機能を損なうものと評価できると判断し，2条6項の適用を認めた。本判決は，直接効果主義について言及を避けているものの，独占禁止法の域外適用についてその可能性を広げる解釈を提示している点に着目する必要がある。

なお，私的独占事例としては前掲ノーディオン事件がある。

2　企業結合

企業結合ガイドラインでは，国境を越えた「一定の取引分野」の確定について，「ある商品について，内外の需要者が内外の供給者を差別することなく取引しているような場合には，日本において価格が引き上げられたとして

---

[31]　栗田誠「判批」ジュリ1392号181頁参照。なお本件については，多田敏明「国際カルテルと日本独禁法の執行」前掲注24）土田編著89頁以下を参照。

も，日本の需要者が，海外の供給者にも当該商品の購入を代替し得るために，日本における価格引上げが妨げられることがあり得るので，このような場合には，国境を越えて地理的範囲が画定される」（第2の3）とし，今日では，世界市場の確定に基づく企業結合審査が行われている[32]。

現行独禁法は，1998（平成10）年の改正によって，企業結合に関して条文上，「国内の会社」とされていたものが，「会社」とされたことから外国会社が関連する企業結合事案に対する独禁法の域外適用を明示している。まず，一般集中規制として，外国会社は，日本国内の会社の株式を取得し，または所有することにより国内において事業支配力が過度に集中することとなる会社となることが禁じられている（9条2項）。また，銀行・保険会社による議決権保有規制に関しても，外国会社は国内の会社と同等の規制に服する（11条1項）。市場集中規制については，会社による株式保有の規制（10条1項），役員兼任の規制（13条1項），合併規制（15条1項），共同新設分割・吸収分割規制（15条の2第1項）および事業譲受け規制（16条1項）について，外国会社に対してもその規制が及ぶ。また，企業結合規制に関する特色として，国内における企業結合事案と同様，正式な審決ではなく事前相談を通じた問題の解決が一般的である。そのため，非公式な形で外国事業者による企業結合事案が修正ないし変更されていることが多い[33]。たとえば，キリンビールとアンハイザーブッシュのバドワイザーに関する合弁事業について，公取委は，バドワイザーが日本のビール市場においてキリンに対する競争力・対抗力を有することに配慮し，合弁会社におけるキリンの影響力が強まるこ

[32) たとえば，ソニー株式会社と日本電気株式会社による光ディスクドライブ事業に係る合弁会社の設立（平成17年）では，大手パソコンメーカー向けの市場では，各社は全世界での需要を本社で一括調達していることや，光ディスクドライブメーカーの価格設定が世界的に統一価格であることや，パソコンメーカーによる調達方法などから世界市場を画定した。株式会社SUMCOによるコマツ電子金属株式会社の株式取得について（平成18年度）半導体用シリコンウェーハについては国籍による製品の性能差がないことや，輸送コストが調達先の選定に影響を与えないこと，シリコンウェーハのメーカーは世界的に統一価格であることから，同様に世界市場を画定している。TDK株式会社によるアルプス電気株式会社からの磁気ヘッド製造事業用の固定資産の譲受け（平成19年度）においては，需要者であるハードディスクドライブメーカーは，国籍を問わずに技術要件をみたした業者から取引をしていることや，磁気ヘッドメーカーは，製品価格をどの地域向けでも同一価格で販売していることが世界市場画定の理由となっている。

33) 独禁手続387頁（瀬領真悟）参照。

とで,キリンの市場における地位が強化され,独禁法上問題であると指摘した。その結果,当事会社は,キリンの協力なしに独自に事業を展開するための諸条件,さらに当該合弁事業を 10 年間の期間限定とすること,およびキリンの出資比率低下といった諸条件を公取委に提案し,公取委が了承する形となっている[34]。また,日本の事業者が海外において営業を譲り受けるには,日本市場への影響を考慮する。たとえば,日本たばこ(JT)による RJR ナビスコホールディングス社との営業(事業)譲受け[35]では,RJR の子会社の株式,商標権,工場を取得し米国外でのたばこ事業全般の営業(事業)譲受け事案であったことから,公取委は,日本のたばこ市場における JT の 80 %の販売シェアに配慮し,日本国内における競争者の減少が競争に影響を及ぼすと判断した。この事案では,JT から,RJR の日本国内向けの輸出に関与しないことを条件として公取委の了承を得ている。なお,1998 年の改正によって,15 条 1 項の射程が拡大し,外国事業者同士の合併について合併審査することができるようになった。これについては,エクソンとモービルの米国における事業統合に関する公取委の審査が行われている[36]。本件では,日本国内の精製会社,元売り会社に対する原油の販売分野および石油製品全体の販売分野の双方において,競争を実質的に制限することとなるか否かが審査された。この点について,公取委は,原油についてはシェアが十数%と比較的低いことと原油調達に関する市場の特性を考慮し,また石油製品については有力な競争者の存在を理由として,本件統合が日本の市場における競争を実質的に制限することとはならないと判断している。さらに,公取委は,心臓冠動脈疾患の治療に用いられる医療機器の製造販売業者(Johnson & Johnson,米国)による競争事業者(Guidant Corporation,米国)の株式取得が,日本の医療機器市場に与える影響について分析をした[37]。本件では 12 種類の医療機器それぞれについて一定の取引分野を画定し,そのうち 2 つの医療機器に係る取引分野について重点審査を行い,DES(Drug Eluting Stent)については有力な新規参入が存在することから,EVH 機器(Endoscopic Vessel

---

34) 「平成 5 年度公正取引委員会年次報告」(1994 年)149-150 頁参照。
35) 「平成 11 年度公正取引委員会年次報告」(2000 年)270 頁参照。
36) 前掲注 35)263 頁参照。
37) Johnson & Johnson・Guidant Corporation 株式取得事例【平成 17 年度事例 9】。

Harvesting System）については Johnson & Johnson が事実上独占するが，米国連邦取引委員会および欧州委員会による企業結合審査の過程で製造・販売部門売却の問題解消措置がとられたことから，競争は実質的に制限されないとしている。ただし，本件は，企業結合審査において，本格的に外国の競争法当局と情報交換を行ったことは，今後の運用をみる上で注目に値するといえる。このように，独禁法に関する渉外実務において合併を企図する外国事業者による日本の公取委の企業結合審査の問い合わせの増加が予想され，これにより渉外実務における独禁法の重要性が高まるものと予想される。またこのことは，日本の企業結合に関する審査基準の透明性およびその妥当性が問われることでもある。この点から，今後，日本の企業結合審査基準の精緻化が加速すると考えられる。

　また，ハードディスクドライブの製造販売業者である Seagate Technology（ケイマン諸島）の新設子会社による Maxtor（外国）の株式取得と完全子会社化に関する事例では，その地理的範囲の画定に際し，ハードディスクドライブが，国籍などによる性能・品質の差もなく，輸送コストも調達先選定に影響を与えないことから，需要者は，国籍を問わず技術条件に合致した商品を調達していることや，ハードディスク製造業者は，いずれの地域向けでも同一価格で販売していることなどから，本件株式取得による企業結合が，世界市場に与える影響について分析が行われた。なお，本件では，ハードディスクドライブ製造販売業者の水平的企業結合という側面と，磁気ヘッドなどのデバイスを川上市場とし，ハードディスクドライブを川下市場とする垂直的企業結合の両面がある。水平的企業結合部分についてみると，本件では，統合後の市場シェアが企業向けハードディスクドライブにおいて，第１位（60～65％），HHI は 4600～4700，増加率も 1400～1500 となるものの，需要者の取引先変更が容易であること。有力な競争事業者の存在と十分な生産余力，そして需要者の強い価格競争力などから，当事会社が単独で価格を引き上げることは困難であること。需要者が複数の事業者からハードディスクドライブを調達しており，価格引き下げによるシェア拡大が行われていること。競争者の行動の予測が困難で，技術革新が頻繁に発生し，製品のライフサイクルも短いことから協調行動をとる可能性が低いこと。以上の理由から，一定の取引分野における競争を実質的に制限することとはならないと判断され

た[38]。また，東芝の子会社である Westinghouse Electronics（本社，英国。以下，Westinghouse）による原子燃料の製造販売業者の株式取得について，国内における原子力発電設備における加圧水型用原子燃料の製造販売分野および沸騰水型用原子燃料の製造販売分野それぞれについて，検討が行われた。この点，加圧水型用原子燃料の製造販売分野では，Westinghouse は，海外において同事業を行っているものの，日本では納入実績がないことから被買収企業の潜在的競争者となるところ，電力会社が国内企業からの調達を優先していることや参入のための許認可に時間がかかることから，競争を実質的に制限することとはならないとされた。沸騰水型用原子燃料の製造販売分野については，Westinghouse の親会社である東芝が日立製作所や米国の General Electric 社とともに設立した Global Nuclear Fuel Holding 社（以下，GNF 社）の日本子会社が存在することから，株式取得を通じて，これらの競争者の間に結合関係が生じることが懸念された。仮に結合関係が認められると，約 95％・第 1 位，HHI は 9050 となるため，一定の取引分野における競争を実質的に制限することとなるおそれがあると判断された。ただしこの点について，欧州委員会において，東芝による Westinghouse の株式取得に際し，東芝は GNF 社から役員を引き揚げ将来にも役員を派遣しないことや，GNF 社の営業情報などの非公開情報を放棄すること，東芝の経営に関する拒否権の放棄などを条件として統合が承認されていることから，結合関係は生じていないと判断されるとした。また東芝は，問題解消措置として，GNF 社に対する出資比率を 15％にまで引き下げることや，欧州委員会との合意を遵守する旨を申し出たことなどから，一定の取引分野における競争を実質的に制限することとはならないとされた。

3　不公正な取引方法

国際取引に関連する不公正な取引方法は，従来 6 条を中心とした規制が行われてきた[39]。一般に国際取引に関する不公正な取引方法規制は，知的財産権に関するライセンス契約（技術移転契約）に関連するもの，並行輸入に関

---

38) Seagate Technology・Maxtor Corporation 子会社化事例【平成 18 年度事例 9】。
39) 独禁手続 384 頁（瀬領真悟）参照。

連するものなどが多い[40]。この点について，日本の知的財産ガイドラインでは，外国のライセンサーが国内のライセンシーに対して再販売価格制限などを行っている場合に，6条ないし19条違反の問題が発生するとする[41]。実務上は，契約条項中の競合品取り扱い禁止条項[42]や，台湾台北の事業者に対するライセンス契約中にライセンス製品の日本における製造販売を禁止する条項を設けたケース[43]，そして，前掲天野・ノボ事件のように契約終了後の競合品製造販売禁止条項といった，拘束条件付取引に該当する事案が目立つ。これに対して，並行輸入の場合は，基本的に取引妨害（一般指定15項）として不公正な取引方法に違反するとされるケースが多い。代表的な例として，ラジオメーター社による自社の血液ガス分解装置に使用する洗浄液等の「試薬」に関する並行輸入阻害を行ったラジオメータートレーディング事件・勧告審決平5・9・28がある。ただし，並行輸入不当阻害の動機が国内販売価格への影響を懸念してのものであることから，再販売価格維持行為に付随して行われるケースが多い。代表的な例として，アイスクリームの販売価格を指示するとともに並行輸入阻止を行ったハーゲンダッツ事件・勧告審決平9・4・25がある。

V　米国反トラスト法の域外適用

域外適用に関する渉外実務では，米国反トラスト法の域外適用に対する対応が重要である[44]。同法の実体法であるシャーマン法1条，2条は，外国通商（foreign commerce）すなわち，輸入取引または輸入通商（import trade or import commerce）に対して適用される。また，同法の適用範囲を除く外国での反トラスト法違反行為については，1982年の外国取引反トラスト改善法（Foreign Trade Antitrust Improvements Act: FTAIA）に基づきその適用範囲が定められている。

---

40) 事案の詳細については，独禁手続388頁（瀬領真悟）参照。
41) 知的財産ガイドライン第4の4(3)。なお本ガイドラインの適用に関して同第1の2(3)参照。
42) 第一次日本光学（オーバーシーズ）事件，前掲第一次日本光学（ウエスタン）事件参照。なお，いずれも審判開始決定取消事案である。
43) 旭電化工業事件・勧告審決平7・10・13，オキシラン化学事件・勧告審決平7・10・13参照。
44) 米国反トラスト法の域外適用については，松下満雄『アメリカ独占禁止法〔第2版〕』（東京大学出版会，2012年）307頁に詳しい。

第9章　国際取引と独占禁止法

　まず、シャーマン法に違反する行為が外国で行われた場合には、米国に効果を与える意図をもって行われたこと、および事実、効果を及ぼした場合に、同法が域外適用される（効果主義。ハートフォード事件連邦最高裁判決〔後述〕参照）[45]。したがって、米国の管轄権に関する効果主義は、次のような特徴をもつ。すなわち、米国内で実施された競争事業者間の価格協定、市場分割協定など、いわゆるハードコア・カルテルの場合には、当該行為の存在を原告が立証することができれば、当該行為が市場にどのような影響を与えるのかについての詳細な立証は不要となるという当然違法の原則が適用される。これに対して、外国事業者において同種の行為が外国において行われた場合には、当該行為の存在に加え、当該行為が米国市場に実質的効果を持つことを立証しなければならない[46]。このことから、通常、外国におけるカルテルを訴追しようとする原告側は、当該カルテルが何らかの形で米国内において行われたものであると主張し、効果主義の適用を排除しようと試みる場合が多い。逆に被告側は、被告の行為が仮にシャーマン法において当然違法の原則に該当するカルテルであったとしても、米国市場に与える実質的な影響が存在しないと反証する、もしくは、原告側が当該影響を十分に立証していないと主張する余地が残されていることを意味する。また、仮に外国においては当該行為が合法とされているような場合であっても、米国反トラスト法が適用される。この点について、ハートフォード事件では、英国において米国の再保険を取り扱う事業者らによる協定において、再保険の範囲から一定の保険を除外する旨協定したが、この種の行為は、英国法では合法であったことから、国際礼譲（消極礼譲）を考慮し管轄権が否定されるべきか否かが問題となった。この点について、連邦最高裁は、国際礼譲が考慮される場合は、単に被告の行為が同国において認められている、あるいは奨励されているというだけでは足りず、被告が両国（本件の場合では英国と米国）双方の法を遵守することが不可能な場合、すなわち英国において、反トラスト法に違反する当該行為が強制されている場合を除き、同法が域外適用されると判断した[47]。

---

45) U.S. v. Aluminium Co. of America（ALCOA）, 148F. 2d 416（2d Cir. 1945）, Hartford Fire Insurance Co. v. California, 509 U.S. 764（1993）.
46) Metro Industries Inc. v. Sammi Corp., 82F. 3d 839（9th Cir. 1996）. この点については、松下満雄「域外適用をめぐる最近の米反トラスト判例」国際商事法務 496 号 1369 頁参照。
47) Hartford, 509 U.S. at 799.

なお,刑事事件についても反トラスト法の域外適用は認められるので,日本企業による米国に対する輸出カルテルなどは,米国において刑事訴追される可能性があることに注意が必要である[48]。

次に,FTAIA 6a 条では,輸入取引または輸入通商を除いた外国との輸入取引または通商について,原則として反トラスト法は適用されないと規定し,その例外として,次のような場合をあげている。まず,(a)外国との取引または通商ではない取引または通商(国内取引)もしくは外国との輸入取引または輸入通商,または,(b)米国内において外国との輸出取引または輸出通商に従事している者による輸出取引または輸出通商に対して,直接的であり,実質的なそして合理的に予見可能な影響(a direct, substantial, and reasonably foreseeable effect)がある場合であり,かつ,当該行為が反トラスト法の要件を満たす場合である。ただし,(b)に関しては,米国の輸出取引の損害を与えた行為についてのみ適用される。この(b)に該当する行為としては,米国の輸出業者からの輸出製品などに対する輸入制限カルテル[49]などがその例としてあげられる。

また,反トラスト法を管轄する司法省反トラスト局と連邦取引委員会による国際事業活動に関する反トラスト法の執行ガイドライン[50]では,シャーマン法適用に関する判例法理論である効果理論およびFTAIAに基づき,外国において製造された製品についての価格カルテルについては,製品が直接米国に販売されている場合や,仲介業者による米国への販売が認識されている場合等について,反トラスト法を積極的に執行することを明確にしている。

そして,2004年,FTAIAの解釈に関して,エムパグラン連邦最高裁判決[51]が注目すべき判断を行った。本件は,ビタミン国際カルテル事件において,価格カルテルによる被害を被ったとする米国外の被害者が,米国裁判所

---

48) U.S. v. Nippon Paper Industries Co. Ltd., 109F. 3d 1 (1st Cir. 1997). 本件は,日本の製紙メーカーが米国企業のアンチダンピング提訴を受けて,それを回避するために行った米国向けファクシミリ用紙の輸出に関する価格カルテルが問題とされた事件である。

49) 牛嶋龍之介「米国反トラスト法の域外適用」国際商事法務 494 号 1063-1064 頁参照。

50) Antitrust Enforcement Guidelines for International Operations, Issued by The U.S. Department of Justice and The Federal Trade Commission (April, 1995), available at http://www.usdoj.gov/atr/public/guidelines/internat.htm

51) F. Hoffmann-LaRoche Ltd. v. Empagran S.A., 542 U.S. 155 (2004).

で反トラスト法違反を理由とする三倍額損害賠償請求訴訟を提起したものである。本件に関し，連邦最高裁は，FTAIAのように条文が曖昧である場合には，外国主権に対する不適切な介入を避けるような解釈をすべきであるとした上で，外国での反競争的行為の影響が，米国国内と外国に対して，それぞれ独立して及んでいる場合には，FTAIAは適用されないと判示し，請求を認めた控訴裁判所の判断を破棄して差し戻した。もし，仮に米国内と直接の関連性を持たない反競争的行為に対して反トラスト法が適用されてしまえば，外国において外国政府の競争法当局のリーニエンシー制度を利用した企業が，米国裁判所で損害賠償を命じられることになるから，「リーニエンシー制度を利用するインセンティブ」[52]が低下することになる[53]。今後も，米国の域外適用に関する判例の動向などには注意する必要があるといえるだろう。

第3節　競争法の国際的調和

I　執行協力体制の構築

今日，国際的な反競争行為の摘発に際して，国際的な執行協力体制，特に各国の競争法執行当局とどのような関係を構築するのかが，実務上重要な論点となっている。この点，米国を中心とした二国間執行協力協定の動向が重要である。

公取委は，現在，米国，欧州共同体そしてカナダと二国間の執行協力協定[54]を締結している。その内容は，基本的に5項目で構成されている。まず，①通報は，競争法の執行に関して締約国の利益に影響を及ぼす場合に通報するというものである。次に，②支援は，締約国の競争法当局に対する支援を

---

52)　小林覚ほか『独占禁止法の法律相談』（青林書院，2005年）311頁（渡邉新矢）参照。
53)　白石忠志「Empagran判決と日本独禁法」NBL796号43頁以下参照。
54)　「反競争的行為に係る協力に関する日本国政府とアメリカ合衆国政府との間の協定」(1999年)，「日・欧州共同体独占禁止協力協定」(2003年)，「反競争的行為に係る協力に関する日本国政府とカナダ政府との間の協定」(2005年)。また2018年現在，シンガポール，メキシコなど13ヶ国とASEANとの間で経済連携協定の中で，競争法の執行協力が規定されている（公取委ホームページ参照）。

行うというものであり，調査協力等が含まれる。そして，③調整は，締約国双方の執行当局が関連する事件について執行活動を行う際に，執行活動の効率化および措置の矛盾回避等を調整するというものである。さらに，④積極礼譲は，締約国領域内の反競争行為が自国に影響を及ぼす場合に，相手側に競争法の執行を要請するというものである。最後に⑤は，消極礼譲であり，競争法執行当局が相手側の利益に配慮するというものである。この協定は，公取委が域外適用を積極的に行使する場合の協力体制を確保する上で重要な意味を有するものである。今後の課題としては，企業秘密に関する情報の共有などよりいっそう連携を深める執行協力協定（通常，第二世代の協定と呼ばれる）への発展をどのように図るかという点がある。

近年，海外競争当局との情報交換が頻繁に行われていることに鑑み，43条の2において，海外競争当局に対する情報提供に関する条件を明確化した。ここでは，海外の競争法当局に対して，その職務の遂行に資する情報の提供を行うことができると明示している（43条の2第1項）。ただし，当該情報提供によって，この法律の適正な執行に支障を及ぼしたり，日本の国益を侵害するおそれがあると認められる場合には，情報提供を行わない（同条同項但書）情報提供の条件としての，相互主義（43条の2第2項1号）および，提供される情報に関する秘密保持義務（同条同項2号），提供された情報が外国において，刑事手続に使用されないように適切な措置を講じるものとされている（43条の2第3項）。

II 競争法の国際的調和

競争法の国際的執行の問題は，より複雑な様相を呈している。かつては，日米フィルム事件[55]のような通商問題，特にマーケットアクセス改善の文脈で議論されてきた。この問題については，今後も重要な論点のひとつである。しかし，地域経済統合，自由貿易協定さらに経済連携協定の中で競争政策に関する調和的運用が実際に行われ，また多くの国が競争法を持つようになったことから，最近は，各国の競争法をどのように調和的に運用していくべきか，また法運用の透明性をどのように実現すべきかという点が重視されてい

---

55) T/DS44/R.

る。この点，米国が中心となって形成された国際競争ネットワーク（International Competition Network: ICN）が重要である。2002（平成14）年以降，毎年1回，ICN に参加した各国競争法当局関係者と研究者，弁護士らが会合を開催し，競争法の諸問題について意見交換が行われている。ICN は，報告書や勧告をだすものの加盟国はこれに拘束されることはない。ただし，競争政策の調和的運用の方向性を左右する存在になりつつある。

また競争法を整備する国が増えるに伴い，競争法の国際的な業務はさらに複雑性を増している。たとえば，企業結合の場合，事業者の規模が大きくなればなるほど，事前届出をどの国に行うべきか，という問題は，深刻な実務上の課題である。多数の競争法当局に届け出をするコスト負担ばかりでなく，それらの当局において下される問題解消措置の内容の妥当性や相当性，さらには問題解消措置の中で競争の維持とは無関係な産業政策的考慮が行われる危険性[56]がある。特に，日本企業の多くは，グローバルに事業展開している関係上，企業結合に際して複数の競争法当局の審査を受ける[57]可能性が高く，その際，当局の審査過程の中で，競争法の本来の趣旨とは異なる理由から不利に扱われるといったリスクは否定できない。このような各国競争法の運用について，今後，公正取引委員会がどのように対応すべきか，という点は，競争法の国際的執行の課題として議論すべき点である。

---

56) 越智・前掲注24）75頁参照。この点については，競争法当局が，意図的に手続を遅延させるといった手続面での問題もある。

57) たとえば，2009年のパナソニック・三洋の経営統合事例や2012年のJFEグループ傘下のユニバーサル造船とIHIグループの傘下のアイ・エイチ・アイマリンユナイテッドの合併等は，中国など複数の競争法当局の審査を受けている。

第10章 独占禁止法の射程と限界

第1節 概　説

　独禁法は，競争制限・阻害行為の禁止，事業支配力の過度集中の防止によって，公正かつ自由な競争を促進し，一般消費者の利益を確保するとともに，国民経済の民主的で健全な発達を促進することを目的とする（1条）。しかし，何らかの理由で市場競争の維持，促進がこのような目的を達成せず，むしろこれに反する結果をもたらすことがありうる。このような場合に独禁法を適用しないものとするのが適用除外制度である。現在，独禁法に規定された適用除外制度としては，知的財産権の行使と認められる行為（21条），一定の組合の行為（22条），特定の商品に係る再販売価格維持行為（23条）に関するものがある。かつては自然独占に固有な行為（旧21条），事業法令に基づく正当な行為（旧22条）などについても独禁法の適用がないものとされていた。しかし，従来は自然独占とされた事業分野においても技術の発展，競争環境の変化によって，競争が期待できるようになったため，規制緩和・規制改革の中でこれらの規定が削除された。事業法上の参入規制や料金規制が緩和され，法的にも競争の余地が広がり，それらの領域に独禁法を適用する必要が生まれてきたのである。現在では，電気通信事業，電気事業，ガス事業，航空事業，自動車運送事業などにおける独禁法の適用が重要な課題となっている。本章では第2節において規制産業における独禁法の適用について，第3節において22条，23条の規定する適用除外制度について解説する。

第2節 規制産業における独占禁止法の適用

I 概説

規制産業とは政府規制の対象となっている産業の意味である。一般に政府規制は，参入・退出，価格，数量等について行政官庁の免許，許可，認可，行政官庁への届出を要する等の形をとって行われる[1]。以下にみるように，政府規制が行われる産業においても独占が法定されていない限り，競争の余地があり，その限りで独禁法の適用が可能である。他方，規制産業を規律する事業法と呼ばれる法律の中には，明文で独禁法の適用を除外する旨規定するものがある（たとえば，道路運送18条，航空110条）。これらの規定に基づく行為には独禁法が適用されない。それ以外の場合で事業法による規制と独禁法の禁止が抵触する可能性があるとき，どのような範囲で独禁法の適用が可能かは，個々の事例を通して検討してみるほかない（II）。また，両者が抵触するのではなく，同一の行為に同じ方向で並行して適用される可能性がある場合もある（たとえば，電気通信事業35条1項や電気事業24条の3第5項と私的独占，不公正な取引方法の排除措置命令に関する独禁7条，20条）。このような場合，公取委と他の行政官庁の共同のガイドラインが設けられているものもある（III）。

II 規制事業分野における独占禁止法の適用

1 個別申請・個別認可の法制度の下における事業活動の制限

行政庁による認可は，通常，事業者が個別に認可の申請をすることを前提とするものが多い。道路運送法上，一般乗用旅客自動車運送（タクシー）事業を営む者が増車，営業所の設置，運賃・料金の変更等を行おうとする場合，国土交通大臣の認可を受けなければならない（15条，9条の3）。これは事業者が個別申請の上，個別認可を受けることを建前とするものと解されてい

---

1) 経済的規制，社会的規制など政府規制の意義については第1章第1節IIIを参照。なお，本節で取り扱う問題については，岸井ほか・経済369頁以下（岸井大太郎）も参照。

る。したがって一定の地域内で多重運賃等が成立する可能性もあり，その限りで競争の余地がある。このような認可制度の下において，事業者団体が個々の事業者の申請事項について制限することが独禁法8条1項4号（現行8条4号）に違反するとされたケースが存在する。新潟市ハイヤータクシー協会事件・勧告審決昭56・4・1では，タクシーの増車申請と営業所の新設・位置の変更について，事業者団体が構成事業者の申請の可否について決定していた行為が，また群馬県ハイヤー協会事件・勧告審決昭57・12・17では，運賃・料金の引上げを行わない意向の事業者を事業者団体から脱退させ，運賃等の値上げ申請を条件として再加入を認めるなどして，構成事業者が自ら認可申請すべき内容を事業者団体が決定したことが，それぞれ「構成事業者の機能又は活動を不当に制限すること」に該当するとされた[2]。

2 幅運賃制と運賃カルテル

規制産業においても認可された一定の範囲内で料金の自由な決定ができる制度や料金の届出制が定められている場合がある。一般貸切旅客自動車運送（貸切バス）事業については，運賃等の変更，貸切バスの増車を含む事業計画の変更は，旧運輸大臣の認可を必要とされていた。1988（昭和63）年5月24日以降，貸切バスの運賃は，認可された基準運賃率によって計算した金額の上下15％の範囲で貸切バス事業者が自由に設定できることとされた（幅運賃制）。このような場合に，県内の貸切バス事業者のほとんどを占める事業者団体が，幅運賃の範囲内で貸切バス大型車1両あたりの日帰り最低運賃を決定した行為が8条1項1号（現行8条1号）違反とされた例がある（三重県バス協会事件・勧告審決平2・2・2）。

また2009年10月に改定された国土交通省の通達によれば，タクシーの初

---

2) 群馬県ハイヤー協会事件では，旧48条2項に基づいて排除勧告が行われた（既往の違反）。それは事業者団体による競争制限的決定が認可処分によって終了したとして違反行為がすでになくなっていると認定されたことによるという（山田春紀＝小林昇「評釈」公正取引388号47頁）。いわゆる（因果関係の）中断説に基づく運用であるが，値上げ決定が破棄されたわけではないから，違反行為は終了していないとみる見解も有力である。一般的には，少なくとも申請された内容がほぼそのまま認可される慣行がある場合に，これを知りつつ事業者団体による制限行為が行われ，認可がなされた場合などにおいては違反行為は継続するとみることができよう。根岸哲『規制産業の経済法研究Ⅰ』（成文堂, 1984年）166頁を参照。

乗運賃は，各地域の公示された上限と下限の範囲内の運賃を自動認可運賃として，この範囲内の運賃の申請については原価計算書類の提出を要することなく，各地方運輸局は速やかに認可を行うものとされている。このような場合に，新潟交通圏におけるタクシー運賃の総売上額の大部分を占める法人タクシー事業者が小型車の初乗運賃について新自動認可運賃における下限運賃（1.3 km／510円）とすること，初乗距離短縮運賃（たとえば750m／300円）を設定しないこと等に合意したことが不当な取引制限の禁止に違反するとされ，課徴金を課された（新潟市タクシー事業者事件・東京高判平28・9・2）。

3 大阪バス協会事件・審判審決平 7・7・10

実際の取引で設定される運賃（実勢運賃）が，事業法の禁止にもかかわらず認可運賃と大幅に乖離することがある。このような状況下で，実勢運賃を認可運賃に近付けるカルテル（事業者間の協定や事業者団体の決定）が行われた場合，独禁法に違反するであろうか。この問題が問われたのが大阪バス協会事件である。この事件では，貸切バス事業者が実際に設定・収受していた運賃は認可された幅運賃の下限を大幅に下回っていた。そこで大阪バス協会は，実勢運賃を引き上げる決定を行ったが，それは標準運賃の下限をなお下回るものであった（なお，道路運送法上，認可額によらない運賃の収受は，刑事罰の対象とされていた〔旧99条1号〕）。このような事情の下で，大阪バス協会の決定が8条1項1号（現行8条1号）に違反するかが問われたのである。

審決は，①認可は，行政法学上，私人間の行為を補充して法律上の効力を完成させる補充行為であり，私人に作為，不作為等を命じる下命行為とは異なり，独禁法が定める競争秩序に何ら影響を与えない[3]，②価格協定が制限しようとする競争が刑事法典，事業法などによって刑事罰をもって禁止される違法な取引（たとえばアヘンの取引）または違法な取引条件（本件もこれに該当する）に係るものである場合，特段の事情のない限り，2条6項，8条1項1号（現行8条1号）所定の「競争を実質的に制限すること」という構成要件に該当せず，排除措置命令の対象とならない，③上の「特段の事情」

---

3) この点は，特別法である道路運送法が競争を否定する限りで，一般法たる独禁法の適用が原則として排除されるとする考え方（後述する「一般法・特別法論」）を審決がとらなかったことを意味する。

がある場合とは，(ｱ)当該取引条件を禁止している法律が確定した司法部の判断により法規範性を喪失している場合，(ｲ)(a)事業法等の禁止にもかかわらず，これと乖離する実勢価格による取引，競争が平穏公然と行われており，かつ(b)実勢価格による競争が独禁法の排除措置をとることを容認しうる程度にまで肯定的に評価される場合である[4]，④本件については，(ｱ)にあたらないことは明白であり，(ｲ)も(b)の立証がないから，「特段の事情」にあたることの証明がなく，競争の実質的制限の構成要件に該当するとはいえないとされた[5]。

本件で問題となった決定をどのように評価すべきかについて，様々な見解が示されている。ある学説によれば，特別法である道路運送法が自由な競争を否定する範囲においては，一般法である独禁法の適用は及ばないから，認可を受けた幅の範囲を超えた運賃で競争する自由は否定され，認可の下限額まで引き上げようという決定には独禁法の適用がないという[6]。

これに対して別の学説は，適用除外規定がない限り，このような決定にも原則として独禁法が適用されるが，しかし，認可運賃が単に形式上（道路運送法上）適法であるだけでなく，社会の全体的法秩序からみて規範として妥当しており，その内容も実質的に適正であって，その維持のために事業者団体が認可運賃までの引上げを決定することが妥当と判断される場合には，実質的違法性を欠くとする[7]。

4 実勢料金と届出料金に乖離がある状況下での事業者団体の決定

事前届出制がとられている料金に関して，事業者団体が行政官庁への届出

---

[4] (b)は主務官庁により事業改善命令などの措置が相当期間にわたり全く講じられておらず，そのことにそれなりの合理的理由があると認められる場合であるとされる。

[5] ただし，被審人が平成元年度春季と秋季の学校遠足向け輸送に係る貸切バスの最低運賃（標準運賃の下限を上回り，かつ上限を下回る）を決定したことは，構成事業者の機能または活動を不当に制限したものとして8条1項4号（現行8条4号）に違反するとされた。

[6] 一般法・特別法論といわれる。根岸哲「道路運送法上の認可運賃制と独占禁止法」公正取引499号4頁。また，同「貸切バス運賃カルテルと独占禁止法」公正取引541号11頁も参照。

[7] ただし，独禁法が経済活動に関する基本法である以上，この例外は極めて限定された場合に限られ，他の法律に違反する行為であっても，保護に値する競争の制限が社会全体の法秩序にとって許されないと判断されるときは独禁法違反とすべきであると説かれる（舟田正之「事業規制とカルテル」公正取引499号10頁）。

料金を引き上げる決定をした場合，それだけで8条1項1号（現行8条1号）違反が成立するだろうか。公取委は，日本冷蔵倉庫協会事件・審判審決平12・4・19において，特に実勢料金と届出料金に相当な乖離がある場合に8条1項1号（現行8条1号）違反となるには，被審人による決定，会員への周知によって一定の取引分野における競争の実質的制限が実勢料金について生じることが必要であるとした。そして，この事件では，冷蔵倉庫保管料の届出料金の引き上げが決定され，届出が順次行われてはいるが，全国的な実勢料金の上昇と連動していることの立証がないことを理由に，一定の取引分野における競争の実質的制限があったとはいえないとして，8条1項1号（現行8条1号）違反は成立しないとした（学説には異説もありうる）。ただし，被審人の届出保管料の決定と会員への周知が本来会員が自由になしうる届出を拘束するものであるから，8条1項4号（現行8条4号）違反は成立するとしている（第4章第2節Ⅳ2）。

5　高速バスの共同運行に伴う独占禁止法違反被疑行為

　道路運送法は，路線バス事業について，運賃・料金の上限を認可制としつつ，それ以下の運賃・料金を各事業者が事前に届け出ることによって競争が行われることを許容している（9条1項・3項）。このような制度下で，A市とB市の間の高速バス路線を共同運行する複数のバス事業者が運賃収入をいったんプールした上で各社の運行回数比に応じて配分する提携方法をとることは，運賃を調整しておかなければ成り立たない配分方法であることから，原則として独禁法上問題となる[8]。各社が発行した乗車券で利用者は，いずれの会社のバスにも乗車できることとし，バス事業者は各社の便で受領した乗車券に基づき，各社の運賃収入を確定し精算する提携方法（着券精算方式）をとる場合は，実乗車人数に基づいて精算するものであって，理論的には運賃や運行回数の制限を伴わないでも成立しうるものであるが，実際にこれを伴う場合には原則として独禁法上問題となる[9]。また，高速バス路線の共同

---

[8]　公取委「高速バスの共同運行に係る独占禁止法上の考え方」（2004年2月24日）。

[9]　前掲注8）。実際にこれらの共同運行方式が問題となった仙台―山形線および仙台―福島線の事例として，公取委「乗合バス事業者に対する独占禁止法違反被疑事件の処理について」（2005年2月3日）。

運行を行う3社が，当該路線へ新規参入があった場合に，同調的に運賃を引き下げるとともに，自治体が管理する駅前のバス利用者の乗降場を新規参入者が利用することに速やかに同意しないことによって，新規参入者の事業活動を妨害することは，私的独占および不公正な取引方法（取引妨害）の禁止違反につながるおそれがある旨の指摘が行われた例がある[10]。

III 電気通信・電気・ガス事業に対する規制

1 電気通信事業

　電気通信分野の規制は，電気通信事業法が施行された1985（昭和60）年以降，著しく緩和されている。電気通信事業の参入規制については，旧第一種電気通信事業に許可制がとられていたが，2004（平成16）年4月以降，すべての電気通信事業が登録制または届出制の下に置かれることとなった。基礎的電気通信役務または指定電気通信役務を提供する電気通信事業者は，料金その他の提供条件について契約約款を総務大臣に届け出なければならない（同法19条，20条）。これに対し，基礎的電気通信役務および指定電気通信役務以外の電気通信役務を提供する事業者は，提供条件について，契約約款によらずに相手方と交渉して取り決めることができる。これらの契約約款または相対交渉による取決めが，①不当な差別的取り扱いをするものであるとき，②料金その他の提供条件が他の電気通信事業者との間に不当な競争を引き起こすものであり，その他社会的経済的事情に照らして著しく不適当であるため，利用者の利益を阻害するものであるとき等に該当する場合，総務大臣は，約款の変更または業務の改善を命じることができる（同法19条2項，20条3項，29条1項。電気通信ガイドラインII第3・2(1)～(4)参照）。このほか，電気通信事業者は原則として他の電気通信事業者からの接続請求に応じる義務があり（同法32条），自己の第一種指定電気通信設備[11]の接続については認可を受けた接続約款によらねばならず（同法33条9項），第二種指定電気通信設備[12]の接続については届け出た接続約款によらねばならないこととさ

---

10) 公取委「乗合バス事業者に対する独占禁止法違反被疑事件の処理について」（2003年5月14日）。第3章第4節VII 4参照。
11) 他の電気通信事業者の事業展開上不可欠で，独占性を有しているため，公平かつ透明な接続等が要求される固定系端末回線を相当な規模で有する地域ネットワーク設備。
12) 移動体通信設備のうち相対的に多数の加入者を収容しているものであり，電波の有限性

れている（同法34条4項）。電気通信事業分野の特殊性や同分野が独占から競争市場へ移行する過渡的状況にあることから，公取委と総務省は電気通信ガイドラインを定めて，独禁法上または電気通信事業法上問題となる行為を明らかにしている。

(1) 相互接続等の実質的拒否（電気通信ガイドラインⅡ第1・3(1)）

電気通信設備の接続やコロケーション[13]に関して，市場において相対的に高いシェアを有する事業者が自己や自己の関係事業者の競争者に対して，自らが保有する加入者回線網との接続やコロケーションを拒否すること，または接続やコロケーションに関連する費用を高く設定し，接続やコロケーションにあたって必要となる情報を十分に開示せず，もしくは接続，コロケーション手続を遅延させるなど実質的に接続やコロケーションを拒否していると認められる行為により，競争事業者の電気通信サービス市場への新規参入を阻止し，またはその事業活動を困難にさせることは問題であるとしている（私的独占，不当な取引拒絶等）。接続やコロケーションの交渉を通じて，競争者より当該事業者や需要者に関する情報等を受けることとなることから，市場において相対的に高いシェアを有する電気通信事業者が，その立場を利用して，そのような情報を自己や自己の関係事業者の事業活動に利用することにより，競争者の新規参入を阻止し，またはその事業活動を困難にすることも同様である。

これについては，NTT東日本に対する警告事例（平12・12・20）が参考になる[14]。NTT東日本は，MDF接続[15]によるサービスの提供条件について，試験サービスであることを理由として，DSL事業者に対して，サービス提供エリアを都内6ビルに限定し，1事業者の1収容ビルあたりの回線数を制限し，一定数値以上の回線損失があればサービス提供を拒否することな

により参入者が限られる寡占市場であることから，接続約款の作成，届出，公表が義務付けられる。

13) コロケーションとは，加入者回線網の接続を受ける者に対して，接続を行うために必要な装置を設置するために必要不可欠となる局舎スペース等を提供することをいう。

14) 本件については，関尾順市＝岡田博己「東日本電信電話株式会社に対する警告について」公正取引605号35頁以下，根岸哲ほか「座談会　最近の独占禁止法違反事件をめぐって」公正取引608号9頁以下を参照。

15) Main Distribution Frame（収容局において電話交換機と加入者回線をつないでいる中央集配線盤）とDSL業者の設備を直接接続する方式。

どを決定，実施した。また DSL 事業者と事前協議と称する交渉を行い，NTT 東日本があらかじめ了承した事項を内容とする申込書を受領し，接続交渉においてはコロケーションに必要な情報を十分に開示せず，DSL 事業者による自前工事を認めなかった。これらの行為について，公取委は，DSL サービスへの新規参入を阻害し，DSL 事業者の競争上の地位を著しく不利にしている疑いがあり，加入者回線を利用したインターネット接続サービス市場における競争を実質的に制限し，私的独占の禁止に違反するおそれがあるとして警告した。

(2) 顧客と競争者との取引の妨害（電気通信ガイドラインⅡ第3・3(3)ア）

電気通信サービスの提供に関連して，顧客と他の電気通信事業者との取引を妨害することも問題となる。たとえば，市場において相対的に高いシェアを有する電気通信事業者が「工事又は機器の取替え等が必要な電気通信役務について，当該工事等の費用を自己又は自己の関係事業者の顧客に係るものに比べて競争事業者の顧客に係るものを不利なものとすることにより，競争事業者とその顧客の取引を不当に妨害すること」がそれである[16]（私的独占，取引妨害等）。

(3) 電気通信サービスのセット提供（電気通信ガイドラインⅡ第3・3(2)ア）

市場において相対的に高いシェアを有する電気通信事業者が，自己のサービスとあわせて自己や自己の関係事業者の商品・サービスの提供を受けると後者の商品・サービスの料金が割安となる方法でセット提供する場合において，その提供に要する費用を著しく下回る水準に料金を設定することにより，競争者の事業活動を困難にさせること（私的独占，不当廉売等）。

---

[16] NTT 東西に対する警告事例（平 13・12・25）がこれと関連する。両社は，ADSL サービスの提供に際して，電話が着信することにより ADSL 接続が切断されるおそれがある保安器の取り替え工事と ADSL サービスを提供するための光ファイバーケーブルからメタルケーブルへの収容替え（配線替え）工事について，自社のユーザーについては無料で取り替え，収容替えを行っていたにもかかわらず，競争者（ADSL 業者）のユーザーに係るものについては有料で行った（請求は ADSL 業者に行われたが，業者はユーザーに負担を求めた。保安器の取り替えは当初，契約約款に定めがなかったが，後に有料取り替えが規定された）。公取委は，これらの行為が，自社にしか行えない工事を自社ユーザーだけを無料にすることにより，他の ADSL 事業者のユーザーを自己と取引するよう誘引する疑い，または他の ADSL 事業とそのユーザーとの取引を妨害する疑いがあり，一般指定9項または 15 項（当時）に該当するおそれがあるとして，両社に今後，同様の行為を行わないよう警告した。

携帯電話とPHS事業を兼営するNTTドコモは，1998（平成10）年に複数回線複合割引（携帯電話サービスの契約者について，家族等の2台目以降5台目までのPHSまたは携帯電話の基本料金を15％割引く）の届出を行ったが，この件に関しては旧郵政大臣が旧電気通信事業法31条2項2号（特定の者に対する不当な差別的取り扱い）に基づき，料金変更を命じている[17]。

(4) 卸電気通信役務の料金の設定等に係る行為（電気通信ガイドラインⅡ第3・3(5)ア）

市場において相対的に高いシェアを有する電気通信事業者が，小売サービスを提供する電気通信事業者に対して，卸電気通信役務の提供を行う場合に，他の電気通信事業者から卸電気通信役務の提供を受けないことを条件とし，または他の電気通信事業者から卸電気通信役務の提供を受けた場合には自己が提供する卸電気通信役務の料金を高く引き上げることなどにより，当該他の電気通信事業者の卸電気通信役務市場への新規参入を阻止し，またはその事業活動を困難にさせること（私的独占，排他条件付取引等）。

これに類似したものとして，マージン（プライス）スクイーズ[18]と呼ばれる行為が行われたことがある。NTT東日本は，戸建て住宅向けニューファミリータイプのFTTHサービス[19]について，実際には使用しない分岐方式による他の電気通信事業者に対する接続料金およびユーザー料金を設定しながら，実際には光ファイバー1芯を1ユーザーに使用させ，光ファイバー1芯の接続料金（少なくとも5074円＋1254円）を下回るユーザー料金（5800円，その後4500円）で提供していた。これによってNTT東日本の加入者光ファイバーに接続してFTTHサービスを提供しようとする他の電気通信事業者が戸建て住宅向けFTTHサービスへの新規参入を阻害され，東日本地区に

---

17) NTTドコモに対する料金変更命令（平11・1・22発表）。利用者の利用期間にかかわらず，一律に割り引くことは1台しか携帯電話を持たない者またはPHSしか持たない利用者との間で不当に差別的であるとされた（土佐和生「電気通信事業における料金設定問題について」公正取引583号24頁）。公取委は措置をとらなかったが，独禁法上も問題とする余地があった。

18) 自己のネットワークを競争者が利用する料金（接続料金）を高く設定し，自己のユーザー向け料金（小売料金）を低く設定して，競争者のマージンを圧縮し，競争者を排除する行為。

19) Fiber To The Homeサービス。高速大容量のブロードバンド通信が可能となるように光ファイバーによるインターネット接続回線を提供するサービス。

おける戸建て住宅向け FTTH サービスの取引分野における競争を実質的に制限していたとして公取委は審判審決を行った（私的独占，NTT 東日本事件・審判審決平 19・3・26）。審決取消訴訟の上告審において，最高裁は，電気通信事業法により約款に定めた接続料金で接続する義務が課され，自己のユーザー料金が接続料金を下回ることのないよう行政指導が行われる中で（インピュテーションルール），逆ザヤを生じる NTT 東日本の行為が「その単独かつ一方的な取引拒絶ないし廉売としての側面が……正常な競争手段の範囲を超えるような人為性を有するもの」と判示した（最判平 22・12・17）。下流市場の競争者に逆ザヤに直面させる行為であって，これは事実上の取引拒絶だとしたものと考えられる。

2　電気事業

電気事業のうち発電部門では，1995（平成 7）年の電気事業法改正により新規参入が認められ，2011（平成 23）年には再生可能エネルギー特措法によって自然エネルギー発電業者の参入が始まった。小売部門では 1999（平成 11）年から大口企業向けが自由化されていたが，家庭向けの小売も自由化されることが 2014（平成 26）年に決定した。ただ，10 大電力会社は各供給区域で極めて高い供給シェアを保持していることから，このような状況を前提として，公取委と経産省の共同の行政指針である電力ガイドラインが策定されている。以下では，警告や問題指摘が行われたケースを中心に，新規参入の阻止・制限に係るガイドラインをみてみよう。

(1)　不当な違約金・精算金の徴収（電力ガイドライン第二部 I 2(1)①イ vii）

供給区域で 100％近い小売シェアを有する電力会社が新規参入者への対抗手段として，新規参入者が交渉を行っている需要家や潜在的な相当数の顧客に対して複数年契約の割安料金を提示し，その解約金を不当に高く設定する等，途中解約が困難である場合には顧客囲い込み効果が大きく，新規参入者が他に容易に取引先を見出すことを困難にさせるおそれがあることから，独禁法上違法となるおそれがある（拘束条件付取引，排他条件付取引等）。

このような行為が問題となった例に，北海道電力に対する警告事例（平 14・6・28）がある。同社は，新規参入者に対抗するため契約期間に応じて契約保証電力（長期契約において契約期間を通じて維持することを約束した電

力）の基本料金を割り引く長期契約を大口需要家と締結したが，需要家が途中解約した場合には，それまでに適用した長期契約割引額を返還させ，残りの契約期間に支払うはずであった基本料金の20％を支払うことを義務付ける等していたことが私的独占の禁止に違反するおそれがあるとして警告が行われた。

（2） 常時バックアップ[20]（電力ガイドライン第二部 II 2(1)イ③）

卸電力取引所における取引量が多くないこともあって，新規参入者は常時バックアップの供給源を既存の電力会社以外には見出せない状況にある。電力会社が他の電力会社には卸売を行っている一方で，新規参入者には常時バックアップを拒否し，正当な理由なく供給量を制限し，不当な料金を設定するなどの行為は，独禁法上違法となるおそれがある（取引拒絶，差別的取り扱い等）。この点に関連して，九州電力に対する審査打ち切りに伴って次のような指摘がなされた[21]。需要家Aとの契約期間中に，新規参入者が需要家Bとの契約を獲得した場合，電力会社が常時バックアップ契約の1本化しか認めない（別建は許さない）と，Aとの契約の終了により契約電力が減少することとなるため，これを理由に電力会社が新規参入者に対して精算金を課すことは，新規参入者が市場に参入することが困難となる場合には独禁法上問題となるおそれが強い旨の指摘が行われた。

（3） 託送手続の不当遅延等（電力ガイドライン第二部Ⅳ 2(2)-1-2イ）

電力会社が託送[22]にあたって必要となる情報を十分に開示せず，託送に必要な機材を調達しないで託送手続を遅延させるなど，実質的に託送を拒否していると認められる行為や情報の開示や手続について新規参入者を自己に比べて不利にさせるような取り扱いを行うことは，独禁法上違法となるおそれがある（取引拒絶，差別的取り扱い等）。

20） 新規参入者が需要家に供給するにあたり不足する電力を電力会社から継続的に卸売の形で受けること。
21） 公取委「九州電力株式会社による独占禁止法違反被疑事件の処理について」（2002年3月26日））
22） 電力会社が新規参入者等が発電・調達した電力を自己の送電網などを使って他の一般電気事業者や需要家に供給すること。託送は経済産業大臣に届け出た約款によらねばならず，一般電気業者が，正当な理由なく託送を拒む場合，経済産業大臣による託送命令が発動されることとされている（電気事業24条の3第5項）。

(4) 卸売事業者（IPP 等）に対する小売市場への参入制限（電力ガイドライン第二部Ⅱ2⑴イ④）

卸売事業者が一般電気事業者への卸売の余剰分を活用して小売市場に新規参入する場合に，一般電気事業者が当該事業者との卸売契約を解除し，買取料金を不当に低く設定し，またはそれを示唆することは，独禁法上違法となるおそれがある（取引拒絶等）。

(5) オール電化とすることを条件とした不当な利益の提供等（電力ガイドライン第二部Ⅴ2⑵⑤）

電力の小売部門では，ガスをはじめとする他のエネルギーとの競争も拡大しつつある。このような傾向を背景として，一般電気事業者は，需要者が給湯，厨房など，すべての熱源を電気で賄う「オール電化」を推進してきた。これについて電力ガイドラインは，一般電気事業者が住宅等をオール電化とすることを条件として，正常な商慣習に照らして不当な利益の提供を行うことまたは提供を示唆すること，不当にオール電化とすることを取引条件とすること，あるいはオール電化を採用する事業者に比して，それ以外の事業者を不当に差別的に取り扱うことは，ガス事業者の事業活動を困難にするおそれがある場合があるとしている（不当な利益による顧客誘引，拘束条件付取引，差別的取り扱い等）。

関西電力に対する警告はこれに関連する[23]。同社は集合住宅の開発業者等に対して，オール電化を採用した場合には開発業者にとって負担となるマンションの受電室設置を免除して柱上変圧器による供給を行うこととする一方，電気・ガスが併用される場合には，将来の需要見込みによって，それ以外の方法による電気供給が可能であるのに集合住宅の建物内に受電室の設置を求める等の行為を行ったが，これがオール電化を採用する住宅開発業者に比べて，ガスを併用する住宅開発業者を不当に不利に取り扱うものであり，不公正な取引方法（取引条件等の差別的取り扱い）に該当するおそれがあるとして警告が行われた。

---

[23] 公取委「関西電力株式会社に対する警告について」（2005 年 4 月 21 日）。

3　ガス事業

　ガス事業分野においても規制緩和が進められ，競争が行われるようになってきている。1994（平成6）年のガス事業法改正により，小売が部分的に自由化され，大口需要者への供給については，当事者間の自由な価格設定に委ねられるようになった。1999（平成11）年改正では，電気事業と同様の託送供給制度が導入されるとともに，規制部門の料金引下げが認可制から届出制に緩和された。2003（平成15）年には，託送義務付け事業者の範囲を拡大する等の改正が行われて，2017（平成29）年からは小売業への参入が全面自由化された。ガス事業においても公取委と経済産業省の共同の行政指針であるガスガイドラインが策定されているほか，経済産業省は「電気・ガスの取引に関する紛争処理ガイドライン」（2005年5月20日制定，2006年10月11日改定）を策定し，ガス取引に関する苦情の申出，不服申立てに対処している。

　ガス事業は，一般ガス事業，簡易ガス事業およびLPガス販売事業に分けられる。導管によってガスを供給する一般ガス事業および簡易ガス事業は，ガス事業法によって規制され，LPガス販売事業は，「液化石油ガスの保安の確保及び取引の適正化に関する法律」によって規制されている。供給形態の違いによって，競争政策上も異なる対応がなされている。

　一般ガス事業者等による大口供給や託送供給等については，電気事業の場合と同様に，既存の一般ガス事業者が新規参入を抑制する等，公正かつ有効な競争の観点から問題となる行為が行われる可能性がある。ガスガイドラインは，一般ガス事業者が，大口供給取引において，①不当に低い価格の設定，②不当に高い解約補償料の徴収，③設備等の無償提供等の行為によって新規参入者の事業活動を困難にさせれば，私的独占や不公正な取引方法に該当するとしている[24]。託送供給義務を負っている一般ガス事業者および「ガス導管事業者」（自ら維持・運用する特定導管によってガスの供給を行う事業者）が，①託送供給に伴う情報の目的外利用，②託送供給業務における差別的取り扱

---

[24] ③に関連して大口供給ではないが，一般ガス事業者がLPガスの供給を受けてきた複数のマンションの管理組合に対して都市ガスに切り替えさせるために，供給約款上，使用者が負担すべき配管工事費用を協力費として支払った事件において，一般ガス事業者の営業活動に固有の事項に関する利益提供であり，使用者の取引先に関する的確な選択判断を困難にさせることにはならないとして一般指定9項（不当な利益による顧客誘引）にあたらないとした判決がある（北海道瓦斯事件・札幌地判平16・7・29）。

い等の行為を行えば，ガス事業法22条の4に基づいて，当該行為の停止または変更が命じられる。また，一般ガス事業者等が，ガス配管工事とあわせてガス器具の購入を強制すれば抱き合わせ販売に該当する。

ボンベの形態で供給される家庭用LPガスの取引については，従来，業者を変更する際に，業者が自ら無償で設置した配管設備の所有権を主張するなどして，取引先の変更を妨げていることが指摘されている（「無償配管」問題）。これらの行為については，不当な取引妨害として規制することが考えられる。またLPガスについては，地域または取引相手による差別対価の成立が争われた民事事件がある[25]（第7章第2節Ⅲ3(1)を参照）。

4　不可欠施設の法理

電気通信事業，電気事業およびガス事業に係るガイドラインには，市場支配的地位に基づく行為に加えて，サービス提供に不可欠の施設（電気通信の加入者回線網，電力の送配電線網，ガス導管など）を保有していて初めて可能となる行為が含まれている。後者については，EUや米国では，その当否および内容につき異論はあるものの，不可欠施設（エッセンシャルファシリティ）の法理と呼ばれるルールが有力に提唱されている。すなわち，①財・サービスの提供に一定の施設の利用が不可欠であること，②代替施設の構築が極めて困難であること，③不可欠施設の保有者が競争者等による当該施設の利用を拒絶したこと，④施設の利用を認めることが保有者にとって可能であること，⑤利用を拒否することを正当化する特段の事情が存在しないこと，といった要件を充足すれば不可欠施設の利用拒絶を違法とするという考え方である（第7章第2節Ⅱ3(2)）。

このような考え方を日本でも明確に導入すべきことを提唱する主張もある。これを検討する際には，不可欠施設の利用拒絶を私的独占または不公正な取引方法（単独の取引拒絶，差別的取り扱い等）として規制するにあたって，①私的独占として規制する場合，どのような市場においていかなる事実があれば競争の実質的制限の要件は充足されるか，②競争者等の利用を認めると施設保有者の新たな設備投資意欲を削いだり，技術的障害を生むことになるか，

---

[25]　LPガス販売差別対価差止請求（ザ・トーカイ）事件・東京高判平17・4・27および，LPガス販売差別対価差止請求（日本瓦斯）事件・東京高判平17・5・31。

③排除措置として何を命じるか（利用拒絶行為の差止めか，取引命令か，企業分割など構造的措置か），④事業法で同様な行為を規制している場合にも独禁法が適用されるべきか，などの点が考慮される必要がある[26]。

第3節　適用除外制度

I　概　説

1　適用除外制度の意義

現在，独禁法第6章には，知的財産権の行使と認められる行為が独禁法違反を構成しないことを確認する趣旨の適用除外規定である21条，小規模事業者や消費者の一定の共同行為が独禁法の目的に違背せず，違反を構成しないことを確認する22条および再販適用除外制度を創設する23条が存在する。独禁法の適用除外制度は，独禁法自体に設けられた適用除外規定によるもののほか，独禁法以外の立法の適用除外規定によるものがある。

2　適用除外制度改革の経緯

適用除外制度は徐々に縮減されてきており，いわゆる適用除外制度一括整理法（1997〔平成9〕年）によって個別立法による適用除外制度が縮小され，また適用除外整理法（1999〔平成11〕年）によって独禁法上の不況カルテル（旧24条の3），合理化カルテル（旧24条の4）の両制度が廃止された。事業法令による正当な行為につき適用除外を定めていた旧22条の削除に伴い適用除外法（1947〔昭和22〕年）も廃止されている。さらに，独禁法の2000年改正は，自然独占に関する適用除外規定（旧21条）を削除することによって，規制産業への独禁法適用の可能性をいっそう拡大したことは前述の通りである。

---

[26]　前記1(4)で取り上げたNTT東日本事件・最判平22・12・17は，この法理が特に電気通信事業におけるインピュテーションルールの形において課されているという条件を前提として判示されたとみることもできないわけではない。

II 協同組合に対する適用除外[27]（22条）

1 趣旨・根拠

　小規模事業者または消費者の相互扶助を目的とする組合であって，一定の要件を充足するものには，独禁法の規定が原則として適用されない。これは，小規模事業者や消費者が「組合」を通じて共同販売や共同購入を行うことによって，これらの者の事業活動や消費生活における実質的な経済的自由を確保し，あわせて有効な競争単位，取引単位として市場に参加することを支える制度とみることができ，その限りでは独禁法違反とならないことを確認する趣旨の規定である。しかし，現実には一部の協同組合やその連合体の中には，組合員や外部の事業者，消費者に対して結合された力を濫用するものもみられ，これに対して，どのように独禁法を適用するかも重要な問題である[28]。

2 要件

(1) 適用が除外される協同組合

(i) 法律の規定に基づいて設立された組合（組合の連合会を含む）

　22条の趣旨および本条各号の要件から考えて，ここにいう「組合」とは小規模な農林漁業者，水産加工業者，商工業者および消費生活を営む自然人たる消費者などによって構成される協同組合とその連合体をいい[29]，ここでいう「法律」も，これらの者の経済的地位の向上を目的とする農業協同組合法（以下，「農協法」という），水産業協同組合法（以下，「水協法」という），森林組合法，中小企業等協同組合法（以下，「中協法」という），消費生活協同組合法，信用金庫法，たばこ耕作組合法等をいう（以下，「準拠法」という）。

---

27) 学説の整理につき，講座第1巻84頁以下（高瀬雅男）。
28) 特に農協については，「農業協同組合の活動に関する独占禁止法上の指針」（平成19年4月18日），実方謙二「農業協同組合と独占禁止法の適用除外の再検討」北大法学論集31巻3・4号1479頁を参照。
29) したがって，一定の要件の下で大企業の加入を容認し，本条各号に定める協同組合原則も要求しない法律に基づいて設立された商業組合，工業組合，協業組合，環境衛生同業組合，任意団体にすぎない〇〇同業組合，××建設組合などは，ここにいう「組合」ではない。

(ⅱ) 22条各号の要件

(a) 小規模の事業者または消費者の相互扶助を目的とすること（1号）

　農協法，水協法は，それぞれ規定する組合が本条1号（および3号）の要件をみたすものとみなしている（農協9条，水協7条）。中協法は事業協同組合等について一定の資本の額または出資の総額，常時使用する従業員数を超えない事業者を組合員とする組合をこの要件を備えるものとみなしている（同7条）。これら以外の者が事業協同組合等の組合員となっている場合については，公取委が独禁法22条1号の要件を備える組合に該当するかどうか判断する（中協7条2項）。

　「小規模の事業者」以外の者が組合員であることを理由に独禁法の適用除外を否定されたケースは相当数ある。東京都パン協同組合連合会事件・審判審決昭38・9・4では，従業員数，資本額，総資産額，取引先店舗数，生産能力，小麦粉の処理袋数，パンの販売実績等を総合して判断されている。1名でも小規模の事業者と認められない者が加入していれば22条1号の要件を充足しないかについては，岐阜生コンクリート協同組合事件・審判審決昭50・12・23が充足しないとして適用除外を否定している。

　中協法107条は事業協同組合等の組合員で常時使用する従業員の数が100人を超えるものが実質的に小規模の事業者でないと公取委が認めるときは，その事業者を組合から脱退させることができる旨規定する（その事例としてアサノコンクリート事件・勧告審決昭50・1・21等がある[30]）。

　「相互扶助」を目的とするものでないとされたケースには，事業として単に菓子生産者から販売手数料を徴収し，実際の販売を担当する他の被審人に費用を支払った後，残余を組合員に分配していたものがある（山梨県菓子卸商協同組合事件・同意審決昭24・10・10）。

(b) 任意に設立され，かつ組合員が任意に加入し，または脱退することができること（2号）

　本号の要件は，個々の組合員が組合加入中に組合事業を利用するか否かの自由をも含むと解されるが，他方，協同組合が一定の施設・設備を設けて事業を行う場合，組合の目的を達成し，経営を安定させる必要等から組合員に

---

[30] 中協法107条により公取委が脱退を命令したケースは1974（昭和49）年度，1975（昭和50）年度に集中して13件ある。

もっぱら当該事業を利用するよう義務付けることも必要となる。農協法19条は1年以内，水協法24条は2年以内に限って専用利用契約を締結した組合員に専用利用義務を課すことを許容することによって両方の要請を調和させようとしている。中協法には専用利用義務に関する定めはないが，この理は同じであると考えられる。これに関連して，中協法によって設立され，生コンクリート（以下，「生コン」）の共同購買を目的とする事業協同組合が，組合員（建設業者）の必要とする生コンを継続的に購入する契約を別の協同組合と締結していたところ，専用利用契約を締結していない組合員が第三者から大量に安価で生コンを購入したことを理由に行った除名決議が無効とされた事例がある（東建設による除名決議無効確認請求事件・最判平9・9・18）。

加入の任意性については，加入に際して次のような条件を課している場合には否定されている。地域ブロック会の承認[31]，既存組合員の過半数の賛成[32]，組合員間の距離制限[33]，既存会員の下での一定期間の勤務経験や持分の譲渡，開店場所の承認[34]などである。

(c) 各組合員が平等の議決権を有すること（3号）
(d) 組合員に対して利益分配を行う場合には，その限度が法令または定款に定められていること[35]（4号）

(2) 適用が除外される行為

協同組合の行為は，独禁法の適用においては，事業者団体の行為に該当する場合と事業者の行為に該当する場合とがある。主として前者は8条の，後者は3条，19条の適用除外が問題となる。いずれも準拠法に定められた「組合に固有な行為」あるいは準拠法上の事業を行うのに合理的に必要な行為は適用除外され，これを超える行為には独禁法が適用されると解したり[36]，22条但書に該当する場合には適用され，該当しない場合には適用されないと解することになる[37]。前述のように適用除外の趣旨を逸脱する行為に及ぶ

---

31) 全国病院用食材卸売業協同組合事件・勧告審決平15・4・9。
32) 新宮地方建設業協同組合事件・勧告審決平9・11・17。
33) 宇都宮青果協同組合連合会事件・同意審決昭25・1・19。
34) 山形海産物仲買人協同組合事件・勧告審決昭38・2・6。
35) 3号または4号の要件を欠くとして適用除外を否定した審決はない。
36) 金井250頁，条解436頁（糸田省吾）等。
37) 経済法学会編『独占禁止法講座III』（商事法務研究会，1981年）224頁以下（舟田正之）は，準拠法と連動させることなく，独禁法固有の観点から解釈すべきであるとの立場に立

協同組合（およびその連合体）も少なくないところから，これに独禁法を適用する必要が認められるからである。

　特に問題となるのは，協同組合が組合員の活動を制限するだけの目的で価格協定を行い，他の事業者と共同して価格協定を結び，あるいは入札における受注予定者を決定する場合である。ワタキューセイモア事件・勧告審決平13・9・19では，適用除外について特に言及することなく，協同組合が他の6名と共同して病院などに供給される寝具，病衣の賃貸にかかる単価を引き上げること等を決定したことを3条後段違反とした。愛知県東部建設業協同組合事件・勧告審決平7・8・8でも，市が発注する建築一式工事について協同組合が他の事業者と共同して受注予定者を決定したことが3条後段違反とされたが，適用除外されない理由は一切触れられていない。協同組合が小規模事業者とはいえない者と生コンの販売価格を決定したことが3条後段違反とされた富山県生コンクリート協同組合事件・勧告審決昭48・3・29も同様に適用除外に触れられていない。また農協から委託を受けて穀物の乾燥・調製・貯蔵施設の工事につき指名競争入札を代行する福井県経済連（県段階の農協の連合会）が受注予定者を決定し，その者の入札価格を決定・指示し，他の入札参加者の入札価格を決定・指示することは，これらの事業者の事業活動を支配することにより，当該工事の取引分野における競争を実質的に制限していたものであるとして，3条前段に違反するとした事件が注目される（福井県経済連事件・排除措置命令平27・1・16）。発注代行者としての協同組合連合会の行為が2条5項（私的独占）に該当するとした初めてのケースである。

　以上は不当な取引制限または私的独占とされた事件であるが，これらの規定が適用された理由は明示されていないため，「組合の行為」とされなかったからか，「一定の取引分野における競争を実質的に制限することにより不当に対価を引き上げることとなる場合」にあたるからかは不明である。

　(i)　組合の行為

　22条に規定する「組合の行為」に該当しないことを根拠として独禁法の適用を受ける旨を明示したものとしては，事業者団体としての協同組合が需

ちつつ，「組合の行為」を独立の要件と解さず，22条但書によって限定することを説く。根岸編・注釈556頁（舟田正之）も参照。

要者ごとに特定の組合員と賛助会員を受注予定者として割り当て，その者の値引き率を10％以内とする旨決定したことを8条1号に該当するとした網走管内コンクリート製品協同組合事件・排除措置命令・課徴金納付命令平27・1・14および有力卸売業者を組合員とする東京化粧品卸商協組が化粧品メーカーと再販売価格を共同決定した行為が「正当なる団体協約〔旧中協70条1項5号〕の範囲を超えているものであつて協同組合本来の目的を逸脱している」とされた中山太陽堂ほか6名事件・同意審決昭26・3・15がある（農協ガイドライン第2部・3も参照）。

(ii) 但　書

準拠法に基づいて設立され，22条各号の要件を備える組合の行為であっても，「不公正な取引方法を用いる場合」および「一定の取引分野における競争を実質的に制限することにより不当に対価を引き上げることとなる場合」には独禁法の適用が除外されない。このような行為は，大規模事業者に対する自衛・対抗行為とも，有効な競争・取引単位としての存続に必要なものとも性格付けることができず，あるいは市場の実質的部分に影響の及ぶ重大な行為であって独禁法の適用を除外することが適当でないからである。

(a)　不公正な取引方法を用いる場合[38]

行為類型別に主な事例を分類すると以下の通りである[39]。

①取引拒絶

岡山県南生コンクリート協同組合事件・勧告審決昭56・2・18，大阪ブラシ工業協同組合事件・審判審決昭30・9・20。

②事業者団体における差別的取り扱い等

浜中村主畜農業協同組合事件・勧告審決昭32・3・7。

③排他条件付取引

---

38) 全国規模の協同組合の連合会等が不公正な取引方法に該当する行為を用いた場合，これを私的独占に問えるかについては，学説は積極説もあるが，公取委の実務は慎重である（不公正な取引方法の禁止違反としている）。

39) 但書前段の事例の分類としては，不公正な取引方法が組合の外部の者に対して行われるか，内部（組合員）に行われるか，組合の独自事業について行われたか，組合員の共同事業について行われたかという区別も可能である。これについては，根岸＝舟田383頁以下参照。なお，協同組合の共同販売事業への参加を過怠金によって強制する行為が不公正な取引方法にはあたらないとし，独禁法違反にはならないとした判決として，八重山地区生コンクリート協同組合事件・那覇地石垣支判平9・5・30。

鶴岡市農業協同組合事件・審判審決昭 55・5・26，川西町農業協同組合事件・審判審決昭 55・9・10，斐川町農業協同組合事件・勧告審決昭 51・3・29，大分県酪農業協同組合事件・勧告審決昭 56・7・7，全国販売農業協同組合連合会事件・勧告審決昭 38・12・4。

④不当な拘束条件付取引

大分大山町農業協同組合事件・排除措置命令平 21・12・10，姫路市管工事業協同組合事件・勧告審決平 12・5・10，鳥取中央農業協同組合事件・勧告審決平 11・3・9，山口県経済農業協同組合連合会事件・勧告審決平 9・8・6，ホクレン農業協同組合連合会事件・勧告審決昭 52・4・21。

⑤優越的地位濫用

全国農業協同組合連合会事件・勧告審決平 2・2・20。

⑥不当な取引妨害

東京地区エー・エル・シー協同組合事件・勧告審決平 15・1・31，奈良県生コンクリート協同組合事件・勧告審決平 13・2・20，三浦地区生コンクリート協同組合事件・勧告審決平 3・12・2。

(b) 一定の取引分野における競争を実質的に制限することにより不当に対価を引き上げることとなる場合

「不当に」の意味は，引上げ幅だけの問題ではなく相互扶助や大企業に対する自衛・対抗といった本条の趣旨を逸脱して，対消費者価格を引き上げたり，他の事業者とカルテルを結ぶ場合などをいう。八重山地区生コンクリート協同組合事件・那覇地石垣支判平 9・5・30 は「現実にそのような対価の引上げがなされたとも，その具体的な危険があるとも認めるに足りる証拠はなく」と述べていることから，「具体的な危険」があれば「不当に対価を引き上げることとなる場合」に該当すると判断したものとも考えられる。

前述したように，協同組合の行為が「一定の取引分野における競争を実質的に制限することにより不当に対価を引き上げることとなる」場合，当該行為に私的独占などの規定が適用されるかについて，学説はこれを積極に解するものが多い[40]。

---

40) 今村・入門 103 頁以下，正田・全訂Ⅱ 241 頁以下，舟田・前掲注 37)『独占禁止法講座Ⅲ』228-229 頁など。

3　協同組合に課される課徴金

協同組合が事業者として他の事業者とカルテルを行ったときは，事業者としての当該組合にも課徴金が課されることになる[41]。これに対して協同組合は一定の目的に沿った利益しか蓄積できず，それ以外の利益は組合員に分配されるのだから，そのようなものに課徴金を課すのは妥当ではないとする見解もあった。この点につき公取委は，事業者の事業目的や利益配分方法等は斟酌すべきでないとして，組合が締結した請負契約の対価の額を「売上額」として課徴金の額を算定している（関東造園建設協同組合課徴金事件・審判審決平15・9・8）。

Ⅲ　再販適用除外制度（23条）

1　概　説

再販売価格維持行為（以下，「再販」という）は，不公正な取引方法として原則として違法とされるにもかかわらず，本条により一定の商品に限って例外的に許容されている。その立法理由は，いわゆる指定再販適用除外制度（本条1項・2項・3項）については，品質が一様であることが容易に認識できる「商標品」がおとり廉売の対象とされることによって，当該商品の生産者の信用が毀損され，小売業者が廉売の打撃を受けることを防止しようというものであるが，それに該当する例はほとんど考えられず，現在指定を受けている商品はない。著作物再販適用除外制度（4項）については，その立法理由は必ずしも明らかでないが，本条が導入された1953年当時，書籍，雑誌，新聞，レコード盤について存在した定価販売の慣行を追認する趣旨によるものだとされる（その後普及した音楽用テープ，音楽用CDについてもレコード盤と機能・効用が同一であることからこれに準じて扱われる）。

2　指定再販適用除外制度

公取委が指定する商品であって，その品質が一様であることを容易に識別することができるものを生産する事業者または販売する事業者が，当該商品

---

[41]　7条の2第2項の中小企業向け軽減算定率が組合に及ぶか否かについては第11章第2節Ⅱ2(2)(ⅲ)注60）参照。

の販売の相手方である事業者とその再販売価格（相手方である事業者またはこの事業者から当該商品を買い受けて販売する事業者が当該商品を販売する価格）を決定し，維持するためにする正当な行為が適用除外の対象となる行為である（23条1項本文）。公取委は，当該商品が一般消費者により日常使用されるものであり，かつ，当該商品について自由な競争が行われている場合でなければ，この指定をすることができない（同条2項）。

独禁法の適用が除外されるのは個別再販（単一の生産者等が複数の販売業者と行う再販）であり，他の事業者と共同したり，事業者団体を通じて行う共同再販はこれに該当しない（8条1項1号違反とされた日本図書教材協会テスト部会事件・勧告審決昭38・7・27，8条1項4号が適用された教材再販励行委員会事件・勧告審決昭35・5・13）。

上記の行為が一般消費者の利益を不当に害することとなる場合およびその商品を生産する事業者の意に反して販売業者が行う場合も適用除外されない（23条1項但書）。小規模の事業者または消費者の相互扶助を目的とする協同組合等を相手方として行うこともできない（同条5項。資生堂再販事件・同意審決平7・11・30）。

前述のように，今日指定を受けている商品は存在しない。再販が行われながら当該商品に自由な競争が行われることがほとんど考えられないという経済的常識が一般化したことからすれば当然と評価できよう。実際，今日ではほとんどの国でわが国の指定再販にあたる行為は認められていない。

3　著作物再販適用除外制度
(1)　著作物の意義

著作物を発行する事業者またはその発行する物を販売する事業者が，その物の販売の相手方である事業者とその物の再販売価格を決定し，維持するためにする正当な行為についても独禁法の適用が除外される（23条4項）。ここにいう「著作物」とは，著作権法上の著作物（思想または感情を創作的に表現したものであって，文芸，学術，美術または音楽の範囲に属するもの〔同法2条1項1号〕）とは必ずしも一致しない。独禁法上の著作物とは市場に実際に流通する個々の商品であり，現在，独禁法上の著作物に該当するとされているのは，書籍，雑誌，新聞，レコード盤，音楽用テープ，音楽用CDであ

る[42]。

　テレビゲームソフトが独禁法上の著作物に該当するかが問われた事例において，被審人は独禁法上の著作物を著作権法上の著作物と同じように解すべきであると主張した。これに対して公取委は，独禁法上の著作物は著作権法上の著作物のうち市場において実際に流通する個々の商品である著作物の「複製物」に該当するものに限定し，両者を同じように解すべき根拠はない，またゲームソフトは，前述の立法趣旨とされる考え方からすれば，1953年改正当時には存在しておらず，その当時存在していた上の4品目のいずれかとも機能・効用を同じくするものでないとして，独禁法上の著作物にはあたらないと判断した（ソニー・コンピュータエンタテインメント〔SCE〕事件・審判審決平13・8・1）。

(2)　制度の見直し

　公取委は，著作物についても適用除外制度を見直す方向で問題点を検討し，①再販がブランド内競争の制限だけでなく，ブランド間競争の制限を招来している可能性がある，②流通システムが固定化し，事業者が消費者ニーズに対応することを怠りがちになる，③長期間の再販制が部分再販や時限再販を抑制している，④大量の返品，廃棄や過大な景品付き販売等，問題のある慣行がみられることを指摘した（政府規制等と競争政策に関する研究会・再販問題検討小委員会の中間報告「再販適用除外が認められる著作物の取扱いについて」〔1995年7月25日〕）。その後，政府規制等と競争政策に関する研究会において検討が行われた結果，競争政策の観点からは著作物再販適用除外制度は基本的に廃止の方向で検討されるべきものであるが，間接的にではあれ，この制度によって著作権者等の保護や著作物の伝播に携わる者を保護する役割が担われてきている点について文化・公共的な観点から配慮する必要があり，直ちにこの制度を廃止することには問題があると考えられるとした。こうして廃止した場合の影響も含めて検討し，「一定期間経過後に制度自体の存廃について結論を得るのが適当である」とされたが（「著作物再販適用除外制度

---

42)　書籍とこれに登場するキャラクターのフィギュア（漫画やアニメのキャラクターなどの立体造形物）とのセット商品は，ここでいう「著作物」ではなく，セット商品を再販契約の対象とすることは独禁法に違反するおそれがある（「平成16年相談事例集」〔2005年〕事例7）。

の取扱いについて」〔1998年1月13日〕)[43]，2001年3月になって公取委は，制度が廃止されると書籍・雑誌・音楽用CD等の発行企画の多様性が失われ，新聞の戸別配達制度が衰退し国民の知る権利を阻害する可能性があるなど文化・公共面での影響が生じるおそれがあるとして，「当面同制度を存置することが適当であると考える」としている[44]。

---

43) 公正取引特報1645号参照。
44) 公正取引特報2125号参照。

第11章

独占禁止法エンフォースメント

第1節 概説

I エンフォースメントの意義

　独禁法は，公正・自由な競争秩序を侵害する現実の事象が生じた場合に，具体的な解決を図ろうとする実定法であり，そのために，実体規定とともに，実体規定への違反に対する措置とその執行手続を規定する。独禁法が規制対象とする違反行為には，競争制限効果の程度や行為の態様の違いに応じて，行政・刑事・民事の各側面から複数の措置とそれぞれの執行手続[1]があって，これらの措置および執行手続をどのように連携させて運用し，あるいは利用していくかが，執行機関のみならず，独禁法を用いて事業活動上の問題を解決しようとする企業や，競争制限によって被害を受ける需要者・消費者にとっても，極めて重要である。したがって，実体規定の実効性を確保する段階は，独禁法エンフォースメントと呼んで包括的に検討が必要な事柄となっている。

　日本の独禁法は，1999（平成11）年まで多くの適用除外制度が存在した[2]という問題を除けば，実体規定の側面で，米国反トラスト法やEU競争法と同様に共同行為規制，独占化規制および企業結合規制を展開するもので，規制対象の範囲について国際的にみて遜色あるものとして論議されるようなことはなかった。しかし，エンフォースメントの側面では，従来，米国やEU

---

[1] 独禁手続18頁（丹宗暁信）が指摘するように「伝統的法律学の考え方からは，かように異なった3つの手続法を共存させる考え方は認められ難いことであった」が，積極的な言い方をすれば，独禁法エンフォースメントは，行政・刑事・民事にわたる総合的性格を有する。

[2] 第10章第3節参照。

から日本政府に対して独禁法の強化がしばしば要請されてきた内容が，もっぱら独禁法違反行為に対する措置の強化と執行機関の拡充であるように，日本の競争政策が充実しているとの評価を必ずしも得ていない原因は，エンフォースメントのあり方に集中しており，その重要性を示唆している。

　独禁法のエンフォースメントは，競争秩序を侵害する違反行為から生じた被害・損失を回復し，違反行為の再発を防止する効果にみあったものでなければならない。違反行為による被害・損失は，競争市場という公益秩序のみならず，違反行為の影響を受ける私人（事業者・消費者）にも具体的に生じる。損害回復と再発防止のために，上記の3分類の措置と執行機関である公取委，検察庁，裁判所および私人がどのような手続で携わっていくことが可能であるかが，まずエンフォースメントの中心的意義を形成する。ただし，エンフォースメントの意義は，それに限られない。違反行為者とされた事業者の側でいかなる防御が可能であるかという課題もある。さらに，損害回復と再発防止が違反行為の存在を前提とする以上，エンフォースメントの実体は，違反行為の存否をめぐる攻撃防御から始まるものであり，弁護士は，いずれの立場においても，すべての段階で関与できる。したがって，エンフォースメントの側面から独禁法全体を俯瞰することも可能である。

Ⅱ　違反行為による被害・損失

1　公益秩序の侵害

　競争市場は，各事業者の事業活動（私的利潤追求の要素を含む）を社会全体の利益（厚生）に転換する経済システムである。競争市場は，公共財としての性格を持ち，その侵害行為による被害・損失は多数の市場参加者（事業者・消費者）の間で拡散される傾向がある。また，多くの競争制限行為が，事業者間の共謀や意図・目的を事業者内部に隠して行われるものであるので，その調査には強制権限を必要とする。いずれの事情からも利害関係者による独禁法違反行為の追及には限界があり，公的費用で侵害行為の事実解明と被害・損失の回復を行う必要性が認められる。このように競争市場が公益秩序であることから，かかる競争秩序を私的紛争解決手続だけで維持することは極めて困難であり，その擁護者として執行機関を必要とし，独禁法では，その中心に国の専門行政機関である公取委を位置付けている。

2 違反行為から生じる私人間の利害関係

　独禁法違反行為は，競争秩序を侵害することにより，私人に具体的な被害・損失をもたらす。違反行為により，市場参加者の中には，取引機会を失ったり，不当な価格での取引を余儀なくされたりする。被害・損失の及ぶ範囲は，市場参加者にとどまらない。入札談合行為における実質的な被害者は，発注行政機関よりも納税者であったりする。このような被害者の救済については，法執行のための資源と費用に一定の限界を有する公取委[3]にすべて委ねるのは現実的ではなく，ここに被害・損失を被る私人が，自らその回復を目指して，独禁法のエンフォースメントの担い手となりうる理由がある。ただし，私人がエンフォースメントに携わる場合，恣意的な運用（濫訴）に陥る危険も懸念としてありうるので，参画可能な場合を限定してバランスをとる必要があることも否定できない。

Ⅲ　措置（サンクション）のシステム

1　違反行為と措置の種類・目的・執行機関

　独禁法違反行為は，その態様と競争制限効果すなわち競争秩序侵害の程度において一様ではない。競争制限を直接の目的として行われ，競争秩序侵害の程度が最も深刻な違反行為は，不当な取引制限のうちの価格制限カルテル，入札談合カルテル，生産制限カルテル，市場分割カルテルなどや支配行為による私的独占で同様の効果をもたらすもので，ハードコア・カルテルと呼ばれるものである。次に，その他のカルテルや私的独占，さらに市場構造を非競争的に変化させる企業結合や，公正な競争を阻害するおそれがあることで規定された行為類型である不公正な取引方法が，競争秩序侵害の危険度の法的評価に相対的な違いをもって続く。

　したがって，独禁法は，違反行為に対する措置として，行政上の措置を中心に，悪性の高いものには刑事上の措置を設けるとともに，違反行為に対する被害者の救済のために民事上の措置を用意する。

　行政上の措置は，まず，すべての違反行為に対してとられる公取委による排除措置命令がある。排除措置命令は，将来に向けて違反行為を除去し，再

---

[3]　公取委の規模は，2020（令和2）年度で，委員会・事務総局の定員842人，年間予算115億5300万円である。

発を防止するための行政処分であるから，違反行為によって蓄積された不当な利得は残置する。それゆえ，独禁法では，価格カルテルおよび価格に影響する数量カルテル，市場シェア協定，市場分割カルテル，取引先制限カルテルなどや，それと同様のことを支配行為により行う私的独占のほか，排除型私的独占や法定の不公正な取引方法に対して，不当な利得を剥奪することを根拠としつつ，行政上の制裁としての機能も有する課徴金納付命令を公取委は発しなければならない。

　刑事上の措置としては，不公正な取引方法以外の違反行為について刑事罰が規定され，実行行為者の責任の追及と制裁が行われる。重大な独禁法違反犯罪には，両罰規定と三罰規定が設けられることにより，実行行為者が所属する法人等または法人等の代表者にも刑事制裁が科されうるとともに，検察官による公訴を受けた裁判所の実体審理にあたっては公取委の告発が訴訟条件となっている。

　民事上の措置としては，違反行為の被害救済のために，独禁法には，被害者から違反行為者に対する無過失損害賠償請求訴訟と，不公正な取引方法については差止請求訴訟を，裁判所に提起できる制度が設けられている。

2　措置の変化の経緯と国際比較

　1947（昭和22）年制定時の独禁法は，排除措置命令，刑事罰（両罰規定を含む），無過失損害賠償請求権を行政，刑事，民事上の措置として備えることで出発した。30年後の1977（昭和52）年に初めて強化の方向で独禁法の改正が行われ，課徴金制度が導入された。その14年後の1991（平成3）年改正で，課徴金の算定率が従前の製造業2％等から原則大企業6％，中小企業等3％に引き上げられた。翌1992（平成4）年に，初めて両罰規定における自然人と法人の罰金上限額の切り離しが実現し，カルテル等について法人等への罰金上限額が500万円から1億円に引き上げられる改正が行われた。この罰金上限額は，10年経過した2002（平成14）年改正で現行の5億円に引き上げられた。2009（平成21）年改正では，自然人に対する懲役刑の上限が3年から5年に引き上げられた。また，この間の2000（平成12）年には，不公正な取引方法に対する被害者による差止請求制度を創設する改正が行われた。

このように，独禁法の措置体系は，徐々に強化が図られてきたが，国際比較すると，最も違いが目立つ点は，重大な違反行為に対する制裁の考え方で，欧米諸国の独禁法では，違反事業者に痛みが感じられるほどの制裁措置を可能にするという方法，すなわち違反行為の重大性・悪質性に応じて制裁の上限が引き上がる仕組みで規定が設けられていることである。たとえば，米国反トラスト法のシャーマン法違反では，違反行為により獲得した利益または与えた損害額の2倍までの罰金を科すことが可能であり[4]，EU競争法のEU機能条約101条1項・102条違反では，違反事業者の直近事業年度の全売上高の10％までの額の制裁金を科すことが可能であり[5]，また，ドイツ競争制限禁止法違反にあっても，従来，違反行為によって得られた超過売上利得の3倍までの額の過料を科すことが可能という規定振りであったが，同法の2005年改正でEU競争法と同様に，違反事業者の直近事業年度の全売上高の10％までの額の過料を科すことが可能な規定となった[6]。これらの法制に比べると，日本の独禁法が定める罰金の上限も確定額であり，課徴金にしても，従来，カルテルによる不当な利得相当の額の剥奪にとどまるものであった[7]ので，独禁法違反行為に対するわが国の措置がなお弱いとされるゆえんであった。ただし，2005（平成17）年改正で，課徴金の算定率（違反行為の実行期間中の売上高に乗ぜられる一定率）が，原則大企業10％，中小企業等4％へ引き上げられ，さらに課徴金減免制度の導入などが実現したことにより，わが国独禁法の措置体系のあり方を見直す要因の1つであった措置

---

[4] 罰金強化法（Criminal Fines Improvements Act of 1984, 18 U.S.C. §3571(d)）。なお，同法は，犯罪一般に妥当し，シャーマン法違反に限ったものではない。シャーマン法違反の法定刑は，2004年の改正で，従前，法人に対して1000万ドル以下の罰金，自然人に対して35万ドル以下の罰金または3年以下の禁錮であったものが，法人に対して1億ドル以下の罰金，自然人に対して100万ドル以下の罰金または10年以下の禁錮とさらなる厳罰化が行われた。

[5] 2003年EC理事会規則1号23条2項。

[6] 競争制限禁止法（GWB）81条4項。

[7] 違反行為に高額の罰金ないし行政制裁金を科している事例のある米国・EUをみてみると，米国の場合，刑事罰が違反した法人・自然人に科されうるが，司法省反トラスト局と違反事業者の間で，和解に準じた司法取引（plea bargain）が可能であり，EUの場合，EC委員会は違反事業者に行政制裁金を科しうるが，その場合に，違反行為の重大性・継続期間等の要素を考慮して金額の決定を行うことができるように，競争当局の裁量権限の程度も措置の強弱に関係する。

水準の国際的調和が図られつつある。

第2節　公正取引委員会と審査手続・排除措置命令・課徴金納付命令・課徴金減免制度・司法審査

I　公正取引委員会の組織と権限

1　行政委員会制度と職権行使の独立性

　公取委は，内閣府設置法49条3項に基づき，27条1項により，同法の目的を達成することを任務として置かれた行政機関である。公取委は，委員長および4人の委員からなる合議制の行政機関であり，国家行政組織上，内閣府の外局[8]にあたり，内閣総理大臣の所轄に属する（27条2項）が，委員長・委員は，独立してその職権を行う（28条）ものであり，独禁法の運用について上級官庁の指揮命令を受けることのない，独立した行政委員会である。公取委は，もっぱら受動的な事務を扱う他の行政委員会に比して，その職権を能動的に発動し，国民に直接その施策を遂行するという典型的な行政事務を分担していることに特色がある。

　それゆえに，公取委の独立性について，行政権は内閣に属するとの憲法65条との関係で疑義を呈する向きもあったが，違反事件の処理にあたって，その判断に政治的中立性と高度な専門性を要し，そのために合議制がとられていることから，独立性の保障は合理的な根拠があり，委員長・委員の任命や行政機関としての規模・資源などについて人事・予算面からの内閣によるコントロールは可能であるから，内閣が行政権の行使について国会に対して連帯責任を負う憲法66条3項の規定に反することにもならない[9]。むしろ，

---

8)　公取委は，1999（平成11）年までは総理府の外局であったものが，その後2003（平成15）年まで，中央省庁等の再編の際に総務省の外局に位置付けられていた。公取委の任務が，競争政策の観点から横断的に全産業をみるものであることや，産業を所管する省庁と利益相反関係にならないためには，内閣府の外局であることの方が適切である。

9)　内閣からある程度独立した地位にある結果として，国民の代表機関たる国会との関係は，通常の行政機関に比し，より直接性を帯びることとなり，国会の間接的な監督の手段として，委員長・委員の任命に国会の同意を要すること（29条2項）があるほか，公取委に国会に対する年次報告提出義務（44条1項）および意見提出権（同条2項）が定められている。今村・独禁241頁。

独禁法その他の関係法案の国会提出を含め，競争政策全体のあり方を決定できるのは内閣であり，国民経済的に競争促進が図られるか否かは，内閣の政策判断によるところが大きい。

2　組　織

公取委の委員長・委員は，35歳以上で，法律または経済に関する学識経験のある者を，内閣総理大臣が衆参両議院の同意を得て任命する（29条。委員長は認証官である）。任期は5年で，定年は70歳（30条）であり，法定の事由を除き，在任中，その意に反して罷免されることのない身分保障がある（31条）。

公取委には，委員会[10]の事務を処理するために事務総局[11]が置かれる（35条）。事務総局には，事務総長の下に，官房，経済取引局（取引部を含む），審査局（犯則審査部[12]を含む）が置かれる。事務総局の職員中には，検察官（違反事件に関する職務を担当する），任命の際現に弁護士たる者または弁護士の資格を有する者を加えなければならない（同条7項・8項）。また，事務総局の地方機関として，全国7ヶ所に地方事務所またはその支所が置かれている（35条の2）。

3　機能と権限

(1)　機　能

公取委の任務は，競争を阻害する事業活動の不当な拘束を排除すること（1条）であり，その中心は審査局が担当する違反事件の審査機能であるが，

---

[10]　事務総局と区別して，委員長・4人の委員からなる合議体そのものを特に意味するときは，「委員会」という（以下同じ）。

[11]　公取委には，1996（平成8）年まで事務局が置かれていた。事務局には，部までの機構しか置けないが，事務総局には，局を置くことができるという違いがある。局は，国の最高レベルの行政事務を処理する機構であるから，事務総局制にすることは，わが国が，競争政策を他の省庁が行う産業政策に劣ることのない重要性をもって認識していることを内外に示す意義があった。

[12]　2005（平成17）年改正による犯則調査権限の導入に伴い，犯則調査を担当する部署として設けられた。審査局内で行政調査を担当する職員とは区別されて，犯則審査部の職員は行政調査権限の行使はできず，また，犯則審査部以外の審査局職員は犯則調査権限を行使できない（私的独占の禁止及び公正取引の確保に関する法律第47条第2項の審査官の指定に関する政令，公正取引委員会の犯則事件の調査に関する規則2条）。

それに限定されるわけではなく，経済取引局が担当する産業の実態調査や違反行為の未然防止のための相談指導活動，事業者や事業者団体のための活動指針（ガイドライン）の公表，さらには，競争促進のために他の産業所管官庁との協議・意見表明等のいわゆる唱導活動（advocacy）等の政策企画機能も重要性を増してきている。また，取引部が担当する独禁法の付属法である下請法の運用を通じて，公取委は，中小企業政策の機能も果たしている[13]。

(2) 権　　限

公取委は国の行政機関であり，その権限はすべて行政的権限であるが，特に公取委に付与されている権限について，その実質的内容に即して分類すると，準立法的権限とその他の権限[14]がある。

---

13) 1962（昭和37）年に独禁法の付属法として制定され，消費者政策の一翼を担っていた景表法は，2009（平成21）年9月，公取委から新設の消費者庁に移管された。公取委は，移管後においても，消費者庁から景表法違反事件に係る調査権限の委任を受け，地方事務所等において，調査業務，情報受付，相談業務等を行っている。

14) 2013（平成25）年改正前までは，公取委には準司法的権限があると言及されてきた。それまで公取委が有していた準司法的権限とは，同改正で廃止された審判制度に由来する。2005（平成17）年改正前は，公取委が行う違反事件等に対する行政処分について，違反事業者が公取委の勧告に応諾しない場合は，その事前手続を公正で慎重なものとするために，委員会またはその事務総局に置かれた審判官の指揮の下で審査官と被審人（違反被疑事業者）が攻撃防御する三面構造の裁判に準ずる審判手続が採用されていたが，同改正後は，違反行為の審判手続は，公取委が行った行政処分（排除措置命令・課徴金納付命令）に係る異議申立てを審理する事後手続にその性格を変更した。審判制度が一貫して有していた意義は，公開の審判手続において証拠調べが行われて，被審人側からも証拠を弾劾する機会が付与され，かかる手続に立脚して行う公取委の事実認定について，独禁法の適用に関する限り専門性が認められて，審判手続における証拠調べを経た公取委の判断である審決に第一審相当のケース・ロー（判例法）形成機能を期待することにあった。そのことは，実質的証拠法則（後掲注82））や司法審査が東京高裁から始まることに現れていた。

しかし，2013年改正における審判制度の廃止に伴い，同制度に支えられていた公取委の準司法的権限は失われた。同時に，実質的証拠法則の適用もなくなり，司法審査も東京地裁から始まることになって，通常の行政庁と変わりない司法審査を受けることから，法律または経済に関する学識経験のある者による合議制の行政機関として構成した意義も見失いつつある。

その意義については，独禁法の制定時に次のような解説がなされていた。「法律規範は，その性質上多かれ少なかれ抽象的で観念的な性質を有するものであるが，この法律〔独禁法〕の対象となっているものは，複雑多岐なしかも常に生成発展してやまぬ広汎な経済活動一般であるために，その規定は著しく抽象的である。この抽象的な法規を運用し，具体的な個々の事件にこの法律の規定を適用して，その実効を確保してゆくには特別の考慮が必要である。この法律の運用に当たる機関は公取委と裁判所であるが，我々は，この二つ

第2節　公正取引委員会と審査手続・排除措置命令・課徴金納付命令・課徴金減免制度・司法審査

準立法的権限としては，違反事件の審査手続等に関する規則制定[15]（76条1項）や不公正な取引方法の指定（72条）の権限がある。

その他の権限には，事業活動や経済実態に関する一般調査や調査嘱託（40条，41条），公聴会の開催（42条），独禁法の適正な運用を図るために必要な事項の公表（43条），国会に対する年次報告書・意見の提出（44条）を行う権限がある。国会に対する意見提出のように，これまで用いられた事例がないものもあるが，これらの権限は，公取委が競争促進のための唱導活動を推進する上で意義深いものである。

4　公正取引委員会中心主義の意義と限界

独禁法は，違反事件に対する規制の大部分を公取委に行わせ，また，他の機関の権限を行使させるときも公取委の関与がありうる公取委中心主義をとっている。公取委を独禁法執行の推進力（momentum）と位置付けたものである。

の機関がその具体的な活動を通じて，この法律の抽象的で一般的な規定に血肉を与え，高い見識に裏打ちされた立派な公権的解釈を示され，妥当な判例法をうち建て，この法律制定の趣旨をみごとに実現されんことを希望してやまない。……〔独禁法違反事件は，〕本来，行政事件に属するものではあるが，民事の領域に接着し，これと不可分の浸透関係にあり，いわば民事的行政事件ともいうべき性質のものであるから，この法律の運用機関としては，事件の直接処理については行政官庁をしてこれに当たらせ，裁判所を第二次的な処理機関として行政官庁の処分に対して監査的な機能を発揮させることが適当である。ただ事件の民事事件的性質から言って，当該行政庁には裁判所的性格を有せしめ，司法的事務に準じて準争訟手続に従い事件を処理させることが妥当であるといわねばならない」橋本龍伍『独占禁止法と我が国国民経済』（日本経済新聞社，1947年）161頁，162頁。「本法〔独禁法〕運用の中心機関は，公正取引委員会—準裁判所的性格を持つ合議体の独立行政官庁である—であって，裁判所は，この委員会の積極的にして能動的な活動を受けて，静的な立場から，専ら委員会の処分の合法性を判断し，具体的な事件を通じて本法が正当に適用せられたかどうかを批判し，不当な場合においては，これを是正する役割を有するものであって，憲法及び裁判所法の関係においては，公正取引委員会は，裁判所の前審として事件の審判をなすものに外ならない。我々は，両者がそれぞれの性格に応じて特有の機能を発揮し，本法の実効性を十二分に確保せられんことを希望してやまない」石井良三『独占禁止法』（海口書店，1947年）325頁。

15)　「公正取引委員会の審査に関する規則」（2005年公取委規則5号），「公正取引委員会の意見聴取に関する規則」（2015年公取委規則1号），「公正取引委員会の犯則事件の調査に関する規則」（2005年公取委規則6号），「課徴金の減免に係る報告及び資料の提出に関する規則」（2005年公取委規則7号）など。以下それぞれ「審査規則」「意見聴取規則」「犯則調査規則」「課徴金減免規則」との略称で引用する。

行政上の措置の領域では、公取委は、自ら能動的に職権を発動し、違反行為を審査して、排除措置命令・課徴金納付命令を行う行政上の権限を有する。刑事上の措置の領域では、独禁法違反の重要な犯罪の訴追にあたっては、公取委の告発が訴訟条件となる専属告発制度がとられている（96条）。民事上の措置の領域では、独禁法違反行為の被害者による無過失損害賠償請求権の主張は、公取委の確定した排除措置命令または課徴金納付命令を前提とする（26条1項）。また、無過失損害賠償請求訴訟が提起された場合、裁判所は、損害額について、公取委に意見を求めることができる（84条1項）ほか、不公正な取引方法に対する被害者による差止請求訴訟においても、裁判所が公取委に通知し、公取委は、裁判所の許可を得て、当該事件に関する独禁法の適用等について意見を述べる制度が設けられている（79条）。

　規制改革の進展により、市場の規律が事業官庁による事前規制型から独禁法その他のルールによる事後監視型による領域が拡大したことは、ルール違反が発生した場合に迅速な対処が求められることを意味するが、様々な違反被疑行為の調査について公益的見地から優先順位をつけざるをえない公取委にすべてを適時適切に漏れなく行わせることには限界[16]がある。これを補う制度活用として、24条に基づく不公正な取引方法に対する私人による差止請求訴訟がある。

　また、公取委に期待される独禁法執行の推進力は、公取委に権限を付与したことだけでは十分ではなく、これを支える予算・機構・人員の裏付けが必須であり、そのためには、立法府および行政府において、独禁法執行を含めた競争政策の企画立案および実施に関して肯定的姿勢がとられていることが最も重要である[17]。さらに、公取委の処分権限の行使・不行使について、今後、国民各層の意見を反映した監査制度が考えられることも、公取委の機能を十全に生かそうとする工夫になろう[18]。

---

16) 講座第3巻232頁（谷原修身）。
17) 競争政策を積極的に推進する方向で、公取委の外側（たとえば、国会）に特別の検討チームを設置すべきとの提言がある（三輪芳朗＝J・M・ラムザイヤー「競争政策の望ましい姿と役割―私的独占、刑事罰、公正取引委員会（下）」ジュリ1262号86頁以下。現状において現実的ではないが、独禁法運用の展開可能性を公取委にのみ求めるべきでないという重要な論点を提起している。
18) 今村研究(2)173頁。

II 違反事件処理手続

1 排除措置命令と審査手続

(1) 審査手続

違反被疑事実に関する調査手続を審査手続といい，違反行為に対する行政処分を形成する事前手続としての行政手続でもある。違反行為に対する行政処分は排除措置命令と課徴金納付命令であり，審査手続は，両命令に共通する。

審査を開始するきっかけを公取委では端緒という（審査規則7条）。端緒には，一般人からの報告（45条1項），公取委自身による探知（同条4項），課徴金減免制度を利用した事業者からの報告（7条の2第10項・11項）および中小企業庁からの報告（中小企業庁設置法4条7項）がある[19]。このうち，一般人からの報告件数は，2018年度で3620件[20]である。公取委は，審査局管理企画課の情報管理部署において端緒で得られた情報を総合的に分析し，必要な補充調査を行う。

45条は，「何人も，この法律の規定に違反する事実があると思料するときは，公正取引委員会に対し，その事実を報告し，適当な措置をとるべきことを求めることができる」（1項）とし，「前項に規定する報告があつたときは，公正取引委員会は，事件について必要な調査をしなければならない」（2項）としているので，報告者は具体的な措置請求権を有するものであるかどうかが争われた事件（エビス食品企業組合事件・最判昭47・11・16）があったが，最高裁は，報告者が当然には審判手続に関与しうる地位を認められていないことなどから，これらの規定は公取委の審査手続開始の職権発動を促す端緒に関する規定であるにとどまり，報告者に対して，公取委に適当な措置をとることを要求する具体的請求権を付与したものであるとは解されないと判示した。

なお，一般人からの報告については，1977（昭和52）年改正以後，書面

---

[19] 公共工事の発注については，入札談合等を疑うに足りる事実があるとき，発注官庁等は，公取委にその事実を通知しなければならない（公共工事の入札及び契約の適正化の促進に関する法律10条）。

[20] その過半の2617件が小売業における不当廉売事案であり，これを除いた報告件数は，最近5年間では，年間1000～1300件前後で推移している。

（ファクシミリ送信，電子メール，公取委のホームページからでも可能）で具体的な事実を摘示してされた場合は，当該報告に係る事件について，排除措置命令等の措置をとったときまたはこれらの措置をとらないこととしたときに，公取委は速やかにその旨を当該報告者に通知しなければならない（45条3項，審査規則29条）。この通知件数は，2018年度で3887件である。

また，2000（平成12）年10月から，公取委は，事件処理を担当する審査局とは別に官房に審理会を設置し，一般人からの報告の処理について申出がある場合，再点検する体制・手続をとっている。

補充調査を経た事件の端緒事実は関係法条とともに，審査局長から委員会に報告され（審査規則7条1項），委員会は，独禁法47条1項の行政調査権限を用いて行う必要があると認めた事件については，審査官を指定[21]して審査手続を開始する（同条2項。立件手続と称する）。この段階で，審査局長は端緒事実の性質をみて犯則事件として委員会に報告し，犯則調査手続を開始することも可能である（犯則調査規則4条。第4節参照）。

公取委は，違反被疑事件の審査のために有する行政調査権限[22]（47条1項）を審査手続で，通常，次のような順で用いる。

①立入検査（47条1項4号）

審査官は，事件関係人（違反行為をしている疑いのある事業者，事業者団体等）の営業所その他必要な場所に立ち入り，業務・財産の状況，帳簿書類そ

---

[21] 行政調査権限を行使する審査官は，犯則審査部を除く審査局・地方事務所・支所の職員から指名する（私的独占の禁止及び公正取引の確保に関する法律第47条第2項の審査官の指定に関する政令）。審査長または上席審査専門官を長とする事件審査チームが構成される。

[22] 2013（平成25）年改正法附則16条は，「政府は，公正取引委員会が事件について必要な調査を行う手続について，我が国における他の行政手続との整合性を確保しつつ，事件関係人が十分な防御を行うことを確保する観点から検討を行い，この法律の公布後一年を目途に結論を得て，必要があると認めるときは，所要の措置を講ずるものとする」とした。これを受けて，内閣府において，独占禁止法審査手続についての懇談会（座長　宇賀克也東京大学教授）が開催され，同懇談会は，2014（平成26）年12月24日に，立入検査，弁護士・依頼者間秘匿特権，供述聴取等の論点に関する報告書を公表した。その後，公取委は，2015年12月に「独占禁止法審査手続に関する指針」を作成し，審査手続の適正性をより一層確保する観点から，実務を踏まえて標準的な実施手順や留意事項等を明確化することを公表し，任意の供述聴取に関する苦情申立て制度まで設けた。さらに，2017年4月に公表された公取委の独占禁止法研究会報告書で，課徴金制度の改定方向（後掲注46））と併せて手続保障の検討がなされた。

第 2 節　公正取引委員会と審査手続・排除措置命令・課徴金納付命令・課徴金減免制度・司法審査

の他を検査することができる。検査を拒むことに対しては，罰則（94 条 4 号：1 年以下の懲役・300 万円以下の罰金）があって，強制力が担保されている。間接強制であって，検査の相手方の意思にかかわらず実施する直接強制ではない[23]から，裁判所の令状による許可は必要ではない[24]（森永商事事件・審判審決昭 43・10・11）。審査官は，立入検査の実施にあたって，身分を示す審査官証を携帯し，関係者に提示しなければならない（47 条 3 項）。審査官は，たとえば，「○○製品の製造業者及び同販売業者並びにこれらの団体に対する件」「△△市発注の××の入札参加業者に対する件」などと審査対象を特定した事件ごとに指定される。審査官は，指定を受けた事件に関し，47 条 1 項に規定する立入検査等の行政調査権限を行使でき，その命令書を送達できるとともに，行政調査権限を行使した場合，調書を作成しなければならない（48 条，審査規則 10〜15 条）。立入検査を行う場合には，審査官は，事件名，被疑事実の要旨および関係法条を記載した文書を関係者に交付する（審査規則 20 条）。

　立入検査の場所は，企業のみならず，関係書類が保持されているなどの事情があれば，企業の役員・従業員の私宅も対象とすることができる。また，

---

[23]　検査の相手方の承諾を得て行われていることについて，「審査官は，被審人代表者に審査官証を示して立入検査の趣旨を説明したが，被審人代表者は，審査官に対し，裁判官の発する令状が必要ではないかとか，なぜ被審人を選んで立入検査に来たのかなどと述べて，立入検査を拒絶する意思を示したため，審査官は，立入検査を拒否するとの趣旨の被審人代表者の供述調書を作成しただけで立入検査を打ち切り，その場で発見した書類を留置しないまま引き揚げた。そして，審査官は，日を改めて……被審人事務所に赴き，被審人代表者に対し，審査官証を提示した上でやや詳しく立入検査の理由を説明したところ，被審人代表者から同意を得ることができたため，立入検査をして……書類を発見し，被審人代表者に……それらの提出命令を発してこれらを留置した」（水田電工事件・審判審決平 9・9・25）との事例がある。

[24]　公取委が行う立入検査（47 条 1 項 4 号）や審尋（同項 1 号）については，憲法 35 条（令状なしに住居等の侵入，捜索・押収を受けないこと）や憲法 38 条 1 項（自己に不利益な供述を強要されないこと）との関係では，最高裁が示した基準（川崎民商事件・最判昭 47・11・22）の範囲内のものとして，刑事責任追及に一般的に直接結び付かない，あるいは直接の物理的な強制と同視すべき程度のものではないなどの理由から，令状主義の適用は受けないものと解されてきた。しかし，独禁法違反行為への刑事訴追の現実的可能性とともに，令状主義をとる犯則調査権限の導入の必要性が指摘されるようになった。芝原邦爾「経済犯罪の訴追における犯則調査手続と行政調査手続」法教 174 号 59 頁，平野龍一ほか編『注解特別刑法　補巻(3)　関税法・独占禁止法・割賦販売法』（青林書院，1996 年）9 頁（小木曽国隆）。

入札談合への発注者の関与が疑われる事件などにおいては，官公庁への立入検査も必要性が認められるならば，対象場所となりうる。

国際カルテル事件では，公取委は，他国の独禁法施行官庁と連動して立入検査を行うことがある[25]。

②提出命令・留置（47条1項3号）

審査官は，立入検査を行った結果，違反被疑事実の調査に必要な書類等の物件について，所持者に提出命令書を発出し，留置することができる[26]。立入検査によらなくとも，物件が特定できれば，提出命令は可能である。提出命令に従わない場合は，罰則（94条3号：1年以下の懲役・300万円以下の罰金）がある。

③出頭命令・審尋（47条1項1号）

審査官は，立入検査によって留置した物件を精査し，違反被疑事実を明らかにするために，事件関係人・参考人から事情を聴取する。その場合，任意の出頭要請を行い，聴取内容を供述調書に作成する場合（審査規則13条）と，出頭命令書を発出して，陳述内容を審尋調書に作成する場合（同11条）がある。後者の場合，不出頭や虚偽の陳述等に対しては，罰則（94条1号：1年以下の懲役・300万円以下の罰金）がある。

④報告命令（47条1項1号）

審査官は，事件関係人・参考人から報告を徴することができる。報告命令は，事件関係人の業務・違反被疑事実に関連した事項について，報告様式を示した報告命令書によって行われる。報告書の不提出については，不出頭と同じ罰則がある。事件関係人以外の者に対しては，報告依頼という任意の形式で，報告書の提出を求めることがある。

⑤鑑定（47条1項2号）

審査官は，専門知識を有する者を鑑定人として出頭を命じ，鑑定書を提出

---

[25] モディファイアー樹脂改質剤価格協定事件・審判審決平21・11・9の勧告時（2003年12月11日）に，公取委は，同年2月20日に行った同事件の立入検査を米国司法省，カナダ競争局，欧州委員会とほぼ同時期に行ったことを明らかにした。なお，2009（平成21）年改正で，一定の条件の下で，公取委が外国競争当局に情報提供を行うことを可能にする規定（43条の2）が設けられた。

[26] 帳簿書類等の物件を提出した者は，事件の審査に特に支障を生じない限り，当該物件を閲覧または謄写することができる（審査規則18条1項）。

させることができる（審査規則14条）。不出頭や虚偽の鑑定等に対しては，罰則（独禁94条2号：1年以下の懲役・300万円以下の罰金）がある。

　以上の公取委の行政調査について，これを妨害する行為に対する罰則は，2005年改正前は，立入検査拒否・妨害に6月以下の懲役・20万円以下の罰金，その他は20万円以下の罰金であったもので，また，両罰規定も立入検査拒否・妨害だけに規定されていたものが，すべての調査権限の妨害行為について規定されたので，法人事業者にも300万円以下の罰金を科しうることになり，おしなべて強化された。

　独禁法47条には，1977（昭和52）年改正で，上記の調査権限について犯罪捜査のために認められたものと解釈してはならない旨の4項が挿入された[27]。行政調査権限を定める法令に定型的に付記されている条項であるが，独禁法の場合，公取委が行政処分としての排除措置命令・課徴金納付命令を行うほかに，刑事処分相当として同一事件について刑事告発したとき，行政調査権限による証拠収集と刑事処分における適正手続の要請（憲35条の令状主義，38条1項の自己負罪拒否特権）の整合性が問題視されることがあった。2005（平成17）年改正前は，告発後の刑事捜査において，公取委が留置した物件は検察庁によって差押状をもって押収され，供述は検察官が録取するものであるので，憲法上の適正手続の要請に反することはなかったが，2005年改正は国税犯則取締法（2018年4月に国税通則法に編入）[28]や金融商品取引法における犯則調査権限と同様の刑事処分につながる手続を設け，公取委の調査段階から裁判所の令状による直接強制を可能とすることによって，公取委が収集した証拠等の検察官への引継ぎができるようになり，告発手続が円滑に行われることとなるほか，事案解明のための証拠収集能力が強化されるとの指摘がなされている。2005年改正で101条以下に犯則事件の調査手続が規定され，犯則調査権限が導入された（犯則調査手続については，第4節Ⅲ参照）。

　したがって，審査手続は公取委のとる行政処分である排除措置命令・課徴金納付命令のための事前の行政手続であることが明確化され，刑事処分を求める事件は犯則調査手続によることとなる。ただし，このことは，同一事件

---

27)　前掲注24)参照。
28)　岩﨑政明「独禁法違反行為の調査と脱税の犯則調査」公正取引629号50頁。

に，排除措置命令，課徴金納付命令，刑事処分がそれぞれかかることを排除することを意味しない。むしろ，刑事処分が行われる事件には，排除措置命令と課徴金納付命令もかかることは，従前も今後も変わらない。変わるのは，審査手続（行政調査権限）と犯則調査手続（犯則調査権限）の執行関係である。審査手続を開始した事件において，犯則事件の端緒となる事実に接した場合，改めて委員会が犯則調査手続を開始するかどうかを判断し，同手続を開始したとき（審査手続を前置せず，犯則調査手続から直ちに始まる場合もあり，その方が刑事処分を指向する悪質かつ重大な事案に対する手続としてはノーマルな進行となる）は，審査手続は中断する[29]。犯則調査手続が終了した後，行政処分をとるべく，審査手続が再開される。審査手続と犯則調査手続が同一事件について，同時並行して行われることはない[30]。それぞれの手続で収集した証拠は他の処分のために，一定の手続を経て引き継がれて用いうる[31]が，刑事訴訟の場においては，行政調査に基づく証拠と犯則調査に基づく証拠は区別して取り扱われることになる。

　独禁法の行政調査権限に基づく審査官による処分には，行政手続法・行政不服審査法は適用されない（70条の11，70条の12）。ただし，審査規則22条により，審査官の処分に不服の場合は，処分を受けた者は，1週間以内に委員会に異議申立てをすることができる。委員会は，異議申立てに理由があると認めるときは，処分の撤回，取消しまたは変更を審査官に命じ，却下す

---

[29] 審査手続中に犯則事件が探知された場合に，これが端緒となって犯則調査手続に移行することが許されることは，税務調査において犯則事件調査に移行することを可とした最高裁判決（法人税法違反被告事件・最判昭51・7・9）が参考になる。

[30] 行政調査部門と犯則調査部門は区分されている（前掲注12）参照）が，手続の移行についても，行政調査権限を用いた事件において接した事実が犯則事件の端緒となると思料される場合には，審査官は，直ちに審査局長に報告し，その指示を受けるものとし，当該事実を直接犯則事件調査職員に報告してはならない（犯則調査規則4条4項）として，両部門間にいわゆるファイアーウォール（情報の遮断）が設けられている。

[31] 行政調査部門から犯則調査部門への証拠の移管は，犯則調査権限とその手続に従って行う。他方，犯則調査部門から行政調査部門への移管についても適正手続の確保に留意した手順がとられることになるが，犯則調査手続で収集された証拠が行政調査手続でも用いることができることは，法人税更正処分取消等請求事件・最判昭63・3・31（「収税官吏が犯則嫌疑者に対し国税犯則取締法に基づく調査を行つた場合に，課税庁が右調査により収集された資料を右の者に対する課税処分及び青色申告承認の取消処分を行うために利用することは許されるものと解するのが相当であり，これと同旨の原審の判断は，正当として是認することができる」）がある。

る場合は，理由を示して申立人に通知する。

　審査官は，事件の審査を終了したときには，事件の端緒，審査経過，事実の概要，関係法条および審査官の意見を明らかにした審査報告書を作成し，審査局長から委員会に速やかに報告しなければならない（審査規則23条）。

　違反行為が認められる場合には，違反事業者に対し，排除措置命令を発出することになるが，公取委は，排除措置命令をしようとするときは，当該命令の名宛人となるべき者（以下，「当事者」という）に対して，意見聴取の機会を与えなければならない（49条）[32]。そのために，公取委は，意見聴取を行うべき期日までに相当な期間をおいて，当事者に対し，①予定される排除措置命令の内容，②公取委の認定した事実・法令の適用，③事実を立証する証拠の標目，④意見聴取が終結するまでの間，証拠の閲覧・謄写を求めることができること，⑤意見聴取の期日・場所等を記載した通知書を送付しなければならない（50条，意見聴取規則9条）。

　当事者が証拠の閲覧・謄写を求めた場合，公取委は，第三者の利益を害するおそれがあるときその他正当な理由があるとき以外は，当該証拠の閲覧・謄写をさせなければならない[33]。ただし，謄写については，当事者またはその従業員が提出した物証や自社従業員の供述調書等（いわゆる自社証拠）に

---

[32]　意見聴取手続が適用されるのは，2013（平成25）年改正法の施行日（2015〔平成27〕年4月1日）以降に排除措置命令をしようとする事件である。それ以前の事件は処分前手続を経て，排除措置命令に不服がある場合は，公取委の審判手続，さらには東京高裁での取消訴訟という過程になる（2013年改正法附則2条）。

[33]　行政手続法は，聴聞手続において「当事者……は，聴聞の通知があつた時から聴聞が終結するまでの間，行政庁に対し，当該事案についてした調査の結果に係る調書その他の当該不利益処分の原因となる事実を証する資料の閲覧を求めることができる」（同法18条1項）として，処分の相手方に文書等の閲覧権を付与しているが，謄写については規定がなく，行政庁に裁量に委ねられているとされる。2013（平成25）年改正前の独禁法における処分前手続では，公取委の認定した事実を基礎付ける必要な証拠について説明する規定（審査規則25条）はあったが，証拠の閲覧・謄写の規定はなかったので，改正後の意見聴取手続では，謄写までの充実が図られた。行政手続法の聴聞手続よりも独禁法の意見聴取手続の方が当事者の防御の機会に配慮したものといえる（公取委が行う排除措置命令等は，行政手続法の適用除外となっている〔70条の11〕）。しかし，審判手続が排除措置命令等の事前の行政手続であった2005（平成17）年改正前は，公開の審判において被審人が証拠を弾劾する機会が与えられることが法定されていたもので，かかる防御の機会の付与に，2013年改正後の意見聴取手続は及ばず，公取委は事実審的機能を失った。証拠の閲覧・謄写は，当事者からは，司法審査へ進むことの得失と訴訟戦術を検討するために，公取委の証拠の保有状況を前もって知る機会と捉えることになる。

限られる（52条1項）。

当事者は，意見聴取に関して，弁護士等の代理人を選任して，書面で公取委に届け出ることができる（51条，意見聴取規則11条）。また，当事者は，意見聴取の期日への出頭に代えて陳述書・証拠を提出することができる（55条）[34]。

意見聴取は，委員会が事件ごとに指定する職員（以下「指定職員」という。審査局ではなく，官房に置かれる企画官等が意見聴取官となって担当する）が主宰する。当該事件の審査に従事した者を指定職員としてはならない（53条）。

意見聴取の期日においては，①予定される排除措置命令の内容，認定した事実，主要な証拠および法令の適用に関する審査官からの説明，②当事者からの意見陳述，証拠提出および審査官への質問がなされる。指定職員から，当事者に対し，質問し，意見の陳述や証拠の提出を促し，審査官へは追加説明を求めることができる。意見聴取の過程は，公開されない（54条）。指定職員は，意見聴取を続行する必要があると認めるときは，次回の意見聴取の期日を定めることができる（56条）。

意見聴取の終結後，指定職員は，意見聴取の期日における当事者の意見陳述等の経過記載した調書と，意見聴取に係る事件の論点を整理した報告書[35]を作成し，提出された証拠を添付して，委員会に提出しなければならない（58条）。指定職員は，調書・報告書を作成したときは，その旨を当事者に通知する（意見聴取規則21条）。当事者は，調書・報告書の閲覧を求めること

---

[34] 行政手続法に置き換えると，排除措置命令は，弁明の機会の付与で足りる不利益処分であって，聴聞を必要とする不利益処分（行政手続法では，許認可等を取り消す不利益処分等。同法13条1項1号）にはあたらないので，2013（平成25）年改正前の処分前手続では，意見申述・証拠提出の方式が文書によることが原則で，特に必要があると認める場合に，口頭での意見申述が可能とされた。改正後は，意見聴取の期日がもたれることが原則となることで，審判手続が廃止されたことに鑑み，公取委段階で従前より当事者に配慮した事前の行政手続の充実を図ったという見方になる。岩成博夫「独占禁止法の平成25年改正の概要等について」公正取引761号5頁。また，処分前手続は審査局内で審査官と名宛人となる事業者の間で行われる二面構造の手続であるが，意見聴取手続は官房に属する企画官等が指定職員となって，審査官と当事者の間で主宰する三面構造の手続という違いがあるとされる。

[35] 指定職員は整理役であって判定者ではないから，行政手続法の聴聞の主宰者のように「当事者等の主張に理由があるかどうかについての意見」（行手24条3項）を報告書に記載することはない。横手哲二「改正独占禁止法の概要」商事法務2023号32頁。

ができる(58条5項)。

　委員会は,提出された調書と報告書の内容を十分に参酌して,排除措置命令[36]に係る議決を行う(60条)。議決の方法は,合議により(65条1項),出席者(定足数は委員長および2人以上の委員)の過半数(可否同数のときは委員長が決する)をもって決定する(同条2項が準用する34条)。

　排除措置命令は,名宛人に排除措置命令書の謄本を送達することによって,その効力を生ずる(61条2項)。排除措置命令に不服がある場合は,東京地裁へ取消しの訴えを提起できる。

　なお,入札談合等事件では,排除措置命令時に入札談合等関与行為がある

---

[36] 2005(平成17)年改正前までの排除措置命令に至る手続では,公取委は,審査後に違反行為があると認める場合には,違反事業者や事業者団体に対し,排除措置をとるように勧告し,応諾したときには,勧告と同趣旨の排除措置命令を審決(勧告審決)として発出することができた。応諾しなかった場合には,事前手続である審判(委員会または審判官が主宰し,審査官と被審人となる違反事業者の間で攻撃防御を行う三面構造の手続)を開始し,審判の途中で被審人となった違反事業者等が審判開始決定書記載の事実・法令の適用を認めて,とるべき排除措置に関する計画書を提出し,公取委が適当と認めたときは,同趣旨の排除措置命令を審決(同意審決)として発出することができた。さらに,審判手続終結後は,違反行為がなかった場合を除き,公取委は,その結論(排除措置命令を含む)を審決(審判審決)として示すことができた。
　審判制度が違反行為に対する排除措置の発出を遅延させる手段として利用されているとの懸念から,事件処理の効率化を図るとした同改正後は,勧告や事前の審判手続がなくなり,排除措置命令が発出され,それに不服がある場合は,名宛人からの請求を受けて事後手続となった審判手続が開始され,その結論が審決(排除措置命令に係る裁決)として示された。
　ところで,2016年12月に成立した「環太平洋パートナーシップ協定〔TPP〕の締結に伴う関係法律の整備に関する法律」に含まれる独禁法改正条項によれば,価格カルテル・入札談合等以外の独禁法違反の疑いに係る公取委の通知を受けた者が,その疑いの理由となった行為を排除するために必要な措置に関する計画を作成して公取委の認定を申請し,公取委が当該計画を認定した場合には,排除措置命令・課徴金納付命令をしないこととする制度〔公取委と事業者との間の合意により解決する確約手続〕の導入が予定されている。確約手続中は,審査手続は進行しないことになる。このような仕組みが実現するとすれば,競争上の問題に早期是正に資するとしても,公取委と事業者が合意により協調的に事件処理を行う領域が出現する大幅な変革となる(2005年改正前まであった公取委の勧告を事業者が応諾したことによる勧告審決や公取委の審判開始決定後に事業者が違反事実と法適用を認めた後の同意審決の手続と似ているが,これらは公取委にイニシャティブがあって違反認定に至る和解手続(settlement)であり,確約手続(commitment)は事業者側の自主的対応により比重が移るものとなり,事業者から申し出る問題解消措置が効果的なものであれば,公取委が認めるもので,その場合に違反認定には至らない)。同法律の施行期日は,TPPがわが国について効力を生ずる日である。

と認めるとき，公取委は，発注官庁等に対し，入札・契約に関する事務について改善措置を講ずべきことを求めることができる（入札談合等関与行為防止3条。第3章第4節Ⅴ7参照)[37]。

2005（平成17）年改正前の勧告審決の第三者効が問題となり，これを否定した判例（天野・ノボ事件・最判昭50・11・28）があるが，下命行為としての行政処分の拘束力が，名宛人以外の第三者に及ぶものでないことは，行政処分一般の通有性であって，排除措置命令でも同様である[38]。

排除措置命令の運用状況をみると，排除措置命令の件数（課徴金納付命令のみが行われた事件を含む）は，2014年度10件（132事業者），2015年度9件（39事業者），2016年度11件（51事業者），2017年度13件（41事業者），2018年度8件（46事業者）であり，その過半は価格カルテル・入札談合事件である。

排除措置命令を行うに十分な証拠収集と事実認定に至らなかったが違反の疑いがあり，是正の必要がある場合，あるいは違反事実の存在を疑うに足りる証拠が得られないが違反につながるおそれのある行為があり，または未然防止の必要がある場合は，公取委は，関係人に対し，前者の場合には警告（行政指導，審査規則26条），後者の場合には注意を行うことがある。違反事実が認められなかった場合など措置をとる必要がないときは，公取委は，審査手続を打ち切る。なお，小規模事件や違法性が明確でない事案については，審査官を指定せず，任意に相手方の協力を得て調査をすることもある。

公取委の審査活動状況を最近5年間（2014～2018年度）の年平均でみると，公取委が調査を開始する事件数は，不当廉売事案で迅速処理したもの（約3660件）を除き，124件ほどであり，結果をみると法的措置をとったものが10件，警告が5件，注意が95件，打切りが11件となっている[39]。

(2) 排除措置命令の内容と執行

排除措置命令は，公取委が，違反行為を行っている事業者，事業者団体等

---

[37] 入札談合等事件については，公取委からの排除措置命令を受けた事業者に対して，発注官庁等から一定期間指名停止の処分がとられることも，事実上の措置として機能している状況がある。

[38] 今村研究(5)132頁。

[39] 「平成30年度公正取引委員会年次報告」（2019年）32頁。

第2節　公正取引委員会と審査手続・排除措置命令・課徴金納付命令・課徴金減免制度・司法審査

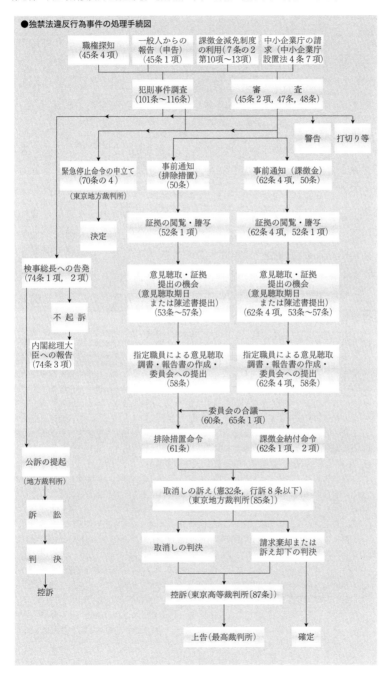

に対して，当該行為の差止その他これら行為を排除するために必要な措置をとることを命ずる行政処分（7条1項等）であり，排除措置命令書により行われる。排除措置命令書には，主文（命ずる排除措置の内容），事実，法令の適用が記載される（61条1項）。既往の違反行為についても，当該行為がなくなった日から5年を経過した場合を除き，特に必要があると認めるとき[40]は，周知措置その他排除確保措置を命ずることができる（7条2項等）。

　排除措置命令は，違反行為の排除と，当該行為によってもたらされた違法状態を除去し，今後の競争秩序の回復・整備を図ることを目的とするもので，作為・不作為を命ずる行政行為（下命）であるが，違反行為者の責任に応じた制裁として科されるものではないから，公益的見地から放置できない競争秩序侵害の違反行為の存在が認められれば，受命者の故意・過失や期待可能性・独禁法違反の認識の有無を問うことなく，発することができるものである。なお，不当な取引制限に対する排除措置命令では，カルテルから早期に離脱した事業者や課徴金減免制度の適用を受ける事業者を対象から除いて，それ以外の違反行為者に対象を限る場合がある。

[40]　当該違反行為とまったく同一の行為態様での違反行為が行われるおそれがある場合にまで限定されないが，「（法7条2項）により命ずることができる措置は，当該違反行為が排除されたことを確保するために必要な措置に限られることは，法の文言上明らかであるから，これを当該違反行為を離れて，およそ競争秩序の維持・回復を阻害する行為が排除されたことを確保するために必要な措置と解することはできない。したがって，上記規定により排除措置を命ずることができるのは，当該違反行為と同一ないし社会通念上同一性があると考え得る行為が行われるおそれがある場合に限定されると解するのが相当である」との東京高裁の判決（郵便番号自動読取機審決取消請求事件・東京高判平16・4・23）があった。同判決は，公取委「の裁量は，『特に必要があると認めるとき』という要件の存在が認められるときに，排除措置を執るか否か及びその内容について認められるのであって，この要件が存在しないときにまで，排除措置を命ずることが許されることにはならない」と判示したが，本件の上告審は審決書記載の「認定事実を基礎として『特に必要があると認めるとき』の要件に該当する旨判断したものであることを知り得る」とした上で，その判断には競争政策について専門的な知見を有する公取委の専門的な裁量が認められるものというべきで，合理性を欠くとも裁量権の逸脱・濫用があったともいえない旨判示して（最判平19・4・19），原判決を破棄し，本件を東京高裁に差し戻した。なお，原判決後，公取委は，排除措置命令書に特に必要と認める理由を記載している。原判決評釈の根岸哲「判批」判時1897号168頁，高瀬雅男・平成16年度重判251頁，藤田稔「判批」NBL790号94頁，江口公典「判批」ジュリ1279号143頁参照。違反行為終了後7年以上経過しても，競争秩序の回復が十分でないと認定して，「特に必要があると認めるとき」の要件に該当するとの公取委の判断について合理性を欠くものであるということはできないとして，是認した東京高裁判決（ごみ焼却設備審決取消請求事件・平20・9・26）がある。

排除措置の内容は，違反行為の個別具体的な形態に応じて工夫されるものであり，当該行為の差止めだけにとどまらず，違法状態の除去を確実なものとするための取引先等への周知徹底措置や，違反行為の再発を防ぐために将来に向けた違反行為の反復を禁じる不作為命令などの予防措置やこれらの措置に付随する事項（公取委への報告および承認等）に及ぶ。また，排除措置は，受命者が実行可能な具体的内容を持つものでなければならないが，それが競争回復のために必要であることが合理的に認められるものであれば，公取委の裁量の範囲内の事柄である。その範囲の広がりについては，公取委が「審決で排除措置を命ずるにあたつても，右被疑事実そのものについて排除措置を命じ得るだけではなく，これと同種，類似の違反行為の行われるおそれがあつて，前述の〔経済社会における公正な競争秩序の回復・維持を図るという〕行政目的を達するため現に，その必要性のある限り，これらの事実についても相当の措置を命じ得るものであり，むしろ命ずべきものである」とする判例（第一次育児用粉ミルク〔明治商事〕事件・東京高判昭46・7・17）がある。

　カルテルの排除措置を例にとると，①カルテル協定・合意の破棄，②カルテルを取りやめたことや今後は各事業者が自主的に事業活動を行うことの取引先・需要者・消費者への通知または広告等の周知徹底措置，③今後同様な行為を行ってはならない旨の不作為命令，④とった排除措置の公取委への報告などからなるのが，これまでの公取委の運用の実際である。必要に応じて工夫された例としては，カルテルの実効確保手段を取りやめること，取引先別の販売価格・販売数量を公取委に一定期間報告すること，価格を取引先と再交渉すること（コーテッド紙価格協定事件・勧告審決昭48・12・26），カルテルが繰り返されたことでカルテルの場となった事業者団体を解散すること（酢酸エチル協会事件・勧告審決昭48・10・18），事業者団体の内部組織を改善すること（三重県バス協会事件・勧告審決平2・2・2），カルテルが反復されないよう従業員への周知徹底等の予防措置をとること（東京都水道メーター談合事件・勧告審決平9・4・18）などが命じられた例がある。私的独占や不公正な取引方法の排除措置では，違反とされた行為を取りやめることや取引先への周知徹底措置のほか，競争事業者への不当な排除行為が繰り返されないよう営業担当の役員・従業員に対する独禁法に関する研修・法務担当者による定期的監査を行うこと（インテル事件・勧告審決平17・4・13）が命じら

れた例がある。また，近年，独禁法遵守のための行動指針の作成・改定・周知徹底を販売活動や納入業者との取引など具体的場面に即して求めることも多くなっている。さらに，日本道路公団発注鋼橋上部工事入札談合事件・勧告審決平 17・11・18，国土交通省発注鋼橋上部工事入札談合事件・勧告審決平 17・11・18 では，談合に関与した営業責任者の配置転換と，今後 5 年以上同業務に従事させないことを取締役会で決議することが命じられた。

　価格引上げカルテルにおいて，価格をカルテル前に戻すとの価格の原状回復命令（価格引下げ命令）については，価格への直接介入になることを懸念して，公取委は，排除措置として命じることを避け，上記の価格再交渉命令にみられるように，カルテル破棄後の市場における各事業者の自主的な価格形成に期待する考えで臨んでいる。ただし，カルテルを破棄させても，実際に価格引下げが起こることは少なく，カルテルのやり得になっているとの批判となって，次項の価格カルテル等に対する課徴金制度の導入（1977〔昭和52〕年改正）につながった。

　排除措置命令は，公取委による行政処分であり，執行力を有する。排除措置命令の名宛人には，排除措置命令書の受領とともに排除措置を履行する義務が生じる。したがって，排除措置命令の確定前であっても，排除措置命令違反には，過料（50 万円以下の秩序罰）を名宛人に科しうる（97 条）[41]。

　排除措置命令が確定した後の命令違反には，刑事罰（2 年以下の懲役・300 万円以下の罰金。2005（平成 17）年改正で，不公正な取引方法等[42]に係る排除措置命令違反については，両罰規定において法人重科が規定され，法人事業者また

---

[41] 適用例として，旧法の勧告審決による排除措置命令について，石油価格協定過料事件・東京高決昭 51・6・24，同・最決昭 52・4・13。手続は，非訟事件手続法により，東京高裁の専属管轄である（86 条）。

[42] 私的独占および不当な取引制限（3 条）ならびに事業者団体による競争制限行為（8 条 1 号）に係る確定した排除措置命令のうち，違反行為の差止めを命ずる部分に限って，その命令違反には，両罰規定において法人重科はとられず，法人事業者または事業者団体には 300 万円以下の罰金が規定されている（95 条 1 項・2 項の各 2 号・3 号の括弧書）。これらの行為については直罰規定においてすでにさらに重い 5 億円以下の罰金を定める法人重科の規定（同条 1 項・2 項の各 1 号）があるため，命令違反があった場合にも直罰規定を適用することの方が妥当であり，そのときに命令違反も 3 億円以下として併合罪に加えると重過ぎることになるとの趣旨と思われる（諏訪園貞明編著『平成 17 年改正独占禁止法』〔商事法務，2005 年〕169 頁）。

は事業者団体には3億円以下の罰金）が科せられる（90条3号，95条1項2号，2項2号)[43]。

公取委は，排除措置命令等の執行後の状況を調査する監査活動を行うことがある。その場合，公取委は，47条1項の行政調査権限を用いて，排除措置命令等において命じた措置が講じられているかどうかを確かめるために必要な処分をすることができる（68条）。

なお，公取委は，排除措置命令後の経済事情の変化その他の事由により，当該排除措置命令を維持することが不適当であると認めるときは，被審人の利益を害する場合を除き，決定で排除措置命令を取り消し，または変更することができる[44]（70条の3第3項）。

2 課徴金納付命令
(1) 課徴金制度の意義

課徴金納付命令は，価格に関するカルテルを行った事業者から競争制限による経済的利得を課徴金として国庫に納付させることにより，違反行為者に不当な利得を保持させず，価格カルテル等の禁止の実効性を確保するために公取委によってとられる行政上の措置であり，いわゆる「やり得」を防止するために1977（昭和52）年改正で導入された。排除措置命令が「命ずることができる」（7条）ものであるのに比し，課徴金納付命令は，「命じなければならない」（7条の2第1項）非裁量的な行政処分という性格を有する。

課徴金制度は価格カルテル等の実行期間中の対象商品等の売上額に一定の算定率を乗じて算出した金額[45]を国庫に納付することを命ずるもので，その

---

43) 適用例として，三愛土地事件・東京高判昭46・1・29。ただし，同事件は，景表法に基づく排除命令が確定した審決とみなされたもの（同法旧9条1項）に対する違反事例。
44) 適用例として，キッコーマン事件・変更審決平5・6・28。原審決（野田醬油事件・審判審決昭30・12・27）でメーカー希望小売価格の表示を禁止する排除措置を，流通経路の変化等を事由に取り消した。
45) 非裁量的な一定の算定方式によることを特徴とする。その意義を最高裁は「独禁法の定める課徴金の制度は，……カルテルの摘発に伴う不利益を増大させてその経済的誘因を小さくし，カルテルの予防効果を強化することを目的として，既存の刑事罰の定め（独禁法89条）やカルテルによる損害を回復するための損害賠償制度（独禁法25条）に加えて設けられたものであり，カルテル禁止の実効性確保のための行政上の措置として機動的に発動できるようにしたものである。また，課徴金の額の算定方式は，実行期間のカルテル対

算定率は，1977年導入時に製造業2％等，1991（平成3）年改正6％等と変更されてきたが，カルテルの抑止力として不十分であるとの認識から，2005（平成17）年改正により10％等に引き上げられた[46]。改正後の課徴金制度については，不当利得相当額以上の金銭を徴収する仕組み[47]とすることで行政上の制裁としての機能[48]をより強めたものであるが，これまでもその法的性格は，違反行為を防止するために行政庁が違反事業者等に対して金銭的不利益を課すというものであり，この点は変わりがないとされる[49]。

　2005（平成17）年改正前は，課徴金は，経済的利得の帰属の不公正を是正する効果を有するもので，違反行為者の責任の追及を目的とする刑罰ではないものであったが，改正後は，前者の点に変化がある[50]ものの，後者の点に

　　　象商品又は役務の売上額に一定率を乗ずる方式を採っているが，これは，課徴金制度が行政上の措置であるため，算定基準も明確なものであることが望ましく，また，制度の積極的かつ効率的な運営により抑止効果を確保するためには算定が容易であることが必要であるからであって，個々の事案ごとに経済的利益を算定することは適切ではないとして，そのような算定方式が採用され，維持されているものと解される」（機械保険カルテル課徴金事件・最判平17・9・13）と明確にしている。根岸哲「日本機械保険連盟損害保険料カルテル課徴金審決取消請求事件最高裁判決の意義」公正取引662号36頁参照。

46) 法定化された算定方式による現行の課徴金制度について，独占禁止法研究会報告書（前掲注22））では，①国際市場分割カルテルにおける売上額のない違反行為者への対応，②算定期間の上限の撤廃・延長，③業種別算定率の廃止，④調査妨害行為に対する加算，⑤調査協力インセンティブを高める減免制度の拡充などの提言があったが，他の法制度の改革を待つ必要がある手続保障との同時改正が期待されて，独禁法改正に至る見込みは立っていない。

47) 「公取委が過去の違反事件のデータをもとに不当利得についての推計を行ったところ，平均で16.5％程度の不当利得が生じており，8％を超える不当利得を得ているケースが約9割存在するという結果が得られた。このため，少なくともカルテル等の事件では8％の不当利得が生じているものと考え，他法令の例も考慮しつつ，これを上回る率として原則10％という率が設定された」（田辺治「私的独占の禁止及び公正取引の確保に関する法律の一部を改正する法律の概要について」NBL810号34頁）。

48) 「不当な利得と計算されるものに上乗せする金額というものを考えますときに，他の法令の例などを勘案しますと，不正な利得の40％増し程度のものは例があるということでございまして，その範囲内のものならば許されるのではないか。許されるのではないかというのは，課徴金というのはいわば強制的に国民から金銭を取り上げるという趣旨のものでございますので，刑事手続以外の手続でやるものでございますので，おのずとしかるべき限度はあろう」（2005年3月9日衆議院経済産業委員会における石木俊治内閣法制局第4部長の答弁〔第162回国会衆議院経済産業委員会会議録3号10頁〕）。

49) 2004年11月4日衆議院本会議における細田博之官房長官の答弁（第161回国会衆議院会議録8号4頁）。

おいて，行政庁が行政目的のために金銭的不利益を課す行政処分である課徴金と，罰金を含む刑事罰とは，趣旨・目的が異なる。したがって，課徴金に加えて，罰金が科されることになっても，憲法39条に定める二重処罰の禁止には違反しないとの考え方は維持しうる[51]。

改正前の課徴金制度についてであるが，判例は，「独禁法による課徴金は，一定のカルテルによる経済的利得を国が徴収し，違反行為者がそれを保持し得ないようにすることによって，社会的公正を確保するとともに，違反行為の抑止を図り，カルテル禁止規定の実効性を確保するために執られる行政上の措置であって，カルテルの反社会性ないし反道徳性に着目しこれに対する制裁として科される刑事罰とは，その趣旨，目的，手続等を異にするものであり，課徴金と刑事罰を併科することが，二重処罰を禁止する憲法39条に違反するものではないことは明らかである」（ラップ価格カルテル刑事事件・東京高判平5・5・21）と判示している。

独禁法違反の入札談合行為が原因となった発注契約無効を理由とする不当利得返還請求が別にある場合に，不当な利得の剥奪の範囲を超えて，二重処罰の危険があるとの主張についても，「独占禁止法が課徴金によって剥奪しようとする不当な経済的利得とは，あくまでカルテルが行われた結果，その経済効果によってカルテルに参加した事業者に帰属する不当な利得を指すものであり，しかも，同法は，現実には，法政策的観点から，あるいは法技術的制約等を考慮し，具体的なカルテル行為による現実の経済的利得そのものとは一応切り離し，一律かつ画一的に算定する売上額に一定の比率を乗ずる方法により算出された金額をいわば観念的に，右の剥奪すべき経済的利得と擬制しているのである。これに対し，民法上の不当利得に関する制度は，正当な法律上の理由がないのに経済的利益を得て，これによって他人に損失を及ぼした者に対し，公平の理念に基づいて，その利得の返還を命ずる制度であり，この場合，返還を命ぜられる利得の額は，損失の範囲に限られる。右

---

50) 「"不当な経済的利得の剥奪による社会的公正の確保"という考え方は，制度の趣旨・目的としては明確に否定され，違反行為の抑止に一本化されることになった」岸井大太郎「課徴金制度の強化―平成17年改正の意義と評価」学会年報26号（2005年）26頁。
51) 課徴金と罰金の併科は，そもそも憲法39条に違反するものではなく，問題になるとすれば，比例（罪刑均衡）原則にそぐわないかどうかである（佐伯仁志「独禁法改正と二重処罰の問題」学会年報26号〔2005年〕61頁）という妥当な指摘がある。

のように，民法上の不当利得に関する制度は，専ら公平の観点から権利主体相互間の利害の調整を図ろうとする私法上の制度であって，前示の課徴金制度とはその趣旨・目的を異にするものであり，両者がその法律要件と効果を異にするものであることはいうまでもない」（シール談合課徴金事件・東京高判平9・6・6）との判示がある。同事件の上告審判決では法人税法の追徴金と罰金とを併科することが憲法39条に違反しないとする判例（法人税額更正決定取消等請求事件・最判昭33・4・30）を引用して「上告人に対する罰金刑が確定し，かつ，国から上告人に対し不当利得の返還を求める民事訴訟が提起されている場合において，本件カルテル行為を理由に上告人に対し……課徴金の納付を命ずることが，憲法39条……に違反しない」（シール談合課徴金事件・最判平10・10・13）ことは明らかであると結論付けている[52]。

(2) 課徴金額の算定方法の原則

(i) 課徴金の対象となる違反行為

課徴金の対象となる違反行為は，2005（平成17）年改正前は，不当な経済的利得の徴収の趣旨から，価格メカニズムを直接損ない，直截にカルテル利潤をあげようとする「①不当な取引制限（国際的協定等によるものを含む）で，＋②商品・役務（以下，「商品等」という）の対価に係るもの，または，②'商品等の供給量を実質的に制限することにより＋③その対価に影響するもの」であり，単純化していえば，価格カルテルと供給量カルテルの2種類であった。2005年改正で次の第1および第2の対象範囲の拡張ないし明確化が，2009（平成21）年改正で第3および第4の対象範囲の拡張がそれぞれ行われた。

第1は，不当な取引制限であって，「＋②'商品等の購入量，市場占有率

---

[52] 入札談合カルテルの被害者である国から民法上の不当利得返還請求訴訟を提起された違反事業者が，国による課徴金の徴収は不当利得返還にほかならないと抗弁したことについても，「課徴金制度は，カルテル行為があっても，その損失者が損失や利得との因果関係を立証して不当利得返還請求をすることが困難であることから，カルテル行為をした者に利得が不当に留保されることを防止するために設けられたものである。そのような制度の趣旨目的からみるならば，現に損失を受けている者がある場合に，その不当利得返還請求が課徴金の制度のために妨げられる結果となってはならない」（シール談合不当利得返還請求事件・東京高判平13・2・8）として，課徴金制度と不当利得返還制度が両立するとの判示が並行してなされた。

または取引の相手方を実質的に制限することにより＋③その対価に影響することとなるもの」が加えられたことである（7条の2第1項）。すなわち，購入カルテルに加え，市場シェア協定（市場占有率は一定期間内に供給される当該商品等の数量または価額の割合。同条3項）および取引先制限カルテルも課徴金の対象となることが明確化されたことである。

なお，上記の条項において，購入カルテルについては，課徴金額算定の基礎となる売上額について，不当な取引制限が商品等の供給を受けることに係るものである場合は購入額が相当するとの改正があわせて行われた。

第2は，私的独占のうち，「支配行為であって，＋②対価に係るもの，または，＋②'商品等の供給量，市場占有率または取引の相手方を実質的に制限することにより＋③その対価に影響することとなるもの」が加えられたことである（7条の2第2項）。すなわち，支配行為を行う事業者（支配事業者）が，他の事業者（被支配事業者）が供給する商品等について，その事業活動に関与する行為を行い，それにより他の事業者が行う事業活動の内容が価格，供給量，市場占有率または取引相手に係るものであるとき，かかる支配型私的独占[53]は課徴金の対象となる。

第3は，私的独占のうち，「排除行為であって，＋同時に上記第2に該当する支配行為が行われていないもの」である排除型私的独占が課徴金の対象となる（7条の2第4項）。排除型私的独占については，対価に影響するものなどの限定はないが，その行為者について，公取委は，排除行為を行う事業者が供給する商品の当該行為開始後のシェア（複数の事業者が結合または通謀して行う場合は当該複数の事業者の合算シェア）がおおむね2分の1を超える事案が排除型私的独占として優先的に審査されるものとする[54]。

第4は，不公正な取引方法のうち，2条9項1号から4号までに法定する行為（①共同の供給拒絶，②不当な差別対価，③不当廉売，④再販売価格の拘束）について，当該行為の調査開始日から過去10年以内に同じ行為類型で確定した排除措置命令等を受けたことがある場合には，同様の違反行為を繰り返したことで課徴金の対象となる（20条の2～20条の5）。さらに，2条9項

---

[53] 従前の事件では，パラマウントベッド事件・勧告審決平10・3・31。
[54] 排除型私的独占ガイドライン第1「公正取引委員会の執行方針」参照。

5号に法定する優越的地位の濫用行為で継続してするものについても課徴金の対象となるが，この場合は繰り返された違反行為である必要はない。

価格カルテルには，対価の決定・維持・引上げを行うものだけでなく，カルテル参加事業者間で価格を調整するものであれば該当する。したがって，入札談合のように，入札に際してあらかじめ定めた受注予定者が落札できるようにするために入札参加者間で入札価格を調整するものも，輸入書籍の販売カルテルで値付けのために外国通貨の換算レートを調整するものも価格カルテルに該当する。上述のように，購入価格を決定するカルテルも，課徴金の対象となる価格カルテルに含まれる。

供給量カルテルも，生産数量や販売数量を直接決定するものに限られず，供給量を制限する方向での影響があるものであれば該当する。したがって，稼動日数・稼働時間・操業率を決定するカルテル，製造過程の中間製品の生産制限カルテルなども実質的に商品等の供給量を制限するカルテルである。供給量カルテルが課徴金の対象とされたのは，価格カルテルのみを対象とした場合，課徴金の対象とされることを免れるために，需給調整を通じて価格メカニズムを人為的に変動させようとする行為が増えることのないようにするためである。したがって，供給量カルテルであれば，課徴金の対象となるカルテルであって，供給量の制限が対価に影響を及ぼしたという具体的な結果の発生を必要とするなどの立証を要するものではない。この趣旨は，2005（平成17）年改正において「その対価に影響があるもの」との文言が「その対価に影響することとなるもの」と変更されたことにより，その明確化が図られた。

また，購入価格カルテルが課徴金の対象となったことにあわせて，購入量カルテルも課徴金の対象となった。市場シェア協定や市場分割カルテルも対価に影響する効果がありうるので，2005年改正で市場占有率や取引の相手方を供給分野または購入分野で制限することも明文で列記されたことにより，これらのカルテルも課徴金の対象となるものである。

支配型私的独占のうち，対価に係るものは，被支配事業者が供給する商品等の価格決定に関与することをいう。典型的な例としては，製造業者が自己の生産する商品の取引相手である複数の流通業者の再販売価格や取引の相手方あるいは入札における受注予定者を指示して，これを守らせ，当該複数の

流通業者で成り立つ一定の取引分野の競争を実質的に制限した場合などがあげられるが，これに限られず，自己の商品と競争関係にある競争業者の商品の価格について，それを取り扱う流通業者の事業活動を支配した場合も該当するし，競争業者自体の事業活動を支配した場合も該当する。また，自己の商品や競争関係にある商品の供給量，市場占有率または取引の相手方について，流通業者または競争業者の事業活動を支配した場合にも，課徴金の対象となる私的独占に該当する[55]。ただし，不当な取引制限の場合と異なり，購入量については規定されず，課徴金算定の基礎となる売上額について商品等の供給を受ける場合のことは規定されていないから，購入に係る私的独占は，課徴金の対象とならない。

支配型私的独占は，支配行為を行う事業者からその意向が被支配事業者に伝わるもので，事業活動の制約が片務的であるにしても，支配行為を行う事業者と被支配事業者という複数の事業者間に意思の連絡があって行われるものがほとんどであるから，本来は，共同行為の範疇に入るものである。このような観点からみると，2005（平成17）年改正以降の課徴金の対象は，私的独占と不当な取引制限を通して，ハードコア・カルテルに相当するものが該当するようになったと評価することができる[56]。

上記の価格カルテル等の内容を実現する実行としての事業活動を行った違反事業者に課徴金が課せられる。かかる実行としての事業活動を行わなかった事業者には，カルテルに関係する売上額も不当な経済的利得も発生しなかったことになるので，違反事業者であっても，課徴金の納付を命ぜられることはない。また，支配型私的独占については，支配行為を行った事業者に課徴金が課せられる。

排除型私的独占に該当する行為は，事業者が自らの効率性の向上等の企業

---

[55] 算定率が引き上げられたということは，原則10％の課徴金がかかる違反事件とまったくかからない違反事件の差が拡大したということでもあり，その意味で，他の事業者の事業活動を拘束する行為が課徴金のかかる支配型私的独占と認定されるか，課徴金のかからない不公正な取引方法と認定されるか，公取委にもさらに精密な事実認定と法適用が求められる。鈴木孝之「課徴金制度の見直し」ジュリ1294号15頁。

[56] 「一言で申し上げますと，欧米で言うハードコアカルテル行為については全部課徴金の対象にする，こういう思想で明確化ないしは拡大をさせていただいているということでございます」（2004年11月17日衆議院経済産業委員会における竹島一彦公取委委員長の答弁〔第161回国会衆議院経済産業委員会会議録7号3頁〕）。

努力によらずして，他の事業者の事業活動の継続を困難にさせたり，新規参入者の事業開始を困難にさせたりする行為であって，一定の取引分野における競争を実質的に制限することにつながる様々な行為をいうので，不公正な取引方法に該当する行為類型に限られないが，排除型私的独占ガイドライン（注51）で，公取委は，①商品を供給しなければ発生しない費用を下回る対価設定，②排他的取引，③抱き合わせ取引，④供給拒絶・差別的取り扱いを例示している。これらの行為は，競争制限効果の程度が市場における競争の実質的制限に至らない場合は不公正な取引方法に該当することになる。

不公正な取引方法については，課徴金の対象となる場合がある行為類型（2条9項1～5号）となる可能性のない行為類型（公取委告示による指定）の区分がある。たとえば，共同の取引拒絶については，共同の供給拒絶（2条9項1号）が前者であり，共同の購入拒絶（一般指定1項）が後者である。

事業者団体が8条1号（一定の取引分野の競争の実質的制限）・2号（不当な取引制限に該当する事項を内容とする国際的協定等をする場合）に違反する行為を行い，当該違反行為が課徴金賦課の対象となる不当な取引制限（7条の2第1項）に相当するものである場合には，課徴金は違反行為の実行としての事業活動を行った構成事業者に課せられる（8条の3）。事業者団体が決定し，構成事業者に指示したことが価格の引上げであれば，その指示を受けて価格の引上げを行った構成事業者に課徴金が課せられる。事業者団体が違反行為者であって，構成事業者が違反行為者でなくとも，当該違反行為による不当な利得は構成事業者に帰属するからである。

(ii) 算定の基礎となる実行期間と売上額・購入額

課徴金の額は，不当な取引制限および支配型私的独占については，事業者が違反行為の実行としての事業活動を行った日（始期）から，その事業活動がなくなる日（終期）までの期間（実行期間。排除型私的独占および不公正な取引方法については，当該行為をした日から当該行為がなくなる日までの違反行為期間）における違反行為の対象商品等の売上額等に後掲する一定率を乗じた額である（7条の2第1項）。ただし，実行期間が3年を超えるときは，終期からさかのぼって3年間とされるので，実行期間は，違反行為の実行期間がそれより長くとも，最長3年間である。

始期は，違反行為の内容を現実の事業活動において最初に実現した日であ

る。たとえば，価格引上げカルテルであれば，価格引上げを実行した日，すなわち値上げした価格で商品を最初に販売（引渡し）した日であるとの運用がなされてきたが，近時は，さらに進んで，カルテルにおいて決定された値上げ実施日であって，それが取引先に明示されて値上げ交渉に入った場合は，当該値上げ実施日を始期とする運用になっている[57]。この場合，取引先と値上げの交渉を行うなどの行為がすでに違反行為の実行としての事業活動に該当する。また，実際に値上げが実現した時期や値上げがどの程度のものであったのかなどは，違反行為の実行としての事業活動についての認定判断にかかわらないとされる。

終期は，実行としての事業活動を行わなくなった日が該当する。通常は，排除措置命令に従い，カルテルを破棄した日が終期となる。それ以前でも，自発的にカルテルを破棄したことを明らかにしている場合，カルテルの実効性が失われて事実上消滅したことが客観的に明らかな場合，カルテルから脱退したことが当事者間でも認識されている場合，課徴金減免申請を行った場合などは，それぞれに該当する日が終期となる。

不当な取引制限に係る実行期間中の売上額の算出方法は，引渡し基準と契約基準の２つがある。前者が原則で，企業会計原則に基づき，実行期間中に引渡し・提供した商品等の対価[58]の額の合計額を相当させるものである（施行令５条１項）。例外的に，商品等の対価が契約の締結の際に定められる場合であって，引渡し基準による算出額と著しい差異が生じる事情がある場合に

---

57) オーエヌポートリー課徴金事件・審判審決平14・9・25。同事件に係る東京高判平15・4・25も是認。同様に，値上げ予定日を始期としたものに，日本ポリプロ事件・課徴金審決平19・6・19。

58) 対価に該当する範囲が争われた特殊な事例として，機械保険等の保険料カルテルについて，公取委が保険契約者から収受する営業保険料全体を対価とみなした（機械保険カルテル課徴金事件・審判審決平12・6・2）のに対し，東京高裁は営業保険料から支払保険金にあてられた部分を控除した残りの額を対価とみるべきとする判断を示した（同・東京高判平13・11・30）が，最高裁は，前掲注45）を引用した上で，「そうすると，課徴金の額はカルテルによって実際に得られた不当な利得の額と一致しなければならないものではないというべきである」。「売上額の意義については，事業者の事業活動から生ずる収益から費用を差し引く前の数値を意味すると解釈されるべきものであり，損害保険業においては，保険契約者に対して提供される役務すなわち損害保険の引受けの対価である営業保険料の合計額が……売上額であると解するのが相当である」と判示して，公取委審決を支持した（同・最判平17・9・13）。

は，実行期間中に締結した契約による対価の合計額を相当させる（同6条1項）。

なお，購入カルテルについては，購入額が課徴金算定の基礎となるが，その算定方法にも，引渡し（を受ける）基準（施行令5条2項）と契約基準（同6条3項）が適用され，以下の場合も同様である（同7〜10条，22〜31条）。

支配型私的独占に係る実行期間中の売上額は，支配事業者が①被支配事業者に供給した対象商品等（対象商品等を供給するために必要な商品等を含む）の売上額と②競争が制限された取引分野において被支配事業者以外に供給した対象商品等の売上額の合計による（7条の2第2項）。

排除型私的独占に係る違反行為期間中の売上額は，競争が制限された取引分野において違反事業者が供給した対象商品等（当該取引分野において対象商品等を供給する他の事業者に供給した対象商品等を含む。この場合，対象商品等を供給するために必要な商品等を含む）の売上額をいう（7条の2第4項）。

共同の供給拒絶に係る違反行為期間中の売上額は，直接の供給拒絶（2条9項1号イ）の場合，違反事業者が被拒絶事業者以外，すなわち被拒絶事業者の競争者に供給した対象商品等の売上額をいう。間接の供給拒絶（同号ロ）の場合，①違反事業者が拒絶事業者（被拒絶事業者に対して供給拒絶を行う事業者で，同号ロに規定する他の事業者）に供給した対象商品等，②違反事業者が被拒絶事業者の競争者に供給した対象商品等，③拒絶事業者が違反事業者に供給する対象商品等の売上額の合計による（20条の2）。

不当な差別対価に係る違反行為期間中の売上額は，競争者または取引事業者を排除するために設定された差別した価格による商品等が対象商品等となり，その売上額である（20条の3）。

不当廉売に係る違反行為期間中の売上額は，不当廉売に該当する価格による商品等が対象商品等となり，その売上額である（20条の4）。

再販売価格の拘束に係る違反行為期間中の売上額は，直接の価格拘束（2条9項4号イ）と間接の価格拘束（同号ロ）のいずれの場合においても，違反事業者が再販売価格を拘束した商品が対象商品であり，それを直接供給した売上額が相当する（20条の5）。

優越的地位の濫用に係る違反行為期間中の売上額・購入額に相当するものは，濫用行為の対象商品等によるのではなく，違反事業者と濫用行為を受け

た相手方との間の取引額であり，違反事業者にとって，売上額の場合もあり，購入額の場合もあり，それらの合計額である[59]（20条の6）。

なお，優越的地位の濫用を除き，課徴金の対象となる不公正な取引方法が私的独占または不当な取引制限に基づく課徴金納付命令を受けるものであるときは，不公正な取引方法に基づく課徴金納付命令は発せられない（20条の2～20条の5の各条但書）。また，不当な差別対価が同時に不当廉売に該当する場合は，不当廉売に基づいてのみ課徴金納付命令が発せられる（20条の3但書）。

課徴金算定の基礎となる売上額等には，量目不足等による値引き分，返品による減額分や支払うべき一定の割戻金（リベート）は含まれず，控除されることになっている（独禁法施行令5条1項後段等）。

子会社への売上げも課徴金賦課の対象となる。ただし，100％子会社のように実質的に同一企業内の部門間取引とみなしうる場合は，除外される（レンゴー事件・審判審決昭59・2・2）。新製品であっても，典型的対象商品と代替性があるものは，対象商品に含まれる（中国塗料事件・審判審決平8・4・24，東芝ケミカル課徴金事件・審判審決平8・8・5）。一般的に，違反行為を行った事業者が明示的または黙示的に対象からあえて除外したこと，あるいは，これと同視しうる理由によって当該商品が違反行為による拘束から除外されていることを示す特段の事情がない限り，拘束を受けたものと推認され，対象商品に該当する（出光興産課徴金審決一部取消請求事件・東京高判平22・11・26）。

入札談合事件において，カルテルの対象とされる役務であれば，個別物件についての競争の有無や現に受注予定者を定めたかは問うところではない（自動火災報知設備談合課徴金事件・審判審決昭60・8・6）としたが，その後，対象商品等とは違反行為の対象となった商品等全体を指し，受注調整の場合には，調整手続に上程されて，具体的に競争制限効果が発生するに至ったものを指す（協和エクシオ課徴金事件・審判審決平6・3・30）とし，個別物件について，それが基本合意の対象の範疇に属することの立証があれば，基本

---

[59] 優越的地位の濫用における最初の課徴金納付命令（山陽マルナカ事件・平23・6・22）は，大規模小売業者に対するもので，納入業者165社からの購入額合計が課徴金額計算の基礎となった。

合意の対象から明示的または黙示的に除外されたことを示す特段の事情がない限り，当該個別物件については，基本合意の拘束を受け，受注予定者の決定が行われたものと推定される（水田電工課徴金事件・審判審決平 12・4・21）との準則を公取委は明らかにしてきた。ただし，入札談合事件の個別物件の 1 つについて調整の拒否を主張しつつ，1 人の競争業者と話し合いがまとまらず，たたき合いになった場合において，競争制限的な行為を行ったことを総合すれば，具体的に競争制限効果が発生したものと評価することができ，課徴金の対象から除外されないとの公取委の判断（土屋企業課徴金事件・審判審決平 15・6・13）に対し，課徴金には当該事業者の不当な取引制限を防止するための制裁的要素があることを考慮すると，除外すべきとの土屋企業課徴金審決取消請求事件・東京高判平 16・2・20 があった[60]。そして，入札談合行為が基本合意と個別調整行為の 2 段階になることから，基本合意の対象となっているだけでは足りず，個別調整行為によって，受注予定者として決定され，その通り受注するなど，基本合意に基づく受注調整等の結果，具体的に競争制限効果が発生するに至った物件と解すべきとする（多摩談合〔新井組〕審決取消請求事件・最判平 24・2・20）。入札の対象物件が基本合意の対象となりうるものである場合には，当該物件が基本合意に基づく受注調整の対象から除外されたと認めるに足りる特段の事情がない限り，具体的な競争制限効果が発生したと推認するのが相当であり，このような推認の下では，受注予定者が決定されるに至った具体的経緯が明らかにされることや，当該物件につき受注調整がされたことを裏付ける直接証拠が存在することを必ずしも要しない（タカヤ課徴金審決取消請求事件・東京高判平 26・11・21）。なお，行われた個別物件の受注調整手続にたまたま関与していなくとも，基本合意に参加していれば，落札した違反事業者に課徴金の納付を命ずることができる（賀数建設課徴金審決取消請求事件・東京高判平 20・9・12）。

　また，課徴金算定の基礎となる売上額または購入額の変動は，課徴金制度の実行期間内に生じた事実関係に基づく場合にのみ限定して認め，カルテル実行期間終了後にされた契約当事者による主張に基づく法律関係の変動に連動（たとえば，契約の無効の遡及）させて売上高の算定を行うような，個々の

---

60) 入札談合事件への課徴金賦課事例の分析については，舟田正之「談合と独占禁止法」学会年報 25 号『公共調達と独禁法・入札契約制度等』（2004 年）24 頁参照。

事情の調査や後からの反映もなしうるところではない（シール談合課徴金事件・審判審決平 8・8・6）。実行期間中の契約金額の増額分も，当初の工事と一体を成すものとして，課徴金算定の基礎となる売上高に含まれる（高光建設課徴金審決取消請求事件・東京高判平 26・2・28）。

消費税相当額の課徴金算出基礎への算入については，判例は「独占禁止法自体が，課徴金によって剥奪しようとする事業者の不当な経済的利得の把握の方法として，具体的なカルテル行為による現実の経済的利得そのものとは切り離し，一律かつ画一的に算定する売上額に一定の比率を乗じて算出された金額を，観念的に，剥奪すべき事業者の不当な経済的利得と擬制する立場を採っていること等の諸点を考慮すると，被告〔公取委〕が，本件審決において，原告らに対し納付を命じた課徴金の額を算出するに当たり，……消費税相当額を……算入したことの相当性については疑問を払拭し得ないとはいえ，右の取扱いが直ちに独占禁止法……に違反するとまでは未だ断定することができない」（シール談合課徴金事件・東京高判平 9・6・6）として，これを肯定する判断を下し，最高裁（同・最判平 10・10・13）も支持している。

(iii) 算定率

実行期間中の売上額に乗じる一定率は，2009（平成 21）年改正法の施行日である 2010（平成 22）年 1 月 1 日以後は，前掲の課徴金算定率の表（17 頁）の通りである。

同表によれば，たとえば，価格カルテル等の不当な取引制限を行った製造業者に対する課徴金の算定率は，中小企業[61]でなければ 10％であるが，これに加えて当該事業者が過去 10 年以内に確定した課徴金納付命令を受けたことがあるものであり，かつ，当該価格カルテル等を首謀するなどの主導的な役割を果たしたものである事実が認められる場合は，20％の算定率に至る。

算定率には行為類型の態様に応じた違いがあるほか，優越的地位の濫用以

---

[61] 軽減算定率が適用される中小企業に該当するのは，製造業等であれば，資本・出資の額が 3 億円以下または従業員数が 300 人以下，卸売業の場合は 1 億円以下または 100 人以下，サービス業の場合は 5000 万円以下または 100 人以下，小売業の場合は 5000 万円以下または 50 人以下の会社・個人事業者である（7 条の 2 第 5 項各号）。

なお，7 条の 2 第 5 項は，私的独占または不公正な取引方法を行った事業者には，適用されない。

外の行為類型にかかる課徴金の算定率には，小売業・卸売業に対する算定率を減じた業種区分がある。流通業の経常利益率や営業利益率が他業種より低くならざるをえない実態を考慮したことからである。不当な取引制限には，中小企業について大企業よりも低い算定率が設けられているが，大企業と比べた交渉力等の差異を考慮したものとされる。

業種区分については，製造業者のカルテルにおいて，別途製造を任せている子会社があって対象商品の販売のみを行っていた事業者を卸売業と認定した事例（松下電器産業事件・課徴金納付命令平7・3・28）もあるが，自ら製造しない事業者についても「①蓄積された高度の研究開発技術に基づき，実際に製品計画・製品開発活動を主体的に行い，②主要部品について自ら調達・支給する等，技術面も含めて関与し，③需要動向に対応する生産計画にとどまらず，製造面での指示，承認等，技術面も含めて製造工程に具体的に関与して」いることから，製造業と同視しうるとして，卸売業であるとの主張を退けた事例（金門製作所課徴金事件・審判審決平11・7・8）がある。外形的には事業活動の内容が商品を第三者から購入して販売するものであっても，実質的にみて卸売業または小売業の機能に属しない他業種の事業活動を行っていると認められる特段の事情があるときには，当該他業種と同視できる事業を行っているものとして業種の認定を行うことができる（東燃ゼネラル石油課徴金審決取消請求事件・東京高判平18・2・24）。共同子会社が製造した製品を購入して販売している事業者について，公取委が製造業と認定したことに対して，当該事業者の出資比率を上回る出資会社があることなどから，当該共同子会社と実質的に一体となって事業活動を行っていたとか，自社で製造していると同様の実態があったという特段の事情を認めず，卸売業と認定した判例がある（エア・ウォーター課徴金審決取消請求事件・東京高判平26・9・26）。

同一の事業者が複数の業種に相当する事業活動を行っている場合は，過半を占める事業活動に統一した単一の算定率を適用する（昭和シェル石油課徴金審決一部取消請求事件・東京高判平24・5・25）。課徴金の額が違反行為によって現実に得られた利得額と必ずしも一致する必要がない（機械保険カルテル課徴金事件・最判平17・9・13）から，違反行為に係る売上額を業種ごとに区別して，それぞれの業種に応じた算定率に乗じて課徴金を計算する方式は

採用されない（古河電工課徴金審決取消請求事件・東京高判平24・11・30）。

課徴金の対象となる違反行為をした会社が合併により消滅したときは，課徴金の納付義務は合併後の会社に承継される（7条の2第24項）。公取委の調査開始日以後に行われた事業譲渡等をした場合も同様である（同条25項）。

なお，課徴金の額が100万円未満であるときは，納付命令は発せられない（7条の2第1項但書）。納付を命じることによる効果に比して，法施行の費用がかかりすぎるおそれを考慮したものである。また，課徴金の額に1万円未満の端数があるときは，切り捨てる（同条23項）。

国庫に納付した課徴金は，事業者における法人税・所得税の計算において，損金や必要経費として控除されることはない（法人税55条4項3号，所得税45条1項9号）。

(3) 算定率の軽減要件と加重要件

2005年改正で，不当な取引制限から早期に離脱した事業者には課徴金の算定率を20％軽減し（7条の2第6項），課徴金の対象となる違反行為を繰り返し行った事業者には算定率を50％割り増したものを適用し（同条7項），さらに，2009（平成21）年改正で，不当な取引制限において主導的な役割を果たした事業者には算定率を50％割り増したものを適用する制度（同条8項）が設けられた。

軽減要件は，カルテルが長期に継続することのないようにするためのインセンティブとして設けられたもので，短期かつ早期に離脱した事業者に適用される。具体的には，公取委の調査開始日（審査手続による立入検査・犯則調査手続による臨検検査等の措置が最初に行われた日。事件についていずれかの事業者に立入検査等が行われた日であって，当該事業者について行われた日ではない。これら検査のない場合は，当該事業者が課徴金納付命令の意見申述・証拠提出の機会付与のための事前通知を受けた日）の1ヶ月前の日までに事業者が違反行為をやめたこと[62]である。

---

62) 事業者が社内で自社のある事業部門がカルテルに参加していることを発見した場合，その後の摘発リスクを最小限にするためには，速やかにカルテルから離脱し，公取委に通報することが勧められる。ただし，軽減要件と後述する課徴金減免制度の間には，矛盾に近い問題が介在する。軽減要件では調査開始日の1ヶ月前までに違反行為をやめたことを求められ，課徴金減免制度では調査開始日以後に違反行為をしていないこととされていることである。仮に，違反行為をやめることが事業者内部の意思決定でよいとされても，たと

ただし，違反行為の実行期間が２年未満であって，次の加重要件に該当しないことを要する。したがって，軽減要件と加重要件が同時に適用されることはない。

第１の加重要件は，違反行為[63]を繰り返す事業者が不当な利得を上げる実態[64]と違反行為の再発防止に資するために設けられた。具体的には，公取委

>えば，入札談合事件で個別物件ごとの調整行為に参加しなくなったことで，離脱はおのずから他の事業者の知るところとなる（「基本合意からの離脱が認められるためには，他の参加者らによって実施される受注調整行為に対して歩調をそろえるという行為からも離脱するとの意思が他の参加者に明確に認識されるような意思の表明又は行動等の存在が必要であると解すべきであり，かつ，かかる意思の表明や行動等は，当該事業者の経営トップのそれのみでは足りず，基本合意に基づいて受注調整行為を実際に担当する者……のそれにおいて認められることが必要というべきである」［国土交通省発注鋼橋上部工事入札談合（新日鉄ほか）事件・審判審決平21・9・16］）。他方，課徴金減免制度では，報告してきた事業者に対し，他の事業者に調査開始日まで察知されないように行動することが期待される。軽減要件と課徴金減免制度は，無縁ではない。課徴金がすべて免除される１番目の報告事業者は別として，２番目・３番目の報告事業者については，軽減要件（または加重要件）が適用された後の金額に50％または30％の減額措置が施される。したがって，他の事業者に察知されないように協力して，調査開始日直前まで個別調整行為に参加した事業者が軽減要件の適用が受けられないとすれば，10％の算定率が適用される事業者の場合，２番目の報告事業者については軽減要件と課徴金減免制度の両方の適用があれば４％の算定率になるが，軽減5％の算定率にとどまる。同様に，３番目の報告事業者には5.6％となる可能性があるところが７％にとどまることになる。また，カルテルからの離脱を他の事業者に明示してから公取委への報告を行うとなると，離脱明示時点でそのような成り行きが予想されて，他の事業者に証拠隠滅の機会を与え，さらには離脱を申し出た事業者に先んじて公取委に報告する機会も与えることになり，確かにカルテルを崩壊させるという効果はあるものの，課徴金減免制度に期待されたカルテル摘発機能の効果と信頼性を損なうのではないかという危惧が生じる。軽減要件自体の必要性について疑問を示す見解として，川濵昇「平成17年独占禁止法改正の意義と展望」公正取引657号34頁，岸井・前掲注50）35頁参照。加えて，「課徴金減免制度との関係で，事業者が，減免を申請したが，減免の要件を充足せずに，減免の対象とならなかったが，違反行為をやめていれば，課徴金を20％減額するということで，違反事実を報告するインセンティブを高める効果があるということであろうか」（金井貴嗣「総論・課徴金制度の改正」学会年報26号〔2005年〕8頁）というさらなる疑問が呈されている。軽減要件の20％という減額率と課徴金減免制度における最も低い減額率である30％の差の10％については，後者においては公取委への協力がある分との趣旨の説明（田辺・前掲注47）36頁参照）があるから，軽減要件と課徴金減免制度は改正法立案担当者の発想の中では連続している。

63) 第１の加重要件は，軽減要件や第２の加重要件と異なり，不当な取引制限のみならず，私的独占にも適用がある（7条の2第7項で同条2項・4項を準用する場合への適用）。なお，不公正な取引方法に係る課徴金には，軽減要件・加重要件の適用はない。

64) 公取委は，過去のカルテル事件の不当利得の割合の推計値として，全サンプルの平均16.5％に対して，累犯の場合，サンプル数は少ないものとしつつも，平均23.8％と高率

の調査開始日の過去10年以内に違反行為に係る課徴金納付命令（確定したもの。課徴金減免制度により課徴金を免除された場合や，罰金との調整により課徴金納付命令が取り消された場合等を含む）を受けたことである。同一の事業者が違反行為を繰り返したということであって，前回の違反行為と比較して，支配型私的独占であるか不当な取引制限であるかといった行為類型の違い，取引分野や対象商品等の違い，さらには価格制限や供給量制限の違いがあっても，関係するところではなく，確定した課徴金納付命令（事業者団体の構成事業者として受けたものを除く[65]。また，不公正な取引方法に係るものを除く）があれば，加重要件は適用される[66]。加重要件に該当する場合，算定率が10％の場合は15％に引き上げられる。

　なお，加重要件の適用の前提となる過去10年以内に受けた課徴金納付命令には，2005（平成17）年改正法施行日（2006〔平成18〕年1月4日）前のものもカウントされる（2005年改正法附則6条）。

　第2の加重要件は，カルテル・入札談合等では，主導的な役割を果たす事業者が存在することにより，不当な取引制限の実行および継続を容易にしていると考えられることから，より効果的に抑止するために設けられた。具体

になる数値を示した（2004年11月17日衆議院経済産業委員会における伊東章二公取委経済取引局長の答弁〔第161回国会衆議院経済産業委員会会議録7号16頁〕）。

65) カルテルが事業者間の違反行為によるものとも，事業者団体によって行われたものとも，いずれの評価も可能な場合に，3条（事業者の禁止行為）または8条1号（事業者団体の禁止行為）のいずれを適用するかは，公取委（または検察官）の合理的裁量に委ねられていると解する最高裁判決（石油価格カルテル刑事事件・最判昭59・2・24）がある。このような場合，1980年代以降は公取委は3条を選択するようになったが，加重要件が存在する今後は，なおさら3条でなければならない。あえて8条1号を適用したとすれば，それは将来の加重要件適用の可能性をなくす選択であったと解されかねず，違反行為の繰り返しの防止のために，そのような選択の必要はまったくないからである。

66) 会社の中で異なる事業部門が行った異なった違反行為類型であっても繰り返しによる加重要件が適用されることは，事業者の同一組織としての違反行為防止のための企業統治が問われるものであり，繰り返した事業者には軽減要件の適用もなく，また，事業者団体の構成事業者には違反行為者そのものではないために加重要件の適用がない規定振りとなっていることを考え合わせると，前掲注64）による不当利得の確実な徴収という理由付けを超えて，企業のコンプライアンス努力の不足という犯情の悪性を加味する意味合いがあり，2005年改正後の課徴金が行政上の制裁の色合いを強くした側面が現れている。第2の加重要件が加わったことも同様である。ただし，主旨は，カルテル・入札談合等の継続を容易化しない違反行為抑止効果である（藤井宣明＝稲熊克紀編著『逐条解説 平成21年改正独占禁止法』〔商事法務，2009年〕20頁）。

的には，①当該違反行為を首謀し，かつ，他の事業者に参加・継続を要求し，依頼し，または唆すことにより，実行させた者，②他の事業者の求めに応じて，継続的に他の事業者に対象商品等の対価，供給量，購入量，市場占拠率または取引の相手方を指定した者，③首謀し，または他の事業者の求めに応じて継続的にした場合でなくとも，①や②に相当する行為をして，当該違反行為を容易にすべき重要なものをした者が，それぞれ主導的な役割を果たした事業者に該当し，50％割り増しの加重要件が適用される。主導的役割は，単独でのみならず，共同で果たされることもあるから，該当する事業者は1社とは限らず，複数認められる場合もありうる。

第1の加重要件と第2の加重要件に重複して該当する事業者には，合算した100％の割り増しが適用となる（7条の2第9項）[67]。

事業者団体の構成事業者には，軽減要件のみが適用される（8条の3）。その場合，「違反行為をやめた」は，「違反行為の実行としての事業活動をやめた」に読み替えられる。

(4) 課徴金減免制度

不当な取引制限に係る課徴金について，2005（平成17）年改正で減免制度が設けられた。複数の事業者間の共謀（カルテル）による違反行為は，秘匿して行われ，証拠収集が極めて困難であることから，国際的にみると米国の反トラスト法の運用を初めとして，リーニエンシー・プログラム（制裁減免制度）[68]を設けることにより違反行為者の一部から協力を引き出して違反行為の解明に資するようにし，国際カルテル等の摘発に成果を上げているのが，近時，通例となっていた[69]。この制度をわが国独禁法に導入したものである[70]（制度導入後2018年度末まで約13年間の減免のための報告件数は累計1237

---

67) 違反行為の繰り返しと唆しにより，算定率が2倍に引き上げられた事例として，地中送電ケーブル工事受注調整（関電工）課徴金事件・課徴金納付命令平25・12・20。
68) 制裁減免制度は，司法取引（前掲注7）参照）とは異なる。司法取引は，犯罪被疑者が有罪を認め，情報提供等の見返りとして検察官から軽い求刑を得られる個別具体的な状況によるものである。これに対して，制裁減免制度は，あらかじめ法定かつ公表された要件に該当すれば，非裁量的に減免が得られるもので，課徴金減免制度もそのように設計されている。諏訪園貞明「改正独占禁止法の概要」ジュリ1294号4頁。
69) 外国の制裁減免制度については，上杉秋則＝山田香織『リニエンシー時代の独禁法実務』（レクシスネクシス・ジャパン，2007年）参照。
70) 独禁法適用の国際的レベルという観点からみると，先進諸国でわが国のみが制裁減免制

件)。

　違反行為をした事業者のうち1番目に公取委に当該違反行為に係る事実の報告・資料の提出を，他の事業者と通謀することなく単独で（減免を受けようとする事業者に共通の条件），調査開始日（公取委の立入検査等の日）前に行ったものであって，調査開始日以後に違反行為を行っていないものについては，課徴金は免除される。5番目の事業者まで減免の対象となり，2番目の事業者は50％，3～5番目の事業者は30％がそれぞれ減額される（7条の2第10項・11項）[71]。ただし，4番目と5番目の事業者については，公取委によってまだ把握されていない事実を報告する場合に限る（同条11項3号）。

　調査開始日前に提出する事業者が5社に達していない場合は，調査開始日以後速やかに（祝休日を除く20日以内に限る。課徴金減免規則5条）報告・資料を提出した事業者もそれぞれ30％の減額が認められる（7条の2第12項）。ただし，調査開始日の前後にかかわらず，減免の対象となるのは計5社までであり，また，調査開始日以後の申請による減免は3社までに限られるから，事業者の側においても迅速な対応が必要とされる仕組みになっている。また，調査開始日以後に5番目までに入る報告事業者は，順位に関係なく，減額の率は，すべて30％である。

　なお，調査開始日以後の報告事業者には，調査開始日前の4番目，5番目の報告事業者と同様に，立入検査等により公取委がすでに把握している事実以外の事実に係る報告・資料の提出でなければならないという条件が付加されている[72]。

　　度を有しないと，違反被疑情報の収集能力の面で劣るだけでなく，他国の独禁法施行官庁と情報を共有できず，他国で制裁減免制度があることから当該国の独禁法施行官庁に報告した事業者もわが国では減免を受けられず，公取委への報告もないアンバランスな状況が生じていた。国際カルテル事件の摘発で，独禁法施行官庁間の国際協力が必要なことは，前掲注25)参照。

71) 親会社，子会社，兄弟会社（親会社が同一である会社）等の関係にある同一企業グループ内の複数の事業者による減免の共同申請は，単独で行ったものとみなされる（7条の2第13項）。品川武＝岩成博夫『独占禁止法における課徴金減免制度』（公正取引協会，2010年）27-34頁。

72) 公取委の調査能力は高く，立入検査等の後の早い時点ですでにほとんどの事実について掌握しているので，それ以外という条件を厳格に解すると，調査開始日以後の報告事業者に減免が適用される入り口は極めて狭き門となってしまう。減免制度の趣旨があらかじめ基準が明らかで非裁量的に適用されることにその本質があるとすれば，要は，違反行為に

課徴金減免制度の適用を受けようとする事業者から公取委への報告・資料の提出は，課徴金減免規則に基づき，次の手順で受け付けられる。

① 違反行為の対象商品等，態様および開始時期（終了時期）を記載した報告書（様式第1号）を公取委の受付専用ファクシミリ（03-3581-5599）に送信する。地方の事業者による報告の機会平等と同着を排除するため，その他の方法による提出は，認められない。受信の先着順で順位が決定される[73]。

② 公取委は，受信順により認定した仮順位と，共同して違反行為を行った他の事業者名・役職員名を含むさらに詳細な内容の報告書（様式第2号）と資料の提出期限（通常は2週間程度後の日）を当該事業者に通知する。報告書・資料をもって提出する内容は，自社に関する事柄が本体となる。したがって，減免の適用がある会社が合併により消滅した場合，課徴金の納付義務は合併後の会社に承継されるが，減免の適用が承継されるのは，消

係る事実解明を深化させることに役立つような追加的説明や補充的資料が提出できればよく，立入検査等で公取委に発見されなかった資料の提出に限定する必要はなく，公取委の未知・既知という主観的事情によることは極力避けるべきであり，また，そのように運用されることになろう。

73) 実際には，事業者の側では，社内の法務部門への内部的相談などによって，自社内での独禁法違反行為を発見する場合が多いと想定される。その場合，法務部門は，公取委に口頭（電話〔03-3581-2100〕も可）で相談（匿名も可）して，その時点で課徴金減免を受けられる順位に入りうるかどうかを確認してから，報告書を送信するかを判断することになろう。公取委は，このような事前相談に対応することとしている。かかる相談の担当官は，審査局管理企画課に置かれる課徴金減免管理官である。ただし，このような手順は，課徴金減免制度が公取委の調査活動を容易にするばかりではないということを想起させられる。公取委への匿名の問い合わせに対して，2番目以降の報告者になるとの感触が得られた場合，公取委がすでに違反被疑事実の情報を有していることが外部に知られることになり，事業者の方で証拠隠滅等の対応が可能となるからである。課徴金減免制度は，かかるリスクよりも，最初の報告者等から得られる情報の価値の方が大きいという微妙なバランスの上に成り立っている。このようなリスクを顕在化させないために，公取委にも，最初の報告者から情報を得た後，迅速な調査開始が求められる。

また，事前相談で提供された情報自体を事件の端緒として利用することはないものであるが，公取委が他から入手した情報に基づいて調査を開始することはありうるもので，事業者の側のリスクも微妙なバランスの上にある。公取委との折衝には，初期の段階から専門家（弁護士）に委ねられることも多くなり，駆け引き（tactics）の場となろう。リーニエンシー・プログラムは，他の国の運用経験をみても，必ずしも最初から問題なく機能したという例は少なく，課徴金減免制度も今後の運用経験を経ることによって改善・進化が図られるべき性質の施策である。

滅会社が行った違反行為にかかる部分だけであり，合併後の会社全体には及ばない（独禁法施行令13条）。
③　提出期限までに報告書と資料を公取委に提出する。この場合，外国で訴追のおそれがあり，文書提出命令がかかるなどの他国のディスカバリ制度による危険を回避する必要がある場合には，文書によらず，口頭による報告または陳述も可能である。
④　提出期限までに報告書・資料の提出がなされることにより，仮順位は本順位となって確定する。すなわち，仮順位1番目の事業者が提出期限までに報告書・資料の提出をせず，仮順位2番目の事業者が提出期限までに提出した場合は，仮順位1番目は失格し，仮順位2番目の事業者が順位1番目の事業者となって，順次繰り上がる。ただし，順位が確定した後には，後述の虚偽報告等の事由により失格する事業者が出ても順位の繰り上がりはない。

公取委は，報告・資料の提出を受けたときは，当該事業者に対し，速やかに文書をもってその旨・確定した順位を通知しなければならない（7条の2第15項）。公取委は，追加の報告・資料の提出を求めることもできる（同条16項）。

なお，上記の報告書を提出した事業者は，正当な理由[74]なく，その旨を第三者に明らかにしてはならない（課徴金減免規則8条）。他の事業者の知るところとなって証拠隠滅が図られるなど，公取委の審査活動に支障を生じさせないためである。したがって，課徴金減免制度の適用を受けるための要件に，公取委の調査開始日以後において違反行為をしていた者でないこと（7条の2第10項2号等）があるが，調査開始日前に当該事業者の内部で違反行為からの離脱を意思決定していればよく，他の事業者に離脱を明示しなければ，違反行為を中止したと認められないということではない。

次の場合は，5番目までの順位に入っていても，減免を受けられない。第1に，報告・提出した資料に虚偽の内容が含まれていた場合，第2に，求められた報告・資料の提出をせず，または求めに応じても虚偽の報告・資料の提出をした場合，換言すると，審査手続・犯則調査手続の過程で公取委の調

---

74)　親会社，弁護士または他国の独禁法執行機関に報告することは，正当な理由があるものと考えられる。

査に協力しなくなった場合，第3に，他の事業者に対し違反行為をすることを強要し，または他の事業者が違反行為をやめることを妨害していた場合である（7条の2第17項）。強要・妨害とは，他の事業者にカルテルへ参加するよう，あるいは離脱しないように何らかの圧力をかけることをいい，たとえば，参加しない場合には，当該事業者の契約成立を阻止するなどの不利益をもたらすことなどがあたる。カルテル内部で調整の役回りをしたり，カルテル成立への賛成発言をしたりした程度であれば，減免適用は否定されない。

課徴金の全額免除が受けられる1番目の報告事業者には，他の事業者に課徴金納付命令が出されるときに，免除の通知がなされる（7条の2第18項）。

なお，課徴金減免制度の趣旨を刑事罰の適用にも連動して及ぼすことが事実上図られている。具体的には，公取委は，1990（平成2）年公表の「独占禁止法違反に対する刑事告発に関する公正取引委員会の方針」を改訂した「独占禁止法違反に対する刑事告発及び犯則事件の調査に関する公正取引委員会の方針」（2005年10月7日公表）で，課徴金減免制度における調査開始日前の報告順位1番目の事業者と，その事業者の役員，従業員等であって当該独禁法違反行為をした者のうち，当該事業者の行った公取委に対する報告・資料の提出とこれに引き続いて行われた公取委の調査における対応等において，当該事業者と同様に評価すべき事情が認められるものについては，事件を刑事告発する場合にも対象から除外することを明らかにした。不当な取引制限のような必要的共犯の事件が公取委の専属告発に係る場合は，刑事訴訟法238条2項により告訴・告発不可分の原則が相当するが，国会での法案審議の過程で法務省も検察官が公取委が告発を行わなかったという事実を十分考慮することになる旨説明している[75]。

2005（平成17）年改正で設計された課徴金減免制度では，報告順位1番目の事業者と2番目以降の事業者では，1番目の事業者が格段の優遇を得られることになる。1番目の事業者は課徴金の納付が命じられないもので，このことは，1番目の事業者が過去10年以内に確定した課徴金納付命令を受けたという加重要件に相当する事情があっても，さらにはカルテルの首謀者で

---

75) 2005年3月11日衆議院経済産業委員会における大林宏法務省刑事局長の答弁（第162回国会衆議院経済産業委員会会議録4号2頁）。

あるという事情があっても，他の事業者に違反行為を強要し，離脱を妨害するようなことをしていなければ，これらの事情をすべて帳消しにして，課徴金の全額免除を受けられ，加えて，刑事処分も免れることができることを意味するからである。したがって，最初の報告者となることを加速する強力さを秘めた仕組みになっている。

　課徴金減免制度は，事業者団体が8条1号または2号に違反して不当な取引制限に相当する行為を行った場合，当該事業者団体の構成事業者にも適用される（8条の3）。したがって，構成事業者は，公取委に当該違反行為に係る事実の報告・資料の提供を行えば，公取委の調査開始日以後において当該違反行為の実行としての事業活動をしていない限り，その報告順位により課徴金減免制度の適用を受けられる。この場合，理論的にいえば，違反行為をしているのは事業者団体であり，構成事業者は違反行為者ではない。課徴金減免制度の報告・資料提出の趣旨は，不当な取引制限においても，あくまでも自社の違反行為に係る報告・資料提出であり，違反行為の過程で知りえた他社の参加者等の情報を求められることはあっても，他の参加事業者に所属する資料まで求められるものではない。したがって，構成事業者といっても，当該事業者団体内部の意思決定過程に関与した構成事業者とその意思決定過程の外部にいた構成事業者とその程度・事情は区々になるのが実情である[76]ので，構成事業者による報告・資料提出については，かかる状況に配慮した適切な運用が求められることになろう。

　課徴金減免制度における事業者から公取委への報告は，その時点で公表されることはないが，それゆえに非公式の通報ということでは全くなく，企業の代表者名をもって行われる公式の行為である。それゆえ，企業内部の意思決定が必要であり，そのためには組織としての企業とその上級者の意識改革が不可欠である。課徴金減免制度の導入前は，企業が法令遵守体制を整備し，企業内部でカルテルを発見しても公取委に申告するインセンティブがなかったが，導入後は，隠蔽工作をするよりも，公取委の調査に協力することを勧めることができ，企業の法務部門の指導力も向上し，企業が作成したコンプライアンス・プログラム（法令遵守の手引書）の効用の充実にも資する。逆

76）　正田・全訂Ⅰ608頁参照。

に，意識改革が進まず，企業の代表者が法務部門から社内の違反事実を知る機会がありながら，違反事実を故意に看過し，隠蔽したとなれば，従前に適用例がない規定であっても，いわゆる三罰規定（95条の2，95条の3：違反の計画または違反行為を知りながらその防止または是正に必要な措置を講じなかった法人の代表者や事業者団体の役員等に対する罰金刑）を確実に想起しなければならない。

(5) 課徴金と罰金が併科される場合の減額措置

課徴金の趣旨が行政上の制裁に変化したが，課徴金の法的性格自体は，不当な経済的利得の徴収を基礎とする，違反行為防止のための行政上の措置であることに変わりはないとされ，違反行為に対する刑責を問う罰金とは，その趣旨，目的，手続等を異にすることで，引き続き憲法上の二重処罰の問題が生じるものではないものと考えられる。しかしながら，課徴金と罰金は，違反行為を防止するという機能面で共通する部分があることから，両者が併科される場合には政策的判断[77]から，罰金額の2分の1に相当する金額を課徴金の額から差し引く措置がとられることとなった（7条の2第19～21項）。罰金を科する判決が確定すると，課徴金納付命令を変更する決定が行われる（63条）。なお，事業者団体の構成事業者には，罰金が併科される場合はない。

(6) 賦課手続

課徴金納付命令の事前手続は，2013（平成25）年改正後[78]，排除措置命令の事前手続を準用し（62条4項），実務上は，同じ審査手続の中で，違反行為の調査が着手後は先行するものの，その後には課徴金算定のための調査（公取委は，事業者に対して，対象商品等の実行期間における売上額等の報告命令を行い，その報告内容を審査した後，事業者に対し，正確性検査を行って売上額を計算し，当該業種の一定率を乗じて，課徴金の額を算定する）が並行して行われ，両命令を同時に発出している。

---

77) 前掲注49) 細田官房長官答弁参照。
78) 課徴金の賦課手続は，2005（平成17）年改正前は，排除措置を命ずる手続とは区別され，排除措置を命ずる審決が行われた後に開始されるものであった。そして，課徴金納付命令が発出されても，名宛人が審判手続の開始を請求した場合，当該命令は失効した。同改正後は，課徴金納付命令は失効せず，当該命令の適否は審判手続で争うものとされていた。

課徴金納付命令は，対象となる違反行為の実行期間（または違反行為期間）が終了してから5年（除斥期間）は可能である（7条の2第27項）。排除措置命令とは別にとられる行政処分であるから，排除措置を命ずる必要がなく排除措置命令が発せられない場合でも行うことは可能である。同様に，違反行為の主体となった事業者団体が解散してしまって，名宛人の不存在により排除措置命令ができなくなった場合でも，当該団体の構成事業者で実行としての事業活動を行った者に対して，課徴金の納付を命ずることができる。

　課徴金納付命令は，課徴金の額，計算の基礎，違反行為および納期限（7ヶ月後）を記載した課徴金納付命令書の謄本を送達して行う（62条1～3項）。課徴金納付命令に不服がある場合は，東京地裁に取消しの訴えが提起できる。

　課徴金納付命令は，通常の行政処分と同じく執行力を有し，納期限までに納付する義務が生じ，納期限までに納付されないときは，督促がなされ，納期限の翌日からその納付の日まで年率14.5％の割合の延滞金が加算され，督促状に示された期限までに納付されないときは国税滞納処分の例により強制徴収がありうる（69条）。

　課徴金納付命令の運用状況をみると，その件数の推移は，2014年度128事業者（171億4303万円），2015年度31事業者（85億1076万円），2016年度32事業者（91億4301万円），2017年度32事業者（18億9210万円），2018年度18事業者（2億6111万円）であり，1事業者が受けた課徴金でこれまでの最高金額は，131億107万円[79]である。

3　緊急停止命令

　排除措置命令が出されるまでには一定の時日を必要とするので，その間にも違反被疑行為が進行すると，競争秩序の侵害が回復しがたい状況に陥る場合が予想されることがある。このような場合に，公取委は，違反被疑行為の審査の途中において，緊急の必要があると認めるときは，東京地裁（85条2号）に申し立てることにより，同裁判所から当該行為の緊急停止命令の発出が可能である（70条の4第1項）。緊急停止命令は，排除措置命令が出されるまでの仮の措置を命ずる裁判所の決定であって，非訟事件手続法により行

79）　自動車運送船舶運航運賃カルテル事件・課徴金納付命令平26・3・18。

われる（同条2項）。

　公取委の申立ては，「公正取引委員会が審判開始決定をした後でなければすることができないとする法文上の根拠はなく，……競争秩序の侵害を防止する緊急の必要がありうることは審判開始決定の前であると後であるとにより変るところはないから，公正取引委員会は少くとも事案について審査に着手した以後は審判開始決定の前後を問わず」可能である（中部読売新聞社事件・東京高決昭50・4・30）。

　緊急停止命令の要件は，違反被疑行為の存在と緊急必要性である。公取委による立証は，疎明で足りる。緊急必要性については，たとえば，新聞の不当廉売の違反被疑行為で購読者の移動の現状から「この事態を申立人〔公取委〕が審決をもって排除措置を命ずるまで放置するときは，勢いのおもむくところ，他の競争事業者もこれに対抗するため，各種の手段を講ずることは必至であり，同地域における新聞販売事業の公正な競争秩序は侵害され，回復し難い状況におちいるものというほかならないことは明らかである」との判示がなされている（前掲中部読売新聞社事件）。

　これまでに公取委が緊急停止命令の申立てを行った事件は7件あり，その内訳は不公正な取引方法事件6件と合併事件1件であるが，前者について5件に緊急停止命令が発出されているが，後者は合併期日が延期されたことにより取り下げられた。緊急停止命令の発出に至らなかった1件（有線ブロードネットワークス事件・勧告審決平16・10・13）は，審査の過程で公取委が緊急停止命令の申立てを行った（2004〔平成16〕年6月30日）が，その後に関係事業者が対応措置をとったこと（同年7月9日）もあり，勧告時（同年9月14日）に取り下げた。

　緊急停止命令に対して，被申立人は，裁判所が定める保証金または有価証券を供託して，その執行を免れることができる（70条の5第1項）が，従前2件の執行免除の申立てはいずれも却下されている。なお，執行免除が認められた場合であって排除措置命令が確定したとき，公取委は，裁判所に保証金等の全部または一部の没取を申し立てることができる（同条2項）。

4　司法審査

　公取委が行った行政処分（排除措置命令・課徴金納付命令）に対して不服が

ある場合は，法律上の争訟として，憲法32条に基づき，行政事件訴訟法および民事訴訟法の定めるところによって，抗告訴訟である処分の取消しの訴えが提起できる。

処分の取消しの訴えの提起によって処分の執行は妨げられない（行訴25条1項）が，重大な損害が生じることを避けるため緊急の必要があるときは，裁判所は，申立てにより，決定をもって，処分の執行の全部または一部の停止をすることができる（同条2項）。執行停止の判断は，原告事業者の営業上の損害防止と市場における競争秩序の悪化防止の効果の比較衡量に係る。

原告適格は，独禁法に定めがないので，行政事件訴訟法9条によることとなり，当該処分の取消しを求めるにつき法律上の利益を有する者に認められる。名宛人に限ることなく，当該処分によって利益を侵害される者を含む。2013（平成25）年改正前の事件で，音楽著作物の放送等利用に係る管理事業における排除型私的独占を認めた排除措置命令を取り消した審決に対して，当該審決の名宛人である被審人以外の競業者である音楽著作物管理事業者が提起した審決取消訴訟において，著しい業務上の損害がありうる競業者の原告適格が是認された（イーライセンスによる審決取消等請求事件・東京高判平25・11・1）。

なお，公取委が審査手続を開始したが，最終的に不問処分としたことに対して，消費者団体が抗告訴訟（無効確認の訴え等）を起こした事件で，東京高裁は，独禁法違反の行為があると認める処分が確定した場合の無過失損害賠償請求権は付随的に認められた効果で，反射的利益にとどまるとして，訴えの利益を認めなかった（全国消費者団体連絡会事件・東京高判昭36・4・26）。

被告適格は，他の行政庁の行政処分に係る取消訴訟の場合，行政事件訴訟法11条1項1号の規定により，原則として当該行政庁が国に所属するときは国となるが，公取委の行政処分については，独禁法77条により，公取委が被告となる。また，国の利害に関係のある訴訟についての法務大臣の権限等に関する法律6条の規定にかかわらず，法務大臣の指揮を受けない（88条）。独禁法の運用について認められた公取委の職権行使の独立性に配慮したものである。

処分取消訴訟の出訴期間は，処分があったことを知った日から6ヶ月以内（行訴14条1項本文）または処分の日から1年以内（同条2項本文）である。

ただし，正当な理由があるときは，この限りではない（同条各項但書）。

　公取委の処分取消訴訟の第一審は，東京地裁の専属管轄であり（85条1号），3人または5人の裁判官の合議体で審理・裁判をする（86条1項，2項）[80][81]。控訴審となる東京高裁は，5人の裁判官の合議体で審理・裁判をする（87条）。上告審となる最高裁を含め，東京高裁・東京地裁が独占禁止法事件の司法審査のラインを形成するが，事実審となる東京地裁の機能が重要である。

　処分取消訴訟には，当該訴訟により権利を害される第三者の訴訟参加や他の行政庁の訴訟参加も，裁判所の決定により可能となる（行訴22条，23条）。

　処分取消訴訟の審理は，行政事件訴訟法と民事訴訟法の例により行われる。事実認定については，証拠調べ等の実体審理は，当事者主義と弁論主義により進行・判断される。例外的に，裁判所は，必要があると認めるときは，職権で，証拠調べをすることができる。ただし，その証拠調べの結果について，当事者の意見をきかなければならない（行訴24条）。

　司法審査は，当該処分において公取委が行った法令適用および事実認定について，覆審的に及ぶ。したがって，法解釈はもとより，事実認定のいかんについても，裁判所が公取委の判断に拘束されることはあり得ない。ただし，公取委の裁量処分については，裁量権の範囲を超えまたはその濫用があった場合に限り，裁判所は，その処分を取り消すことができる（行訴30条）から，公取委の法令適用と事実認定を裁判所が肯認する場合には，処分の内容について公取委の意向が尊重されよう。しかし，独禁法違反事件において最も重要な事実認定においては，理論的には，裁判所の心証が公取委の心証よりも

---

[80]　2013（平成25）年改正法施行日（2015〔平成27〕年4月1日）時点で，公取委の審判手続に係属中あるいは審決が発出されている事件の取消訴訟は，従前どおり，東京高裁の専属管轄である（改正法附則2条等）。

[81]　公取委の処分取消訴訟について専属管轄と合議体審理を定めたことは，裁判所における独禁法事案に関する専門性の確保と慎重な審理の確保を求めたものである。法律問題は，裁判所の専権事項である。しかし，事実問題については，審判制度に支えられた実質的証拠法則により，公取委の事実認定判断が裁判所に優先する仕組みがあったことから鑑みると，内閣総理大臣が国会の同意を得て任命した法律・経済に関する学識経験を有する公取委の委員長・委員5人の合議体よりも，裁判所の人事で適性を認められて集合した裁判官3人または5人の合議体の方が独禁法事案の事実認定判断について優れているとする制度的命題を成立させることにはかなりの無理がある。

優先する。なお，裁量権の逸脱・濫用があることの主張責任・証明責任は，まず原告の事業者にあるとするのが原則である。

　処分取消訴訟における争点を設定するのは，原告の事業者であるから，被告となる公取委は，設定された争点にのみ対応することとなる。排除措置命令と課徴金納付命令は積極的処分であるから，その根拠事実については公取委側が，阻止事実や障害事実あるいは消滅事実については事業者側がそれぞれ証明責任を負う。たとえば，対価引上げの不当な取引制限において暗黙の合意の成否が争点となった場合，対価に関する情報交換と斉一的な値上げ行動が被告公取委の証明責任を負う根拠事実であり，他の事業者の行動と無関係に独自の判断によって行われたことを示す特段の事情が原告事業者の証明責任を負う障害事実である。それぞれの要証事実をめぐって，両当事者は本証または反証に成功すべく立証活動を行う。

　原告事業者の請求を認容する判決，すなわち，公取委の処分に対する取消判決は，公取委による取消しを必要とすることなく，当該処分を遡って失効させる形成力を有する。取消判決は，第三者に対しても効力を有する（行訴32条1項）。取消判決により権利を侵害された第三者は，訴訟に参加していなかった場合，再審の訴えができる（行訴34条）。

　取消判決は，その事件について，公取委を拘束する（行訴33条1項）。取消判決の係る既判力と拘束力は，取り消すに至った法的判断のみではなく，主要な事実認定にも及ぶから，実体的にも，裁判所の心証が公取委の心証よりも優先する。

　東京高裁への控訴や最高裁への上告は，民事訴訟法の定めるところによる。

　控訴審（東京高裁）においても，第一審（東京地裁）においてした訴訟行為はその効力を有する（民訴298条1項）から，東京地裁における口頭弁論の結果が東京高裁の口頭弁論に上程される続審主義がとられる。覆審主義と事後審主義の中間にあって，東京高裁では，当事者は東京地裁で提出しなかった主張・立証方法を提出できる（民訴297条による民訴156条の準用）。東京高裁における弁論が東京地裁の弁論の続行となること，さらに，東京高裁が東京地裁判決を取り消す場合において，事件につき更に弁論をする必要があるときは，東京地裁に差し戻すことができること（民訴308条1項）に鑑みると，2013（平成25）年改正前に公取委が有していた事実審的機能が東京

地裁に引き取られたことになる[82]。

東京高裁判決に対する最高裁への可能な上告理由は，憲法違反，重大な手続違反，または原判決に影響を及ぼすことが明白な法令違反があることである（民訴312条）。

III 違反行為の予防

1 事前相談制度

公取委では，違反行為を予防することも，独禁法を運用する行政機関の重要な任務であるとして，事業者・事業者団体等が考える具体的な行為について，独禁法上の問題点の有無の相談・照会を受け付けて回答する事前相談手続を公表する各指針（ガイドライン）に設けてきたところ，2001（平成13）年10月に「事業者等の活動に係る事前相談制度」を公表し，包括的な手続を明示した。

公取委に事前相談の申出を行おうとする事業者等は，将来自ら行おうとする行為にかかる個別具体的な事実について，事前相談申出書（様式がある）を公取委事務総局の取引部長宛てに提出する（電子的方法を含み，地方事務所等を経由しても提出できる）。事前相談の申出に対しては，原則として，事前相談申出書を受けてから，または，すべての資料を受けてから30日以内に文書によって回答が行われる。回答には，期限または条件が付されることがある。事前相談の対象となった行為が独禁法に抵触するものではない旨の回答がなされた場合には，当該行為に対して公取委が法的措置を開始することはない。ただし，その場合であっても，事前相談申出書に事実と異なる記載があったとき，事前相談申出書に記載された行為の範囲を逸脱したときや，回答に付された条件に反する行為が行われたときには，この限りではない。

事前相談の対象となった行為が独禁法に抵触しない旨を公取委が回答した場合でも，回答した後において，当事者の市場の判断における地位，市場の

---

[82] 公取委の審判制度が存置されていた2013（平成25）年改正前は，審判手続における証拠調べを経てきたことを前提として，実質的証拠法則が妥当し，裁判所は公取委が認定した事実に拘束され，司法審査の範囲は実質的な証拠の有無に限定された。新たな証拠を調べる必要があるときは，事件は公取委に差し戻され，審判手続において証拠調べが行われることが法定されていた。

状況が著しく変化する等当該回答に際しての判断の基礎となった事実に変化が生じた場合その他当該回答を維持することが適当でない場合には，文書によって回答の全部または一部が撤回されることがあり，その場合には，原則として，撤回に応じて必要な措置をとるための合理的な期間を経た後でなければ，当該相談の対象とされた行為について，公取委は，独禁法の規定に抵触することを理由として法的措置はとらない。

　他の事業者の参考にもなるように，事前相談の内容・回答は，事業者の秘密に関する部分や不開示情報を除き，公表される。ただし，この事前相談制度は，申出者名や相談・回答の内容が公表されることに同意していることが前提条件となるため，活発に利用されているとはいえない状況にある。しかし，この制度によらなくとも，一般的な相談は受け付けられており，企業結合に関する相談を除き，年間1000件超の相談が公取委に寄せられている。

　この関係で，公取委が公に示した判断の拘束性に関して，そもそも行政処分について，東京高裁は「公正取引委員会が排除命令又は審決において示した準則又は裁量基準が先例として確立し，これに基づく規制を受ける立場にある事業者も右先例に従っているような状態が継続していた場合に，公正取引委員会が，右先例を変更し，従前とは異なった内容の新たな準則又は裁量基準に基づいて規制権限を行使しようとするときであって，その結果が右先例に従っていた右事業者に不利益を課すことになるときには，右事業者に不意打的に不利益を課すことになるのを避けるため，準立法的機能・権限をも有する公正取引委員会としては，新たな準則又は裁量基準を定立し，これを右事業者に周知させる措置を講じたうえ，合理的な期間が経過した後にはじめて新たな準則又は裁量基準に基づく規制権限を行使するのが相当であるというべきであり，このようなときに，公正取引委員会が，右の措置を講ずることなく，……新たな準則又は裁量基準に基づいて行政処分をするときには，当該行政処分は裁量権を濫用したものとして違法となる余地がある」（東京もち事件・東京高判平8・3・29）と判示している。

2　コンプライアンス態勢の整備

　独禁法の違反行為者は，事業者であり，事業者は，通常，企業という組織体である。その組織体に所属する役員・従業員によって，企業のために行わ

れる行為が法禁の競争制限効果をもたらすものであるとき，当該役員・従業員が所属する事業者は，独禁法違反に問われることになる。したがって，独禁法違反行為が起きないように事業者が自ら努力するとなれば，役員・従業員の1人1人に独禁法意識を持たせ，組織体の内部に遵法のモラルを浸透させる体制を整備する必要がある。そのための代表的な方策が，企業における独禁法コンプライアンス・プログラムの作成である[83]。

　コンプライアンス・プログラムは，企業にとってリスク・マネージメントの方策でもある。ただし，独禁法違反を起こした場合の法的リスクが，企業にとって，独禁法違反によって当面得られる不当な利得に比し，相当に厳しいものとなって，初めて，企業は，独禁法についてもコンプライアンス・プログラムの必要性を感じるようになる。したがって，1970年代前半までのように，独禁法違反がもっぱら排除措置命令だけで対処されていた時代は，独禁法違反が企業にとってリスクであったとはいえず，その後，課徴金制度の導入（1977年），刑事罰の積極的運用方針の公表（1992年），課徴金の算定率の大企業6％への引上げ（1993年），流通・取引慣行ガイドラインの公表（1993年），法人等への罰金上限額の1億円への引上げ（1994年），入札談合事件における損害賠償請求訴訟（住民訴訟，発注機関からの訴訟提起）の活発化，違反企業に対する国・地方公共団体等からの指名停止，民事上の差止請求制度の導入（2000年），法人等への罰金上限額の5億円への引上げ（2002年），課徴金の算定率の大企業10％への引上げや課徴金減免制度の導入等（2005年）が続き，独禁法違反が企業の社会的信頼を損ない，経営の業績にも実質的な損害を被る危険が増大することにより，独禁法も企業のリスク・マネージメントの視野に入ってきた。独禁法のコンプライアンス・プログラムを作成している企業の約半数が1993年から1994年にかけた時期に作成し，その後，さらに作成企業数が増えてきているという調査[84]がある。

　リスクの大きさからいえば，グローバルな活動を展開している多くの日本企業が独禁法のコンプライアンス態勢を整備する必要は，わが国独禁法のみならず，米国反トラスト法やEU競争法における制裁措置がより厳しくなっ

---

83) 「特集　企業におけるコンプライアンス」公正取引726号。
84) 公取委事務総局「企業におけるコンプライアンス体制の整備状況に関する調査」（2009年）4頁。

てきたこと，さらにそれぞれにリーニエンシー・プログラム（制裁免除制度）が整備され，国際カルテルが摘発される事例が多くなったことなど，国際的な注意とリスク対応を迫られていることからも指摘できる[85]。

コンプライアンス・プログラムは，それを作成する企業が活動している産業の業態，当該産業における地位，役員・従業員が担当している業務の種類・担当部署などの違いによって，書き分けられる工夫がなされる[86]。重要なことは，具体的行動基準として，各担当者にはっきりと認識できる構成になっていることである。企業の事業統括者や営業担当者向けであれば，カルテルなどの疑いを招かない行動が重点的に示されるべきであるし，小売店への販売担当者向けであれば，再販売価格維持行為など取引上留意すべきことが平易に解説されるべきであろう。そして，最も重要なことは，独禁法遵守に向けた経営陣の積極的な意思表示と，それが担当者によって守られなかった場合の懲戒処分が明確に示されていることである。これによって，同業者間の仲間社会の論理を優先しがちなわが国の企業人に，カルテル，入札談合等への誘引を拒む自律した行動を可能にする客観的な準則を与えることができるからである。

同時に，企業の法務部門を中心とした社内組織が外部の弁護士とも連携をとりながら，役員・従業員の研修，遵守状況の監査，コンプライアンス・プログラム自体の改訂などを通じて，組織的なバックアップ態勢を継続的に整えていることが，本来，企業が主役である独禁法を，自社の違反予防にとどまらず，リーニエンシー・プログラムに相当する課徴金減免制度や違反行為からの早期離脱による課徴金軽減制度が存在する今日では，自社の違反行為を発見した場合，その後のリスクを最小限にする適法な方策をとることや，さらには，他の企業の競争制限的行為から自社を守る積極的な手段として使えるようになることにもつながる[87]。

---

85) 伊従寛＝矢部丈太郎編『実務解説独禁法Q＆A』（青林書院，2007年）687頁以下（石田英遠）。「特集　独占禁止法におけるコンプライアンス・プログラム」公正取引775号。
86) 公正取引協会編『独占禁止法コンプライアンス・プログラムの手引〔新版〕』（公正取引協会，2001年）。
87) 公取委調査報告書『企業における独占禁止法コンプライアンスに関する取組状況について』（2012年11月）。

第11章　独占禁止法エンフォースメント

第3節　民事的救済制度

I　概　要

　民事法ないし私法は私人間の利害関係について適切な調整を図る法領域であり，特定の政策を実現することを本来の目的とはしていない。もっとも，独禁法のエンフォースメントの観点からは，民事法による規律もその一翼を担う法制度として位置付けることができる。独禁法違反について民事法上の請求・主張が認められると，独禁法違反の状態を是正し，あるいは独禁法違反によって生じた損害を回復することができるからである。独禁法の側からすれば，民事法上の請求・主張も，「私人」（企業や市民）によるそのエンフォースメント（私的なエンフォースメント）として捉えられる[88]。

　民事訴訟において当事者から行われる独禁法違反に係る請求・主張には様々なものがありうる。請求の基礎として独禁法違反が主張されることもあれば，請求に対する抗弁として独禁法違反が主張されることもあるが，民事訴訟での独禁法違反に係る請求・主張については，大きく次の3つの場合に分類することができる。

　第1は，契約などの法律行為が独禁法に違反するとして，その私法上の効力を争うものである[89]。いわゆる「独禁法違反の法律行為の効力」の問題である。

　第2は，独禁法違反により被害を受けた者が違反行為者に対して損害賠償を請求するものである。損害賠償に関しては独禁法25条に明文の規定がある。25条によれば，私的独占の禁止，不当な取引制限の禁止，不公正な取引方法の禁止または事業者団体の禁止行為に違反する行為があった場合に，それにより損害を被った者は，公取委の確定した排除措置命令（排除措置命

---

88)　もっとも，私人による独禁法の目的の実現という視点を民事的救済に組み込むことができるのかどうか，そして，それを前提として具体的にどのような解釈論を展開するかは，重要な検討課題である。なお，私人によるエンフォースメントという観点からは，類似の問題として，公取委に対する措置請求の問題もある（第2節 II 1 参照）。

89)　無効確認の訴訟だけではなく，契約などの法律行為の無効を前提として，債務の不存在など様々な民事上の主張がなされる（本節 II 1 ）。

令が行われなかった場合は，課徴金納付命令）の存在を前提として違反事業者に対して損害賠償の請求を行うことができる。また，民法上の不法行為（民709条）の要件に該当する限りで，不法行為を請求原因として損害賠償を請求することができる。

第3は，独禁法違反に対する差止請求である。差止請求については，2000（平成12）年の独禁法改正により24条に明文の規定が設けられた。24条によれば，不公正な取引方法の禁止に違反する行為があった場合において，それにより利益を侵害され，またはそのおそれがある者は，これにより著しい損害を生じ，または生ずるおそれがあるときは，その利益を侵害し，または侵害するおそれがある事業者または事業者団体に対して差止の請求ができる。

そのほかにも，たとえば，独禁法違反行為により会社に損害が生じた場合に，取締役に対して株主が代表訴訟により損害賠償を請求するケースなど[90]，民事訴訟における独禁法違反に係る請求・主張の態様には様々なものがありうるが，ここでは上記の主要な3つの場合について解説を加えることとする。

II 独占禁止法違反の法律行為の効力

1 概　説

契約や契約解除（解約）などの法律行為が独禁法違反の一環として，あるいは独禁法違反と密接に関連してなされた場合に，その効力はどのようなものとなるのか。独禁法違反の法律行為の効力については，明文の規定はなく[91]，解釈により問題の解決を図らなければならない。独禁法は直接には

---

90) 独禁法違反に係る株主代表訴訟の内容も多岐にわたる。野村證券株主代表訴訟事件・最判平12・7・7では，独禁法違反とされた損失補填（不当な利益による顧客誘引・一般指定9項）により会社が損害を被ったとして代表訴訟が提起された。三菱商事株主代表訴訟事件・東京地判平16・5・20では，米国においてカルテルの教唆・幇助として科された罰金および損害賠償請求における和解金について，会社が損害を被ったとして代表訴訟が提起された（この2件の裁判は，いずれも原告敗訴〔請求棄却〕で終了している）。その他，課徴金が賦課された場合において，当該会社の（元）役員を被告として代表訴訟が提起された例があり，さらに，課徴金減免制度を活用しなかったことについて，代表訴訟が提起された例もある（それらの事件は，解決金の支払やコンプライアンス体制の整備等を内容とする和解が成立して終了し，裁判所の判決は行われていない〔朝日新聞2014年5月8日朝刊37面等を参照〕）。

91) なお，独禁法施行時点において独禁法の規定に違反する契約は効力を失うとする経過規

公取委の規制権限を根拠付ける法規であり，独禁法違反という事実によって当該法律行為の効力が当然に否定されるとは考えられていない。

独禁法違反の法律行為の効力が争われるケースとしては，従来の裁判例において次のようなものがある。すなわち，①契約が独禁法に違反し無効であるとして，契約上の債務の不存在の確認を求めたケース[92]，②契約違反による損害賠償あるいは違約金の請求に対する抗弁として，当該契約が独禁法に違反するとしてその無効が主張されたケース[93]，③契約（合意）が独禁法に違反するとして，あるいは，独禁法違反行為（入札談合）に基づいて締結された契約について，その無効を主張し，相手方に不当利得の返還を請求したケース[94]，④契約解除が独禁法に違反するとしてその無効を主張し，契約上の地位の確認や商品の引渡を求めるケース[95]などである。もちろんこれら以外にも様々なバリエーションがありうる。また，従来の裁判例では，不公正な取引方法の禁止（19条）違反が問題とされたケースが多数を占める[96]。

前述のように，独禁法違反の法律行為の私法上の効力の問題は，独禁法の側からすると，その私的なエンフォースメントの一環であり，私人によって

定が置かれている（附則2条）。また，無効に関する明文の規定として，合併等の企業結合について，事前届出義務に違反し，または実行禁止期間（待機期間）中に行われた合併，会社分割および株式移転に関して，公取委による合併等の無効の訴えの規定がある（18条）。この公取委による合併等の無効の訴えの制度は，合併等が実体規制に違反する場合ではなく，合併等が事前届出義務に違反してなされた場合や実行禁止期間（待機期間）中になされた場合に対処するものである。

92) 岐阜商工信用組合事件・最判昭52・6・20。

93) 畑屋工機事件・名古屋地判昭49・5・29。

94) シール談合不当利得返還請求事件・東京地判平12・3・31，同・東京高判平13・2・8，フジオフードシステム事件・大阪地判平22・5・25（独禁法違反〔優越的地位の濫用〕とはされなかったが，代金減額の合意が公序良俗に反するとして無効とされ，不当利得返還請求が一部認容された），自衛隊専用電池入札談合不当利得返還請求事件・東京地判平22・6・23，防衛庁石油製品入札談合不当利得返還請求事件・東京地判平23・6・27，防衛庁航空機用タイヤ入札談合不当利得返還請求事件・東京地判平26・11・10など。不当利得返還請求訴訟と損害賠償請求訴訟の差異等については，参照，坂巻陽士「談合関係訴訟の現状と今後の課題」判タ1363号4頁。

95) 資生堂東京販売（富士喜）事件・東京地判平5・9・27，同・東京高判平6・9・14，同・最判平10・12・18，ダイコク事件・東京地判平16・2・13など。

96) この点については，不公正な取引方法として禁止される行為類型が，日常の取引関係，競争関係に係る私的紛争と重なる面があることが指摘されている（伊従・理論と実務421頁〔栗田誠〕）。

独禁法の目的が実現される場面の1つとして位置付けることができる。独禁法のエンフォースメントの充実を図る視点に立つと，独禁法違反の法律行為の効力を否定することが適当である。

他方で，民事法の側からすると，独禁法違反の法律行為の効力の問題は，法律行為の目的・内容によりその効力が否定される場合の一態様として位置付けられる。民事法の視点からすれば，当事者間の信義・公平，取引の安全といった民事法の基本的理念を踏まえつつ，法律行為が無効とされる他の場合と整合性のある理論構成が求められることとなる。

この問題は，民法学においては，かねてより議論が重ねられてきた「取締法規（あるいは法令）違反の法律行為の効力」の問題の一翼をなす。民法学における通説的な見解によれば，①問題となる法令が「単なる取締法規」ではなく「効力規定」（ないし「強行法規」）の場合に，法令違反の法律行為は無効になるとされる（民法91条の反対解釈）[97]。また，②法令違反の法律行為が公序良俗に反するような場合も，当該法律行為は無効となる（民90条）。近時は，独禁法が目指す「公正かつ自由な競争」に基づく経済秩序の重要性が広く認識されるようになり，民法学においても，競争秩序を私法上の公序として把握することにより，独禁法違反の法律行為は，上記②の場合として基本的に私法上も無効であるとする方向性が打ち出されている[98]。

2　判例の状況

独禁法違反の法律行為の効力の問題については，著名な最高裁判決がある[99]。最高裁は，いわゆる両建預金（金融機関が貸付に際してその一部を定期預金などとして預金させること。拘束預金の一種である。第7章第5節Ⅱ4を参照）が19条に違反する（旧〔昭和28年〕一般指定10項〔現行法2条9項5号に対応〕該当）とした上で，「独禁法19条に違反した契約の私法上の効力については，その契約が公序良俗に反するとされるような場合は格別として，

---

[97]　たとえば，山本敬三『民法講義Ⅰ〔第3版〕』（有斐閣，2011年）253頁以下。
[98]　大村敦志「取引と公序（上）（下）」ジュリ1023号82頁・1025号66頁（同『契約法から消費者法へ』〔東京大学出版会，1999年〕187頁以下），独禁手続156頁（森田修），谷口知平ほか編『新版注釈民法(3)』（有斐閣，2003年）109頁以下，161頁以下，237頁以下（森田修）参照。
[99]　岐阜商工信用組合事件・最判昭52・6・20。

……同条が強行法規であるからとの理由で直ちに無効であると解すべきではない。……同法20条は，専門的機関である公正取引委員会をして，……違法状態の具体的かつ妥当な収拾，排除を図るに適した内容の勧告，差止命令を出すなど弾力的な措置をとらしめることによって，同法の目的を達成することを予定しているのであるから，……不公正な取引方法による行為の私法上の効力についてこれを直ちに無効とすることは同法の目的に合致するとはいい難い」とした。

この最高裁判決の趣旨は必ずしも明確なものではないが，基本的に公序良俗に反しない限り独禁法違反の法律行為は有効であるとしているようであり，学説上は後述する「有効説」に立ったものと評価されることがある[100]。

上記最高裁判決以降，独禁法違反の法律行為の効力が問題となった裁判例では，独禁法違反であっても公序良俗に反するのでなければ無効とはならないとの最高裁の判断枠組みに従いつつ，独禁法違反を認めた場合は公序良俗に反するとして無効の結論を導くものが多い[101]。これまでのところ，独禁法に違反することを認めながら，公序良俗に反しないなどとして法律行為を有効とした裁判例はほとんど見当たらない[102]。このような裁判例の傾向をみると，実務では，少なくとも独禁法違反が認められる場合は，公序良俗違反を経由する形で法律行為は無効になるとの取り扱いがなされていることがうかがわれる。

なお，法律行為そのものが独禁法に違反する場合のほかに，独禁法違反行

---

[100] 加藤雅信・百選〔第3版〕201頁。

[101] なお，下級審の注目すべき裁判例として，花王化粧品販売事件・東京高判平9・7・31がある。同判決は「独禁法に違反する私法上の行為の効力は，強行法規違反の故に直ちに無効となるとはいえないが，違反行為の目的，その態様，違法性の強弱，その明確性の程度等に照らし，当該行為を有効として独禁法の規定する措置に委ねたのでは，その目的が充分に達せられない場合には，公序良俗に違反するものとして民法90条により無効となるものと解される」と述べ，独禁法違反の法律行為が無効となる場合をより具体的に示した。三光丸事件・東京地判平16・4・15も同様の説示を行っている。

[102] 独禁法違反の事実を認めながら，それに関連する法律行為（契約解除）を有効とした裁判例として資生堂東京販売事件・東京地判平12・6・30がある。同判決は，契約上の卸売販売の禁止が19条違反（旧〔昭和57年〕一般指定13項〔現行一般指定12項〕該当）であるとしつつ，当事者間の信頼関係の破綻，信用不安とみるべき事情の存在などから，特約店契約の解除が「信義則に反し，権利の濫用に当たり，又は公序良俗に反するとすべき事情があるとすることはできない」とした。ただし，独禁法違反の条項の効力そのものについては判断に及んでいないとも解しうる。

為に基づいて成立した法律行為の効力も問題となりうるが，談合によって行われた入札に基づいて成立した個別契約の効力が問題となったケースにおいて，談合が独禁法違反であることを前提に，目的が不正であることや，談合とそれに基づく個別契約が密接な関連性を有していること等から，個別契約それ自体も公序良俗に反するとして無効とする多くの裁判例がある[103]。

また，下級審の裁判例の中には，メーカー側からする販売店との特約店契約の解除（解約）に関して，独禁法違反を明言せず，「独占禁止法の法意にもとる可能性も大いに存する」[104]，あるいは「独占禁止法にいう『不公正な取引方法』にも該当しかねないものと思料される」[105]などとした上で，他の事情をも踏まえて当該解除について公序良俗に反し無効であるとしたものがある[106]。

3 学説の展開

学説にあっては，独禁法制定当初は独禁法違反の法律行為は絶対的に無効であるとする（絶対的）無効説が有力であったが，その後，独禁法違反は原則的に公取委の排除措置による是正が期待され，公序良俗に反する場合を除いて，私法上は有効であるとする有効説が主張され，さらに，両者の中間に相対的無効説と総称される様々な見解が主張された。その中で有力とされたのが，契約が履行されているかどうかにより有効・無効を分ける抗弁的無効説である。これによれば，独禁法違反の契約は，契約が未履行の段階では，

---

103) たとえば，シール談合不当利得返還請求事件・東京地判平12・3・31（本件は，発注者である国〔社会保険庁〕が談合により割高な価格で発注したとして，適正価格との差額について不当利得返還を求めた事案である）。同事件控訴審・東京高判平13・2・8も，理由付けは異なるものの，やはり談合による個別契約を無効であるとしている。入札談合に関する近時の裁判例として，防衛庁航空機タイヤ入札談合不当利得返還請求事件・東京地判平26・11・10も，購入者である国（防衛庁）が，入札談合に参加した事業者との契約が無効であるとして不当利得返還請求を行ったものであるが，判決は，被告の行為が独禁法の規定の趣旨に反し，会計法の規定の趣旨を没却するものであり，社会経済秩序に反することは明らかであるとして，当該契約について公序良俗に反して無効であるとした（控訴審もそれを支持する〔東京高判平27・7・23〕）。
104) 資生堂東京販売（富士喜）事件・東京地判平5・9・27。
105) 花王化粧品販売事件・東京地判平6・7・18。
106) 独禁法違反の有無を曖昧にしたまま結論を導くことに対する批判として，独禁手続180頁（内田耕作）。

その効力が否定されるものの，契約が既履行の段階では，有効とされる（原状回復は否定される）[107]。また，独禁法違反の法律行為の効力は有効か無効か，という一元的な問題設定を不適切であるとし，禁止規定の趣旨，当該法律行為と禁止規定の距離，当事者の信義・公平，取引の安全等を総合的に考慮して，個別の事案ごとに有効・無効を決するという個別的解決説と呼ばれる見解[108]も主張されている。もとより具体的事案に即して様々な事情を考慮した上で妥当な解決が追求されるべきことはいうまでもないが，無原則に個別解決をいうだけでは，問題を解決するための基点を見失うおそれがある。前述したように，現在では，「公正かつ自由な競争」が私法上も追求されるべき価値であるとの考え方が有力になりつつある。独禁法違反の法律行為は原則として公序良俗に反し無効であるとし，当該事案において無効の主張を認めることが当事者間の信義・公平，取引の安全等の観点から不適当である場合について有効とするのが適切であろう。

III 損害賠償

1 概　説

　独禁法違反行為は，競争秩序に対して悪影響を与える。競争秩序に悪影響を与える行為は，関係する企業や消費者の私的な利益を侵害する場合があることから損害賠償の問題が生じる。

　冒頭で述べたように，独禁法には違反行為により損害を被った場合には損害賠償の請求ができるとする規定（25条）がある。すなわち，3条（私的独占または不当な取引制限の禁止），6条（不当な取引制限または不公正な取引方法に該当する事項を内容とする国際的協定または国際的契約の禁止），19条（不公正な取引方法の禁止）に違反する行為をした事業者（6条違反については，当該国際的協定または国際契約において，不当な取引制限を行い，または不公正な取引方法を自ら用いた事業者に限る），および8条（事業者団体の禁止行為）に違反する行為をした事業者団体は，被害者に対して損害賠償責任を負う（25

---

[107]　今村・独禁221頁以下。なお，履行の有無を基準とする見解は，民法学では「履行段階論」と呼ばれる（たとえば，山本・前掲注97）261頁以下）。

[108]　服部育生「独占禁止法違反行為の私法上の効力(1)(2・完)」民商法雑誌94巻2号24頁・94巻3号20頁，同・百選［第4版］251頁。

条1項)。この場合，事業者および事業者団体は，故意または過失がなかったことを証明して，損害賠償の責任を免れることはできない（無過失損害賠償責任）(25条2項)。

　また，独禁法違反が民法上の不法行為（民709条）の要件を充足する限りで，不法行為に基づく損害賠償請求も可能である。この点に関して，鶴岡灯油事件・最判平元・12・8は，次のように述べている。すなわち，「(独禁法の）審判制度は，もともと公益保護の立場から同法違反の状態を是正することを主眼とするものであって，違反行為による被害者の個人的利益の救済を図ることを目的とするものではなく，同法25条が一定の独占禁止法違反行為につきいわゆる無過失損害賠償責任を定め，……26条において右損害賠償の請求権は所定の審決〔現行法では，排除措置命令等〕が確定した後でなければ裁判上これを主張することができないと規定しているのは，これによって個々の被害者の受けた損害の填補を容易ならしめることにより，審判において命ぜられる排除措置とあいまって同法違反の行為に対する抑止的効果を挙げようとする目的に出た附随的制度にすぎないものと解すべきであるから，この方法によるのでなければ，同法違反の行為に基づく損害の賠償を求めることができないものということはできず，同法違反の行為によって自己の法的利益を害された者は，当該行為が民法上の不法行為に該当する限り，これに対する審決の有無にかかわらず，別途，一般の例に従って損害賠償の請求をすることを妨げられないものというべきである」とする。

　25条については，民法709条によっては不法行為とはされない違反行為について，それを特殊な不法行為として損害賠償の責に任ずるものとする特別規定を創設したものとする見解もあるが[109]，次に述べるように，公正かつ自由な競争を基礎とする経済秩序の下で事業者が事業活動を行い，一般消費者が経済生活を営むことは，私法上も保護に値する法的な利益であると捉えられるべきである。また，25条を不法行為法の特別法的な地位にあるものとして位置付け，独禁法違反行為については25条によってのみ損害賠償請求権を行使できるとする立論もありうるとされるが，25条が公取委の確定した排除措置命令等の存在を前提としていること等を踏まえると，このよ

---

[109] 鶴岡灯油事件・最判平元・12・8における少数意見（香川保一裁判官）である。なお，今村・独禁226頁以下参照。

うな考え方は被害者の救済の点で不十分であるというべきであろう[110]。

　独禁法違反行為と不法行為における権利侵害ないし違法性の要件の関係については，次のように述べる裁判例がある[111]。すなわち，「独禁法は，原則的には，競争条件の維持をその立法目的とするものであり，違反行為による被害者の直接的な救済を目的とするものではないから，……違反した行為が直ちに私法上の不法行為に該当するとはいえない。しかし，事業者は，自由な競争市場において製品を販売することができる利益を有しているのであるから，右独禁法違反行為が，特定の事業者の右利益を侵害するものである場合は，特段の事情のない限り，右行為は私法上も違法であるというべきであり，右独禁法違反行為により損害を受けた事業者は，違反行為を行った事業者又は事業者団体に対し，民法上の不法行為に基づく損害賠償請求をすることができると解するのが相当である」というものである。この裁判例は，共同ボイコットにより排除された事業者についてのものであるが，価格カルテル（不当な取引制限）の対象商品の購入者（一般消費者）についても「公正かつ自由な競争によって形成された価格で商品を購入する利益」が侵害されるとする裁判例がある[112]。

　これらの判示においては，市場参加者が競争侵害行為によって受ける不利益が的確に述べられている。このような考え方に立つ限り，独禁法違反行為の存在が立証されるならば，通常の場合，不法行為における権利侵害ないし違法性の要件を充足するものといいうる。

　いずれにせよ，独禁法違反行為が同時に民法の不法行為を構成する場合には，民法709条の一般不法行為によって損害賠償請求ができるし，25条によっても損害賠償請求ができるとするのが通説・判例[113]である。つまり，25条による損害賠償請求権と，一般不法行為に基づく損害賠償請求権は競合することとなる。もっとも，25条および民法709条による損害賠償責任

---

110)　独禁法違反行為に対する損害賠償請求を25条によるものに限定すれば，公取委が不問に付したり，違反行為がすでになくなっていて特に必要がないとして排除措置命令が行われない場合や，排除措置命令の名宛人以外の者を被告とする場合等において，被害者は損害賠償の請求ができなくなる。今村・独禁227頁以下，白石736頁参照。

111)　日本遊戯銃協同組合事件・東京地判平9・4・9。

112)　鶴岡灯油事件・仙台高秋田支判昭60・3・26。

113)　たとえば，根岸＝舟田356頁以下。エビス食品企業組合事件・最判昭47・11・16，鶴岡灯油事件・最判平元・12・8。

の法的性質は同じであるとされ，25条は，独禁法違反行為について，基本的に不法行為に該当することを確認したものであるとされる[114]。この場合，25条は，独禁法違反に対する損害賠償について，民法の不法行為の特例を定めたものと位置付けられることになる[115]。

不法行為に基づく損害賠償との対比で，25条の損害賠償に係る独禁法上の規定としては，具体的には，①無過失損害賠償であること（25条2項），②公取委への求意見制度があること（84条1項），③東京地裁の専属管轄とされていること（85条の2），④公取委の確定した排除措置命令（排除措置命令が行われなかった場合には，課徴金納付命令）の存在が訴訟要件とされていること（26条1項），⑤それらの確定日から3年を経過したときに請求権は時効により消滅すること（同条2項）などがある（詳細は2を参照）。①②により原告・被害者の側に有利になることが期待されるものの，③④⑤については，むしろ原告・被害者側に不便あるいは不利益をもたらす場合がある。実際に，25条に基づく損害賠償請求訴訟の件数はさほど多くない[116]。

また，民法709条に基づく損害賠償請求訴訟と25条に基づく損害賠償請求訴訟の関係については，その訴訟物の異同をどのように考えるべきかという問題がある。この点について，民法709条に基づく損害賠償請求訴訟にお

---

114) 注解535頁〔向田直範〕，実方謙二『独占禁止法と現代経済〔増補版〕』（成文堂，1977年）257頁，正田・全訂Ⅱ357頁などを参照。

115) 注解上巻535頁〔向田直範〕，今村・独禁226頁以下参照。

116) 25条に基づく損害賠償請求訴訟は，近時は，毎年数件から10件程度の新規の訴訟が提起されているが，減少の傾向が窺われる（『公正取引委員会年次報告・平成22年版』〔公正取引協会，2010年〕138頁〔平成21年度の新規提訴は5件〕，『同・23年版』〔同，2011年〕111頁〔平成22年度の新規提訴は12件〕，『同・24年版』〔同，2012年〕119頁〔平成23年度の新規提訴は7件〕，『同・25年版』〔同，2013年〕100頁〔平成24年度の新規提訴は4件〕，『同・26年版』〔同，2014年〕120頁〔平成25年度の新規提訴は2件〕『同・27年版』〔同，2015年〕88頁〔平成26年度の新規提訴はゼロ〕，『同・28年版』〔同，2016年〕97頁〔平成27年度の新規提訴は1件〕，『同・29年版』〔同，2017年〕93頁〔平成28年度の新規提訴はゼロ〕参照）。他方で一般不法行為に基づく損害賠償請求訴訟は，正確な件数を把握するのは困難であるものの，多数の訴訟が提起されている。後者には，地方公共団体が行う競争入札において談合が行われたとして，住民が地方公共団体に代位して損害賠償請求（あるいは不当利得返還請求）を行う住民訴訟（2002年改正前の地方自治法242条の2第1項4号）が相当数含まれている。なお，2002年の地方自治法改正により，この代位訴訟制度は廃止され，相手方（入札談合を行った事業者等）に対して損害賠償・不当利得返還を請求することを地方公共団体の執行機関等に求める請求を行う制度となった（改正後の地方自治242条の2第1項4号）。

いて裁判上の和解が成立した後に，公取委の勧告審決が行われてそれが確定し，独禁法25条に基づく損害賠償請求をすることの可否が争われた裁判例がある（三井住友銀行損害賠償請求事件・東京高判平成19・11・16）。同判決は，「法25条に基づく損害賠償請求権は，無過失責任であり（同条2項），時効起算点も審決〔2005（平成17）年改正後は排除措置命令等〕の確定日等とされる（法26条2項）など，実体面においで民法709条の定める損害賠償請求権と異なるだけでなく，その行使に当たっても，審決の確定等が前提とされ（同条1項），東京高等裁判所が第一審の管轄裁判所とされる（法85条2号〔2013（平成25）年改正により東京地裁。85条の2〕）など，特別な定めがされているから，法25条に基づく損害賠償請求権と，民法709条に基づく損害賠償請求権は別個の請求権というべきであり，民事訴訟における訴訟物を異にするものと解される」（〔〕は筆者による補足）とした[117]。もっとも，同時に，同判決は，「法25条に基づく損害賠償請求権は，本件前訴において訴訟物となった民法709条に基づく損害賠償請求権とは別個のものではあるものの，〔同一の独禁法違反行為〕による原告の損害の填補に関わる権利であることは同じであるから，〔裁判上の和解における精算条項〕の効力は法25条に基づく損害賠償請求権にも及ぶというべきである」とし，結論として，請求棄却の判決を行っている[118]。

---

[117] 岡田洋一「独占禁止法違反事件における訴訟物と判決効」『法政策学の歩み―法政策研究』第13集（2012年）43頁以下は，25条による損害賠償請求訴訟の制度について，「独禁法違反を抑止して，『公正且つ自由な競争を促進させる』という公法的側面が強い制度」と捉え，民法709条と25条の機能・目的は異なることから，両者の訴訟物は別個のものであるし，前訴（民法709条に基づく損害賠償請求訴訟）の既判力は，後訴（25条に基づく損害賠償請求訴訟）には及ばず，信義則上の遮断効も認められないとする。もっとも，両者の法的性格を同一のもの（不法行為）と見ても，訴訟物を別個のものとして捉えることは可能であるように思われる。

[118] その後の熱海市ストーカ炉損害賠償請求事件・東京高判平25・3・15も，民法上の不法行為を請求原因とする損害賠償請求（住民訴訟）が棄却された場合について，訴訟物が異なることから，発注者は25条に基づいて損害賠償請求訴訟を提起できるとしている。実務では，民法709条による訴訟と独占禁止法25条による訴訟が併存する場合には，一方の訴訟を休止させ，他方の訴訟の進行に委ねるとする取扱いがなされるのが通例であるといわれる。そして，先行するいずれかの訴訟において請求認容の判決が行われて確定すれば，他方の訴訟は和解あるいは請求棄却になるとされている（村上政博＝栗田誠『独占禁止法の手続』（中央経済社，2006年）222頁以下〔矢吹公敏〕，村上政博『独占禁止法の新展開』（判例タイムズ社，2011年）339頁）。

2 独禁法 25 条による損害賠償請求の特例

　独禁法 25 条に基づく損害賠償責任は，一般不法行為とは異なり，無過失責任である（25 条 2 項）。他方で，当該行為について排除措置命令（排除措置命令がない場合は課徴金納付命令）が確定した後でなければ，同条に基づく訴訟は提起できない（26 条 1 項）[119]。それを欠く場合に 25 条に基づいて損害賠償請求訴訟を提起しても，訴えは却下される。また，25 条に基づく損害賠償請求訴訟は，東京地裁の専属管轄とされ（85 条の 2），3 名の裁判官の合議体によって審理および裁判が行われる（86 条）。独禁法に係る訴訟を東京地裁に集中させるためである。また，25 条に基づく損害賠償請求権は，排除措置命令が確定した日から 3 年を経過したときに時効により消滅する（26 条 2 項。民法 709 条に基づく損害賠償請求権は，被害者（または法定代理人）が損害および加害者を知ったときから 3 年，または不法行為のときから 3 年で時効により消滅する〔民 724 条〕）。

　25 条に基づく訴訟が提起された場合には，裁判所は，公取委に対して「違反行為によって生じた損害の額について，意見を求めることができる」（84 条 1 項）（これを「求意見制度」という。民法 709 条による損害賠償請求訴訟では求意見制度の適用はない）。法文には「違反行為によって生じた損害の額」について意見を求めるとされているが，意見の具体的内容は，損害の有無，違反行為と損害との因果関係にも及ぶと解されている[120]。

　求意見制度は，独禁法運用の専門機関である公取委の意見を尊重させる趣旨で設けられたものであるが，公取委の意見を求めることは裁判所の義務ではなく[121]，公取委の意見は裁判所を拘束するものではない。

---

[119] 排除措置命令がなされなかった場合は，62 条 1 項に規定する課徴金納付命令（8 条 1 号・2 号に違反する行為をした事業者団体の構成員に対するものは除外される）が確定したときに，25 条に基づく損害賠償請求の訴えを提起できる（26 条 1 項括弧書）。なお，2005（平成 17）年の独禁法改正以前は，勧告審決，同意審決または審判審決（それらがない場合は，確定した課徴金納付命令および課徴金納付命令審決）がなければ，25 条に基づく損害賠償請求訴訟を提起することはできないとされ，「（確定）審決前置主義」と呼ばれていた。それにならえば，現行 25 条の損害賠償制度は，「（確定）排除措置命令前置主義」と表現することができる。

[120] 東出浩一編著『独禁法違反と民事訴訟』（商事法務研究会，2001 年）73 頁。

[121] 求意見制度は，2009（平成 21）年独禁法改正前までは，裁判所の義務として規定されていたが，同改正により，任意のものとなった。そのような変更が行われた背景事情として，①損害額認定の考え方が蓄積したことから公取委の意見を待つまでもなく，原告勝訴

なお，2013（平成25）年改正による審判制度の廃止前は，「利害関係人」は，審判手続が開始された後，公取委に対して事件記録の閲覧・謄写，排除措置命令書，課徴金納付命令書，審判開始決定書・審決書の謄本・抄本の交付を求めることができるとされていた（2013年改正前70条の15第1項前段〔以下，2013年改正前70条の15の規定を旧70条の15という〕）。この「利害関係人」には，当該事件の被審人のほか，審判手続に参加できる者（同70条の3，70条の4），および当該事件における違反行為の被害者も含まれるとするのが最高裁の判例であった[122]。利害関係人に被害者が含まれるとされたことから，被害者は利害関係人として公取委から各種の資料を入手することが可能となり，被害者による損害賠償請求に資することとなった。

旧70条の15第1項後段は，この場合において，公取委は「第三者の利益を害するおそれがあると認めるときその他正当な理由」があるときでなければ，事件記録の閲覧・謄写を拒否することができないことを定めていた。この規定の趣旨は，（むしろ）公取委が「正当な理由」があるときには事件記録の閲覧・謄写を拒否できることを明らかにしたことにある。また，同条2項は，事件記録を謄写させる場合に，その使用目的を制限し，その他適当な条件を付すことができるとしていた。これらの規定は，2009（平成21）年独禁法改正により新設されたものである。同改正前は，公取委が事件記録の閲覧・謄写を制限できる場合について明文の規定がなかったことから，広く事

の判決が比較的容易になったこと，②25条訴訟の増加により，公取委にとって義務的な求意見制度が重荷となる可能性があること，③公取委の命令にあっては被害者の損害額の把握が必須でないことから，意見が一般的なものとならざるを得ず，実効性に欠けること等が指摘されている（白石742頁）。

[122] 第一次育児用粉ミルク（和光堂）事件・最判昭50・7・10。なお，地方自治法旧242条の2第1項4号（2002年改正前の規定）に基づいて物件を発注した地方公共団体に代位して損害賠償を求める訴訟（住民訴訟）を提起した住民に対して，談合によって入札が行われたとして公取委において審判手続中の事件記録（一部）を提供する（閲覧・謄写を認める）とした公取委の決定について，審判事件の被審人がその取消しを求めた事案において，最高裁は，独禁法違反行為により損害を被ったとして民法709条に基づいて損害賠償を請求する者は独禁法69条（2005年改正前のもの。同改正から2013年改正までは70条の15第1項前段）にいう「利害関係人」にあたり，被害者である地方公共団体に代位して損害賠償を求める住民訴訟を提起した住民も被害者に準ずる者として69条にいう「利害関係人」にあたるとしている（ごみ焼却設備住民訴訟事件・最判平15・9・9）。

件記録の閲覧・謄写を認めるとする裁判例が出現していた[123]。旧70条の15第1項後段・同2項は，事業者の秘密，個人のプライバシー，審査手法に係る情報，係属中の審判の運営に影響を与える情報等を保護する観点から，公取委において，一定の場合には，閲覧・謄写の範囲を制限できるようにしたものである[124]。

2013（平成25）年改正による審判制度の廃止にともない，旧70条の15は削除された。2013年改正後の独禁法では，利害関係人（被害者）が，意見聴取手続が開始された後，事件記録を閲覧・謄写することができるとする規定はない。また，排除措置命令等に対する抗告訴訟の訴訟記録の閲覧・謄写等に関する特別の規定もなく，民事訴訟法の定めによることとなる（行訴7条）。この場合，原則として何人も訴訟記録の閲覧を請求することができるが（民訴91条1項），訴訟記録の謄写等は，当事者および利害関係を疎明した第三者のみが請求できる（民訴91条3項）。営業秘密（不正競争防止2条6項）が記載された部分については，当事者は，第三者による閲覧・謄写等の制限を裁判所に申し立てることができる（民訴92条1項2号）。

なお，被害者は，民事訴訟法226条による文書送付の嘱託の制度を通じて公取委の支援を受けることが可能である[125]。公取委は，従来，独禁法違反行為に係る損害賠償請求訴訟に関して，被害者の支援を積極的に行う方針を示してきた[126]。2013年改正による審判制度廃止後においても，独禁法のエンフォースメントの観点からすれば，引き続き積極的な対応が望まれる。

---

123) 函館新聞社閲覧謄写不許可事件・東京高判平18・9・27。
124) 藤井宣明＝稲熊克紀編著『逐条解説 平成21年改正独占禁止法』（商事法務，2009年）141頁以下参照。
125) 実際には，損害賠償請求訴訟の提起後に，原告（被害者）において，文書送付嘱託の申立てとともに，あるいは，文書送付嘱託ではなく，文書提出命令（民訴223条）の申立てが行われることがある。五洋建設文書提出命令申立事件・東京地決平18・9・1，同・東京高決平19・2・16では，損害賠償請求訴訟（株主代表訴訟）の原告が公取委の所持する供述調書等について文書提出命令の申立てを行い，国（公取委）に対して当該文書の提出を命じる決定が行われた。住友電工文書提出命令申立事件・大阪地決平24・6・15でも，同様の判断が行われている。
126) 公取委（事務総局）は，1991（平成3）年に「独占禁止法違反行為に係る損害賠償請求訴訟に関する資料の提供等について」を公表し，その後の法改正に応じて，順次改定を行っている（最新のものは，平成27年3月31日事務総長通達7号）。

3 独禁法違反の事実の証明

　25条による場合も，一般不法行為による場合も，違反行為の存在，損害の発生，損害と独禁法違反行為の因果関係，および損害の額について原告が主張・立証責任を負う。このうち違反行為の存在については，公取委の排除措置命令・審決がある場合に，裁判所に対してどのような効果を持つことになるのかが問題となる。

　2005年の独禁法改正以前，公取委の審決（勧告審決・同意審決・審判審決）における違反事実の認定は，損害賠償請求訴訟の事実認定について裁判所に対して「拘束力」を有するとの見解もあったが，通説は，実質的証拠の原則を定める2013（平成25）年改正前80条のような明文の規定がない以上，独禁法違反を認定した審決が存在しても裁判所を拘束するものではなく，違反行為の存在について「事実上の推定」を働かせるだけであるとしてきた[127]。

　最高裁の判例も，25条による損害賠償請求訴訟および一般不法行為による損害賠償請求訴訟のいずれにおいても，違反事実を認定した審決の存在は「事実上の推定」としての効果を認めるのみであり，また，同時に審決の種類に応じてその事実上の推定の程度に高低があり，勧告審決のそれは同意審決・審判審決よりも相対的に低いとしていた[128]。勧告審決の事実上の推定の程度について，最高裁は次のように述べている（鶴岡灯油事件・最判平元・12・8）。すなわち，「勧告の応諾が，審判手続や審決後の訴訟等で争うことの時間的，経済的損失あるいは社会的影響に対する考慮等から，違反行為の存否とかかわりなく行われたことが窺われるときは，勧告審決が存在するとの事実のみに基づいて，その審決書に記載された独占禁止法違反行為が存在することを推認することは許されない」とする。そこでは，違反行為の存否とかかわりなく勧告の応諾が行われたことが「窺われる」ことでもって，事実上の推定は覆る（その程度の推定力である）とされている。

　2005（平成17）年独禁法改正により勧告および勧告審決の制度が廃止された。2005年改正以前の勧告審決は，同改正後においては，審判手続を経ずに確定した排除措置命令に対応するとみることができる。同改正後の排除措

---

127)　根岸＝舟田357頁参照。
128)　25条による訴訟について東京灯油事件・最判昭62・7・2，民法709条による訴訟について鶴岡灯油事件・最判平元・12・8。

置命令については，旧法下の勧告審決とは異なり，一定の事前手続を要することから，むしろ旧法下の審判審決と同様の推定力を有するとの立論もありうるが，2005年改正により導入された排除措置命令の事前手続は，従来の審判手続と同視できるものではない。審判手続を経ずに確定した排除措置命令における独禁法違反の事実の存在についての推定の程度は，改正以前の勧告審決と同程度のものと捉えるのが適当であろう[129]。

　2013年改正により，公取委の審判制度は廃止された。他方で，排除措置命令等に際して，事前の意見聴取手続が導入された。意見聴取手続は，行政手続法の聴聞の手続と実質的には同じであり，2005年改正前の事前審判手続と同等の手続とは評価できない。もっとも，2005年改正前の勧告審決の手続や2005年改正後の事前手続よりは，手続が整備されている。したがって，意見聴取手続を経て行われる排除措置命令等において認定された独禁法違反の事実は，その後の損害賠償請求訴訟において，依然として，事実上の推定としての効力を有するものと思われるが，その推定の程度は，一般論としていえば，2005年改正前の勧告審決や同改正後の事前手続を経た排除措置命令等よりは強いものの，審判審決および同意審決よりは弱いとみるのが適当であろう。

4　損害の発生・因果関係・損害額

　独禁法違反行為の存在が証明されたとしても，①損害の発生，②違反行為と損害発生の因果関係の存在，および③損害の額を原告・被害者の側が主張立証しなければならない。これらの証明が困難であることが，従来，独禁法違反について損害賠償請求が認容されたケースが少ないことの理由（の1つ）とされてきた。

　不法行為における財産的損害については，伝統的に「差額説」という考え方がとられている。差額説とは，違反行為が存在しなかった場合の利益状態・財産状態と，現実に違反行為が行われたことによる利益状態・財産状態とを比較し，その差を金銭的に評価したものを損害と捉える考え方である。

---

[129]　根岸＝舟田357頁参照。同書も，本文で述べたような立論がありうるとしつつも，2005年改正前の審判審決と同程度の推定力を有するのは，2005年改正後においては，審判手続を経た棄却審決ないし違法宣言審決であるとしている。

差額説を厳密に適用する場合は，損害の発生，損害と違反行為との因果関係，損害の額は，同時に決定・認定されることとなる。

　民法学における不法行為の損害理論では，損害を積極的損害（不法行為によって生じる被害者の既存の財産の減少）と消極的損害（被害者に生じたであろう財産の増加が，不法行為のために生じなかったことによる損害。いわゆる逸失利益）に分けることが行われている。独禁法違反による損害も，この分類に対応する形で次の2つのタイプの損害を考えることができる（もっとも，いずれも差額説の理論的枠組みによって損害を把握しうることに変わりはないことから，両者の相違は，損害の算定方法のそれとして捉えることができる）[130]。

　第1は，独禁法違反行為によって価格が引き上げられて，本来の価格（独禁法違反がない場合の価格）よりも高価格で商品・役務を購入させられたことによる損害である。このタイプの損害は，違反行為により被害者の財産の直接的な流出を引き起こすものであり，伝統的な不法行為の損害理論での分類では積極的損害に対応するものとして捉えることができる。価格カルテルの対象となった商品・役務の購入者に生じる損害がその典型であるが，受注調整（入札談合）や再販売価格の拘束の対象商品・役務の購入者にもそのような高価格購入による損害が生じうる。

　第2は，排他条件付取引などにより，競争事業者など他の事業者の事業活動が打撃を受け，当該他の事業者において違反行為がなかった場合よりも利益が減少するという損害（逸失利益）である。これは，伝統的な不法行為の損害理論での消極的損害に対応するものとして位置付けることができる。排除型私的独占，排他条件付取引，取引拒絶，不当な取引妨害などによって市場から排除された事業者に生じる損害がその典型的なものである。

　第1の場合は，違反行為がなかったとした場合の購入価格（想定購入価格）と現実に違反行為が行われた場合の購入価格（現実購入価格）との差が損害（額）として把握され，第2の場合は，独禁法違反行為がなかったとした場合の当該事業者の利益と，現実に違反行為が行われた場合の当該事業者の利益との金銭的な差が損害（額）として把握されることとなる。

　損害の発生・損害の額については，上述したように，独禁法25条による

130）　独禁手続211頁以下（岸井大太郎）参照。

損害賠償請求訴訟の場合は，公取委への求意見制度が設けられているものの，その立証を正確・厳密に行うことは困難であり，裁判所がこれらについて立証を厳格に求める場合には，損害賠償の制度が有効に機能しなくなるおそれがある。

　違反行為と損害の発生の因果関係の立証に関して，実際の事件で特に問題とされたのは，価格カルテルである。価格カルテルの対象となった石油製品の購入者（一般消費者）が不当に高価格の商品を購入させられて損害を被ったとしてその賠償を請求したケースにおいて，厳密に因果関係を立証するには，カルテルによる元売価格（メーカーの出荷価格）の引上げが卸売価格への転嫁を経て，さらに小売価格に転嫁され，一般消費者がそれを購入したことにより損害を被ったことの立証が必要となると考えられるが，一般消費者がそれを立証するのは現実には困難であろう。下級審の裁判例の中には，カルテルによって元売価格が引き上げられたこと，およびカルテルの影響下にある時間的・場所的範囲で小売価格が上昇していることの立証により，因果関係の存在が事実上推定され，この推定を覆すには被告（カルテルを行った事業者）の側で，他の原因により小売価格が上昇したことを立証しなければならないとし，原告である一般消費者の立証負担を軽減したものがある[131]。

　損害の額についての立証にも困難がある。これも価格カルテルのケースが特に問題となった。価格カルテルにあっては，カルテルが行われなかったとした場合の想定購入価格とカルテルが行われた現実の購入価格との差が損害（額）となる。現実の購入価格の立証は容易であろうが，実際には存在しない想定購入価格を厳密に立証ないし算定するのは困難である。最高裁も損害（額）の立証についてのこのような困難を踏まえ，価格カルテルの場合は，原則としてカルテルの実行直前の小売価格（直前購入価格）が想定購入価格と推認される（したがって，現実の購入価格と直前購入価格の差が損害〔額〕であると推認できる）としたものの，小売価格の形成に影響を及ぼす経済的要因の変動がある場合には，このような推認を行うことはできず，直前購入価格のほかに当該商品の価格形成上の特性などの要因を総合的に検討して想定

---

[131]　鶴岡灯油事件・仙台高秋田支判昭60・3・26。

購入価格を推計しなければならないとし，推計の基礎資料となる経済的変動の内容等については，原告の側で主張立証しなければならないとした[132]。

いずれにせよ，価格カルテルの場合の想定購入価格，さらには広く独禁法違反に係る損害の額の立証・算定は，一定程度の合理的蓋然性を有する推計で足りると考えられる[133]。

民事訴訟法248条は，「損害が生じたことが認められる場合において，損害の性質上その額を立証することが極めて困難であるとき」は，裁判所は口頭弁論の全趣旨および証拠調べの結果に基づいて相当の損害額を認定することができると規定する。この規定は損害の額について自由心証主義の枠内において証明度の軽減を図ったものと理解されている[134]。独禁法違反に係る損害賠償請求訴訟においてもこの規定により原告の立証負担が軽減されることが考えられる。実際に，入札談合に係る損害賠償請求訴訟において，民事訴訟法248条を適用して損害賠償請求を認容した裁判例が相当数出現している。それらのケースでは，課徴金の算定率（2005〔平成17〕年改正前は原則として6％）および落札価格の下落率などに基づいておおむね契約金額の5％ないし10％程度が損害額として認定されている[135]。

---

132) 鶴岡灯油事件・最判平元・12・8。
133) 米国の反トラスト法の実務において損害の算定方法として認められてきた手法として，前後理論（たとえば，価格引上げ協定の場合に，違反行為以前の価格と違反行為の期間中の価格の差を基準とする），物差理論（たとえば，価格引上げ協定の場合に価格引上げ協定が実施されなかった地域の価格を基準とする），市場占拠率理論（たとえば，取引拒絶により新規参入が妨害された場合に，違反行為がない他の類似市場での被害者の市場占拠率を基準とする）などがある（根岸＝舟田360頁以下，独禁法違反行為に係る損害額算定方法に関する研究会「独占禁止法第25条に基づく損害賠償請求訴訟における損害額の算定方法等について」〔1991年5月15日〕〔その概要は，東出・前掲注120)197頁に掲載されている〕などを参照）。このうち市場占拠率理論の手法により損害額の算定を行ったとされるわが国の下級審の裁判例として，日本遊戯銃協同組合事件・東京地判平9・4・9がある。
134) 上田徹一郎『民事訴訟法〔第7版〕』（法学書院，2011年）370頁など。なお，民事訴訟法248条の趣旨については，本文で述べた見解以外に，損害の額について裁判所の裁量による認定を認めたものとする見解や，損害の額に関して裁判所において一応の心証も得られなかった場合に，損害額について裁判所による損害額の裁量認定を認めたものであるとする見解などがある（これらの学説の整理については，伊藤眞「損害賠償額の認定」『原井龍一郎先生古稀祝賀　改革期の民事手続法』〔法律文化社，2000年〕52頁以下を参照）。
135) 入札談合において損害額として契約金額の10％相当額が認定されたケースとして，日本下水道事業団事件・鳥取地判平12・3・28，クボタ事件・津地判平13・7・5などがある。契約金額・落札金額の5％相当額の損害額が認定されたケースとして，多摩談合（八

IV 差止請求

1 概説

2000（平成12）年の独禁法改正により新たに差止請求の制度が導入された。公取委による独禁法の執行は公正かつ自由な競争の確保を主眼としており，被害者救済の観点から必ずしも十分な対応がとられるとは限らず，また，事後的な金銭賠償だけでは被害者の救済とはならない場合もありうることから，私人が自己のイニシアティブにより裁判所に対して違反行為の差止めを直接に求める制度が必要であると考えられたためである[136]。

24条によれば，不公正な取引方法に係る独禁法違反行為によりその利益を侵害され，または侵害されるおそれがある者は，これにより著しい損害を生じ，または生じるおそれがあるときは，違反事業者または違反事業者団体に対して，当該侵害行為の停止または予防を請求することができる。

この差止請求の訴訟については，専門的な判断を要すること，および判断

王子市）損害賠償請求事件・東京高判平成20・7・2，ごみ焼却炉談合（名古屋市）損害賠償事件・名古屋地判平成21・12・11などがある。また，落札金額の20％相当額の損害が認定されたケースとして，測量・調査委託事業入札談合事件・大阪高判平22・8・24がある。同判決は，違約金の定め（10％）について，本件においては損害賠償の下限を定めたものであって，実際に被った損害がそれを超える場合には10％を超える賠償請求も可能であり，裁判所が民事訴訟法248条を適用して算定した損害も「実際の損害額」であるとした。その他，同法248条を適用しなかったケースとして，日本道路公団発注鋼橋上部工事入札談合事件・東京高判平23・8・30は，違反行為が長期にわたる場合や違反行為の前にも同様の行為が行われていた疑いがある場合には，想定購入価格について，直前価格ではなく違反行為終了後の現実の落札価格を基準として推認するのが相当であるとし，契約金額の12％相当額の損害を認定している。

136）東出・前掲注120）18頁以下参照。この差止請求の制度は，民事上の制度として組み立てられていることから，その制度趣旨は，第一次的には，個々の被害者の侵害された利益の回復を図ることにあるとされる。なお，2000（平成12）年の制度導入（2001〔平成13〕年4月施行）以来，2016（平成28）年度までに，24条による差止請求訴訟は約60件が提起されている（各年度版の『公正取引委員会年次報告』〔平成13～29年版〕（前掲注116）参照）の該当箇所を参照）。24条に基づく差止請求が認容された裁判例は少ない。仮処分申立事件で一部認容の決定が行われたケースが1件（ドライアイス仮処分事件・東京地決平成23・3・30），原審において差止請求が認容されたものの控訴審においてそれが取り消されたケースが1件（矢板無料バス事件・東京高判平24・4・17），原審において差止請求が棄却されたものの控訴審においてそれが認容されたケースが1件（神鉄タクシー事件・大阪高判平26・10・31，最決平27・9・25）ある。

の統一の要請から，裁判管轄の特例が定められている。すなわち，通常の民事訴訟の管轄と同じく被告の住所地などを管轄する地方裁判所のほかに，その地方裁判所を管轄する高等裁判所の所在地の地方裁判所または東京地裁にも差止請求訴訟を提起できる（84条の2第1項）[137]。同一または同種の独禁法違反行為に対する差止請求訴訟が複数の裁判所に提起された場合には，裁判所は申立てまたは職権により管轄権を有する他の裁判所に訴訟を移送することができる（87条の2）。また，濫訴を防止するために，被告の側が，差止訴訟の提起が不正の目的によるものであることを疎明したときは，裁判所は決定により原告に対して相当の担保の提供を命じることができる（78条）。

その他，24条の差止請求に特有の制度として，通知制度や求意見制度がある。差止請求訴訟が提起された場合，裁判所はその旨を公取委に通知しなければならない（79条1項）。また，裁判所は，公取委に対して，当該事件に関する独禁法の適用その他必要な事項について意見を求めることができる（同条2項）。逆に，公取委は，裁判所の許可を得て，裁判所に対して，当該事件に関する独禁法の適用その他必要な事項について意見を述べることができる（同条3項）。独禁法運用の専門機関である公取委の意見を尊重する趣旨であるが，裁判所は公取委の意見に拘束されることはない（憲76条2項参照）。

2　差止めの対象となる違反行為

差止請求の対象となる独禁法違反行為は，8条5号違反行為（事業者団体が事業者に不公正な取引方法をさせるようにすること）または19条違反行為（事業者による不公正な取引方法）である。つまり，不公正な取引方法の禁止違反である[138]。私的独占は不公正な取引方法として構成することが可能であることが多いことから，実質的には私的独占も差止請求の対象となっているとみることができる。不当な取引制限についても，不公正な取引方法とし

---

[137]　たとえば，岐阜県に所在する事業者によって違反行為が行われた場合には，岐阜地方裁判所，名古屋地方裁判所，東京地方裁判所のいずれかに訴訟を提起することができる。

[138]　景表法違反行為は，当然には差止請求の対象とはならないが，それが独禁法の不公正な取引方法（具体的には，一般指定8項および9項が問題となりうる）として構成できる場合は，差止請求の対象となる。下請法違反についても，不公正な取引方法として構成できる限りで（具体的には，2条9項5号が問題となりうる），差止請求の対象になる。

て構成できる限りで[139]，差止請求の対象となりうる。24条が差止の対象を独禁法違反行為のうち不公正な取引方法の禁止違反（8条5号違反または19条違反）に限定していることについては，差止請求の制度の導入に際して，制度を実効性のあるものとする観点から，民事訴訟になじみやすく，違反行為の存在の立証が比較的容易な行為を対象としたためであるとの説明がなされているが[140]，このような限定に対しては批判が多い[141]。

不公正な取引方法の内容は多岐にわたる。これまでに不公正な取引方法として公取委が規制を行った件数が最も多いのは再販売価格の拘束（2条9項4号）であるが，再販売価格の拘束の場合は，直接に被害を受けるのは価格競争の消滅・減殺により高価格となった商品を購入する需要者であり，需要者が一般消費者であれば，個々の消費者にとっての損害は些少であろうから，差止訴訟が実際に提起されることは考えにくい。このような事情を念頭に置けば，消費者団体などが訴訟を提起することができる団体訴権制度の導入が検討課題となる[142]。他方で，競争者など他の事業者に対する排除的な行為（不当な取引妨害，不当な取引拒絶，不当な差別対価，不当廉売など）については，被排除者が現実に訴訟に及ぶことが考えられ，実際にこれまでの差止訴訟の事例は，そのようなもので占められている[143]。

---

139) 不当な取引制限において，相互拘束を受ける当事者間に取引関係がある場合は，拘束条件付取引（一般指定12項）として構成できる場合がある。
140) 東出・前掲注120) 24頁以下参照。
141) 「座談会　民事的救済制度の整備について」公正取引597号13頁（根岸哲発言。なお，同14頁の古城誠発言も参照），谷原修身『独占禁止法と民事的救済制度』（中央経済社，2003年）134頁以下，総合研究開発機構＝高橋宏志編『差止請求権の基本構造』（商事法務研究会，2001年）85頁以下（白石忠志）。など。
142) 公取委の「団体訴訟制度に関する研究会」が消費者団体による差止請求の制度の導入について検討を行っていたが，独禁法については現在の差止請求制度との関係の整理など検討課題が残っているとして，さしあたり景表法に導入するとの結論を示した（「独占禁止法・景品表示法における団体訴訟制度の在り方について」（2009〔平成21〕年7月12日））。2008（平成20）年の景表法改正により，同法の禁止行為のうち不当表示について，消費者契約法が定める適格消費者団体に差止請求訴訟を提起する権限が認められることとなった（景表10条）。
143) LPガス販売差別対価差止請求（ザ・トーカイ）事件・東京地判平16・3・31，同・東京高判平17・4・27（差別対価等が問題とされた），LPガス販売差別対価差止請求（日本瓦斯）事件・東京地判平16・3・31，同・東京高判平17・5・31（同じく差別対価等が問題とされた），三光丸事件・東京地判平16・4・15（取引拒絶等が問題とされた），関西国際

3　原告適格

差止めを請求することができる者は，不公正な取引方法に係る独禁法違反行為によって利益を侵害され，または侵害されるおそれがある者である。これに該当する限りで，競争者や取引相手方等の事業者に限定されることはなく，一般消費者も差止請求訴訟を提起できる。

24条における原告適格について，関西国際空港新聞販売事件・大阪地判平16・6・9は，訴訟物である差止請求権を有すると主張する者であれば，原則として原告適格が認められるとして，損害賠償請求訴訟と同様に広く原告適格を認める判断を行った。また，日本テクノ事件・東京地判平16・3・18も，24条は独禁法違反行為による被害者の民事救済を充実するとともに，これに付随して違反行為の抑止を図る観点から私人に差止請求権を付与するものであり，24条の文言は，実体法上の差止請求権の発生要件事実とは別異に差止請求訴訟を遂行する資格を定めたものではないとしている。

4　故意・過失

違反行為者の側に故意・過失は不要である。差止めの制度は，過去の責任追及ではなく，現在または将来の違法な侵害を停止または予防するためのものであり，故意・過失といった責任に係る要素は要しない。

5　因果関係

不公正な取引方法と原告が被る利益侵害・（著しい）損害には，事実的な

空港新聞販売事件・大阪地判平16・6・9，同・大阪高判平17・7・5，同・最決平17・11・22（取引拒絶等が問題とされた），日本テクノ事件・東京地判平16・3・18，同・東京高判平17・1・27（不当廉売等が問題とされた），ヤマト運輸対日本郵政公社不当廉売事件・東京地判平18・1・19，同・東京高判平19・11・28（不当廉売等が問題とされた），シラスの売買の委託に関する取引拒絶行為等の差止請求事件・和歌山地判平22・9・21（共同の取引拒絶等が問題とされた），昇降機保守用部品の供給遅延行為の差止請求事件・新潟地判平23・1・27（部品の供給遅延による不当な取引妨害等が問題とされた），東京スター銀行事件・東京地判平23・7・28（取引拒絶が問題とされた），矢板無料バス事件・宇都宮地大田原支判平23・11・8，同・東京高判平24・4・17（不当廉売が問題とされた），神鉄タクシー事件・神戸地判平26・1・14，同・大阪高判平26・10・31，同・最決平27・9・25（不当な取引妨害が問題とされた）などがある。その他に，優越的地位の濫用が問題となったケースとして，セブン－イレブンジャパン差止請求事件・東京地判平23・12・22，ソフトバンク差止請求事件・東京地判平26・6・19（取引拒絶も問題とされた）などがある。

因果関係のあることを要する[144]。この因果関係の問題に関連して，当該行為が独禁法違反とされる観点と，原告が受ける利益侵害・損害とに関連性があることを要するとすべきかどうかという問題がある[145]。たとえば，不公正な取引方法により被害を受けた事業者の経営が悪化して，従業員の給与が減額され，あるいは解雇された場合に，この従業員は違反行為者に対して差止請求が可能かどうかということである。そのような利益侵害・損害は，公正かつ自由な競争の維持・促進を目的とする独禁法が保護すべきものではなく，違反行為に「よって」利益が侵害されたものとは言えず，差止請求は認められないとされる[146]（この問題は，次に述べる利益侵害・〔著しい〕損害の解釈にも係っている）。

6 利益侵害・著しい損害
(1) 利益侵害

24条の差止請求は，違反行為によって原告側に利益の侵害があること，または侵害のおそれがあることを要求している。この利益侵害の要件および後述する「著しい損害」の要件は，訴訟要件ではなく，実体法上の要件であると解されている[147]。

ここにいう利益とは，一般不法行為での利益侵害における利益（私法上，法的保護に値する利益）と同じ意味であるとされ，公正かつ自由な競争が行われている市場において取引を行っていく上で得られる経済的価値その他の利益一般をいうとされる[148]。

また，利益侵害・(著しい)損害の「おそれ」があることで足りることから，現実に損害は発生していないが，将来において差止めによる救済を必要とする損害が生じる蓋然性があれば，差止めが認められる。他方で，違反行為が存在しているが，損害が継続しない場合，または繰り返されるおそれがない場合には，差止めは認められないとされる[149]。現実に損害があるか，

---

144) 白石730頁。
145) 白石730頁以下。
146) 東出・前掲注120) 25頁以下。
147) 独禁手続243頁（岡田外司博）。
148) 東出・前掲注120) 25頁。
149) 東出・前掲注120) 26頁。

またはそのおそれがあることを要することから，たとえば，損害を受けた消費者に代わって，実際には損害を受けていない消費者団体等が差止請求を行っても，差止めは認められないとされる[150]。

(2) 著しい損害

差止請求が認められるためには，不公正な取引方法によって被害者に「著しい損害が生じ，又は生ずるおそれがある」ことを要するが，どのような利益侵害，あるいはどの程度の利益侵害が「著しい損害」の要件を充足することになるのか明確でない。法文上は，不公正な取引方法の成立，つまり独禁法違反が認められたとしても（そして，原告に「利益の侵害」が生じているとしても），「著しい損害」が生じるものでなければ，差止請求は認められないことになる[151]。

「著しい損害」の解釈については，学説において活発な議論が展開され，種々の見解が主張されている。第1は，「著しい損害」とは，侵害行為と被侵害利益の態様を総合的に判断し，違反行為者による原告の利益侵害に高度の違法性があることを意味するとするものである[152]。第2は，「著しい損害」について，差止めを認めるに足りる，損害の程度が大きな「有意な損害」として捉える見解である。具体的・典型的には，違反行為が反復継続して生起する場合（被害者の損害が累積・拡大する場合）に，著しい損害が推定され，間接的なわずかな損害を被る場合は著しい損害にはあたらないとする[153]。第3の見解は，「著しい損害」について，不公正な取引方法の禁止に

---

150) 東出・前掲注120) 27頁。
151) 「著しい損害」の解釈の検討に際しては，その前提として訴訟要件か実体要件かという問題があるが，24条の文言（26条1項のように「裁判上……主張することができない」というような規定振りではない），および24条の差止請求権は原告の私的・個人的権利に基づく主観訴訟であることから，これは実体法上の要件であると解されている（独禁手続243頁〔岡田外司博〕）。
152) 東出・前掲注120) 28頁以下。2000（平成12）年の24条立法時の立案担当者の見解とされる。独禁法違反行為に対する差止請求について，不法行為に対する差止請求の問題と同列に扱い，損害賠償が認められる場合よりも被侵害利益が大きく侵害行為の悪性が高い場合に，差止請求が認められるとする（いわゆる「違法段階論」）。国道43号差止請求事件・最判平7・7・7に沿った見解とされるが，そのような見方に対する批判として，白石・前掲注141）。
153) 岸井大太郎「独占禁止法上の差止請求」判タ1062号212頁以下，独禁手続245頁以下〔岡田外司博〕。

よって発生を防止しようとしている利益の侵害であるとし，あるいは，不公正な取引方法に該当すると判断する法的観点と直接の関係がある利益侵害を受ける者だけが請求権者となりうる，とするものである。この場合，たとえば，間接の共同の取引拒絶であれば，取引拒絶を行う者（取引拒絶をするように働きかけを受けた者）にも損害が生じうるが，そこには著しい損害は認められず，取引を拒絶され，排除される者についてのみ，著しい損害が認められるとする[154]。これらの見解については，第1の見解は損害の質（損害の内容）と量（損害の程度）に，第2の見解は損害の量に，第3の見解は損害の質に着目したものとして整理されることがある[155]。

　この問題について，下級審の裁判例であるが，関西国際空港新聞販売事件・大阪高判平17・7・5は，次のように述べている。すなわち，「独禁法によって保護される個々の事業者又は消費者の法益は，人格権，物権，知的財産権のように絶対権としての保護を受ける法益ではない。また，不正競争防止法所定の行為のように，行為類型が具体的ではなく，より包括的な行為要件の定め方がされており，公正競争阻害性という幅のある要件も存在する。すなわち，幅広い行為が独禁法19条に違反する行為として取り上げられる可能性があることから，独禁法24条は，そのうち差止めを認める必要がある行為を限定して取り出すために，『著しい損害を生じ又は生ずるおそれがあるとき』の要件を定めたものとも解される」とした上で，著しい損害があって差止めが認められる場合とは，19条違反行為が，「損害賠償請求が認められる場合より，高度の違法性を有すること，すなわち，被侵害利益が同上の場合より大きく，侵害行為の悪性が同上の場合より高い場合に差止が認容されるものというべきであり，その存否については，当該違反行為及び損害の態様，程度等を勘案して判断するのが相当である」とした。これは，上記第1の見解の立場をとったものと思われる。

　また，その後のヤマト運輸対日本郵政公社不当廉売事件・東京高判平19・11・28は，「『著しい損害』の要件は，一般に差止請求を認容するには損害賠償請求を認容する場合よりも高度の違法性を要するとされていることを踏

---

[154] 根岸哲「独禁法と差止請求制度」民商法雑誌124巻4・5号53頁以下，谷原・前掲注141）152頁，白石・前掲注141）97頁以下。
[155] 独禁手続242頁以下（岡田外司博）。

まえつつ，不正競争防止法等他の法律に基づく差止請求権との均衡や過度に厳格な要件を課した場合は差止請求の制度の利用価値が減殺されることにも留意しつつ定められたものであって，例えば，当該事業者が市場から排除されるおそれがある場合や新規参入が阻止されている場合等独占禁止法違反行為によって回復し難い損害が生ずる場合や，金銭賠償では救済として不十分な場合等がこの要件に該当するものと解される」と述べている。

同判決は，「著しい損害」に関して「過度に厳格な要件」を課せば差止請求の制度が機能しなくなることへの言及がある点で注目されるものの，一般的な判断基準としては，①「回復し難い損害が生ずる場合」や，②「金銭賠償では救済として不十分な場合」を掲げている。これは，基本的には，「著しい損害」について損害賠償請求が認められる場合よりも高度の違法性があることを前提とした立論であると位置付けることができる。同判決も，基本的に上記第1の考え方に立つものと評価されよう。

神鉄タクシー事件・大阪高判平26・10・31は，被告タクシー事業者が原告である他のタクシー事業者の活動を物理的に妨害し，不当な取引妨害（一般指定14項）を行っているとして差止請求訴訟が提起された事案であるが，大阪高裁は，「損害の内容，程度，独禁法違反行為の態様等を総合勘案」すると，原告の利益侵害あるいはそのおそれによって生じる損害は「著しいというべきである」として，原告の請求を認容する判決を行った。この判決も，基本的に第1の見解に沿ったもののように思われる。

7 差止めの内容

24条によれば，被害者は，「侵害の停止又は予防を請求することができる」。民事訴訟である以上，差止めの範囲は，訴訟の当事者である被害者の救済に必要な範囲に限定される。この点で，違反行為の全面的な差止めを命じることができる公取委の排除措置命令とは異なる。

この場合，原告が具体的にどのような内容の請求を行うことができるのか，そして，裁判所がどのような判決を行うことができるのかが問題となりうる。

まず，24条は，侵害の「停止」または「予防」を規定するのみであるが，その実効性の確保のために，侵害の停止または予防に必要な一定の作為を含む行為も請求できると解されている[156]。

問題となるのは，特に直接の取引拒絶（一般指定1項，2項）について，24条に基づいて正面から作為の形式で請求を行い，判決を行う（つまり，取引継続あるいは取引開始を命ずる判決を行う）ことができるかどうかである。学説においては，このような作為義務を課す判決も認められるとする見解も有力である[157]。

下級審の裁判例にあっては，作為義務を課すことについて否定的に述べるものがある。三光丸事件・東京地判平16・4・15は，①24条の「侵害の停止又は予防」という文言，②直接的な作為義務を認めても強制執行が不可能であること，③独禁法違反に対する差止めの民事訴訟では当事者間に契約関係等の他の私法上の権利関係も存在しているのが通常であり，それに基づいて作為を求めることが可能であるから，とりたてて24条に作為義務を取り込む必要がないこと，を理由として，24条は直接的な作為義務を課すことまでは認めていないとした[158]。

他方で，ソフトバンク差止請求事件・東京地判平26・6・19は，原告の請求（1分岐単位での接続等を求めた）について，強制執行が可能な程度に特定されていることを指摘した上で，「不公正な取引方法に係る規制に違反する行為が不作為によるものである場合もあり得ることから考えると，差止請求の対象である『その侵害の停止又は予防』は，不作為による損害を停止又は予防するための作為を含むと解するのが相当である」とし，一般論として

---

156) 根岸・前掲注154) 65頁以下，東出・前掲注120) 30頁。
157) 根岸・前掲注154) 68頁以下，白石・前掲注141) 100頁以下，池田千鶴「判批」公正取引647号43頁。
158) もっとも，この判決の説示には疑問がある。本文の②については，判旨と同じく強制執行を不可能とする見解があるが（村上政博＝山田健男『独占禁止法と差止・損害賠償〔第2版〕』〔商事法務，2005年〕37頁），間接強制あるいは代替執行によって執行は可能であるとする見解もあり（池田・前掲注157) 43頁），一般論として判決の説示のようなことがいいうるのかどうか疑問が残る。③については，契約など他の私法上の権利関係に基づいて作為命令を含む判決を請求できない場合（あるいは原告が請求をしない場合）があろうし，さらに，③の説示は，独禁法違反に対する民事上の救済として，作為義務を課すことが必要・適切な場合があることを暗に認めているとも評価できる。①の24条の文言については，たしかに「停止又は予防」は不作為を示したものとして理解することができるが，それは「利益を侵害」しない，という意味での不作為であって，この意味での不作為を実現する具体的手段として作為義務は認められる（白石・前掲注141) 100頁参照）と解することもできよう。

作為義務を課すことを認める判断を行った（判決の結論は請求棄却）。

8　文書提出命令の特則・秘密保持命令

　2009（平成 21）年の独禁法改正により，24 条の差止請求訴訟について，民事訴訟法上の文書提出命令の制度（民訴 219 条以下）の特則が導入された。24 条の差止請求訴訟において，裁判所は，当事者の申立により，当事者に対して，侵害行為について立証するため必要な書類の提出を命ずることができる（80 条 1 項本文）。ただし，その書類の所持者において，書類の提出を拒むことについて「正当な理由」がある場合には，書類の提出を命ずることはできない（同但書）。

　このような規定が導入されたのは，独禁法の差止請求の制度を有効に機能させる観点からすると，民事訴訟法上の文書提出命令に関する規定をそのまま適用するのは適当とはいえないからである。民事訴訟法では，「技術又は職業の秘密に関する事項」が記載された文書や「専ら文書の所持者の利用に供するための文書」（自己使用文書）等について，文書提出義務が免除される（民訴 220 条 4 号）。しかし，24 条の差止請求訴訟では，事業活動上の秘密にかかわる文書であっても，たとえば，不当廉売が問題とされる場合には，原価の情報等が記載された文書が訴訟の追行において必要となる場合がある。そのような文書について，一般的に文書提出義務を免除するのは適当でなく，「正当な理由」がない限り，文書提出命令の対象としたものである。

　裁判所は，書類の所持者が提出を拒む「正当な理由」があるかどうかを判断するに際して，必要があると認めるときは，当事者等に当該書類を提示させることができる。この場合，何人も提示された書類の開示を求めることはできず，所持者に秘密を保持したまま書類を提示させることができるが（いわゆるインカメラ〔in camera〕手続）（80 条 2 項），裁判所は，「正当な理由」があるかどうかを判断するに際して，提示された書類を開示して意見を聴くことが必要であると認めるときには，当事者等（文書提出命令の申立人を含む），訴訟代理人または補佐人に対して，当該書類を開示することができる（80 条 3 項）[159]。

---

[159]　なお，これらの規定は，検証の目的（検証物）についても準用される（80 条 4 項）。

また，事業者の秘密の不当な使用・開示を制限するため，①準備書面や証拠の内容に当事者が保有する営業秘密（不競 2 条 6 項）が含まれ，②当該営業秘密が訴訟追行以外の目的で使用され，または当該営業秘密が開示されることで，当事者の事業活動に支障が生じるおそれがあり，それを防止するために当該営業秘密の使用または開示を制限する必要がある場合には，裁判所は，当事者の申立に基づいて，当事者等，訴訟代理人または補佐人に対して，当該営業秘密を訴訟追行以外の目的で使用しないこと，または他の者に開示しないことを決定により命ずることができる（秘密保持命令）（独禁 81 条 1 項・2 項）[160]。

第 4 節　刑事罰

I　概　説

　独禁法違反行為の多くは，犯罪として刑罰が科せられる（89 条，90 条 1 号・2 号，91 条）。株式取得や合併等の届出などの各種の届出義務違反，虚偽の届出についても刑罰が用意されている（91 条の 2）。その他に，確定した排除措置命令，独占的状態に係る競争回復措置命令の違反についても，刑罰が科せられる（90 条 3 号）[161]（なお，確定の前後を問わず，排除措置命令違反

---

[160]　本文で述べた文書提出命令の特則や秘密保持命令の制度は，すでに特許法等の知的財産権法の分野に導入済みであり（特許 105 条，同 105 条の 4 〜 105 条の 6），その解釈・運用にあたっては，特許法等のそれを参考とすることになろう（特許法等の解釈を踏まえて独禁法の制度を検討したものとして，長澤哲也＝小田勇一「差止訴訟における文書提出命令をめぐる特則等の導入」ジュリ 1385 号 50 頁）。

[161]　刑罰が科せられる違反行為および法定刑は次の通りである。①（ア）3 条に違反して私的独占・不当な取引制限をした者，（イ）8 条 1 号に違反して一定の取引分野における競争を実質的に制限したものについては，5 年以下の懲役または 500 万円以下の罰金に処せられる（89 条 1 項 1 号・2 号〔未遂も罰せられる。同 2 項〕）。②（ア）6 条（不当な取引制限を内容とする国際的協定の締結の禁止等）に違反したもの，（イ）8 条 2 号（事業者団体における国際的協定の締結）に違反したもの，（ウ）排除措置命令または独占的状態に係る審決が確定した後にこれに従わないものについては，2 年以下の懲役または 300 万円以下の罰金に処せられる（90 条 1 〜 3 号）。③ 10 条 2 項の株式保有の報告書を提出しなかった者や虚偽の報告を行った者，10 条 8 項の株式取得の実行禁止期間（待機期間）中に株式取得を実行した者等についても，200 万円以下の罰金が科せられる（91 条の 2 第 3 号・4 号

については，過料の定めがある〔97条〕。また，緊急停止命令違反についても，過料の定めがある〔98条〕）。独禁法の禁止規定違反のうち刑罰の定めがないのは，不公正な取引方法の禁止（19条）違反やその系列に属する禁止（8条5号）違反（なお，企業結合規制においても，不公正な取引方法による株式取得・合併等が禁止されている〔10条1項,15条1項2号など〕），および，株式取得・合併等の企業結合の禁止（10条1項，13条1項，14条前段，15条1項1号，15条の2第1項1号，15条の3第1項1号，16条1項）違反である。

　不公正な取引方法の禁止違反およびその系列の禁止違反に対して刑罰の定めがない理由としては，①不公正な取引方法については私的独占や不当な取引制限に比して刑罰を科すほどの悪性がないこと，②規制の内容が必ずしも明確でなく，どのような場合に違法となるのかを事前に知ることが困難であること等があげられている。また，③不公正な取引方法の規制の継受母法とされる米国のクレイトン法2条，3条および連邦取引委員会法5条について，刑罰規定がないこともあげられる。

　株式取得・合併等の企業結合の禁止違反に対して刑罰がない理由としては，①事前届出による事前審査制度がとられていること（企業結合の事前届出義務違反および待機期間中の株式取得・合併等の実行禁止違反に対しては刑罰の定めがある。91条の2第3号ないし12号），②違法となるのがどのような場合かをあらかじめ知ることが困難な場合が多いこと，などがあげられる。

　独禁法違反行為は，法人事業者（会社企業）による典型的な企業犯罪・組織犯罪といわれている。もっとも，わが国の刑法学の通説的見解は，原則として法人の犯罪能力を否定し，両罰規定等により法律が法人の処罰を規定している場合にのみ，法人に対する処罰が認められる。

等）。
　なお，2009（平成21）年改正前までは，89条に定める刑罰（自由刑）は，3年以下の懲役とされていた。同改正により，上記のように，5年以下の懲役とされた。それにより公訴時効は5年となり（刑訴250条2項5号），排除措置命令および課徴金納付命令の除斥期間と同じ期間となった。また，事業主である法人等に罰金刑を科す場合の公訴時効は，89条の罪の時効の期間によることとされ（95条4項），同じく5年となる。これまで89条の不当な取引制限の罪で自然人従業者等に刑罰が科せられたケースでは，すべて執行猶予が付されていたが，2009年改正により89条の罪の法定刑が5年以下の懲役とされたことから，今後は，宣告刑が3年を超える場合もあり得ることとなり，その場合は執行猶予は付されないこととなる（刑25条1項参照）。

独禁法においても，95条の両罰規定によって事業主である法人等に対して刑罰が科せられることとなる。すなわち，事業主である法人等の代表者・従業者などの自然人が，その法人等の業務または財産に関して違反行為をしたときは，実行行為者である自然人従業者など（95条1項柱書の「行為者」）を罰するほか，事業主である法人等に対しても，罰金刑が科せられる（95条1項1～3号）[162]。

1992（平成4）年の独禁法改正により，両罰規定による法人等の事業主の罰金の上限額は，89条以下の罰金のそれと切り離され，現在は，不当な取引制限の罪などについて5億円以下の罰金，確定した排除措置命令違反の罪については3億円以下の罰金が科せられる（法人重科）。さらに，2005（平成17）年の独禁法改正により，検査妨害など公取委の調査に対する妨害行為についても両罰規定が適用されることとなった（95条1項3号）。

また，違反の計画または違反行為を知りながらその防止または是正に必要な措置を講じなかった法人の代表者や事業者団体の役員等に対しても，89条以下の各刑罰規定の罰金刑が科せられる（三罰規定）（95条の2，95条の3）。

II　管轄・専属告発制度

2005（平成17）年の独禁法改正前は，89条ないし91条の罪に係る訴訟の第一審裁判所は東京高裁の専属管轄とされ，審級が省略されていたが，同改正により東京高裁の専属管轄は廃止され，通常の刑事事件と同様に第一審の裁判権は地方裁判所に属することとなった（84条の3）[163]。

また，89条ないし91条の罪は，公取委の告発がなければ，公訴を提起で

---

[162]　法人処罰を行うために，実行行為者である自然人従業者の処罰を伴うことは必要でないが，自然人従業者の違反行為の存在は必要である（大谷實『刑法講義総論〔新版第4版〕』〔成文堂，2012年〕109頁参照）。95条1項は法人事業者の自然人従業者に対する処罰の根拠規定でもある。私的独占等の禁止は，事業者を名宛人としているが，自然人従業者は事業者ではなく，89条のみでは自然人従業者を処罰することはできず，95条1項が「行為者を罰する〔ほか〕」としていることにより自然人従業者の処罰が可能となるとされる（石油価格カルテル刑事事件・最判昭59・2・24参照）。

[163]　各高等裁判所の所在地を管轄する地方裁判所および東京地裁も管轄権を有するとされている（84条の4）。

きない（96条1項）（これを「専属告発制度」と呼ぶ）。公取委の告発は，訴訟条件である。

　公取委は，犯則調査手続による調査によって犯則の心証を得たときは，検事総長に告発しなければならないとされている（74条1項）。犯則調査手続の対象となるのは，89条ないし91条の罪である（「犯則事件」と呼ばれる〔101条1項〕）。また，公取委は，独禁法違反の犯罪があると思料するときは，検事総長に告発しなければならない（74条2項）。このいずれにおいても，法文上，公取委は「告発しなければならない」とされているが，2005年改正前は，74条2項（改正前73条1項）は訓示規定であるとされ，告発を行うかどうかは公取委の裁量に委ねられると解されてきた。2005年改正後も同項の法文の表現に変更はなく，また，専属告発の制度は，独禁法運用の専門機関である公取委の判断を尊重する趣旨で理解されることから，いずれの規定による告発についても，告発を行うかどうかは，公取委の裁量によることになると思われる[164]。

　どのような場合に告発を行うかについて，公取委は1990（平成2）年に告発方針を公表し，その後の法改正に合わせて，順次改定を行っている。2009（平成21）年独禁法改正を受けて公表された現在の公取委の告発方針[165]では，①一定の取引分野における競争を実質的に制限する価格カルテル，供給制限カルテル，市場分割協定，入札談合，共同ボイコット，私的独占その他の違反行為であって国民生活に広範な影響を及ぼすと考えられる悪質かつ重大な事案，②違反行為を反復して行っている事業者・業界，排除措置に従わない事業者等に係る違反行為のうち，公取委の行う行政処分によっては独禁法の目的の達成ができないと考えられる事案について，積極的に告

---

[164]　川出敏裕「犯則調査権限の導入」ジュリ1294号33頁参照。また，公取委の裁量を前提としたラップ価格カルテル刑事事件・東京高判平5・5・21参照。同判決は，「裁量権を持つ公取が，カルテルの規模のほか，その時期，態様，摘発を受けた前後の関係者の対応，収集した証拠の内容，国民生活に及ぼす影響の程度等，その時点における諸々の事情を考慮して，本件について〔告発をしなかった他の事件とは〕異なる結論に達したものと解せられ，これが公取の持つ裁量権の範囲を逸脱した恣意的，差別的なものであり，それ故，本件告発が無効なものであるとは認められない」と述べる。

[165]　「独占禁止法違反に対する刑事告発及び犯則事件の調査に関する公正取引委員会の方針」（公取委2009年10月23日）。

発を行うこととされている。2009年独禁法改正を受けた告発方針の改定では、告発の対象となる違反行為として、価格カルテル等のいわゆるハードコア・カルテルおよび共同ボイコットのほかに、私的独占が新たに明記され、公取委の私的独占に対する規制強化の方向性が窺われる内容となっている。

また、告発方針では、(a)公取委の調査開始日前に単独で最初に課徴金の免除に係る報告および資料の提出を行った事業者（報告・資料に虚偽の内容が含まれていた場合、追加の報告・資料の提出を行わず、もしくはそれらに虚偽の内容が含まれていた場合、または、他の事業者に対して違反行為を強要し、もしくは他の事業者が違反行為をやめることを妨害した事業者は、除外される）、(b)調査開始日前に他の事業者と共同して最初に課徴金の免除に係る報告および資料の提出を行った事業者（(a)と同じく報告・資料に虚偽の内容が含まれている場合等や、他の事業者に違反行為をすることを強要したり、他の事業者が違反行為をやめることを妨害した事業者および当該事業者と共同して報告および資料の提出を行った事業者は、除外される）、(c)前記(a)(b)に該当する事業者の役員・従業員等であって当該違反行為をした者のうち、当該事業者の行った公取委に対する報告および資料の提出、ならびにこれに引き続いて行われた公取委の調査における対応等において、当該事業者と同様に評価すべき事情が認められるものについては、告発を行わないとしている。(a)(c)は、2005（平成17）年独禁法改正により課徴金減免制度が導入されたことを踏まえ、単独で最初に報告および資料の提出を行った事業者およびその従業員等については、告発を行わないこととしたものである（2番目以降に報告および資料の提出を行った事業者およびその従業員等については、告発がありうることとなる）。(b)は、2009（平成21）年独禁法改正により、課徴金減免制度において親子会社等の関係にある複数の事業者が共同して報告および資料の提出を行うことが認められたことから（そのような場合は、「単独」で報告および資料の提出を行ったものとみなされる〔7条の2第13項〕）、当該複数の事業者について、告発を行わないことを明示したものである（当該複数の事業者の従業員等についても、(c)により告発は行われない）。

1990（平成2）年に法務省刑事局と公取委は、独禁法違反事件での刑事告発に関する手続を検討する連絡協議会を発足させ、その後1991（平成3）年に検察当局と公取委により告発問題協議会が設置されることとなった。実際

の告発は，同協議会の開催を経て行われる（同協議会において検察当局の了解が得られない限り，告発は行われないようである）。現在の告発方針の下では，1つの事件における複数の違反行為者のうち一部の者について公取委の告発が行われないことがありうる。検察当局においては，このような公取委の判断を事実上尊重することとなろう。

なお，起訴便宜主義（刑訴248条）は公取委の告発がある場合にも影響を受けない。告発を受けた事件について，不起訴処分にする場合には，検事総長は，遅滞なく，法務大臣を経由して，その旨およびその理由を内閣総理大臣に報告しなければならない（74条3項）。検察官の不起訴処分については，これを不服として検察審査会に申立てを行うことはできない（検察審査会30条但書）。

2016（平成28）年度までの告発件数は22件であり（旧事業者団体法の事件を含む），公訴が提起されたのは21件である。そのうち無罪となったケースが1件，一部被告会社・被告人が無罪とされたケースが1件ある他はほとんどのケースで有罪の判決が行われている[166]。

III 審査手続・犯則調査手続

1 審査手続

公取委には，独禁法違反事件について必要な調査を行うために，独禁法47条1項により出頭・報告命令（1号），鑑定（2号），物件提出命令・留置（3号），立入検査（4号）などの権限が認められている（第2節II 3を参照）。これらは処分の対象者の同意が前提とされ，相手方が拒否した場合には，事業所への立入りや物件の留置はできない。物件の占有の強制的な取得もできない。もっとも，相手方が立入検査の忌避・妨害や物件の提出拒否などを行った場合については刑罰の定めがあり（94条，95条1項3号），これらの罰則によりその実効性が確保されている（このように刑罰の威嚇によって実効性を確保することを「間接強制」と呼ぶことがある）。

公取委のこれらの権限は，排除措置・課徴金納付命令を行うための行政調

---

[166] 公正取引委員会編『公正取引委員会年次報告（平成29年版）』（公正取引協会，2017年）288頁以下（告発事件一覧）参照。

査権限として位置付けられ，「犯罪捜査のために認められたものと解釈してはならない」とされている（47条4項）。他方で，調査の結果，公取委において独禁法違反の犯罪があると思料するときは，検事総長への告発が行われることとなり，公取委の行政調査は，刑事罰ないし犯罪捜査と無関係であるとまではいえない。したがって，公取委の告発を視野に入れる場合，公取委の行政調査においてこれらの強制調査権限の行使は許容されないのではないか，また，裁判官の発する許可状によらず行政調査として行われた公取委の審査結果が後続する刑事手続においてどのように取り扱われるのかが，憲法上の適正手続の要請（35条の令状主義，38条1項の自己負罪拒否特権の保障）との関係で問題とされてきた。

2005（平成17）年改正前，学説は，この点に関して活発な議論を展開してきたが，公取委の行政調査に基づいて告発がなされる場合も，47条1項所定の公取委の強制調査権限は，刑事責任追及のための資料収集に直接に結びつく作用を一般的に有するとまではいえないこと，また，その強制の態様も間接強制にとどまることから，憲法の適正手続や自己負罪拒否特権との関係では，直ちに違憲となるものではないと解されてきた[167]。

2　犯則調査手続

(1)　犯則調査手続の導入

2005（平成17）年の独禁法改正により，独禁法に犯則調査手続が導入された。犯則調査権限・手続とは，行政機関が違反事件を刑事法的に処理することを目的として調査を行う権限・手続のことであり，裁判所の許可を得るなどの条件の下に強制調査を行うことができる点にその特徴がある。独禁法に導入された理由は，①上述の適正手続上の問題点を解消すること，②公取委の収集した証拠等の検察当局への円滑な引継ぎなど検察当局との連携を容易にすること，③公取委の事件解明のための証拠収集能力を強化することである[168]。

犯則調査手続は，元来は国税犯則取締法において租税犯の調査について設

---

[167]　独禁手続326頁以下（京藤哲久），川崎民商事件・最判昭47・11・22参照。
[168]　諏訪園・前掲注42）39頁以下，「独禁研報告書」（平成15年）第一部第3の1参照。

けられた手続であり，租税法の領域に特有のものであったが，現在では，独禁法のほか，金融商品取引法にも導入されている。

(2) 犯則調査手続の概要

犯則調査の対象となるのは，89条ないし91条の罪に係る事件である（「犯則事件」という。101条1項）。犯則事件は，公取委の専属告発の対象となる犯罪と合致している。

犯則調査は公取委の職員（公取委が指定した職員に限る。法文では，「委員会職員」と表記され〔101条1項〕，犯則調査規則では「犯則事件調査職員」と表記される〔同規則1条〕。以下，「委員会職員」とする）が行うこととされている（101条1項）。犯則事件の嫌疑を受けている者が「犯則嫌疑者」であり（参考人を含める場合は，「犯則嫌疑者等」と表現される），犯則事件となる犯罪の自然人実行行為者であるとされる[169]。

委員会職員は，犯則事件を調査するために必要がある場合は，①犯則嫌疑者等に対して出頭を求め，②犯則嫌疑者等に対して質問し，③犯則嫌疑者等が所持しもしくは置き去った物件を検査し，または④犯則嫌疑者等が任意に提出しもしくは置き去った物件を領置することができる（101条1項）。さらに，委員会職員は，⑤犯則事件の調査について，官公署または公私の団体に照会して必要な事項の報告を求めることができる（同条2項）。これらは任意調査であり，出頭に応ずるかどうか，質問に回答を行うかどうか，検査に応ずるかどうかは犯則嫌疑者の任意である。犯則調査手続は，実質的には刑事手続における捜査と類似するものとみることができることから，質問については憲法38条1項の自己負罪拒否特権の保障が及ぶと解される。報告を求められた官公署等は，報告すべき義務を負うと解されているが，その履行を強制する手段は規定されておらず，その意味でこの報告は任意である[170]。

委員会職員は，犯則事件を調査するために必要があるときには，公取委の所在地を管轄する地方裁判所または簡易裁判所の裁判官があらかじめ発する

---

[169] 公正取引研究会編著『実務解説独占禁止法2』（第一法規，2014年）3915頁以下。これに対して，根岸編・注釈852頁（佐藤英明）は，自然人と法人のいずれでもかまわないとするが，法人を犯則嫌疑者とする場合は，質問の対象者は，参考人である当該法人の自然人従業員等になるとされる。

[170] 諏訪園・前掲注42）173頁。

許可状により，臨検，捜索または差押えをすることができる（102条1項）[171]。急速を要する場合は，臨検すべき場所，捜索すべき場所，身体もしくは物件または差し押さえるべき物件の所在地を管轄する地方裁判所または簡易裁判所の裁判官があらかじめ発する許可状により，同様の処分ができる（同条2項）。裁判所に許可状を請求する場合には，犯則事件が存在すると認められる資料を提供しなければならない（同条3項）。その他，同じく許可状の交付を受けた上で，犯則嫌疑者が発し，または犯則嫌疑者に対して発せられた郵便物および信書便物等を差し押さえることができる（103条1項）[172]。臨検，捜索または差押えの許可状は，それらの処分を受ける者に対して提示しなければならない（105条）。臨検，捜索，または差押えをするために必要があるときには，解錠・開封等の処分を行うこと（107条），および警察官の援助を求めることができる（110条）。また，委員会職員は，犯則調査に基づく質問，検査，領置，臨検，捜索または差押えを行う場合には，その身分を示す証票を携帯し，関係者の請求があったときにはそれを提示しなければならない（106条）。住居等の場所で臨検，捜索または差押えをするときは，その所有者・管理者等を立ち会わせなければならない（109条1項，2項）。委員会職員は，犯則調査手続により質問，検査，領置，臨検または差押えをしたときは，それらの処分の年月日およびその結果を記載した調書を作成して，質問を受けた者または立会人にそれを示し，これらの者とともに署名押印しなければならない（111条）（立会人等が署名押印をせず，または署名押印ができない場合は，その旨を付記する）。領置または差押えをした場合には，その目録を

---

[171] 臨検とは，犯則嫌疑者等の所持する当該犯則事件に関係のある物件または住居その他の場所について，その存在および性質，形状，現象その他の状態を五官の作用によって知覚実験し，認識することを目的とする強制処分をいう。捜索は，犯則嫌疑者等の身体または物件について，差し押さえるべき物件を発見するための強制処分であり，差押えは，犯則事件の証拠と思われる物件の占有を取得するために行う強制処分のことである（諏訪園・前掲注42）174頁）。これらは，刑事手続での検証，捜索および差押え（刑事訴訟法では領置と合わせて押収と呼ばれる）に対応する。

[172] 信書便物とは，民間事業者の信書便の役務により送達される「信書」（特定の受取人に対し，差出人の意思を表示し，または事実を通知する文書のこと。郵便4条2項）である（民間事業者による信書の送達に関する法律2条3項）。犯則嫌疑者以外の者が発し，あるいは犯則嫌疑者以外の者に発した郵便物または信書便物等については，犯則事件に関係があると認めるに足りる状況があるものに限り，同じく裁判官があらかじめ発した許可状の交付を得て，差押えができるとされている（103条2項）。

作成し，物件等の所有者等に対してその謄本を交付しなければならない（112条）。

　委員会職員は，犯則事件の調査を終えたときには，調査の結果を公取委に報告しなければならない。先述したように，公取委は犯則の心証を得たときには，検事総長に告発しなければならない（74条1項）。告発が行われると，事件は刑事訴訟法の定める手続により検察官が処理することとなるが，領置物件または差押物件があるときには，その目録とともに検察官に引き継がれる（116条1項）。領置物件または差押物件が引き継がれたときは，当該物件は，刑事訴訟法の規定によって押収されたものとみなされる（116条3項）。それら以外の物件，すなわち公取委が作成する供述証書等については引き継ぎの規定がないが，告発の際に添付されて検察官に引き渡すことになるとされている[173]。

　委員会職員に認められる犯則調査の権限は，従来の国税犯則取締法における収税官吏，および金融商品取引法における証券取引等監視委員会の職員に認められるものと，ほぼ同様の内容となっている[174]。

(3)　行政調査と犯則調査の分離——ファイアーウォール

　犯則調査手続は，実質的に刑事手続の捜査と類似するものであり，裁判官の発する許可状により臨検等の直接強制による調査がなされることから，犯則嫌疑者等に対する適正手続がより厳格に求められる。行政調査は犯罪捜査のために認められたものではない以上（47条4項），犯則調査を行う部署と行政調査を行う部署の分離および情報の遮断が求められる。そこで，まず，公取委事務総局において審査局に犯則審査部が新設され（公正取引委員会事務総局組織令1条2項），101条1項による委員会職員の指定は，同部の職員に限り行うこととされ（犯則調査規則2条），行政調査を行う審査官が，審査手続において接した事実について犯則事件の端緒となると思料する場合には，直接に委員会職員に報告してはならず，事務総局審査局長に報告しなければならないとされている（同4条4項）。

---

[173]　川出・前掲注164）30頁。
[174]　郵便物等の差押え（独禁103条）については，金融商品取引法には同様の規定があるが（同法211条の2），国税犯則取締法には同様の規定はみられない。

Ⅳ　構成要件該当性・違法性・有責性

　犯罪が成立するには，構成要件に該当し，違法かつ有責であることを要する。独禁法違反の犯罪についても同様である。

　独禁法違反の犯罪の構成要件は，2条5項・6項などに示される私的独占や不当な取引制限の成立要件と同じである。排除措置を命ずる場合には，その名宛人となる違反行為者は法人事業者それ自体となるが，刑罰を科す場合には，私的独占や不当な取引制限の罪の構成要件に該当する行為を従業員などの特定の自然人が行っていることが必要となる。

　また，独禁法違反の構成要件に該当する行為があっても，違法性阻却事由が存する場合には，犯罪は成立しない。行政指導との関係で違法性阻却事由の存否が争われたケースとして石油価格カルテル刑事事件・最判昭59・2・24がある。最高裁は「石油業法に直接の根拠を持たない価格に関する行政指導であつても，これを必要とする事情がある場合に，これに対処するため社会通念上相当と認められる方法によつて行われ，『一般消費者の利益を確保するとともに，国民経済の民主的で健全な発達を促進する』という独禁法の究極の目的に実質的に抵触しないものである限り，これを違法とすべき理由はない。そして，価格に関する事業者間の合意が形式的に独禁法に違反するようにみえる場合であつても，それが適法な行政指導に従い，これに協力して行われたものであるときは，その違法性が阻却されると解するのが相当である」と判示した。これによると，①適法な行政指導[175]の存在と，②それに対する協力行為である場合に，違法性が阻却されることとなる。なお，この最高裁判決の違法性阻却事由に関する説示は，刑事事件についてのものであり，排除措置命令などの行政処分において，これがそのまま妥当するかどうかは検討の余地がある。

　さらに，刑事責任は，反社会的行為に対する道義的・倫理的な非難可能性

---

175) ここに言う「適法」な行政指導とは，各種業法に基づく行政指導，あるいは，各省庁設置法等に基づく行政指導という意味ではなく（行政指導がそれらの法律に基づいて行われるのは，いわば当然のことである），「一般消費者の利益を確保するとともに，国民経済の民主的で健全な発達を促進する」という独禁法の究極の目的に実質的に抵触しない行政指導という意味で読まれるべきであろう。

を本質とすることから,責任の要素としての故意(罪を犯す意思)の存在や期待可能性(適法行為をすることが期待できること)の存在を要する。法人事業者の場合には,実行行為者である従業員などの自然人において故意や期待可能性の存在が要求される。一般に故意は行為者が罪となる事実(構成要件に該当する事実)を認識し,かつその実現を意図するか認容する場合に存在するとされるが,刑法学においては,故意犯の成立について,それに加えて違法性の意識ないしその可能性を要求するのが多数説である。この点に関して,違法性の意識に欠け,かつそれに相当の理由があったとして故意が否定され無罪となった裁判例がある(石油生産調整刑事事件・東京高判昭55・9・26)。

V 不当な取引制限の禁止違反に対する刑事罰

従来,独禁法違反に対して刑罰が科せられたケースのほぼすべては,不当な取引制限の禁止違反(事業者団体の禁止行為違反を含む)のケース(しかも,ほとんどが入札談合のケース)である。そこで,以下では,不当な取引制限の禁止違反に関して生ずる刑事法上の問題をいくつか取り上げて解説を行うこととする。

1 保護法益

不当な取引制限の罪の保護法益については,自由競争を基盤とする経済秩序そのもの,あるいは競争の機能そのものとするのが通説的見解であるが[176],それではあまりに抽象的であって,国民にとっての被害の実体が明確でないとの理由から,消費者または企業体の経済的利益ないし財産的利益,あるいは通常の財産犯と同様の財産的利益と捉える見解[177]もある。

従来,独禁法違反かどうかは主として排除措置などの行政処分の対象となるかどうかという観点から検討が行われ,市場における自由な競争が侵害されることが不当な取引制限の本質であると考えられてきた。これとの整合性

---

176) 芝原邦爾「講演 経済刑法の保護法益」法学協会雑誌115巻4号447頁以下,京藤哲久「経済刑法の構成要件とその合目的的解釈」刑法雑誌30巻1号93頁以下など。

177) 神山敏雄『独禁法犯罪の研究』(成文堂,2002年)97頁,林幹人『現代の経済犯罪』(弘文堂,1989年)55頁以下。

からすれば，通説的見解の方が適当であるが，同一の法条に基づく規制といえども行政処分と刑事制裁とでは保護法益（さらには違反行為）の捉え方が異なるとすれば，刑事制裁の文脈では保護法益を消費者の経済的利益とする余地がある。前述した公取委の告発方針（本節Ⅱ〔特に①〕）は，この見解による方が説明しやすい。

2　実行行為

不当な取引制限の罪の構成要件は，「共同して……相互にその事業活動を拘束し，又は遂行することにより，公共の利益に反して，一定の取引分野における競争を実質的に制限すること」（2条6項）である。不当な取引制限の成立要件については，主として排除措置等の行政処分を念頭に置いて議論が重ねられてきたが，そこでは，不当な取引制限の具体的な行為は，「相互にその事業活動を拘束し」（相互拘束）であり，「共同して……〔事業活動を〕遂行する」（共同遂行）は独自の意義を持たないと解されてきた（第3章第2節Ⅳ1）。

これに関連して，不当な取引制限の罪に固有の問題として，その罪質が状態犯（法益侵害の発生により犯罪は終了するものの，その後も法益侵害の状態が継続するもの）か継続犯（犯罪が既遂に達した後も，法益侵害が継続している間は犯罪が継続しているとみられるもの）かという問題がある。従来，不当な取引制限の罪については，その実行行為は「相互拘束」であり，また，罪質は状態犯であると考えられてきた[178]。

状態犯と継続犯の区別は，主として共犯の成否および公訴時効との関係で意味を持つ。不当な取引制限の罪を状態犯として把握する場合には，その実行行為である相互拘束（つまり合意形成）でもって犯罪は既遂となる。価格引き上げ協定の場合でいえば，その後に価格引上げに関与した者は共犯とならず，公訴時効もその時点から進行することとなる。しかし，このような捉え方は，特に入札談合において不都合な結果をもたらすとされる。すなわち，受注調整の基本的ルールを定める基本合意に基づいて個々の入札での調整行為（個別調整）が繰り返し行われていたとしても，基本合意の存在が立証で

---

178)　独禁手続336頁以下（志田至朗）参照。

きない場合や，相当以前に基本合意が形成されていた場合には，処罰を行うことができなくなるからである。

　従来の裁判例は，必ずしも明確ではないものの，不当な取引制限の罪の実行行為は「相互拘束」であり，その罪質は状態犯であるとの考え方がとられてきたとされる[179]。これに対して，入札談合のケースである第一次東京都水道メーター談合刑事事件・東京高判平 9・12・24 は，「相互拘束行為」とともに，その「遂行行為」も不当な取引制限の罪の実行行為となり，さらにその罪質は継続犯であるとの判断を示した。また，防衛庁石油製品入札談合刑事事件・東京高判平 16・3・24 は，基本ルールが合意された時期が相当以前に遡るものの，各期の発注の都度，それに従うことが確認・合意され，その基本ルールに基づいて個別調整が行われていた場合について，事業活動を相互に拘束し，遂行したものであって，そのいずれもが実行行為にあたるとした。第二次東京都水道メーター談合刑事事件・東京高判平 16・3・26 でも，基本合意と個別調整の両者について，事業活動を相互に拘束し，遂行するものであるとされた。

　鋼橋上部工事入札談合刑事事件・東京高判平 19・9・21 では，入札談合における基本合意と個別調整の関係が，より明確に述べられている。すなわち，「不当な取引制限の罪は，事業者間の相互拘束行為が実行行為に当たるだけではなく，その相互拘束行為に基づく遂行行為も別個の実行行為に当たる」とされ，基本ルールを決定する基本合意が「相互拘束行為」に，それに基づく個別調整が「遂行行為」にあたり，そのいずれについても不当な取引制限の罪が成立するとされた。そして，「相互拘束行為」とそれに基づく「遂行行為」が行われた場合には，不当な取引制限の罪の包括一罪が成立し，また，不当な取引制限の罪の罪質について，継続犯であるとされた。入札談合における個別調整について，「遂行行為」あるいは「遂行」として不当な取引制限の罪の実行行為であると捉えると，その罪質について（継続犯ではなく）状態犯であると解しても，個別調整を処罰の対象とすることは可能となる。

---

[179] 石油価格カルテル刑事事件・最判昭 59・2・24，根岸＝舟田［第 3 版］・351 頁以下などを参照。

学説においても，不当な取引制限の罪質を継続犯として捉える見解，および「遂行行為」を不当な取引制限の独自の実行行為とする見解が主張されている[180]。

---

180) 岸井大太郎「経済法制・審決研究会報告(4)」NBL 648号26頁以下，芝原邦爾「不当な取引制限罪における『遂行行為説』」ジュリ1167号101頁，西田典之「独占禁止法と刑事罰」『岩波講座・現代の法6　現代社会と刑事法』（岩波書店，1998年）222頁。

事項索引

あ

あからさまな制限（naked restraint）……66
あからさまなボイコット…………… 279
アサインバック………………………… 419
あっせん利得防止法……………………79
アフターマーケット…………………… 167
安全基準………………………………… 110
安全性……………………………………36

い

EU 競争法………………………………… 2
委員……………………………………… 485
委員会…………………………………… 485
委員長…………………………………… 485
域外適用………………………………… 432
医師会……………………………………22
意思の連絡……………………… 47, 48, 51
意匠……………………………………… 394
移送……………………………………… 556
一応の推定……………………………… 263
一次的取引拒絶………………………… 272
一次的ボイコット……………………… 272
一括ライセンス………………………… 417
一定の事業分野……………… 29, 132, 255
一定の商品……………………………… 255
一定の取引分野……………… 28, 71, 193
一店一帳合制…………………………… 341
一般競争入札………………………… 43, 79
一般指定………………………………… 260
一般集中…………………………………10
一般集中規制…………………… 193, 251
一般法・特別法論…………………… 457
違反事件処理手続……………………… 489
違法性阻却事由………………………… 575

う

vaporware ……………………………… 160

え

営業誹謗………………………………… 406
営業秘密………………………………… 394
役務提供委託…………………………… 364

SCP パラダイム ………………………18
SSNIP 基準→仮定的独占者テスト
エッセンシャルファシリティ理論
　→不可欠施設（エッセンシャルファシリティ）
　の法理
閲覧・謄写請求権（事件記録の）………… 548
FTAIA ………………………………… 447
エンフォースメント…………………… 479

お

OECD ……………………………………… 2
押し紙…………………………………… 363
押し付け販売…………………………… 355
親子会社間の取引……………………… 327
親事業者………………………………… 364
卸売業……………………………… 515, 516

か

カートリッジ…………………………… 384
会計法……………………………………78
外国取引反トラスト改善法…………… 447
下位市場…………………………… 209, 210
会社分割………………………………… 255
買いたたき……………………………… 365
買い手市場支配力……………………… 107
ガイドライン（指針）…………………19
回避可能費用…………………………… 308
改良技術の取り扱い…………………… 419
価格カルテル………………… 41, 73, 506
価格差別……………………… 210, 295, 297
価格支配力……………………………… 213
価格制限行為…………………………… 139
価格の原状回復命令…………………… 502
価格引下げ命令………………………… 502
ガス事業法……………………………… 466
寡占規制………………………………… 195
固い結合………………………………… 192
過大な景品……………………………… 257
課徴金…………………………………… 149
　──と罰金の併科 ………………… 526
　──の額 …………………………… 510
　──の軽減算定率 ………………… 515
　──の減額措置 …………………… 526

事項索引

——の算定率･････････････････････ 515
——の算定率の加重要件････････････ 517
——の算定率の軽減要件････････････ 517
——の消費税･･･････････････････････ 515
——の賦課手続･････････････････････ 526
課徴金減免管理官･･･････････････････ 522
課徴金減免制度
　→リーニエンシー制度（課徴金減免制度）
課徴金制度･････････････････････････ 503
課徴金納付命令･････････････････････ 503
合併･･･････････････････････････････ 192
仮定的独占者テスト（SSNIP基準）･･･ 205
株式交換･･･････････････････････････ 198
株式保有･･･････････････････････････ 192
可変費用･･･････････････････････････ 308
カルテル（協調）の維持･････････････ 306
環境保護･･･････････････････････････ 36
勧告審決･･･････････････････････････ 497
勧告操短･･･････････････････････････ 116
官製談合･･･････････････････････････ 79
間接強制･･･････････････････････････ 491
間接結合･･･････････････････････････ 200
間接支配･･･････････････････････････ 178
間接証拠･･･････････････････････････ 50
間接的域外適用･････････････････････ 430
間接の取引拒絶･････････････････････ 272
完全独占的通常実施権･･･････････････ 395
鑑定･･･････････････････････････････ 492
官房･･･････････････････････････････ 485
関連市場･･･････････････････････････ 206

き

キー・アカウント･･･････････････････ 326
規格･･･････････････････････････････ 110
規格化･････････････････････････････ 44
企業結合･･･････････････････････････ 192
企業結合ガイドライン･････････････28, 194
技術開発･･･････････････････････････ 396
技術開発意欲･･･････････････････････ 420
技術開発市場･･･････････････････････ 402
技術革新･････････････････････････10, 402
規制産業･･･････････････････････････ 454
偽装されたカルテル･････････････････ 40
規模の経済性･･･････････････････････ 192
基本合意･･･････････････････････････ 78
ぎまん的顧客誘引･･･････････････････ 366

客観的属地主義･････････････････････ 433
求意見制度･････････････････････････ 547
究極目的･･･････････････････････････ 5
教育･･･････････････････････････････ 22
供給に要する費用･･･････････････････ 304
供給の代替性･･･････････････････････ 204
供給量カルテル･････････････････････ 506
供述調書･･･････････････････････････ 492
行政指導･･･････････････････････････ 115
行政指導ガイドライン･･･････････････ 121
行政的権限･････････････････････････ 486
競争･･･････････････････････････････ 25
——の回避･･････････････････････11, 38
自由な——･････････････････････････ 265
保護すべき——･･･････････････････ 35
保護に値しない——･･･････････････ 35
競争会社に対する内部干渉･･･････････ 393
競争関係･･･････････････････････････ 26
競争者の対称性･････････････････････ 226
競争者を排除する力･･････････････96, 214
競争手段の公正さ･･･････････････････ 265
競争手段の不公正･･････････････････32, 134
競争制限・阻害効果･････････････････ 36
競争政策･･･････････････････････････ 5
競争促進効果･････････････････････36, 402
競争の実質的制限･････････････7, 30, 36, 65
　一定の取引分野における——･････ 193
　単独行動による——･････････････ 225
競争排除･･･････････････････････････ 11
競争品の製造・販売制限･････････････ 417
協調行為･･･････････････････････････ 225
協同組合･･･････････････････････････ 469
共同研究開発････････････････････44, 98
共同懸賞･･･････････････････････････ 370
共同行為･････････････････････45, 46, 80
共同購入･･････････････････････････44, 107
共同事業･･･････････････････････････ 140
共同出資会社･･･････････････････････ 199, 235
共同遂行･･･････････････････････････ 59
共同生産･････････････････････････44, 101
共同認識説･････････････････････････ 60
共同の取引拒絶･････････････････････ 272
共同販売･････････････････････････44, 77, 105
共同ボイコット･･･････････････････41, 77, 272
強要・妨害･････････････････････････ 524
緊急停止命令･･･････････････････････ 527

581

事項索引

禁止期間……………………………………… 245

く

組合の行為…………………………………… 472
クラスター市場……………………………… 212
グラントバック……………………………… 419
クレイトン法………………………………… 2
クロスライセンス…………………………… 395

け

経営指導……………………………………… 140
警告…………………………………………… 498
経済学………………………………………… 7
経済的規制…………………………………… 4
経済取引局…………………………………… 485
経済法………………………………………… 1
刑事告発……………………………………… 524
継続犯………………………………………… 577
景品類………………………………………… 369
契約基準……………………………………… 512
結合…………………………………………… 152
結合体………………………………………… 23
原価…………………………………………… 304
限界収入……………………………………… 7
限界費用………………………………… 7,307
厳格な地域制限……………………………… 347
減価償却……………………………………… 310
研究開発活動の制限………………………… 419
研究開発市場………………………………… 402
原告適格……………………………………… 529
顕在競争……………………………………… 25
原始独禁法…………………………………… 2
懸賞…………………………………………… 370
原則違法………………………………… 262,306
憲法39条……………………………………… 505
権利消尽………………………………… 401,416
権利の行使……………… 398,405,408,410
　──と認められる行為………………… 398
　──とみられる行為…………………… 398

こ

行為の広がり…………………… 367,378,403
効果主義……………………………………… 433
合議制………………………………………… 484
公共工事入札契約適正化法………………… 79
公共的入札ガイドライン…………………… 90

公共の利益…………………………………… 32
　──に反して…………………… 122,181
公示送達……………………………………… 438
交渉の内容…………………………………… 52
公正かつ自由な競争………………………… 4
公正競争規約………………………………… 376
公正競争阻害性……………………… 31,36,257
公正取引委員会……………………………… 484
公正取引委員会中心主義…………………… 487
公正な競争を阻害するおそれ……………… 257
構造的措置…………………………………… 191
拘束…………………………………………… 324
拘束内容の共通性…………………………… 84
高速バスの共同運行………………… 104,458
公的規制・行政等に関連する行為………… 140
行動の一致…………………………………… 51
公取委中心主義→公正取引委員会中心主義
購入価格カルテル…………………………… 508
購入カルテル………………………………… 507
購入量カルテル……………………………… 508
合理化カルテル……………………………… 468
小売業…………………………………… 515,516
合理性………………………………………… 36
効率性…………………………………… 8,231
　生産上の──……………………………… 231
顧客争奪の禁止……………………………… 77
顧客登録制度………………………………… 77
顧客・販路等の制限行為…………………… 140
国際カルテル………………………………… 439
国際協定……………………………………… 258
国際事業活動に関する反トラスト法の執行
　ガイドライン……………………………… 449
国際消尽……………………………………… 401
国際礼譲……………………………………… 435
告示……………………………………… 19,259
告訴・告発不可分の原則…………………… 524
告発方針……………………………………… 568
告発問題協議会……………………………… 569
互恵取引……………………………………… 381
国家管轄権…………………………………… 432
コロケーション……………………………… 460
混合型企業結合……………………………… 194
コンテスタブル市場理論…………………… 222
コンプライアンス…………………………… 533
コンプライアンス・プログラム（法令遵守の
　手引書）……………………………… 525,534

582

さ

最高価格の取決め	74
最高数量制限	411
最善実施努力	419
裁定実施権	395
裁定実施制度	395,407
再販売価格の拘束	328,416
差額説	551
差止請求	555
サブライセンス	395
差別化	224
差別対価	292
差別的ダンピング	257,293
産業組織論	18
サンクコスト	219
サンクション	481
参入阻止	306
三罰規定	567

し

シェア維持協定	76
支援	450
資格者団体	22,143
資格者団体ガイドライン	144
シカゴ学派	18
事業支配力過度集中	251
事業者	21,46,62
小規模の――	470
事業者団体	23,126
事業者団体ガイドライン	100,139
事業譲渡	255
事業上の合理性	267,268
資源配分上の効率性	192
自己負罪拒否特権	493
事実上の推定	550
死重損失	8,107
市場	1
――における有力な事業者	337
――の安定性	226
――の開放性	213
――の失敗	3,269
――の透明性	226
――の排他性	238
――の閉鎖性	238
市場画定	203

市場行動	231
市場シェア	195
市場シェア協定	507,508
市場支配力	7,65,107
共同の――	215
単独の――	215
市場支配力分析	203
市場集中規制	193
市場集中度	195
市場成果	231
市場分割	77
市場分割カルテル	42,508
事前相談	193
事前相談制度	532
自然独占	3,468
事前届出制度	199,243
事前の連絡・交渉	52
下請事業者	364
下請法	363
実行期間	510
執行協力協定	450
実施許諾	394
実施許諾料	414
実質的証拠法則	532
実施料カルテル	423
実用新案	394
指定	258
指定再販	475
指定職員	496
シナジー効果	98,236
支配	176
支配型私的独占	507
司法審査	528
司法取引	483,520
事務総局	485
事務総長	485
指名競争入札	43,79
シャーマン法	2
社会公共目的	34,111
――の共同行為	44
社会的規制	4
社会的相当性	36,267
社会的総余剰	7
社会的損失	8
社会的目的	10
自由競争基盤	265

事項索引

——の確保……………………………… 265
——の侵害……………………………32, 134
自由競争減殺……………………………31, 266
集団的ボイコット……………………… 272
修理委託………………………………… 364
受注調整…………………………………78
出頭命令………………………………… 492
種苗……………………………………… 394
種苗法…………………………………… 394
需要の価格弾力性……………………… 229
需要の代替性…………………………… 204
準司法的権限…………………………… 486
準立法的権限…………………………… 486
ジョイント・ベンチャー………………43, 282
消極礼譲…………………………… 436, 451
使用許諾………………………………… 394
消尽原則………………………………… 401
状態犯…………………………………… 577
消費者……………………………………23
消費者余剰………………………………7
消費者利益………………………………5, 9
商標………………………………… 394, 405
商品市場……………………………28, 206
情報活動………………………………… 140
情報交換………………………………… 100
情報交換活動……………………………44
情報遮断措置(ファイアーウォール)…… 237
情報成果物……………………………… 364
情報の非対称性………………………… 269
所轄……………………………………… 484
職権行使の独立性……………………… 484
自力救済………………………………… 285
新案……………………………………… 394
侵害警告…………………………… 398, 405
新規参入………………………………… 221
審査官…………………………………… 490
審査期間………………………………… 245
審査局…………………………………… 485
審査手続………………………………… 489
新産業組織論……………………………19
審尋……………………………………… 492
審判官…………………………………… 486
審判審決………………………………… 497
審判手続………………………………… 486
審理会…………………………………… 490

す

随意契約…………………………………79
垂直型企業結合………………………… 194
垂直的制限………………………………39
垂直統合………………………………… 230
水平型企業結合………………………… 194
数量制限………………………………… 411
数量制限カルテル………………………42, 76
数量制限行為…………………………… 140
スピルオーバー効果…………………… 236

せ

制限告示………………………………… 370
生産者余剰………………………………7
正常な商慣習………………… 261, 359, 368
製造委託………………………………… 364
正当化事由………………………………36
正当な目的……………………………… 282
正当な理由がないのに………………… 261
世界市場………………………………… 209
責任地域制……………………………… 347
積極礼譲…………………………… 436, 451
設備,技術の制限行為………………… 140
設備共通商品…………………………… 255
セロファン・ファラシー……………… 208
潜在競争…………………………………25
——の消滅…………………………… 241
専属告発………………………………… 568
専売店制………………………………… 257
専門職業…………………………………22
占有率リベート…………………… 295, 300
専用実施権……………………………… 395
全量購入契約…………………………… 335

そ

早期離脱………………………………… 517
総合的事業能力………………………… 242
相互拘束…………………………………59
相互取引………………………………… 381
送達……………………………………… 437
相談事例集………………………………20
総販売原価……………………………… 304
総付景品………………………………… 370
属地主義………………………………… 433
訴訟提起………………………………… 405

事項索引

措置……481
その他の取引拒絶……286
損害賠償……542
損失補てん……368

た
代位訴訟制度……545
大企業……516
対面販売義務……349
抱き合わせ……417
抱き合わせ取引……257
抱き合わせ販売……376
ただ乗り……397
立入検査……490
WTO……2
談合罪……79
端緒……489
単独の取引拒絶……286
担保の提供……556

ち
地域外顧客への受動的販売制限……347
知的財産……394
　　　──の権利化……404
知的財産ガイドライン……399
知的財産基本法……394
知的財産権……394
知的財産保護制度……395
地方自治法……79
注意……498
中小企業……515,516
忠誠度リベート……295
帳合取引の義務付け……341
調整……451
直接の取引拒絶……272
著作……394
著作権法……394
著作物……394,476
著作物再販……476
地理的市場……28,206

つ
通常実施権……395
通報……450
通謀……152

て
提出命令……492
適用除外……258
適用除外制度……468
テコの理論……190
鉄鋼公開販売制度……116
手続管轄権……436
デポジット制度……115
電気事業法……463
電気通信ガイドライン……459
電気通信事業法……459
転売の禁止……343
店別契約条項……350
電力ガイドライン……463

と
同意審決……497
東京地裁の専属管轄……530
統合型市場支配……31,95,187
同種の役務……255
同種の商品……255
当然違法……275
　　　──の原則……66
道路運送法……454
特殊指定……260
独占化行為……147
独占禁止法の目的……6
独占的状態……195,255
独占的通常実施権（独占的ライセンス）……395
独占の弊害……6
特許……394
特許プール……395
特許法……394
取引先制限カルテル……42,77,507
取引先選択の自由……287
取引上の地位を不当に利用……267
取引停止処分……284
取引費用……105,425
取引妨害……382

な
仲間取引（横流し）の禁止……343
NAP……421

事項索引

に

二次的市場 210
二次的取引拒絶 272
二次的ボイコット 272
二重価格表示 373
二重処罰の禁止 505
にせ牛缶事件 371
二面市場 185
入札談合 43, 78

ね

ネットワーク産業 241
年次報告 20

の

能率競争 265

は

ハードコア・カルテル 27, 39, 41, 66, 440, 509
ハーバード学派 18
ハーフィンダール・ハーシュマン指数 217
排除 154
排除措置命令 489, 495, 498
排除条件付取引 335
排他的特約店契約 335
発明 394
パテントプール 395, 425
幅運賃制 455
ハブ・アンド・スポーク 181
範囲の経済性 192
反競争効果 36
――要件 257
犯則審査部 485
半導体 394
半導体集積回路の回路配置に関する法律 394
反トラスト法 2, 447, 448
販売価格制限 413
販売拠点制 347
販売地域の制限 346
販売方法の制限 348

ひ

非価格制限行為 327
引渡し基準 512
非係争義務 421

ビタミン国際カルテル事件 449
非ハードコア・カルテル 28, 39, 43, 66
秘密番号制 329
表見証明 263
表示 371
標準 110
標準化 44

ふ

ファクシミリ 522
プール 395
不可欠施設（エッセンシャルファシリティ） 292
――の法理 291, 467
不況カルテル 468
不実証広告規制 372
付随的制限 40
不正競争防止法 394
不争義務 421
不当 261
不当顧客誘引 366
不当な差別的取り扱い 270
不当な取引強制 376
不当な取引拒絶 270
不当な取引制限の禁止 38
不当な利益による顧客誘引 368
不当表示 257, 371
不当廉売 257, 297
プラットフォーム事業者 185
ブランド間競争 339
ブランド内競争 339
preemption 160

へ

並行行為 51
並行輸入 401
並行輸入阻害 257, 346, 386
閉鎖型市場支配 31, 95, 187

ほ

ボイコット 93, 257
報告 489
報告命令 492
報酬基準 145
補完的な技術 98
保護範囲 417

保護法益……………………………576
ポスト・シカゴ学派………………19

ま

マージンスクイーズ………………169
マルチ商法…………………………367

み

民事的救済制度……………………536

も

黙示の意思の連絡…………………48
monopolization……………………147
問題解消措置………………………249

や

役員兼任……………………192,200

ゆ

優越的地位…………………………352
　　――の濫用…………………257,258
有効競争……………………………214
有効な牽制力ある競争者…………219
ユーザー（顧客）の価格交渉力……235
有利誤認表示…………………372,374
優良誤認表示…………………371,374
有力な競争者………………………219
輸入総代理店契約…………………346
ゆるい結合…………………………192

よ

用尽原則……………………………401
予算決算及び会計令………………79

ら

ライセンサー………………………394
ライセンシー………………………395
ライセンス…………………………394
ライセンス拒絶…………398,408,423
ライセンス契約……………………394
ライバル費用引上げ……………161,239

り

リースオンリー契約………………160
リーニエンシー・プログラム（制裁減免制度）
　……………………………440,520

利害関係人…………………………548
リサイクルガイドライン…………114
立証……………………………………50
立法管轄権…………………………433
リベート………………………74,295
略奪的価格設定……………………306
留置…………………………………492
両罰規定……………………………567

る

累進的リベート…………………301,335
累積集中度…………………………217

れ

レバレッジ…………………………241
連合体…………………………………23
連邦取引委員会法……………………2

ろ

ロイヤルティ………………………414
労働者…………………………………23

わ

割引困難手形の交付………………365

判決・審決索引

■ 最高裁判所

最判	昭32・12・13刑集11・13・3207	神戸市工事談合事件		83
最判	昭33・4・30民集12・6・938	法人税額更正決定取消等請求事件		506
最判	昭36・1・26民集15・1・116	北海道新聞社事件		271
最判	昭47・11・16民集26・9・1573	エビス食品企業組合事件		489,544
最判	昭47・11・22刑集26・9・554	川崎民商事件		491,571
最判	昭50・7・10民集29・6・888	第一次育児用粉ミルク（和光堂）事件		260,324,330,548
最判	昭50・7・11民集29・6・951	第一次育児用粉ミルク（明治商事）事件		261,267,332
最判	昭50・11・28民集29・10・1592	天野・ノボ事件		430,498
最判	昭51・7・9税務訴訟資料93・1173	法人税法違反被告事件		494
最決	昭52・4・13審決集24・234	石油価格協定過料事件		502
最判	昭52・6・20民集31・4・449	岐阜商工信用組合事件		355,358,538,539
最判	昭57・3・9民集36・3・265	石油連盟価格カルテル事件		118
最判	昭59・2・24刑集38・4・1287	石油価格カルテル刑事事件		33,63,69,112,118,119,122,124,130,182,519,567,575,578
最判	昭62・7・2民集41・5・785	東京灯油事件		550
最判	昭63・3・31判時1276・39	法人税更正処分取消等請求事件		494
最判	平元・11・24審決集37・227	奥道後温泉観光バス事件		148
最判	平元・12・8民集43・11・1259	鶴岡灯油事件		543,544,550,554
最判	平元・12・14民集43・12・2078	都営芝浦と畜場事件		21,22,268,313,320
最判	平7・7・7民集49・7・2599	国道43号差止請求事件		560
最判	平9・7・1民集51・6・2299	BBS事件		401
最判	平9・9・18審決集44・746	東建設による除名決議無効確認請求事件		471
最判	平10・10・13審決集45・339	シール談合課徴金事件		506,515
最判	平10・12・18民集52・9・1866	資生堂東京販売（富士喜）事件		324,338,344,348,538
最判	平10・12・18審決集45・461	花王化粧品販売事件		344,349
最判	平10・12・18審決集45・467	お年玉付き年賀葉書事件		22
最判	平12・7・7民集54・6・1767	野村證券株主代表訴訟事件		537
最判	平15・2・27民集57・2・125	フレッドペリー事件		401
最判	平15・9・9審決集50・739	ごみ焼却設備住民訴訟事件		548
最判	平17・9・13審決集52・723	機械保険カルテル課徴金事件		504,511,516
最決	平17・11・22未登載	関西国際空港新聞販売事件		558
最判	平19・4・19審決集54・657	郵便番号自動読取機審決取消請求事件		500
最判	平22・12・17審決集57・215	NTT東日本事件		30,158,173,181,185,186,187,189,463,468
最判	平24・2・20民集66・2・796	多摩談合（新井組）審決取消請求事件		7,30,49,58,64,87,89,514
最判	平27・4・28民集69・3・518	日本音楽著作権協会（JASRAC）事件		158,174,185,415
最決	平27・9・25審決集62・464	神鉄タクシー事件		555,558
最判	平29・1・24民集71・1・1	クロレラチラシ事件		375
最判	平29・12・12裁判所ウェブサイト	サムスンSDI等による審決取消請求事件		442

判決・審決索引

■ 高等裁判所

裁判所	年月日・出典	事件名	頁
東京高判	昭26・9・19 高民4・14・497	東宝・スバル事件	7,30,65,213
東京高判	昭28・3・9 高民6・9・435	新聞販路協定審決取消請求事件	60,62
東京高判	昭28・12・7 行集4・12・3215	東宝・新東宝事件	30,46,186,187,213
東京高決	昭30・4・6 民集8・2・177	千葉新聞事件	278
東京高判	昭31・11・9 行集7・11・2849	石油入札価格協定事件	72,211
東京高決	昭32・3・18 行集8・3・443	第二次北國新聞社事件	294,296
東京高判	昭32・12・25 高民10・12・743	野田醬油事件	176,178,179
東京高判	昭36・4・26 行集12・4・933	全国消費者団体連絡会事件	529
東京高判	昭46・1・29 審決集17・232	三愛土地事件	503
東京高判	昭46・7・17 行集22・7・1022	第一次育児用粉ミルク（明治商事）事件	501
東京高決	昭50・4・30 高民28・2・174	中部読売新聞社事件	314,528
東京高決	昭51・6・24 高民29・2・79	石油価格協定過料事件	502
東京高判	昭55・9・26 高刑33・5・359	石油生産調整刑事事件	118,121,204,576
東京高判	昭55・9・26 高刑33・5・511	石油価格カルテル刑事事件	65,214
東京高判	昭58・11・17 審決集30・161	東京手形交換所事件	284
東京高判	昭59・2・17 行集35・2・144	東洋精米機事件	335,337
仙台高裁秋田支判	昭60・3・26 審決集31・204	鶴岡灯油事件	544,553
高松高判	昭61・4・8 審決集33・125	奥道後温泉観光バス事件	148
東京高判	昭61・6・13 行集37・6・765	旭砿末審決取消請求事件	71,275
東京高判	平5・3・29 審決集39・608	ベルギー・ダイヤモンド損害賠償請求事件	367
東京高判	平5・5・21 高刑46・2・108	ラップ価格カルテル刑事事件	505,568
大阪高判	平5・7・30 審決集40・651	東芝昇降機サービス事件	168,269,377,383
東京高判	平5・12・14 高刑46・3・322	シール談合刑事事件	1,62,71
東京高判	平6・9・14 審決集41・473	資生堂東京販売（富士喜）事件	538
東京高判	平7・9・25 審決集42・393	東芝ケミカル審決取消請求事件（差戻審）	48,51,53
東京高判	平8・3・28 判時1573・29	ニコマート事件（控訴審）	338
東京高判	平8・3・29 審決集42・424	協和エクシオ課徴金審決取消請求事件	57
東京高判	平8・3・29 審決集42・457	東京もち事件	533
福岡高判	平8・4・18 判タ933・175	ベルギー・ダイヤモンド損害賠償請求事件	368
東京高判	平8・5・31 高刑49・2・320	下水道談合事件	80
東京高判	平9・6・6 審決集44・521	シール談合課徴金事件	506,515
東京高判	平9・7・31 高民50・2・260	花王化粧品販売事件	540
東京高判	平9・12・24 高刑50・3・181	第一次東京都水道メーター談合刑事事件	81,578
東京高判	平12・2・23 審決集46・733	ダクタイル鋳鉄管シェアカルテル事件	70,76
東京高判	平13・2・8 審決集47・690	シール談合不当利得返還請求事件	506,538,541
東京高判	平13・2・16 審決集47・545	観音寺市三豊郡医師会事件	22,133
東京高判	平13・11・30 審決集48・493	機械保険カルテル課徴金事件	511
東京高判	平14・6・7 審決集49・579	カンキョー空気清浄機審決取消請求事件	371
東京高判	平14・12・5 判時1814・82	ノエビア事件	291
東京高判	平15・4・25 審決集50・691	オーエヌポートリー課徴金事件	511
大阪高判	平15・5・27 裁判所ウェブサイト	ポットカッター特許事件	417
東京高判	平15・6・4 裁判所ウェブサイト	パチスロ機特許権民事事件	400
東京高判	平16・2・20 審決集50・708	土屋企業課徴金審決取消請求事件	514
東京高判	平16・3・24 審決集50・915	防衛庁石油製品入札談合刑事事件	80,83,578
東京高判	平16・3・26 審決集50・972	第二次東京都水道メーター談合刑事事件	578

判決・審決索引

東京高判	平16・4・23 審決集 51・857　郵便番号自動読取機審決取消請求事件 ……………	500
東京高判	平16・10・19 判時 1904・128　ヤマダ対コジマ事件 ………………………………	373
東京高判	平17・1・27 審決集 51・951　日本テクノ事件 ……………………………………	558
東京高判	平17・3・10 未登載　埼玉県不動産鑑定士協会事件……………………………	141
東京高判	平17・4・27 審決集 52・789　LPガス販売差別対価差止請求（ザ・トーカイ）事件 ………………………………………………………………………… 298,467,557	
東京高判	平17・5・31 審決集 52・818　LPガス販売差別対価差止請求（日本瓦斯）事件 ………………………………………………………………………… 298,467,557	
大阪高判	平17・7・5 審決集 52・856　関西国際空港新聞販売事件 …………………	558,561
東京高判	平18・2・24 裁判所ウェブサイト　東燃ゼネラル石油課徴金審決取消請求事件……	516
東京高判	平18・9・7 判時 1963・64　教文館事件 ……………………………………	406
東京高判	平18・9・27 審決集 53・1011　函館新聞社閲覧謄写不許可事件 …………………	549
東京高判	平18・12・15 審決集 53・1000　大石組審決取消請求事件 ……………	48,57,80,88
東京高決	平19・2・16 金判 1303・58　五洋建設文書提出命令申立事件 …………………	549
東京高判	平19・9・21 審決集 54・773　鋼橋上部工事入札談合刑事事件 ……………	82,578
東京高判	平19・11・16 審決集 54・725　三井住友銀行損害賠償請求事件 …………………	546
東京高判	平19・11・28 審決集 54・699　ヤマト運輸対日本郵政公社不当廉売事件（控訴審） ………………………………………………………………………… 316,558,561	
東京高判	平20・4・4 審決集 55・791　種苗カルテル審決取消請求事件 ……………	50,54,64,74
東京高判	平20・5・23 審決集 55・842　ベイクルーズ原産国表示審決取消請求事件 ……	371
東京高判	平20・7・2 裁判所ウェブサイト　多摩談合（八王子市）損害賠償請求事件 ……	554
東京高判	平20・9・12 審決集 55・872　賀数建設課徴金審決取消請求事件 …………	514
東京高判	平20・9・26 審決集 55・910　ごみ焼却設備審決取消請求事件 …………………	500
東京高判	平20・12・19 審決集 55・974　郵便区分機審決取消請求事件 …………………	58
東京高判	平21・5・29 審決集 56・262　NTT東日本事件 ……………………………	186,187
東京高判	平21・5・29 審決集 56・299　多摩談合（西松建設）審決取消請求事件 ……	88
東京高判	平22・1・29 審決集 56・498　着うた事件 …………………………………	279,424
東京高判	平22・3・19 審決集 56・567　多摩談合（新井組）審決取消請求事件 ……	64,89
知財高判	平22・4・27 審決集 57・307　コンバース事件 ……………………………	405
大阪高判	平22・8・24 判自 341・18　測量・調査委託事業入札談合事件 ……………	555
東京高判	平22・10・29 審決集 57・2・162　オーシロ審決取消請求事件 …………………	372
東京高判	平22・11・26 審決集 57・2・194　出光興産課徴金審決一部取消請求事件 ……	513
東京高判	平22・12・10 審決集 57・222　モディファイヤー価格カルテル審決取消請求事件 …	55
東京高判	平23・4・22 審決集 58・2・1　ハマナカ毛糸事件 …………………………	325
東京高判	平23・6・24 判時 2143・76　岩手県入札談合（大森工業）審決取消請求事件 …	88
東京高判	平23・8・30 審決集 58・2・275　日本道路公団発注鋼橋上部工事入札談合事件 …	555
東京高判	平23・10・7 審決集 58・2・27　岩手県入札談合（南建設）審決取消請求事件 …	87
東京高判	平24・4・17 審決集 59・2・107　矢板無料バス事件 …………………………	555,558
東京高判	平24・5・25 審決集 59・2・1　昭和シェル石油課徴金審決一部取消請求事件 …	516
東京高判	平24・11・9 審決集 59・2・54　国際航空貨物利用運送業務カルテル審決取消請求事件…………………………………………………………………………	75
東京高判	平24・11・30 審決集 59・2・85　古河電工課徴金審決取消請求事件 …………	517
東京高判	平25・3・15 審決集 59・2・311　熱海市ストーカ炉損害賠償請求事件 …………	546
東京高判	平25・11・1 判時 2206・37　イーライセンスによる審決取消等請求事件 ………………………………………………………………………… 175,415,529	
東京高判	平26・2・28 審決集 60・2・144　高光建設課徴金審決取消請求事件 …………	515

東京高判	平 26・9・26 審決集 61・217　エア・ウォーター課徴金審決取消請求事件 …………	516
大阪高判	平 26・10・31 審決集 61・260　神鉄タクシー事件 ………………	383,389,555,558,562
東京高判	平 26・11・21 審決集 61・228　タカタ課徴金審決取消請求事件 ………………	514
東京高判	平 27・7・23 審決集 62・469　防衛庁航空機用タイヤ入札談合不当利得返還請求事件 ……………………………………………………………………………………	541
東京高判	平 28・5・25 公取委ウェブサイト　エアセパレートガス審決取消請求事件 ……	68,83
東京高判	平 28・9・2 公取委ウェブサイト　新潟市タクシー事業者事件 ………………	456

■ 地方裁判所

名古屋地判	昭 49・5・29 審決集 21・488　畑屋工機事件 ………………………………	358,538
東京地判	昭 56・9・30 判時 1045・105　あさひ書籍事件 …………………………………	358
東京地判	昭 59・10・25 判タ 538・277　品川信用組合事件 ………………………………	358
大阪地判	昭 60・6・28 判タ 567・280　建物用換気口枠事件 ……………………………	410
大阪地判	平元・6・5 判時 1331・97　日本機電事件 ………………………………………	358
東京地判	平 5・9・27 審決集 40・683　資生堂東京販売（富士喜）事件 ……………	538,541
東京地判	平 6・1・12 判時 1524・56　ニコマート事件 ……………………………………	338
東京地判	平 6・7・18 審決集 41・441　花王化粧品販売事件 ……………………………	541
東京地判	平 9・4・9 審決集 44・635　日本遊戯銃協同組合事件 … 34,95,110,112,138,283,544,554	
那覇地石垣支判	平 9・5・30 審決集 45・495　八重山地区生コンクリート協同組合事件 ……………………………………………………………………………	106,473,474
名古屋地判	平 9・7・9 審決集 45・510　ウエスタンによる除名決議無効確認請求事件 ………	128
鳥取地判	平 12・3・28 審決集 46・673　日本下水道事業団事件 ………………………	554
東京地判	平 12・3・31 審決集 46・695　シール談合不当利得返還請求事件 …………	538,541
東京地判	平 12・6・30 金判 1118・43　資生堂東京販売事件 ……………………………	540
津地判	平 13・7・5 審決集 48・645　クボタ事件 ………………………………………	554
東京地八王子支判	平 13・9・6 審決集 48・674　不動産鑑定士事件 ………………………	22
神戸地判	平 14・9・17 審決集 49・766　マックスファクター事件 ……………………	350
東京地判	平 16・2・13 裁判所ウェブサイト　ダイコク事件 ……………………………	538
東京地判	平 16・3・18 審決集 50・766　日本テクノ事件 ………………………………	558
東京地判	平 16・3・31 審決集 50・808　LPガス販売差別対価差止請求（ザ・トーカイ）事件 ……………………………………………………………………………	557
東京地判	平 16・3・31 審決集 50・835　LPガス販売差別対価差止請求（日本瓦斯）事件 ……	557
東京地判	平 16・4・15 審決集 51・877　三光丸事件 ………………………	347,540,557,563
東京地判	平 16・5・20 審決集 51・991　三菱商事株主代表訴訟事件 …………	440,537
大阪地判	平 16・6・9 審決集 51・935　関西国際空港新聞販売事件 …………	557,558
札幌地判	平 16・7・29 未登載　北海道瓦斯事件 …………………………………………	466
山口地判	平 18・1・16 審決集 52・918　下関市福祉バス事件 …………………………	321
東京地判	平 18・1・19 審決集 52・934　ヤマト運輸対日本郵政公社不当廉売事件 …	558
大阪地判	平 18・4・27 判時 1958・155　メディプローラー特許許諾に係る損害賠償等請求事件 ………………………………………………………………………	418
東京地決	平 18・9・1 金判 1250・14　五洋建設文書提出命令申立事件 ………………	549
大阪地判	平 18・12・7 裁判所ウェブサイト　日之出水道機器意匠権侵害差止請求事件 ……	414
東京地判	平 20・4・9 判タ 1299・227 …………………………………………………………	354
東京地判	平 20・12・10 審決集 55・1029　USEN 損害賠償請求事件 …………………	384
名古屋地判	平 21・12・11 判タ 1330・144　ごみ焼却炉談合（名古屋市）損害賠償事件 ……	555
大阪地判	平 22・5・25 判時 2092・106　フジオフードシステム事件 …………………	538

判決・審決索引

東京地判　平22・6・23審決集57・2・395　自衛隊専用電池入札談合不当利得返還請求事件
……………………………………………………………………………………………538
和歌山地判　平22・9・21審決集57・342　シラスの売買の委託に関する取引拒絶行為等の
　差止請求事件…………………………………………………………………………558
新潟地判　平23・1・27審決集57・361　昇降機保守用部品の供給遅延行為の差止請求事件…558
東京地決　平23・3・30未登載　ドライアイス仮処分事件……………………………555
東京地判　平23・6・27審決集58・2・395　防衛庁石油製品入札談合不当利得返還請求事件
……………………………………………………………………………………………538
東京地判　平23・7・28判時2143・128　東京スター銀行事件………………………289,558
宇都宮地大田原支判　平23・11・8審決集58・2・248　矢板無料バス事件………………558
東京地判　平23・12・22判タ1377・221　セブン-イレブンジャパン差止請求事件…………558
大阪地決　平24・6・15判時2173・58　住友電工文書提出命令申立事件………………549
神戸地判　平26・1・14審決集60・2・214　神鉄タクシー事件…………………………558
東京地判　平26・6・19判時2232・102　ソフトバンク差止請求事件………………558,563
東京地判　平26・11・10審決集61・442　防衛庁航空機用タイヤ入札談合不当利得返還請求
　事件……………………………………………………………………………………538,541

■ アメリカの判決

U.S. v. Aluminium Co. of America（ALCOA）, 148F. 2d 416（2d Cir. 1945）……………160,448
Hartford Fire Insurance Co. v. California, 509 U.S. 764（1993）………………………448
Metro Industries Inc. v. Sammi Corp., 82F. 3d 839（9th Cir. 1996）……………………448
U.S. v. Nippon Paper Industries Co. Ltd., 109F. 3d 1（1st Cir. 1997）…………………449
California Dental Association v. F.T.C., 526 U.S. 756（1999）……………………………67
F. Hoffmann-LaRoche Ltd. v. Empagran S.A., 542 U.S. 155（2004）……………………449
Leegin Creative Leather Products, Inc. v. PSKS Inc., 551 U.S. 877（2007）……………331
Weyerhaeuser Co. v. Ross-Simmons Hardwood Lumber Co., 549 U.S. 312（2007）………323

■ 公正取引委員会

同意審決　昭23・3・27審決集1・10　賠償施設梱包運輸組合事件………………………63
同意審決　昭23・5・13審決集1・18　松竹ほか2名事件……………………………63,70
審判審決　昭24・8・30審決集1・62　合板入札価格協定事件……………………………49
同意審決　昭24・10・10審決集1・89　山梨県菓子卸商協同組合事件…………………470
同意審決　昭25・1・19審決集1・105　宇都宮青果協同組合連合会事件……………279,471
同意審決　昭25・7・13審決集2・74　埼玉銀行・丸佐生糸事件…………………………171
審判審決　昭25・9・29審決集2・146　東宝・スバル事件………………………………203
同意審決　昭26・3・15審決集2・255　中山太陽堂ほか6名事件………………………473
審判審決　昭26・6・25審決集3・73　日本石油運送事件……………………………198,239
審判審決　昭27・4・4審決集4・1　醤油価格協定事件………………………………74,117
審判審決　昭27・9・3審決集4・30　第一次日本光学（オーバーシーズ）事件…………433
審判審決　昭27・9・3審決集4・46　第一次日本光学（ウエスタン）事件………………433
勧告審決　昭27・9・30審決集4・60　横浜護謨製造ほか5名および日本自動車タイヤ協会事件
……………………………………………………………………………………………117
審判審決　昭28・8・6審決集5・17　化繊操短事件…………………………………117
同意審決　昭28・9・28審決集5・52,55,58　東京都理容師協同組合事件（荻窪支部・杉並中央
　支部・城東支部）………………………………………………………………………135
勧告審決　昭28・11・6審決集5・61　日本興業銀行事件……………………………362

勧告審決	昭30・8・15 審決集7・5	広島糧工ほか14名事件	106
審判審決	昭30・9・20 審決集7・20	大阪ブラシ工業協同組合事件	285,473
勧告審決	昭30・12・10 審決集7・99	第二次大正製薬事件	288
審判審決	昭30・12・27 審決集7・108	野田醬油事件	178,179,190,503
勧告審決	昭31・1・30 審決集7・148	東洋高圧ほか4名事件	78
審判審決	昭31・7・28 審決集8・12	雪印乳業・農林中金事件	171,189,289
勧告審決	昭32・1・30 審決集8・51	日本楽器事件	198
勧告審決	昭32・3・7 審決集8・54	浜中村主畜農業協同組合事件	473
勧告審決	昭32・6・3 審決集9・1	三菱銀行事件	362
勧告審決	昭32・7・18 審決集9・7	日本冷蔵事件	106
勧告審決	昭32・10・17 審決集9・11	家電電機器具市場安定協議会事件	278
勧告審決	昭33・2・25 審決集9・41	鳥取青果商組合事件	133
勧告審決	昭35・2・9 審決集10・17	熊本魚事件	383
勧告審決	昭35・5・13 審決集10・22	教材再販励行委員会事件	476
勧告審決	昭38・1・9 審決集11・41	東京重機工業事件	383
勧告審決	昭38・2・6 審決集11・54	山形海産物仲買人協同組合事件	133,471
同意審決	昭38・2・13 審決集11・58	全国レコード商組合連合会（第一次）事件	133
同意審決	昭38・7・3 審決集11・94	全国石鹸洗剤日用品雑貨卸商組合連合会事件	138,279
勧告審決	昭38・7・27 審決集11・103	日本図書教材協会テスト部会事件	476
審判審決	昭38・9・4 審決集12・1	東京都パン協同組合連合会事件	470
勧告審決	昭38・10・25 審決集12・18	全国港湾荷役振興協会（兵庫・大阪・名古屋・東京）事件	131
勧告審決	昭38・12・4 審決集12・39	全国販売農業協同組合連合会事件	336,474
勧告審決	昭39・1・16 審決集12・73	除虫菊事件	299
同意審決	昭39・2・11 審決集12・100	長野県教科書供給所事件	377
勧告審決	昭39・3・24 審決集12・89	福岡市中央卸売市場事件	279
勧告審決	昭39・7・14 審決集12・118	富山県青果商業組合連合会事件	279
勧告審決	昭40・2・25 審決集12・181	旭硝子事件	52
勧告審決	昭40・5・28 審決集13・27	三重県理容環境衛生同業組合津芸濃支部事件	136
勧告審決	昭40・6・23 審決集13・46	羊蹄山麓アスパラガス振興会事件	109,131,136
勧告審決	昭40・9・13 審決集13・72	ヤクルト本社事件	339
勧告審決	昭40・12・24 審決集13・87	浜松青果業者組合事件	279
勧告審決	昭40・12・24 審決集13・91	日田鮮魚仲買人組合事件	279
勧告審決	昭41・1・13 審決集13・99	岡崎青果商業協同組合事件	134
勧告審決	昭41・2・12 審決集13・104	埼玉県自動車教習所協会事件	22
勧告審決	昭41・10・27 審決集14・46,49	東京コクヨ会・大阪地区コクヨ会事件	136
審判審決	昭42・4・19 審決集14・64	丸亀青果物事件	291
勧告審決	昭43・2・6 審決集14・99	綱島商店事件	368
勧告審決	昭43・5・10 審決集15・5	こだま寿司事件	52
勧告審決	昭43・5・11 審決集15・15	西日本特殊ゴム製版工業組合事件	109
勧告審決	昭43・8・10 審決集15・40,45,51	大阪キッコーマン会・大阪東丸会・大阪丸金会事件	136
審判審決	昭43・10・11 審決集15・84	森永商事事件	260,491
勧告審決	昭43・10・21 審決集15・123	臼杵市鮮魚商仲買人組合事件	279
勧告審決	昭43・11・29 審決集15・135	中央食品ほか6名事件	72
勧告審決	昭44・7・24 審決集16・39	北海道ちり紙工業組合事件	106,131

判決・審決索引

同意審決	昭44・10・30審決集16・46	新日鉄合併事件	204,220,234,250
勧告審決	昭44・10・31審決集16・109	所沢市牛乳販売店組合事件	131
勧告審決	昭45・1・21審決集16・138	石油連盟東京支部事件	130
勧告審決	昭45・8・5審決集17・86	コンクリートパイル事件	70,423,424
勧告審決	昭46・9・28審決集18・104	メタノール・ホルマリン協会事件	131
勧告審決	昭47・6・30審決集19・25	第二次日本光学事件	342
審判審決	昭47・7・25審決集19・40	愛媛県LPガス保安協会事件	112
審判手続打切決定	昭47・8・18審決集19・57	三重運賃（外国企業）事件	436,437
審判審決	昭47・8・18審決集19・57	三重運賃事件	434
勧告審決	昭47・9・18審決集19・83	関西流通懇話会事件	329
勧告審決	昭47・9・18審決集19・87	東洋製罐事件	148,153,171,178,179,184,189,191
勧告審決	昭47・12・27審決集19・124	化合繊（レーヨン糸）国際カルテル（旭化成）事件	440
勧告審決	昭47・12・27審決集19・140	化合繊（アクリル紡績糸）国際カルテル（東洋紡績）事件	440
勧告審決	昭48・3・29審決集19・192	富山県生コンクリート協同組合事件	472
勧告審決	昭48・4・26審決集20・19	京都生コンクリート工業組合事件	106,131
勧告審決	昭48・6・29審決集20・41	岡山県被服工業組合事件	136
同意審決	昭48・7・17審決集20・62	広島電鉄事件	193,201,207
勧告審決	昭48・10・18審決集20・118	酢酸エチル協会事件	501
勧告審決	昭48・12・26審決集20・197	コーテッド紙価格協定事件	501
勧告審決	昭49・5・22審決集21・30	牛乳価格共同交渉事件	108
審判手続打切決定	昭49・6・4審決集21・347	日本ボウリング場協会事件	133
勧告審決	昭49・11・6審決集21・127	日本羊毛紡績会事件	131
勧告審決	昭50・1・21審決集21・329	アサノコンクリート事件	470
勧告審決	昭50・3・7審決集21・255	日本ポリオレフィンフイルム工業組合事件	137
勧告審決	昭50・3・31審決集21・286	硬質塩化ビニル管価格協定事件	74
勧告審決	昭50・4・2審決集22・1	山脇酸素事件	385
勧告審決	昭50・6・13審決集22・11	ホリデイ・マジック事件	368
勧告審決	昭50・10・27審決集22・79	化学及血清療法研究所ほか7名事件	106
勧告審決	昭50・12・11審決集22・97	日本油脂ほか6名事件	105
審判審決	昭50・12・23審決集22・105	岐阜生コンクリート協同組合事件	470
勧告審決	昭51・3・29審決集22・144	斐川町農業協同組合事件	377,474
勧告審決	昭51・5・13審決集23・25	伊勢新聞社事件	285
勧告審決	昭51・6・14審決集23・39	グンゼ事件	342
勧告審決	昭51・9・17審決集23・57	日本冷蔵事件	52
勧告審決	昭51・10・8審決集23・60	白元事件	342
勧告審決	昭52・4・21審決集24・16	ホクレン農業協同組合連合会事件	474
同意審決	昭52・11・24審決集24・50	中部読売新聞社事件	306
審判審決	昭52・11・28審決集24・65	第二次育児用粉ミルク（雪印乳業）事件	342
審判審決	昭52・11・28審決集24・86	第二次育児用粉ミルク（明治乳業）事件	341,342
審判審決	昭52・11・28審決集24・106	第二次育児用粉ミルク（森永乳業）事件	334
勧告審決	昭53・3・1審決集24・127	高知生コンクリート工業組合事件	279
勧告審決	昭53・4・18審決集25・1	オールドパー事件	346,387
勧告審決	昭53・12・21審決集25・28	兼松スポーツ用品事件	342
勧告審決	昭54・2・13審決集25・32	竹屋事件	342

判決・審決索引

審判審決	昭54・9・19 審決集26・25	日本建築家協会事件	22,143
勧告審決	昭54・11・27 審決集26・50	全国レコード商組合連合会（第二次）事件	137
勧告審決	昭55・2・7 審決集26・85	東洋リノリューム事件	295,299
勧告審決	昭55・4・4 審決集27・1	中部トヨタリフトほか14名事件	72
審判審決	昭55・5・26 審決集27・25	鶴岡市農業協同組合事件	474
勧告審決	昭55・6・19 審決集27・39	千葉市医師会事件	133
勧告審決	昭55・6・19 審決集27・44	豊橋市医師会事件	133
審判審決	昭55・9・10 審決集27・50	川西町農業協同組合事件	474
勧告審決	昭55・10・21 審決集27・87	川重冷熱ほか4名事件	70,78
勧告審決	昭56・2・18 審決集27・112	岡山県南生コンクリート協同組合事件	290,335,345,473
同意審決	昭56・3・17 審決集27・116	関東地区登録衛生検査所協会事件	385
勧告審決	昭56・4・1 審決集28・3	新潟市ハイヤータクシー協会事件	455
勧告審決	昭56・5・11 審決集28・10	富士写真フイルム事件	335,348
勧告審決	昭56・7・7 審決集28・56	大分県酪農業協同組合事件	335,474
審判手続打切決定	昭56・10・26 審決集28・79	小松製作所事件	434
勧告審決	昭57・5・28 審決集29・13,18	マルエツ・ハローマート事件	315
勧告審決	昭57・6・9 審決集29・23	アシックス事件	343
同意審決	昭57・6・17 審決集29・31	三越事件	355
勧告審決	昭57・7・28 審決集29・51	醸造用活性炭製造業者事件	71
勧告審決	昭57・12・17 審決集29・82	群馬県ハイヤー協会事件	455
勧告審決	昭58・2・2 審決集29・91	日産化学工業ほか1名事件	78
勧告審決	昭58・3・31 審決集29・104	ソーダ灰輸入カルテル事件	70,441
勧告審決	昭58・7・6 審決集30・47	小林コーセー事件	339
同意審決	昭58・9・30 審決集30・50	滋賀県生コンクリート工業組合（第一次）事件	133,138
審判審決	昭59・2・2 審決集30・56	レンゴー事件	513
勧告審決	昭59・8・20 審決集31・22	弘善商会ほか14名事件	83
審判審決	昭60・8・6 審決集32・14	自動火災報知設備談合課徴金事件	513
勧告審決	平2・2・2 審決集36・35	三重県バス協会事件	455,501
勧告審決	平2・2・15 審決集36・44	神奈川生コンクリート協同組合事件	385
勧告審決	平2・2・20 審決集36・53	全国農業協同組合連合会事件	289,345,356,474
勧告審決	平2・8・1 審決集37・23	アサヒコーポレーションほか2名事件	71
勧告審決	平3・1・16 審決集37・54	仙台港輸入木材調整協議会事件	24,133,138
勧告審決	平3・7・25 審決集38・65	ヤマハ東京事件	325
勧告審決	平3・8・5 審決集38・70	エーザイ事件	329
勧告審決	平3・10・18 審決集38・104	ダスキンほか5名事件	71
勧告審決	平3・11・11 審決集38・115	野村證券事件	193,198,255
審判審決	平3・11・21 審決集38・3	日本交通公社事件	372
勧告審決	平3・12・2 審決集38・127	三蒲地区生コンクリート協同組合事件	385,474
勧告審決	平3・12・2 審決集38・134	野村證券事件	368
審判審決	平4・2・28 審決集38・41	藤田屋事件	377
勧告審決	平4・6・9 審決集39・97	四国食肉流通協議会事件	109,131
勧告審決	平5・3・8 審決集39・246	ソニーネットワーク販売事件	325
変更審決	平5・6・28 審決集40・241	キッコーマン事件	190,503
審判審決	平5・9・10 審決集40・3	日之出水道（福岡地区）事件	413
審判審決	平5・9・10 審決集40・29	日之出水道（北九州地区）事件	412
勧告審決	平5・9・28 審決集40・123	ラジオメータートレーディング事件	387,446

判決・審決索引

勧告審決	平5・11・18 審決集40・171	滋賀県生コンクリート工業組合（第二次）事件 ……	133
審判審決	平6・3・30 審決集40・49	協和エクシオ課徴金事件 ……………………	57,80,84,513
審判審決	平6・7・28 審決集41・46	エレベーター保守料金協定事件 …………………	53,71
勧告審決	平7・3・8 審決集41・228	秋田県土木コンクリートブロック工業組合事件 …	106,131
課徴金納付命令	平7・3・28 審決集41・387	松下電器産業事件 ……………………	63,516
勧告審決	平7・4・24 審決集42・119	東日本おしぼり協同組合事件 ……………	137,138
審判審決	平7・7・10 審決集42・3	大阪バス協会事件 ……………………	35,113,129,136,143,456
勧告審決	平7・8・8 審決集42・134	愛知県東部建設業協同組合事件 …………………	472
勧告審決	平7・10・13 審決集42・163	旭電化工業事件 …………………	348,416,447
勧告審決	平7・10・13 審決集42・166	オキシラン化学事件 ………………	416,447
同意審決	平7・11・30 審決集42・97	資生堂再販事件 ……………………	326,328,329,476
勧告審決	平8・2・29 審決集42・189	福島県トラック協会事件 ……………………	136
勧告審決	平8・3・22 審決集42・195	星商事事件 ……………………	387
審判審決	平8・4・24 審決集43・3	中国塗料事件 ……………………	513
勧告審決	平8・5・8 審決集43・209	日本医療食協会事件 …………	148,171,177,180,187,189
勧告審決	平8・5・31 審決集43・314	丸善ほか6名事件 ……………………	73
審判審決	平8・6・13 審決集43・32	広島県石油商業組合事件 ……………………	113
審判審決	平8・8・5 審決集43・68	東芝ケミカル課徴金事件 ……………………	513
審判審決	平8・8・6 審決集43・110	シール談合課徴金事件 ……………………	515
勧告審決	平9・2・5 審決集43・344	立川市医師会事件 ……………………	137
勧告審決	平9・4・18 審決集44・221	東京都水道メーター談合事件 ……………	501
勧告審決	平9・4・25 審決集44・230	ハーゲンダッツ事件 ……………………	447
勧告審決	平9・8・6 審決集44・238	ぱちんこ機製造特許プール事件 ……	127,153,171,426
勧告審決	平9・8・6 審決集44・248	山口県経済農業協同組合連合会事件 ………	335,345,474
審判審決	平9・9・25 審決集44・131	水田電工事件 ……………………	491
勧告審決	平9・11・17 審決集44・280	新宮地方建設業協同組合事件 …………	471
勧告審決	平9・11・28 審決集44・289	ホビージャパン事件 ……………………	346
勧告審決	平10・1・16 審決集44・314	日本標準事件 ……………………	329
勧告審決	平10・2・18 審決集44・358	第三次北國新聞事件 ……………………	363
勧告審決	平10・3・31 審決集44・362	パラマウントベッド事件 ……………	172,180,184,507
勧告審決	平10・7・3 審決集45・105	新学社事件 ……………………	329
勧告審決	平10・7・28 審決集45・130	ナイキジャパン事件 ……………	325,339,416
勧告審決	平10・9・3 審決集45・148	ノーディオン事件 ……………	167,172,434
勧告審決	平10・12・14 審決集45・153	日本マイクロソフト事件 ……………	168,377,418
勧告審決	平11・3・9 審決集45・197	鳥取中央農業協同組合事件 ……………	345,474
不服審査不成立審決	平11・3・10 ……………………………………………………………		405
勧告審決	平11・4・22 審決集46・201	クボタほか2名事件 ……………………	70
審判審決	平11・7・8 審決集46・3	金門製作所課徴金事件 ……………………	516
勧告審決	平12・2・2 審決集46・394	オートグラス東日本事件 ……………	296,300
同意審決	平12・2・28 審決集46・144	北海道新聞社事件 ……	156,160,172,185,308,405
審判審決	平12・4・19 審決集47・3	日本冷蔵倉庫協会事件 ……………	136,458
審判審決	平12・4・21 審決集47・37	水田電工課徴金事件 ……………	514
勧告審決	平12・4・26 審決集47・259	石川県理容環境衛生同業組合事件 ……………	137
勧告審決	平12・5・10 審決集47・263	姫路市管工事業協同組合事件 ……………	474
勧告審決	平12・5・16 審決集47・267	サギサカ事件 ……………………	290,345
審判審決	平12・6・2 審決集47・141	機械保険カルテル課徴金事件 ……………	511

課徴金納付命令	平12・6・6審決集47・420　沖縄アルミサッシ事件	63
勧告審決	平12・10・31審決集47・317　ロックマン工法事件	279
勧告審決	平13・2・20審決集47・359　奈良県生コンクリート協同組合事件	474
勧告審決	平13・7・27審決集48・187　松下電器産業事件	287,341
審判審決	平13・8・1審決集48・3　ソニー・コンピュータエンタテインメント（SCE）事件 …… 326,327,339,343,399,416,477	
審判審決	平13・9・12審決集48・112　安藤造園土木事件	49,57,85
勧告審決	平13・9・19審決集48・241　ワタキューセイモア事件	472
勧告審決	平14・7・26審決集49・168　三菱電機ビルテクノサービス事件	384
審判審決	平14・9・25審決集49・111　オーエヌポートリー課徴金事件	511
勧告審決	平14・12・4審決集49・243　四国ロードサービスほか3名事件	86
勧告審決	平14・12・26審決集49・247　スキューバプロアジア事件	416
勧告審決	平15・1・31審決集49・261　東京地区エー・エル・シー協同組合事件	385,474
勧告審決	平15・4・9審決集50・335　全国病院用食材卸売業協同組合事件	137,471
審判審決	平15・6・13審決集50・3　土屋企業課徴金事件	514
審判審決	平15・9・8審決集50・116　関東造園建設協同組合課徴金事件	475
勧告審決	平15・11・25審決集50・389　20世紀フォックスジャパン事件	340,414
勧告審決	平15・11・27審決集50・398　ヨネックス事件	384
勧告審決	平16・4・12審決集51・401　東急パーキングシステムズ事件	384
勧告審決	平16・7・12審決集51・468　三重県社会保険労務士会事件	146
審判審決	平16・9・17審決集51・119　公成建設ほか7名事件	84
勧告審決	平16・10・13審決集51・518　有線ブロードネットワークス事件	172,298,528
勧告審決	平16・11・18審決集51・531　カラカミ観光事件	355
勧告審決	平17・1・31審決集51・554　防衛庁発注タイヤチューブ入札談合事件	63
排除命令	平17・2・10排除命令集24・217　東京リーガルマインド事件	372
同意審決	平17・3・31審決集51・390　東洋ゴム工業事件	63
勧告審決	平17・4・13審決集52・341　インテル事件	167,172,301,335,501
勧告審決	平17・11・18審決集52・385　国土交通省発注鋼橋上部工事入札談合事件	502
勧告審決	平17・11・18審決集52・396　日本道路公団発注鋼橋上部工事入札談合事件	502
勧告審決	平17・12・26審決集52・436　三井住友銀行事件	353,355
審判審決	平18・3・8審決集52・277　警視庁交通信号機交通弱者感応化等工事入札談合事件 …… 83	
排除措置命令	平18・5・16審決集53・867　濱口石油事件	314,322
排除措置命令	平18・5・22審決集53・869　日産化学事件	326
審判審決	平18・6・5審決集53・195　ニプロ事件	155,167,173,185
審判審決	平19・3・26審決集53・776　NTT東日本事件	186,463
排除措置命令	平19・5・11審決集54・461　関東甲信越地区エコステーション事件	46
排除措置命令	平19・6・18審決集54・474　滋賀県薬剤師会事件	137
課徴金決	平19・6・19審決集54・78　日本ポリプロ事件	511
同意審決	平19・6・22審決集54・182　ドン・キホーテ事件	354
排除措置命令	平19・6・25審決集54・485　新潟市タクシーチケット取引拒絶事件	278,279
審判審決	平19・8・8審決集54・207　ポリプロピレン価格カルテル事件	49,54
排除措置命令	平19・11・27審決集54・502　シンエネコーポレーションほか事件	314
排除措置命令・課徴金納付命令	平20・2・20審決集54・512,623　マリンホースに関する国際カルテル事件	441
排除措置命令	平20・6・23　エコス事件	356

判決・審決索引

審判審決　平20・7・24 審決集55・294　着うた事件 ……………………………… 48, 263, 274, 277
審判審決　平20・9・16 審決集55・380　マイクロソフト非係争条項事件 ………… 267, 268, 422
排除措置命令・課徴金納付命令　平20・10・17 審決集55・692, 754　溶融メタル購入カルテル
　事件 …………………………………………………………………………………………… 109
審判審決　平21・2・16 審決集55・500　第一興商事件 ……………………… 384, 399, 408
排除措置命令　平21・2・27 審決集55・712　日本音楽著作権協会（JASRAC）事件 …… 174, 189
排除措置命令　平21・6・22 審決集56・2・6　セブン-イレブン・ジャパン事件 ……… 353, 358
審判審決　平21・6・30 審決集56・1・163　愛媛県のり面保護工事入札談合事件 ……………… 88
審判審決　平21・9・16 審決集56・1・192　国土交通省発注鋼橋上部工事入札談合（新日鉄ほか）
　事件 …………………………………………………………………………………………… 518
排除措置命令・課徴金納付命令　平21・10・7 審決集56・2・71, 173　テレビ用ブラウン管に
　関する国際カルテル事件 ……………………………………………………………………… 441
審判審決　平21・11・9 審決集56・1・341　モディファイアー樹脂改質剤価格協定事件 …… 492
排除措置命令　平21・12・10 審決集56・2・79　大分大山町農業協同組合事件 …… 287, 345, 474
排除措置命令　平22・12・1 審決集57・2・50　ジョンソン・エンド・ジョンソン事件 ……… 340
排除措置命令　平23・6・9 審決集58・1・189　ディー・エヌ・エー事件 ……………………… 389
排除措置命令・課徴金納付命令　平23・6・22 審決集58・1・193, 312　山陽マルナカ事件
　……………………………………………………………………………………………… 357, 513
審判審決　平23・10・17 審決集58・1・73　国際航空貨物利用運送業務カルテル事件 ……… 75
排除措置命令　平23・12・13 審決集58・1・244　トイザらス事件 ……………………… 357
排除措置命令　平24・2・16 審決集58・1・278　エディオン事件 ……………………… 356
排除措置命令取消審決　平24・6・12 審決集59・1・59　日本音楽著作権協会（JASRAC）事件
　……………………………………………………………………………………………… 174, 415
課徴金納付命令　平25・12・20 審決集60・1・461　地中送電ケーブル工事受注調整（関電工）
　課徴金事件 …………………………………………………………………………………… 520
課徴金納付命令　平26・3・18 審決集60・1・492　自動車運送船舶運航運賃カルテル事件 … 527
排除措置命令・課徴金納付命令　平27・1・14 審決集61・138　網走管内コンクリート製品
　協同組合事件 ………………………………………………………………………………… 473
排除措置命令　平27・1・16 審決集61・142　福井県経済連事件 ……………… 176, 180, 472
審判審決　平27・6・4 審決集62・119　トイザらス事件 ……………………………… 352
審判審決　平31・2・20 公取委ウェブサイト　山陽マルナカ事件 ……………… 352, 353, 355

【編著者】

金井貴嗣　中央大学名誉教授
川濵　昇　京都大学大学院教授
泉水文雄　神戸大学大学院教授

独占禁止法〔第6版〕

2004(平成16)年10月15日　初版1刷発行
2006(平成18)年4月15日　第2版1刷発行
2008(平成20)年4月15日　第2版補正版1刷発行
2010(平成22)年6月15日　第3版1刷発行
2013(平成25)年4月15日　第4版1刷発行
2015(平成27)年3月30日　第5版1刷発行
2018(平成30)年4月15日　第6版1刷発行
2023(令和5)年2月15日　同　4刷発行

編著者　金井貴嗣・川濵　昇・泉水文雄
発行者　鯉渕友南
発行所　株式会社　弘文堂　101-0062　東京都千代田区神田駿河台1の7
　　　　　　　　　　　　TEL 03(3294)4801　振替00120-6-53909
　　　　　　　　　　　　https://www.koubundou.co.jp

装丁　工作舎
印刷　図書印刷
製本　牧製本印刷

© 2018 Takaji Kanai, et al. Printed in Japan
JCOPY〈(社)出版者著作権管理機構　委託出版物〉
本書の無断複写は著作権法上での例外を除き禁じられています。複写される場合は、そのつど事前に、(社)出版者著作権管理機構(電話03-5244-5088、FAX 03-5244-5089、e-mail: info@jcopy.or.jp)の許諾を得てください。
また本書を代行業者等の第三者に依頼してスキャンやデジタル化することは、たとえ個人や家庭内での利用であっても一切認められておりません。

ISBN978-4-335-35751-0

弘文堂ケースブックシリーズ

理論と実務との架橋をめざす、新しい法曹教育が法科大学院で行われています。その新しい法曹教育に資するよう、各科目の基本的な概念や理論を、相当のスペースをとって引用した主要な判例と関連づけながら整理した教材。設問を使って、双方向型の講義が実現可能となる待望のケースブックシリーズ。

ケースブック憲法[第4版]　長谷部恭男・中島徹・赤坂正浩・阪口正二郎・本秀紀 編著

ケースブック行政法[第7版]　野呂充・下井康史・中原茂樹・磯部哲・湊二郎 編

ケースブック租税法[第5版]　金子宏・佐藤英明・増井良啓・渋谷雅弘 編著

ケースブック刑法[第5版]　笠井治・前田雅英 編

ケースブック会社法[第5版]　丸山秀平・野村修也・大杉謙一・松井秀征・髙橋美加・河村賢治 著

ケースブック民事訴訟法[第4版]　長谷部由起子・山本弘・松下淳一・山本和彦・笠井正俊・菱田雄郷 編著

ケースブック刑事訴訟法[第3版]　笠井治・前田雅英 編

ケースブック労働法[第8版]　菅野和夫 監修　土田道夫・山川隆一・大内伸哉・野川忍・川田琢之 編著

ケースブック知的財産法[第3版]　小泉直樹・高林龍・井上由里子・佐藤恵太・駒田泰土・島並良・上野達弘 編著

ケースブック独占禁止法[第4版]　金井貴嗣・川濵昇・泉水文雄 編著

弘文堂

2023年1月現在